本书出版得到

国家重点文物保护专项补助经费资助

姜女石

——秦行宫遗址发掘报告

（上册）

辽宁省文物考古研究所　编著

主编　华玉冰　杨荣昌

文物出版社

北京·2010年

学术顾问　辛占山

封面设计　张希广
责任印制　张道奇
责任编辑　于炳文　李媛媛

图书在版编目(CIP)数据

姜女石:秦行宫遗址发掘报告／辽宁省文物考古研
究所编著. —北京:文物出版社,2010.11
ISBN 978 - 7 - 5010 - 3047 - 7

Ⅰ.①姜… Ⅱ.①辽… Ⅲ.①古建筑 – 文化遗址 – 发
掘报告 – 绥中县 – 秦汉时代 Ⅳ.①K878.05

中国版本图书馆 CIP 数据核字(2010)第196785号

姜 女 石
——秦行宫遗址发掘报告

辽宁省文物考古研究所　编著

＊

文 物 出 版 社 出 版 发 行
(北京东直门内北小街2号楼)
http://www.wenwu.com
E-mail:web@wenwu.com

北京达利天成印刷装订有限责任公司印刷
新 华 书 店 经 销
889×1194　1/16　印张:48.75
2010 年 11 月第 1 版　2010 年 11 月第 1 次印刷
ISBN 978 - 7 - 5010 - 3047 - 7　(全二册)定价:680.00元

序

辛占山

《姜女石——秦行宫遗址发掘报告》即将付梓，读来仍感意犹未尽。

这个遗址发现迄今已近30年，回顾其发现、研究、保护及展示历程，颇令人回味。虽然其中诸多工作情节在《报告》中已有所叙述，但总觉得有关的一些重要经历还是要交待清楚，希望能对大遗址研究、保护工作提供一些借鉴，同时用来感谢为这个遗址发掘与保护付出心血、作出突出贡献的各级领导、诸多先生，是为序。

一

姜女石遗址是在辽宁省第二次文物普查期间，于1982年4月由锦州市文物普查队发现的。最初据地表所见灰陶绳纹瓦、大面积红烧土等推测可能是汉代窑址。因遗址地处临近山海关的渤海湾岸边，引起我们格外的关注。1983年11月郭大顺、孙守道等同志前往现场复查，在石碑地遗址南部发现一处大型夯土台址，断面夯层清晰，零星散布着大型础石，并采集到三块见于秦始皇陵的夔纹大瓦当残片，令人十分震惊，据此推测这应是一处秦代皇家级别建筑遗址。同时还了解到黑山头遗址已被某国防单位征地，并计划从止锚湾经石碑地通往黑山头挖一条输水管线，几处遗址都面临被破坏的危险，于是决定土地解冻后立即进行抢救发掘。

虽已向占用单位告知黑山头有重要遗址，但1984年初春这处遗址还是几乎在一夜之间被推毁，现场暴露出大片瓦砾，被破坏的空心砖踏步、井窖，掀翻的础石等。接到报告后，我们立即会同锦州市政府领导赶赴现场，勒令建设单位停止施工；指派考古队第一时间进驻抢救发掘，当即制作一块标志牌："辽宁省姜女坟黑山头遗址第二发掘工地"，为防止石碑地遗址发生不测，也立了一个标志牌；向省政府及国家文物局紧急报告，说明遗址的价值及破坏程度。省委、政府领导对此事件高度重视，要求新闻单位进行报道，特别强调其学术价值；保护不仅限于遗址本体，还要保护环境风貌；尽早把它定为省级、国家级保护单位。国家文物局要求我们"责任在身、当仁不让"、"主动联系、提供资料",坚决保护好遗址。在各级政府和主管部门的全力支持下,经过两年多的交涉,1986年我们终于和占地单位就黑山头遗址达成协议:遗址所在区域无偿交给文物部门管理,建设单位将工程移到保护区外。

二

一直关注辽宁考古工作的苏秉琦先生得知该遗址后,不仅在他办公室、寓所听取我们的汇报,1985年在兴城座谈会后,75岁高龄的他还亲自到发掘现场考察,并在不同场合多次强调遗址的价值。早在1984年11月,当他第一次看到夔纹大瓦当拓片时,就深刻地指出:"这就是文字,就是碣石宫!"这对当时有关碣石性质、位置等争论起到了一锤定音的作用。1986年河北金山嘴遗址发掘后,先生进一步指出:连为一体的两处遗址,是具有纪念性意义的大建筑群,似确有国门性质,是秦汉大帝国统一的象征。

在业务上,苏先生具体指导我们:不要急于发掘,要对周边地区进行调查,要把环境放在遗址之中;要进行大面积勘探,把阶段性成果搞出来。并强调:必须在学术上站得住脚,宣传要恰如其分。不仅如此,先生对遗址保护与展示也有许多卓见,诸如建工作站就来源于他的建议。他提出:要建一个基地,可以叫工作站或试验站,要具有开放性,要有陈列展览。并进一步提出了建立碣石宫博物苑的设想,曾计划要适时加开一次碣石宫规划论证。1986年9月,苏先生主持的中国考古学会第六次考古年会在沈阳召开,会后许多先生都考察了姜女石遗址,提出了许多有关发掘与保护的建议。

苏先生对他付出很多心血的这处遗址及这片土地有深厚的感情,1997年9月27日,遵照他的遗嘱,将先生的骨灰撒在姜女石外的大海之中,为这处遗址又留下了不朽的记忆。

三

姜女石、牛河梁、金牛山三项重大考古发现,极大促进了辽宁考古事业的发展。1986年6月,经辽宁省长办公会议决定,成立辽宁省文物考古研究所,同时建立上述三个考古工作站。工作站独立设编,安排专项经费,配备工作用车。当月,省政府公布姜女石、牛河梁为第三批辽宁省文物保护单位。1986年7月,省人大通过了"辽宁省关于《中华人民共和国文物保护法》实施办法"。1988年该遗址被公布为第三批全国重点文物保护单位。

姜女石遗址保护范围占地25平方公里,保护难度很大。为此我们采取了如下办法:一是持续工作,对遗址进行勘探与发掘;二是对遗址的重要部位征地保护。在国家文物局、省计委、财政等相关部门的支持下,共征地70亩,并与当地政府达成协议,将遗址中未征土地部分定为机动地,三十年不承包到户,以保护遗址并保证后期考古工作,可惜此政策以后未能持续;三是发挥工作站作用，站里人员常年在遗址巡查，发现问题及时报告。同时在工作站内设立了资料室、文物库房、陈列室等，适应研究与展示工作的需要。

四

经过多次调查后，我们开始对遗址进行系统的考古工作，期间结合遗址勘探举办了考古勘探技术培训班，对全省各市县文物干部进行培训，相关业务工作详见考古报告。需要说明的是，由国家文物局主持的两次论证会对遗址工作起到了非常关键的指导作用。

1995年7月，借国家文物局在绥中召开大遗址保护规划会之机，就姜女石遗址工作进行了专门讨论，宿白、徐苹芳、黄景略、张忠培、傅熹年、王瑞珠、黄克忠、张森水、叶学明等专家，陕西、河南文物部门领导，绥中县政府领导等都发表了十分中肯、具有针对性的意见，张柏在总结时进一步明确了工作思路：一是要对遗址进行大面积揭露，加强研究；二是要加大保护力度，尤其是保护好环境，争取申报世界文化遗产；三是要做好总体保护规划和各项详规；四是要先考虑遗址展示，而后考虑合理利用。论证会后，我们重点做了如下两个方面的工作。第一，加大发掘工作力度。陆续揭露出石碑地的南部三区、周家南山的全部、大金丝屯的两组窑址等，加之此前发掘的黑山头遗址，截止至1999年，对姜女石遗址群进行发掘的总面积超过40000平方米，上述工作从各方面深化了对遗址的认识，为编写《发掘报告》打下了坚实的基础；第二，进行展示工作实践。遗址所在地环境优美、自身知名度大、周边遍布旅游景点，因此地方政府要求利用遗址的呼声一直很高，我们也意识到为了更好地保护遗址，应该因势利导，遵循苏公提出的建设"碣石宫遗址博物苑"的保护工作思路对遗址进行展示，并根据专家意见对发掘告一段落的黑山头遗址进行回填保护，在回填土上做了1:1模型，模型是夯土的，具有可逆性。1998年7月借《中国文物保护纲要》编写组来姜女石遗址调研之机，邀请美国盖蒂研究所的阿格钮、澳大利亚遗产委员会萨丽雯、敦煌研究院樊锦诗、中国文研所的黄克忠等先生对姜女石遗址的保护与展示进行讨论，初步确立了对遗址进行掩埋保护，其上做模型结合其他模拟方法进行展示的工作思路。

1999年7月，国家文物局主持再次召开了"姜女石遗址研究、保护、利用"的专家论证会，参会的文物局领导有杨志军、孟宪民、刘华彬等，考古专家宿白、傅熹年、黄景略、张忠培、叶学明等先生就姜女石遗址的工作现状及今后工作的重点做了充分的讨论，并形成如下论证意见：第一，建议将姜女石遗址列入世界文化遗产预备名单；第二，由地方政府主持制定姜女石遗址总体保护利用规划、制定有关姜女石遗址保护的地方性法规；第三，加强保护与展示工作，建议将石碑地遗址未征土地采取征用或租借的办法划归考古工作站管理、尽快编写出遗址的考古发掘报告、对遗址已发掘部分加固回填保护并进行多种形式的遗址复原展示、建立一个工作站管理下的资料陈列馆结合遗址展示对外开放。会后，国家文物局将姜女石遗址列入"全国大遗址展示园区",后又列入全国 100 处大遗址保护名单,并连续三年拨款支持遗址展示。我们也邀请中国建筑设计院历史研究所制作了石碑地遗址展示方案,并采取模型、标识等方法对石碑地遗址第一区西部及第四区进行了展示尝试。

如今,《姜女石——秦行宫遗址发掘报告》已告完成,但这里的考古工作并未终结,保护与展示工作仍要继续。

目　录

附表目录

插图目录

图版目录

前　言

　　20 世纪 80 年代初，在辽宁省葫芦岛市绥中县万家镇南部沿海地区发现多处大规模的建筑遗址及相关窑址，均始建于秦代，大抵于秦亡时被毁，个别遗址见有西汉时的建筑遗迹、遗物。因其规模最大、居于中前部的一处遗址位于俗称"姜女坟"的海中礁石对面，故将之统称为"姜女石秦汉建筑群址"，简称为"姜女石遗址"。

　　姜女石遗址是目前国内保存较好并经过大面积系统发掘的秦代大型建筑遗址群之一，是秦统一大帝国的象征与见证，同时又是一项将人文建筑与自然景观完美结合的古代人类工程。它的发现对秦代考古、历史地理学科的研究均起到了积极的促动作用，具有极高的历史价值与学术意义①。1986 年 6 月，该遗址被辽宁省政府列为第三批省级文物保护单位（辽政发（1986）77 号文件）；1988 年 1 月，国务院公布其为第三批全国重点文物保护单位（图版二，1）。1997 年被评为全国十大考古发现之一；1999 年被国家文物局列为全国大遗址展示园区之一。

一　遗址概况

（一）地理位置及遗址范围

　　姜女石遗址位于辽宁、河北两省交界处，中心北距万家镇政府所在地王屯 6 公里，东北距绥中县城绥中镇 65 公里、距兴城市 98 公里、距葫芦岛市 124 公里，西部与河北省秦皇岛市山海关区渤海乡接壤，与山海关的直线距离为 15 公里。

　　京哈客运铁路、京沈高速公路和 102 国道在遗址区的北部通过，止锚湾渔港位于遗址东侧，交通极为便利（图一）。

　　万家镇南部沿海有黑山头与止锚湾两个岬角，在这两个岬角台地上，各有一处建筑遗址。两

---

① 姜女石遗址发现后不久，河北金山嘴也发现了同类遗址。苏秉琦、俞伟超先生给予了极高的评价，指出其意义要超出以往了解的秦汉时期的考古发现，是惊人的。由于它的发现，对碣石的讨论日趋明了，学术界也由单纯的地名考释引申到对碣石所在区域经济、政治等诸多领域的探索。

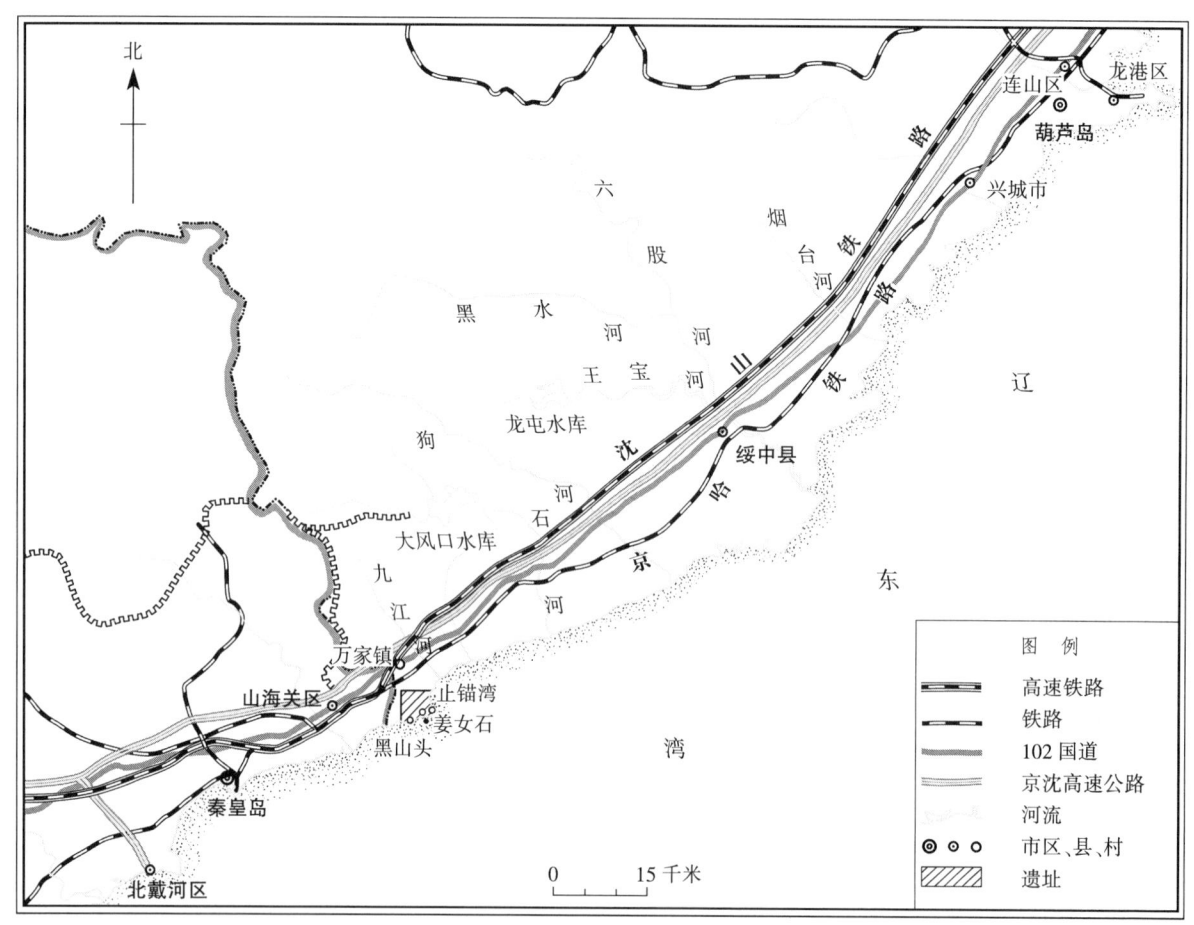

图一　姜女石遗址地理位置图

岬之间的海岸线向内弧曲，其间的地势也从两端向中间逐渐下凹，几乎在正中的部位突兀升起一座人工堆砌的大型土台，当地人称"石碑地"，这便是姜女石遗址中规模最大的建筑址所在地。上述 3 处遗址沿海岸线分布，东西总长近 2.5 公里。在石碑地遗址北部约 0.5 公里处的瓦子地、约 3 公里处的周家南山亦有建筑址分布。此外，在大金丝屯还发现有为修筑秦代行宫而专门设立的窑场。

　　姜女石遗址是对上述 6 处遗址点的总称，其中的 5 处建筑遗址呈"丁"字形分布，是功能有别、遥相呼应、有机结合的整体。

　　该遗址的保护范围为：北起金丝河，南至辽东湾；东北从止锚湾—周家南山一线，向西南达黑山头—大金丝屯一带。

　　建设控制地带为：保护范围以外，东至止锚湾东岸以东 100 米海域及金丝河口；西至黑山头西 100 米一线及大金丝屯保护区西 100 米以内；北至金丝河南岸；南至止锚湾红石碴子、姜女坟、龙门礁石一线南 100 米海域。拟修订的遗址建设控制地带参见图二。

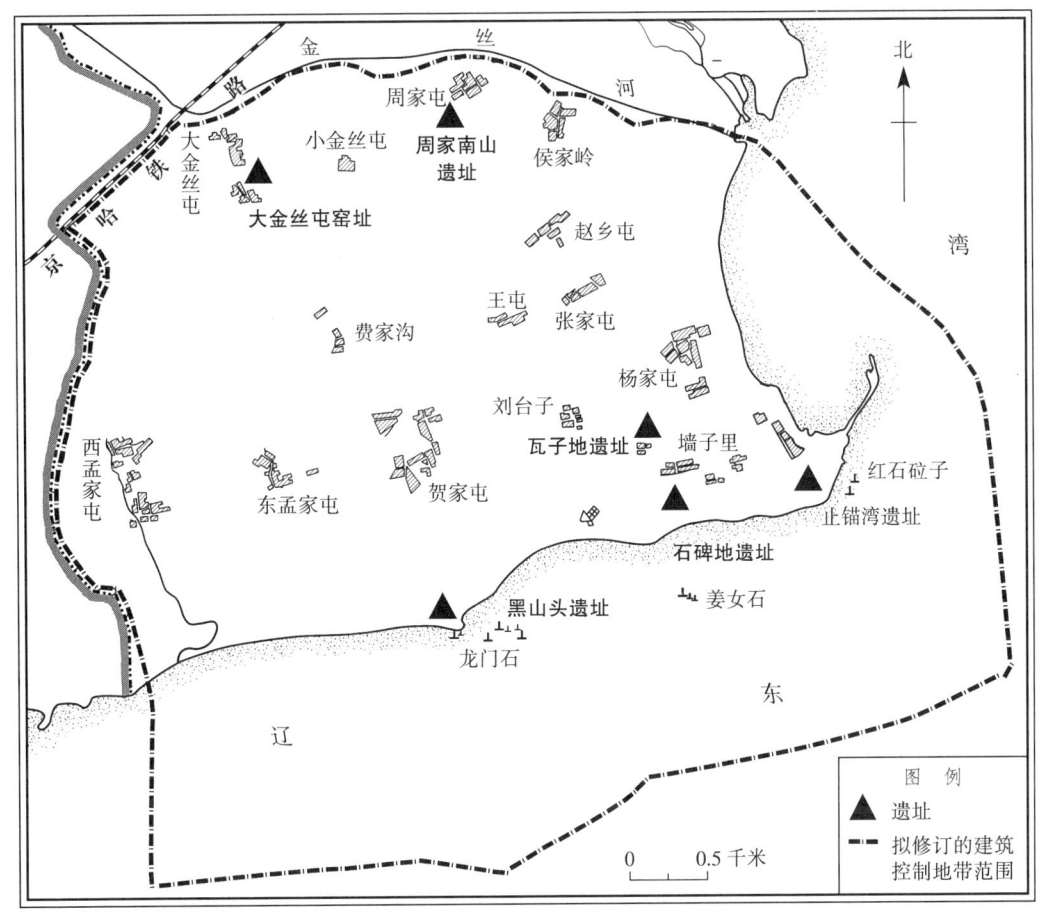

图二　姜女石遗址保护范围示意图

（二）自然环境及保存现状

　　遗址所在区域的北部为金丝河，自西向东注入渤海；东、南两面濒海；西为连绵起伏的燕山，地势总体为西高东低。在金丝河西南，多为缓坡丘陵，以西北之大石山为制高点，最高海拔为53.2米。金丝河以东、九江河与强流河一线地势较平坦。

　　区位构造位于天山——阴山巨型纬向构造体系与新华夏体系的大兴安岭——太行山隆起带向华北——松辽平原沉降带过渡的交接部位，属燕山皱褶范围的三级构造的山海关隆起，其间主要分布地层为震旦系变质岩混合岩系，震旦系的碎屑岩系，中生系的火山杂岩系及陆相碎屑岩系，新生代的坡积堆积和冲洪积层。区内及附近没有较大规模的断裂通过，在全国地震区划图上所标烈度不足6度。

　　从海陆变迁看，遗址所在区为辽东湾的上升区，由于海退，海岸线逐渐向海延伸；从整个辽西走廊块体看，地面相对变化幅度小，相对海平面是整体的稳定上升，因此，区内地质构造稳定。地质构造表层为粗沙砾层，分布标高为3～1米，厚度20米左右，自标高1至-2.5米，主要是沙质黏土，局部地区为淤层所代替。自标高 -2.5 米以下即为花岗石风化层，地质条件较好，易于作天然地基。

遗址所在地区为季风型大陆性气候。夏季多雨，冬季寒冷而少雪，春秋两季季节风较大，多年平均风速每秒 4.8 米。多年平均降水量在 600 毫米左右，多集中在 6～7 月份，占全年平均降水量的 60% 左右。年平均气温为 9.69℃，一年中最高气温出现在 6～7 月份，最低气温出现在 1～2 月份，年内温差较大，一般在 50～60℃ 左右。年蒸发量在 1800 毫米左右。海区雾日出现较少，1～7 月平均每月出现雾日 1～2 天，其他月份无雾日，全年雾日数平均为 11 天，以平流雾为主。

遗址所在地区多年相对湿度为 70%，全年以 7 月份相对湿度最大，月平均为 87%，12 月份相对湿度最小，月平均为 49%。周围海域月平均潮位 1.05 米，月最大潮差 1.43 米，月最高潮汐高度 2.20 米，月最高高度时间为 6 月 11 日 19 时 25 分，月最低高度时间为 4 月 1 日 7 时 20 分，平均高潮位 1.48 米，平均低潮位 0.85 米。平均波高 0.6 米，最大波高 3.6 米。表层水温全年平均 12.4℃，6～8 月为 23.1℃，12～2 月为 -1.5℃，历年最高水温大于 31.6℃。

整个遗址区内自然村屯较多，有墙子里、杨家、刘台子、贺家、王屯、张屯、赵乡、周家及大金丝屯、小金丝屯等。诸遗址自身覆盖面也很大，因自然及人为的作用，特别是近现代人类生产、生活活动，使遗址的周边环境及遗址本体多遭受了不同程度的毁坏。

发现之初，遗址区内多为农田和果园；沿海一线数百米宽的区域为荒芜的盐碱沙滩，有少数地块辟为盐田；石碑地至黑山头沿岸一线尚存少量的海防林带。1992 年迄今，随着万家旅游开发区的成立，沿海岸线修建了大量的旅游度假建筑，及"徐福入海处"、"孟姜女雕像"等人造景观，铺设了"滨海路"、"滨海大道"、"滨海景观大道"等道路设施。

现将各遗址保存状态简要介绍如下：

（1）石碑地遗址

位于万家镇杨家村墙子里屯西南部的高台地上。遗址南部最高大的夯土台基中心的地理坐标为北纬 39°59.949′，东经 119°53.857′，现地表海拔高度 12.2 米。

发现之初，遗址的保存状态如下：

除南部有少量海防林木外，遗址所在区域绝大部分为农田，地势较平坦，平均海拔高度为 6～7 米，高出周邻地表；其南部有一秦、汉两代的大型夯土台基址，较遗址周围地面高出 4 米余。因当地村民过去曾长年在这里取土，其东南及西侧被挖出两个形状不规则的大坑。以东南部的坑为最大，取走土方约 600 立方米。在坑西壁上清晰可见暴露出的夯土层、础石和烧土堆积等遗迹，1989 年以后回填。夯土台顶部立有水泥石块混构"测速碑"一个，已无使用价值，但被相关行业管理部门列为保护单位。此外还有大地测量标志一个。遗址北墙毗邻民居，因取土打墙等活动使西北部一段长约 20 米的墙基被破坏。遗址前部沙丘之上沿海岸线铺垫一层厚约 30 公分的红沙土，宽近 50 米，东西分别通往止锚湾、黑山头两遗址，因百姓常年挖沙取土，仅断续得以保存。

据调查，石碑地遗址与对面海中礁石——姜女石之间原有石甬道相通，其中甬道所铺石块在"文革"期间多被百姓拆除，作为"石灰石"出卖，零星的剩余石块则被海水冲走。据村民介绍，由于甬道部分地势较高，冬季海水结冰，将石块包裹起来，每逢春季冰雪消融，海水可将冰裹的石块移动（图版一）。

2000 年以后，随着旅游及各类经济活动的开展，遗址本体及周边环境又遭受了很大的破坏。如：村民在遗址保护区内沿遗址西侧边缘的路边种植了一排林木，并在遗址的东侧边缘种植了果树，同时在沿海地区兴建了一些旅游设施，致使海边沙土路已完全被毁。

现确定的石碑地遗址保护区为：从遗址南墙基起，北至墙子里村北，长 620 米，南至姜女石约 500 米，东起墙子沟，西至遗址西南海防树林，长 500 米。

（2）止锚湾遗址

位于石碑地遗址东 1 公里左右的海岬上，行政区划隶属于万家镇止锚湾屯。遗址中心地理坐标为北纬 40°00.171′，东经 119°54.700′，现地表海拔高度 26 米。

遗址所在地的地势高阔，东、南两面临海。

该地开发建设较早，发现之初已是辽西沿海地区较大的渔港，遗址所在地被边防派出所、水产公司、船厂、渔政、海洋站、养殖场、港监、外贸、防疫站等十数家驻港单位占用。

在遗址周围海中原有数处高耸矗立于海中的礁石，自东北、东、南、西南依次称为龙爪石、母猪石、红石砬子、掉龙蛋等，且每一处礁石都有一个非常动人的传说。在所有的礁石中，最为壮观的是红石砬子，它位于止锚湾正南方的海中，自岸边不远处开始，遍布于南北长五、六十米，东西宽三、四十米的范围内，礁石鳞次栉比，其中有天然的遮雨檐罩，有凉爽的休息平台，颜色呈红色，红石砬子便因此得名。这些自然景观均在"文革"期间被人为炸毁。

随着经济的发展，该遗址保护区内新兴建了许多饭店、旅馆等设施，遗址保护形势非常严峻。

现确定的止锚湾遗址保护区为：东至东海头，南至红石砬子海域，西至墙子里村东头入海水沟，北至止锚湾界标。

（3）黑山头遗址

位于石碑地遗址西 2 公里处突起的海岬顶上，隶属于万家镇贺家村。遗址中心地理坐标为北纬 39°59.919′，东经 119°52.542′，现地表海拔高度为 13.2 米。

发现之初，整个遗址上部已被有关单位施工时推毁，毁掉厚度约为 1～2 米。此后经多方协商，遗址所在区域划归文物部门管理。

遗址东、南两面临海，对面海中也矗立有两块天然的礁石，类似门状分布，相距 40 米，俗称"龙门石"。

目前，黑山头遗址已被回填保护，在现地表又对其地下建筑按 1∶1 的比例进行了原大复制。

现确定的黑山头遗址保护区为：从南海头向北至水冲沟北部 100 米，西部 45 米，向南至海中"龙门石"一线，东西由海头东崖至海头西崖共 160 米。

（4）瓦子地遗址

位于墙子里村北部，与石碑地遗址仅一村之隔，隶属于万家镇杨家村杨家屯。遗址中心地理坐标为：北纬 40°00.513′，东经 119°53.757′，现地表海拔高度为 21 米。

遗址所在区域地势较高，现为耕地与果园。

现确定的瓦子地遗址保护区为：东起墙子里至杨家屯乡路，南与石碑地遗址保护区接界，西到墙子里村西水塘至刘台子一线，北至距南面边界 800 米处。

（5）周家南山遗址

位于石碑地遗址北约 4 公里处周家屯南的一处高台地上，隶属于万家镇周家村周家屯。遗址中心地理坐标为北纬 40°01.772′，东经 119°52.786′，现地表海拔高度为 24 米。

遗址所在地的地势较高，现为耕地，破坏较严重。

现确定的周家南山遗址保护区为：遗址中心点向四周各延伸 100 米。

（6）大金丝屯遗址

位于石碑地遗址西北约 4.5 公里处，隶属于万家镇大金丝村大金丝屯。中心区位于屯北的平坦台地上，地理坐标为北纬 40°01.592′，东经 119°51.384′，现地表海拔高度为 19 米。

遗址范围较大，所在地的地势较高，其上现多为耕地、果园，局部被现代村落破坏。

现确定的大金丝屯遗址保护区为：以村东南角学校旧址为中心，向东 200 米、向西 400 米、向南 100 米的范围内。

（三）历史沿革及周围景观

对遗址所在地区相关地名的由来，以及所属的行政区划有较为明确记载的时间至少可追溯至明代。

据《绥中县志》：万家镇在明代天顺八年（公元 1464 年）有宛姓居民首先定居于此，故名"宛家屯"，后随岁月流逝，逐渐取谐音为"万家屯"；清代末期万家屯属绥中老军屯区，民国时期属前所六区，1931 年属金丝屯村和东罗城村，1946 年属金丝乡，1949 年先属王家庄六区，后属老军屯六区，20 世纪 50 年代以后属前所卫星公社，1961 年建万家公社，1983 年改为万家乡，1984 年改为万家镇。

而止锚湾遗址所在地的地名在明代称为芝麻湾。据《绥中县志》：因其"港深浪静，西有悬崖，易于抛锚避风，是停泊船只的天然良港，故谐音为止锚湾"。止锚湾不仅为著名港口，还是军事战略要地。据《战国秦汉辽东辽西郡县考略》载："直到明初，渤海湾东南一、二十里是止锚湾，乃为征倭曾行之道。"又据《清康熙三十二年的沈故上》载："盛京环海可泊大船者，在宁远境内曰止锚湾。"

据文物普查资料①，遗址所在地区自新石器时代起便有人类活动。

据相关文献记载，遗址所在地区战国时为燕国所辖；秦、汉两代隶属于辽西郡。在这一地区出现规模宏大的建筑群有深刻的历史背景，应与历史上很著名的地名——碣石密切相关。

遗址区内既有细白漫长柔软的沙滩，又有极具观赏性的自然与人文景观。

距石碑地遗址约 400 余米的海中有几块天然礁石，即碣石，当地民间传说它是孟姜女的坟。清代王致中文："关外海洋中有立石一，殊肖人形。又卧石三，皆相枕，世传为姜女坟。"又《奉天通志》云："姜女祠东南十余里即海矣，有石浮屠高三丈，四面环水，为姜女坟，常有飞雁翔集其上。"遂以"姜坟雁阵"列入渝关八景之一。

碣石实际上是一组海蚀柱，以其形态似"碣"而得名。推测原为一对，后来西侧柱倒塌，便成了今天的这个样子。其中耸立者，高出海面 20 余米，根基呈不规则的长方形，南北长 11 米，东西宽 8 米，呈黑色。碣石为姜女坟的提法与附近望夫石村的姜女庙有关。明清时期姜女祠盛极一时，康熙等四位皇帝都亲临姜女祠拜祭，赏景题诗，正因为如此，人们便把附近海域中的这组礁石与传说联系起来了。

遗址区周围也有许多人文景观，其中有国内独一无二的九门口水上长城，有规模宏大的明末朱梅墓园，有明代古城前所城，有烟波浩渺的将军湖，有"小泰山"之称的三州山自然风景区。加之兴城、山海关、姜女庙、老龙头、南戴河、北戴河、黄金海岸等邻近景点，其中有国家级文物保护单位 2 个，省级文物保护单位 5 个，省级旅游度假区 1 个，共同构成了风景壮美、历史悠久、人文荟萃的多层次全方位的旅游系统资源（图三）。

二　工作历程

自该遗址被发现迄今，历时近 30 年。先后有数十位先生参加了该遗址的调查、勘探与发掘，他们以默默无闻、辛勤而艰苦的工作为遗址的持续深层次的研究打下了坚实的基础；许多国家领导人、各级政府领导、各行各业的知名人士及文化、文物主管部门的领导同志多次来到工地参观指导，为遗址保护做了大量的工作，使遗址区内尚能保存一方净土、一湾碧水，以告慰古人；国内、外许多知名专家、学者多次亲临现场指导发掘，以其卓越的视野使研究提到了一个新的

---

① 1988 年，姜女石工作站曾对遗址周围进行过文物普查，组织并参加调查的人员有：辛占山、张克举、曲枫、李飞龙、辛发、吴鹏等。普查队在临近的山海关区渤海乡郭庄村朱庄屯东发现有新石器时代遗址，在万家镇赵乡村王屯西北及山海关区渤海乡扬庄村东发现有两处青铜时代遗址。

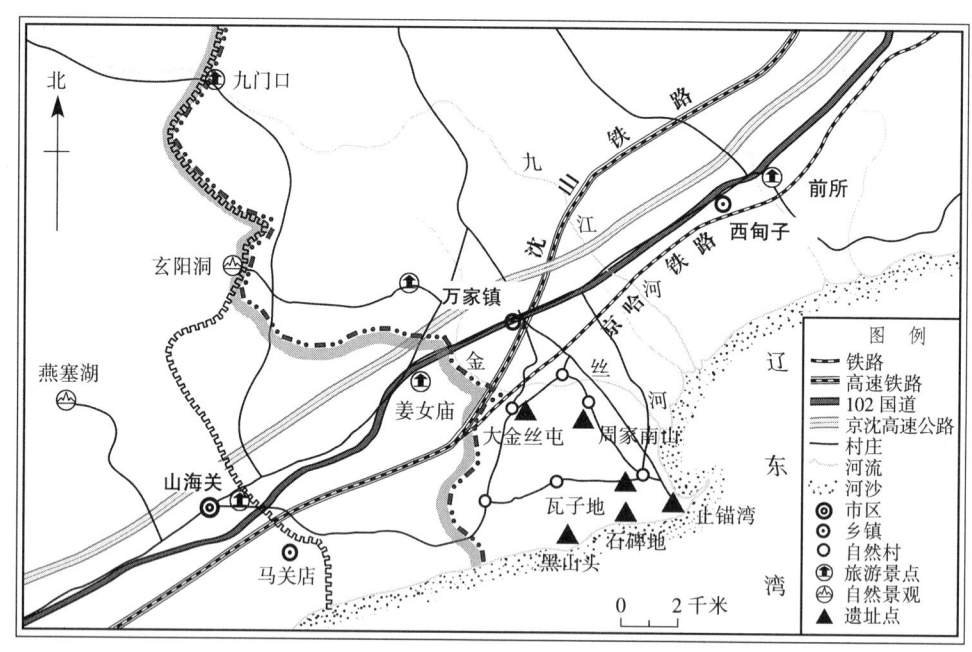

图三　姜女石遗址周围景观分布图

高度①。

迄今为止，根据历年来围绕该遗址开展的考古工作内容及相关研究认识的不同，可将多年来的工作分为如下四个阶段。

（一）了解遗址整体面貌

20世纪80年代初，辽宁省进行文物普查。

1981年，绥中县西部普查组娄世光、陈洪章等人在乡文化干部李延秋的介绍下，首先发现了瓦子地遗址，采集到一些建筑瓦件。1982年初，锦州市文物普查队对重要遗址进行复查。同年4月，刘谦、刘义仲等人对遗址及周围进行详细调查，相继发现石碑地、止锚湾、黑山头等几处遗址。1983年12月，时任辽宁省文化厅副厅长的郭大顺、辽宁省博物馆副馆长孙守道等先生对遗址进行复查，通过出土文物结合历史文献考证断定这是一处秦代皇家级的建筑遗址，与始皇东巡"碣石"有关。

鉴于遗址的重要性及保护形势的日益严峻，自1984年开始，由辽宁省组织的考古队开始持续对该遗址进行工作，至1987年对各遗址陆续进行了局部勘探与解剖发掘，主要内容如下②：

---

① 苏秉琦、宿白、张忠培、俞伟超、徐苹芳、李学勤、傅熹年、秋山进午等近百位中外学者、同仁光临遗址指导。
② 详见辽宁省文物考古研究所：《辽宁绥中县"姜女坟"秦汉建筑遗址发掘简报》，《文物》1986年第8期；《中国考古学年鉴》1985年、1986年、1987年、1988年。

（1）对石碑地遗址进行局部勘探与试掘

基本探清了遗址南墙、东墙和西墙的南半部，探明了遗址第Ⅰ区的东部和第Ⅴ区的全部。

试掘了遗址第Ⅰ区第1组中心大夯土台局部、第2组主体建筑南部，第Ⅱ区第2组三单元主体建筑等几处地点，发掘总面积3500余平方米。发掘以揭露出遗迹现象为止，未做细致解剖。

（2）对黑山头遗址进行抢救性清理

基本揭露出了其残存的建筑遗迹。

（3）对止锚湾遗址进行试掘

1984年、1987年先后做过两次试掘，但面积均不大，发现了夯土台基及井窖等建筑遗迹、遗物。

（4）对瓦子地遗址进行试掘

发掘面积100平方米左右，发现了一处建筑遗址及一些生活用具。

该阶段工作总的收获为：基本验证了对考古调查结果的推断，初步弄清了各遗址点年代的上、下限。但对单体遗址的范围、性质，各遗址间的关系等问题认识还较为模糊，一些问题还存在争议。

这一时期先后参加工作的同志有：陈大为、王成生、李宇峰、辛岩、王德柱、曲枫、李宏伟、孙力、韩松、史晓英、徐伟光、刘义仲、刘停战、王云刚、朱虹岩、陈洪章、赵杰、刘丽君、刘成斌、郑丽萍、李向东等。由孙守道先生任考古发掘领队，1984年考古工地负责人为陈大为，1985～1987年为王成生。

（二）确定单体遗址的范围及性质

为了准确把握各遗址的范围、文化内涵，1988年以后开始对各单体遗址进行全面的勘探与发掘工作。

其中1992年以前的工作主要是对石碑地遗址进行勘探，对黑山头遗址进行解剖，主要内容及收获如下：

对石碑地遗址进行全面勘探、局部发掘，初步弄清了宫城址的外轮廓。多年发掘面积近3000平方米。同时对石碑地遗址西侧的考古工作站站址进行了考古发掘。

在对黑山头遗址全面揭露的基础上，对其进行局部解剖。

此外，这一时期还对姜女石遗址周围进行考古调查，发现了属于新石器时代、青铜时代、秦汉时期的遗址4处。

参加这一阶段工作的人员有：辛占山、张克举、曲枫、王来柱、刘胜刚、万欣、袁宫文等，分别由张克举、万欣任站长。领队：辛占山、张克举。

1993 年以后开始对各遗址进行全面勘探，并对石碑地遗址进行大面积揭露。至 2000 年，各遗址发掘总面积累计近 40000 平方米，勘探总面积达 42 万平方米，具体工作时间及内容如下：

1993～1994 年：

对石碑地遗址进行勘探，勘探面积达 20 万平方米。基本弄清了遗址内部夯土基础布局情况。

对石碑地遗址第 I 区西部的第 2 组建筑址进行了全面揭露和详细解剖，发掘面积为 5000 平方米，对遗址进行分期，对秦、汉两代建筑的分布范围及其建筑形式有了初步了解。

1995 年：

对瓦子地遗址进行勘探，面积达 10 万平方米。

对石碑地遗址第 I 区北部和第 III 区南部的第 1、2、3 组建筑进行了发掘，发掘面积为 2500 平方米①。

1996 年：

对周家南山遗址进行了勘探，面积达 5 万平方米。

对石碑地遗址第 II 区第 2 组建筑局部进行了揭露。

1997 年：

对大金丝屯遗址进行勘探，勘探面积达 5 万平方米。

对石碑地遗址第 II 区第 1、2 组建筑进行发掘。

1998 年：

对止锚湾遗址进行勘探，勘探面积达 2 万平方米。

对石碑地遗址第 I 区第 1 组建筑进行了发掘。发现了秦、汉两期建筑的基础及部分建筑墙体。

1999 年：

对石碑地遗址进行补充发掘并局部解剖。

对大金丝屯遗址进行发掘，揭露出两组窑址及其操作间。

对周家南山遗址进行发掘②。

2000 年：

对石碑地遗址的第 I 区第 3 组建筑、第 IV 区南门等区域进行发掘。

---

① 见辽宁省文物考古研究所姜女石工作站：《辽宁省绥中县"姜女石"秦汉建筑群址石碑地遗址的勘探与试掘》、《辽宁省绥中县石碑地秦汉宫城遗址 1993—1995 年发掘简报》、《辽宁省绥中县姜女石秦汉建筑群址瓦子地遗址一号窑址》，《考古》1997 年第 10 期；华玉冰、杨荣昌：《"姜女石"秦汉建筑群址》，《中国考古学年鉴（1995）》，文物出版社，1996 年；《"碣石宫"遗址》，《中国考古学年鉴（1996）》，文物出版社，1997 年；华玉冰、杨荣昌：《姜女石秦汉建筑群址》，《中国考古学年鉴（1997）》，文物出版社，1998 年。

② 辽宁省文物考古研究所姜女石工作站：《姜女石秦汉建筑群址发掘获新成果》，《中国文物报》2000 年 2 月 16 日。

参加这一阶段工作的人员有华玉冰、杨荣昌、袁宫文、朱汝田、万雄飞、华正杰等。由华玉冰任站长，领队分别为辛占山、张克举、华玉冰。

该阶段工作的收获为：初步了解了一些遗址的范围、文化内涵、性质等问题，对各遗址间的关系有了较为明晰的认识，但仍然存在一些问题有待进一步工作。

（三）　对重要遗址进行保护展示

1995 年以后，随着一些重要遗址发掘工作的基本结束，如何对这些遗址进行保护便成了下一步工作的重点，为此，开始尝试对遗址进行保护性展示的工作。

1995 年，在张克举同志的主持下，对黑山头遗址回填保护，并在其上做了原大的基础模型。

2001 年以后，在王晶辰、杨荣昌同志主持下对石碑地遗址第Ⅳ区做了标志性复原，对第Ⅰ区西部的第 2 组建筑址及其周围的门址建筑与廊道做了原大模型复原，同时对相关遗迹做了细致的解剖。

参加该阶段工作的人员还有：梁振晶、赵洪奇、华正杰等。由杨荣昌任站长及领队。

（四）　编写报告

自 1986 年始，便陆续编写考古发掘简报，2002 年以后开始筹备编写发掘报告，但由于主要发掘人员工作变动，致使这一工作进展缓慢。2008 年 7 月 ~2009 年 6 月，在以往工作的基础上，开始集中人力从事本报告的编写工作，这一阶段工作的主要人员有：华玉冰、李霞、王银平、朱汝田、万欣、杨荣昌、穆启文、华正杰、王晓磊等。

本报告所涉及的业务成果自 1982 年起，截至 2002 年底，是 20 多年来姜女石遗址工作的总结。对本报告名称、体例及内容有以下几点需要说明：

（1）姜女石遗址群中的各遗址均以秦代建筑（包括窑场）为主，且规模庞大，为突出秦代遗存的重要地位，故称之为秦行宫遗址。

（2）尽管各遗址性质不同，既有建筑遗址又有窑址，为突出遗址的独立性，本报告以遗址为序安排章节，共分为六章，分别介绍各遗址的基本情况。

（3）一些遗址既有秦代遗存，又有汉代遗存，为保持资料完整、条理清楚，在相关章节中先对遗址进行分期，而后按时代介绍相关遗存。文中未注明时代的遗迹、遗物均为秦代。

（4）鉴于遗址的建筑性质，本文借用了一些古代建筑的术语并赋予其特定的含义，如：基础，泛指建筑的地下部分，其中单独呈条状墙体的基础称为墙基，建于整个基础之上的房址基础称为房基；台基，特指建筑基础的地上部分；台阶，特指登上台基的夯土阶梯；踏步，特指以空心砖搭成的台阶等。但同时也有一些建筑术语本文未采用，如台明等。

由于参加发掘的人员较多，在历次简报、年鉴及报纸等的报道中出现过探方编号不一致的现象，本报告特在相关章节中对涉及的探方进行了统一。同时，对所有遗迹、遗物做了统一的校对，并对原有的遗迹、遗物编号统一进行调整，历次报道与本报告有不符之处以本报告为准。

第一章　石碑地遗址

在绥中县万家镇杨家村墙子里屯南、正对姜女坟礁石的渤海岸边有一块高敞开阔的台地，中部较为平坦，东侧边缘有一条南北向的水沟，人称墙子沟；西侧边缘有一条乡村小路；南侧为无垠的大海；北侧与墙子里屯相连。台地以外的东、南、西三面地势陡降（图版二，2）。

姜女石秦代诸遗址中建筑面积最大、位置居中的主体建筑遗址就坐落于这四周低、中间高的台地上。因该台地曾立有一清代的石碑，当地人称石碑地，故将该遗址称之为石碑地遗址。

该遗址在秦代各遗址点中保存最好，所开展的考古工作也最多。

第一节　遗址分期

一　工作概况

石碑地遗址是 1982 年发现的，1983 年经复查确认属秦、汉时期的建筑遗址。鉴于当地村民多年来一直在遗址南部的大型夯土台基上取土造肥，遗址已遭到破坏的实际情况，为了更好地对遗址进行保护，自 1984 年至 2000 年间，原辽宁省博物馆考古队、辽宁省文物考古研究所（姜女石工作站）持续对其进行了考古勘探与发掘工作。期间，尽管工作人员不断变更，工作重点也不尽相同，但工作的延续性得以保持。

该遗址面积较大，但保存较好。地下夯土分布密集，且其上现为耕地，这为全面系统地了解该遗址的构造情况提供了良好的条件。为此，在工作之初，便为长期工作制定了规划，主要包括：对遗址进行测绘、统一布方、全面勘探、局部解剖、大面积发掘等。现以工作内容为序，将历年来的工作加以整理，统一予以介绍。

（一）遗址测绘

为有计划地对遗址进行勘探与大面积揭露，使发掘与保护工作保持准确性、持久性、连续性，因此有必要对遗址进行全面测绘，以便把握遗址所在地的地形、地貌及其与遗址之间的关系。

历年来，专门对遗址进行的测绘工作共有 3 次。

第一次：

1984 年 6 月，由王成生等同志主持，孙丽君等同志负责对遗址南部大型夯土台及其周围进行了测绘，比例为 1∶400。以现存地貌为主要内容，附有地表的横、纵剖面图。

第二次：

1985 年 7 月，在王成生等协助下，由中国社会科学院考古研究所刘震伟等同志对整个遗址进行了较全面的地形测绘工作。该次测绘等高线采用的是假定高程，等高距为 1 米，比例为 1∶1000，但测绘内容较为简单。

第三次：

1993 年 4 月，由辛占山主持，在华玉冰、杨荣昌的协助下，邀请辽宁省朝阳市建筑勘探设计院的李井海、张明达二位同志对遗址及其周围进行了测绘，并形成了测绘报告，内容如下①：

地理坐标：东经 119°52′，北纬 39°58′。

范围：东西宽 500 米，南北长 600 米。

总面积：0.3 平方公里。

根据需要，首先在遗址区均匀散布了 9 个控制点，点位以水泥预制桩埋入，桩长 1～1.5 米，顶部有"十"字符号，"十"字中心为点位标志，桩身侧面朱涂控制点编号 K：［1、2…9］（图四；附表一）。

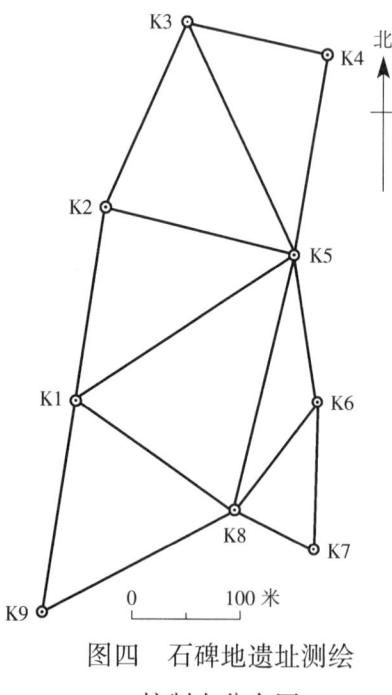

图四　石碑地遗址测绘
控制点分布图

水平角平面用 T6 型经纬仪观测一测回，测角误差为 7.5″；垂直角观测采用 T6 型经纬仪三丝法观测一测回，最大指标差互差为 15″；内业计算采用近似平差的方法进行，起算数据在 1∶10000 地形图上获得。

为工作方便，采用磁方位而非真北方向。

地形图用大平板视距法绘制，最大视距 100 米，测图时对树、井、房屋、坟、电力线、电话线、公路、小路等均进行了详细的测绘可作为参照点使用。测出 1∶500 地形图 6 幅，等高距 0.5 米，1∶1000 地形图一幅，等高距 1 米。

据测绘资料可绘制遗址地表剖面并可见所测范围内四周等高线分布较密集，而中间疏远的现象，说明遗址所在的中心部位地势较平坦，这一范围南北长约 500 米，东西宽约 300 米，海拔高度多在 6.5～7.5 米之间，而遗址四周地势则较低，两者高差近 4 米。在遗址区东侧有一条现仍然使用的基本平行于等

---

① 以下相关测绘内容引自此次测绘报告。

高线的水沟（俗称墙子沟），依自然冲沟均应垂直于等高线的规律看，该沟系人力所为，年代待定，它自北向南直贯入海，现存深度 0.5～1 米不等。

（二）统一布方

该项工作前后共有四次，尽管每次布方的控制点不同，探方编号各异，但都考虑了以往的布方格局，因此可以大体对应。需要说明的是，每次重新布方都是与对遗址有新的认识相关的，目的是为了更好地对整个遗址有效地进行控制。

第一次：

1984～1985 年。总控制点设置在遗址南部中心大型夯土台基上，位于大地测量标志点（现代测速碑北 4 米处）正东 4 米处，掩埋一段 1 米长的钢筋作为标志。遗址编号的起点在当时探明的遗址东墙南端，以此为基点向西布方 30 列，列距 10 米，各列代号 A、B、C……Z，A′、B′、C′、D′、E′（其中缺 I 行），每列各方自南端始，按自然数序向北排列，称作 A1、A2……①。直至1988 年，该遗址的发掘一直沿用此编号系统。

第二次：

1992 年。当年全省的考古勘探班学员参加了遗址的勘探实习，在万欣同志的主持下对遗址重新进行了统一编号，以探明的遗址西南角为 0 点，采用象限法进行布方。

第三次：

1992 年 9 月。华玉冰、杨荣昌主持石碑地遗址发掘，将遗址划分为 24 个区，分别按英文字母顺序排列，每区约 1 万平方米。

第四次：

1993 年至今。在对遗址全面测绘并取得准确勘探结果的基础上，又对遗址所在范围统一进行了理论布方与工作分区。以测绘点 K9 向东 15 米，向北 18 米处为布方的总基点，即 0 点。采用象限法布方，用第一象限覆盖整个遗址，取横轴、纵轴各两数字作为探方编号，每个探方编号共由四位数组成。在实际操作时，先在地形及勘探图上进行理论布方并进行编号，实地发掘则以最近一处控制点、地物或遗迹本身作为参照点置控。各方均为 10×10 米，总面积 100 平方米，在遗址范围内共布方 1612 个，布方总面积为 161200 平方米。这一编号系统一直沿用至今。

在所有的布方与编号系统中以第 1 与第 4 套系统使用时间最长，两者的对应关系大体如下：

1993 年布方系统中的横坐标 24 相当于 1985 年系统中的 A，简写之为 24≈A，23≈B，22≈C……01≈Y。纵坐标的 01≈1，02≈2，03≈3……例如 1996 年简报中的 E13、14、15 大致分别相当于今编号的 2013、2014、2015（注：受测绘等原因的局限，这种理论布方在个别地点不完全对应，稍有误差）。

---

① 参见辽宁省文物考古研究所：《辽宁绥中县"姜女坟"秦汉建筑遗址发掘简报》，《文物》1986 年第 8 期。

（三）全面勘探

对石碑地遗址较大规模的勘探有如下几次：

第一次：

1985 年 7 月下旬～10 月底。由王成生等主持，基本探清了遗址外轮廓的西墙、南墙和东墙的局部，发现了一些大小不同的夯土台基，并得出了夯土台基的分布似乎是以南端大夯土台为中心，分东西两行向北排列的认识。

第二次：

1986 年 8 月。由王成生等主持，又对遗址第Ⅰ区的中心大夯土台及其周围进行了大面积的勘探。

第三次：

1991～1992 年。由万欣等主持，对石碑地遗址进行了勘探，基本弄清了遗址的外轮廓。

第四次：

1993 年 4 月中旬～11 月末。由华玉冰、杨荣昌主持，利用春、秋两季近 4 个月的时间对测绘范围内的遗址分布区进行了全面细致的普探，采用"十"字、"井"字孔结合的方法探明其外围设施，重点地区则布孔距为 1.5 米的"梅花孔"进行重点勘探，遗迹边缘及细部经"卡"边，误差在 0.15 米之内，使得连续或间断的遗迹现象基本无疏漏，结果准确可靠。解决了城址范围、夯土台基分布、层位堆积状况等诸多问题。这一勘探结果已准确地绘制到地形图上（图五）。

（四）系统发掘

1984～1993 年，对石碑地遗址的发掘都属于试掘性质，主要目的是验证勘探结果，并试图对遗址的构造进行了解。可分两个阶段。

第一阶段：

1984～1987 年。这一阶段的试掘以暴露出遗迹现象为目标，未作细致解剖，历年来累计发掘总面积近 3500 平方米，主要工作大体如下：

围绕遗址南部 1 号大夯土台（原编号 1 号夯土台，即第Ⅰ区第 1 组主体建筑基础）周围进行工作。基本弄清了其大致范围及构造的基本情况，并对基础西南角、西北角与东南角进行了解剖。

围绕勘探发现的宫墙做工作。主要集中于宫墙的拐角处和勘探发现的夯土墙基的断缺处。揭露出了宫墙西南角、东北角，南墙中部、东部，东墙南半部的北端等部位。

集中发掘的区域是位于 1 号大夯土台东北约 150 米处的 2 号夯土台（原编号 2 号夯土台指第Ⅱ区第 2 组三单元建筑），共布方 12 个，发掘面积为 1200 平方米。

第二阶段：

1992～1993 年。

图五　石碑地遗址地形、布方及夯土基础分布图

　　这一阶段的工作虽然也具有试掘和验证勘探结果的性质，但稍有不同的是加强了对遗址的解剖，因此解决了遗址的分期问题，试掘总面积近1000平方米。

　　1993～1999年，开始对遗址进行大面积揭露，重点解决秦代建筑的形式与构造问题，发掘总面积为 30000 余平方米（详见第一章）。

二　遗址分期与年代

1992～1993 年，我们有意识地选择了遗址墙体交界处，大体沿东西一线的关键部位进行了试掘，基本弄清了遗址的层位关系并对遗址进行了分期。1999 年，又对历年来暴露出的重要遗迹做了局部解剖，进一步了解了遗址的构造与各时期的建筑建造与使用情况，现将相关情况介绍如下。

（一）层位堆积及其成因

从勘探与发掘的结果看，该遗址的遗迹现象较为单纯，均为建筑遗迹；出土遗物多为建筑构件，从颜色、质地、纹饰、规格等诸多方面看均有所不同，应属于不同的时期。因此，弄清该遗址不同时期建筑之间的关系、各期建筑的布局及其结构是工作的重点所在，而这些问题必须通过对层位堆积的研究加以解决。

由于遗址分布范围较大，完全以土质土色的不同统一划分地层的难度较大。考虑到该遗址的实际情况，为能够更好地说明问题，简洁起见，本文据成因及年代的不同将整个遗址统一划分为 5个较大层位，每一层下再区分出不同的小层。现结合典型剖面综合予以说明。

第①层：表土层。

据土质、土色的不同，可分为 2 个亚层。

①a 层：黄沙土，土质松软，厚度在 0.2～0.3 米之间。遍布整个遗址中北部，出土遗物有秦汉时期的建筑瓦件、明清时期的瓷片、现代砖瓦等，属近现代农耕层（图六、图七）。

①b 层：灰色沙土，土质松软，厚度在 0.1～0.2 米之间。主要见于宫城的南半部及城外地势低洼处，出土遗物主要为秦、汉时期的建筑瓦件，现为荒地（图六）。

从 T0212 北壁东半部、T0312 北壁西半部剖面看，①a 层叠压在①b 层上，表明其形成年代不

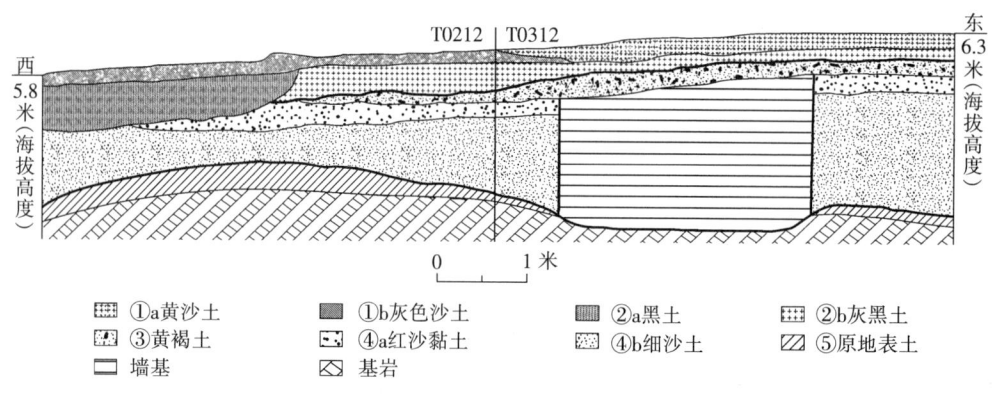

图六　石碑地遗址 T0212、T0312 北壁局部剖面图

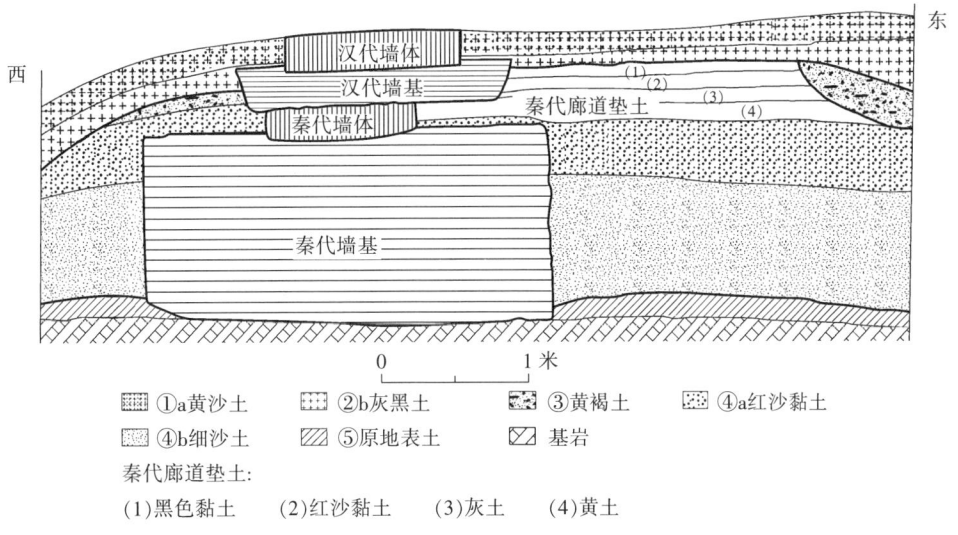

图七 石碑地遗址 T0909 北壁局部剖面图

同，①b 层较早。从现状分析，①a 层所在为耕地，多年的耕种使其土质、土色均与①b 层有别，但均可统称为表土层（图六）。

遗址南部该层下即见晚期建筑墙体顶面（残断部分），宽 1.2、存高 0.1 米左右。墙体周围有成片分布的呈黄褐色、火候较低的建筑板瓦、筒瓦及零星的"千秋万岁"瓦当。

第②层：垫土层。

据土质、土色的不同，可分为两个亚层。

②a 层：黑土。依地势不同，堆积厚度也不同，一般在 0.1~0.5 米之间。该层主要见于宫城北部及宫城外地势较低处。该层中间及底部多见呈灰色、火候较高的板瓦、筒瓦碎片及卷云纹瓦当等（图六）。

②b 层：灰黑土，较坚硬。堆积薄厚不等，厚度在 0.1~0.5 米之间。主要见于遗址南部，与晚期建筑遗物分布范围大体相同（图六、图七）。

从 T0909 北壁剖面看，②b 层叠压晚期建筑的墙基。墙基宽 1.9 米，上宽下窄，系挖槽起筑。打破第一期建筑夯土墙体、廊道，现存深度为 0.25 米左右。上述情况表明，第②b 层应属于晚期建筑的地面（图版三）。

从②a 层分布区域及包含物中多见建筑瓦件的情况看，亦非自然形成。综合整个遗址的堆积情况分析，该层的形成应与晚期建筑修整地面有关。应属于晚期建筑分布区以外的建筑周围地面。

该层下普遍见有第③层与第一期夯土墙体等建筑遗迹。

第③层：倒塌堆积层。

黄褐土。厚 0.2~0.4 米不等。内夹杂大量的呈青灰色、火候较高的建筑瓦片以及烧土块。主要分布于宫城内、外各类建筑遗迹的周围。

从土质土色看，该层土系夯土墙体倒塌后经人工扰动所致，结合分布区域及各类包含物分析，应为第一期建筑的倒塌堆积层。从图六看，在第一期建筑墙基之上见有该层土，表明第一期建筑废弃以后倒塌堆积经人工平整。

T0909北壁剖面（图七）较好地反映了第一期建筑墙体与第③层倒塌堆积间的关系：

第一期建筑墙体宽1米，现存高0.2米左右，上部被晚期建筑基础打破；墙体东部廊道部位垫土，总厚度为0.4米，宽度约2.8米，共分为4层，每层厚0.1米左右。第（1）层为黑色黏土，（2）层为红沙黏土，（3）层为灰土，（4）层为黄土，均较纯净。廊道铺设较规矩、平整，高出周围地面约0.4米；廊道外侧见有第③层，即第一期建筑倒塌堆积。

第④层：垫土层。

据土质不同可分为2个亚层。

④a层：红沙黏土。质地较硬，有黏性。厚度在0.2～0.4米左右，系人工铺垫而成。该层普遍见于宫城内部，铺垫较为平整；亦见于宫墙外侧，铺出一定的坡度。该层内不见遗物，表面上部见有大量的第一期建筑倒塌堆积。

④b层：细沙土。位于④a层下部。其深度与原地表高度有关，原地表高者则浅，反之则深。深度在0.2～1米之间。该层中有的夹杂红沙黏土，内不见遗物（图六、图七）。

第一期建筑基础均被第④层所掩埋，其中墙基的宽度基本一致，为2.6～2.8米，高度则不等，建筑基础版筑痕迹保留完好。

从建筑基础保存状态及第一期建筑倒塌堆积的分布状态看，④b层为第一期垫土层，④a层为第一期建筑的地面。

第⑤层：建城前的地表土。

因遗址范围较大，该层土的土质土色不同，有黑色黏土、灰褐色黏土、黄褐色黏土等，厚0.2～0.5米不等。其下多为黄褐色的基岩，此外还有红色黏土等生土。

第一期建筑基础打破该层，建筑于基岩及生土之上（参见图六、图七）。

（二）遗址分期与建筑年代

1. 层位分析

经过对遗址内外多个地点的解剖，综合各解剖地点的层位关系可以对该遗址的形成过程得出如下认识：

遗址所在地原地表的地势总体为：东高西低、北高南低，与现遗址周围的地势大体相同。原地表土均为黏土，其下为基岩；遗址所在地现地貌为台地，其成因与人类从事的建筑活动有关。从目前的考古发现看，遗址所在区内除发现两期建筑外，无其他重要的人类活动遗迹。

较早时期的建筑基础保存较好，其建筑程序如下：

首先，修建各类建筑（如墙体、台基等）的基础（埋于地下的建筑物基础）。

基础均于原地表上挖浅槽起筑，基础底部建于基岩或红色黏土生土上。依原地势不同，基础的高度不一致，东部地势较低则基础较高，西部地势较高则基础较矮。同时，考虑到整个宫城的排水及各组建筑的错落，不同阶面（整个宫城地表高度不同，呈阶梯状，详后）的基础顶部高度不同，同一阶面建筑的基础顶部基本保持水平。

其次，对基础进行掩埋，在建筑区域内形成高出原地表的大规模台地。

因各类建筑基础均高出原地表，需要对其进行回填处理，第④层即因此而成。其中下部填土以沙土、红板沙、黑黏泥等相间铺垫，即④b层。该层遍布宫城内外，城内部分该层较平整，城外部分则呈坡状铺垫，该层低于基础顶部约0.2米左右。该层上部垫土均为红色沙性黏土，形成宫城内、外的地面，即④a层。宫城地面平均厚度为0.3米左右，地面顶面稍高于基础顶面。

各单元建筑的台基（基础之上的大型建筑基础）及院墙的墙体均建于基础之上，形成第一期建筑。

第一期建筑废弃后，在各个单元建筑或建筑围墙的周围散布有大量的建筑倒塌堆积，便形成了第③层。院落中间地势相对较低，废弃一段时间后在地势低洼地区逐渐形成了一层淤积黑土。

从目前的考古发现看，一期建筑废弃一段时间以后，其凸凹不平的地表又经过了人工修整，便形成了第②层，作为第二期建筑区内外的活动地面。

第二期建筑的建筑范围较小，仅局限于遗址的南部。

第二期建筑废弃后，再无其他建筑活动。

从上述层位关系分析可以看出，该遗址中的建筑遗迹分属于两个不同建筑时期。

2. 出土遗物分析

该遗址的出土遗物可分为三组。现以T1111内的一组遗迹单位中出土的遗物为例加以说明。

该组遗迹单位的层位关系为：

①→H11→②b→③→Ⅲ1二F2→④a（"→"表示叠压或打破）。

这组打破关系涉及6个遗迹单位，其中第①、④a层无遗物，其余4个遗迹单位出土的遗物可分为三组：

第1组：以Ⅲ1二F2和第③层内出土的建筑瓦件为代表，其大多呈青灰色，夹少量细砂，火候较高。

其中板瓦的表面多饰绳纹，内面多饰麻点纹，多泥饼套接而成，表面经轮修，均为内切；筒瓦的外部均饰绳纹，内面多饰麻点纹、少数饰布纹，多泥饼套接制成，外切；瓦当多见夹贝卷云纹圆瓦当、半瓦当等。

第2组：以②b层出土的建筑瓦件为代表，其多呈黄褐色，夹粗砂，制作粗糙，胎较薄。

其中板瓦表面多饰绳纹，宽端多见凸棱纹，里面多为方格纹、菱格纹，多为泥饼套接而成，多为内切；筒瓦的表面为绳纹，内面均为布纹，亦多为内切；见有"千秋万岁"瓦当。

第3组：以H11内出土的建筑构件为代表，出土有夹砂灰黑色板瓦、筒瓦，制作较粗糙，多扭曲变形。该组遗物中未见瓦当。

板瓦的火候较高，宽端有手捏痕；在筒瓦顶端多见手指捺压痕。

各组遗物图详后。

3. 遗址分期及年代

经数次发掘验证，第1组遗物出于宫城址第一期的建筑地面上，第2组遗物出于第二期建筑的地面上，据此可将该遗址分为两期。

单独使用第3组遗物的遗迹目前尚未发现，同时也未见与之共存的瓦当，而且遗物较少，混杂于第2组遗物之中。

第1组遗物中多见夹贝卷云纹瓦当，它的流行年代在战国至汉代，尤其是夔纹大瓦当是秦代具有代表性的建筑构件。河北金山嘴①的同类遗址中出土了一批陶器，其中最典型的是盆、豆、茧形壶等，而茧形壶是秦代的典型陶器，综合考查，这组遗物的年代当为秦代。它们几乎在所有墙基周围均有发现，据此推断第一期宫城址最初当建于秦代。

第2组遗物中出土的瓦当见有"千秋万岁"字样，可比较的材料较多，其年代不晚于西汉中期。这组遗物均分布于第二期建筑的周围，据此推断第二期建筑当建成在西汉中期以前。

第3组遗物的年代较第2组的遗物年代相对要晚一些，推测其可能属于对第二期建筑进行维修所使用的建筑材料，从相关的材料及建筑的使用过程看，其年代也不应该晚于西汉。

以下分期介绍相关遗存。

第二节　秦代遗存

目前所见，石碑地遗址的秦代遗存较为单纯，皆属建筑遗存。其建筑遗迹保存相对较好，结构复杂；相关遗物几乎均为建筑构件，种类较多。

一　概　况

为叙述方便，现首先对建筑遗迹的布局与分区以及相关建筑遗物的类型概要介绍如下，而后再分区详述各类建筑遗迹的结构、相关建筑遗物的分布状态及所属遗物的类型。

---

① 河北省文物研究所、秦皇岛市文物管理处、北戴河区文物保管所：《金山嘴秦代建筑遗址发掘报告》，《文物春秋》1992年增刊。

此外，在板瓦、筒瓦等建筑构件上发现有戳印文字，考虑到其较为零散，故在本节中集中予以介绍。

（一）建筑布局与分区

通过考古试掘得知，该遗址经勘探所发现的地下夯土基础均为秦代所建。其夯土的特征为：颜色纯正，多呈黄褐色；土质细腻，经过精心筛选；夯层明显，厚度基本一致；夯土基础深厚，布局合理，规格统一，规律性强，且保存基本完好。

参照勘探结果并经局部发掘确认，该遗址秦代建筑基础的外轮廓大体呈曲尺形。在外墙墙基上发现有基础加宽并留有缺口的城门遗迹，且有非常完备的外排水系统。从布局形态及内部建筑分布看，该城址具有宫城性质，故称之为宫城遗址（参见图五；图版四～六）。

1. 外轮廓

整个宫城遗址坐北向南，面朝大海。

勘探所见，以连续的夯土墙基所围成的宫城址平面呈不规矩的曲尺形。南北长为 496 米，东西最宽约 271.25 米。

宫城址的南墙基础较为平直，其西南部基础保存基本完好，东南角被毁。现存长度为 210 米，原总长度为 233.25 米（图八）。

宫城址的东部围墙基础有几处转折，总长度为 496 米，具体走向为：自东南角开始向北延伸 75.5 米，而后折向东，长度为 21.5 米，再向北去 119 米，而后向西内缩，内缩长度为 64 米，而后向北凸出，长度为 13.75 米。其后再西折，长度为 38 米，这一部分可见一个由墙基围成的较为规矩的长方形院落。自此后，一道围墙墙基一直向北延伸达 287.75 米。

北部围墙墙基总长度为 166 米。

西部围墙墙基有一处转折，总长度为 496 米，具体走向为：自西南角始向北 186.5 米后，向西折出 16.5 米，而后向北长达 309.5 米。

除南墙东部、东墙南部被毁外，其余各面围墙墙基保存基本完好。基础部分在原地表上挖浅槽起建，较为竖直，未见收分，宽度均为 2.6～2.8 米左右，深度不等。墙基内、外面未加修整，以沙土、红板沙土回填，现板痕多清晰可见。

所见宫城的外墙绝大多数均仅存基础部分，唯南墙中部保留有一段建于基础之上的建筑围墙，现存高度为 0.15 米左右，墙宽度为 1 米左右。

尽管整个宫城的外轮廓呈不规矩状，但各段墙体之间结合紧密，封闭性较强，配置有序，而且方向大体一致，即南北墙方向均为南偏西 6° 左右，东西向的墙基基本与之保持垂直，因此其总体设计当为一次完成。

为了验证这一勘探结果，多年来我们陆续对宫城址的几处拐角部位进行了发掘，其中较有代

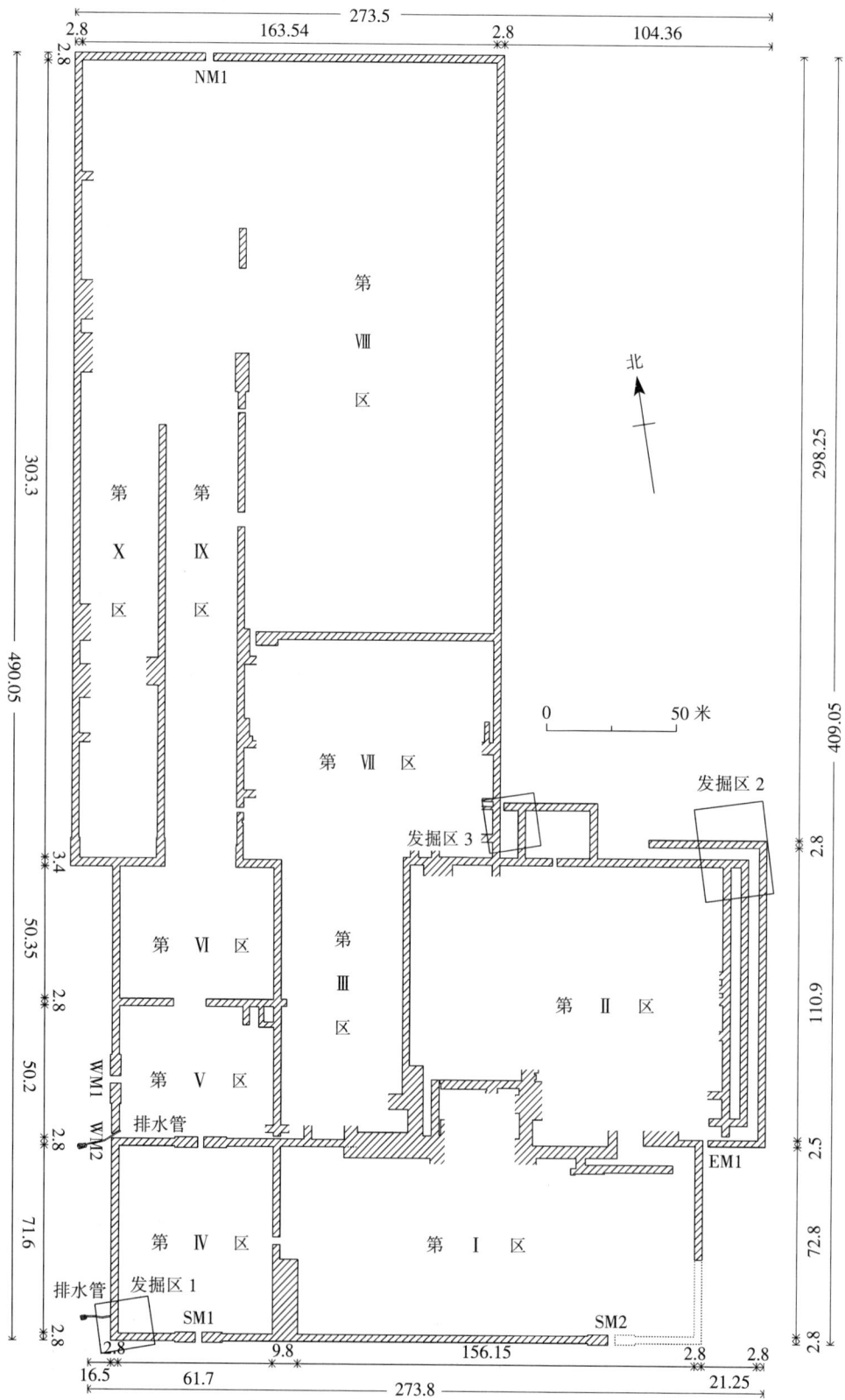

图八　石碑地遗址秦代建筑分区示意图

表性的有如下几处：

（1）对宫城址的西南角进行解剖发掘，详见本章第五节第Ⅳ区建筑遗存（参见图八: 发掘区1）。

（2）对宫城址东部中段围墙墙基的内缩部分外拐角进行发掘，详见本章第三节第Ⅱ区建筑遗存（参见图八: 发掘区2）。

（3）对宫城址东部中段围墙墙基的内拐角进行发掘，详见本章第三节第Ⅱ区建筑遗存（参见图八: 发掘区2）。

上述发掘成果验证了考古勘探结果的可靠性。

2. 城门

经勘探确定的较大的宫城门址共有4处。

其中位于宫城北部围墙偏西部位有1处，编号NM1（即宫城址1号北门），其中心点与宫城址西北角的直线距离为51米左右。

西墙南部一处，编号WM1（即宫城址1号西门），其与宫城址西南角的直线距离为93.3米左右。

南墙两处，从西向东分别编号为SM1、SM2（即宫城址1、2号南门）。其中SM1西距城址西南角34.5米，与北门（NM1）大体相对。这两处门址之间未见其他建筑遗迹，应该是一条横贯南北的大道。其间发现两处内墙大门，都分布在一条直线上。SM2东距城址东南角约34米，与1号南门与宫城址西南角的距离大体相等，较为对称。

此类宫城城门夯土墙基加宽，推测其两侧应有建筑物。从宫城门的分布状态看，南、西侧应为其主要入口。

除上述较大的宫城门外，在城垣四周的一些拐角或小区边缘还有较小的侧门或角门。

其中位于WM1南部约21.5米处有一门，编号WM2。

城址东墙南部拐角有一处，编号为EM1（即宫城址1号东门）。门向南，其南距宫城址东南角约75.5米，东距东拐角约21米。这种具有角门性质（或称掖门）的城门基础未加宽，仅可见有缺口，门附近也见有烧土块、建筑构件等（参见图八）。

1999年对宫城址1号南门进行了发掘，由此可对这类门的基础构造有些了解，详见本章第五节第Ⅳ区建筑遗存。

3. 遗址分区

基本弄清地下夯土基础分布情况后，如何对复杂的建筑基础进行总体控制与编号描述，是发掘中所面临的最大问题。为了便于工作，我们采用四个层次的分类系统，对遗址中的各类遗迹现象分别予以编号。

第一层次：分区。参照夯土墙基的分布规律，以基础围成相对独立的区域为基础，将整个遗址划分为十个大区，编号分别为 SSⅠ、Ⅱ…Ⅹ区，即石碑地遗址第Ⅰ、Ⅱ至第Ⅹ区（参见图八）。

第二层次：区下分组。在目前所划分的每一大区域下，还有若干相对独立的小区，我们称之为组，如Ⅰ区1组、2组建筑等。

第三层次：组下分建筑单元。在每组建筑中，又可以划分出不同的建筑区域，我们称之为建筑单元，如Ⅰ区1组一单元、二单元建筑等。

第四层次：建筑单元下划分单体建筑。在每一建筑单元中发现的不同类型的建筑遗迹按序编号，如Ⅰ区1组一单元 F1（1号房址）、F2、Y1（1号院落）、Y2 等。

当然，这种区域划分属于工作分区，并不是绝对的，各区域间的遗迹也不是完全独立的，相互间有关联。在发掘过程中我们通过探方控制遗址的地层并记述遗物的出土位置，在记录中则采用上述编号系统对遗迹进行描述。

需要说明的是，有些区域处介绍的是勘探结果，与发掘情况略有不同，详情以发掘结果为准；勘探区探方所表明的是相对位置，可能稍有误差，在发掘过程中会予以调整。

（二）建筑构件综述

石碑地遗址出土的秦代遗物仅见各类陶制建筑构件，尚不见各类生产、生活用具。其中建筑构件有板瓦、筒瓦、瓦当、空心砖、铺地砖、井圈、排水管、土坯等，为叙述方便，在本节中对其统一进行类型划分。

1. 板瓦

均夹有少量细砂。多呈青灰色，少量为黄褐色。其中青灰色者色泽表里一致，火候较高，质地坚硬。黄褐色者则火候稍低，硬度小。形状基本相同，平面呈梯形，前端宽、厚，后端窄、薄，两端有的较平齐，有的略外侈。

绝大多数板瓦两面均有纹饰，仅少数凸面或凹面为素面。凸面纹饰多为绳纹，线条有粗细之分，排列有直、斜行之分，组合有连续、间断、交错之分，且后端处多有抹光痕迹或凹弦纹。少数板瓦一端饰凸棱纹（图九）。凹面纹饰多为麻点纹，形状有粗细之分，排列有疏密之分，且两面后端处多有抹光痕迹。有极少数板瓦凹面饰麻点间饰绳纹、方格纹、菱格纹、叶脉纹等，上述纹饰较为清晰（图一〇）。

制法：以泥条盘筑成筒状体，一端粗，一端较细，用陶拍或木拍拍打饰纹，均从内向外切割，即内切，每块板瓦均占筒状体的四分之一。切口有的较深，达胎厚的一半左右，有的则较浅，致使板瓦两侧边缘不平齐，有凸凹痕。

少数板瓦凹面近前端有方形的戳记，陶文均为篆体阳文（附表二；详见下文）。

从目前已复原的少量板瓦规格看，可大致分为两型：

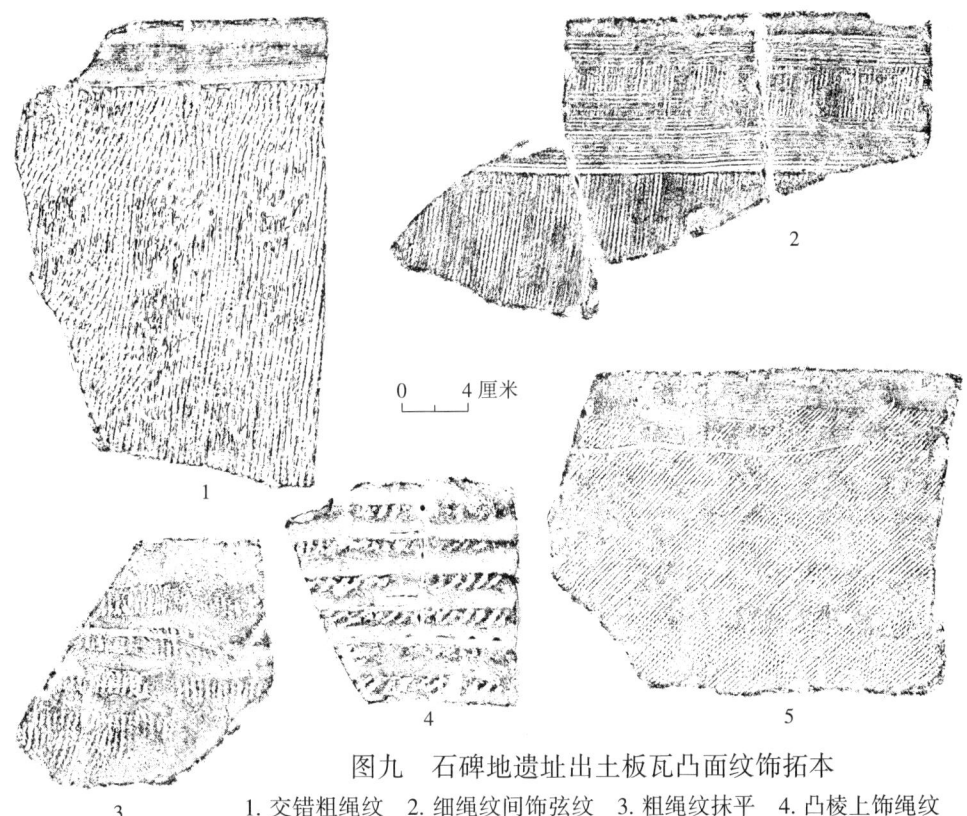

图九　石碑地遗址出土板瓦凸面纹饰拓本
1. 交错粗绳纹　2. 细绳纹间饰弦纹　3. 粗绳纹抹平　4. 凸棱上饰绳纹
5. 斜向细绳纹

图一〇　石碑地遗址出土板瓦凹面纹饰拓本
1. 麻点间饰绳纹　2. 方格纹　3. 叶脉纹　4. 菱格纹

　　A 型：规格较大。一般长 70~74、宽 41~50、厚 1~2.2 厘米，整体呈长方形。目前复原者多见于第 I 区第 2 组 1 号建筑。标本 SS I 2J1 东 AB：7，夹砂质，青灰色。凸面饰斜行粗绳纹，后端抹光，宽度为 13~22 厘米，且在边缘饰数道凹弦纹。凹面为素面，刮修痕迹明显。通长 72、宽端宽 48、窄端宽 46 厘米（图一一，1；图版七，1）。

　　B 型：规格较小。一般长 58~60、宽 40~50、厚 1.2~1.8 厘米，近方形。该型板瓦尽管复原数量较少，但出土地点较多，表明其使用较普遍。标本 SS II 1 三 F1BB：1，夹砂质，红褐色。凸面饰斜、竖行交错的粗绳纹，前端抹光部分宽 2.5 厘米，后端抹光部分宽 11.3 厘米。凹面饰麻点纹。通长 58、宽端宽 44 厘米，窄端残缺（图一一，2；图版七，2）。

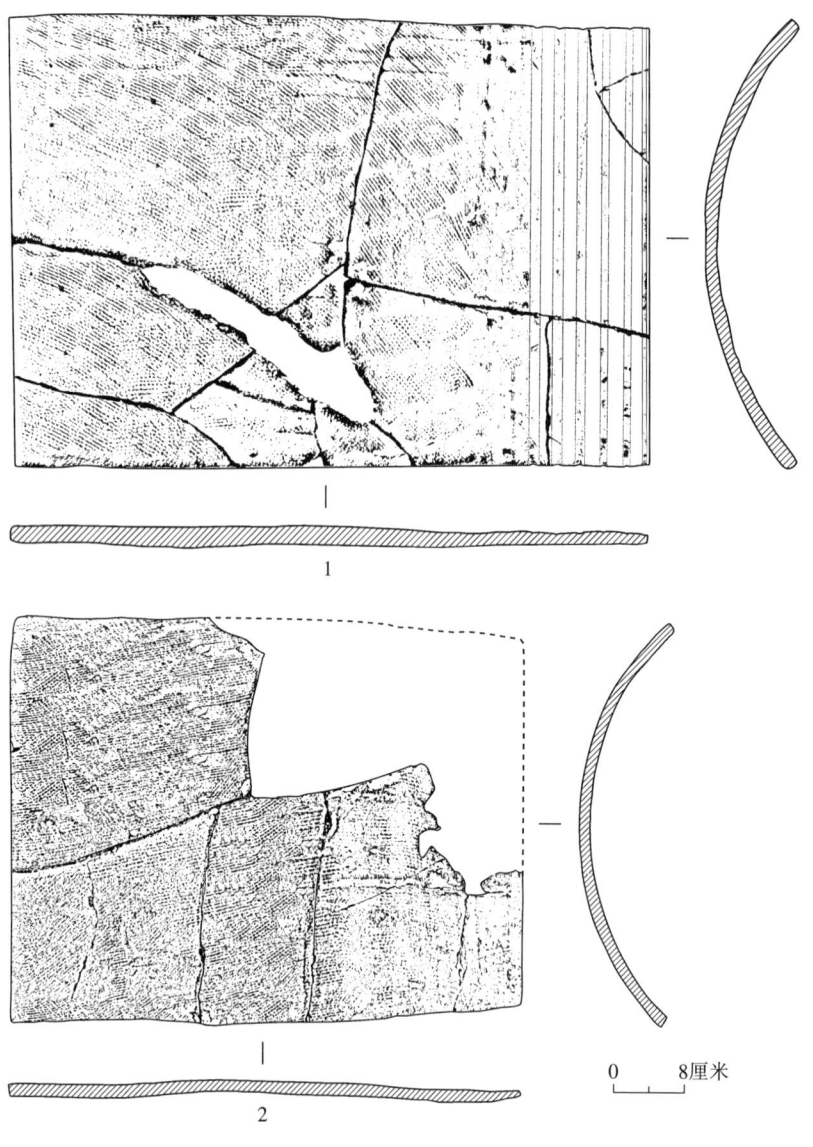

0　　8厘米

图一一　石碑地遗址出土典型板瓦

1. A 型（SS I 2J1 东 AB：7）　2. B 型（SS II 1 三 F1BB：1）

此外，在第Ⅰ区第1组建筑Y1发现一块较为特殊的板瓦（简称为T型）。标本SSⅠ1Y1TB∶1，青灰色。凸面饰竖行粗绳纹，前端施四道凸弦纹。凹面遍饰叶脉纹。长28.5、宽35.7厘米（图一二；图版七，3）。从现存迹象看，该板瓦较完整且纹饰较特殊，用途不详。需要说明的是，这种凹面遍饰叶脉纹的板瓦标本还见有2例，均残，规格亦较小。

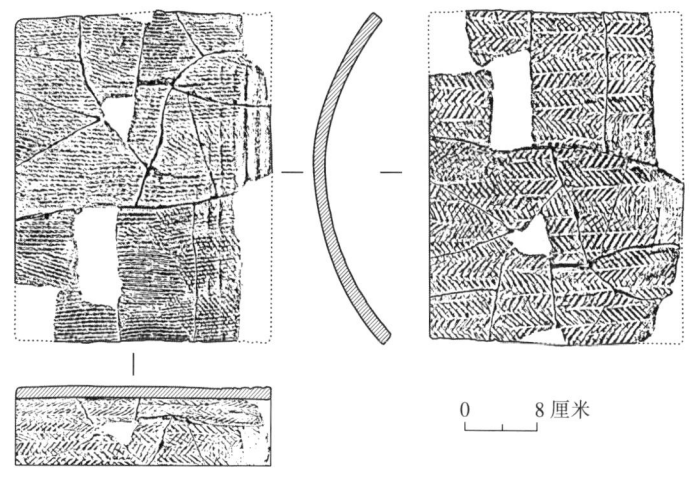

0　　8厘米

图一二　石碑地遗址出土特殊板瓦（SSⅠ1Y1TB∶1）

考虑到筒瓦、板瓦在建筑中配合使用，参照复原筒瓦的规格可知，板瓦的类型应不止上述几种（参见筒瓦部分）。

2. 筒瓦

质地、颜色、烧制火候等均与板瓦相同。

绝大部分筒瓦正、反面均有纹饰，少数正面或反面为素面，个别的扣尾处亦饰纹。凸面纹饰多为直、斜行粗、细绳纹，凹面纹饰多为麻点纹，少量见有布纹。

前端大部分平直，少量口部外侈。少数筒瓦由近前端至扣尾部逐渐变薄，有的在扣尾部则存在变薄的棱坎。扣尾有平直、内敛、微翘之分，长度一般为5～6厘米。其中带有瓦当的筒瓦均见有瓦钉孔，均为单孔，孔径1～2厘米左右。仅有1例不带瓦当的筒瓦见有瓦钉孔，且为双孔。

制法：先以泥条盘筑成筒状体，再从中部切开，分为两块，以外切为主，极少数内切。

一些筒瓦上见有戳印，多置于凸面，仅有少数见于凹面，且多为阳文，零星为阴文（附表三；详见下文）。

据形态不同，可将筒瓦分为两类：

甲类：通长在49～68厘米之间，绝大部分在54～62厘米之间，推测均为用于屋顶坡面上与板瓦搭配使用的筒瓦。

据规格不同可分为三型：

A型：瓦身较长，通长与A型板瓦基本相同。身长63（通长68）、宽20.4～21、厚1.5～2.2厘米，复原者仅见1件。标本SSⅡ2三Y1甲AT∶1，夹砂质，黄褐色，凸面饰间断竖行粗绳纹，带戳印。凹面饰麻点纹。扣尾微翘（图一三，1；图版八，1）。

B型：瓦身长度稍长，通长与B型板瓦基本相同。身长49～52（通长54～62）、宽17～22、厚1～2.2厘米。复原者数量较多。标本SSⅠ2J1北甲BT∶1，夹砂质，青灰色。凸面饰斜行细绳

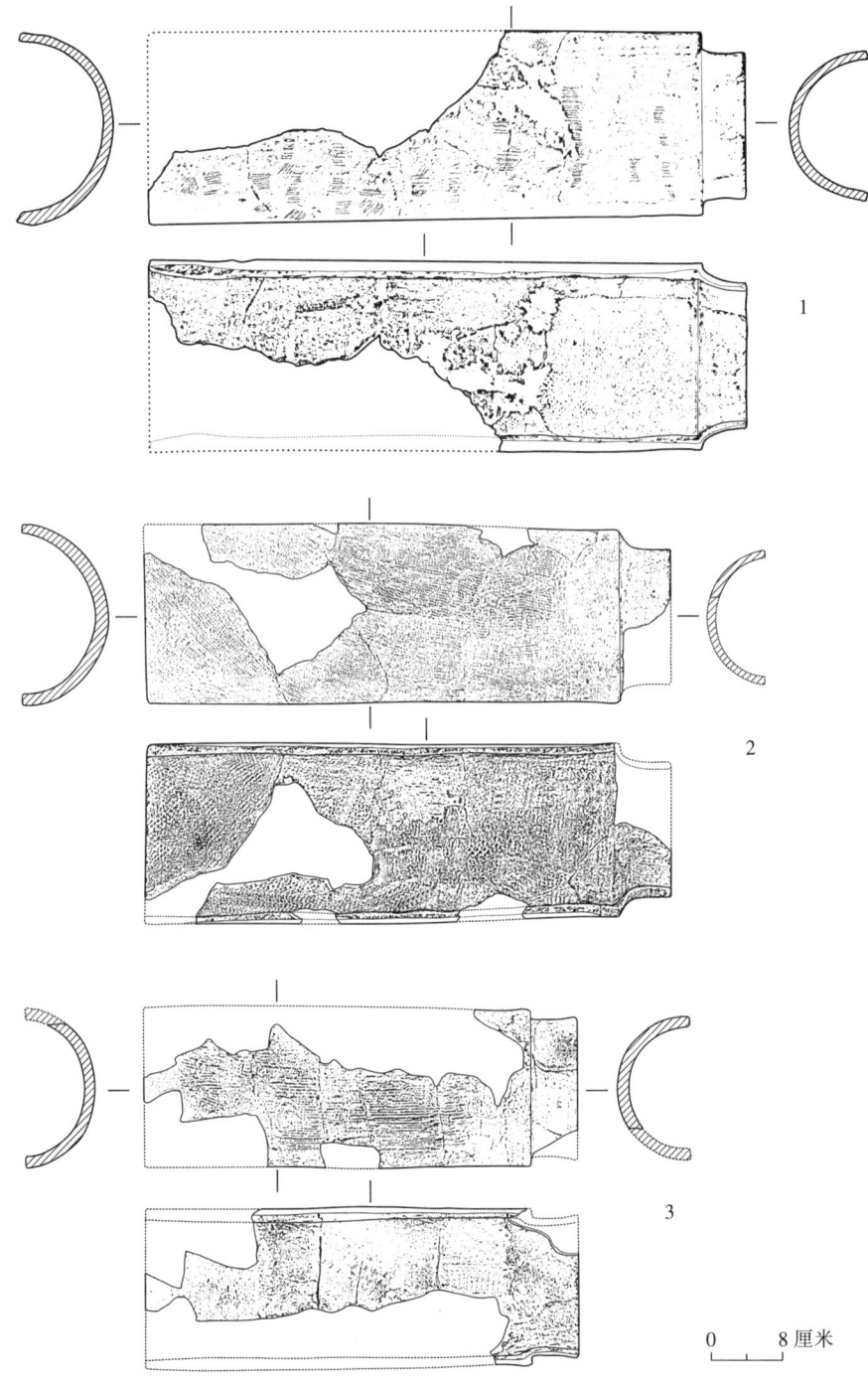

图一三　石碑地遗址出土甲类筒瓦

1. SSⅡ2三Y1甲AT:1　2. SSⅠ2J1北甲BT:1　3. SSⅡ2三Y1甲CT:1

纹，扣尾端饰数道凹弦纹（宽度为8厘米）。凹面饰麻点纹。扣尾平直，身长54.2、扣尾长5.8、宽19.3厘米（图一三，2；图版八，2）。

C型：瓦身长度较短。身长44～46（通长49～52）、宽16～19（较窄）、厚0.8～1.2厘米，复原者数量较少。标本 SS II 2 三 Y1 甲 CT：1，夹砂质，青灰色。凸面饰竖行粗绳纹，扣尾端抹光部分宽6.2厘米。凹面为布纹。扣尾平直。身长44.3、扣尾长5.2、宽16.6厘米（图一三，3；图版九，1）。

一般而言，规格相同的筒瓦、板瓦应可搭配使用。但据第 I 区第 2 组 J1 东侧见有 A 型板瓦与 B 型筒瓦的情况看，推测稍短些的筒瓦可与稍长些的板瓦搭配使用。

乙类：较长，通长近88.8～96厘米，在瓦身上见有 2 个瓦钉孔，有的带有瓦当，有的则无，推测其用法或许与甲类不同。标本 SS I 1Y3 乙 T：1，夹砂质，黄褐色。凸面饰经抹光而呈块状的斜行细绳纹，前端略外侈，带戳印。凹面为素面。器身有两个瓦钉孔，其一位于中部，另一位于扣尾部。扣尾微翘。身长83.3、扣尾长5.5、宽19.3厘米（图一四，1；图版九，2）。标本 SS II 2 三 Y4 丙 AW：25，夹砂质，灰褐色。凸面饰抹光呈零星块状竖行细绳纹。凹面为素面。一端带有丙 A 型夹贝卷云纹圆瓦当。瓦身上有两个瓦钉孔。身长90、扣尾长6、宽19厘米（图一四，2）。

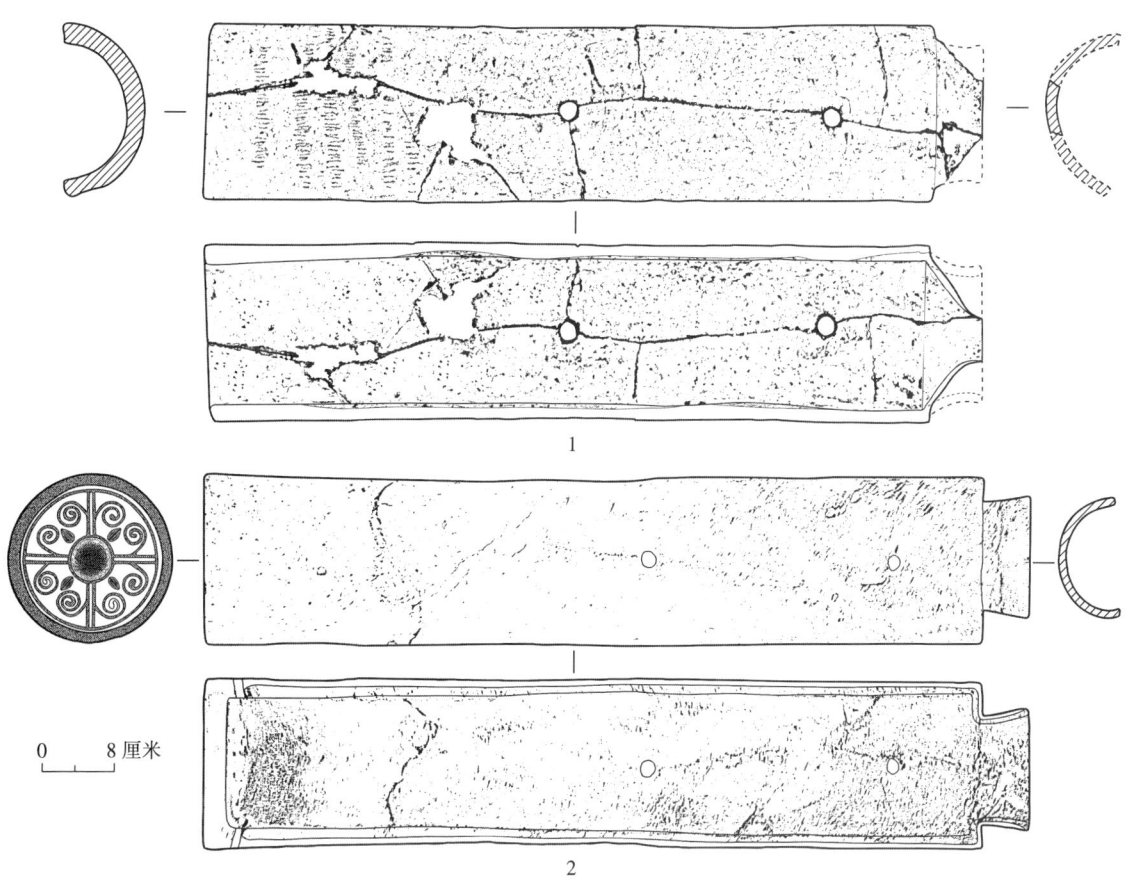

0　　　8厘米

图一四　石碑地遗址出土乙类筒瓦
1. SS I 1Y3 乙 T：1　2. SS II 2 三 Y4 丙 AW：25

3. 瓦当

从形态上可分为大半圆形、半圆形、圆形三大类，各类瓦当的规格、形态、纹饰等皆有别，现分别予以介绍。

（1）甲类：大半圆形瓦当

该类瓦当规格均较大，面饰夔纹，可称为夔纹大瓦当（数量、位置及相关情况参见附表四）。均为夹砂质。颜色有灰色与黄褐色两种，其中灰色者居多，占80%左右。火候较高。当面皆模制，大半圆形，背接半圆形瓦筒。其边廓、当面图案皆凸起，凸起高度为0.5~0.7厘米，类似浮雕，

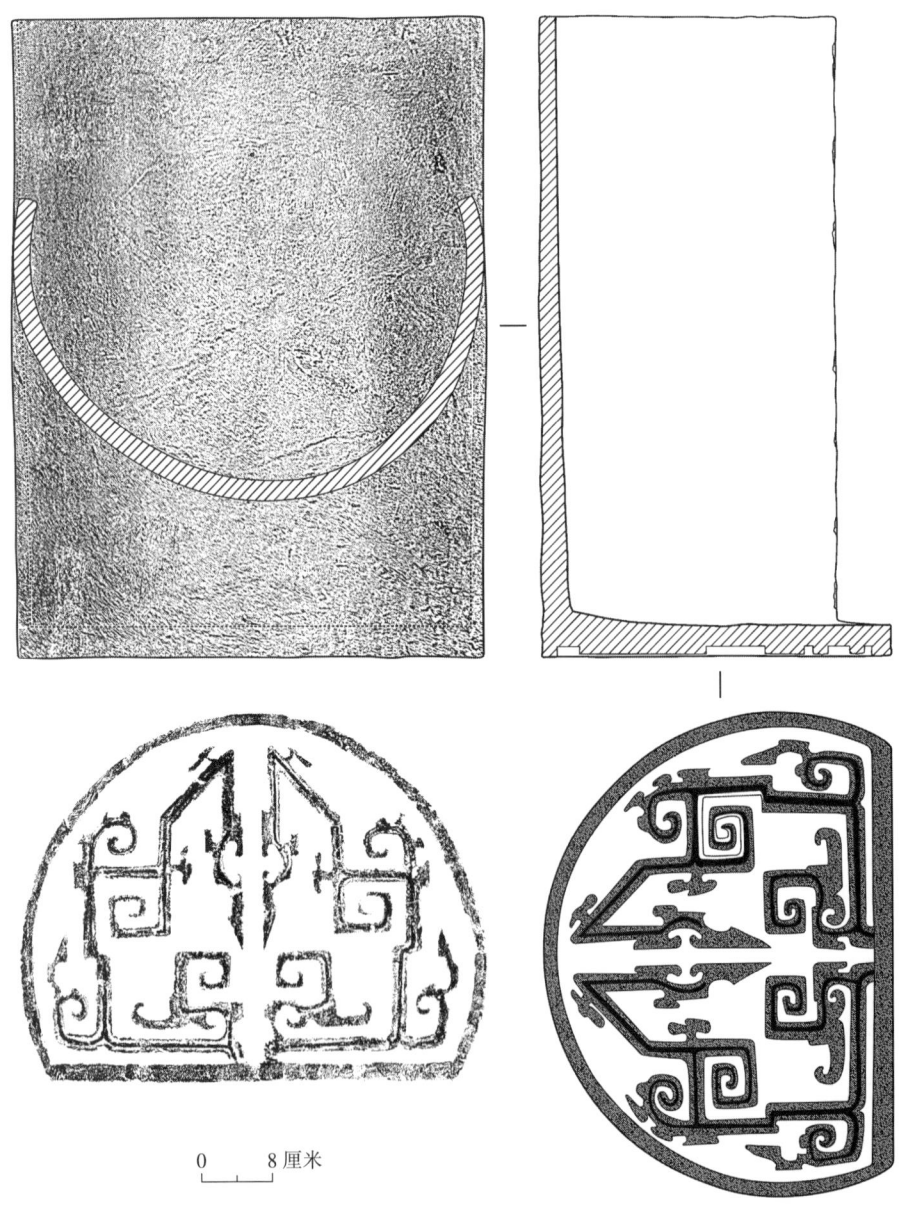

0 　　 8厘米

图一五　石碑地遗址出土甲类 A 型瓦当（SSⅢ1 二 Y2 南门甲 AW：1）

"夒"的躯干部分中部均有一窄道凸棱，似脊。据"夒纹"形态的不同可分为两型：

A型：可称为夒纹大瓦当。数量较多。当面饰蜷曲盘绕夒纹，左右对称。当面图案大同小异，但从细微差别看，尚无完全相同者。从基本完整（已复原）的该类瓦当看，其当面最大径（直径）在52~57厘米之间，高38~44厘米。从图案整体效果看，该型瓦当的夒纹线条有"形象化"与"图案化"两种。前者数量较多，线条皆较粗，转折处较圆润，图案较简洁；而后者的数量则较少，线条均略细，转折处较方正、平直，图案较繁缛。标本SSⅢ1二Y2南门甲AW：1，青灰色。当面保存完整，大半圆形，直径52、高38.6厘米。当面厚度均匀，为3.2厘米。外廓边缘宽1.7~2.2、底边宽2.2厘米。当面夒纹线条较圆润，简洁。背面平整，似经轮修刮平，上见有呈同心圆状的修整痕迹。当面所接瓦筒保存基本完好，呈半圆形，长68厘米，与当面结合紧密，几为一体，与当面交接处保留有刀割痕迹，其他的边缘部分不见切割痕，似手工掰开。其凸面饰细绳纹，不连续。凹面局部见麻点纹，似戳点而成（图一五；图版一〇，1）。

B型：单体图案系由A型夒纹大瓦当局部简化、变形而成，可称为简化夒纹大瓦当。数量较少，当面基本完整者仅1件。标本SSⅠ1Y2甲BW：1（出土于第Ⅰ区1组Y2中南部地面上），红褐色。当面保存完整。大半圆形，当面直径57、高44厘米。当面边轮部位较厚，为3.8厘米。底部中间较薄，为2.8厘米。外廓边缘宽2~2.2、底边宽2厘米左右。当面饰四个简化（或变形）夒纹图案，左右对称，上下反向布置。每组夒纹的头部、身体皆简化，重点突出卷尾部分。躯干、卷尾上部的中间位置有凸棱，似脊。头颈部附近有凸起的半环形装饰，似鳞。当面上、下的中间部位有弧形三角装饰。背面中间较平，边缘微凸，与瓦筒连接部结合紧密，有轮修痕迹。瓦筒呈半圆形，与当面结合处较厚，近3厘米，向下渐薄，最薄处为2厘米，残存长度为38厘米，外面饰拍印绳纹，内面为素面。瓦筒与当面交界处有切口痕迹，下部边缘不见切割痕，似手工掰开（图一六；图版一〇，2）。

（2）乙类：半瓦当

据当面纹饰的不同可分为两型：

A型：几何纹（俗称变形夒纹）瓦当。相对而言，该型瓦当的数量较少。均为夹砂质，灰色。当面饰由夒纹高度变形而抽象出的几何纹图案。其底边长在18~20厘米之间，边轮宽0.4~1.3厘米不等（底边较窄）。边轮及图案线条高度相同，为0.5~0.9厘米。

从制法看，当面皆为模制，应为圆形。当背与瓦筒相接处向外削薄，使得当背边缘部分被瓦筒包裹，内面与瓦筒交接处抹泥使之结合紧密。瓦筒为圆形，泥条盘筑，外面拍印绳纹，内面多为麻点纹，经抹平。最后对瓦筒及瓦当进行切割。从切痕看，瓦筒为自外向内切，切割深度为胎厚的三分之二左右。至瓦头处，首先用尖状工具将筒体穿透，再用绳状物对瓦筒及瓦当进行勒割，形成半瓦当。有少数半瓦当边缘有用刀切割并修整的痕迹。

该类瓦当图案基本相同，从图案线条的细微差别看，有的较粗，有的较细，明显非同一范模。根据图案线条的粗细可分为两个亚型。Aa型，当面图案线条较粗。Ab型，当面图案线条较细

0   8厘米

图一六   石碑地遗址出土甲类B型瓦当（SSⅠ1Y2甲BW：1）

（数量、位置及相关情况参见附表五）。标本SSⅡ2三Y1乙AW：1（出土于第Ⅱ区第2组建筑三单元Y3），图案线条较细。当面径18、边轮宽0.6~1、图案线条高0.9厘米（图一七，1；图版一一，1）。标本SSⅠ1Y6乙AW：1（出土于Ⅰ1Y6院落南部），图案线条较粗。当面径19、边轮宽0.6~1.1厘米（底部边缘较窄），图案线条高0.7厘米。瓦筒保存长度为22厘米，凸面饰间断细绳纹，凹面为麻点纹，经抹平（图一七，2；图版一一，2）。

B型：夹贝卷云纹瓦当。该类瓦当的数量较多。均为夹砂质。有灰色与黄褐色两种：其中灰色者又有青灰与浅灰两种，前者的火候较高；黄褐色者又有暗黄与褐色两种，后者的火候较高。该类瓦当及瓦筒的制法、瓦筒凸凹面的纹饰等与乙A型瓦当相同。B型瓦当当面纹饰基本相同：当面缘内一道凸弦纹半圈。下缘中间一道凸弦纹半圈，圈内有乳突。中部两道竖向凸棱将当面分

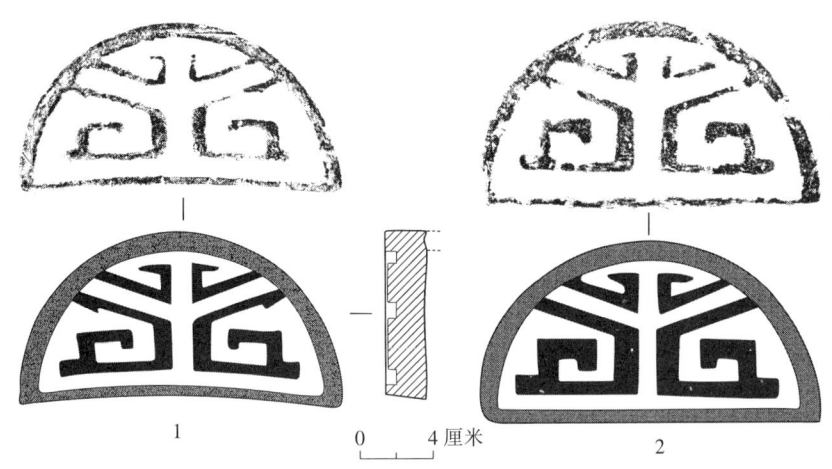

图一七　石碑地遗址出土乙类 A 型瓦当

1. SSⅡ2 三 Y1 乙 AW：1　2. SSⅠ1Y6 乙 AW：1

成对称的两个扇形格，格内饰反向对称的云纹。云纹中心呈乳突状，中下部饰贝状凸起纹饰。该类瓦当均由卷云纹圆瓦当切割而成。有趣的是，标本 SSⅡ1 乙 BW：27（图二〇；附表六）因切割错误致使其当面纹饰不对称。除此 1 件标本外，其他瓦当也有一些细微差别，如：外缘（边轮）有的略宽，有的略窄，有的略高出外圈线及当面纹饰，有的则与之平齐。推测上述差别与模制不规范有关。从规格看，该类瓦当底边长在 17.2～20 厘米之间。从当面纹饰看，有的卷云纹卷曲部分为三周，有的则为两周。线条有的较粗，有的较细。中间乳突有的较大，有的较小。这些差别应为不同当模所致（数量、位置及相关情况参见附表六）。从整体看，卷云卷曲的圈数不同更能体现出其差异，据此将该型瓦当分为两个亚型：

Ba 型：卷云卷曲部分为二周。标本 SSⅡ2 三 Y1 乙 BW：8，云纹线条较粗。灰褐色。当面及瓦筒均保存完整。外缘与当面纹饰平，较宽。底边长 19.5、外缘宽 1.2、外圈径 16、内圈径 5.2 厘米（图一八，1、2；附表六；图版一二，1）。瓦筒总长度为 56.2 厘米，筒身中后部中间部位见有一瓦钉孔。筒身大体呈半圆形，不甚规则，近当面处稍有收束。瓦钉孔中心距扣尾端头 24.3 厘米，大体为圆形，孔径 1.4 厘米，从凸面向凹面钻出，凹面保存穿孔遗留的泥痕。扣尾长 4.5 厘米，较筒身内凹约 2 厘米，端头微外翘。瓦筒近当面处厚度为 2 厘米，向扣尾端渐薄，为 1.3 厘米左右，扣尾厚度为 0.8 厘米。瓦筒凸面局部见间断拍印细绳纹，凹面保留有泥条盘筑痕迹，局部见麻点纹。近瓦当处的筒身凸面有一戳印，已漫漶不清。筒身为外切，几乎切透。标本 SSⅡ1 乙 BW：8，云纹线条较细。灰色。当面保存完整，外缘高出当面纹饰，较窄。底边长 19.4、外缘宽 1.2、外圈径 16.4 厘米（图一八，3；附表六；图版一二，2）。瓦筒存长 31 厘米，近当面处稍有收束，做法与 SSⅡ2 三 Y4 乙 BW：1 同。瓦筒凸面拍印间断细绳纹，凹面局部见麻点纹。近瓦当处的筒身凸面有一戳印，已漫漶不清。筒身为外切，切痕较深。

Bb 型：卷云卷曲部分为三周。标本 SSⅢ1 一 F2 乙 BW：20，云纹线条较粗。灰色。外缘较高，

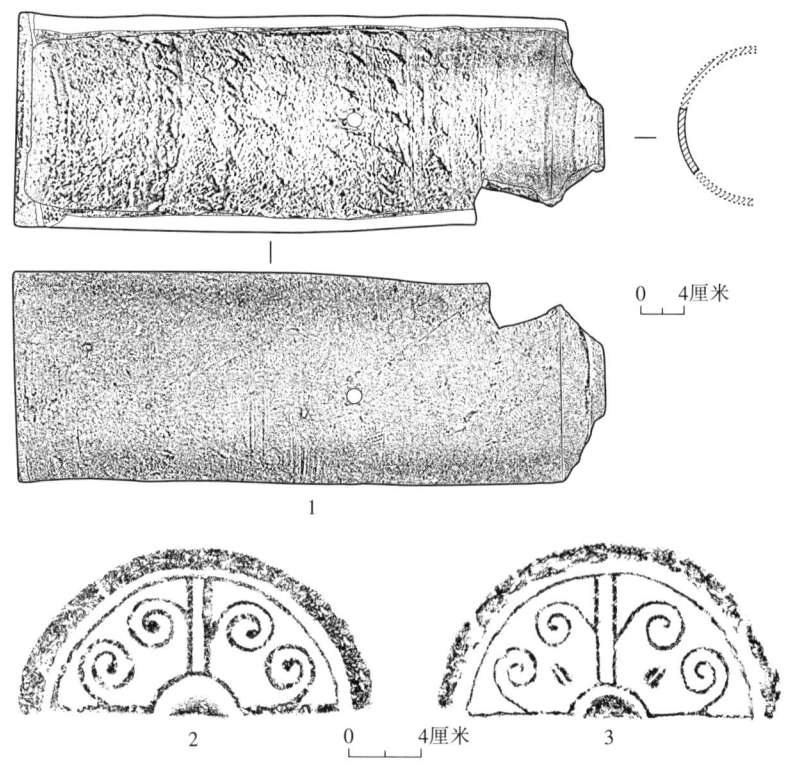

图一八　石碑地遗址出土乙类 Ba 型瓦当
1. SSⅡ2 三 Y1 乙 BW：8 瓦筒　2. SSⅡ2 三 Y1 乙 BW：8 瓦当　3. SSⅡ1 乙 BW：8

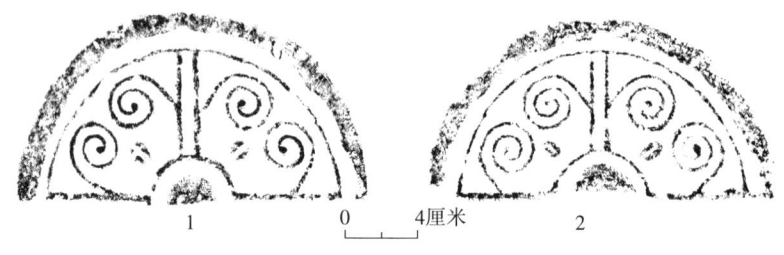

图一九　石碑地遗址出土乙类 Bb 型瓦当
1. SSⅢ1 — F2 乙 BW：20　2. SSⅤ西南门乙 BW：1

较宽。底边长 19.6、外缘宽 1、外圈径 17、内圈径 5.5 厘米。瓦筒保存长度为 19.5 厘米，凸面见间断拍印细绳纹，凹面见间断拍印麻点纹。接近当面处的瓦筒厚度为 2 厘米，中部厚 1.3 厘米（图一九，1；附表六；图版一三，1）。标本 SSⅤ西南门乙 BW：1，云纹线条较细。灰色。外缘较高，较宽。底边长 18.8、外缘宽 1.2、外圈径 15.8、内圈径 5.5 厘米。当面纹饰、瓦筒形态、纹饰与标本 SSⅢ1 — F2 乙 BW：20 相同（图一九，2；附表六；图版一三，2）。

　　另外，还有 1 件纹饰不对称的瓦当。标本 SSⅡ1 乙 BW：27，异形。灰色。当面及瓦筒均保存完整。外缘与当面纹饰平，较窄。底边长 17、外缘宽 1、外圈径 15.2、内圈径 5.5 厘米。当面纹饰特殊，似切割错误所致。瓦筒总长度为 54.4 厘米，筒身中后部中间部位见有一瓦钉孔，孔中心

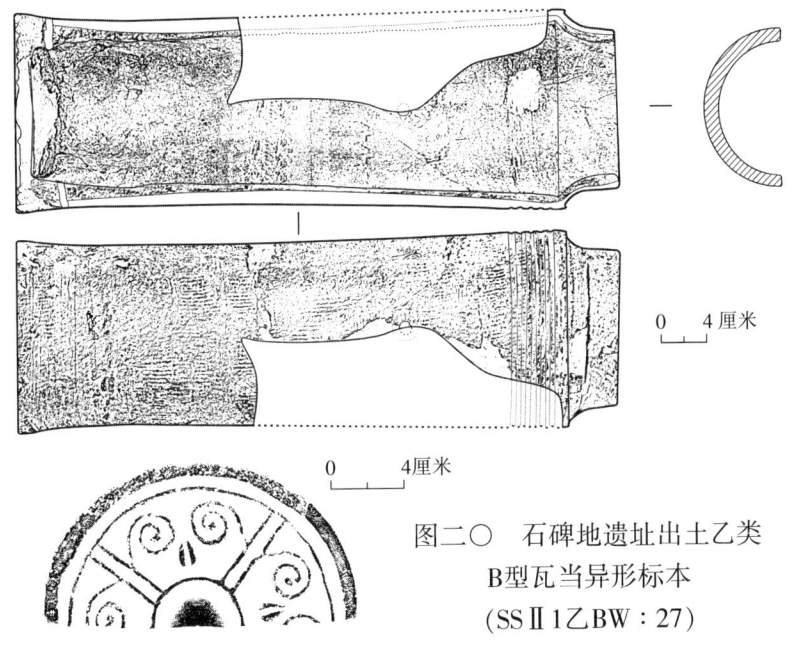

图二〇 石碑地遗址出土乙类
B型瓦当异形标本
（SS Ⅱ 1 乙 BW：27）

距扣尾端头 19.8 厘米，孔径 1.4 厘米，从凹面向凸面钻出，凸面保存穿孔遗留的泥痕。扣尾长 4.8 厘米，较筒身内凹约 1.5 厘米，端头外缘较平，内缘微外倾。瓦筒近当面处厚度近 3 厘米，向扣尾端渐薄，为 1.3 厘米左右，扣尾厚度为 1 厘米。瓦筒凸面见间断拍印细绳纹，近扣尾处饰凹弦纹。凹面保留有泥条盘筑痕迹，素面，扣尾处抹光。近瓦钉孔处筒身凸面有一戳印。筒身为外切，切痕较深（图二〇；附表六；图版一四，1）。

（3）丙类：圆瓦当

数量较多。据当面纹饰的不同可分为五型：

A 型：当面饰夹贝卷云纹。该型瓦当数量最多，分布最为普遍（数量、位置及相关情况参见附表七）。均为夹砂质。有灰色与黄色两种：其中灰色者又有灰褐与浅灰色两种，前者的火候较高；黄色者又有黄褐与红褐色两种，后者的火候较高。

当面纹饰基本相同，均有外圈及内圈，内圈内有纽（乳突）。上、下、左、右各两道凸棱将当面分成对称的四个扇形格，格内饰云纹。云纹中心呈乳突状，中下部饰贝状凸起纹饰。

该型瓦当也有一些细微差别，如：边轮有的略宽，有的略窄，有的略高出外圈线及当面纹饰，有的则与之平齐。推测上述差别与模制不规范有关。从当面纹饰看，有的卷云纹卷曲部分为三周，有的则为两周。线条有的较粗，有的较细。中间乳突有的较大，有的较小。这些差别应为不同当模所致。根据卷云卷曲圈数的不同和方向的差异，可分为三亚型。

Aa 型：卷云同向卷曲二周。标本 SS Ⅰ 1Y2 丙 AW：7，线条较粗。黄褐色，当面保存基本完整。边轮略高于当面纹饰。当面径 17.5、边轮宽 0.8～1、外圈径 14.5、内圈径 4.8 厘米（图二一，1；图版一四，2）。标本 SS Ⅰ 1Y6 丙 AW：1，线条较细。灰褐色，当面保存完整。边轮略高出当面纹饰。当面径 17.6、边轮宽 0.8～1、外圈径 15、内圈径 5.5 厘米（图二一，2；图版一

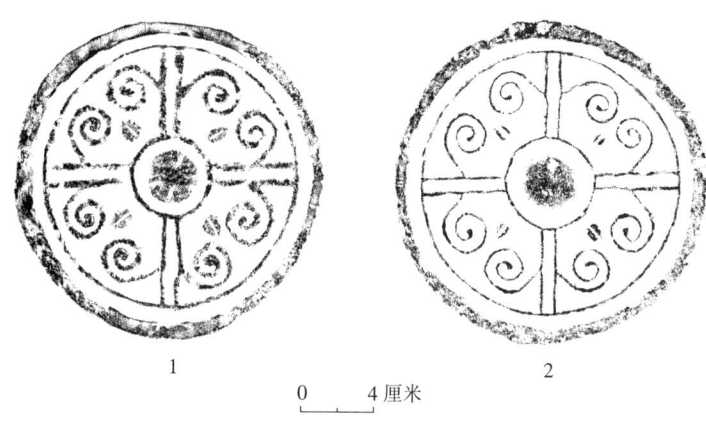

图二一　石碑地遗址出土丙类 Aa 型瓦当

1. SS I 1Y2 丙 AW:7　2. SS I 1Y6 丙 AW:1

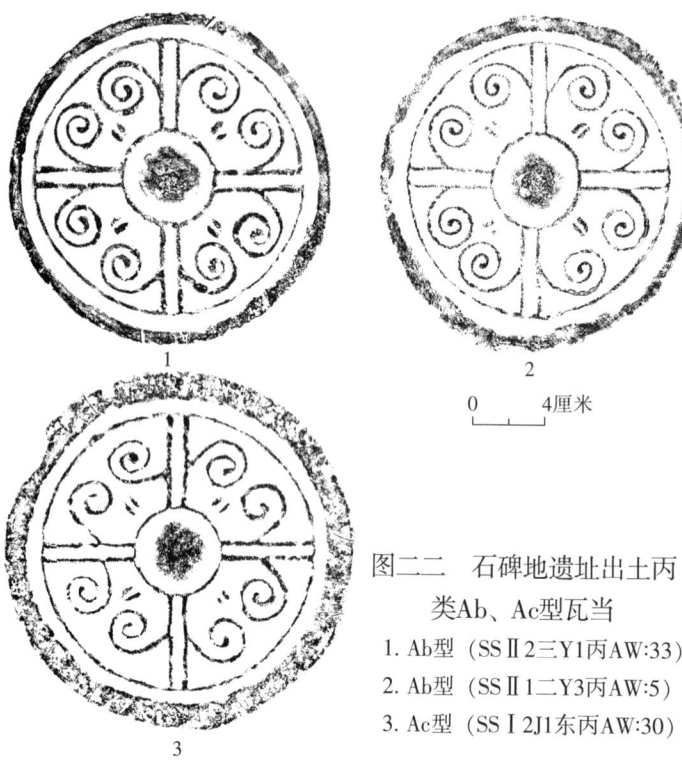

图二二　石碑地遗址出土丙
类Ab、Ac型瓦当

1. Ab型（SS II 2三Y1丙AW:33）
2. Ab型（SS II 1二Y3丙AW:5）
3. Ac型（SS I 2J1东丙AW:30）

五，1）。

Ab 型：卷云同向卷曲三周。标本 SS II 2 三 Y1 丙 AW:33，线条较粗。灰色，当面保存基本完整。边轮略高于当面纹饰。当面径 18、边轮宽0.8、外圈径 15.6、内圈径 5.6 厘米（图二二，1；图版一五，2）。标本 SS II 1 二 Y3 丙 AW:5，线条较细。灰色，当面保存基本完整。边轮略高于当面纹饰。当面径 18.2、边轮宽1、外圈径 15.2、内圈径 5.5 厘米（图二二，2；图版一六，1）。

Ac 型：两格卷云同向卷曲，另两格卷云反向卷曲。标本 SS I 2J1 东丙 AW:30，灰褐色，当面保存完整。边轮较宽，与当面纹饰平。当面径 19.8、边轮宽 1.5、外圈径 15.6、内圈径 5 厘米。瓦筒上残存有戳印痕迹（图二二，3；图版一六，2）。

B 型：当面饰羊角形卷云纹。数量仅次于夹贝卷云纹圆瓦当（数量、位置及相关情况参见附表八）。均为夹砂质。有灰色与黄褐色两种：其中灰色者又有青灰与浅灰两种，前者的火候较高；黄褐色者又有暗黄与微红两种，后者的火候较高。

该类瓦当及瓦筒的制法，瓦筒凸、凹面的纹饰等与丙类 A 型瓦当相同。

当面纹饰基本相同：在外圈线与内圈线之间有四道凸棱将当面分成相同的四格，每格内饰一卷曲三周的云纹，上、下部分两两反向对称，总体构图呈羊角形。

该型瓦当规格均较大，面径在21~22.2 厘米之间。

据边轮及纽（乳突）的高低，可将该型瓦当分为两个亚型：

Ba 型：边轮略宽，与当面纹饰及纽等高。标本 SS I 1Y3 丙 BW:4，灰色，当面保存基本完整。面径22、边轮宽1.1、外圈径18.6、内圈径4.8厘米（图二三，1；图版一七，1）。

Bb 型：边轮略窄，高出当面纹饰 0.6 厘米左右，与纽（乳突）等高。标本 SSⅠ2J1 丙 BW：3，边轮、纽（乳突）均较高。黄褐色，当面保存基本完整。面径 21.6、边轮宽 1.1、外圈径 18.9、内圈径 4.2 厘米（图二三，2；图版一七，2）。

C 型：当面饰串状蘑菇形卷云纹。该型瓦当的数量较少（数量、位置及相关情况参见附表九）。均为夹砂质。目前所见均为灰色。除个别火候较高外，余者火候均较低。

其瓦筒的制法、瓦筒凸、凹面纹饰等与其他类型瓦当相同。

其当面纹饰基本相同：边轮较高，高出当面纹饰。边轮与外圈线之间下凹较深，经人工修整。外圈线较窄。以两条棱线将当面分成四格。沿上下的一道棱线装饰四个卷云纹，两两相背，形成串状的蘑菇形。沿左右棱线饰两个卷云纹，均呈蘑菇形。当面纹饰简洁、规整、对称。

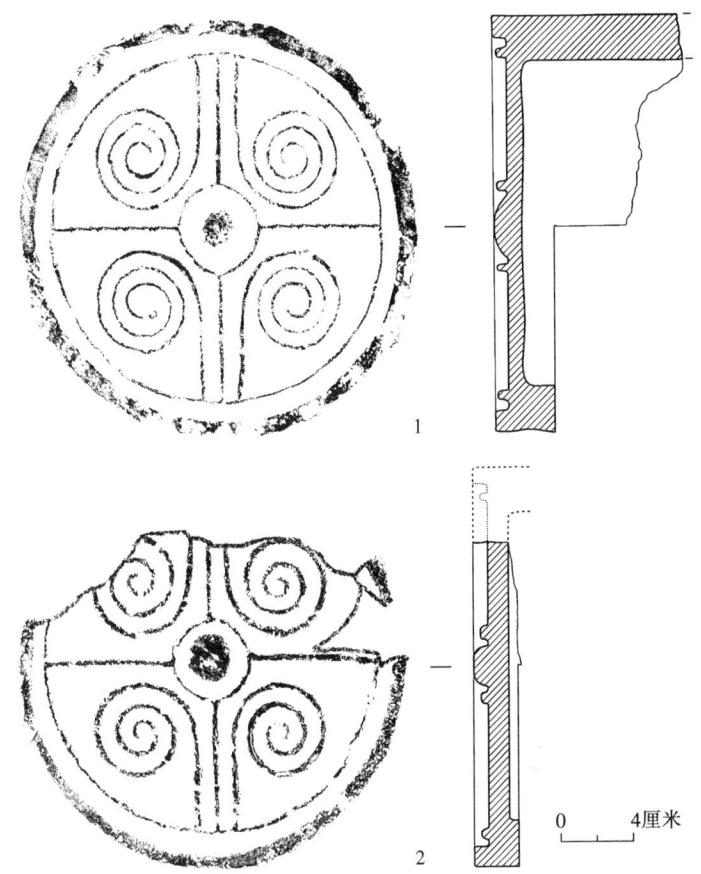

图二三　石碑地遗址出土丙类 B 型瓦当
1. Ba 型（SSⅠ1Y3 丙 BW：4）　2. Bb 型（SSⅠ2J1 丙 BW：3）

其规格相对较小，直径在 17.6～18.5 厘米之间。标本 SSⅠ1Y6 丙 CW：1，灰色，当面径 17.6、边轮宽 0.6、外圈径 15 厘米。保存基本完整（图二四；图版一八，1）。

D 型：当面饰夹心卷云纹。该型瓦当的数量不多（数量、位置及相关情况参见附表一〇）。均为夹砂质。有灰、黄褐色两种：其中灰色者多为浅灰色，黄褐色者多微红，火候均较低。

当面纹饰基本相同：边轮高于当面纹饰，较窄。外圈一道，较细。内圈一道，亦较细，中部乳突较高，高出其他纹饰，略低于边轮。外区不分格，上下各饰一向内翻卷的云纹，左右各饰一心形装饰纹饰（又有称之为"桃形"、"鼻形"纹者）。在云纹与心形装饰纹之间各装饰一菱形纹饰。

该型瓦当的规格相对较小，从目前的发现看，直径均在 17～18 厘米之间。制法与其他秦代圆形瓦当相同。标本 SSⅢ1 一 Y1 丙 DW：1，当面完整。黄褐色。当面径 18、边轮宽 0.8～1.1、外圈径 14.8、内圈径 4 厘米。瓦筒存长 21.5 厘米，凸面饰间断拍印绳纹，凹面素面，保留有泥条盘筑痕迹。外切，筒壁已切透（图二五；图版一八，2）。

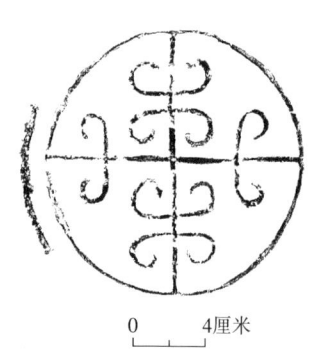

0　　4厘米

图二四　石碑地遗址出土丙类 C 型
瓦当（SS Ⅰ 1Y6 丙 CW：1）

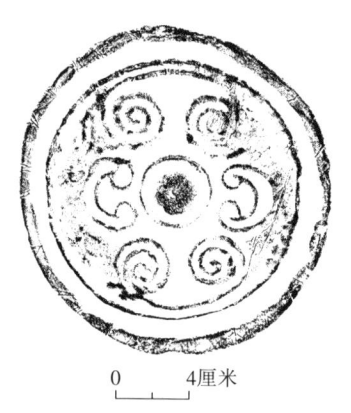

0　　4厘米

图二五　石碑地遗址出土丙类 D 型
瓦当（SS Ⅲ 1 — Y1 丙 DW：1）

E 型：当面饰树纹。该型瓦当的数量最少（数量、位置及相关情况参见附表一一）。均为夹砂质。有灰色与黄褐色两种。多残破。

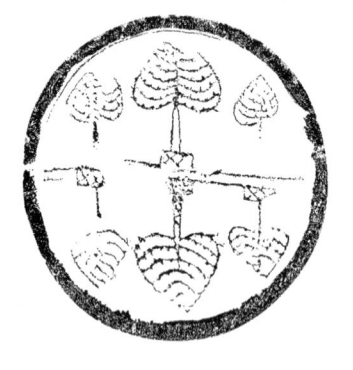

0　　4厘米

图二六　石碑地遗址出土丙类 E 型
瓦当（SS Ⅲ 1 — Y1 丙 EW：1）

其造型基本相同：边轮较高，高出当面纹饰 0.6 厘米左右。无外圈线及内圈线。当面纹饰低、细，分成反向对称的上、下两部分。每部分均有三株树木组成，其中中间的一株略高，两侧的略低。每株树下似有方形的树台。标本 SS Ⅲ 1 — Y1 丙 EW：1，浅灰色。当面基本完整，纹饰较细。当面径 17.2、边轮宽 0.9 厘米。瓦筒存长 22 厘米，凸面饰间断拍印绳纹，凹面饰麻点纹，局部抹光。外切（图二六）。

4. 空心砖与塞砖

空心砖多见于院落、廊道及高台建筑的边缘，主要是作为踏步使用的。此外，也用作污水井的井盖、大型排水管道的迎水区等。作为踏步的空心砖在使用时内部填土，两端以磨制的长条砖塞堵，塞堵砖可简称为塞砖。因空心砖与塞砖是配合使用的，故在此一并予以介绍。

（1）空心砖

均夹少量细砂。多为红褐色，少量为灰黑色。纹饰较单一，正面多施四重菱格纹，反面与两侧面均为素面。也有部分空心砖通体皆为素面者。均为长条形，中空。两端端头部分稍厚，并在内部切削出坡状斜面，用以塞砖。

其制法为：先制作空心砖底面，而后贴加两侧面，最后放置模制出的顶面。

规格大小不一，从较完整者看，以下两种规格者最为普遍：长者达 156～160 厘米，见于第 Ⅰ 区第 1 组主体建筑东阶、第 Ⅰ 区第 2 组建筑南部排水系统，一般长 126～129 厘米，较为多见，此外

还有长 140、112 厘米等几种，均为在使用时据实际
需要人为削短所致；宽度多在 33～36 厘米之间；高
度多在 17～20 厘米之间；壁厚多在 2.5～4 厘米之
间（数量、位置及相关情况参见附表一二）。

（2）塞砖

多以铺地砖磨制而成。亦夹少量细砂。以黄褐
色为主，红褐色、青灰色次之。正面多施三重菱格
纹，反面为素面。或正、反两面均为素面。平面均
呈长条形，剖面多为梯形。塞入空心砖两端并抹泥
固定。

因空心砖规格较大，多破损严重，目前能够复
原者较少。而塞砖体积小，保存完整者较多，其规
格大小不一，长度在 24.5～28.3 厘米之间，宽度在
9.2～11.5 厘米之间，厚度在 3.2～3.4 厘米之间
（数量、位置及相关情况参见附表一三）。

标本 SSⅠ1Y2K：4，红褐色。正面施四重菱格纹，
反面为素面。长 127.9、宽 33～35.7、高 19.4、壁厚
2.5～4 厘米（图二七，1；图版一九，1）。

在空心砖的一侧保留一块塞砖，编号 SSⅠ1Y2K4
S：1，系由铺地砖磨制而成。砖红色。横剖面呈梯形。
内面（面向空心砖内部的一面）饰数组间隔三重菱格
纹，外面（露明的一面）为素面。外面长 28.3、宽
11.5、厚 3.4 厘米（图二七，2；图版一九，2）。

5. 铺地砖

均夹少量细砂。以黄褐色为主，青灰色次之，
少量呈红褐色。多数正、反面均为素面，少数正面
施数组间隔三重菱格纹或一道凹弦纹，反面为素面
（数量、位置及相关情况参见附表一四）。

从未经使用加工的铺地砖规格看，可大致分为
三种（型）：

A 型：大型铺地砖。均为长方形，长度为 49 厘
米以上，目前所见最长者近 62 厘米，宽度与中型铺

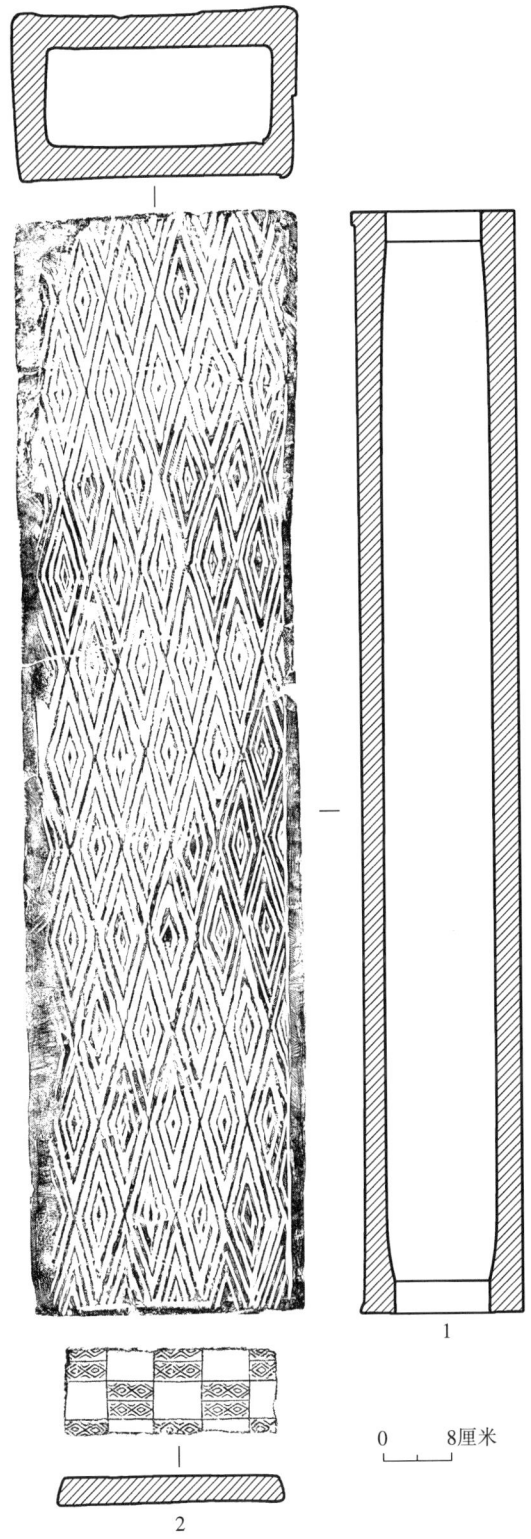

图二七　石碑地遗址出土空心砖、塞砖

1. 空心砖（SSⅠ1Y2K：4）

2. 塞砖（SSⅠ1Y2K4S：1）

地砖类似。数量相对较少。标本 SS Ⅱ 2 三 J1AP：2，较完整。青灰色，夹细砂。正、反面均为素面。长61.2、宽35.5、厚3.3厘米（图二八，1；图版一九，3）。标本 SSAP 采：1，完整。红褐色，夹细砂。正面近2/3处施一道凹弦纹，反面为素面。长49.3、宽31.5、厚3.5厘米（图二八，2；图版一九，4）。

　　B 型：中型铺地砖。可分为近方形与长方形两种。标本 SS Ⅱ 2 三 J1BP：1，完整。近方形。青灰色，夹细砂。正、反面均为素面。长34.2、宽33、厚3.3厘米（图二八，4；图版二○，4）。标本 SS Ⅰ 1Y1BP：3，完整。长方形。青灰色，夹细砂。正、反面均为素面。长32.7、宽26.6、厚

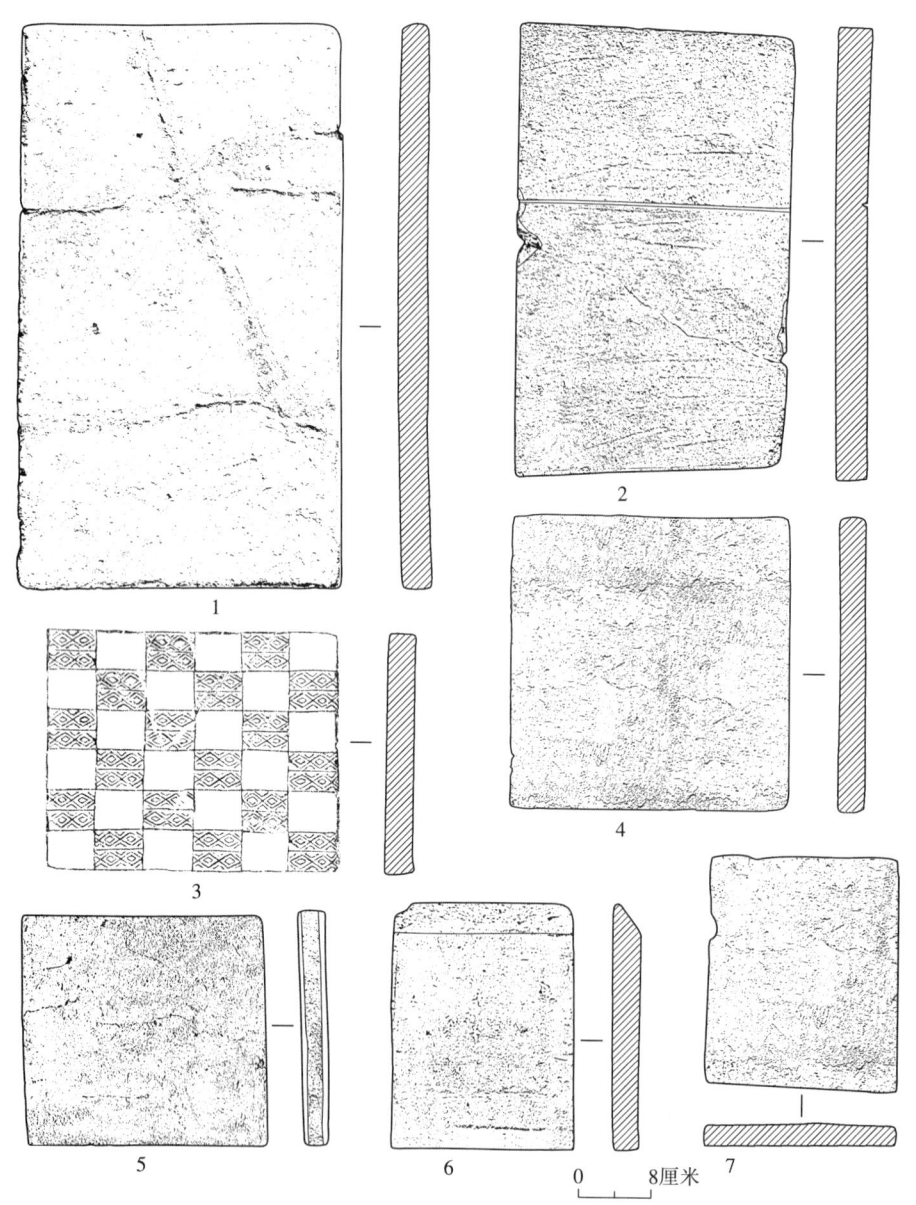

图二八　石碑地遗址出土典型铺地砖

1. A 型（SS Ⅱ 2 三 J1AP：2）　　2. A 型（SSAP 采：1）　　3. B 型（总1124，绥7842）　　4. B 型（SS Ⅱ 2 三 J1BP：1）　　5. C 型（SS Ⅲ 1 二 F2CP：2）　　6. C 型（SS Ⅲ 1 二 F2CP：5）　　7. C 型（SS Ⅲ 1 二 F2CP：3）

3.4厘米（图版二〇，1）。标本总1124，绥7842，完整。长方形。红褐色。夹细砂。正面施横六格竖六格交错排列的等大长方形菱格纹与方格纹。其中菱格纹系由两列小三重菱格纹组成，中间由一条直线分开。反面为素面。长32.9、宽26.2、厚3.4厘米（图二八，3；图版二〇，2）。

C型：小型铺地砖。

亦可分为近方形与长方形两种。

标本SSⅢ1二F2CP：2，完整。近方形。黄褐色，夹细砂。正、反面均为素面。长27.6、宽25.3、厚3厘米（图二八，5；图版二〇，3）。标本SSⅢ1二F2CP：3，完整。近方形。黄褐色，夹细砂。正、反面均为素面。长25.5、宽21.3、厚2.8厘米（图二八，7；图版二一，4）。标本SSⅢ1二F2CP：5，完整。长方形。青灰色，夹细砂。正、反面均为素面，一端因特殊需要被削成斜面。长26.8、宽20.4、厚3厘米（图二八，6；图版二一，5）。

目前所见，铺地砖的用途较广，如廊道、踏步、散水地面，沐浴间、井窖周围地面，排水管道迎、散水区、慢道、台基侧壁，廊道、散水边缘立砌镶边等。尽管用于不同部位者形态各异，但多系使用时加工磨制而成，非烧制时的形状。

现将为适应特定位置的需要，加工成特殊形状的铺地砖（为叙述方便，称之为T型）简要例举如下：

Ta型：平面呈三角形。其斜边部分有的为直线形，亦有因用于井口部位而加工成弧形者。标本SSⅡ2三Y2TP：1。基本完整。三角形，斜边呈弧形。青灰色，夹细砂。正面施横六格竖六格交错排列的等大长方形菱格纹与方格纹。长边长25.8、短边长15.2、厚3.4厘米（图二九，6；图版二一，1）。

Tb型：平面呈长方形，规格大小不一。标本SSⅡ2三J1TP：2，出土于J1南部散水边缘，完整。夹砂质，红褐色。正、反面均为素面。长38.5、宽14.7、厚3.3厘米（图二九，1；图版二一，2）。标本SSⅠ1Y7TP：1，完整。夹砂质，青灰色。正面施数组间隔三重菱格纹，反面为素面。长32.4、宽13、厚3.4厘米（图二九，5；图版二一，3）。标本SSTP采：4，完整。夹砂质，黄褐色。正、反面均为素面。长28.1、宽15.8、厚3.5厘米（图二九，2；图版二二，1）。标本SSTP采：5，完整。夹砂质，黄褐色。正、反面均为素面。长25.2、宽9.3、厚3.2厘米（图二九，3；图版二二，2）。标本SSⅡ2三J1TP：3，完整。夹砂质，黄褐色。正、反面均为素面。长21.3、宽7、厚3.3厘米（图二九，4；图版二二，3）。

6. 其他

除上述建筑构件外，还有排水管、井圈、土坯（砖）等，现简要介绍如下。

（1）排水管

出土数量较多。均为夹粗砂质。颜色有黄褐色、灰色两种。外多饰绳纹，经抹光，内饰麻点纹或素面。形状基本相同，圆筒状，首端较粗，尾端较细，使用时首尾套接。制法为泥条盘筑，

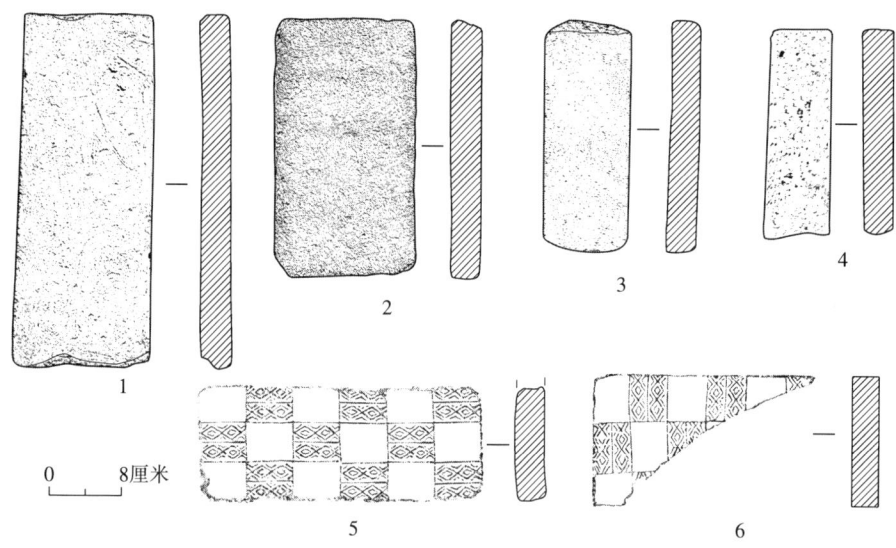

图二九　石碑地遗址出土特型铺地砖

1. Tb 型（SSⅡ2 三 J1TP：2）　2. Tb 型（SSTP 采：4）　3. Tb 型（SSTP 采：5）

4. Tb 型（SSⅡ2 三 J1TP：3）　5. Tb 型（SSⅠ1Y7TP：1）　6. Ta 型（SSⅡ2 三 Y2TP：1）

经拍打整修成形。多位于井窖、洗澡间、各类墙体间用于排水。

其细部形态、规格各异。由于排水管多未取回，已原地回填保护，故采集标本不多，将在相关章节中予以描述。由于各排水管在原地暴露出来时均已破碎，现场未能复原，故文中一些有关排水管规格的描述可能略有误差，特此说明（参见附表一五）。

（2）井圈

均夹粗砂。以黄褐色为主，红褐色次之。外面多饰斜行粗绳纹，内面饰麻点纹或拍印双重环纹。泥条盘筑成筒后经拍打整修成形，有整体烧制者，亦有由两半圆形分别烧制，然后对接的。均见于各种井内，用途不同，规格亦有所不同，同一井内的井圈规格基本一致。形状基本相同，平面为圆形，两端厚中间薄，上部较厚，下部略薄，利于套接。井圈采集者亦较少，多原位回填保护，其规格、形态等详见相关章节（参见附表一六）。

（3）土坯

数量较多，但完整者较少。出土时多与屋顶倒塌的烧土块混杂在一起。从少量完整标本看，其内部有沙粒、植被根茎等，个别还羼有小石块。形状多为长方体，但不规则。从现存状态看，使用前似多经烧，但火候不高，受热不均，外多呈红褐色，内呈灰褐色或黄褐色，故称之为土坯。从出土位置看，土坯似多用于建筑墙体的上部。其规格有所不同。标本 SSⅡ2 一 Y1：1，长 38、宽 18、厚 11.7 厘米。标本 SSⅠ1Y2 踏步下：1 临，长 34.3、宽 16.3、高 12 厘米（图版二二，4）。

（三）瓦件戳印

在石碑地遗址秦代的一些板瓦、筒瓦及瓦当体的凸面或凹面上盖有戳印。

遗址出土板瓦、筒瓦残片数量巨大，发现的戳印也较多。限于大量的建筑瓦件未取出（均已原位回填保护），现仅能对从建筑倒塌堆积中取出的一些散碎瓦片及为数不多的较完整的标本进行统计。

目前所见，戳记较为清晰的瓦件标本共 189 件，涉及 32 个遗迹单位。其中板瓦标本 87 个，筒瓦及瓦当体标本 102 个。板瓦、筒瓦上的戳印多位于瓦件的两端，多在 1～15 厘米的范围内。带有瓦当的筒瓦戳印多位于筒体的前端。盖有戳印的部位多无纹饰，或纹饰被抹光。

上述标本分属于 130 个不同的戳印，其中板瓦 68 个，筒瓦 62 个，筒、板瓦共见的戳印 1 个。戳印形状可分多种，包括长方形、近方形、方形、圆形、椭圆形、不规则形等，大多数不带边椁。戳印最大者边宽达 3 厘米，最小的边宽只有 0.8 厘米。绝大部分为阳文，仅 9 例为阴文。

上述戳印共见 92 个不同的文字（板瓦及筒瓦中均出现的，按一个文字统计）。其中板瓦有 54 个，筒瓦及瓦当筒体上有 40 个，两者共见的文字仅 2 个，为"同"和"高"？。所用字体绝大部分为篆体，计 91 个，少量为隶体，2 个。

以下分别对板瓦、筒瓦上的戳印详细予以介绍。由于拍照角度不同，个别标本线图与图版方向不一致。

1. 板瓦戳印

共发现 68 个不同的戳印，计有 54 个不同的文字（附表一七）。

绝大多数的戳印印文仅有 1 字，多字者仅见 1 件，即 96SSⅡDJ2∶27[①]，印文为"楊安"2 字。

在同一瓦件上绝大多数只有一个戳印，多个者仅 1 件，即 97SST2816③∶50，发现两个相同戳印，印文为"眾"？。

戳印绝大多数均打印在板瓦的凹面，印在凸面的发现两例，即 96SST1510③∶8 和 96SSⅡDY2∶101，印文均是"衛"；绝大多数印在瓦身前或后部，发现于边缘唇部者有两件，即 96SSⅡDY3∶82 和 97SST2816③∶42，印文均为"市"。

绝大多数为阳文，阴文者 5 例，分别是 94SST1111③∶14、97SST2114 南井∶33、96SSⅡDJ2∶21、94SST1312③∶3 及 96SSⅠBF1∶20。

此外，"同"字多印在筒瓦及瓦当体上，仅发现 2 例印在板瓦上，为 94SST1010③∶1 和 97SST2416③∶2。

为叙述方便，现据印文不同分别介绍相关的戳印。

（1）"安"字戳印：3 件，分属于 2 个不同的戳印（图三〇，1、2；附表一七，1；图版二三，1）。

（2）"宏"？字戳印：1 件（图三〇，3；附表一七，2；图版二三，2）。

（3）"强"字戳印：1 件（图三〇，4；附表一七，3；图版二三，3）。

---

① 是工地的临时编号，不代表本报告中的区、组及单元编号。下同。

图三〇　石碑地遗址出土板瓦戳印拓本

1. 96SSⅡDY3：80　2. 97SST2825③：8　3. 94SST1110③：3　4. 97SS52416③：1　5. 98SST2114 北井：23

6. 96SSⅠBF1：20　7. 94SST1312③：3　8. 94SST1110③：1　9. 97SST2516③：3　10. 94SST1115③：1

11. 98SSⅠY11：3　12. 97SST2416③：2　13. 97SST2416③：4　14. 96SSⅡDY3：84　15. 97SST2815③：19

16. 97SST2416③：8

（4）“間”字戳印：1件（图三〇，5；附表一七，4）。

（5）“閆”字戳印：1件（图三〇，6；附表一七，5）。

（6）“尚”？字戳印：1件（图三〇，7；附表一七，6）。

（7）“□”字戳印：2件，笔画有粗细之分，分属于2个不同的戳印（图三〇，8、9；附表一七，7；图版二三，4）。

（8）“□”字戳印：1件（图三〇，10；附表一七，8；图版二三，5）。

（9）“盰”字戳印：1件（图三〇，11；附表一七，9）。

（10）“同”字戳印：2件，同一个戳印。多在筒瓦上出现，在板瓦上只发现2例（图三〇，

12；附表一七，10；图版二三，6）。

（11）"買"字戳印：4件，笔画有粗细之分，分属于3个不同的戳印（图三〇，13、14、15；附表一七，11；图版二三，7）。

（12）"滑"字戳印：2件，属同一戳印。笔画较细（图三〇，16；附表一七，12）。

（13）"枯"字戳印：1件，笔画较粗（图三一，1；附表一七，13；图版二三，8）。

（14）"衞"字戳印：2件，笔画有粗细之分，分属于2个不同的戳印（图三一，2、3；附表

图三一　石碑地遗址出土板瓦戳印拓本

1. 96SST2315③：2　2. 96SSⅡDY2：101　3. 96SST1510③：8　4. 94SST1111③：12

5. 97SST2816③：42　6. 96SSⅡDY3：82　7. 96SST2012③：3　8. 94SST0904③：2

9. 96SSⅡDY2：102　10. 97SST2816③：47　11. 96SSⅡDY2：103　12. 97SST2315③：1

13. 98SSⅠY11：4　14. 97SST2516③：2　15. 95SST1215③：2　16. 94SST1010③：4

一七，14；图版二三，9）。

（15）"顺"字戳印：1件（图三一，4；附表一七，15）。

（16）"市"字戳印：2件，字形不同，分属于2个不同的戳印（图三一，5、6；附表一七，16）。

（17）"戠"？字戳印：4件。隶体。笔画有粗细之分，分属于2个不同的戳印（图三一，7、8；附表一七，17；图版二四，1）

（18）"□"字戳印：1件。笔画较细（图三一，9；附表一七，18）。

（19）"甫"字戳印：1件（图三一，10；附表一七，19；图版二四，2）。

（20）"青"字戳印：3件，有边栏和无边栏两种，分属于2个不同的戳印（图三一，11、12；附表一七，20；图版二四，3）。

（21）"邔"字戳印：5件，笔画有粗细之分，分属于2个不同的戳印（图三一，13、14；附表一七，21）。

（22）"□"字戳印：1件（图三一，15；附表一七，22）。

（23）"樂"字戳印：2件，为同一戳印（图三一，16；附表一七，23；图版二四，4）。

（24）"□"字戳印：1件（图三二，1；附表一七，24）。

（25）"□"字戳印：1件（图三二，2；附表一七，25；图版二四，5）。

（26）"□"字戳印：1件（图三二，3；附表一七，26）。

（27）"□"字戳印：1件（图三二，4；附表一七，27；图版二四，6）。

（28）"□"字戳印：1件（图三二，5；附表一七，28）。

（29）"□"字戳印：1件（图三二，6；附表一七，29）。

（30）"□"字戳印：1件（图三二，7；附表一七，30）。

（31）"□"字戳印：1件（图三二，8；附表一七，31）。

（32）"□"字戳印：1件（图三二，9；附表一七，32）。

（33）"□"字戳印：1件（图三二，10；附表一七，33）。

（34）"□"字戳印：1件（图三二，11；附表一七，34；图版二四，7）。

（35）"□"字戳印：1件（图三二，12；附表一七，35；图版二四，8）。

（36）"高"字戳印：1件（图三二，13；附表一七，36）。

（37）"□"字戳印：1件（图三二，14；附表一七，37）。

（38）"□"字戳印：1件（图三二，15；附表一七，38）。

（39）"□"字戳印：1件（图三三，1；附表一七，39；图版二四，9）。

（40）"書"字戳印：4件。字形不同，分属于2个不同的戳印（图三三，2、3；附表一七，40；图版二五，1）。

（41）"慶"字戳印：5件，笔画有粗细之分，分属于2个不同的戳印（图三三，4、5；附表一七，41）。

图三二　石碑地遗址出土板瓦戳印拓本

1. 94SSTl010③：5　2. 96SST1512③：3　3. 97SST2416③：7　4. 97SST2615③：1　5. 96SSⅡDJ2：30

6. 94SST1111③：15　7. 95SST1215③：3　8. 96SSⅠBF1：19　9. 96SSⅡDY3：77　10. 94SST1111③：5

11. 97SST2114南井：32　12. 96SSⅡDY2：105　13. 97SST2114南井：31　14. 94SST1111③：14

15. 94SST1115③：1

（42）"倉"字戳印：1件（图三三，6；附表一七，42）。

（43）"涼"？字戳印：1件（图三三，7；附表一七，43）。

（44）"淵"？字戳印：3件，笔画有粗细之分，分属于2个不同的戳印（图三三，8、9；附表一七，44；图版二五，2）。

（45）"絲"字戳印：3件，为同一戳印（图三三，10；附表一七，45；图版二五，3）。

（46）"赤"字戳印：1件（图三三，11；附表一七，46；图版二五，4）。

图三三　石碑地遗址出土板瓦戳印拓本

1. 96SSⅡDY2：20　2. 97SST2516③：1　3. 97SST2114北井：24　4. 94SST1111③：11

5. 97SST2815③：18　6. 96SSⅡDJ3：13　7. 98SST1806③：1　8. 97SST2615③：2

9. 96SSⅡDY2：104　10. 94SST1110③：2　11. 96SSⅡDY3：78　12. 97SST2114南井：38

13. 95SST1210③：1　14. 97SST2114南井：33　15. 97SST2816③：50　16. 96SSⅡDJ2：21

17. 96SSⅠBF1：21　18. 96SSⅡDY2：106　19. 97SST2416③：6　20. 96SSⅡDJ2：27

（47）"□"字戳印：1件（图三三，12；附表一七，47）。

（48）"臣"字戳印：1件（图三三，13；附表一七，48）。

（49）"□"字戳印：1件（图三三，14；附表一七，49）。

（50）"眾"？字戳印：1件（图三三，15；附表一七，50）。

（51）"□"字戳印：1件（图三三，16；附表一七，51）。

（52）"□"字戳印：2 件，分属于 2 个不同的戳印（图三三，17、18；附表一七，52；图版二五，5）。

（53）"□"字戳印：1 件（图三三，19；附表一七，53）。

（54）"楊安"字戳印：1 件，是石碑地遗址出土板瓦上发现的唯一的 2 个字的戳印（图三三，20；附表一七，54；图版二五，6）。

2. 筒瓦戳印

共发现 62 个不同的戳印，计有 40 个不同的文字。

同一瓦件上有两个相同戳印的只有 1 例，即 96SSⅡDY2：31，印文为"章"。

瓦件上的戳印多印在凸面的两端，印在凹面的发现五例，分别是 96SSⅡDJ2：46、96SSⅡDJ2：93、97SST2216③：4、96SSⅡDY2：99 及 96SSⅠBF1：18，其中 3 件为"最（最）"，另 2 件分别为"高"和"處"。

阴文仅发现 4 例，分别是 94SST1010③：2、94SST1316③：2、96SSⅡDY3：59 及 96SSⅡDY3：73。94SST1010③：2 是印在瓦当筒体上，印文为"之"。

在瓦当筒体①上，发现 14 个文字，印文多模糊，以"弔"的戳印最多，"有尔（鉨）"次之。只有"最（最）"字戳印在筒瓦上出现过，其他字形均未出现。

据印文不同分别介绍相关的戳印。

（1）"登"字戳印：4 件，笔画有粗细之分，分属于 3 个不同的戳印（图三四，1、2、3；附表一八，1；图版二五，7~9）。

（2）"筥"字戳印：2 件，为同一戳印（图三四，4；附表一八，2；图版二六，1）。

（3）"弔"字戳印：9 件，分属于 4 个不同的戳印。均发现在瓦当筒体上（图三四，5、6、7、8；附表一八，3；图版二六，2、3）。

（4）"筍"字戳印：6 件，字形不同，分属于 3 个不同的戳印（图三四，9、10、11；附表一八，4；图版二六，4、5）。

（5）"中"字戳印：5 件，字形不同，分属于 3 个不同的戳印（图三四，12、13、14；附表一八，5；图版二六，6、7）。

（6）"同"字戳印：6 件，依据字形的不同，分属于 3 个不同的戳印（图三四，15、16；图三五，1；附表一八，6；图版二六，8、9）。

（7）"有尔（鉨）"字戳印：9 件，依据字形的不同，分属于 3 个不同的戳印。均发现在瓦当筒体上（图三五，2、3、4；附表一八，7；图版二七，4、5）。

（8）"章"字戳印：5 件，笔画有粗细之分，分属于 2 个不同的戳印（图三五，5、6；附表一

---

① 瓦当筒体即带有当面的筒瓦，又称脊头瓦。

图三四　石碑地遗址出土筒瓦戳印拓本

1. 94SST1116③：2　2. 94SSⅢF2：17　3. 94SST1513③：2　4. 96SST2013③：7　5. 96SST1512③：2

6. 96SSⅡDY2：25　7. 96SSⅠBF1：16　8. 96SSⅡDY2：18　9. 96SSⅡDJ2：33　10. 94SST1111③：6

11. 94SST1110③：1　12. 96SSⅡDY2：43　13. 96SSⅡDY3：50　14. 96SST1410③：1　15. 94SST1315③：

3　16. 96SSⅡDY2：37

八，8；图版二七，6）。

（9）"简"字戳印：2件，分属于2个不同的戳印（图三五，7、8；附表一八，9；图版二七，1）。

（10）"□"字戳印：4件。笔画有粗细之分，分属于2个不同的戳印（图三五，9、10；附表一八，10；图版二七，2、3）。

（11）"裔"字戳印：2件。笔画有粗细之分，分属于2个不同的戳印（图三五，11、12；附表一八，11；图版二七，7）。

（12）"之"字戳印：1件。发现在瓦当筒体上（图三五，13；附表一八，12）。

（13）"□"字戳印：3件。笔画有粗细之分，分属于2个不同的戳印（图三五，14、15；附表一八，13；图版二七，8）。

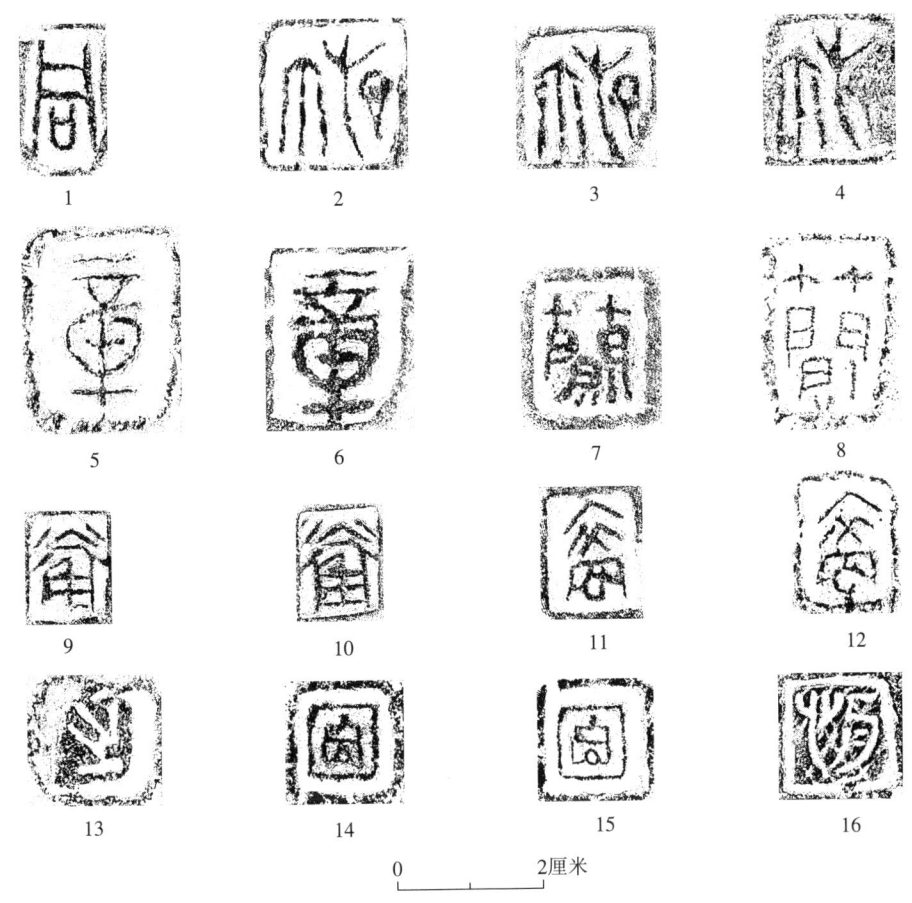

图三五　石碑地遗址出土筒瓦戳印拓本

1. 96SSⅡDY3：70　2. 94SST1111③：2　3. 97SST2813③：11　4. 96SSⅡDY3：14　5. 96SSⅡDY2：30

6. 94SST1111③：7　7. 94SST1010③：6　8. 96SSⅡDY2：35　9. 96SST1510③：6　10. 94SST1112③：3

11. 94SST1111③：9　12. 96SSⅡDY2：38　13. 94SST1010③：2　14. 94SST1111③：3　15. 96SSⅡDY3：8

16. 94SST1316③：2

（14）"㤼"字戳印：2件，为同一戳印（图三五，16；附表一八，14；图版二七，9）。

（15）"敝"字戳印：2件，为同一戳印（图三六，1；附表一八，15；图版二八，1）。

（16）"歇"字戳印：3件，为同一戳印。均发现在瓦当筒体上（图三六，2；附表一八，16）。

（17）"最（最）"字戳印：8件。笔画有粗细之分，分属于2个不同的戳印。多发现在瓦当筒体上（图三六，3、4；附表一八，17；图版二八，2）。

（18）"處"字戳印：1件（图三六，5；附表一八，18）。

（19）"間"字戳印：1件（图三六，6；附表一八，19）。

（20）"器"？字戳印：2件，分属于2个戳印。均发现在瓦当筒体上（图三六，7、8；附表一八，20；图版二八，3）。

（21）"童年"字戳印：2件，为同一戳印（图三六，9；附表一八，21；图版二八，4）。

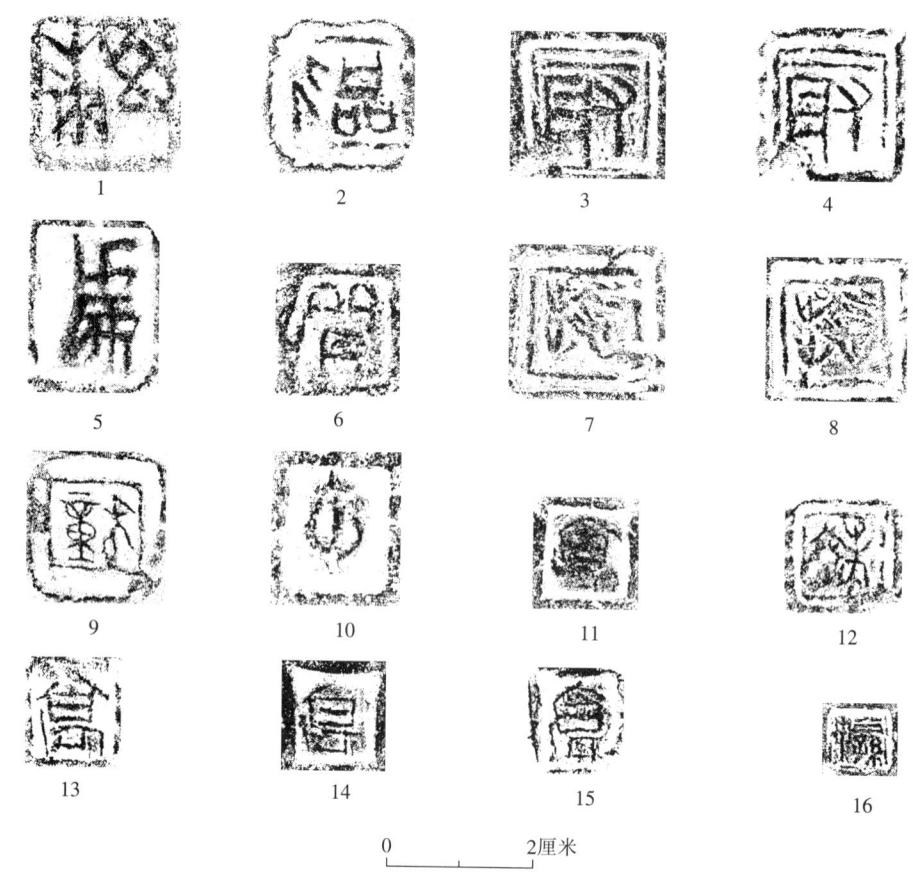

图三六　石碑地遗址出土筒瓦戳印拓本

1. 96SSⅡDJ2：1　2. 94SST1111③：16　3. 95SST1215③：1　4. 94SST1111③：8　5. 96SSⅠBF1：18

6. 96SSⅡDY2：12　7. 96SST1913③：16　8. 96SST1913③：4　9. 97SST2114南井：24　　10. 96SSⅡ

DJ3：12　11. 94SST1114③：2　12. 96SSⅡDY2：40　13. 96SSⅡDY2：99　14. 96SST1913③：21

15. 96SSⅡDY2：84　16. 98SST1810③：1

（22）"□"字戳印：1件（图三六，10；附表一八，22）。

（23）"□"字戳印：2件，为同一戳印（图三六，11；附表一八，23）。

（24）"□"字戳印：1件（图三六，12；附表一八，24；图版二八，5）。

（25）"高"字戳印：3件。隶体。字形不同，分属于3个不同的戳印（图三六，13、14、15；附表一八，25；图版二八，6、7）。

（26）"公孙申"字戳印：1件（图三六，16；附表一八，26）。

（27）"□"字戳印：1件。发现在瓦当筒体上（图三七，1；附表一八，27）。

（28）"□"字戳印：1件，发现在瓦当筒体上（图三七，2；附表一八，28）。

（29）"□"字戳印：1件（图三七，3；附表一八，29）。

（30）"□"字戳印：1件（图三七，4；附表一八，30）。

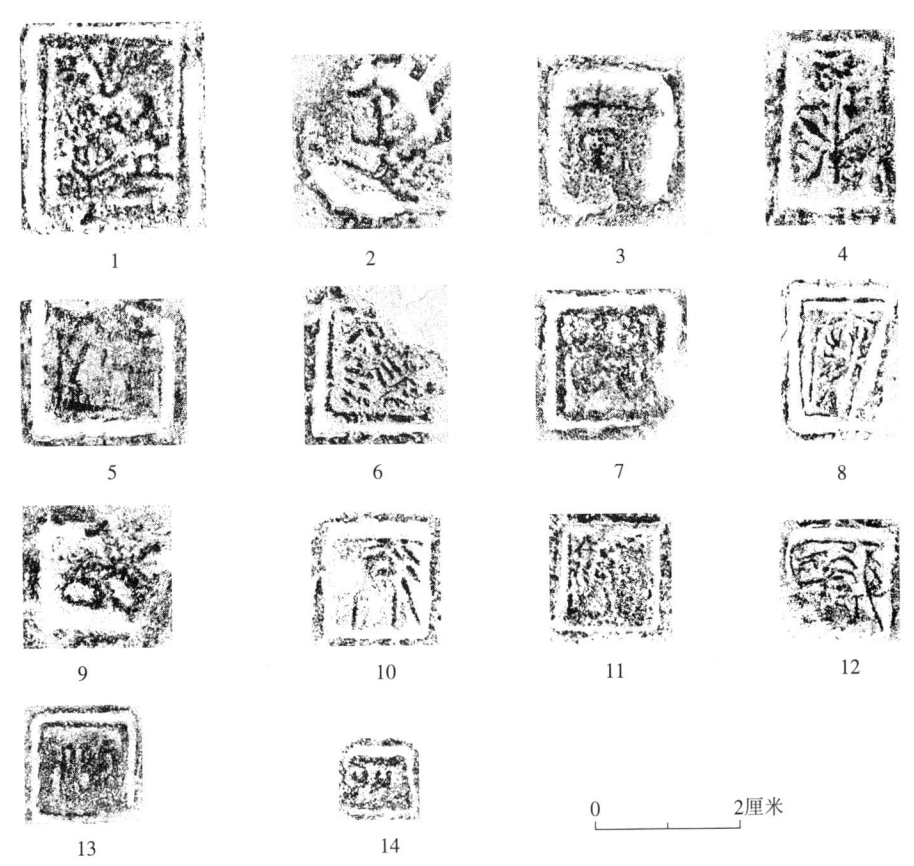

图三七　石碑地遗址出土筒瓦戳印拓本

1. 97SST2216③：2　　2. 94SSⅢF1：1　　3. 97SST2114 南井：3　　4. 94SST1112③：2　　5. 94SST1315Ⅲ：1

6. 96SST1811③：2　　7. 94SST1316③：1　　8. 97SST2216③：5　　9. 96SSⅡDY3：15　　10. 96SSⅠBF2：6

11. 96SSⅡDY3：14　　12. 96SSⅡDY2：24　　13. 96SSⅡDY3：71　　14. 96SSⅡDY3：73

（31）"□"字戳印：1件（图三七，5；附表一八，3）。

（32）"□"字戳印：1件（图三七，6；附表一八，32）。

（33）"□"字戳印：1件（图三七，7；附表一八，33）。

（34）"□"字戳印：1件（图三七，8；附表一八，34）。

（35）"□"字戳印：1件。发现在瓦当筒体上（图三七，9；附表一八，35）。

（36）"□"字戳印：1件。发现在瓦当筒体上（图三七，10；附表一八，36）。

（37）"□"字戳印：1件（图三七，11；附表一八，37）。

（38）"□"字戳印：1件。发现在瓦当筒体上（图三七，12；附表一八，38；图版二八，8）。

（39）"□"字戳印：1件（图三七，13；附表一八，39）。

（40）"□"字戳印：1件（图三七，14；附表一八，40）。

二　第Ⅰ区建筑遗存

石碑地遗址第Ⅰ区位于遗址东南部，总体形态呈凸字形，四面环绕夯土墙基（图三八；图版二九～三一）。

其西为第Ⅳ区。第Ⅰ、Ⅳ两区自东向西平行分布，南、北侧围墙均在一条直线上，偏西部有一道南北向的墙体将两区分开；其北邻第Ⅱ、Ⅲ区，北部东、西两侧以回廊与上述两区分开，北部中间的主体建筑则继续北延，与Ⅱ区建筑相连。

本区北侧中间部位有一组高大宏伟的建筑（原称为"中心大夯土台"），编号为第Ⅰ区第1组建筑，主体建筑现已全部揭露。其西为回廊式建筑，亦经过发掘，详见下文。本区第1组建筑东北部大部分区域未经发掘，据勘探结果与现暴露出的迹象看，建筑结构与本组建筑的西段有所不同，共有两道夯土墙基。偏南的一道墙基东北部有一缺口，当由此西折自北部一道墙基中间缺口进入第Ⅱ区（参见图三八）。

本区西部大部分区域经过发掘，为叙述方便，现统称之为第Ⅰ区第2组建筑，详见下文。该组建筑南部是一处面东的建筑址，编号为第2组1号建筑址；北部为回廊建筑，大体呈南北走向，至本区北部开始东折，与第1组建筑西侧回廊相连接；在1号建筑址与北部回廊之间有一门道，由此自第Ⅰ区通往第Ⅳ区（参见图三八）。

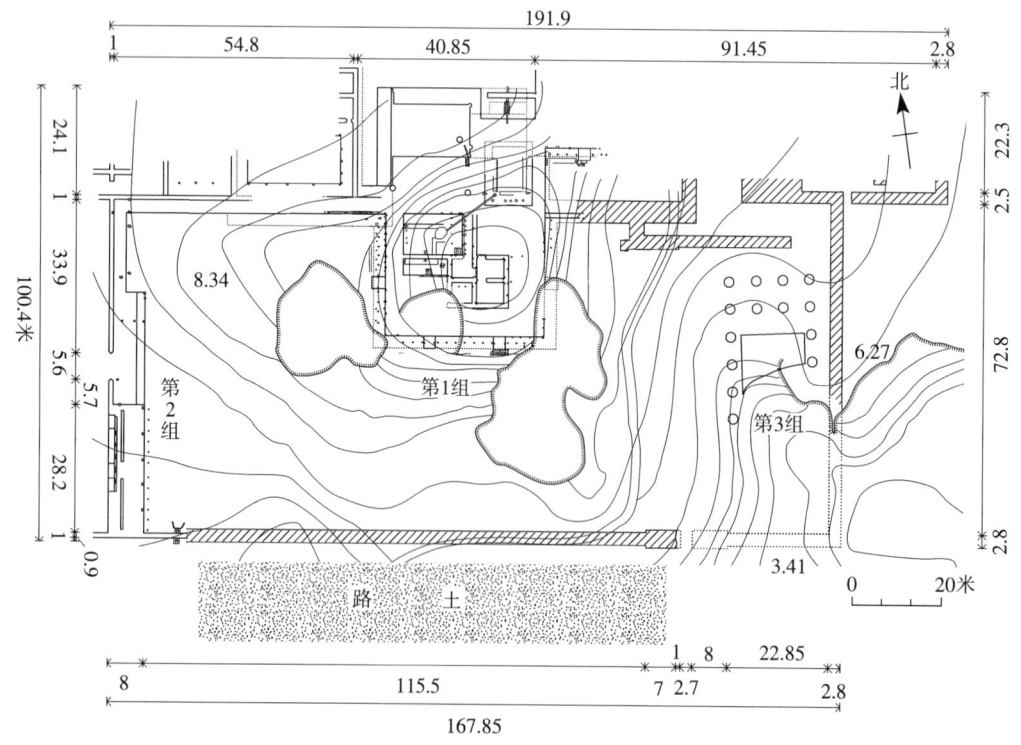

图三八　石碑地遗址第Ⅰ区建筑遗迹总平面图

本区东墙即整个宫城东墙的南段，其南部被毁，残存部分未发现门道。在该段墙基的内侧有一组建筑遗迹，由多个圆形穴坑及一个长方形穴坑组成，编号为第 I 区第 3 组建筑，详见下文（参见图三八）。

本区南墙即宫城南墙，东部残缺，自本区西墙中部至断缺处现存长度为 130 米左右。其中在 123 米处墙体加宽，加宽部分存长 7 米，宽 4 米，这种迹象表明，此处应为门址所在。将该墙向东继续延伸，直至与东墙向南的延长线相交处，该墙的总长度为 167.85 米左右。需要说明的是：自整个宫城的西南角（即第 IV 区的西南角）算起，至其西部南门东侧始加宽处的距离近 44 米，而从本区东墙、南墙延长线的交叉点开始向西测量至本区南墙加宽处的距离亦为 44 米左右，由此可知这两处门道与宫墙两侧的距离是相等的，基本对称，构造也应该相同，从南面经过该门道可进入本区。此外，在本区南墙外侧发现一段长 106、宽 17 米的路土面，现已被毁（参见图三八）。

本区南部破坏较严重，遗迹多为基础部分，遗物较少，仅 1994 年南墙外路面上发现两块较完整的建筑瓦当：标本 SS I 南墙外丙 CW：1（图三九，1；附表九；图版三二，1），为丙类 C 型串状蘑菇形卷云纹圆瓦当；标本 SS I 南墙外乙 BW：1（图三九，2；附表六；图版三二，2），为乙类 B 型夹贝卷云纹半瓦当。从目前的考古发现看，宫城外侧围墙上所用瓦当未发现属于丙类 C 型者，推测该串状蘑菇形卷云纹圆瓦当并非原位。

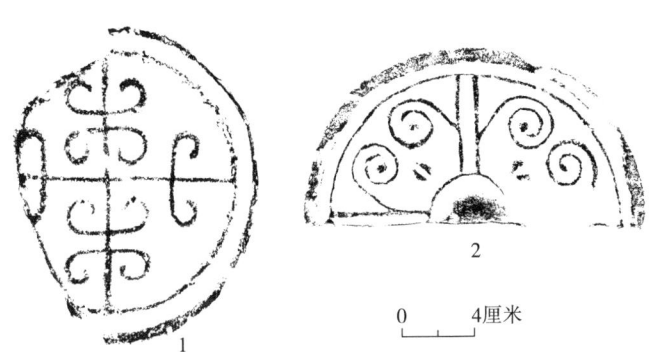

图三九　石碑地遗址第 I 区建筑南墙外路面出土瓦当
1. 丙类 C 型（SS I 南墙外丙 CW：1）
2. 乙类 B 型（SS I 南墙外乙 BW：1）

本区占地总面积近 14000 平方米，除上述介绍的 3 组建筑外，其余大部分为空地。

本区中、北部的地势较高，四周较低，高差很大。其中第 1 组建筑的中心夯土台所在地的现地表海拔高度为 12.2 米，而南墙所在地地表最高处的海拔高度为 6.1 米。本区西北部现地表最高处的海拔高度为 8.3 米左右，东北部现地表最高处的海拔高度为 7.5 米左右。从发掘的迹象看，本区汉代建筑遗迹均位于表土下，距离现地表的高度为 0.3 米左右，保存高度为 0.2～0.7 米不等。因此，除去被破坏的因素，可以大体看出本区内秦代各组建筑的高差（参见图三八）。

以下分别介绍各组建筑遗存。

（一）第 1 组建筑遗存

位于第 I 区北部中间，是整个遗址中最高大雄伟的建筑组群。

从现存遗迹看，该组建筑的构成及其单体建筑的构造均较为复杂。为了叙述方便，首先对各类建筑单元进行划分。

1. 建筑单元划分

（1）基础构成与功能推断

该组建筑基础均得以保存，平面形状大体呈长方形（图四〇）。

基础南北总长度为57.2米，大体以西侧慢道与东部廊道为界，南、北部建筑基础的形状与宽度均有所不同：南部建筑基础较为规整，东西宽为41.9米，北部建筑基础的形状不规则，宽度不等。

从基础现存状态看，中南部保存基本完整，现存基础深度为3.6米左右；北部保存较差，顶

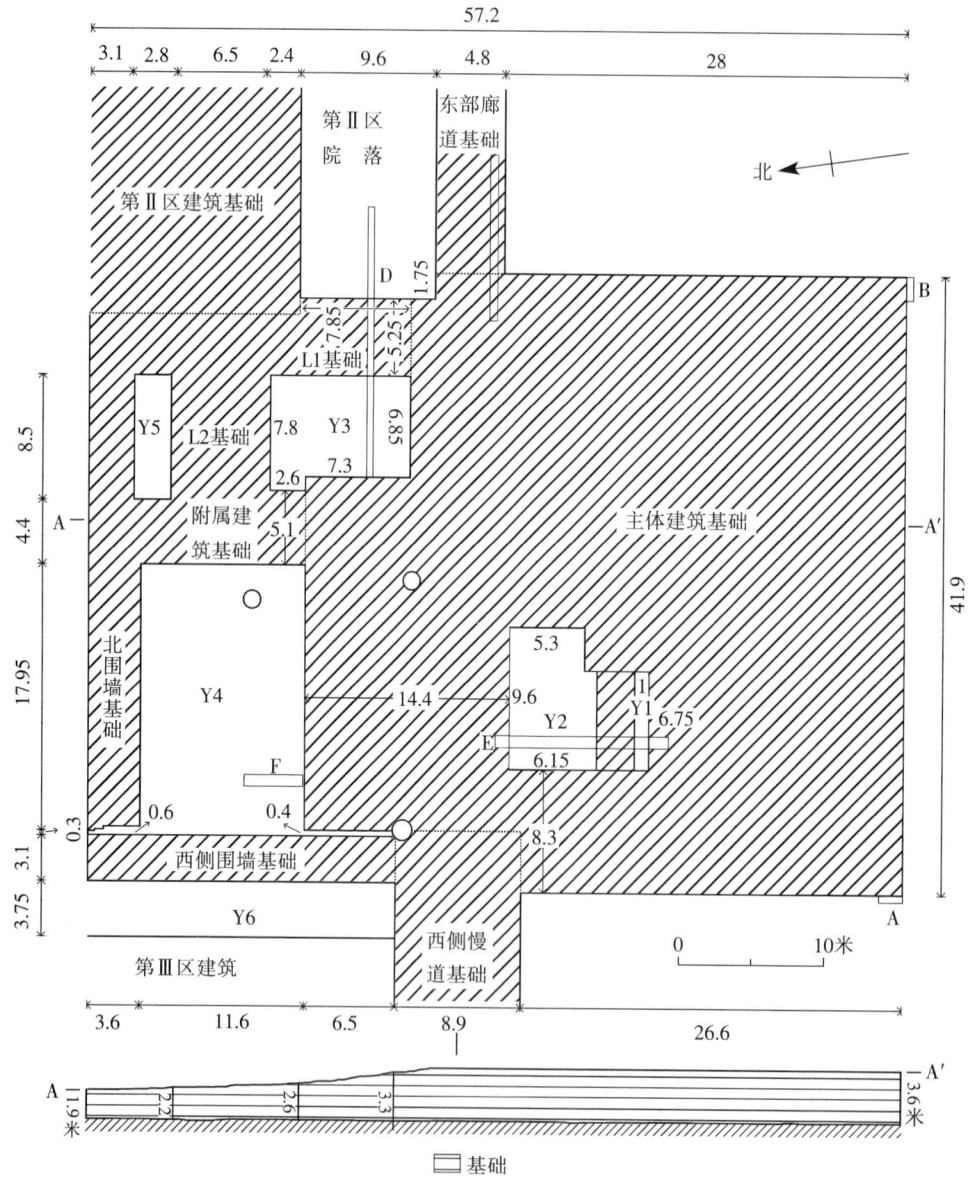

图四〇　石碑地遗址第Ⅰ区第1组建筑基础平面图

部已遭破坏，现存基础最浅处为 1.65 米，局部深度为 1.65～1.9 米（参见图四〇）。

从基础的平面布局及形状看，有面积较大近方形的连续基础，也有窄、短的条状基础，中间夹杂一些空地。

其中该组建筑中南部的一块连续基础面积最大，为叙述方便，暂称之为主体建筑基础。

主体建筑基础南部边缘保存相对完好，较平直，长 41.9 米。东部边缘亦较平直，自东南角起，一直向北延伸至其与东部廊道基础北缘平齐处开始西折，这一段基础长度为 32.8 米左右。从发掘与局部解剖的结果看，主体建筑基础顶部与东部廊道基础顶部平齐，深度大体相同，尚难以分辨两部分基础的搭接情况，推测东部廊道基础附接在主体建筑基础边缘上。

北部边缘的情况稍复杂：主体建筑基础西折 1.75 米后北去约 1.75 米，与一宽 5.25、长 7.8 米的基础相连（这道基础的南部、北部分别为第 Ⅰ、Ⅱ 两区的主体建筑，东、西两侧分别为上述两区的院落空地。从宽度及其与周邻建筑遗迹的关系看，其属于廊道基础的可能性较大，故暂统编号为 Ⅰ1L1，即第 Ⅰ 区第 1 组建筑 1 号廊道基础）。继续向西延伸 6.85 米后，主体建筑基础北去，长度为 7.3 米。而后西折，延续近 23.9 米（在这段基础的东北部还有一段宽 5.1 米的基础与之相连，从其宽度及其与周邻遗迹的关系看亦可推测其为通往第 Ⅰ、Ⅱ 两区的主体建筑廊道基础，呈曲尺形，编号为 Ⅰ1L2 基础）。此后，主体建筑基础南折约 6.5 米，与其西侧慢道基础相连（在这段基础的西侧还有一宽为 3.1 米，长 21.7 米左右的条形基础，呈南北向，与西侧慢道基础相连，其与主体建筑基础的距离仅有 0.4 米。从其所处位置及宽度看，可推测其为第 Ⅰ 区第 1 组建筑北部的西侧围墙基础）。

主体建筑基础的西部边缘也较平直，自西南角始，一直向北延伸 26.6 米后与其西侧慢道基础相连，两部分夯土的结合情况参见图四〇。

主体建筑基础范围较大，但也并非是一体的，在其西北部有一个曲尺形的空间内未见夯土（相关数据参见图四〇），中间有一段基础将其隔成两块空地。从现存迹象看，其上为 2 个院落，编号为 Ⅰ1Y1、Ⅰ1Y2，（即第 Ⅰ 区第 1 组建筑第 1、2 号院落址，下同）。

主体建筑以北有 2 块较大的空地，亦属于院落。其东北部的编号为 Ⅰ1Y3，北部的编号为 Ⅰ1Y4。

Y3 东部、北部的两条建筑基础前面已介绍，为 Ⅰ1L1、L2。

Y4 西部为西围墙基础；北部见一段墙基，宽 3.6、长 22.35 米左右。该段基础的西端不平整，与西侧外围墙基之间有一缺口，缺口北窄南宽，宽度为 0.3～0.6 米。从其宽度及其所处位置看，亦应属于围墙基础，可称其为第 Ⅰ 区第 1 组建筑的北侧围墙基础；北侧围墙基础的东端南折，构成 Y4 的东墙北段基础，Y4 东端为 L2 基础。

在 Y4 东北部、Y3 北部，还有一处长条形空地，编号为 Ⅰ1Y5。

Y5 北部一段建筑基础宽 3.1、长 8.5 米，亦属于围墙基础。Y5 东部为第 Ⅱ 区主体建筑基础（参见图四〇）。

（2）基础之上的建筑遗迹

不同类型建筑基础之上的建筑结构及保存状况均有所不同（图四一；图版三三）。

主体建筑基础之上发现有建筑台基。台基东、西、南部边缘均局部或全部保留，西侧慢道与东部廊道以北则破坏较严重。

中部保存最好，建筑台基之上发现 4 个房址，现分别编号为Ⅰ1F1～F4（即第Ⅰ区第 1 组建筑第 1～4 号房址）。

F3、F4 的南北向隔墙继续向北延伸，似为一段复廊的墙体，编号Ⅰ1L3（即第Ⅰ区第 1 组建筑第 3 号廊道址）；中部空地内保留 2 个院落址，为Ⅰ1Y1、Ⅰ1Y2；主体建筑南部、东部局部见有建筑台基，台基上的建筑无存。考虑到Ⅰ1F1 西南角、Ⅰ1F2、F3 东墙外侧、Ⅰ1F3 北部均有较

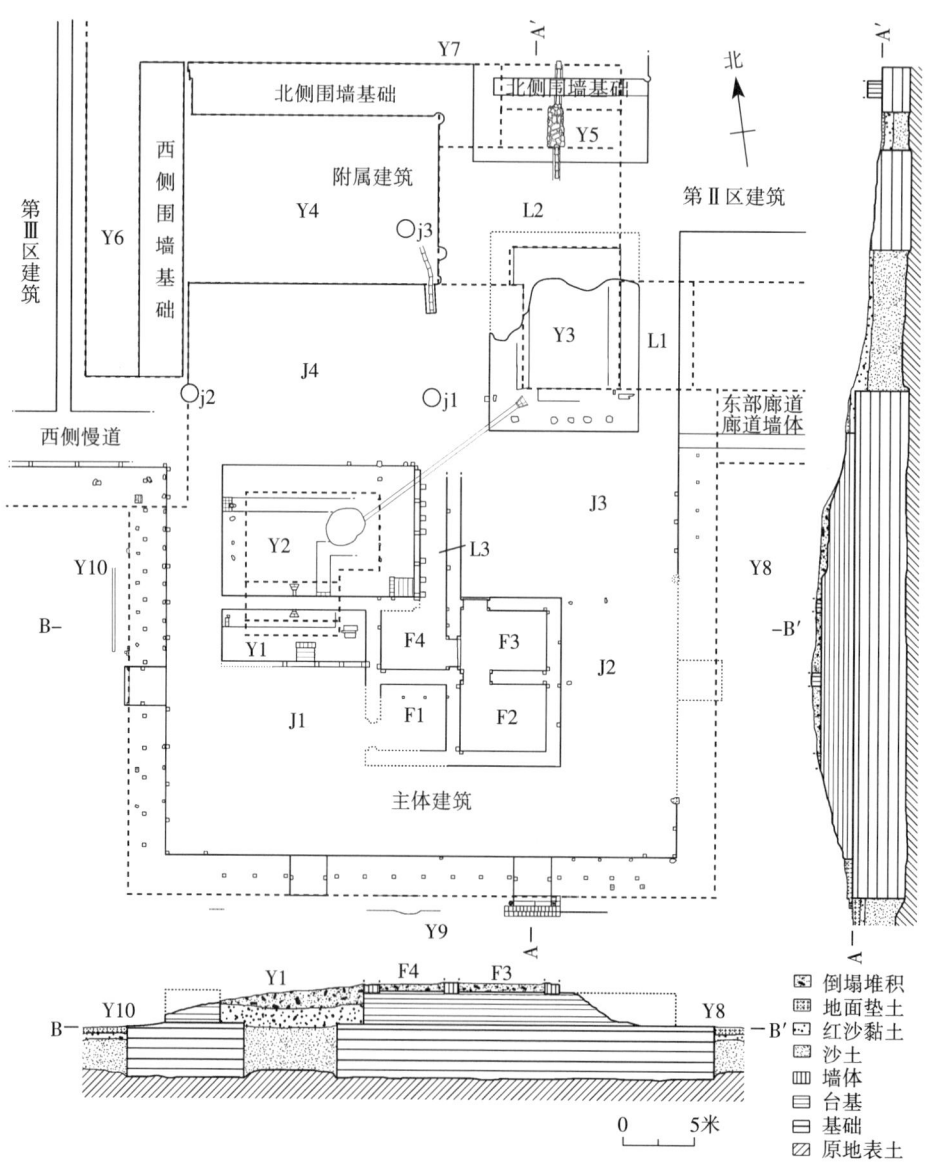

图四一　石碑地遗址第Ⅰ区第 1 组建筑遗迹平面图

大的空间，零星见有一些建筑迹象，应另有建筑存在，为叙述方便，分别编号为Ⅰ1J1～J3（即第
Ⅰ区第1组建筑第1～3号建筑址，下同）；北部遗迹保存较差，基础顶部多已遭破坏，其上发现
两个渗水井，应有建筑存在，编号Ⅰ1J4。

附属建筑的西侧围墙、北侧围墙西段仅存建筑基础。北侧围墙东段保留部分建筑墙体。Ⅰ
1L1、Ⅰ1L2基础之上局部保留廊道遗迹。

（3）相关建筑单元的划分

据上述基础构成及建筑遗迹的功能推断可将该组建筑分为三个大的建筑单元：

第一单元，主体建筑单元：指主体建筑基础，基础之上的建筑台基，台基之上的房址（I1F1～
F4）、建筑址（Ⅰ1J1～J3）、廊道（Ⅰ1L3）、院落（Ⅰ1Y1、Y2），以及台基周边的院落（现将主
体建筑基础东部的空地编号为Y8，南部空地编号为Y9，西部空地编号为Y10，其中主体建筑东北
部、东部廊道北部的院落划归为第Ⅱ区）等（参见图四一）。

第二单元，附属建筑单元：指本组主体建筑单元以北的各类建筑遗迹，以院落为主（I1Y3～Y5，
在本组建筑北部西侧围墙外有一处狭长的院落，北部有较宽的院落，应属于第Ⅱ区，考虑到其距
离本区较近，故一并介绍，分别编号Ⅰ1Y6、Y7）。

第三单元，相关建筑单元：指位于主体建筑中部两侧，大体在一条直线上，呈东西走向的东、
西侧廊（慢）道（由于这两条廊、慢道延续较长，关联的建筑较多，我们将分段予以介绍，以保
持每组建筑的完整性，并由此说明其与周邻建筑的关系，参见图四〇、四一）。

上述建筑从遗迹类型看可分为建筑基础、建筑台基、建于台基之上的房址、地面高差不同的
院落以及连接各类建筑间的廊道等。

为叙述方便，现以主体建筑为中心，以不同的建筑类型为线索详细介绍各相关遗迹。

2. 主体建筑基础构造

各类建筑基础范围前文已介绍，此不赘述。附属建筑基础构造情况参见相关院落，在此重点
介绍主体建筑的基础构造情况。

为了解其构造情况，我们重点选择了主体建筑基础的边角部位进行了解剖，地点及主要收获
如下：

（1）对西南角部进行解剖（参见图四〇：A解剖地点）

1984、1998年两次对该地点进行解剖，结果如下：

地表土呈黄色（即第①a层），厚0.2～0.35米不等，为现代耕土；下为灰黑土（即第②b
层），平均厚度为0.2米左右，见有汉代建筑废弃堆积；其下为黄褐色土（即第③层），厚度为
0.15～0.2米左右，为秦代建筑废弃堆积（据其范围推测，该堆积亦应为汉代建筑台基残存部分，
参见后文汉代遗存）；再下为红褐黏土（即第④a层），在秦代建筑基础上部保留的厚度为0.05
米，基础之外地面部分保留的厚度为0.2米左右，为秦代地面垫土。该层下即见基础。基础外地

面下的垫土为沙土，即第④b层。原地表土为黄黏土，厚度为0.15米左右，其下为黄白色的生土。

基础转角规整，系挖槽起建，槽内回填土经夯。原地表以上基础部分为版筑，版筑痕迹清楚。通过板痕可知每板长3、宽0.25～0.35米左右，现见11板。基础外侧板痕上发现有许多浅坑，似以圆头棍状物点戳而成，其分布虽然很密集但不普遍，似乎不能起到加固夯基的作用，很可能与检验其固实程度有关。经过对夯基的解剖发现，其夯层平齐，每层厚0.04～0.09米不等。

在基础西部外侧地下发现两块础石，形状不规则，大体均呈长方形。其一位于基础西南部，长0.55、宽0.4、厚0.4米，础石中心与西南角的距离为0.6米，距现地表深0.8米；其二长0.45、宽0.3、厚0.3米，中心距西南角0.7米，距现地表深1.79米。两块础石均置于沙土之上，用途不详。

该地点基础顶面的海拔高度为9米左右，埋入地下深度为3.65米（参见图四二）。

（2）对东南角部进行清理（参见图四○：B解剖地点）

该地点被百姓取土破坏，已残缺，1994年10月对破坏位置进行清理，结果如下：

该地点的层位堆积情况与西南角大体相同。

现存基础转角规整，版筑痕迹清楚。每板长3、宽0.25～0.3米，现可见10板。在第5板处的基础外侧板痕上发现有圆形浅坑戳迹。从基础的断面看，其夯层平齐，厚度均匀，每层厚0.09米左右，夯土为纯净的黄土。

这段夯基下见一层厚约0.08米的黄土。黄土下为一层厚约0.08米的烧土（夹杂有炭粒）。这两层均经夯，层厚与夯层厚度相同。最下部为一层黑灰色土，厚0.63米。上述3层的转角处也较规整，但不见板痕。其中烧土层以下的基础外侧有回填黄土，而以上的基础外侧填沙。原地表土

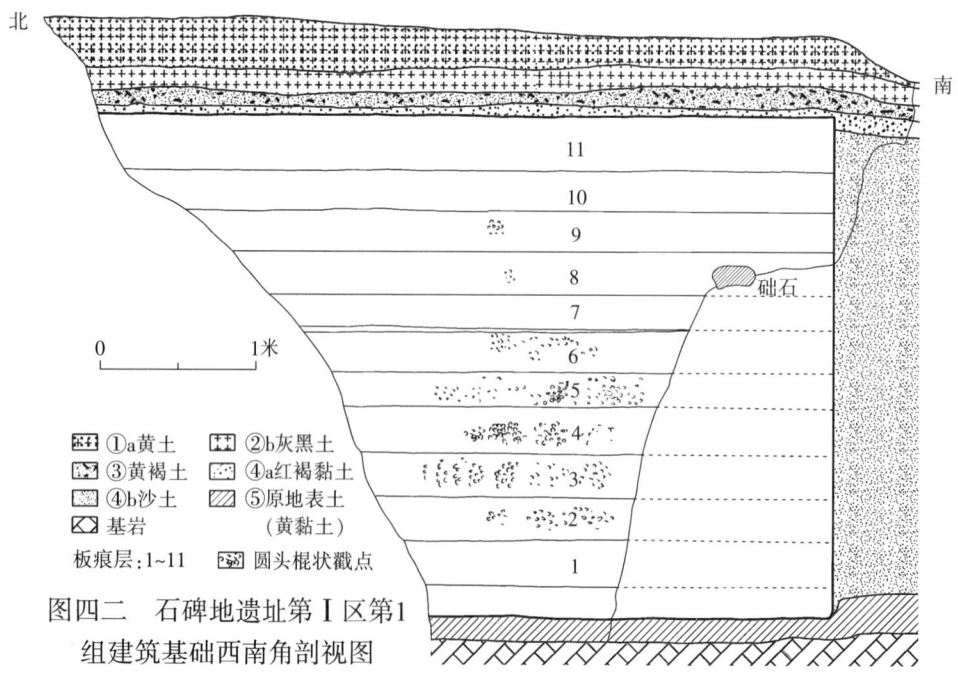

图四二　石碑地遗址第Ⅰ区第1
组建筑基础西南角剖视图

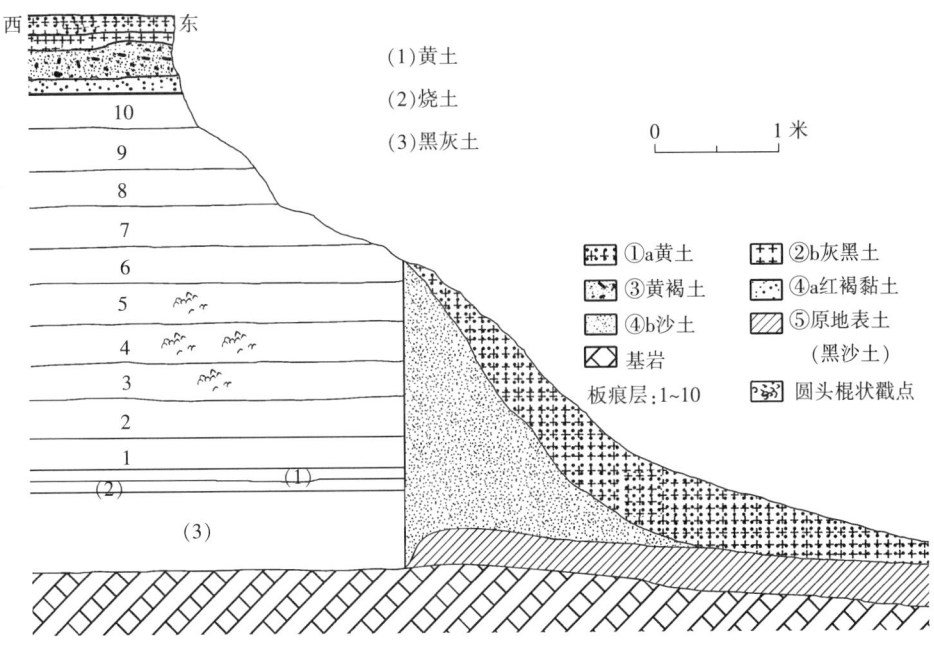

图四三　石碑地遗址第Ⅰ区第1组建筑基础东南角剖视图

为黑沙土，其下为基岩（图四三）。

因为秦代夯土基础尚未发现其他质地与颜色者，所以这段特例基础颇令人关注。

从其转角清晰、上下平直等迹象看，似乎属一个整体，建于同一时期，只不过在土质的选择上不同。但同时也存在另一种可能性，即：这段基础属于不同时期，烧土层以下的部分可能属于早期的建筑基础，其上为秦代补建。杂有炭粒的烧土层很可能是早期建筑地面及其上部的倒塌堆积。但早期建筑的基础范围、周围地面及遗物情况均不得而知，需要在其周围做进一步的工作。

该地点基础顶面的海拔高度为9米左右，较纯净的夯土深度为2.8米，加之其下的3层夯土，基础总深度为3.6米左右。

（3）对东部与东部廊道连接处进行解剖（参见图四〇：C解剖地点）

结果如下：

主体建筑基础顶部的海拔高度为8.9米左右，之上还保留有部分建筑台基，台基现存高度约0.3米，台基边缘较基础边缘内缩2.7米。

东部廊道墙体建筑于廊道基础及部分主体建筑基础之上，与主体建筑台基相连，连接处保存高度与台基高度大体相同，向东逐步降低（图四四，1）。

据东部廊道建筑墙体偏基础南侧的情况推测，其应为单侧廊，即：廊道墙体偏南，原高度不详；廊道偏北，位于第Ⅱ区内，地面高度与建筑基础高度基本相同，高出邻近第Ⅱ区的院落地面。

（4）对东北部内缩拐角处进行解剖（参见图四〇：D解剖地点）

解剖地点位于主体建筑台基北部、Y3偏南部、L1中部一线。

从解剖结果看，Ⅰ1Y3南部东、西两侧基础的顶部高度基本相同，海拔高度为8.8米左右，

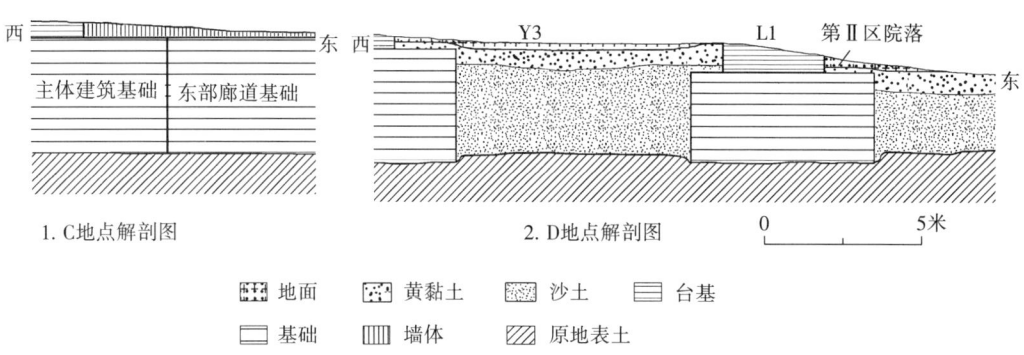

1. C地点解剖图　　　　　　　　　2. D地点解剖图

　　地面　　黄黏土　　沙土　　台基
　　基础　　墙体　　原地表土

图四四　石碑地遗址第Ⅰ区第1组中部建筑基础剖面图

基础之上保留有廊基与建筑台基。

　　Y3 地面与主体建筑基础顶部高度基本平齐，Y3 东侧的第Ⅱ区院落地面较之低近 1 米，L1 的东侧基础也较矮（图四四，2）。

　　（5）对中部院落空地进行解剖（参见图四〇：E 解剖地点）

　　解剖位置位于 Y1、Y2 西部基础边缘外约 1 米处。开了一条大体呈南北向的探沟，探沟宽 2 米，南起自Ⅰ1Y1 的南部边缘，北至Ⅰ1Y2 的北部边缘，探沟总长度为 13.45 米，主要收获为：

　　该地点南、北两侧基础顶面高度基本相同，并与整个主体建筑西南角、东南角基础顶面的海拔高度大体一致；基础深度也大体相若，为 3.6 米左右；基础之间的空敞区域填沙。

　　Ⅰ1Y1、Ⅰ1Y2 的院落隔墙基础建于沙土之上，大体呈东西向，基础南缘与南侧主体建筑基础的距离为 1 米。该墙基宽约 2.7 米，厚度为 1.6 米，墙基顶面的海拔高度为 10 米左右，高于其南、北两侧基础的顶面，两者的高差为 1 米。

　　南、北两侧基础之上均建有夯土台基。其中南部主体建筑的台基较基础内缩 1.8 米，存高 1.8 米，被院落地面填土掩埋于地下的深度为 1.3 米左右；北部台基较基础内缩 1.8 米，存高 1.3 米，掩埋于地下的深度为 1 米左右。

　　在院落隔墙墙基之上建有院落隔墙，墙宽 1 米，存高 0.7 米。隔墙位于墙基的偏南部，墙体南缘与墙基南缘的距离为 0.7 米，北缘与墙基北缘的距离为 1 米。

　　以隔墙为界形成两个院落，院落地面保存基本完好：其中南部的 Y1 地面较高，其海拔高度为 10.2～10.4 米左右，南高北低；北部的 Y2 地面略低，海拔高度为 9.8～10 米左右，中间低平，南北部边缘稍高。两院落的地面表层为黄黏土，厚度为 0.7～1.1 米之间，下部填沙（图四五）。

　　（6）对其北缘进行解剖（参见图四〇：F 解剖地点）

　　该发掘地点位于Ⅰ1Y4 的西南角。

　　其基础顶面已遭破坏，现存基础表面的海拔高度为 7.8 米，现存基础深度为 2.3 米左右（详见Ⅰ1Y4 建筑构造一节）。

　　通过对上述六处地点的解剖发掘，可以得出如下初步认识：主体建筑基础均为自原地表挖槽

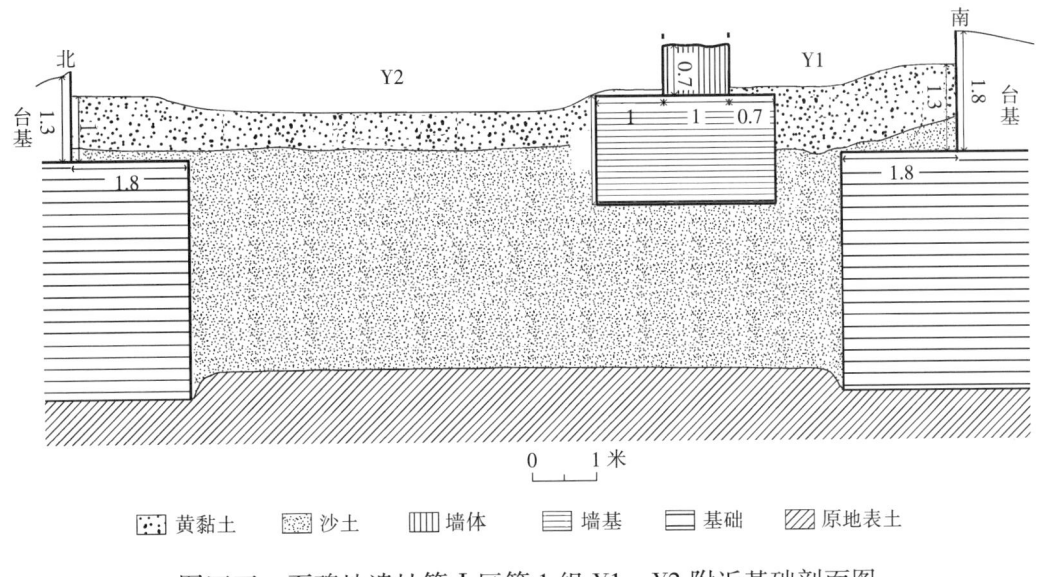

图四五　石碑地遗址第Ⅰ区第1组Y1、Y2附近基础剖面图

起建，厚度为3.6米左右；顶部高度基本相同，海拔高度为8.8～9米左右；中南部基本完整，北部顶部已遭破坏；主体建筑基础之上的院落地面较高，将部分建筑台基掩埋于地下。附属建筑基础顶面高度自南向北逐渐降低，基础深度亦逐渐变浅。

3. 主体建筑台基及周围相关遗存

主体建筑台基建于主体建筑基础之上，东、西、南三面均局部保留，残存高度不等，均较基础内缩2.7米（参见图四一）。

整个台基东西总长度为36.5米，因台基北部不存，南北长度不详；中部保存较好，台基顶面与基础顶面的相对高度为2.16米；周壁保存状况各不相同，其中西壁相对较好。据存留部分看，台基周壁竖直，现见有壁柱柱槽遗迹。壁柱的做法为：首先在预埋础石的中心位置沿侧壁边缘自上至下挖出放置立柱的沟槽，而后在整个侧壁及沟槽的边缘抹泥（先抹一层粗泥，再抹细泥），使得壁面光滑平整（现存台基侧壁墙皮多呈黑红色，局部保留泥土本色，据此推测其毁坏时经火烧）。壁柱现已完全被毁，但柱槽保存相当完好，边缘光滑坚硬，呈方形。柱槽的下部均见有础石。础石顶面与基础的顶面大体平齐，系挖坑埋置，均为暗础。础石形状不规则，多为近圆形或椭圆形的扁平天然石块，未经加工，直径多在0.5米左右，厚约0.15米。

台基外侧东、南、西三面为廊道。廊道宽2.7米，边缘以长条形铺地砖立砌镶边。所用铺地砖长约0.3、宽约0.15、厚0.02米，均侧立，大部分掩埋于地面以下，掩埋深度为0.13米，暴露于地表以上的部分为铺地砖的侧边，长0.3、高0.02米左右。所用铺地砖有的较完整、有的则利用残块。数块铺地砖紧密连接，沿基础外缘直线分布，形成廊道边界。廊道下部为建筑基础，其地面做法为：首先在基础上铺垫一层黄土，厚0.05～0.15米不等，有一定的坡度，靠近台基边缘的部位稍厚，靠近廊道边缘的部位稍薄。据南侧地面残存的迹象推测，廊道表面应抹有草拌泥，现多经火烧呈黑红色。接近台基边缘的廊道地面下发现多块础石，规格均较小，多为扁平的椭圆形或长方形天然石块，一般长（长径）0.3、宽（短径）0.2、厚0.1米左右，其顶面与廊道地表平齐，或亦为暗础。在廊道地面上，中心距离台基边缘约1.4米处发现数个方形柱槽，边长0.2、深0.3米左右。在距离廊道边缘约0.6米处还发现有规律分布的扁平方形石块或板瓦，用途不详。

廊道边缘外侧约1米处，还有一道长条形铺地砖镶边，两者平行分布，由此构成了散水区域（参见图四一）。

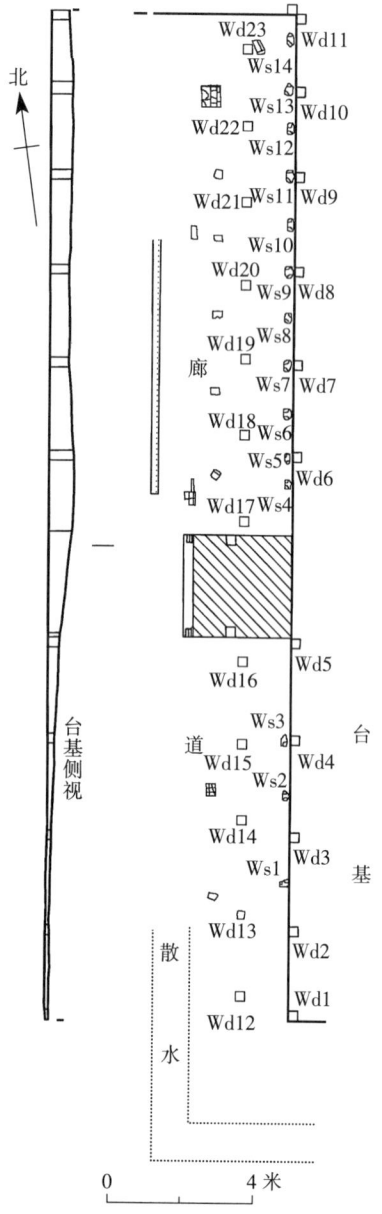

图四六　石碑地遗址第Ⅰ区
第1组台基西侧廊道
遗迹分布图

在南侧、西侧廊道上还发现有通往建筑台基的台阶（参见图四一）。

以下详细介绍主体建筑台基、周边廊道及台阶的保存现状。

（1）西侧廊道

该侧台基保存相对较好（图四六；图版三四；图版三五，1）。

自台基西南角起，至本组建筑西侧慢道南缘的距离为26.6米，宽2.7米。这一段台基保存高度为0.05~0.75米不等，北高南低。

台基边缘共发现壁柱遗迹11个，自南向北编号分别为Wd1~11（即台基西侧1~11号壁柱槽）。壁柱间距不完全相等，1~11号壁柱间的距离分别为2.25、2.45、2.55、2.55、4.95、2.45、2.3、2.5、2、2.35、2米（柱槽中心点的距离，下同）。从壁柱间的距离看，两端稍密集，中部稍稀疏。其中5与6号壁柱间的距离过大，或许因西侧阶修建于此而将二者中间的一根壁柱省略掉。而1号壁柱的痕迹已不清楚，仅发现础石（图版三五，2）。

在这段台基边缘外侧发现14块础石，自南向北编号分别为WS1~14（即台基西侧1~14号础石）。从北段保存完好的迹象看，础石分布有一定的规律，即位于壁柱的外侧及两个壁柱的中间部位。南部被破坏，所见础石可能并非全部。

该侧廊道中部偏东部位发现方形柱槽12个，成排分布，与台基的西部边缘平行，该排柱槽的中心点与台基边缘的距离为1.3米，自南向北编号分别为Wd12~23（即台基西侧12~23号柱槽）。这排柱槽间的距离不完全相等，所在位置与壁柱及其外侧的一排础石所在位置不完全对应。其中第12号柱槽距离基础南部边缘约3.35米，从这一距离推断，其间还应有一个柱槽，与南部廊道上的一排柱槽在一条直线上，惜已被破坏。第16与17号柱槽间为西侧阶，故其间距稍远。第23号柱槽与本组西侧廊道南部边缘的距离为1米。12~23号柱槽间的距离分别为

2.15、2.5、2、2.2、3.7、2.3、2、1.95、2.2、2、1.85 米。

在距离基础边缘约 0.6 米处发现有一些扁平方形石块或板瓦块，大体位于其邻近的方形柱槽中部外侧。

该侧的散水区保存较差，作为镶边的铺地砖发现较少，仅见一段镶边所挖的沟槽。沟槽宽、深皆 0.15 米左右。

该侧廊道上发现有通往建筑台基的台阶，可称为西侧阶（详见下文）。

（2）南侧廊道

台基南缘东西长 36.5、南北宽 2.7 米，保存高度为 0 ~ 0.45 米不等（图四七；图版三六；图版三七，1）。

该侧台壁共发现壁柱遗迹 4 个，均集中于台基的两端，自西向东编号分别为 Sd1 ~ 4（即台基南侧 1 ~ 4 号壁柱槽）。其中 Sd1 与 Wd1 为同一位置，1、2 号壁柱间的距离为 2.75 米，3、4 号壁柱间的距离为 2.15 米。1、4 号均仅见础石，柱槽不存。

在台基边缘外侧发现 5 块础石。

廊道中部偏南发现方形柱槽 14 个，成排分布，与台基的南部边缘平行（该排柱槽的中心点与台基边缘的距离为 1.47 米），自西向东编号分别为 Sd5 ~ 18（即台基南侧 5 ~ 18 号柱槽）。其第 5 号柱槽距离基础西部边缘约 6.8 米。5、6、7 号柱槽的距离均为 2.25 米。7、8 号柱槽之间为西阶，两者相距 3.6 米。8 ~ 14 号柱槽间的距离分别为 2.05、2.05、2.15、2.1、2、2.05，距离大体相等。14、15 号柱槽之间为东阶，两者相距 3.5 米。15 ~ 18 号柱槽间的距离分别为 1.9、1.85、1.85，距离大体相等。18 号柱槽距基础东缘 5.5 米。

廊道东部边缘发现铺地砖。

廊道与散水边缘中段的铺地砖镶边稍变形。

该侧发现两个通往台基的台阶，可称为东、西阶（详见下文）。

（3）东侧廊道

该侧遗迹保存较差。自台基东南角至其与东部廊道窄墙之间的距离长为 26 米左右，宽为 2.7 米，这一段中部台基完全被毁，南段保存高度为 0.05 米左右，北段保存高度为 0.2 米（图四八；图版三七，2）。

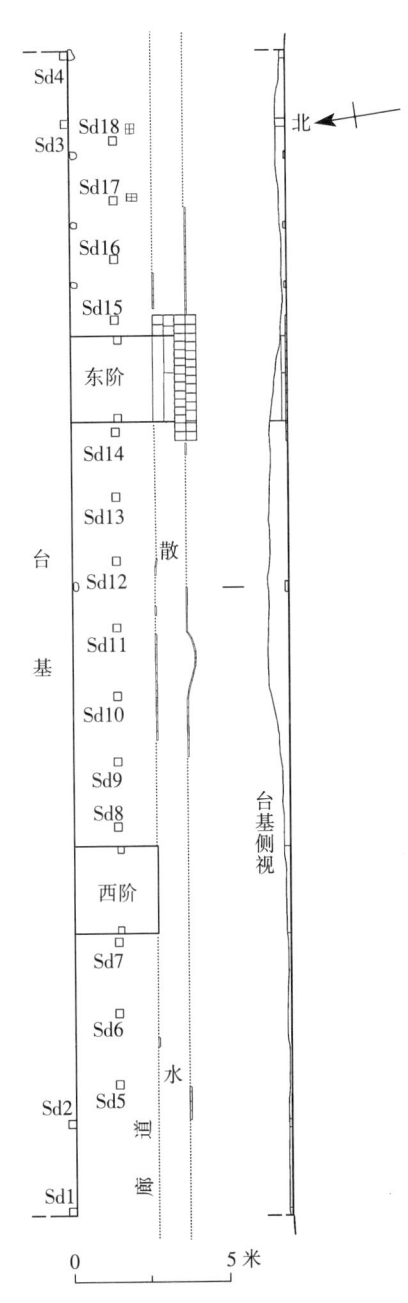

图四七　石碑地遗址第Ⅰ区
第 1 组台基南侧廊道
遗迹分布图

　　台基内侧共发现7个壁柱遗迹，自南向北编号分别为Ed1~7（即台基东侧1~7号壁柱槽），其中Ed1与Sd4为同一位置。各壁柱间的距离不完全相等，南段1~3号壁柱间的距离分别为1.85、1.9米左右；北段4~7号壁柱间的距离均为2.1米。

　　廊道中部偏东的位置发现有4个方形柱洞，直线分布，其中心点连线与台基东缘的距离为1.44米，自南向北分别编号为Ed8~11（即台基东侧8~11号柱洞）。柱洞中心点间的距离分别为2、2.07、1.98米，其中d11距离东部廊道墙体南缘为0.5米。

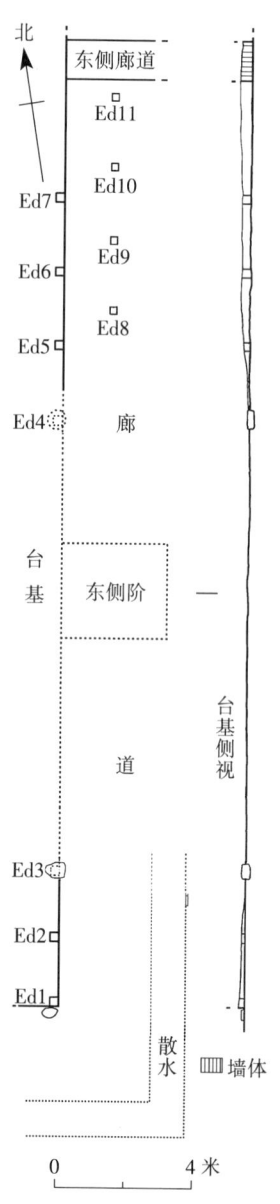

图四八　石碑地遗址第Ⅰ区
第1组台基东侧廊道
遗迹分布图

　　廊道上的其他遗迹以及散水部分均被破坏。

　　（4）台基北缘

　　主体建筑北部的台基部分已被毁，其北部边缘所在的确切位置不详。

　　（5）通往台基的台阶

　　在台基的南侧廊道中有两组上下台基的台阶，其东部的一个可称之为"东阶"，西部的一个称之为"西阶"；同时，台基的西侧廊道中部也发现有台阶，可称之为"西侧阶"；东侧廊道中部已遭破坏，推测在其与西侧阶相对应的位置亦应有台阶。

　　①东阶

　　在各台阶中保存最好。长、宽均为2.7米，其东部边缘距台基东缘的直线距离为8.9米，具体做法为：确定台阶位置后，沿台基边缘修筑一个阶梯状的土台，现土台自南向北呈坡状分布，北部保存最高处为0.7米。土台底部两侧壁发现有贴砖的迹象（图四九；图版三八）。

　　在土台两侧壁中部发现有壁柱遗迹。壁柱中心与台基边缘的距离为1.47米，距离土台南缘1.23米，其下未见础石。从壁柱槽看，壁柱为方形，边长0.25米，至少超出土台现存的高度，原高度不详。

　　在土台的南侧，沿土台边缘东西向横置一块空心砖。空心砖长1.56米，超过了台阶宽度的一半，推测原应有两块空心砖，另一块短些。空心砖的边缘与土台边缘平齐，其两端外侧发现有圆形柱槽。据土台侧壁边缘与中部均有立柱的现象推断，台阶之上似乎有遮盖。

　　现存空心砖摆放于散水北部地面上，高0.2、宽0.34米，由此构成了整个台阶的第一阶。

　　从目前出土的空心砖规格看，其高度为0.17~0.21米，若台基边缘的高度与顶部高度相同，即为2.16米的话，那么抵达台基顶面需10~11阶空心砖踏步。从空心砖的宽度看，多在0.32~0.38米之

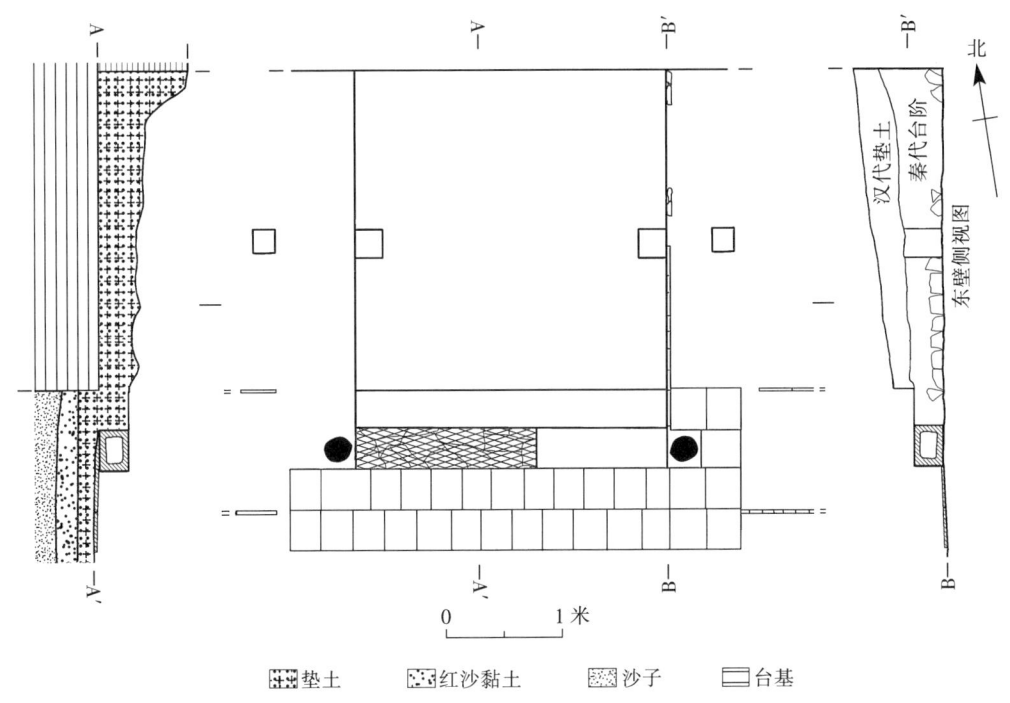

图四九　石碑地遗址第Ⅰ区第1组台基南部东阶结构图

间，以现存台阶南缘距台基边缘的距离（3.04 米）推算，平行摆放的空心砖应为 9 块左右。但从本组 Y2 空心砖踏步的做法看，上下两阶空心砖有搭接，实际每阶空心砖露出的长度（阶宽）为 0.28 米左右，这样亦需 10～11 块空心砖。

台阶第一、二阶的外缘地面上发现铺有铺地砖（即方砖铺墁）。其北起散水区域的北缘，向南超出散水区，以东阶为中心，铺砖范围东西长约 4 米，宽接近 1.4 米。其中第一阶南部平铺两排，均用 15 块铺地砖。第一、二阶的东侧亦发现两排，推测其西侧亦然。

多数铺地砖长 0.34、宽 0.25、厚 0.03 米左右；个别的稍宽，为 0.3 米；一些窄条的铺地砖为特意加工而成。

②西阶

现仅存底部残迹，宽度、长度与东阶相同。其西部边缘与台基西缘的直线距离亦为 8.9 米，与东阶间的距离为 13.3 米（参见图四七）。

③西侧阶

保存较好，长、宽均为 2.7 米，现存最高处为 1 米。其南部边缘距台基南缘的直线距离为 10.15 米，北部边缘距本组西侧廊道南缘的距离为 13.75 米。在台阶上发现有空心砖踏步残段（参见图四六；图版三九）。

（6）台基周围的建筑遗物

由于秦代建筑台基周围地面较高，且被汉代建筑再次利用为建筑地面，故其周围秦代建筑遗

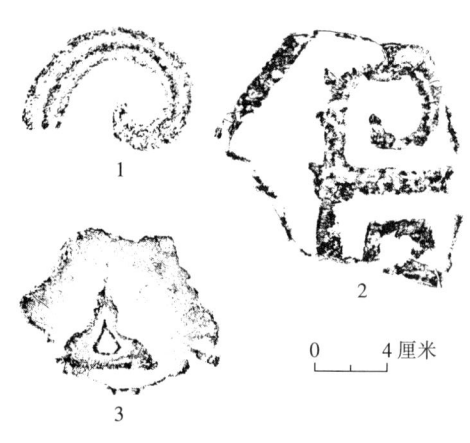

图五〇　石碑地遗址第Ⅰ区第1组
台基周围出土甲类瓦当

1. SSⅠ1Y8甲BW∶1　2. SSⅠ1Y10甲AW∶1
3. SSⅠ1Y10甲BW∶1

物较少，多为建筑瓦件残片。

在台基东缘的Ⅰ1Y8发现零星的瓦当残片，其中有甲类B型简化夔纹大瓦当残片，标本SSⅠ1Y8甲BW∶1，夹砂质，灰色，为夔纹卷尾残片（图五〇，1；附表四；图版四〇，1）。

南缘廊道范围内发现的一块空心砖踏步及多块铺地砖。

西缘北部倒塌堆积中发现零星的瓦当残片，其中有甲类A型夔纹大瓦当残片，标本SSⅠ1Y10甲AW∶1（图五〇，2；附表四；图版四〇，2）；甲类B型简化夔纹大瓦当残片，标本SSⅠ1Y10甲BW∶1（图五〇，3；附表四；图版四〇，3）。

4. 主体建筑台基上部的建筑遗存

在主体建筑台基上发现房址4个，不明结构的建筑遗迹4个。

因秦代建筑台基被汉代利用并加以增补，致使秦代台基上的建筑多仅存局部墙体或建筑内部地面，倒塌堆积中的建筑瓦件多被清理殆尽，现零星发现一些筒瓦、板瓦及瓦当残片，仅建于台基下部的一些建筑构件如井圈、排水管等保存基本完好。

鉴于上述情况，本节重点介绍相关建筑遗迹。

（1）第Ⅰ区第1组1号房址（Ⅰ1F1）

位于台基南部中间位置，东邻Ⅰ1F2，北邻Ⅰ1F4，西邻Ⅰ1J1（参见图四一）。

房址西南角被毁。其北墙、东墙、西墙均仅存墙体的底部，南墙已破坏殆尽。据室内地面分布及室内解剖结果可大体推断出该房址的构造与范围。

室内东西长4.75、南北宽约4.6米，总面积为21.85平方米（图五一）。

房址北墙宽1.05米，存高0.45~0.7米不等。现存东高西低，中部一段被近代战壕打破。墙体经夯，墙壁两面均先抹一层厚0.015~0.02米的粗泥，而后再抹0.005米厚的细泥，表面光滑平整，经火烧后墙皮多呈黑红色。墙皮局部发现极薄的白色物质，尽管面积较小，仍可断定其为墙壁上的涂抹物（图版四一，1）。

其他各壁的构造与北墙基本相同，只是保存状况不同。其中东墙宽1.05米，存高0~0.7米不等。北部现存较高，南部被汉代遗迹打破。在距离房址室内东北角约0.8米处墙壁上发现壁柱遗迹，编号F1d1。从柱槽看，壁柱为方形，边长0.15米左右；西墙仅北部一段局部保存，其他部分被毁，宽1.1米，存高0~0.45米不等，存长0.75米；南墙无存，宽度应与其他墙体相同（图

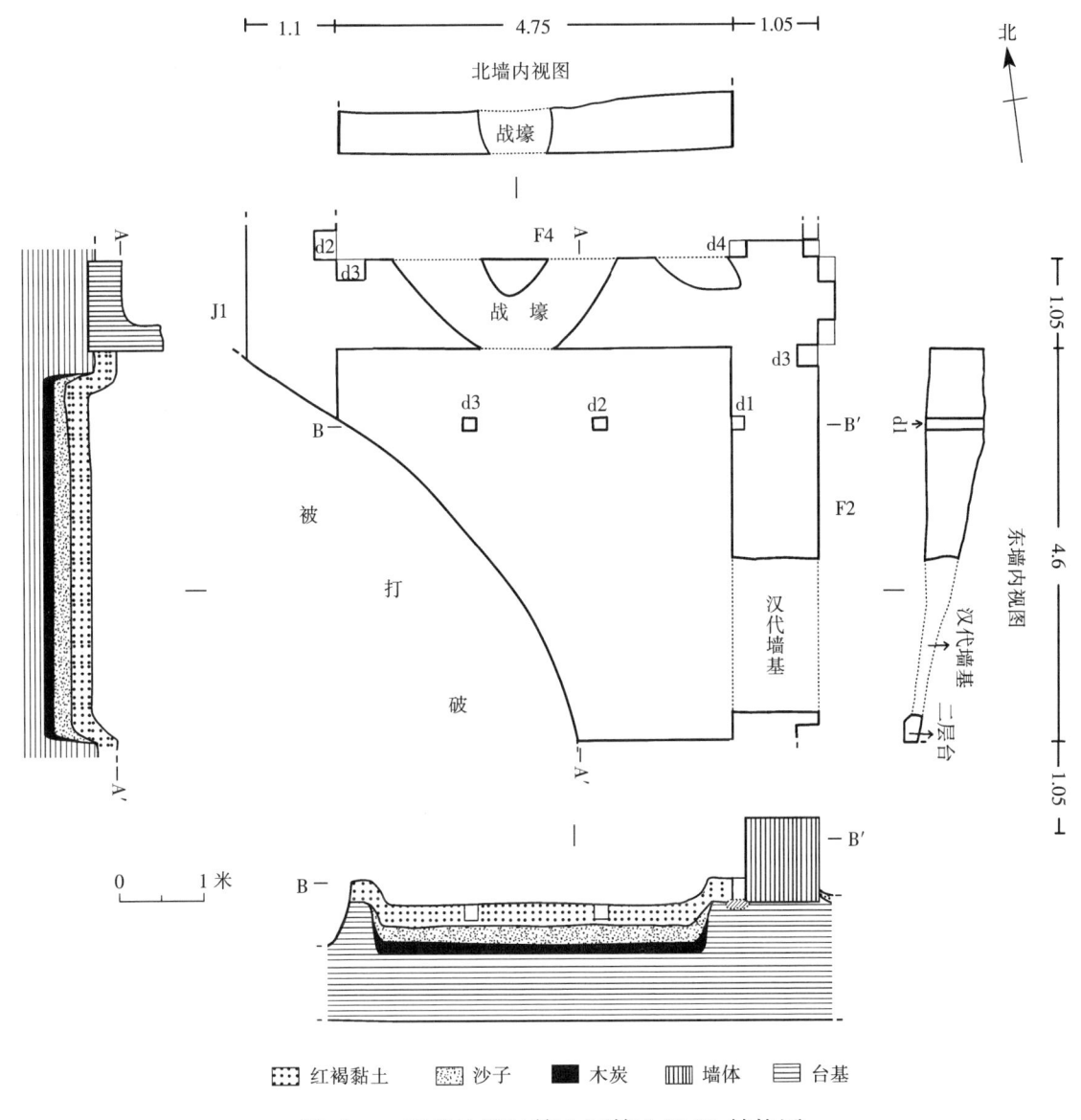

图五一　石碑地遗址第Ⅰ区第1组F1结构图

版四一，2）。

　　在该房址的北、东两侧未见房门迹象。据其他各房址房门的相对位置（均位于房间的一角）、构造（门旁立柱，并在地下预埋础石）可以断定该房址门应在被破坏的西南部。

　　在室内地面上发现两个柱槽，均为方形，从东向西分别编号为F1d2、d3，与F1d1在一条直线上。上述柱槽规格一致，其中d2东缘与东墙边缘的距离为1.5米，d3西缘与西墙边缘的距离亦为1.5米。d2西缘至d3东缘的距离为1.4米，可见其距离大体相等。从柱槽的分布规律看，其西墙的相应位置亦应该有壁柱。

　　室内地面的现存状态为：沿墙壁四周0.35米左右的范围内地面较高，而其余的部分（中间的部位）整体凹陷，较周边地面低0.28米左右，凹陷部分较平整。为解其构造情况，我们对房址地面进行了解剖，发现其地面以下的部分制作较为复杂，具体做法如下（图版四二，1）：

首先在室内的中部沿基础的表面下挖，形成一个斜壁、平底的深坑。坑口平面近方形，边长4.1米，坑深0.6米。坑壁稍倾斜，坑底近方形，边长3.9米。坑底面非常平整，系红褐色的夯土。室内周边近墙根处的基础被保留，形成一个顶宽0.25米，底宽0.35米左右的二层台。

然后在坑内填铺木炭，从坑周边现保留炭痕看，木炭层原厚度为0.4米左右。所用木炭呈条状，现存多为宽0.02米，长0.05米左右的小木条或木片。在木炭之上，回填一层厚约0.15~0.2米的海沙。木炭与海沙层均经夯，海沙表面与周围的二层台平齐。

最后在整个地面范围内铺垫一层厚约0.25米左右的红褐色黏土。地面垫土与基础夯土土质土色相同，亦经夯。垫土上先抹一层厚约0.05米左右的粗泥，再抹0.02米厚的细泥，形成室内地面。现地面经火烧，呈黑褐色。经解剖发现，木炭层由于受潮吸收了大量的水分，加之两千余年来倒塌堆积的重压，现已成"泥"状，存厚0.12米左右。这就是房屋地面不平，中部下陷的原因所在（参见图五一）。

房内建筑遗物无存。

（2）第Ⅰ区第1组2号房址（Ⅰ1F2）

位于台基南部偏东位置，西邻Ⅰ1F1，北邻Ⅰ1F3，东邻Ⅰ1J2（参见图四一；图版四三）。

室内东西长6.1、南北宽约4.6米，总面积为28.06平方米（图五二）。

西墙、北墙、东墙均局部保存，现存高度不一。南墙尽管已遭破坏，但室内地面分布范围基本清楚，可见其与Ⅰ1F1南墙在一条直线上。

所有墙壁构造均相同，墙体为夯土，墙壁内外两面均抹泥，经火烧后，现墙皮多呈黑红色。墙体宽度略有不同，在0.95~1.05米之间。其中北墙宽0.95米，现存高0~0.6米不等，其西段被现代"测速碑"所压，中段被近代战壕和汉代墙基打破，唯有偏东的一段局部保存；东墙的北段保存基本完好，存高0~0.7米不等，南部被汉代墙基打破，仅存底部，墙宽1.05米；西墙即F1的东墙，宽1.05米，存高0~0.7米不等，北部较高，南部被汉代墙基打破。

室内东北角、西北角、西南角的转角处均发现有壁柱遗迹。从柱槽看，壁柱为方形，边长0.25米左右，其下有础石，础石顶面与室内地面平齐。其做法为：先预置础石，再建墙体，而后在墙上挖出壁柱槽，抹泥后镶嵌立柱。其中东北角的壁柱遗迹保存最好，共有两个，位于东墙北部者编号为F2d1，位于北墙东部者编号为F2d2，两者共用一块础石。其余各转角壁柱构造应与之基本相同，但保存情况各异。西北角目前仅发现一个，位于其西墙的北部，编号为F2d3，其北墙西部应还有一个，被现代"测速碑"所压，未发掘。西南角发现壁柱遗迹两个，其中位于西墙南部的编号为F2d4，位于南墙西部的编号为F2d5，两者共用一块础石。此外，在东墙外也发现有壁柱遗迹，其大小、构造与F2内壁柱基本相同。

房门位于其西北部，压于现代"测速碑"下。

现存室内地面平整坚硬，经解剖发现，原建筑台基的顶面经过烧烤，局部呈黑褐色。然后在

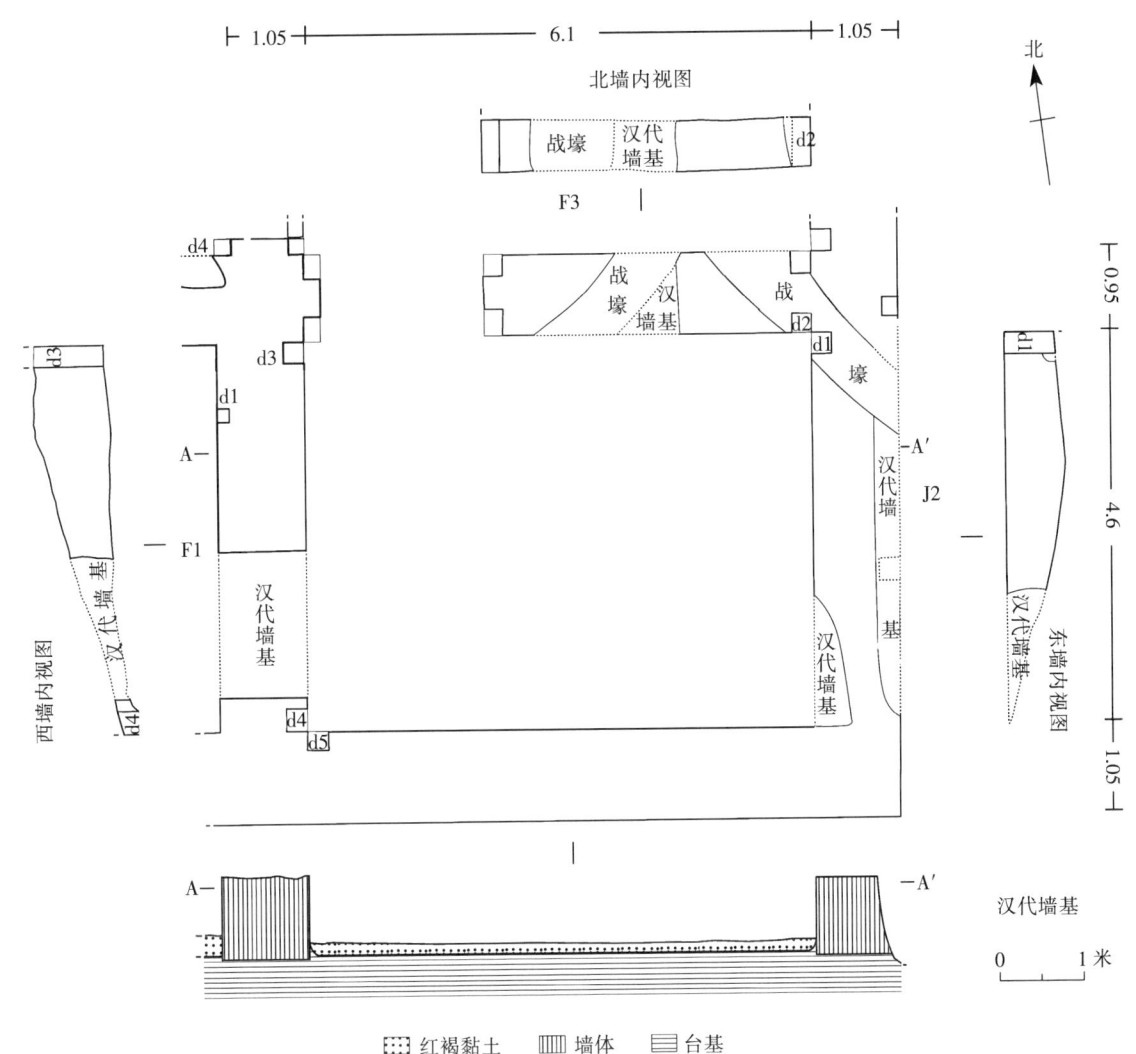

图五二 石碑地遗址第Ⅰ区第1组F2结构图

整个地面范围内铺垫一层厚约0.15米的红褐色土，地面垫土与基础夯土土质、土色相同，亦经夯。垫土的表面抹泥，先抹一层厚约0.05米左右的粗泥，再抹0.02米厚的细泥，形成室内地面。地面经火烧现呈黑红色。

房址内建筑遗物无存。

（3）第Ⅰ区第1组3号房址（Ⅰ1F3）

位于台基中部偏东位置，南邻Ⅰ1F2，西邻Ⅰ1F4，东邻Ⅰ1J2，北邻Ⅰ1J3，通过Ⅰ1L3廊道进入该房间（参见图四一）。

室内东西长6.1、南北宽4.1米，总面积为25.01平方米（图五三；图版四四，1）。

四面墙体均局部保存。墙壁构造与Ⅰ1F2基本相同。其中北墙保存相对较好，宽0.9米，存高0.5米；东墙大部分被汉代墙基打破，仅存底部，宽1.05米，存高0.05～0.15米不等；西墙宽1

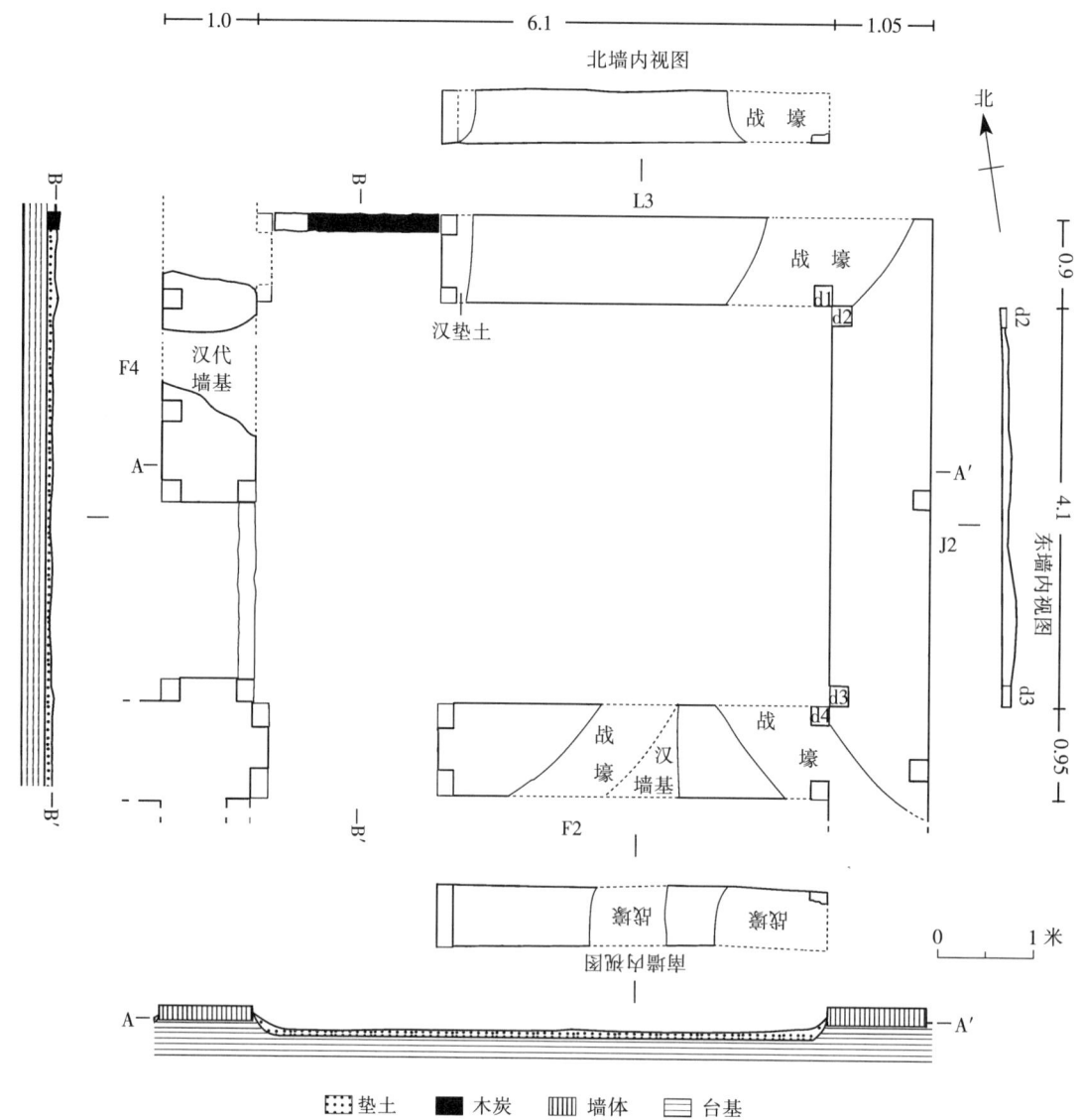

图五三　石碑地遗址第Ⅰ区第1组F3结构图

米，多被汉代墙基打破，现存高0~0.3米不等；南墙即F2北墙。

室内东南角、东北角的转角处均发现有壁柱遗迹，其大小、构造与F2内的壁柱完全相同。其中位于北墙东部者编号为F3d1，东墙北部者编号为F3d2，东墙南部者编号为F3d3，南墙东部者编号为F3d4。此外，在东墙外也发现有2个壁柱遗迹。

共发现房门3处。

其中南门即F2北门，被压在现代"测速碑"下，结构应与其他门道基本相同。

北门门道宽1.8米，门道两旁墙体上各有2个壁柱遗迹。从柱槽看，靠近北墙西端的两个壁柱分列于墙的两边，嵌于墙中，壁柱边缘与墙边缘平齐，两个壁柱间的距离为0.5米左右。另外两个壁柱贴靠在其西墙边缘，中间有门垛，宽度为0.5米。所有壁柱下均有础石或保留础坑，壁柱为方形，边长 0.2 米，靠近北侧的两个壁柱之间设有门槛，现仍可见门槛焚烧后遗留下的木炭痕迹，残长 1.4 米。门旁地面整洁坚硬，门槛烧毁后地下遗留有非常规矩的槛槽。槛槽呈长方形，宽 0.18 米，深 0.13 米，由此可知原门槛为长方形或方形横木制成，一部分嵌入地下。

其西门即 F4 东门。其中西门南边的壁柱还局部残留，为方形，边长 0.2 米，残高 0.2 米，已成木炭。门槛遗迹保存较好，位于 F2 内侧（图版四四，2）。

室内地面构造与Ⅰ1F2 完全相同。

房内建筑遗物无存。

（4）第Ⅰ区第 1 组 4 号房址（Ⅰ1F4）

位于台基中部，南邻Ⅰ1F1，北邻Ⅰ1L3，东邻Ⅰ1F3，西为Ⅰ1Y1（参见图四一）。

室内东西长 4.7、南北宽 4 米，总面积为 18.8 平方米（图五四；图版四五，1）。

四周墙体均局部保存。西墙宽 1.1 米，大部分被汉代墙基及其垫土破坏，仅南部局部保存，

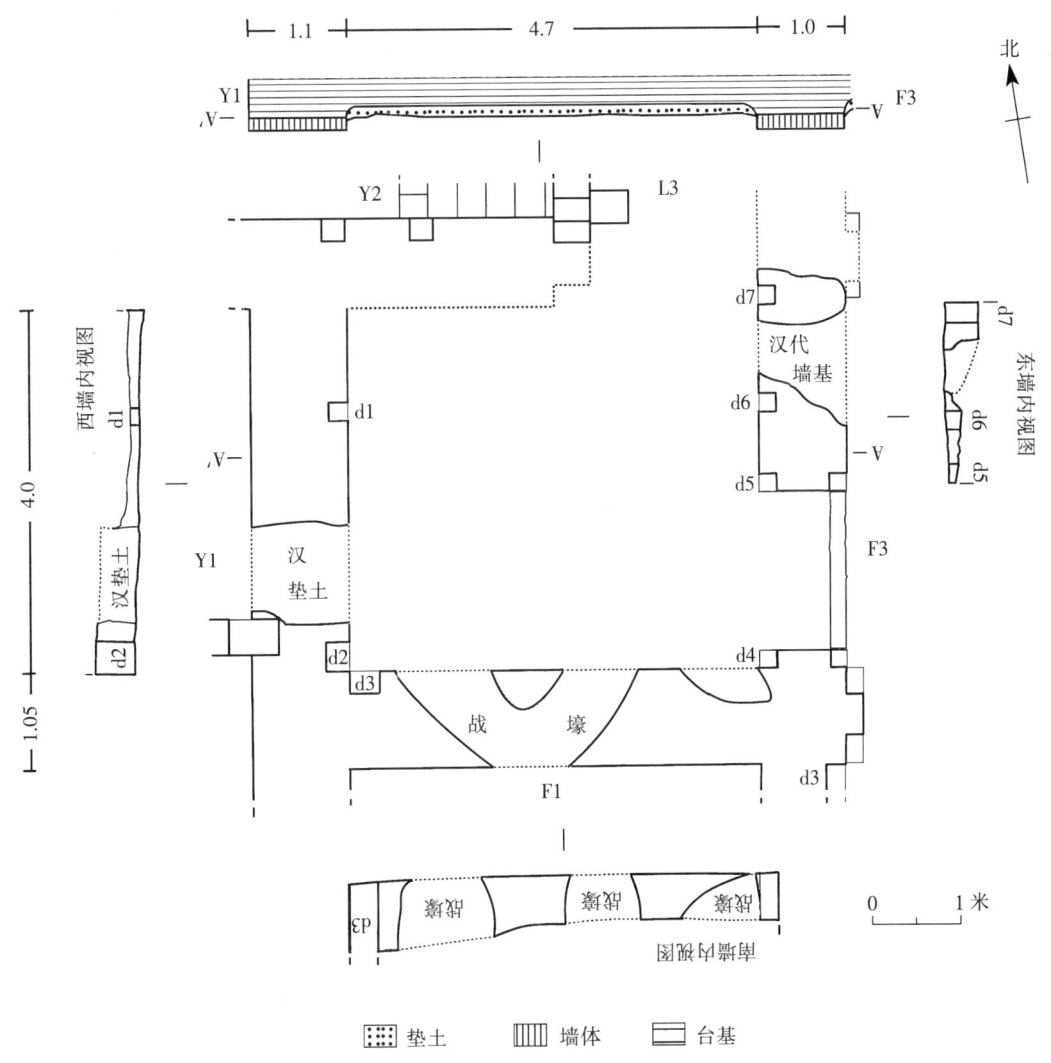

图五四　石碑地遗址第Ⅰ区第 1 组 F4 结构图

存高 0.4 米左右；东墙即 F3 西墙；南墙即 F1 的北墙。各夯土墙体的构造与其他房屋墙体构造相同。北墙破坏严重。

室内西墙北部发现一个壁柱遗迹，编号为 F4d1，中心点距北部边缘 1.15 米，壁柱经烧已成炭状。东墙发现壁柱遗迹 4 个，自南向北编号为 F4d4～d7。其中 d4 位于东南角——该房址东门南端，d5 位于东门北端，均为门旁壁柱。d6 位于北墙中北部，d7 位于北门旁。上述柱槽规格相同，均为方形，边长 0.2 米。d4～d7 中心点间的距离分别为 1.9、0.9、1.2 米。室内西南转角处发现 2 个壁柱遗迹，编号分别为 F4d2、F4d3，均为长方形，长边 0.35、短边 0.25 米（图版四五，2）。

发现房门两个：东门即 F3 的西门，门两旁各有一壁柱遗迹；南门与其外侧的廊道相通，门宽 1.8 米。

现存室内地面构造与Ⅰ1F2 完全相同。

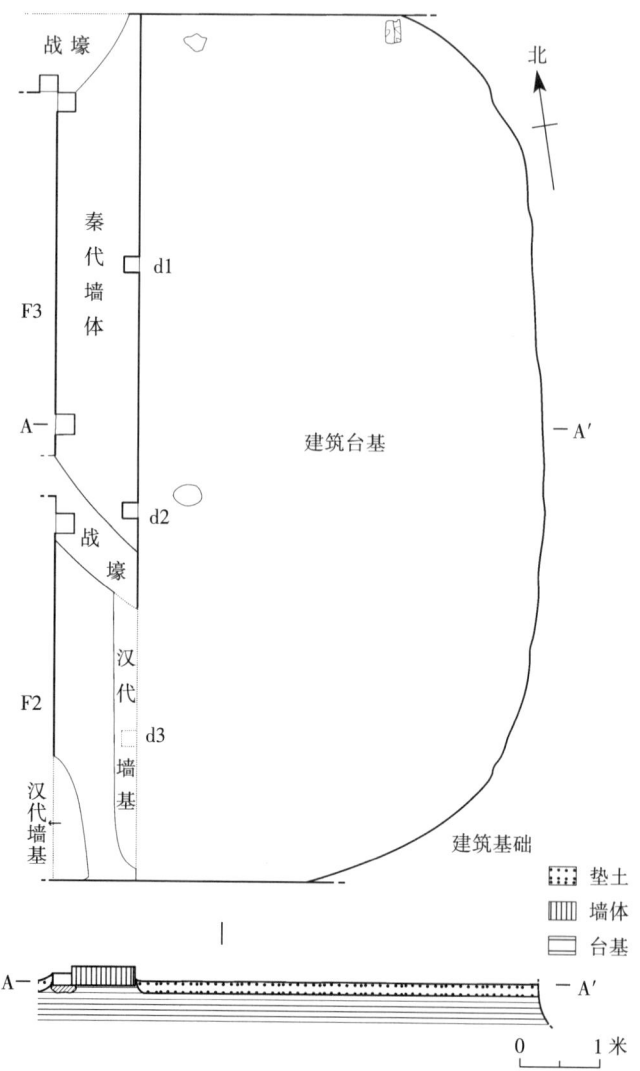

图五五　石碑地遗址第Ⅰ区第 1 组 J2 结构图

（5）第Ⅰ区第 1 组 1 号建筑址（I1J1）

Ⅰ1F1、F2 南墙外侧与台基南部边缘的距离为 6.5 米，这一长条形地带被汉代建筑台基破坏，其上秦代建筑情况不详，从这一距离看，存在封闭性建筑的可能性不大。但Ⅰ1F1 西南角还有约 13 米见方的空地，其北部为 Y1，院落中保存有上台基的台阶，推测其上应该还有建筑存在，编号为Ⅰ1J1，但构造不详（参见图四一）。

其上不见秦代建筑遗物。

（6）第Ⅰ区第 1 组 2 号建筑址（I1J2）

Ⅰ1F2、F3 东墙外侧与台基东侧边缘的距离为 8.3 米，这一范围内的台基顶面上局部保存建筑地面遗迹，地面抹泥做法与房屋地面做法相同，而且在两个房间的东墙外侧发现 3 个壁柱遗迹，因此不排除该地区有廊房之类建筑的可能性，为叙述方便，将其编号为I1J2（参见图四一；图版四六）。

J2 西墙利用了 F2、F3 的东墙，内侧现存 3 个壁柱遗迹，从北向南分别编号为 J2d1～d3，规格与构造相同，均为方形，边长 0.2 米，间距大体相等（图五五）。

其上部为汉代建筑台基，秦代建筑仅存地面部分。在地面上发现零星的建筑瓦件、础石等。

（7）第Ⅰ区第 1 组 3 号建筑址（Ⅰ1J3）

Ⅰ1F3 北部有较大的空间，现见为夯土台基，这一地区的建筑构造显然和与之相对的Ⅰ1F4 北部的建筑构造不同，应另有建筑，编号为Ⅰ1J3，但构造不详（参见图四一；图版四二，2）。

其地面上发现零星的建筑瓦件，包

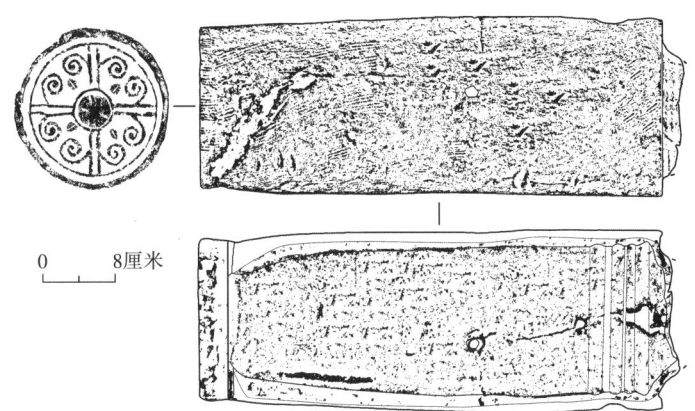

图五六　石碑地遗址第Ⅰ区第 1 组 J3 出土瓦当
（SSⅠ1J3 丙 AW：1）

括 2 件丙类 A 型夹贝卷云纹圆瓦当。标本 SSⅠ1J3 丙 AW：1（图五六；附表七；图版四七，1），夹砂质，灰褐色。当面保存完好，卷云卷曲二周，当面纹饰线条较细，面径 18.2 厘米。其瓦身保存基本完整，凸面饰斜行细绳纹，前端抹光，抹光部分宽 20.5 厘米，带戳印。凹面饰麻点纹。身上见有瓦钉孔，孔径 2 厘米，距扣尾端 21.5 厘米。瓦身长 54.7 厘米。扣尾部残，残长 2.3 厘米。

（8）第Ⅰ区第 1 组 4 号建筑址（Ⅰ1J4）

Ⅰ1Y2 北部至主体建筑基础北部边缘的距离为 12.4 米，自 Y3 西缘至主体建筑西部边缘的距离是 21.8 米。在这一范围内，基础上的建筑台基仅局部保存，相关建筑遗迹仅有 2 口渗水井，推测其上应不止一个房间存在，现暂统一编号为Ⅰ1J4（参见图四一）。

J4 南部为相连的两个院落（Y1、Y2），北部为 Y4，东部为 Y3，西部为本区第 1 组建筑的西侧围墙，从基础构造及周邻相关遗迹看，该区域建筑应相对独立（图五七）。

由于建筑台基破坏殆尽，故 J4 的地面高度不详。从其第 1 组残存的排水管相对高度及其周围的廊道高度推断，其室内地面不低于其南部房屋建筑的室内地面高度。从西侧慢道的位置及构造分析，J4 南部应该有前廊。

J4 内部共发现两处排水设施，两者的构造与排水方向均不同，应分属于两个特殊用途的房内排水系统。其东部的一处编号为Ⅰ1J4P1（即第Ⅰ区第 1 组 4 号建筑第 1 组排水系统，下同）；其西部的一处编号为Ⅰ1J4P2。其中 P1 与 P2 均建于基础之上，大体位于建筑台基的东西两侧边缘，两者的连线大体与该建筑基础的北部边缘平行。

①Ⅰ1J4 第 1 组排水系统

位于 J4 东部、Y3 西部，大体呈南北向。从南向北依次由井窖、排水管道、渗水井三部分组成，自井窖中心点至渗水井的直线距离为 11.8 米，井窖内排水管的最低点与渗水井排水管最低点的相对高差为 2.1 米，现依次予以介绍（参见图五七；图版四七，2）。

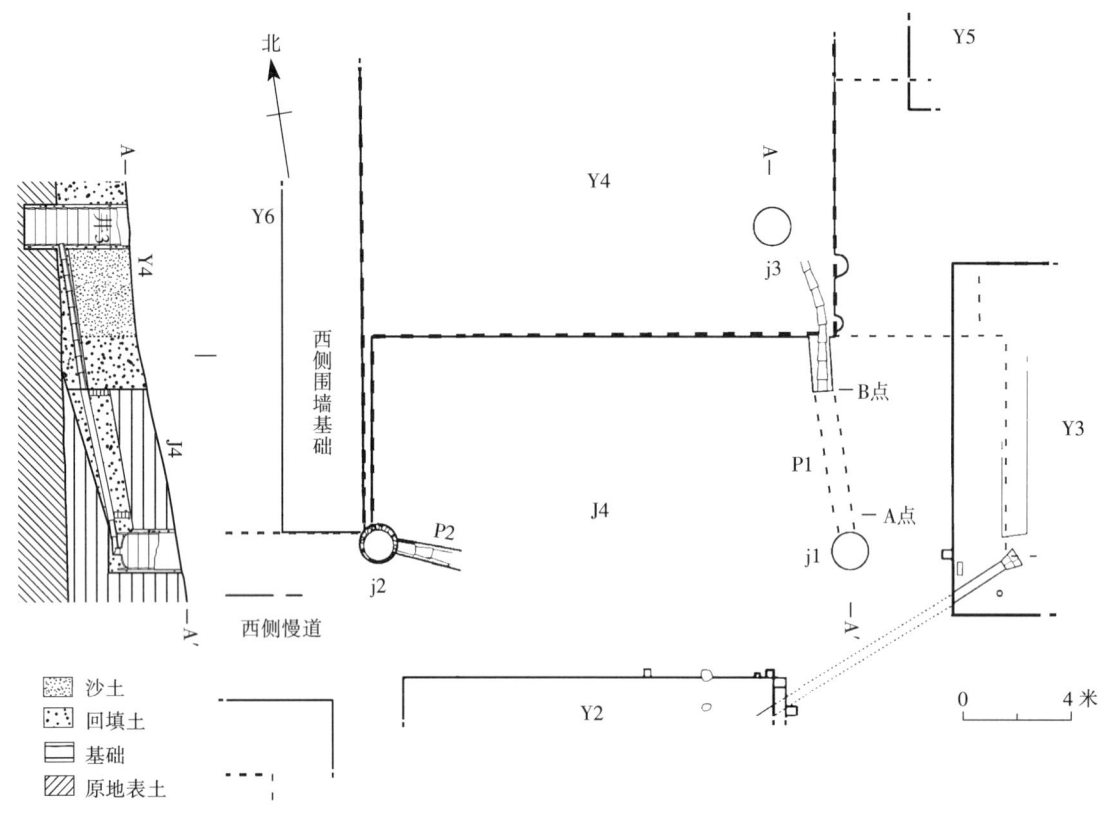

图五七 石碑地遗址第Ⅰ区第1组J4周围遗迹平、剖面图

井窖（j1）：

圆形，中心点东距Y3西部台基边缘的直线距离为3.8米，北距Y4南部基础边缘的直线距离为7米。

井窖的做法如下：

首先在夯土台基上（顶部已遭破坏）挖出穴坑（现坑口海拔高度为9.3米左右），坑径1.4米，稍大于井圈外径。穴坑现存深度为2.45米。近坑底处铺设排水管。首节排水管的粗端（首端）位于井窖中间部位，上部被打掉，形成一个长0.26米的缺口，再向渗水井方向依次套接排水管。

而后沿坑壁放置井圈。井圈的外径为1.2米左右，高0.33米。井圈的上口较厚，为0.05米，下口较薄，为0.03米左右，上下对接，较为稳定，最下部的一节井圈搭在排水管的上部。井圈现存下部4节，余皆被毁。

在首节排水管缺口上部竖直放置一段长0.25米的排水管，管下部朝向排水管道的部分被打掉一半，与首节排水管套接，利于排水，类似"弯头"。"弯头"之上放置一"豆盘状"器（漏斗），形成井底（图五八；图版四八，1）。

"豆盘状"器为夹砂质，浅灰色，盘底饰细绳纹。直径为1.12米，厚0.02～0.04米不等，边缘薄，底部厚，盘深 0.2 米。豆盘状器的"柄"较短，为 0.05 米，中空，内径 0.18 米，位于盘底中部，与盘相通。整个豆盘状器的通高为 0.3 米，系分割成完全相同的三块烧制，对接安装而成的（图五九；图版四八，2）。

"豆盘状"器"柄"与"弯头"上部相连接，盘口与下数第一节井圈的上口平齐。

整个井窖的内部设施制作极有创意。从整个排水系统的构造与位置分析，其井窖可能位于室内，用途不详。

排水管道

排水管道自井窖下部起，穿越基础，于 Y4 地下进入渗水井内。

整个管道大体呈南北向，稍有弧曲，坡状分布，总长度为 11.5 米，首尾端高差 1.65 米。整个排水管道未完全揭露出来，从暴露出的部分看，每节露出的长度为 0.5 米左右。考虑到弧曲、坡度的因素，整个排水管道大体由 23～24 节排水管组成，首尾套接。

Y4 内取出两节较完整的排水管，规格、形态均稍有差异。

标本 SSⅠ1Y4g∶1（图六○，1；附表一五），夹砂质，灰褐色。长度为 62 厘米，壁厚 1.5 厘米。首端粗，外径为 28 厘米；尾端细，外径为 23 厘米。外面首端饰弦纹，余饰绳纹，内饰麻点纹。

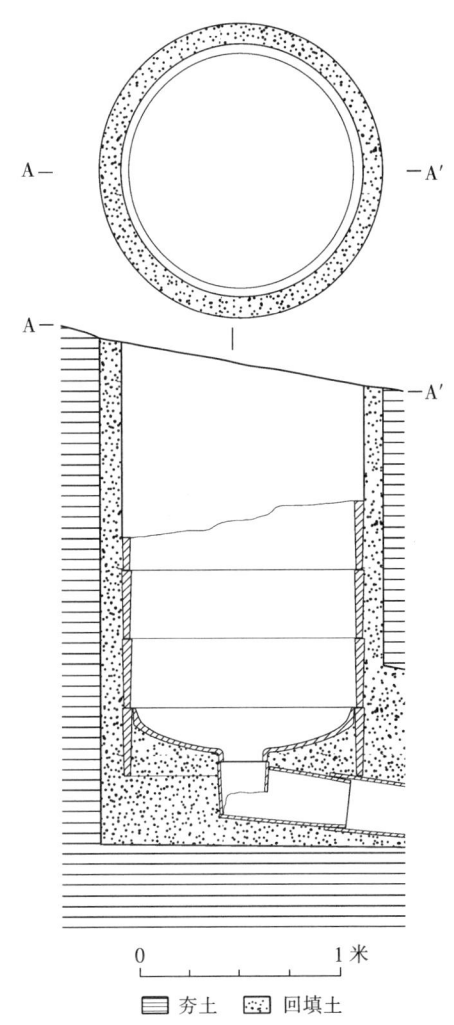

图五八　石碑地遗址第Ⅰ区第 1 组 J4P1j1 平、剖面图

标本 SSⅠ1Y4g∶2（图六○，2；附表一五；图版五○，1），夹砂质，灰褐色。长度为 65 厘米；壁厚 0.8～1.7 厘米，两端厚，中部薄。首端粗，外径 26、内径 24.3 厘米；尾端细，外径 22.5、内径 21.5 厘米。外饰间断绳纹，内饰麻点纹。

排水管道是在夯土基础修建完毕后进行铺设的（图版四九）。做法如下：

首先，在夯土基础东北角挖出一缺口。缺口长 1.7 米，上口较窄，宽 0.65 米；下口较宽，为 0.8 米，现存深度 2.75 米，夯土下即为原生土。

沿缺口的南壁横向挖出窑洞（图五七：A 点；图版五○，2），一直通往井窖。窑洞底宽 0.65 米，入口处较高，通高 1.55 米，至井窖处较低（图五七：B 点；图版五○，3），通高 0.85 米。井窖建完后，按预先设计坡度铺设排水管道。位于窑洞内的管道下部及其周围以土回填，只有窑洞的入口、出口处另加土坯封堵。所用土坯长度不等，所见最长者为 0.38 米，宽 0.24 米，厚 0.12 米。其中井窖处窑洞封口共用土坯七层，均平放。夯土墙基处窑洞封口土坯摆砌不甚规矩，且仅

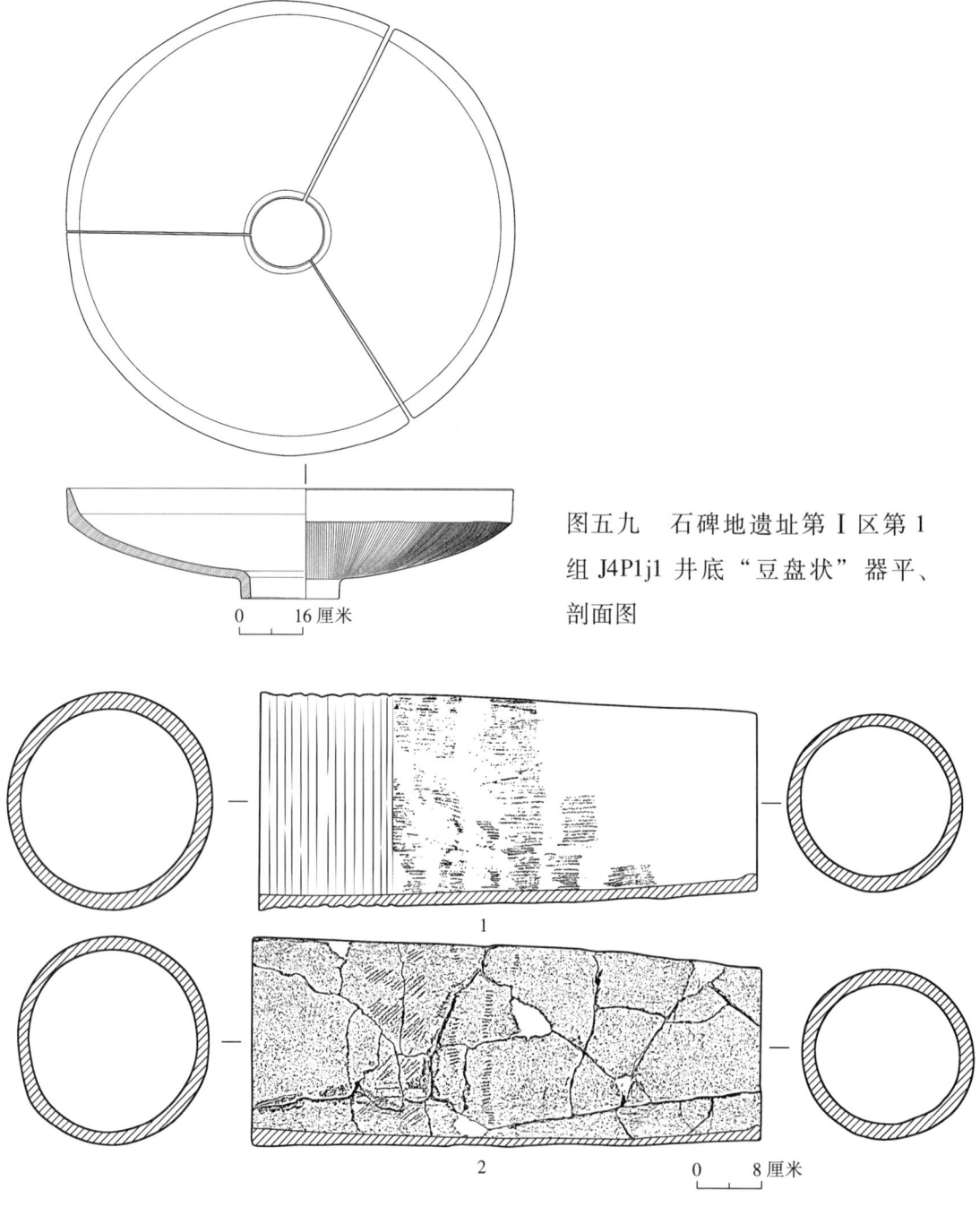

图五九　石碑地遗址第Ⅰ区第1
组 J4P1j1 井底"豆盘状"器平、
剖面图

0　　16厘米

1

2　　　　　　　　　　　0　　8厘米

图六○　石碑地遗址第Ⅰ区第1组 J4P1 排水管平、剖面图

1. SSⅠ1Y4g∶1（99SSⅠY10∶1）　　2. SSⅠ1Y4g∶2（99SSⅠY10∶2）

局限于管道的上部（图六一）。

　　在院落范围内，排水管道铺设过程较简单。由于原地表较低，因此排水管道下部经过铺垫，至渗水井处管道尾端置于原地表上，打破渗水井下数第4节井圈深入井内。随着对院落进行回填，这一段管道被掩埋于地下（参见图五七）。

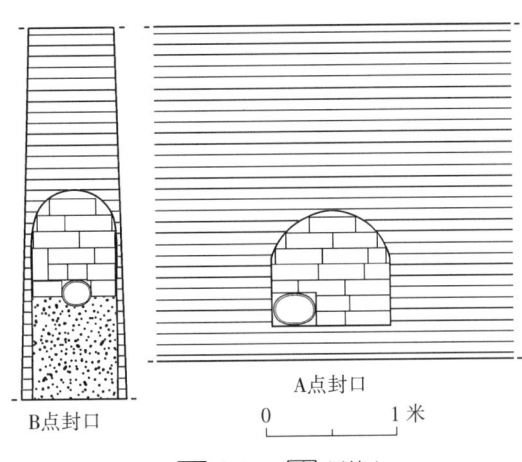

图六一　石碑地遗址第Ⅰ区第1组 J4P1 窑洞封口正视图

渗水井（j3）

位于 Y4 东南部，其中心点南距夯土台基 3.8 米，东距 L2 基础西缘 2.3 米。

该井系先在原地表上挖穴，而后逐渐向上叠砌井圈并在井圈外回填而成的（图六二；图版五〇，4）。

井穴为圆形，直径约 1.4 米，深 1.05 米。内置 3 节井圈，井圈的外径为 1.2 米，高 0.35 米左右，上口较厚，为 0.05 米，下口较薄，为 0.03 米左右，上下对接，第 3 节井圈上口与原地表平齐。第 4 节井圈被打出一弧形缺口，插入排水管，而后逐渐向上叠砌。叠砌的过程大抵与院落填土同时进行。从渗水井中的井圈遗留高度看，该渗水井可能一直通到建成后的原院落地面上。

从 Y4 的院落地面高度看，原渗水井应深达 4 米以上，至少有 12 节井圈。现存深 3.5 米，共保存 9 节井圈。

该渗水井既保证 J4 排水，又用于 Y4 排水，构思精巧，布局合理。

②Ⅰ1J4 第 2 组排水系统

位于 J4 西部，大体呈东西向。现存由排水管道、渗水井组成。

渗水井恰处于夯土台基与墙基的交接处。似乎为了渗水与基础热胀冷缩的双重需要而建，台基与墙基

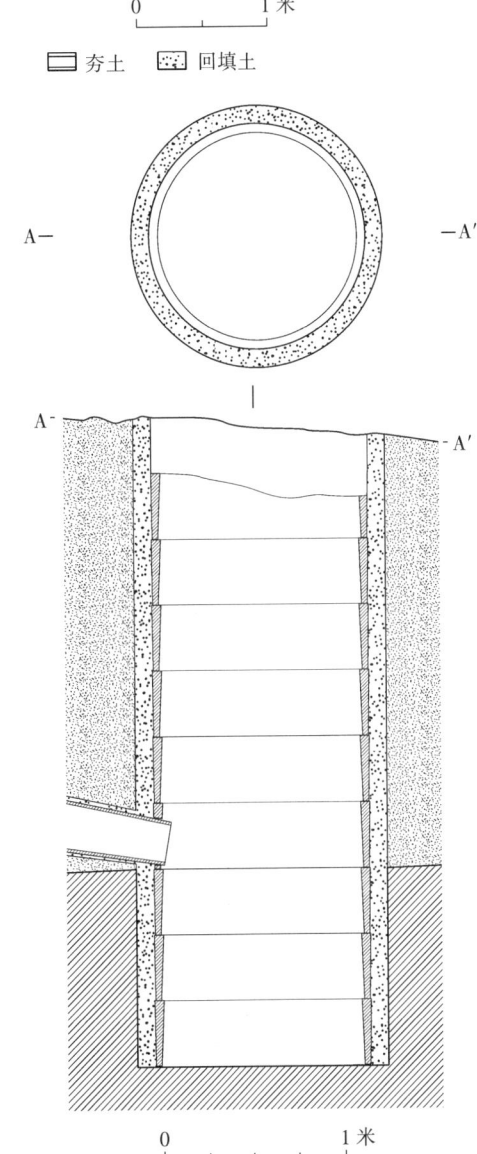

图六二　石碑地遗址第Ⅰ区第1组 J4P1j3 平、剖面图

之间预留出缺口。缺口南部窄，为 0.3 米；北部宽，为 0.4 米。渗水井位于缺口的南端，中心点北距 Y4 南部台基边缘的直线距离为 7 米。

渗水井（j2）

井穴为圆形，直径约 1.42 米，存深 1.85 米。内部保存 5 节井圈，井圈的外径为 1.22 米，高 0.37 米左右，上口较厚，为 0.04 米，下口较薄，为 0.03 米，上下对接，井底淤积有黄沙土。第 5 节井圈上部发现有排水管道，管道周围以井圈残块分四层叠砌，其状呈圆形，内部边缘与井圈内缘相同，外缘在井穴的范围之内，高度与排水管高度相同。排水管以上的部分被破坏，推测还应有井圈存在（图六三）。

排水管道

被掩埋于夯土台基之下，目前仅保存 3 节，均残破。

该组排水系统中的渗水井现存顶部的海拔高度为 8.8 米左右，残存排水管顶部的海拔高度为 8.95 米，均未超出基础顶部高度。

从渗水井的位置看，应位于室外。从其口部构造看，现见井口应即原始的口部，基本未遭破坏。从渗水井井口低于基础顶部高度的情形推断，其应被掩埋于地下，不露明。

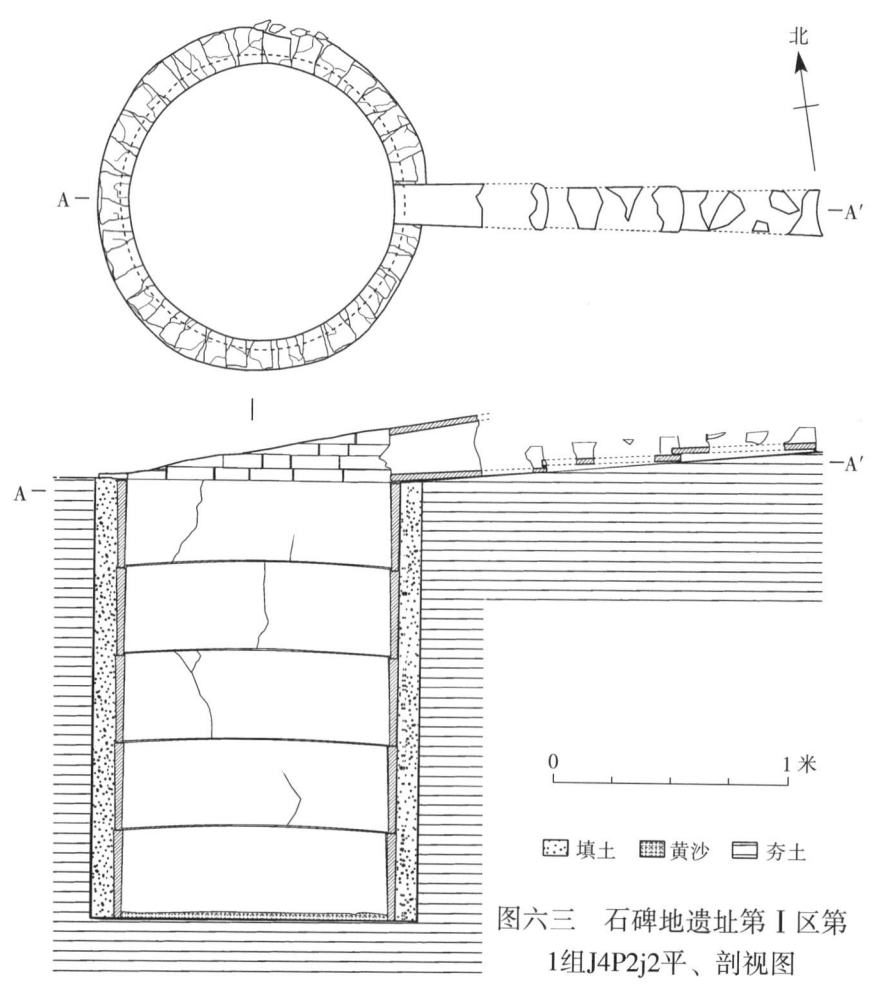

图六三　石碑地遗址第 I 区第
1 组 J4P2j2 平、剖视图

排水管道应保持一定的倾斜坡度通往室内，从现存高度看，大部分被掩埋于台基之中。
室内还应有需要排水的设施，惜均已无存。

5. 第1组建筑院落及相关遗存

在第1组建筑区域内共发现5个院落，分别编号为Ⅰ1Y1～Y5。

第1组建筑外侧均为较大的空场，为了便于介绍该组建筑的遗物，现亦对其统一进行编号：其西北部的一处狭长院落编号为Ⅰ1Y6，北部较宽敞的院落编号为Ⅰ1Y7，东部的院落编号为Ⅰ1Y8，南部的院落编号为Ⅰ1Y9，西部的院落编号为Ⅰ1Y10。此外，在第1组建筑内还发现连接各类建筑的廊道3处，现一并予以介绍（参见图四一）。

（1）第Ⅰ区第1组1号院落（Ⅰ1Y1）

位于Ⅰ1F4西侧、Ⅰ1J1北侧、Ⅰ1Y2南部（参见图四一；图版五一）。

院落边缘清楚，东西长10.4、南北宽3.5米，总面积为36.4平方米。

地面保存基本完好，东部、南部地平与F4、J1室内地平高差为0.9米（图六四）。

院落的北墙宽1米，存高0.05～0.7米不等。现状为东高西低，墙体中部的一段被汉代墙基

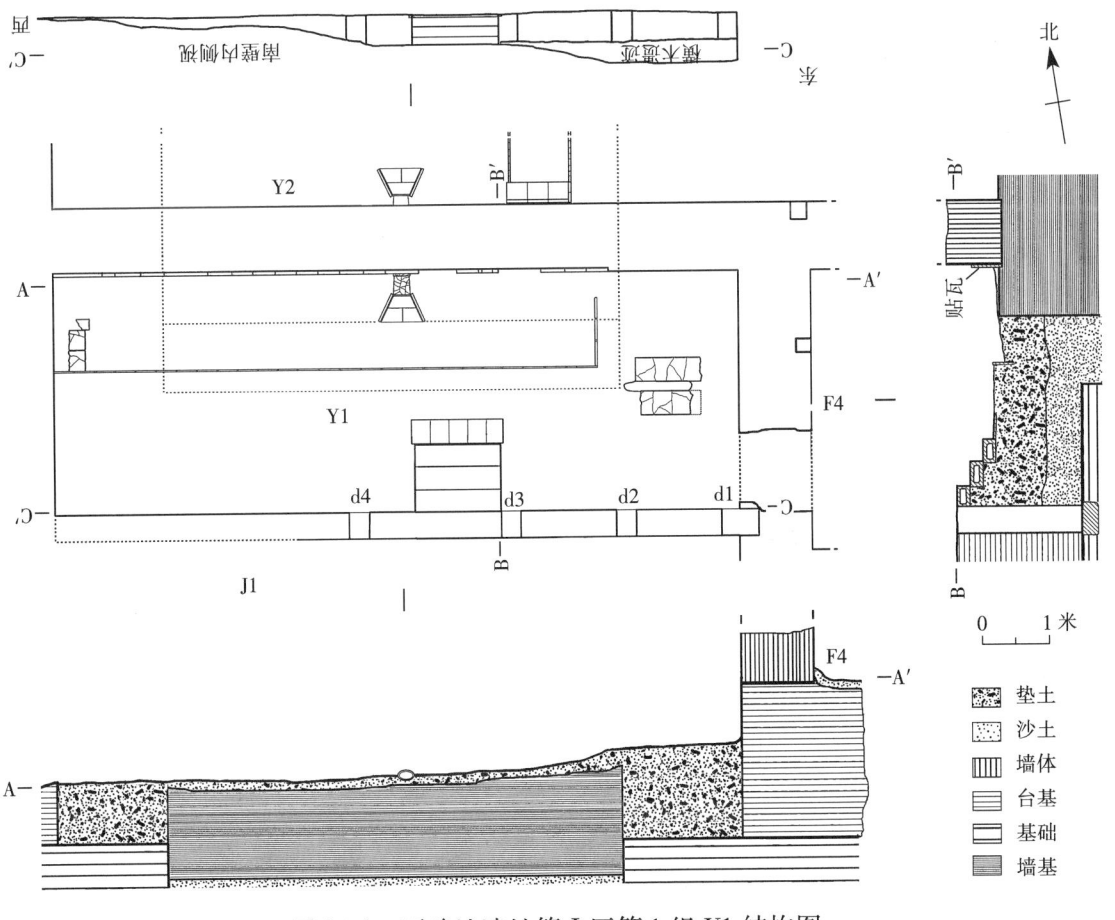

图六四　石碑地遗址第Ⅰ区第1组Y1结构图

和汉代垫土打破。夯土墙体外壁抹泥，先抹一层厚0.015～0.02米的粗泥，而后再抹0.005米厚的细泥，现见墙基根部粘贴有方形铺地砖（图版五二）。

南部不见独立的墙体，利用了主体建筑（Ⅰ1J1所在位置）的建筑台基，存高0～0.7米不等，壁面亦抹泥，经火烧后墙皮多呈黑红色。在这一侧的台壁边缘现存壁柱遗迹4个，从东向西依次编号为d1～d4（即南墙1～4号壁柱槽）。从柱槽看，壁柱多为长方体，长边0.4米，深入台壁内；短边0.3米，与台壁外缘平齐。d1～d4间的距离分别为1.6、1.74、2.3米。其中位于东南角的d1深入东壁内0.3米，内置2块础石，位于东壁内的一块础石相对较高，其余所有柱槽内础石均为暗础。距离院落地面高约0.4米处的南侧台基边缘有一道沟槽，宽0.4米，与壁柱的长边长度相同，上有烧毁的横木痕迹，沟槽存长3.6米，其功能不详（图版五三）。

东墙利用了F4的建筑墙体，宽1.1米左右，多被汉代墙基和汉代垫土打破。院落的西壁无存。

院落南部、东部地面较高，中、北部地面较低。南半部地面较中北部地面高0.2米左右，这一范围的宽度为2.1米，外缘以方砖立砌镶边。

南部偏东位置发现有通往J1的踏步，共三级，由空心砖搭砌而成。台阶横向宽度为1.26～1.28米，阶高0.19米左右，每阶纵向宽度为0.33～0.44米（参见附表一二；图版五四）。

阶外侧以长条砖铺墁，共5块，总长度为1.38米，宽0.36米。

院落东部边缘做法与南半部类似，地面高度与南半部相同。在距离东墙约2.05米处以方砖立砌镶边。其中部发现一特殊设施，其做法为：先挖出一长条形的坑，坑宽0.25、深0.5、长0.8米左右。而后在坑上覆盖两块长方形的空心砖残片，两块砖之间留出0.18米的缝隙，在缝隙的西端有一椭圆形的浅槽。从形态看，该设施类似厕所（图六五；图版五五，1）。

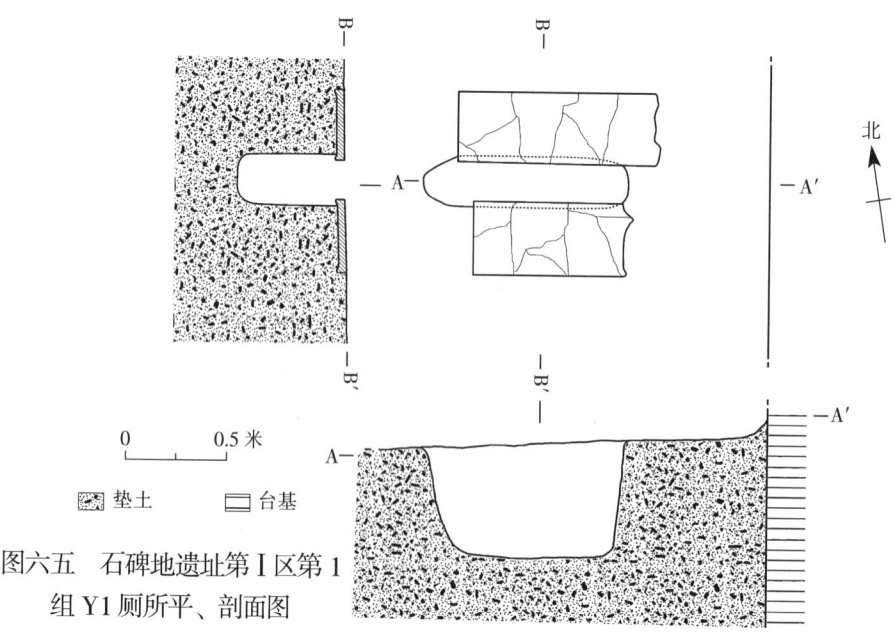

图六五　石碑地遗址第Ⅰ区第1
组Y1厕所平、剖面图

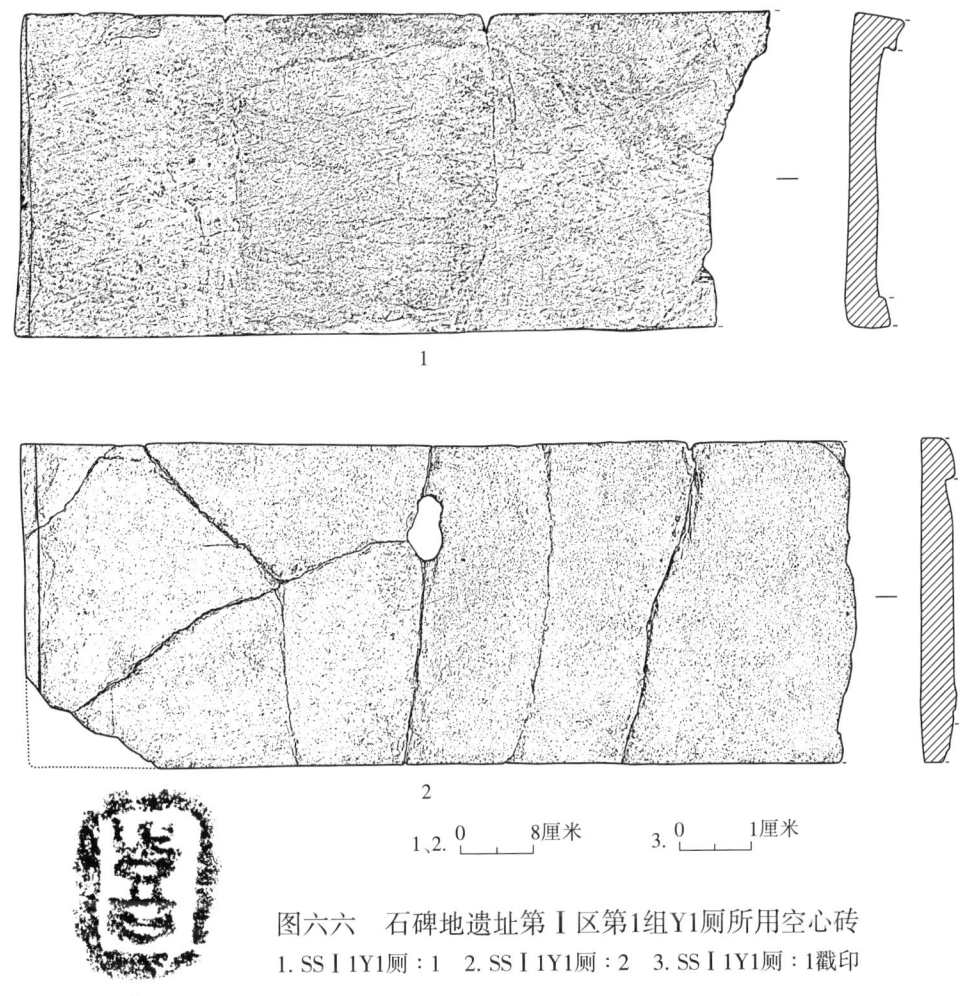

图六六　石碑地遗址第Ⅰ区第1组Y1厕所用空心砖
1. SSⅠ1Y1厕∶1　2. SSⅠ1Y1厕∶2　3. SSⅠ1Y1厕∶1戳印

　　两块空心砖残片均夹粗砂质；红褐色；一块为素面，一块饰有四重菱格纹。均为空心砖修改而成，即取空心砖上、下两面而用之。标本 SSⅠ1Y1 厕∶1，残长 85.2 厘米，宽 35.4 厘米，厚 3.8 厘米，有戳印（图六六，1、3；图版五五，2）。标本 SSⅠ1Y1 厕∶2，长 95 厘米，宽 35.3 厘米，厚 3.3 厘米（图六六，2；图版五五，3）。

　　院落北部地面较低，偏西侧地面上发现有铺地砖。在院落的北墙中间设置有排水管道，将 Y1 的雨水排往 Y2。排水管道的两端均有"八字形"的迎水区和散水区，系以三角形的铺地砖立砌而成。入水口外侧宽度为 0.7 米，排水管入口的直径为 0.26 米，迎水区地面铺方砖（图版五六）。

　　该院落上部为汉代建筑院落，发现较多的汉代建筑倒塌堆积。现存院落内的秦代建筑倒塌堆积中见有大量的夯土、烧土块等。零星见有建筑瓦件，主要为板瓦、筒瓦及铺地砖等残片，其中未见瓦当。

　　（2）第Ⅰ区第 1 组 2 号院落、3 号廊道（Ⅰ1Y2、L3）

2 号院落与 3 号廊道相邻，遗迹现象相关，故一并介绍。

①Ⅰ1Y2

位于Ⅰ1F4 及 I1Y1 的北部，其北部为 J4，东部为 L3。Y2 东南部、北部各邻近 F4、L3、J4。东西长 13.8、南北宽约 9 米，总面积为 124.2 平方米。院落地面保存基本完好，其中邻近 J4 的区域地面较高，邻近 F4、L3 区域的地平与 F4 室内地平、L3 地平高差均为 1 米左右，院中部地势较低（图六七；图版五七；图版五八，1）。

院落南墙宽 1 米，存高 0.05～1 米不等（Y2 南墙即 Y1 北墙，因汉代墙体及垫土仅将秦墙打

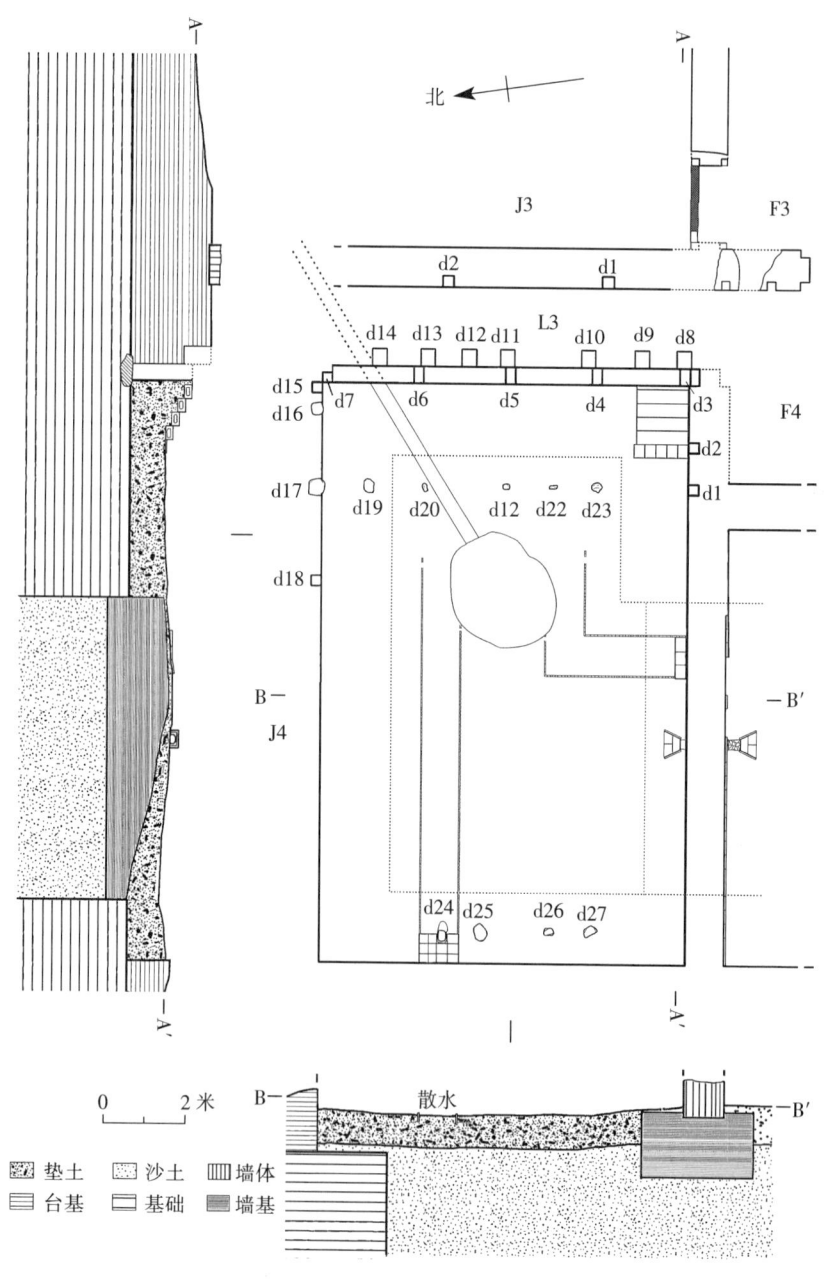

图六七　石碑地遗址第Ⅰ区第 1 组 Y2 平、剖面图

掉一半，故墙的两面保存高度不一），现状为东高西低。墙体为夯土，壁面抹泥，经火烧后呈黑红色，现墙皮多已脱落。在该壁东侧，恰位于 F4 西墙北端两侧位置发现 2 个壁柱遗迹，从西向东编号为 Y2d1、Y2d2。

从遗留的柱槽看，柱宽 0.25 米，深入壁内 0.25 米，现存高度为 0.8 米，两个壁柱中心点间的距离近 1 米，d1 中心点与东壁的距离近 2.5 米。

院落东部不见独立的墙体，目前所见以 Ⅰ1L3 的台基为界，构造较为复杂。

其底部保存相对完好，做法与墙壁做法相同，在台基外侧贴瓦并抹泥，壁面平整，呈红褐色。底部一段台基距离地面的高度为 0.35 米。这一高度以上，台基普遍内凹，凹进深度为 0.4 米，凹槽内断续发现有横木焚烧后残留的遗迹，横木痕迹最厚为 0.2 米，其功能不详。

横木痕迹以下的台基边缘发现 5 个壁柱遗迹，从南向北分别编号为 Y2d3 ~ d7。北部的 d7 属转角壁柱，为方形，边长 0.25 米，其余各壁柱断面均为长方形，外缘宽 0.25 米，深入壁内 0.4 米（图版五八，2）。d3 ~ d7 的间距分别为 2.18、2.12、2.23、2.22 米。上述壁柱均与横木交接，其结合方式及壁柱总高度不详；横木痕迹以上部分的台基内缩，内缩的宽度与横木痕迹的宽度相同。

台基内缩部分边缘发现壁柱遗迹 7 处，从南向北分别编号为 Y2d8 ~ d14。所有壁柱宽均为 0.35 米，深入壁内 0.42 米。d8 ~ d14 的间距分别为 1.04、1.32、1.98、0.94、1.01、1.21 米（图六八）。

院落的北部亦无独立的墙体，利用了 J4 的南部台基，存高 0.1 ~ 0.5 米不等，现状为东高西低。壁面有抹泥现象。在这一侧的台壁边缘现存壁柱遗迹 2 个，下有础石。在两个壁柱之间还发现 2 块础石，亦应为壁柱的础石。现从东向西依次编号为 Y2d15 ~ d18。从柱槽看，壁柱形态不完全一致。其中 d15 位于 Y2 的东北角，截面近方形，边长为 0.25 米，而 d18 截面为长方形，宽 0.25 米，深入台壁内 0.35 米。d16、d17 仅存础石。d15、d17、d18 间的距离为 2.35、2.2 米，距离大体相等。而 d16 与 d15 的距离则较近（图版五九）。

院落西部保存不好，亦利用主体建筑台基作为墙体。

院落东部、北部的地面较高，西南部及中部地面较低。除中部偏西一段外，院落的周边均有廊道。

东部及东南部廊道宽 2.5 米，外缘以方砖立砌镶边，其中东部廊道外缘方砖被破坏。散水宽 1 米，外缘亦以方砖立砌镶边，西部散水地面上见有铺地砖（图版六〇）。

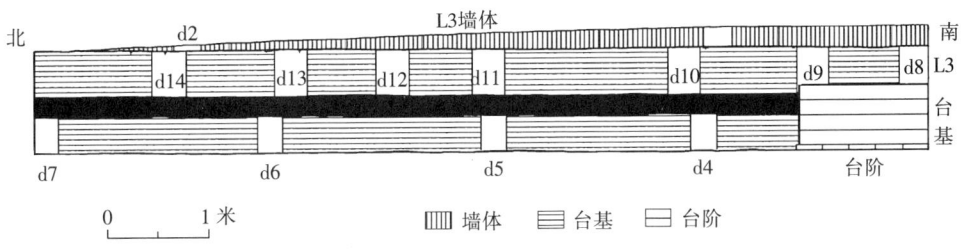

图六八　石碑地遗址第Ⅰ区第 1 组 Y2 东壁台基侧视图

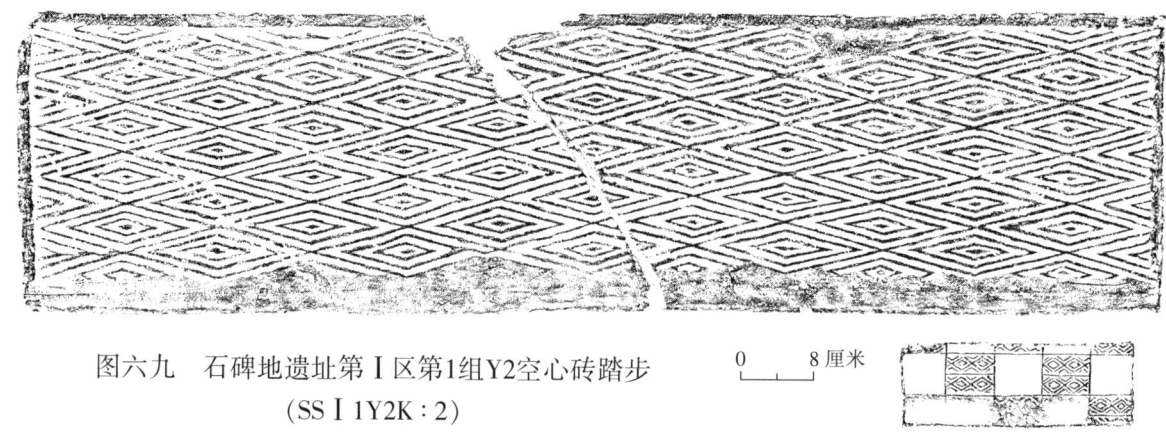

图六九　石碑地遗址第Ⅰ区第1组Y2空心砖踏步
（SSⅠ1Y2K：2）

0　　8厘米

在院落的东北角发现有通往 L3 的踏步，呈东西向，南侧壁位于院落南墙壁边缘。现存共四级，由空心砖搭砌而成。第四阶顶面与院落东壁上的横木痕迹面平齐，以上的部分均已破坏，具体构造不详（图版六一）。

踏步所用空心砖规格略有不同，长为 1.12～1.28 米，高 0.17～0.19 米，宽 0.33～0.34 米（图六九；附表一二；图版六三，1）。

第一阶空心砖内插一木方，并填砂，其余空心砖内均塞土。

阶外侧以长条砖铺墁，共 5 块，总长度为 1.34 米，所用铺地砖规格基本相同。标本 SSⅠ1Y2BP：7，夹砂质，黄褐色。正面饰菱格纹，背面为素面。长 32、宽 26、厚 2.8 厘米（图七〇，附表一四）。

东侧廊道地面上发现 5 块础石，与 d1、d17 连成一线，从北向南分别编号为 Y2d19～d23。d17 至 d23 中心点间的距离分别为 1.15、1.4、2、1.18、1.08 米，d23 至 d1 的距离为 2.25 米。础石大小不一，间距不等，推测其中有缺失，个别有移位的。

北部廊道宽约 2.5 米，廊外缘以方砖立砌镶边。散水宽 1 米左右，外缘以方砖立砌镶边，地面局部见有铺地砖。

西部廊道地面上发现 4 块础石。从北向南分别编号为 d24～d27，中心点间的距离分别为 0.9、1.7、1 米。上述础石与院落边缘的距离为 0.8 米。

院落西南部地面较低，Y1 的雨水

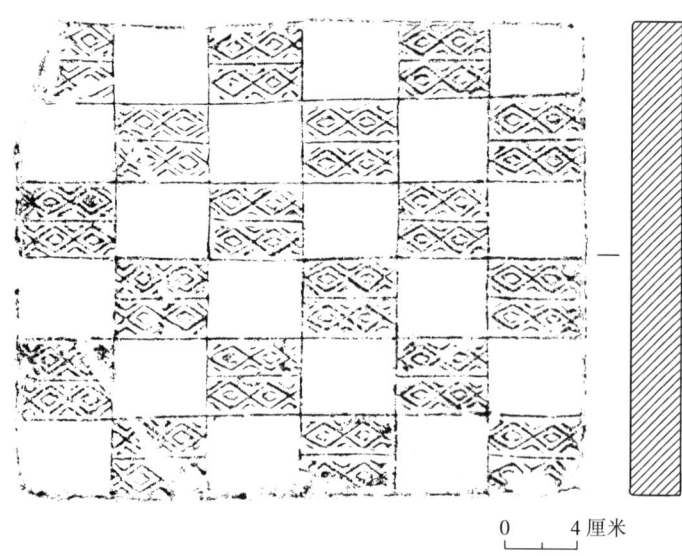

0　　4厘米

图七〇　石碑地遗址第Ⅰ区第 1 组 Y2 铺地砖
（SSⅠ1Y2BP：7）

经此被排往 Y2。Y2 南墙边缘发现 Y1 排水管道的散水区，呈"八"字形（Y1 通往 Y2 排水管道的入水口与出水口高差为 0.27 米），其下铺砖。在院落中部偏东位置发现有一深坑，坑边缘发现排水管道（入水口与 Y1 排往 Y2 的排水管道散水区的相对高差为 0.39 米），将 Y2 的积水排往 Y3（图版六二）。

该院落上部亦为汉代院落。

汉代院落地面以下见有秦代建筑倒塌堆积，因经过扰动，出土遗物多非原位。在倒塌的夯土、烧土块中夹杂有较多的建筑构件，包括板瓦、筒瓦残片及数量较多的瓦当。

其中筒瓦中见有甲类 C 型者，规格较小，形制较特殊。标本 SS Ⅰ 1Y2 甲 CT：1，青灰色。凸面饰竖行细绳纹，前端抹光部分宽 9.7 厘米，扣尾端抹光部分宽 7.3 厘米。凹面饰布纹。扣尾内敛。身长 42.4、扣尾长 2.6、宽 14.2 厘米（图七一，1；附表三；图版六三，2）；SS Ⅰ 1Y2 甲 CT：2，黄褐色。凸面饰绳纹，近扣尾端 26 厘米处施数道弦纹。凹面为素面。扣尾微翘。身长 43.8、扣尾长 2.6、宽 15.2 厘米（图七一，2；附表三）。

瓦当的种类较多，有甲类 B 型夔纹大瓦当（图一六；附表四；图版一〇，2）；乙类 A 型几何纹半瓦当，标本 SS Ⅰ 1Y2 乙 AW：2（图七二，3；附表五；图版六四，1）；乙类 B 型夹贝卷云纹半瓦当，标本 SS Ⅰ 1Y2 乙 BW：1（图七二，4；附表六；图版六四，2）；丙类 A 型夹贝卷云纹圆瓦当，标本 SS Ⅰ 1Y2 丙 AW：3（图七二，2；附表七；图版六五，1）；丙类 B 型羊角形卷云纹圆瓦当，标本 SS Ⅰ 1Y2 丙 BW：17（图七二，1；附表八；图版六五，2）。

②Ⅰ 1L3

位于Ⅰ 1Y2 东部，F3、F4 北部（参见图六七；图版六六，1）。其中部有一段南北向的建筑墙体，与 F3、F4 南北向隔墙相连。从墙体西缘到 Y2 东缘的距离为 2.3 米左右。墙体保存不好，多被近代战壕与汉代建筑打破，存高 0.1～0.5 米不等。廊道墙体西侧墙壁上发现壁柱遗迹两处，南部的一处编号 d1，北部的一处编号 d2，两者中心点的距离为 3.93 米，d1 至 F4 北墙北缘的距离为 2 米左右（参见图六七、六八；图版六六，2）。墙体东、西两侧地面与 F3、F4 室内地面做法相同，高度一致。从 L3 的构造及其与相邻遗迹的关系看，其应为复廊。因受汉代建筑破坏，廊道上现基本不见秦代遗物。

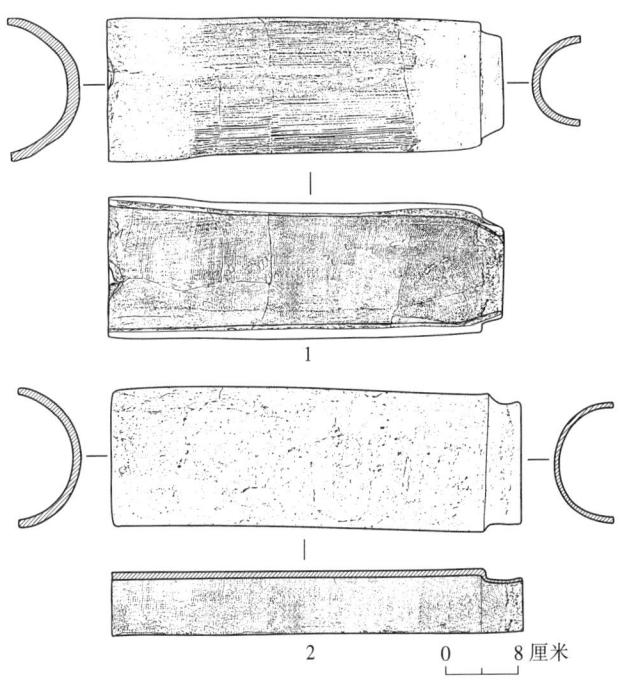

图七一　石碑地遗址第Ⅰ区第 1 组 Y2 出土筒瓦

1. SS Ⅰ 1Y2 甲 CT：1

2. SS Ⅰ 1Y2 甲 CT：2

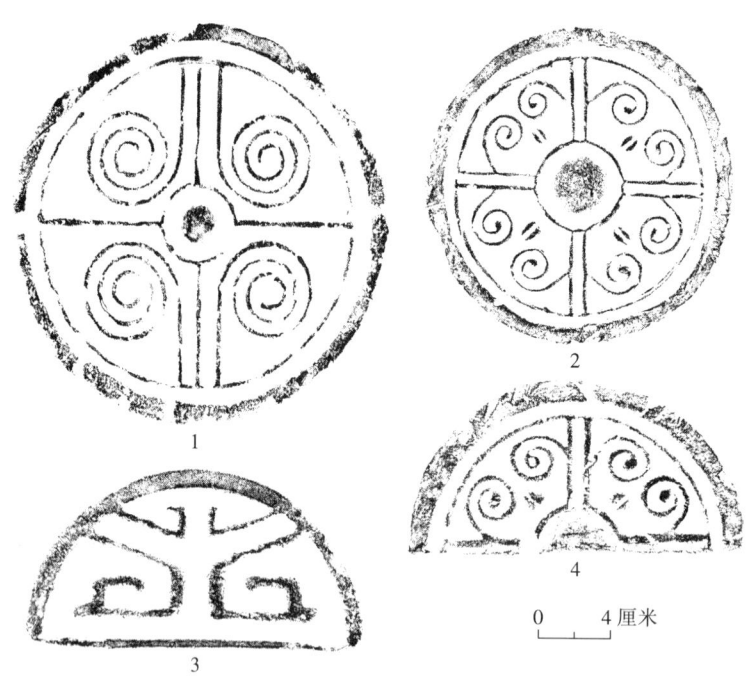

图七二　石碑地遗址第Ⅰ区第1组Y2出土瓦当

1. SSⅠ1Y2丙BW：17　2. SSⅠ1Y2丙AW：3　3. SSⅠ1Y2乙AW：2　4. SSⅠ1Y2乙BW：1

（3）第Ⅰ区第1组3号院落（Ⅰ1Y3）

位于Ⅰ1J3北部、J4东部（参见图四一；图版六七）。

院落周围墙体保存不好，现存最高为0.2米。

院落中南部地面保存基本完好，北部地面遭到破坏。据周围建筑基础推断，院落东西宽10.8、南北长约14米，总面积为150余平方米（图七三）。从周邻建筑基础宽度看，该院东、北、西侧应为回廊建筑。该院落地面与J3台基顶面的高差为1.7米，与Y2地面的高差为0.5米左右。

院内南部、东南部、西南部均见有廊道及散水遗迹。其中南部廊道宽约2.1米，散水宽0.9米（图版六八），廊外缘及散水边缘以方砖立砌镶边，保存较完整。在廊道地面上发现5块础石，从西向东分别编号为d1～d5。各础石中心距南墙边缘均为0.8米左右，d1～d5中心点的间距为2.85、1.25、1.25、1.55米。d1中心距院落西部边缘1.8米，d5中心距院落东部边缘2.1米。

院落内的东侧廊道宽度为1.3米，散水宽0.95米（图版六九，1）。

院落内的西侧廊道宽为1.9米，散水宽0.9米。在西墙基边缘距南台基2.3米处，发现一边长为0.3米的方形壁柱遗迹，编号d6（参见图七三；图版六九，2）。

在院落的东南角发现一块空心砖残片，其顶面与周围地面平齐，推测该位置应有通往J3的踏步，所见空心砖相当于铺墁砖。空心砖的南部边缘与南墙的距离为2.25米，从空心砖的厚度、宽度推算，还需要7块空心砖才能铺至院落南墙边缘，由此也可大体推断出J4周围的台基高度。

Y2的积水被排往该院，现存有排水管道。排水管道总长度约14米，入水口在Y2的东北部，

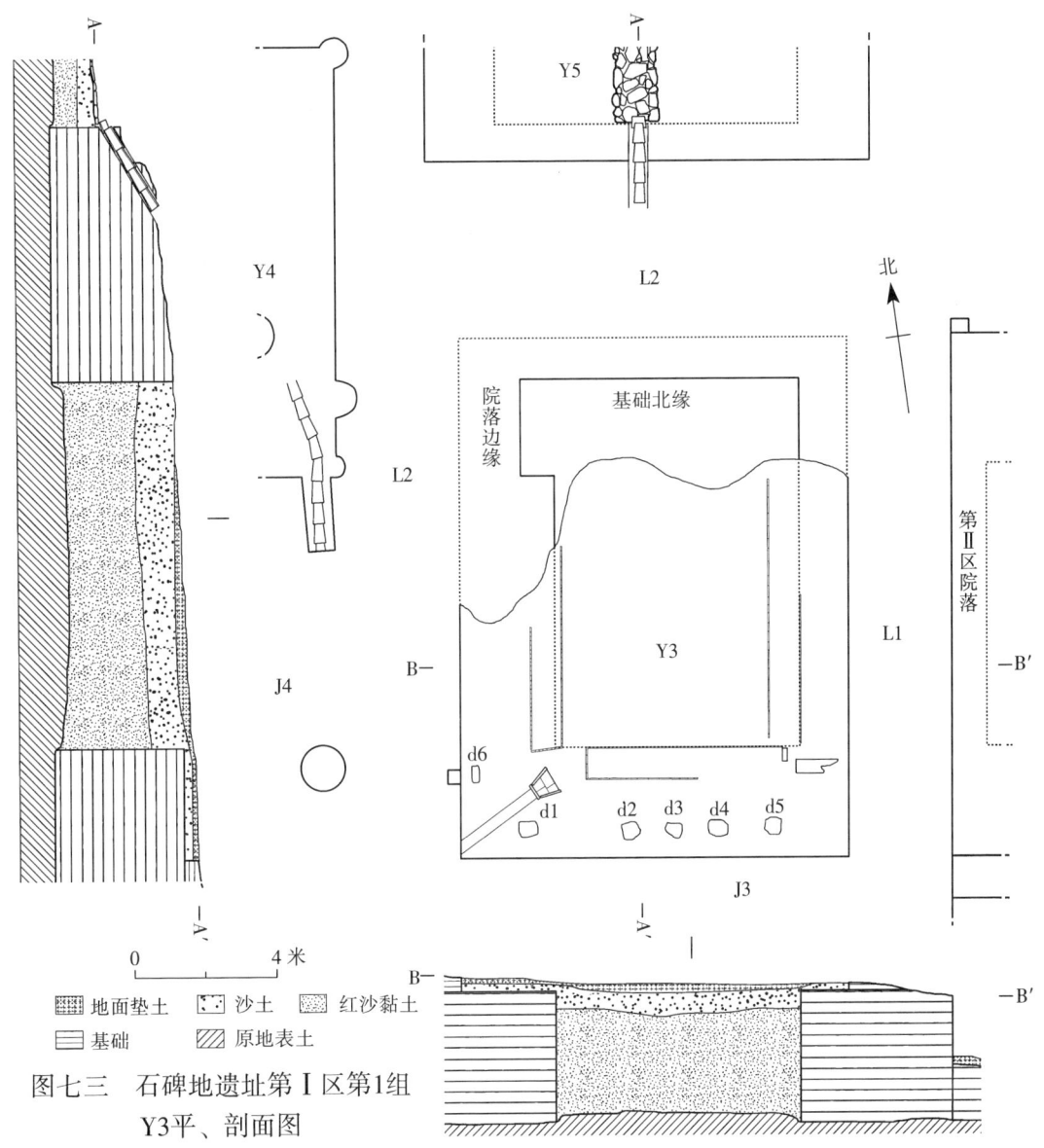

图七三　石碑地遗址第Ⅰ区第1组
Y3平、剖面图

出水口在 Y3 的西南部，首尾高差为 0.4 米。散水区保存完好，出水口的排水管套在立砌的方形铺地砖上，管两侧以方砖搭出"八"字形散水区。为了保证水流通畅，保护廊道，出水口附近的廊道与散水边缘之间以方砖镶边封闭，院落的中部及北部保留一定的坡度，使水流流向院落北部，经由排水管道穿越北部 L2 基础将积水排往 Y5（参见图七三；图版七〇）。

在该院保存较好的边缘部位发现一些秦代建筑构件，包括板瓦、筒瓦、瓦当等。其中出土一件乙类筒瓦，瓦身很长，其上有 2 个瓦钉孔（参见附表三，图一四）。

瓦当有丙类 A 型夹贝卷云纹圆瓦当，标本 SSⅠ1Y3 丙 AW：2（图七四，1；附表七；图版七一，1）；丙类 B 型羊角形卷云纹圆瓦当，标本 SSⅠ1Y3 丙 BW：9（图七四，2；附表八；图版七一，2）等。

（4）第Ⅰ区第 1 组 4 号院落（Ⅰ1Y4）

南部为Ⅰ1J4；东部为 Y5、L2、Y3；该院遭到破坏，其规格不详。北部围墙仅存基础，宽度

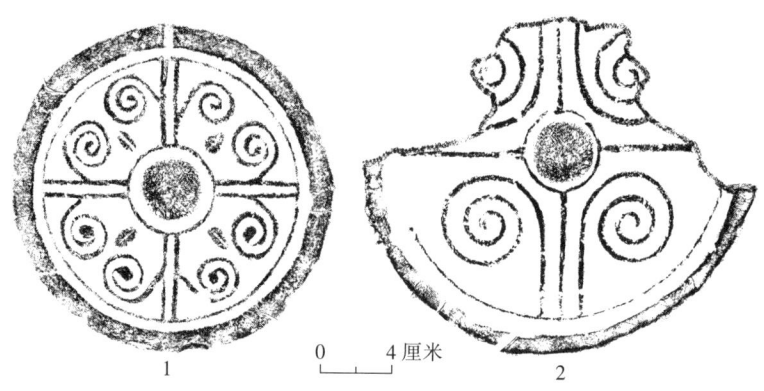

图七四　石碑地遗址第Ⅰ区第1组Y3出土瓦当

1. SSⅠ1Y3丙AW：2　2. SSⅠ1Y3丙BW：9

为3.6米，现存深度为1.9米左右；西部围墙亦仅存基础，宽度为3.1米，现存南高北低，深度为1.9～2.6米（参见图四一）。

院落地面已被破坏，从周邻遗迹分析，其院内地平应与Y3大体相同，院内除地下发现有排水管道外，不见其他秦代遗物。

（5）第Ⅰ区第1组5号院落（Ⅰ1Y5）

位于第Ⅰ区第1组建筑的东北角，西邻Ⅰ1Y4，南为L2，东部为第Ⅱ区东南部的主体建筑，北为第Ⅱ区的院落（参见图四一）。院落底部保存基本完好，东西长12.5、南北宽4.6米，总面积为57.5平方米。院内地平与Y3地平高差约为2.3米左右（图七五）。该院周边略高，中间稍低，因废弃堆积较厚，未全部清理。院落北部围墙墙基保存完好，宽3.1米，深1.3米，基础顶面低于L2基础顶面。墙基之上见有建筑墙体，墙宽1.2米，位于基础中部，存高0.6米左右。在墙体西部有一缺口，宽1.45米，似为门道。院落东部墙基情况参见第Ⅱ区建筑遗存。南部墙基相关情况参见L2。

在院落中部发现一处排水设施，将Y3及本院落积水排往北部较大的空场，即本区本组建筑Y7内（图版七二）。该排水设施制作较规矩，由两组排水管道及过水区组成。其中南部L2上的一组排水管道编号Ⅰ1Y5P1，北部穿越Y5北部围墙的一组排水管道编号Ⅰ1Y5P2。

过水道位于院落正中部位，以板石和小石块铺垫而成。大体呈南北向，宽1.2米，长2.65米左右，南端高，北端低，东西边缘较高，中间微凹。现见Ⅰ1Y5P1穿越L2基础，大体呈南北向，坡度较大，上部多已破坏，仅存4节排水管，排水管首尾高差为1.22米。出水口位于过水道中部，其与过水道交界处的一节排水管下面铺垫一块板瓦，以增加过水面积。该组排水管道应将Y3积水排往本院，惜Y3内的排水管道已遭破坏。Ⅰ1Y5P2位于过水道北端正中位置，穿越Y5北部围墙，大体呈南北向，坡度较小，首尾端高差为0.3米左右。排水管尾端亦搭在一块板瓦上，将积水排往Y7。

该院秦代建筑倒塌堆积较厚，未完全清理。发掘部分出土的建筑构件较多，其中瓦当有甲类B型简化夔纹大瓦当残片，标本SSⅠ1Y5甲BW：1（图七六，3；附表四；图版七一，4）；丙类A

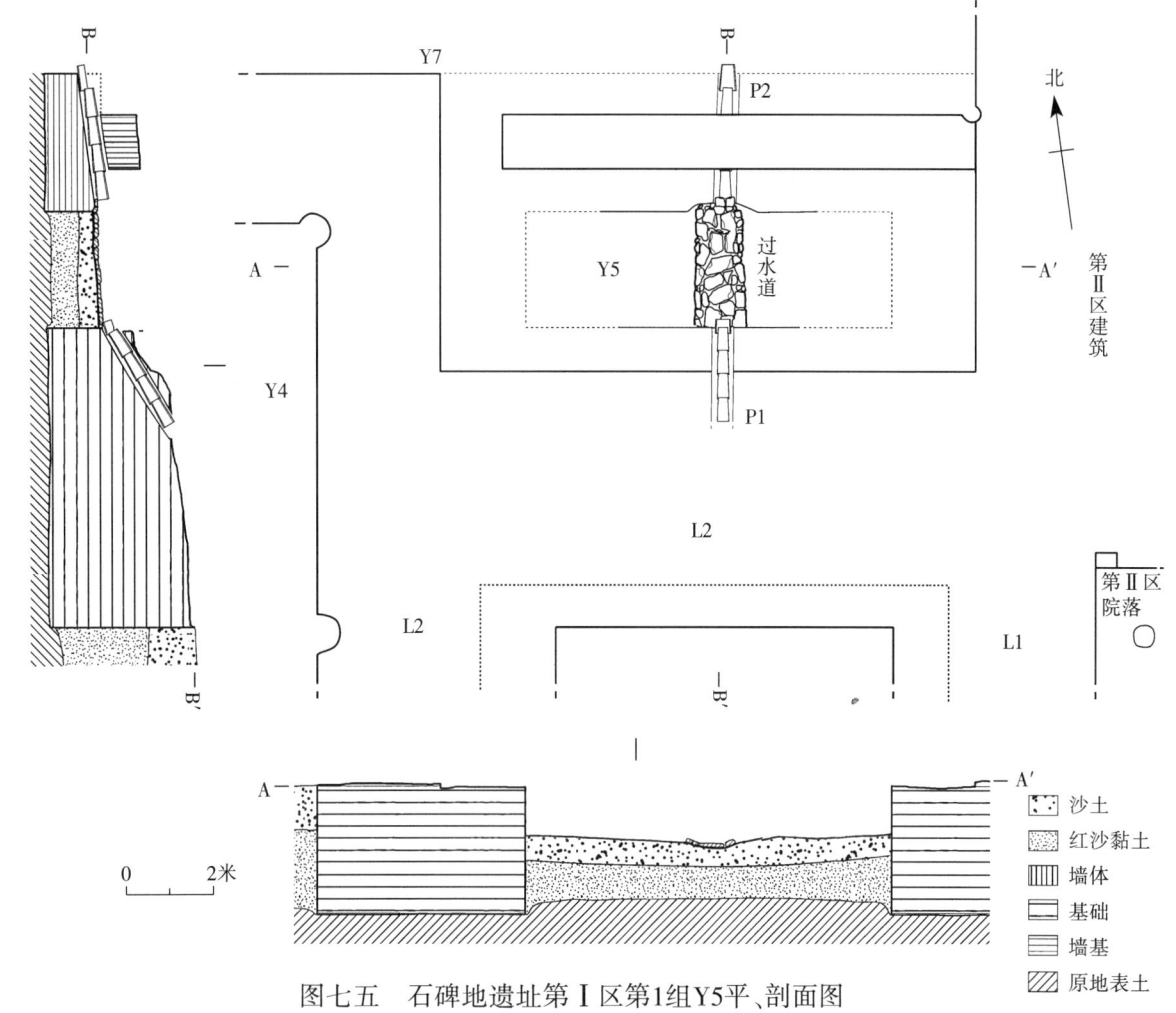

图七五　石碑地遗址第Ⅰ区第1组Y5平、剖面图

型夹贝卷云纹圆瓦当，标本 SSⅠ1Y5 丙 AW：2（图七六，1；附表七；图版七一，3）；丙类 B 型羊角卷云纹圆瓦当（参见附表八）；丙类 D 型夹心卷云纹圆瓦当，标本 SSⅠ1Y5 丙 DW：1（图七六，2；附表一〇；图版七三，1）。

（6）第Ⅰ区第1组6号院落（Ⅰ1Y6）

位于本组建筑西围墙外侧（西侧），西侧慢道北部（参见图四一）。为长条形，规格不详。院落地面高度与Y5基本相同。院落倒塌堆积较厚，其中包含大量的夯土，在北部倒塌夯土上发现有被烧毁呈交叉状分布的两条木柱。倒塌堆积中发现有大量的板瓦、筒瓦、铺地砖、瓦当等建筑构件残片。

该院未完全清理，仅倒塌堆积表面散布的少量较完整的瓦当被采集。

采集瓦当类型有乙类 A 型几何纹半瓦当（参见图一七，2；附表五；图版一一，2）、丙类 A 型夹贝卷云纹圆瓦当（参见图二一，2；附表七；图版一五，1）、丙类 C 型串状蘑菇形卷云纹圆瓦当（参见图二四；附表九）。

（7）第Ⅰ区第1组7号院落（Ⅰ1Y7）

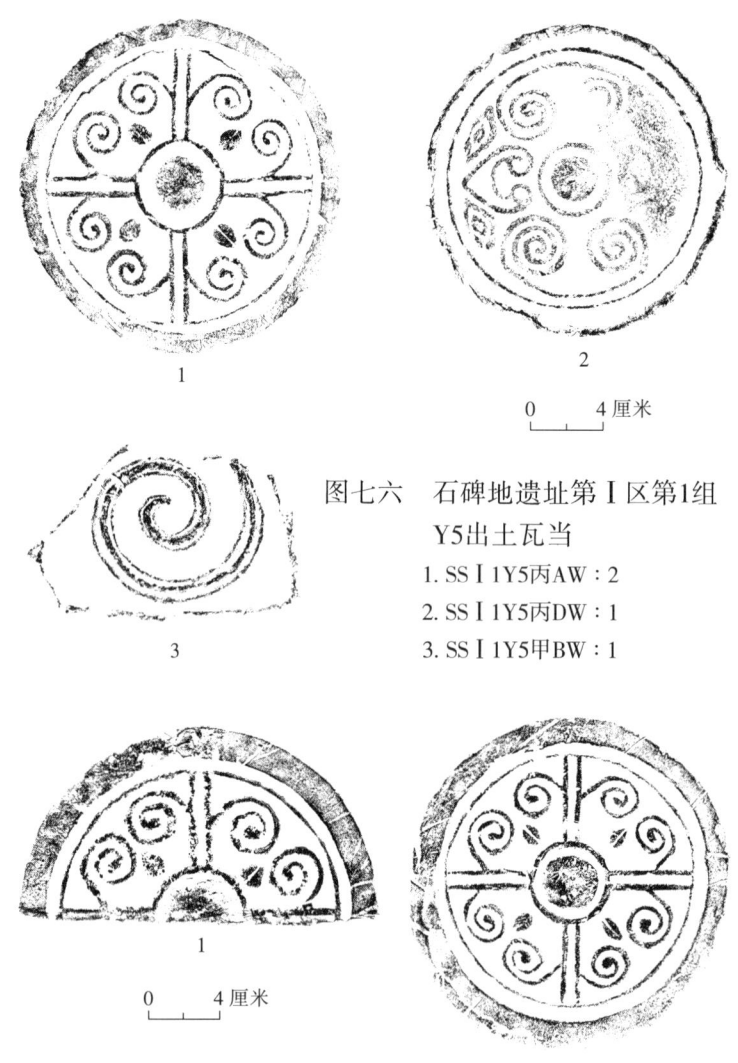

图七六　石碑地遗址第Ⅰ区第1组
Y5出土瓦当
1. SSⅠ1Y5丙AW：2
2. SSⅠ1Y5丙DW：1
3. SSⅠ1Y5甲BW：1

图七七　石碑地遗址第Ⅰ区第1组 Y7 出土瓦当
1. SSⅠ1Y7乙BW：1　2. SSⅠ1Y7丙AW：1

该院落位于本组 Y4、Y5 院墙北部，地面较低（参见图四一）。

由于周围无其他建筑，故其倒塌堆积应主要来自于 Y4、Y5 的建筑墙体，所见瓦件主要为板瓦、筒瓦及瓦当等。其中瓦当见有乙类 B 型夹贝卷云纹半瓦当，标本 SSⅠ1Y7 乙 BW：1（图七七，1；附表六；图版七三，2）；丙类 A 型夹贝卷云纹圆瓦当，标本 SSⅠ1Y7 丙 AW：1（图七七，2；附表七；图版七四，1）。

（8）第Ⅰ区第 1 组 8～10 号院落（Ⅰ1Y8～Y10）

上述三院相连，仅 Y8 发现零星遗物。

此外，Ⅰ1L1、L2 仅存基础部分，遗物较少，仅 L1 出土一件丙类 A 型夹贝卷云纹圆瓦当，标本 SSⅠ1L1 丙 AW：1（图七八；附表七；图版七四，2），不赘述（参见图四一）。

6. 通往第 1 组主体建筑的廊（慢）道

大体在第 1 组建筑中部的东、西两侧各有一条通往该组建筑的廊道，它们均延续较长，在第 I 区北部自东向西分布，同时起到了该区北部围墙的作用。

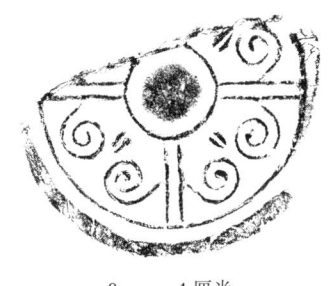

图七八　石碑地遗址第 I 区
第 1 组 L1 出土瓦当
（SS I 1L1 丙 AW∶1）

就该廊道延伸到本组建筑的部分而言，东、西两部分略有不同，下面分别予以介绍。

（1）东部廊道

东部廊道发掘部分保存不好。其基础宽度为 4.8 米，发掘部分深度、高度与主体建筑基础基本相同。从西侧慢道的情况看，该段廊道再向东延伸的部分基础应呈坡状分布，基础顶部高度逐渐降低（参见图四〇、四一）。

在廊道基础偏南侧上部建有建筑墙体，墙体宽 1 米左右。墙体南部基础宽度为 1 米，北部宽度为 2.8 米，同时作为廊道地面使用。

东部廊道南侧破坏较严重，秦代遗物较少；北侧为第 II 区第 2 组建筑一单元 Y1，出土遗物较多，参见下文。

（2）西侧慢道

从发掘的情况看，第 I 区的西侧北部隔墙可分为两部分：西段为廊道，南折连接第 I 区第 2 组建筑，廊道地面较平；东段连接第 I 区第 1 组建筑的部分，基础上部建有呈坡状的廊道台基，故可将这一部分称为慢道（图七九；图版七五）。

现存慢道长 14 米，由基础及慢道台基组成。

慢道基础宽 8.9 米左右，呈坡状。其东部（与主体建筑台基交界处）的基础顶部相对较高，与主体建筑基础的顶部高度相同（现状）。向西，基础顶部高度逐渐降低，从发掘的部分看，慢道基础东端与西端的高差为 1 米。

慢道基础之上见有台基，处于基础偏北位置，宽度为 3.8 米。台基北缘较基础北缘内缩约 2.4 米，南缘较基础南缘内缩 2.7 米。台基呈坡状通往主体建筑台基，其东端较高，现存高度与主体建筑台基西部边缘现存高度相同，西端则与基础顶面相同，两端高差 1.3 米。基础以上，慢道台基现存高度为 0~0.6 米不等。

慢道台基之上的部分已毁，结构不详。

现见慢道台基的南部边缘保存相对较好，其台壁做法为：在夯土台壁边缘先贴一层瓦片，多为板、筒瓦残片，其有纹饰的一面多朝向外侧，而后抹一层厚约 0.01 米的草拌泥，最后抹一层细泥。壁面经火烧，现呈黑红色。在这一侧的台壁边缘发现壁柱遗迹 5 个，从东向西依次编号为 d1~d5。从柱槽看，壁柱多为长方体，长边 0.4 米，深入台壁内；短边 0.25 米，与台壁外缘平齐，现存高度不等。只有 d1 为方形，边长 0.25 米，位于慢道台基与主体建筑台基的交界处。d1~d5 间

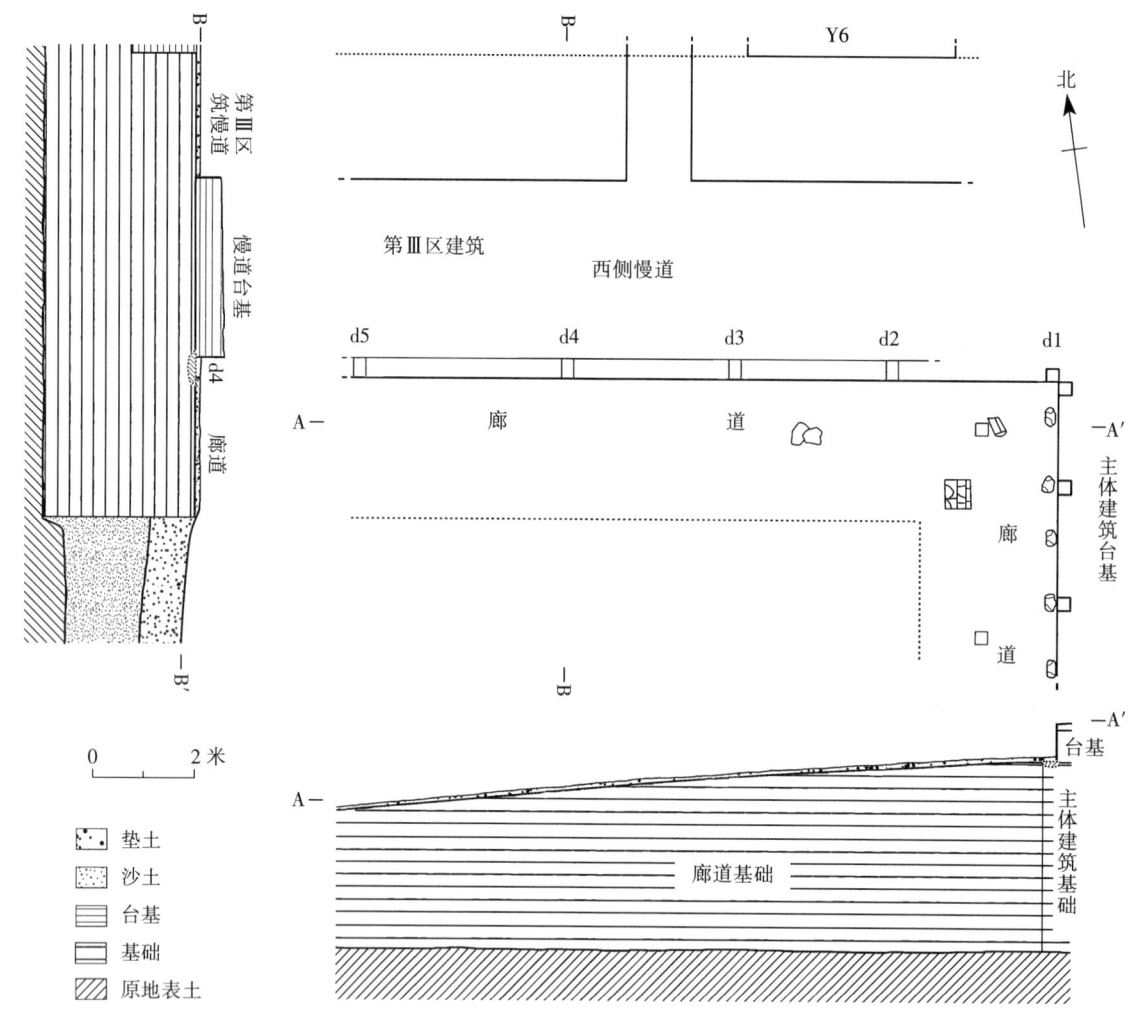

图七九　石碑地遗址第Ⅰ区第1组西侧慢道平、剖面图

的距离分别为3.2、3.1、3.3、4.15米。

　　在现存慢道台基顶部南侧边缘处有一道沟槽，宽0.4米，与壁柱的长边长度相等，上有腐烂的横木痕迹，沟槽存长11.5米，其功能不详（参见图七九）。

　　慢道台基南部基础较宽，推测应有廊道，与主体建筑台基周围的廊道相连。该侧未向南继续发掘，出土遗物情况不详；北部为第Ⅲ区建筑，出土遗物参见相关章节。

（二）第2组建筑遗存

　　位于第Ⅰ区西部，由南部的主体建筑（编号Ⅰ2J1，即第Ⅰ区第2组1号建筑，下同；原编号为ⅠJ2 [①]，特此说明）、中部的门道建筑（编号Ⅰ2WM1，即第Ⅰ区第2组西部1号门址）和北部

① 辽宁省文物考古研究所姜女石工作站：《辽宁绥中县石碑地秦汉宫城遗址1993 - 1995年发掘简报》，《考古》1997年第10期。

的回廊建筑三部分组成。此外，在1号建筑东侧发现有排水系统，下面分别予以介绍（参见图三八）。

1. 主体建筑（Ⅰ2J1）

该建筑位于第Ⅰ区的西南角，是整个遗址中形制较特殊、构造较复杂的单元建筑。东部为本区南部较大的空场地带；西侧基础边缘与第Ⅰ区的西围墙外缘平齐；南侧基础边缘与宫城南墙基础边缘处于一条直线上，两端与之相接；北部为第Ⅰ区的西门（Ⅰ2WM1）。

从相关遗迹看，该建筑应该面东，为整个第Ⅰ区的西厢房，其南侧山墙与西侧后廊起到了Ⅰ区西南拐角围墙的作用（参见图三八；图版七六；图版七七，1）。

（1）建筑基础

平面形状为长方形，方向为北偏东6°。东西宽9.8、南北长30.9、深0.95米，顶面海拔高度为6米左右，建于沙土层上，为黄色夯土。基础南部与遗址南部围墙基础为一体，边缘被破坏。

（2）建筑台基及其周边遗迹

台基建于基础之上，平面呈长方形。东西宽8、南北长29.2米，周边均较基础内缩，其中南缘内缩0.9、北缘内缩0.8、东缘内缩0.9、西缘内缩0.9米，台基现存最高处高0.5米。在台基以外的基础上部铺垫有黑色碱性黏泥，呈坡状，以保护台基边缘。该台址保存已不完整，南部被秦代建筑废弃后的一处灰坑打破，汉代重新补修，台面又被汉代建筑遗迹破坏，已失原貌，现呈斜坡状（图八〇；图版七七，2；图版七八、七九）。

在台基的东部边缘发现方形壁柱遗迹5个，从南向北分别编号为d1～d5。柱槽边长一般为0.4米，现存深度为0.25米，下部发现有础石。其做法为：首先在基础顶面预置础石，而后建筑台基，再沿台基边缘础石位置挖出壁柱槽。其中d1中心点至台基南缘的距离为6.1米，d1～d5中心点之间的距离基本相等，分别为5.45、5.35、5.5、5.45米，d5至台基北缘的距离为1.35米。

在台基的北部边缘现存一块础石，置于基础上部，呈不规则的方形，顶面较平，边长0.5米左右，大部分位于台基范围内。其相对位置位于地槽西部外侧，与台基西缘的距离为2.4米，推测其应为壁柱的础石，编号为d6。

在台基东部外侧的基础边缘上发现圆形壁柱遗迹12个，自南向北分别编号为d7～d18。柱坑多为圆形，直径0.3～0.5米不等，内填黄褐色土。柱槽位于柱坑中间位置，直径0.15米，深0.3米左右，下不见础石。除d7外，其余柱槽中心与台基边缘的距离均为1米左右，位于基础边缘外侧。柱槽内有烧土块、炭灰等。其中d7位于基础上，中心点至台基东缘的距离为0.85米，距南缘1.6米。d7～d18的距离分别为2.22、2.25、2.25、2.25、2.3、3.12、2.2、2.35、2.3、2.25、2.3米，d18距台基北缘1.81米。除d12与d13间的距离较大外，各立柱间的距离大体相同。在d10的上部发现有塌落的长条形木板痕迹，木板残长2.85米，宽0.15米，残存厚度为0.02米（图版八〇，1）。

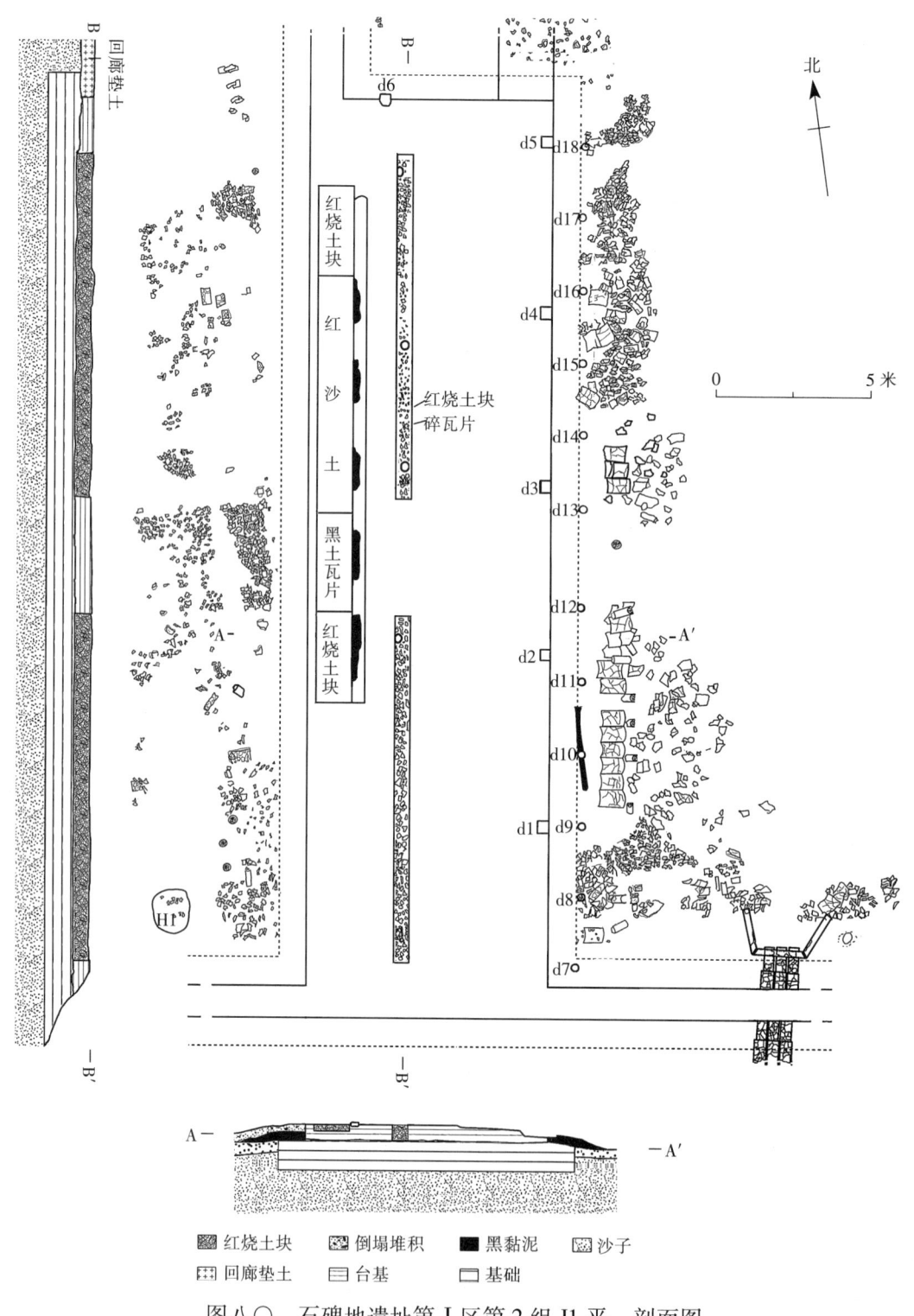

图八〇　石碑地遗址第Ⅰ区第2组J1平、剖面图

（3）台基之上的建筑遗迹

在台基上部偏西位置发现有"地槽"（参见图八〇；图版八〇，2），平面呈长条形，大体为南北向（北偏东6°），与台基边缘平行。共两段，在一条直线上，纵贯整个台面。两段地槽长均

为11米左右，宽0.5米，现存最深0.35~0.5米（台基保存高度不同所致）。地槽中心线至台基东部边缘的距离为4.85米，至台基西部边缘的距离为3.15米。其南部的一段地槽南缘至台基南部边缘的距离为1.8米，北部的一段地槽北缘至台基北部基础边缘的距离亦为1.7米，两段地槽的间距为3.7米。地槽边缘与底部均被烧烤呈红色，底、边均有炭灰，现内部杂有烧土块、炭灰、土坯、筒瓦、板瓦残片。从其三壁经烧的情况看，不似烟道类设施，具体用途不详。

在地槽西缘以西1米处，东西宽约0.4、南北长16.3米的长条形范围内，土色与台基夯土稍有不同，呈黄褐色，微红，厚度为0.1米左右，其内发现有间断的经火烧呈炭状的木板痕迹，共5块。木板残留最长为1.7米，保留最宽为0.25米，存厚0.05米左右，均有一定的间距，推测原应为等距离放置的大小基本相同的木板，可称其为板痕遗迹。该遗迹位于台基西侧中部偏北，南端距台基南缘10米，北端距台基北缘2.9米。

板痕区域以西的部分，台基下挖。下挖部分较规整，为长方形，总长度约16.6米，宽1.2米，较现存台基顶面低0.2米左右；该区域北部距台基北部边缘2.5米，南部距台基南部边缘10米，与板痕区域南端平齐。下挖区域以不同颜色、质地的土回填，填土从南到北依次为红烧土块、黑土瓦片堆积、红沙土、红烧土块。每部分土的宽度均为1.2米，长度分别为2.9、3.2、7.6、2.9米。

下挖部分的周围均为夯土，其西部边缘与台基西缘之间的距离为0.3米左右。

（4）建筑周围出土遗物

该建筑址附近发现的遗物均为建筑构件，出土于秦代建筑倒塌堆积中。

台基东、西两侧均见有秦代建筑倒塌堆积，包括夯土块、烧土块、木炭、建筑瓦件等。其中东缘的建筑瓦件多集中分布于台基边缘1.5米以外，西部则多集中分布于台基边缘。

台基东侧南部瓦件倒塌较为规矩，似乎是直接塌落下来的：板瓦在下部，均凹面向上，排列整齐，外端距台基边缘2.6米，与台基外侧圆形柱槽的距离为1.6米左右；带有瓦当的筒瓦扣在两块板瓦的交界处，瓦当稍向外脱出0.3米左右，推测系倒塌滑出所致，其外缘应该与板瓦外端平齐。此外，在东南角还发现了一块呈45°角斜置的筒瓦。上述迹象对复原该建筑的构造及出檐情况具有一定的参考价值（参见图八〇）。

上述板瓦复原者规格基本一致，均为A型板瓦（参见附表二）。标本SSⅠ2J1东AB:2，长70.5、宽43.5~48厘米（图八一；附表二；图版八一，1）。标本SSⅠ2J1东AB:3，长72.3、宽46~48厘米（图八二；附表二；图版八一，2）。

筒瓦保存较好者亦较多，均为甲类，见有B、C两型。标本SSⅠ2J1东丙AW:31（图八三；附表三、附表七），当面及瓦筒保存均完好。夹砂质，灰褐色。当面为丙类A型夹贝卷云纹圆瓦当，卷云卷曲两周。当面径20、边轮宽1.3、外圈径16.5、内圈径5.2厘米；瓦筒为B型，凸面后端饰经抹光呈间断状细绳纹，前端抹光。凹面为素面。筒身见瓦钉孔，从凸面向凹面穿出。孔近圆形，孔径1.3厘米，据扣尾端22厘米。筒身长55（通长60）、直径19.6~21.5、扣尾长5、胎厚1~1.5

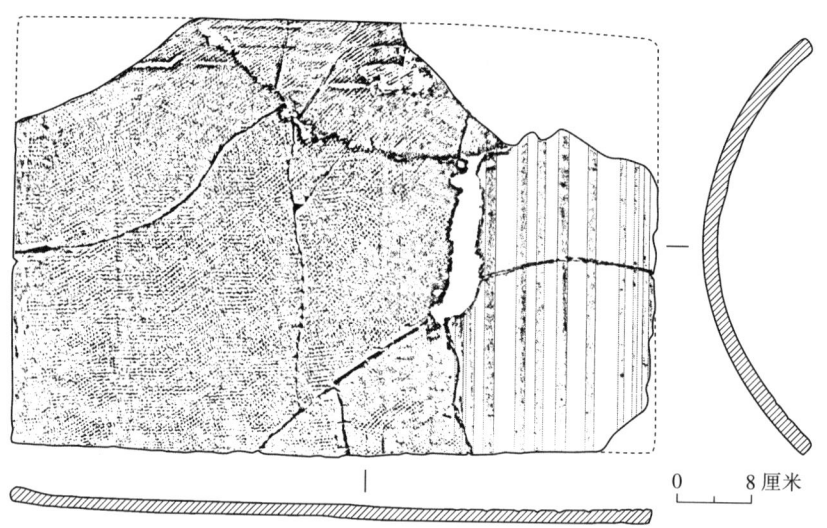

图八一　石碑地遗址第Ⅰ区第 2 组 J1 出土 A 型板瓦
（SSⅠ2J1 东 AB：2）

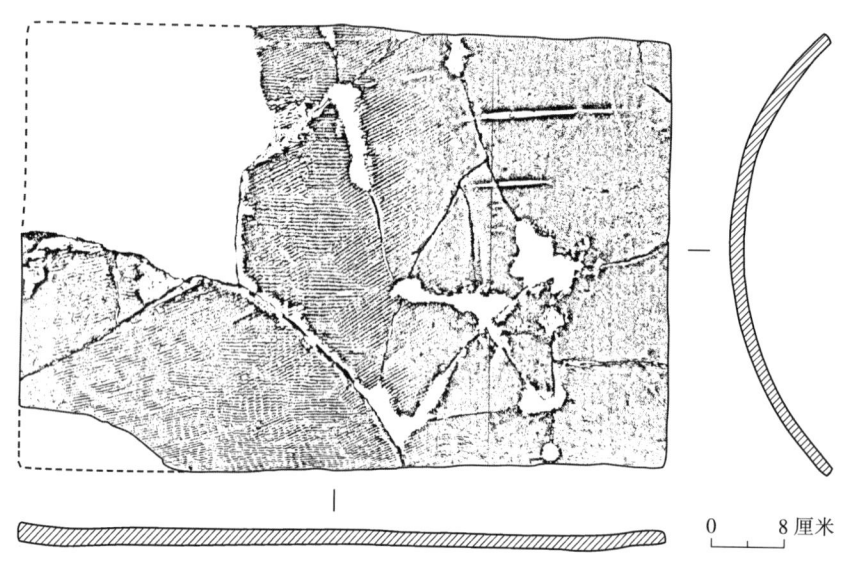

图八二　石碑地遗址第Ⅰ区第 2 组 J1 出土 A 型板瓦
（SSⅠ2J1 东 AB：3）

厘米。标本 SSⅠ2J1 东甲 B T：1，为 B 型筒瓦，身长 54.1 厘米（图八四，1；附表三；图版八二，1）；标本 SSⅠ2J1 甲 CT：1，为 C 型筒瓦，身长 47.8 厘米（图八四，2；附表三；图版八一，3）。

　　需要说明的是，该建筑东、西两侧使用的瓦当不同，其中东侧多见丙类 A 型夹贝卷云纹圆瓦当，规格有所不同（参见附表七）。标本 SSⅠ2J1 东丙 AW：9，当面径 17.5 厘米（图八五，4；附表七；图版八二，2）；标本 SSⅠ2J1 东丙 AW：10，当面径 19.2 厘米（图八五，2；附表七；图版八二，3）。

　　仅见一块乙类 B 型夹贝卷云纹半瓦当。标本 SSⅠ2J1 乙 BW：1，底边长 19.5 厘米（图八五，

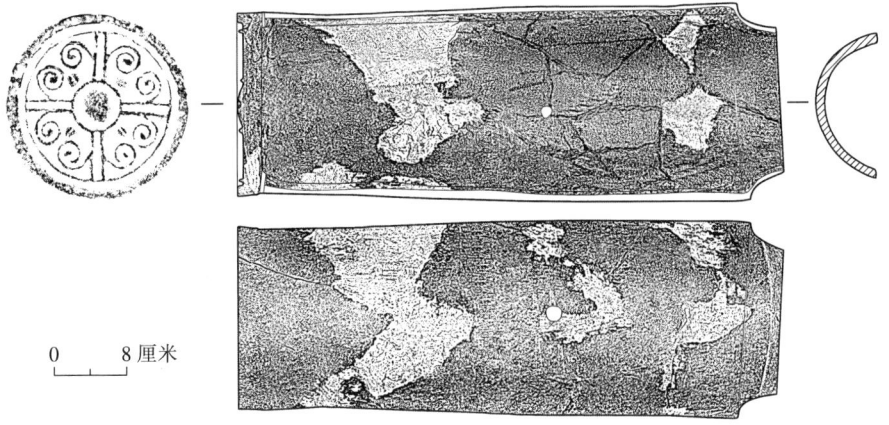

图八三　石碑地遗址第 I 区第 2 组 J1 出土筒瓦

（SS I 2J1 东丙 AW：31）

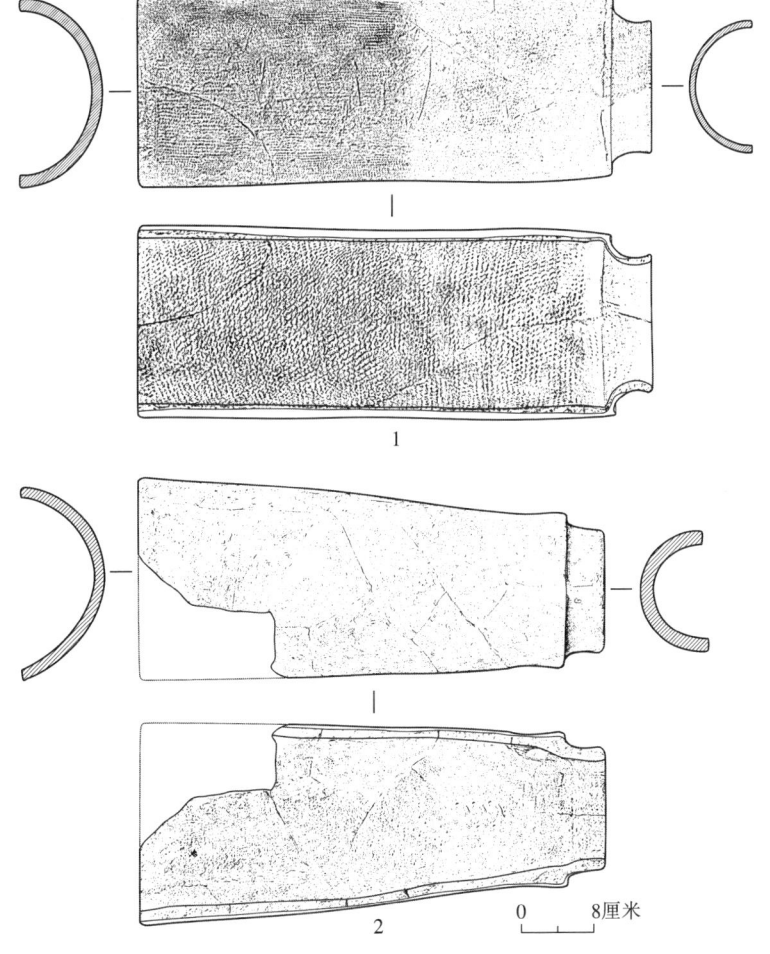

图八四　石碑地遗址第 I 区第 2 组 J1 出土筒瓦

1. SS I 2J1 东甲 BT：1　2. SS I 2J1 甲 CT：1

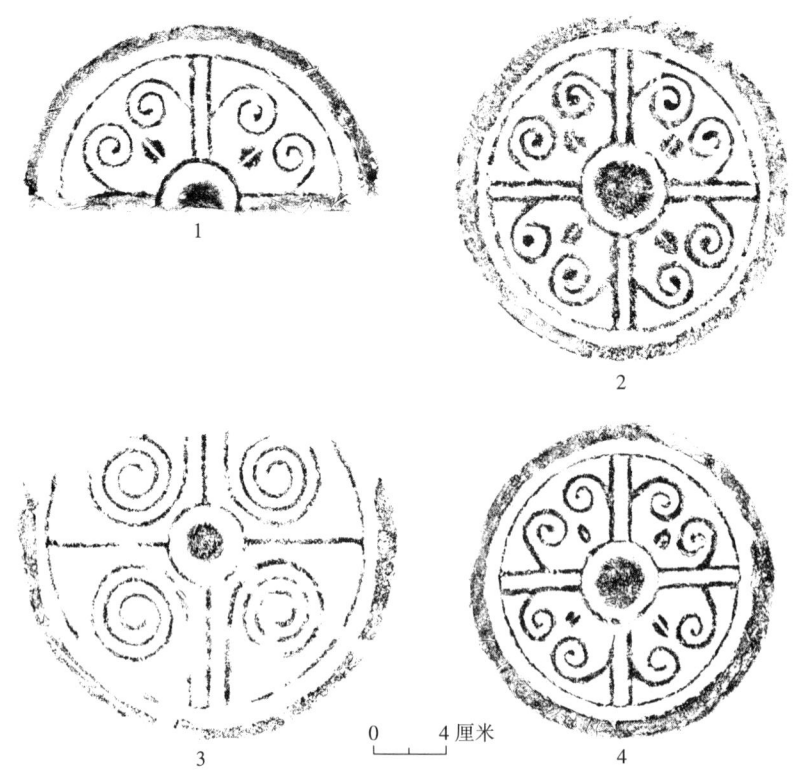

图八五　石碑地遗址第Ⅰ区第2组 J1 出土瓦当

1. SSⅠ2J1 乙 BW：1　2. SSⅠ2J1 东丙 AW：10　3. SSⅠ2J1 丙 BW：1　4. SSⅠ2J1 东丙 AW：9

1；附表六；图版八三，1）。

在距离台基西缘约 1 米处等距离分布有丙类 B 型羊角形卷云纹圆瓦当（参见附表八）。标本 SSⅠ2J1 丙 BW：1，当面径 22.2 厘米（图八五，3；附表八；图版八三，2）。

2. 西门（Ⅰ2WM1）

位于第Ⅰ区的西侧边缘，处于居中位置。门址中心距本区南墙墙体内缘 36.75 米，距本区北墙墙体内缘 36.7 米左右（参见图三八）。

其南与第 2 组主体建筑相接，北与本组北部的廊道相连，由门道及门旁建筑组成。自第 2 组主体建筑台基北缘起至北部廊道南缘的距离为 23.7 米，应属于该门道建筑的长度范围，从其西侧的建筑墙体看，门道建筑的宽度与主体建筑台基宽度相同，为 8 米左右（图八六）。

（1）遗迹

现见有墙基、门道缺口两旁的建筑墙体及零星的础石等。

其西墙基础西缘与其北部回廊墙基、南部主体建筑台基西缘在一条直线上，宽度与其北部回廊基础相同，为 2.8 米左右，系纯净黄褐色夯土。墙基中部建有窄墙，墙宽 1 米左右，墙西缘与本组主体建筑台基西部边缘平齐。

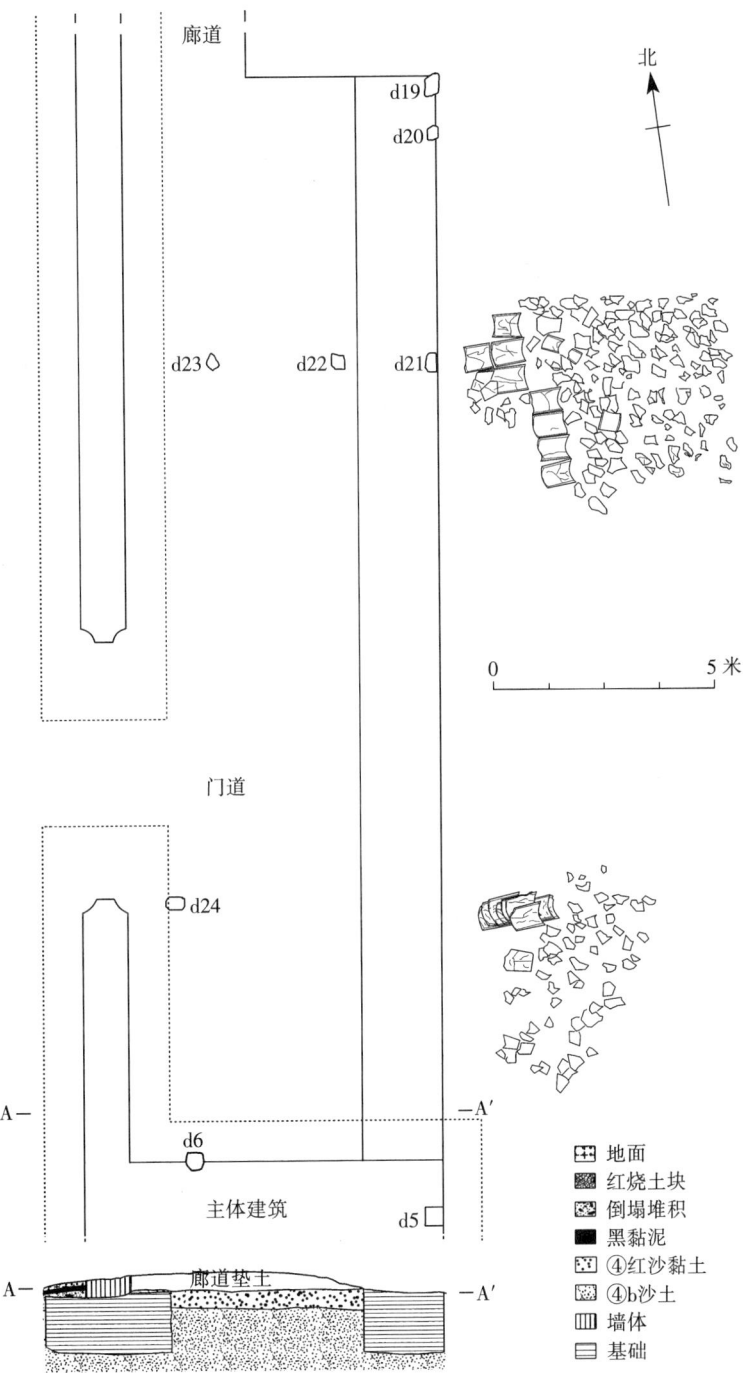

图八六　石碑地遗址第Ⅰ区第2组西门平、剖面图

门址基础预留缺口，宽2.3米。基础缺口南缘距本组主体建筑台基北缘约7.35米。建筑墙体缺口宽5.6米，墙体缺口南缘距主体建筑台基北缘5.7米。缺口处的墙体端头两侧均发现有立柱形成的弧形缺口，缺口长、宽均为0.3米左右，其下未见础石，似已破坏（图版八四）。

门址东侧墙基宽1.8米，以纯净的红板沙夯筑而成（与其他秦代墙基夯土土质土色不同，属于特例），板痕清晰。其地势较低，墙基上未见建筑墙体。该基础东部边缘与本组主体建筑台基东部边缘平齐。

上述两道墙基基础外缘之间的距离为 8.9 米左右。

门址建筑南部与北部未见建筑基础与建筑墙体，其南部与本区第 2 组主体建筑台基相连，是否利用其北部基础不得而知。

该建筑基础及地面上发现 6 块础石，其中东部基础上发现 3 块，均分布于基础东缘北部，大体呈南北向，从北向南依次编号为 d19～d21。其中 d19、d20 中心点的间距为 1 米左右。d20、d21 中心点的距离为 5 米左右。门址北部两道墙基之间发现两块础石，从东向西编号为 d22、d23，d21～d23 东西排成一线，中心点的间距分别为 2.1、2.8 米。在西部墙体南段边缘东侧发现一块础石，编号为 d24。上述础石形状均不规则，顶面较平，规格较小，长度在 0.3～0.5 米，宽 0.25～0.4 米之间（图八六；图版八五，1）。

该门道缺口较宽，达 5.6 米，从础石分布及门宽、间距等综合因素看，其门旁建筑似为 4 间，具体构造不详。

（2）遗物

该门址为汉代门址建筑所叠压，秦代建筑倒塌堆积破坏较严重。所见秦代建筑瓦件多较破碎，唯门址缺口附近的东侧一段保存稍好。

倒塌的板瓦排列较整齐，外面向上。其中正对门址缺口南缘东部约 12 米处发现有一组叠压在一起的板瓦，共 9 块；缺口北缘东部约 9～10 米处有三排倒塌的板瓦，排列较齐整（参见图八六）。倒塌的筒瓦保存不好，少量能够复原。另见有少量的瓦当，均为丙类 A 型夹贝卷云纹圆瓦当（参见附表三、附表七）。标本 SS I 2 门东丙 AW：1，当面可复原，面径 19.8 厘米。筒身基本完整，身长 54 厘米，属甲类 B 型（图八七；附表三、附表七；图版八五，2）

3. 北部廊道

在第 2 组建筑西门的北部有一道南北向的廊道，向北延伸 20.1 米左右（以廊道北部建筑墙体中线计算）后折向东，通往第 I 区第 1 组建筑。廊道宽度为 2.8 米。

（1）遗迹

该廊道经发掘的部分结构相同，均为单侧廊道（廊道分布于廊墙的一侧），现可见廊墙及其基础、回廊地面等遗迹（图八八；图版八六）。

廊墙基础宽 2.8 米左右，掩埋于地下。其上中部建有 1 米宽的墙体，现存高 0.2～0.4 米。其南北向的一段，廊道地面在东部，东西向的一段，廊道在南部，形成回廊。

经局部解剖发现，其回廊地面的做法为：在廊道范围内的秦代建筑地面上垫土，厚度为 0.4 米左右，分层铺垫。解剖部位的廊道地面垫土共分为 4 层，每层厚 0.1 米左右。最上部的一层为黑黏土，以下分别为红沙黏土、灰土、黄土等，均较坚硬，经夯打。廊道铺设较规矩、平整，边

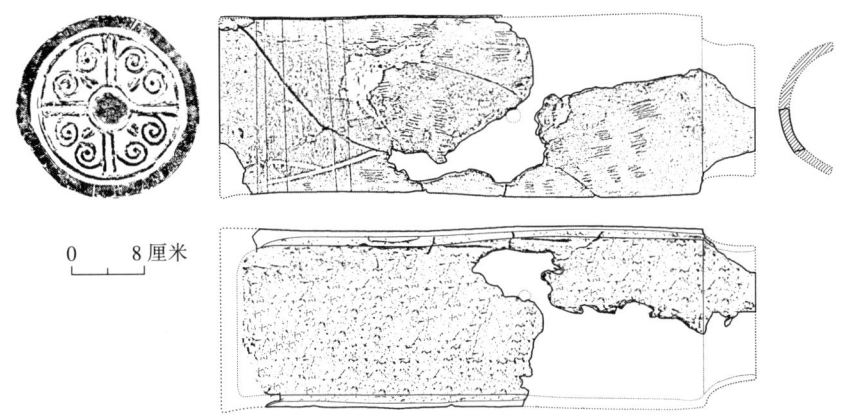

图八七　石碑地遗址第Ⅰ区第2组西门出土筒瓦（SSⅠ2门东丙AW∶1）

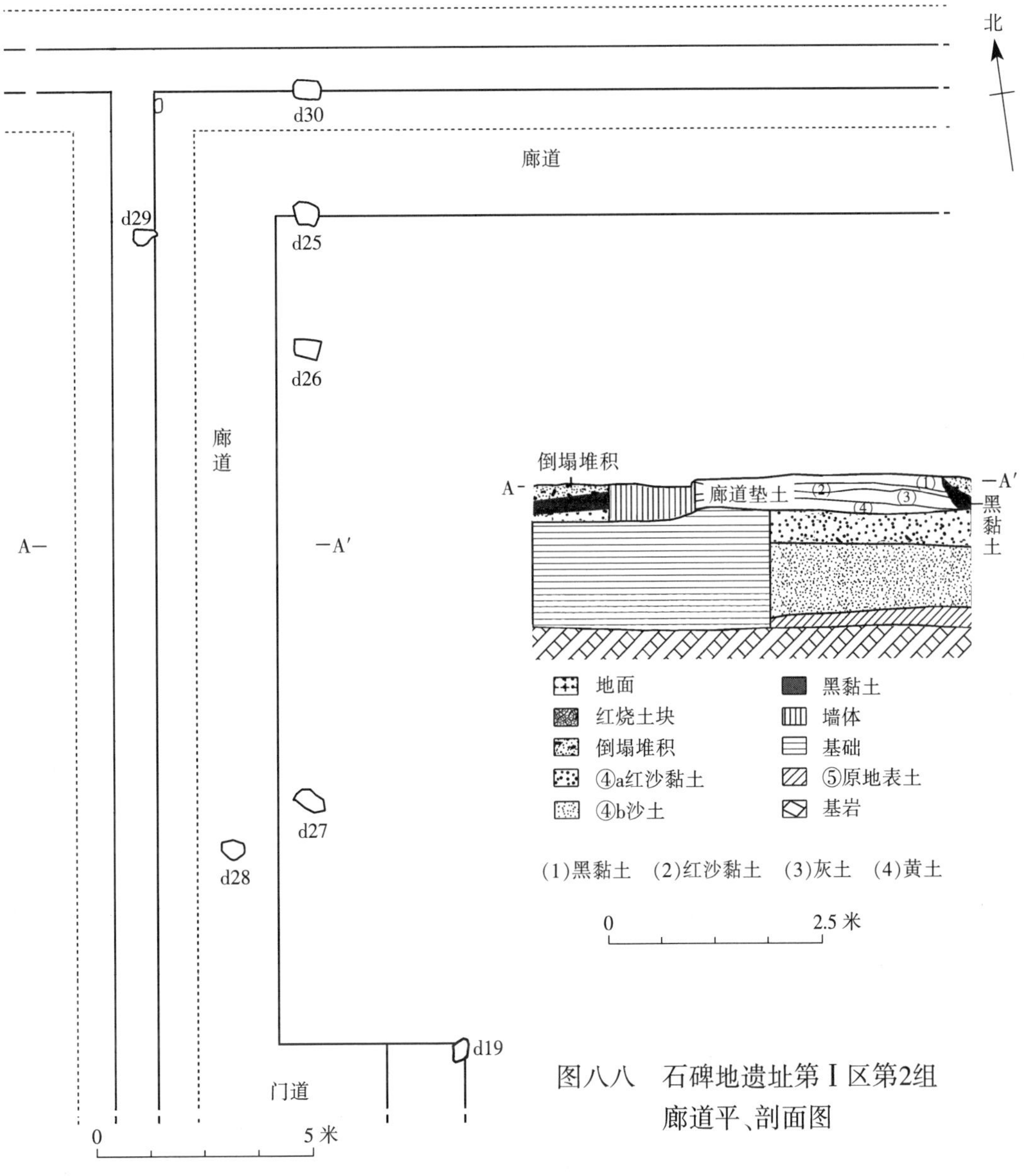

北

廊道

d30

d29

d25

廊道

d26

倒塌堆积

A—　　　　　　　　　　　　　廊道垫土　(2)　　　(1)　　—A′
　　　　　　　　　　　　　　　　　　　(4)　　(3)　　　　黑黏土

A—　　　　　　　—A′

地面　　　　　黑黏土

红烧土块　　　墙体

倒塌堆积　　　基础

④a红沙黏土　　⑤原地表土

④b沙土　　　　基岩

(1)黑黏土　(2)红沙黏土　(3)灰土　(4)黄土

0　　　　　　　2.5米

d27

d28

d19

门道

0　　　　　　5米

图八八　石碑地遗址第Ⅰ区第2组
廊道平、剖面图

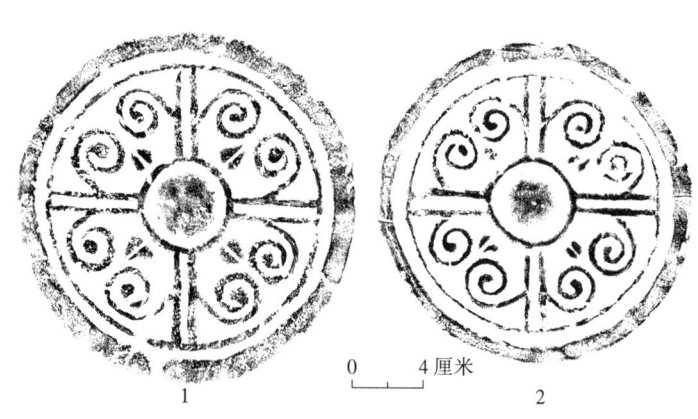

图八九　石碑地遗址第Ⅰ区第2组廊道出土丙类瓦当

1. SSⅠ2北廊丙AW：2　2. SSⅠ2北廊丙AW：1

缘呈坡状。

在廊墙的西部地面上铺垫一层黑黏泥，有一定的坡度，用于保护廊墙及基础。

在廊道及廊墙边缘发现有础石。其中廊道拐角处1块，编号为d25；在南北向廊道东侧边缘发现础石及础石穴坑遗迹各1处，从北向南分别编号为d26、d27；廊道南部地面上发现1块，编号为d28；南北向廊墙东部边缘发现一块，编号为d29，东西向廊道南部边缘发现1块，编号为d30。其中d30、d25、d26、d27南北向直线分布，距离分别为2.8、3、10.2米；d29中心点至廊墙拐角的距离为3.3米。

（2）遗物

廊道内侧见有秦代建筑倒塌堆积，所见建筑瓦件均成碎片，零星见有丙类A型夹贝卷云纹圆瓦当。标本SSⅠ2北廊丙AW：1，当面径17.8厘米（图八九，2；附表七；图版八七，1）；标本SSⅠ2北廊丙AW：2，当面径19.8厘米（图八九，1；附表七；图版八七，2）。

4. 外排水系统

位于第Ⅰ区西南部，即第2组主体建筑东部，中心点距主体建筑台基东缘约7.5米，编号为第Ⅰ区第2组建筑第1号排水系统（Ⅰ2P1）。

该排水系由迎水区与排水管道两部分组成（图九〇；图版八八；图版八九，1）。

迎水区呈"八"字形，暴露于原城内地表以上，由3块菱格纹花面大型空心砖组合而成。所用空心砖均侧卧，其中位于入水口处的一块沿着地下夯基的边缘大体呈东西向横置，编号为1号空心砖。该空心砖的外缘与夯土基础的边缘平齐，有花纹的一面向南，嵌于基础内；素面的一面向北，露明。另两块斜置并与之两端相连接，分别向外扩展形成迎水的两翼，编号分别为2、3号空心砖。有花纹的一面位于内侧，以黑黏泥掩埋；素面的一面向外，露明。3块空心砖交接的转角处经切削形成斜角，使之结合紧密。其中东端转角为118°，西端转角为105°。各空心砖的规格基本相同，均为宽0.18、高0.31米左右，壁厚近0.04米，长度不等。其中1号空心砖长1.6米，砖体上切削出三个直径为0.28米的圆孔，孔距大体相等。2、3号空心砖长1.4米。空心砖的大部分均掩埋于地下，仅暴露出用来迎水的无花纹的一面。迎水区的迎水口宽度（空心砖间的距离）为2.3米，入水口的宽度为1.4米，自迎水口至入水口的直线距离为1.14米。

在该段城址的围墙基础上发现有围墙墙体，宽1米左右，建筑于基础的正中部位。墙体的

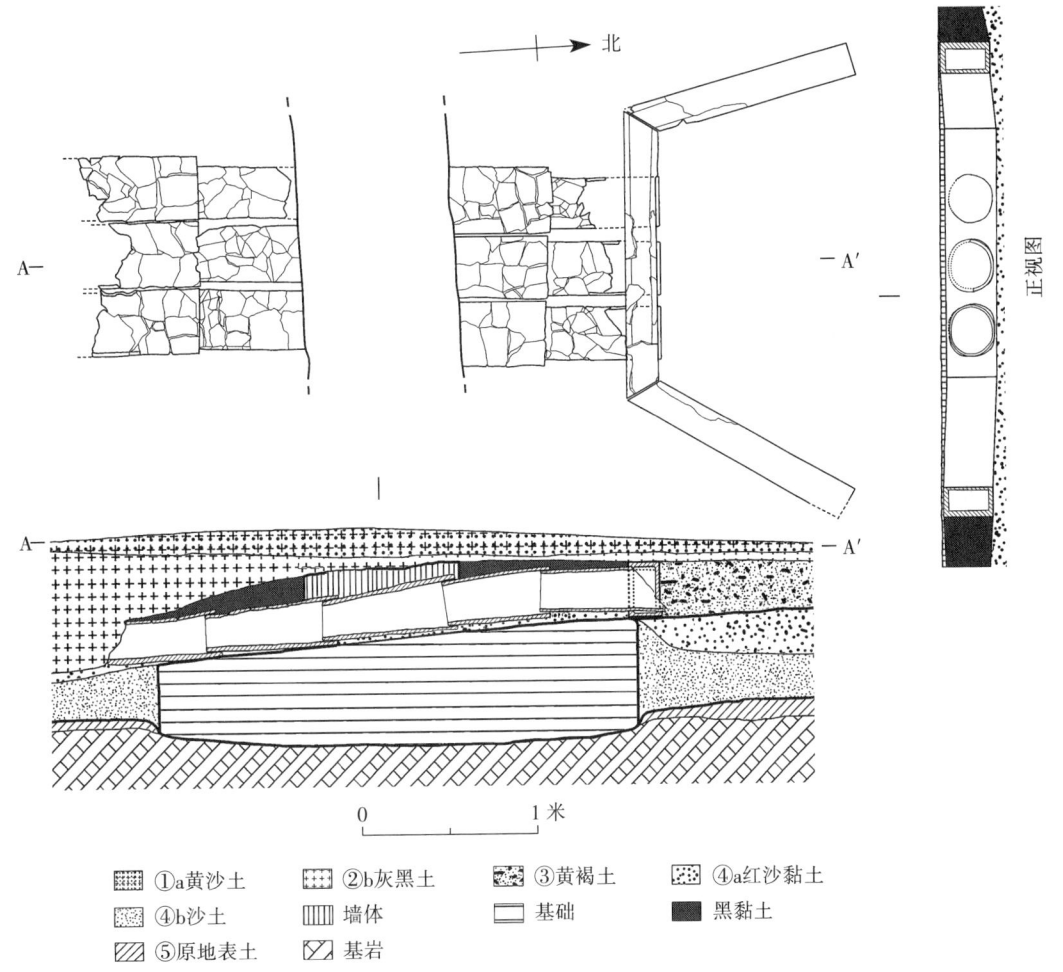

图九〇　石碑地遗址第Ⅰ区第2组第1号排水系统平、剖面图

内、外侧地面上均铺设一层黑色的黏土，该排水系统的排水管道均被掩埋于这层黏土与围墙墙体下。

排水管道由三道并排的排水管线组成，每条排水管线现存5节排水管，大体呈南北向，总长度为3.4米。每节排水管的长度约为0.62米，粗端直径为0.25米，细端直径为0.2米，管壁厚0.02米。排水管首尾套接，粗端向北。排水管线的首端从1号空心砖砖体上的圆孔中穿出。排水管均为夹砂灰陶，火候较低，皆已破碎，管内充满泥沙。

该排水管线中轴线为南偏西5°，大体与宫城南墙垂直。管线北高南低，两端高差为0.2米。由此可知水流向南。

由于该排水管道南部被毁，尚不知其出水口的构造情况及雨水的最终流向（从第Ⅳ区1号排水管道的雨水流向看，并非径直排往大海，出水口外是否还有其他排水设施尚不得而知）。

排水管道周围发现较少的建筑构件残片。

（三）第3组建筑遗存

第Ⅰ区第3组建筑（编号Ⅰ3，系勘探结果，与发掘情况有较大差异，特此说明）位于Ⅰ区东部，由多个圆形穴坑环绕一长条形穴坑组成。为叙述方便，现将中部长方形穴坑以字母 x 表示，编号为Ⅰ3x1（即第Ⅰ区第3组建筑1号穴坑），周围的圆坑则以字母 k 表示，编号为Ⅰ3k1～k14（即第Ⅰ区第3组建筑1～14号圆坑）（图版九〇）。

1. 长条形穴坑（Ⅰ3x1）

该坑较大，东西宽13.8米，南北现存长度为6.5～12.2米。

以该穴坑的东北角为基点，至本区东墙墙基外侧的距离为11米左右，至本区北墙墙基内侧的距离为25.8米左右。穴坑长边方向为北偏东6°，与宫城址南北向的墙体方向相同（图九一）。

穴坑所在地现地表北高南低，东高西低，其东南角有一现代坑，致使其南部遭到破坏。为了解穴坑的构造情况，2000年在其中部开了两条探沟，宽度均为2米，一条纵贯南北，另一条横贯东西。从发掘部分看，该穴坑开凿于基岩以下，壁竖直，底平，现存深1.5～1.8米。坑内堆积分为3层：

第①层：倒塌堆积层。自坑底直至坑表，中部较厚，边缘较薄。有烧土块、土坯、夯土及大量的秦代建筑瓦片。

第②层：黑黏泥，在第③层上部普遍分布，厚度均匀，为0.05～0.1米左右。

第③层：位于穴坑底部，为黄褐色土。四周高，中间低，呈锅底状，厚0.1～1.7米。内发现卷云纹半瓦当、圆瓦当、羊角形卷云纹瓦当残片，标本SSⅠ3北乙BW：1，底边长18.3厘米（图九二；附表六；图版八九，1）。

从上述层位堆积可以看出，第③层、第②层的形成与该穴坑的构造有关，第①层则系穴坑废弃后形成的。

该坑的构造特殊，功能不详。

2. 圆形穴坑（Ⅰ3k1～k14）

通过考古勘探并经局部发掘，在Ⅰ3x1的西、北、东部共发现14个圆形穴坑，南部被破坏，原有圆坑数量不详。

其中西侧4个，从南向北依次编号为k1～k4；北侧发现8个，分为2排，南排的4个自西向东分别编号为k5、k13、k14、k10，北排的4个从西向东分别编号为k6～k9；东侧2个，从北向南依次编号为k11、k12。

上述穴坑均等距离分布，相邻两穴坑中心点间的距离为5.9米。东西成排，与Ⅰ3x1穴坑北壁

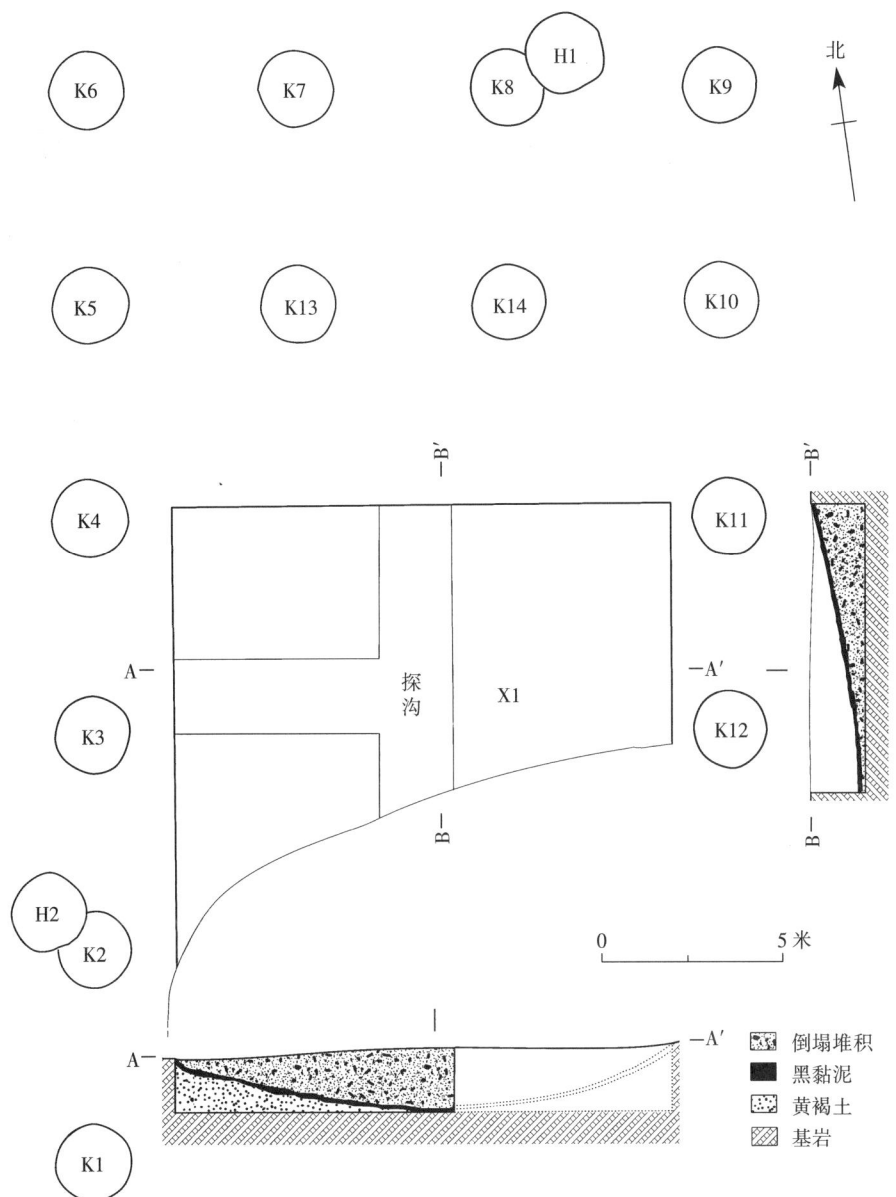

图九一　石碑地遗址第Ⅰ区第 3 组建筑遗迹平、剖面图

平行，其中 k13、k14 中心点与 x3 北壁的距离为 5.55 米左右。k4、k11 中心点与 x1 北部边缘不在一条直线上，偏南 0.35 米；南北成列，与 x1 穴坑东、西壁平行，其中西列的 k3 中心点与 x1 西壁的距离为 2.25 米。东列的 k12 中心点与 x1 东壁的距离为 1.65 米。

所有圆形穴坑的直径均为 2.1 米，穴壁竖直，底平。从遗留的迹象看，挖完穴坑后经人工回填，填土及其内部的遗迹现象较为特殊，现将经发掘的穴坑构造情况分别介绍如下：

（1）第 5 号圆坑（Ⅰ3k5）

位于 x1 的西北部，开口于表土层下。其南、西面各有一浅坑（暂编号 H1、H2）打破 k5，灰坑内填土夹杂有秦代、汉代建筑瓦件（图九三，1）。k5 存深 1.2 米。坑内堆积土可分为两层：上层堆积土中夹杂有夯土、烧土块等，厚度为 0.2 米，似倒塌堆积；下层填土为灰褐色黏土，纯净，坚硬，内无遗物。该层填土上部人工挖出一圆形浅坑，弧壁，圜底，直径 1.2 米，存深 0.33 米，填土为黄褐色，较纯净，内无遗物。

（2）第 14 号圆坑（Ⅰ3k14）

位于 x1 的北部，开口于表土层下。该坑北部被两个浅坑（暂编号为 H1、H2）打破，灰坑内填土夹杂有秦代、汉代建筑瓦件（图九三，2）。K14 存深 1.1 米。坑内堆积土为灰褐色黏土，纯净，坚硬，内无遗物。

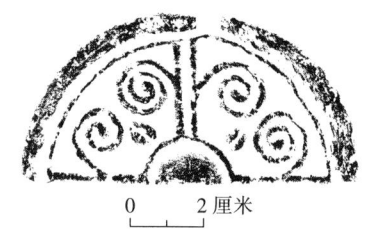

图九二　石碑地遗址第Ⅰ区第 3 组建筑出土乙类瓦当（SSⅠ3 北乙 BW∶1）

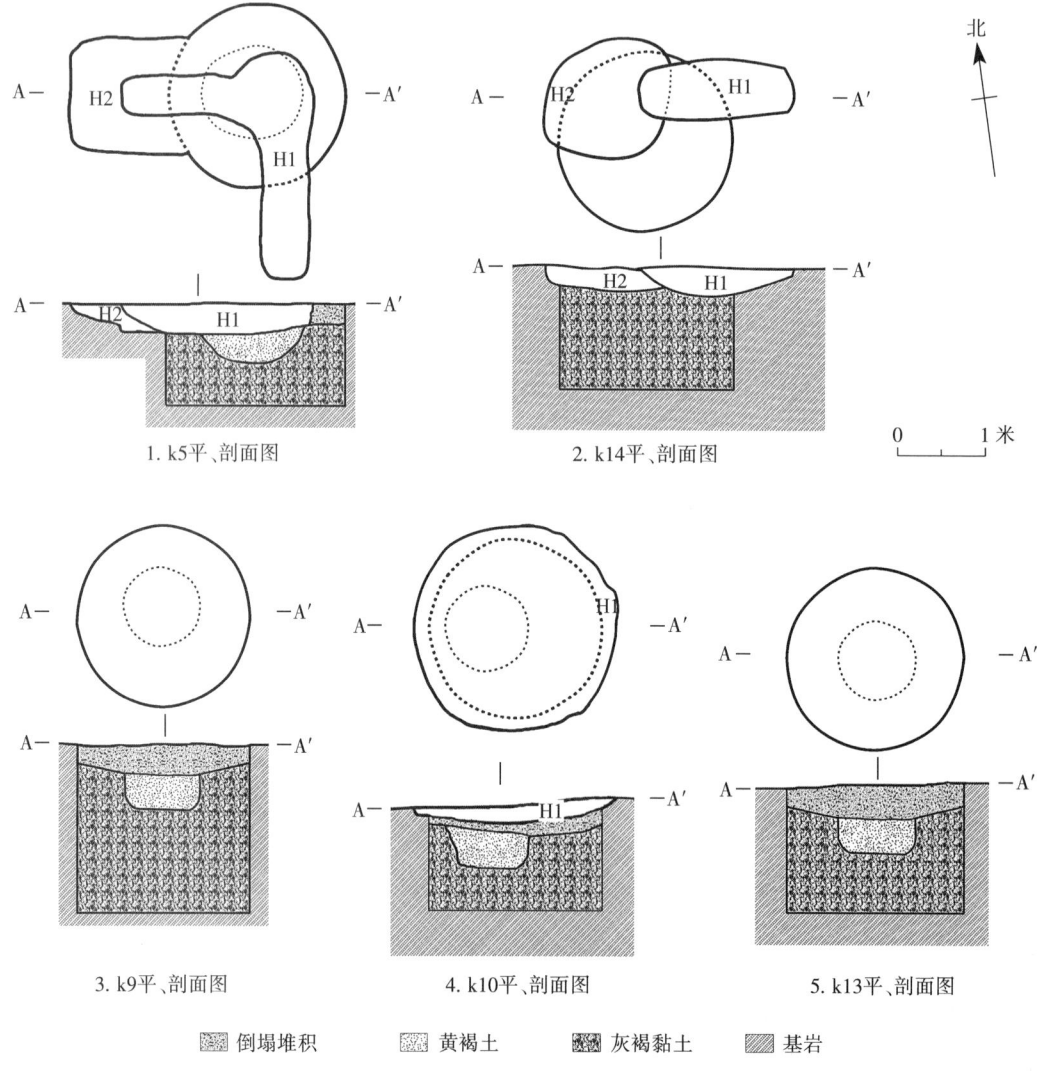

1. k5平、剖面图　　　2. k14平、剖面图

3. k9平、剖面图　　　4. k10平、剖面图　　　5. k13平、剖面图

倒塌堆积　　　黄褐土　　　灰褐黏土　　　基岩

图九三　石碑地遗址第Ⅰ区第 3 组建筑圆坑结构图

（3）第 9 号圆坑（Ⅰ3k9）

位于 x1 的东北部，开口于表土层下。坑存深近 1.9 米。坑内堆积可分为两层：上层堆积中夹杂有夯土、烧土块等，厚度为 0.2 米，似倒塌堆积；下层填土为灰褐色黏土，纯净，坚硬，内无遗物。该层填土上部人工挖出一圆形浅坑，近直壁，平底。直径 0.85 米，存深 0.4 米，填土为黄褐色，较纯净，内无遗物（图九三，3；图版九一，1）。

（4）第 10 号圆坑（Ⅰ3k10）

位于 x1 东北部，表土下见有一直径为 2.3、深 0.2 米左右的圆形灰坑，叠压在 10 号圆坑之上，坑内堆积中见有秦、汉两个时期的建筑构件残片（图九三，4；图版九一，2）。K10 存深 0.9～1 米。坑内堆积分为两层：上层堆积中夹杂有夯土、烧土块等，厚度为 0.1～0.2 米，似倒塌堆积；下层填土为灰褐色黏土，纯净，坚硬，内无遗物。该层填土上部人工挖出一圆形浅坑，近直壁，平底，直径 0.9 米，存深 0.35 米，填土为黄褐色，较纯净，内无遗物。

（5）第 13 号圆坑（Ⅰ3k13）

位于 x1 北部，开口于表土层下。坑存深 1.4 米。坑内堆积分为两层：上层堆积中夹杂有夯土、烧土块等，厚度为 0.2 米，似倒塌堆积；下层填土为灰褐色黏土，纯净，坚硬，内无遗物。该层填土上部人工挖出一圆形浅坑，直壁，平底，直径 0.9 米，存深 0.4 米，填土为黄褐色，较纯净，内无遗物（图九三，5；图版九一，3）。

从上述已发掘的圆坑情况看，均开凿于基岩以下，经回填，填土为灰褐色黏土，较纯净。其上多挖出一圆形小坑，亦回填，填土呈黄褐色。填土不及坑口，秦代建筑废弃后，其上堆积有秦代建筑倒塌堆积。

上述各坑结构特殊，功用不详。

三　第Ⅱ区建筑遗存

第Ⅱ区位于遗址东南部、第Ⅰ区东北部，总体近长方形，四面环绕较连续的夯土墙基（图九四；图版九二～九五）。

其南为第Ⅰ区，并与第Ⅰ区建筑相连；西为第Ⅲ区，大体与其自东向西并列分布，中间有一道南北向的墙体将两区分开；西北部为第Ⅶ区。

本区南部围墙不在一条直线上：西部大体以第Ⅰ区第 1 组建筑西侧慢道，西侧、北侧、东侧围墙为界将两区分开；东部则以第Ⅰ区第 1 组建筑东部廊道作为两区的界墙。第Ⅰ区第 1 组建筑东部廊道的东部有一缺口，应系第Ⅰ、Ⅱ区间的通道。缺口以东，包括第Ⅰ区东墙以东的部分，围墙墙体有两道。在第Ⅰ区东墙外的部位，第Ⅱ区的两道南侧围墙均有缺口，似从宫城外部进入本区的门道。

本区东侧围墙有三道，均较为连续，无间断。其中最东侧的围墙即宫城址的东墙中南段，长

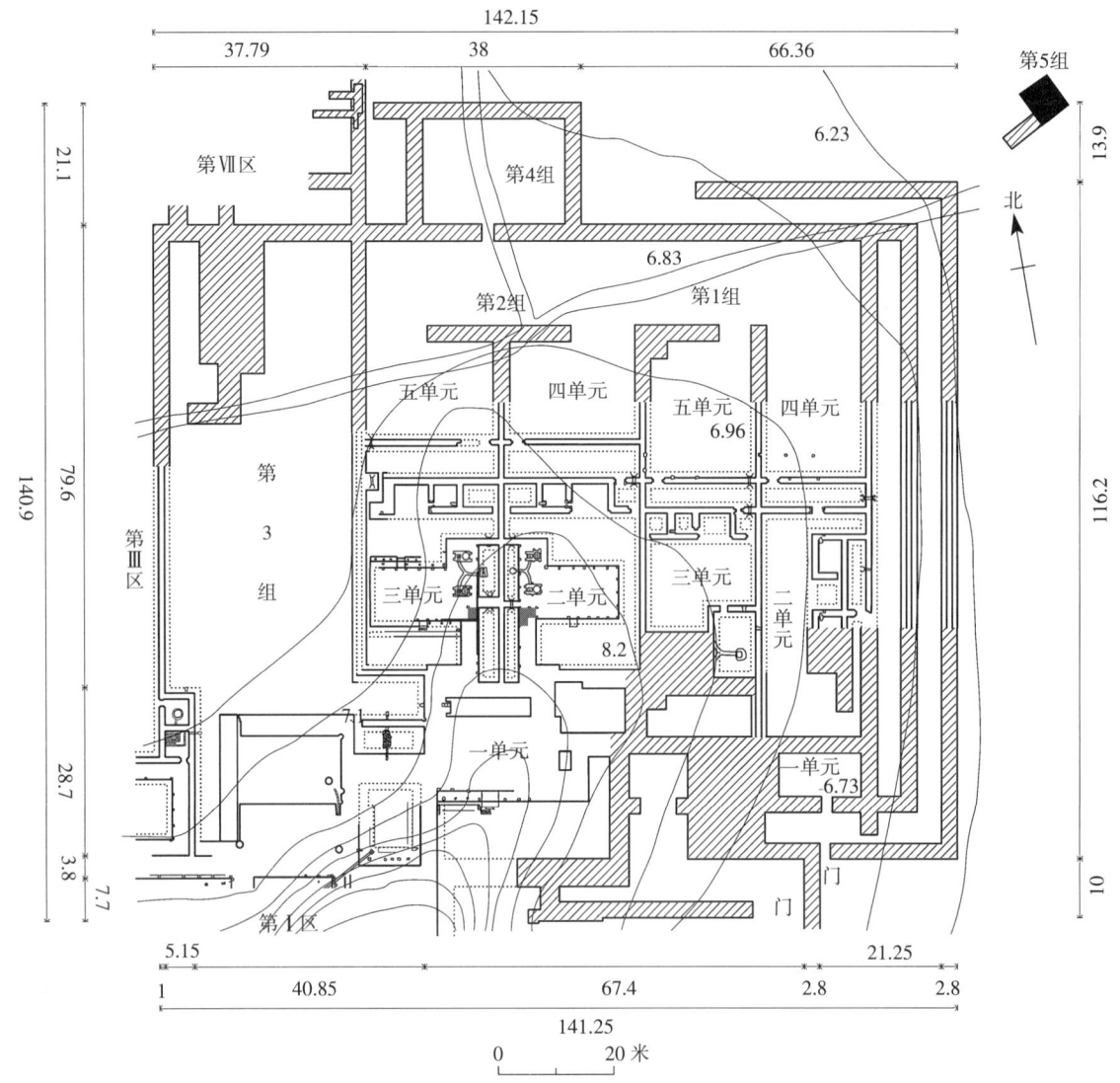

图九四　石碑地遗址第Ⅱ区建筑遗迹总平面图

度为116.2米。

　　本区北部围墙有两道，其北侧的一道有断缺，南侧的一道较为连续。从勘探结果看，该围墙由三段组成：东段见有南、北两道围墙；中段仅见南侧围墙，墙基上有缺口，似为门，向北以墙基围出一长方形的空间；西段南侧围墙继续向西延伸，构成第Ⅱ、Ⅲ区的界墙。

　　本区西墙即第Ⅲ区的东墙，北部连续，无缺口，长度为76.9米。墙体南端东折约5.15米后，又折向南。

　　本区东侧围墙以东及北侧围墙中东部以北不见大规模的建筑遗迹，仅在本区围墙东北角之外约10米处发现有类似排水的建筑遗迹（图九四：第5组）。

　　本区占地面积较大，近16000平方米，内部夯土基础分布密集。

现依据主体建筑、附属建筑及相关院落的分布将本区建筑统一划分为5组：

第1组，位于本区东部，由南部的夯土基础和北部一系列的房址、院落组成。从考古发掘结合勘探结果看，最南部的一个单体建筑基础规模最大，可能属于主体建筑。其北面以纵横墙体隔成的四个小单元建筑从规模与形态看，均可能属于其附属建筑，由此构成了功能各不相同的建筑组群（图九四：第1组）。

第2组，位于本区中部。其西南角与第Ⅰ区建筑相连，南部为一周围环绕院落的大型的夯土基础，北部为一系列呈轴线对称的建筑单元（图九四：第2组）。

第3组，位于本区西部，其北部为一大型的夯土基础，南端与第Ⅰ区建筑相接，中部未发现有建筑遗迹（图九四：第3组）。

第4组，指本区北部凸出的部分，尽管其内未发现建筑台基，但考虑其相对封闭，且凸出于本区之外，似有特殊的功用，故单独划分为一组（图九四：第4组）。

第5组，指本区围墙东北角外侧的一组建筑。其建筑遗迹较少，不能单独划分为一个区，考虑到其与本区建筑遗迹之间的密切关系及特殊的性质，而将其划分为一组（图九四：第5组）。

本区中、南部地势较高，四周较低。其中第2组南部主体建筑址所在地的现地表海拔高度为8.5~10米，而东北部围墙墙基所在地表的海拔高度为6~7米。从发掘的迹象看，本区秦汉时期的建筑遗迹均位于表土下，距离现地表的高度为0.3米左右。因此，除去被破坏的因素，可以大体看出本区内各组建筑的高差（参见图九四）。

本区的各组建筑多不同程度地经过了发掘，下面分别予以介绍。为叙述方便，有关第Ⅱ区东侧围墙的构造情况将在第1组建筑中加以说明。

（一）第1组建筑遗存

位于第Ⅱ区东部，大体由5个建筑单元组成。

南部以一处较大规模的夯土台基为中心，周围见有各类墙基、廊道基础及院落，可统称之为第Ⅱ区第1组建筑一单元。其主体建筑编号为Ⅱ1—J1（即第Ⅱ区第1组一单元第1号建筑址，下同）。周围的院落分别编号为Ⅱ1—Y1~Y4（即第Ⅱ区第1组一单元第1~4号院落，下同）。

一单元的北部有4个小的相对独立的建筑区域，可分别称之为二~五单元（参见图九五）。

其中二单元内发现的主要建筑遗迹有：位于东部呈南北向排列的3个房间（从北向南依次编号为Ⅱ1二F1~F3，即第Ⅱ区第1组二单元第1~3号房址，下同），以及房间周围的3个院落（分别编号为Ⅱ1二Y1~Y3），详见图九五。

三单元内发现的主要建筑遗迹有：位于南部的高台建筑（编号为Ⅱ1三J1）、位于北部呈东西向排列4个房间（编号为Ⅱ1三F1~F3及过道），以及房间周围的4个院落（分别编号为Ⅱ1三Y1~Y4），详见图九五。

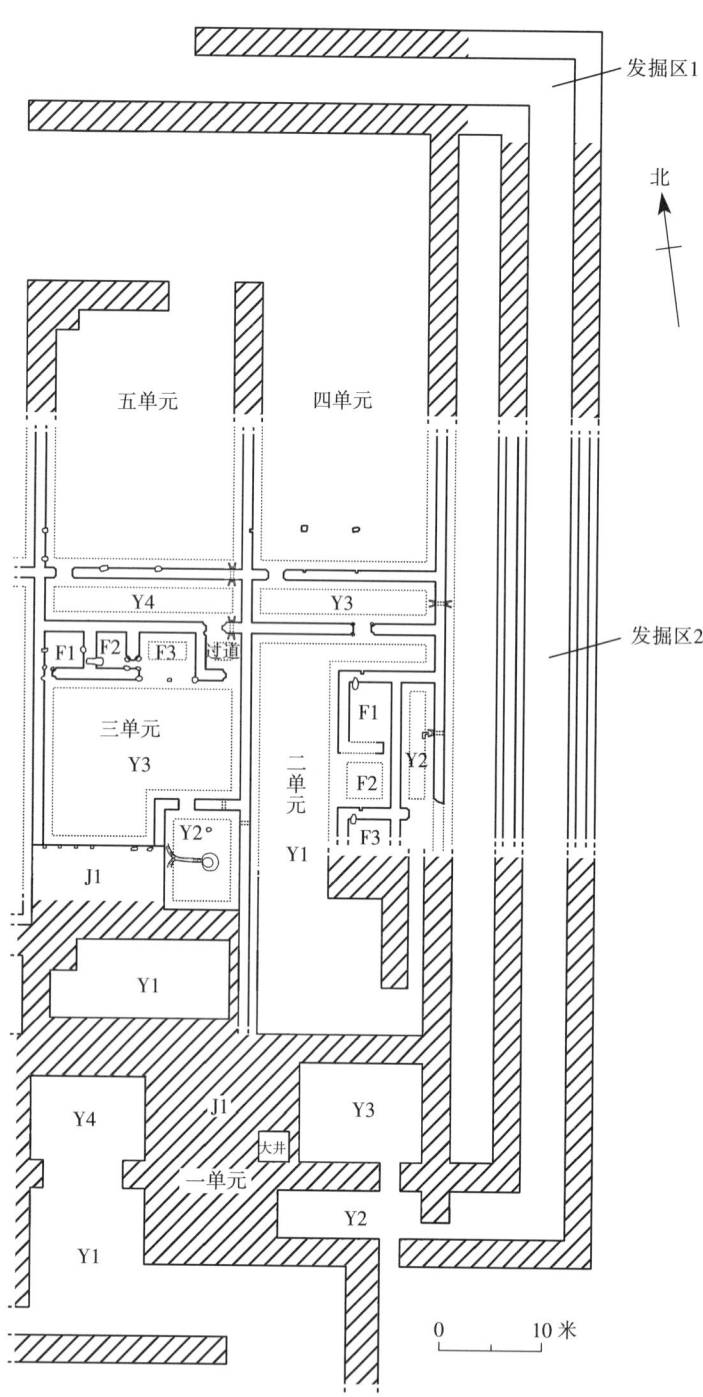

图九五　石碑地遗址第Ⅱ区第1组建筑遗迹平面图

四、五单元内未发现房址等遗迹现象（参见图九五）。

该组建筑的外围墙基、二、三、四、五单元建筑的局部经过发掘，以下重点对发掘部分进行介绍。

1. 第Ⅱ区东部围墙构造

第Ⅱ区东部围墙亦即宫城址的东侧围墙（图版九六），为弄清其构造情况，我们对本区东北拐角、东部外围墙中段等地点进行了发掘，现分别介绍如下：

（1）第Ⅱ区东北角外围墙

地表土呈黄褐色，厚0.3米。其下为②b层，厚0.1米。②b层下即见原地表土和夯土墙基。夯土墙基共发现2道，均为拐角部分，平行分布，其中东侧的一道未宫城围墙基础，西侧的一道为第Ⅱ区1组建筑围墙基础。两道夯基中心线间的距离为7.2米（图九五：发掘区1）。

夯土墙基打破原地表土，建于基岩之上，系挖槽起筑。墙基呈黄褐色，现存深度0.35～0.5米不等，墙基下部逐渐内收，东侧墙基为2.8米，西侧墙基为2.7米，侧面不见版筑痕迹，周围原地表上未见桢棍洞。经解剖，其夯层清晰可辨，每层厚约0.08米左右。墙基周围的原地表土为红色黏土，颜色与④a层相同。该段墙基仅保存原地表以下的部分，墙基的高度及其上部的建筑墙体情况不详。

在两墙基间的空地中部发现有一道宽约2.2～2.4米的灰沟，深0.3米左右，与墙基的走向相同。沟内散布有少量的残碎瓦片，均属秦代遗物（图九六）。

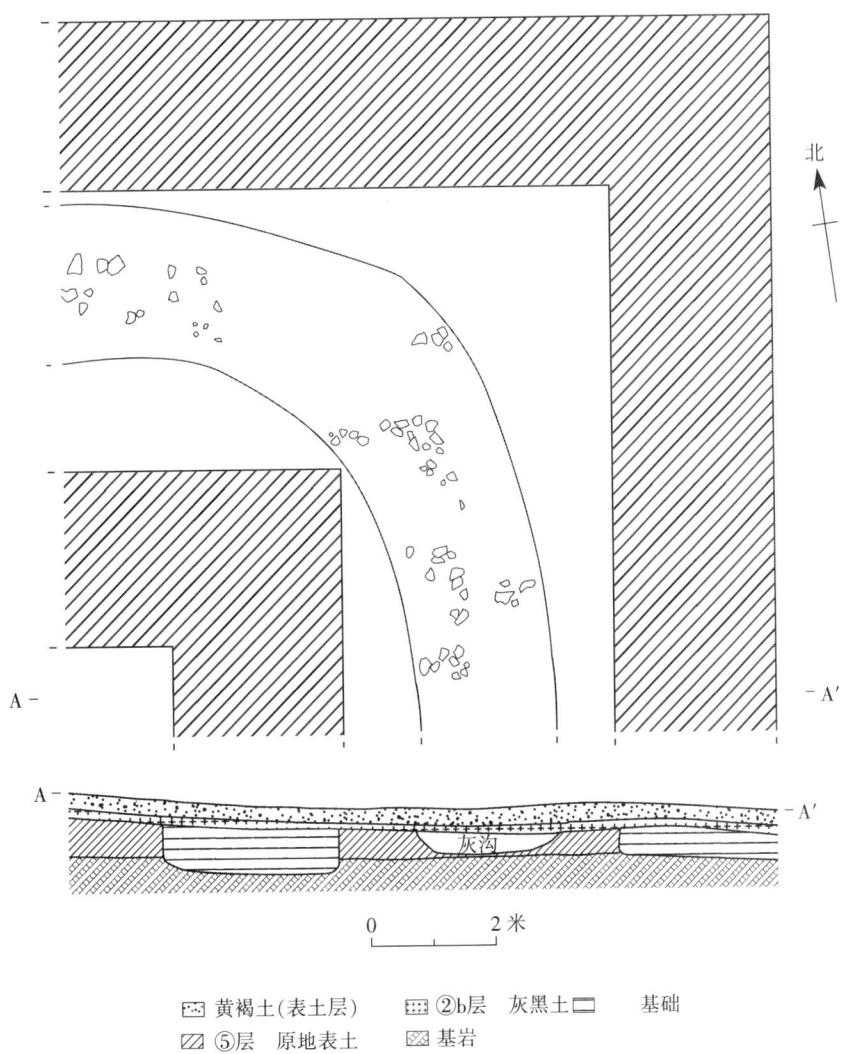

图例：

□ 黄褐土（表土层）　田 ②b层　灰黑土□　□ 基础
▨ ⑤层　原地表土　▧ 基岩

图九六　石碑地遗址第Ⅱ区第1组东北拐角围墙构造图

（2）第Ⅱ区东部围墙中段

第Ⅱ区东部的围墙墙基有三道，大体呈南北向平行分布，方向约为北偏东6°，现分别予以介绍（图九五：发掘区2）。

①外侧围墙

最外侧（东侧）的一道围墙墙基宽2.7米左右，保存深度为0.5米左右。墙基系在原地表（红黏土，第⑤层）上挖槽起建的，槽深0.3米左右。墙基底部为夹杂大量石块的生土层，现存顶部高出原地表0.2米左右。墙基高出地表部分的两侧发现有秦代建筑地面垫土（即④a层），高度与基础顶面平齐（图九七）。

墙基中部发现有建筑窄墙，墙体宽1～1.04米不等，保存高度为0.1～0.2米左右。

窄墙外侧见有一层垫土，呈灰黑色，内含有浅黄色的土块，土质较硬，应为汉代建筑地面，

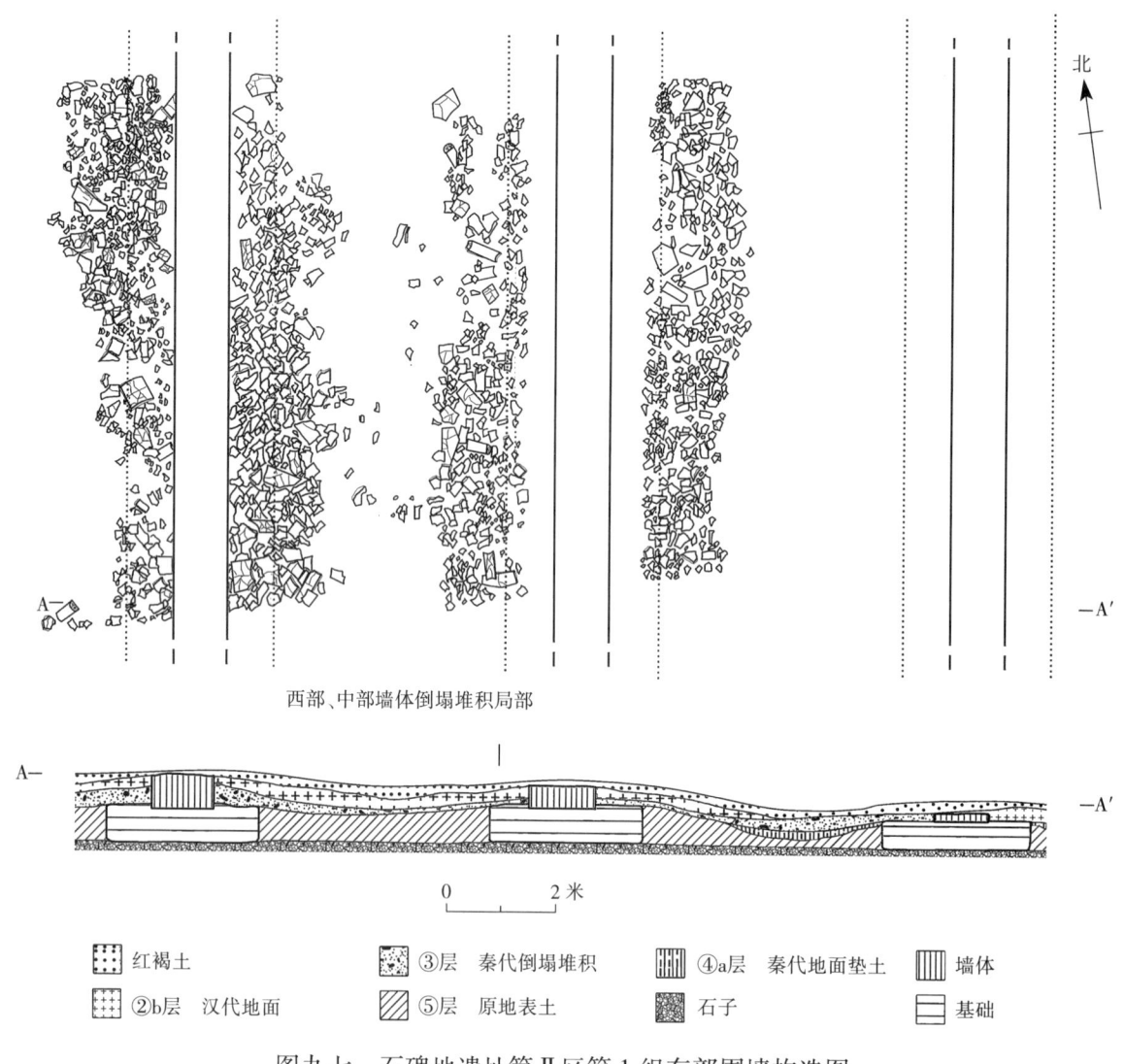

西部、中部墙体倒塌堆积局部

图九七　石碑地遗址第Ⅱ区第1组东部围墙构造图

属②b层。

秦代建筑倒塌堆积主要见于外侧围墙的西侧，东侧基本不见。

②中部围墙（第Ⅱ区东部围墙）

中部的一道围墙与东侧围墙的距离为7.2米左右（两墙基中线间的距离）。墙基宽2.8米左右，保存深度为0.5～0.6米左右。墙基做法与外侧墙基相同，即在原地表土上挖槽，槽深0.5米左右，至小石块层为止，墙基顶面与原地表基本平齐（图九七）。

在墙基的中部发现有建筑窄墙，墙体宽1～1.2米，保存高度为0.25～0.4米。建筑墙体内外侧均见有秦代倒塌堆积，其上有汉代建筑的垫土。

从该墙与周邻秦代建筑的关系看，可界定其为第Ⅱ区建筑的东部围墙。

③内侧围墙（第Ⅱ区第1组建筑东部围墙）

最内侧（西侧）的一道围墙与中间围墙的距离为 7 米左右（两墙基中线间的距离）。墙基宽 2.7 米左右，保存深度为 0.7 米左右。墙基做法与中间墙基相同（图九七）。

在墙基的中部发现有建筑窄墙，墙体宽 1～1.2 米，保存高度为 0.5 米左右。建筑墙体内外侧均见有秦代倒塌堆积，其上有汉代建筑的垫土。

（3）建筑遗物

从发掘的两处地点看，本区中部及内侧围墙两侧的秦代倒塌堆积较厚，出土遗物皆为建筑构件，有板瓦、筒瓦、瓦当等，均分布于墙体两侧约 2 米的范围之内。

其中板瓦修复完整者较少，均为 B 型（参见附表二）。标本 SSⅡ1 东墙 BB：1，黄褐色；凸面饰斜行交错粗绳纹，凹面饰大菱格纹。长 59、宽 47、厚 1.3～1.7 厘米（图九八；图版九八，4）。

筒瓦均为甲类，分属于 B 型、C 型（参见附表三）。标本 SSⅡ1 甲 BT：7，B 型。身长 51.8、扣尾长 5.2、宽 18.7 厘米，厚 1.1～1.3 厘米（图九九，1；图版九七，1）。标本 SSⅡ1 甲 CT：1，C 型。身长 46.2、扣尾长 6、宽 18.7 厘米，厚 1～1.6 厘米（图九九，2；图版九七，2）。

瓦当完整者较多，出土时可见其间距在 0.45～0.55 米之间。几乎均为乙类 B 型夹贝卷云纹半瓦当（参见附表六）。标本 SSⅡ1 乙 BW：19，底边长 17.8 厘米，瓦筒身长 49.3 厘米，扣尾长 5.3 厘米（图一〇〇，1；附表三、附表六；图版九七，3）。标本 SSⅡ1 乙 BW：1，底边长 19 厘米，瓦筒身长 52.3 厘米，扣尾长 5 厘米（图一〇〇，2；附表三、附表六；图版九八，1）。标本 SSⅡ1 乙 BW：10，底边长 19.2 厘米（图一〇〇，3；附表六；图版九八，2）。标本 SSⅡ1 乙 BW：18，底边长 19 厘米（图一〇〇，4；附表六；图版九八，3）。

仅见一甲类 A 型夔纹大瓦当残片，标本 SSⅡ1 甲 AW：1，图案线条圆润（图一〇一；附表四；图版九

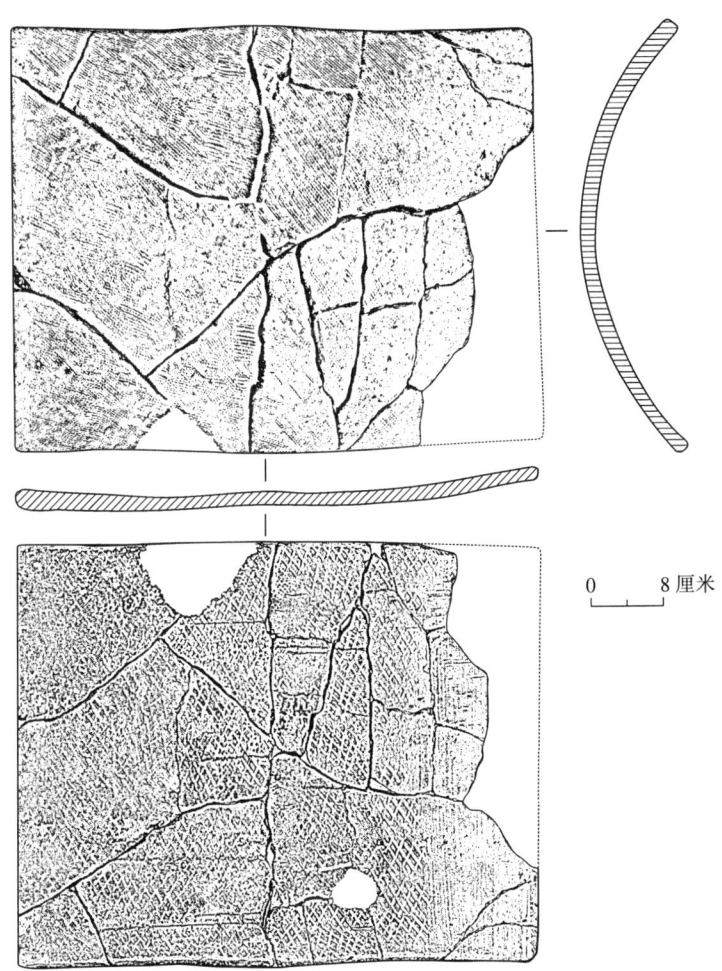

图九八　石碑地遗址第Ⅱ区第 1 组东墙出土 B 型板瓦（SSⅡ1 东墙 BB：1）

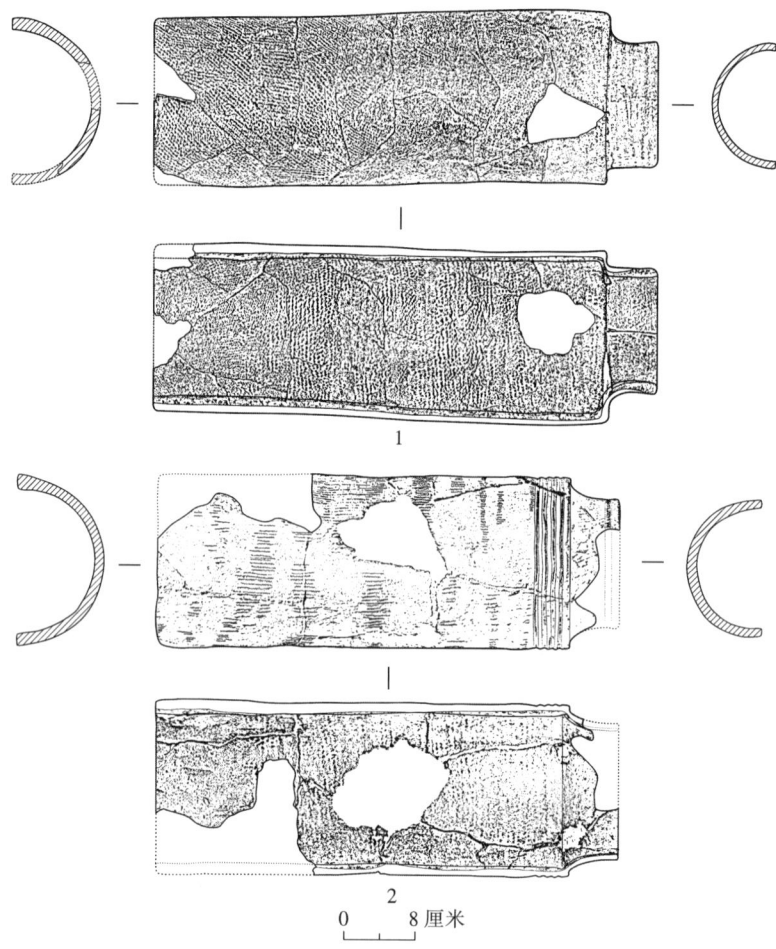

0　　8厘米

图九九　石碑地遗址第Ⅱ区第 1 组东墙出土筒瓦

1. SSⅡ1 甲 BT：7　2. SSⅡ1 甲 CT：1

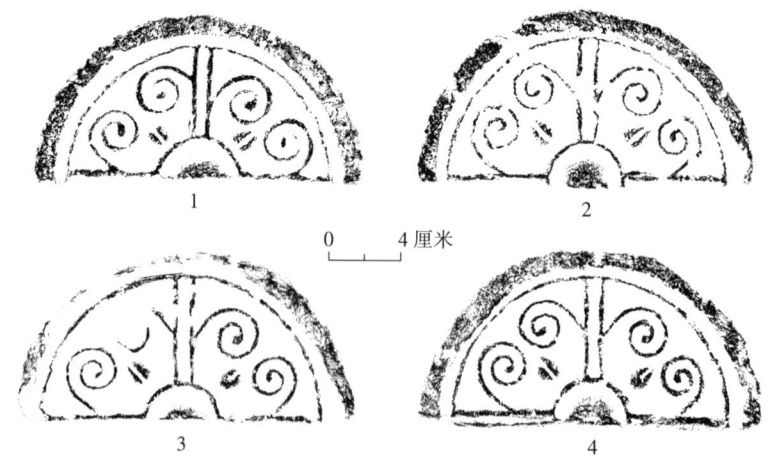

0　　4厘米

图一〇〇　石碑地遗址第Ⅱ区第 1 组东墙出土乙类 B 型瓦当

1. SSⅡ1 乙 BW：19　2. SSⅡ1 乙 BW：1　3. SSⅡ1 乙 BW：10　4. SSⅡ1 乙 BW：18

七，4），推测非原位出土。

2. 第Ⅱ区第1组一单元

一单元位于本组南部，由主体建筑（Ⅱ1－J1）、周围廊道及院落（Ⅱ1－Y1~Y4）组成。

该单元建筑未经发掘，现见为勘探结果，描述从略，参见图九五。

0　　　4厘米

图一〇一　石碑地遗址第Ⅱ区第1组东墙出土甲类A型瓦当（SSⅡ1甲AW∶1）

3. 第Ⅱ区第1组二单元

二单元北半部经过发掘，所见的3个房址中F3未挖完，房间周围的3个院落中Y1仅发掘出其北半部，现分别介绍如下（图版九九，1；图版一〇〇、一〇一）：

（1）房址（Ⅱ1二F1~F3）

房址位于二单元的东部，呈南北向分布，从北向南依次编号为F1~F3。

①遗迹

从发掘的部分看，F1与F3构造基本相同；从勘探的结果看，F2的夯土基础构造与F3南部的夯土基础构造有相似之处，推测F3南部还应该有一个与F2结构相同的房址存在，暂编号为F4。据此可知该单元主体建筑由4座房址组成，南北总长度约为27.3米（自F1北墙外缘至F4南墙基外缘），宽度约为6.2米（自房址西墙外缘至东墙外缘）。

F1、F2经过发掘，结构有所不同。

F1呈长方形。房内东西宽4.2米，南北长5.7米，面积为23.94平方米（图一〇二）。建于一条形夯土基础之上，基础南北长9.5、东西宽约7.9米。房址四周均有建筑墙体，墙体较基础边缘内缩0.8~0.85米，宽1~1.1米，存高0~0.2米。

房址北墙保存稍好，与Y2北墙相连接，宽1.1米，存高0.2米。在北墙外侧大体对应Y3南门的部位发现一处壁柱遗迹，柱槽大体呈方形，边长0.3米，其做法为：建墙前预置础石，而后在础石上部的墙上挖槽，并在槽的边缘抹泥，先抹草拌泥，再抹细泥，最后立柱；房址东墙保存亦稍好，宽1米，存高0.2米左右，与F2、F3东墙在一条直线上，同时作为Y2的西墙；西墙保存不好，宽1米，南部仅存高0.1米；南墙保存较差，仅在偏东部发现一段，宽1.1米，存高0.1米。在南墙东部有一缺口，宽约0.8米，似为门道。

室内地面较平，地面上铺垫一层厚约0.2米左右的黄褐色土。在西北角发现一灶址，仅见室内地面以下部分。灶址大体呈"梭"形，北部较窄，约0.2米，深入北墙0.3米；南部较宽，约0.45米；通长约1米，存深约0.3米，灶内四周均有火烧痕迹。

F2平面近方形。房内东西宽度4.2米，南北长5.2米（图一〇二）。三面见有建筑墙体，分别利用F1南墙、Y2西墙及F3的北墙，未发现西墙，似空敞一面。

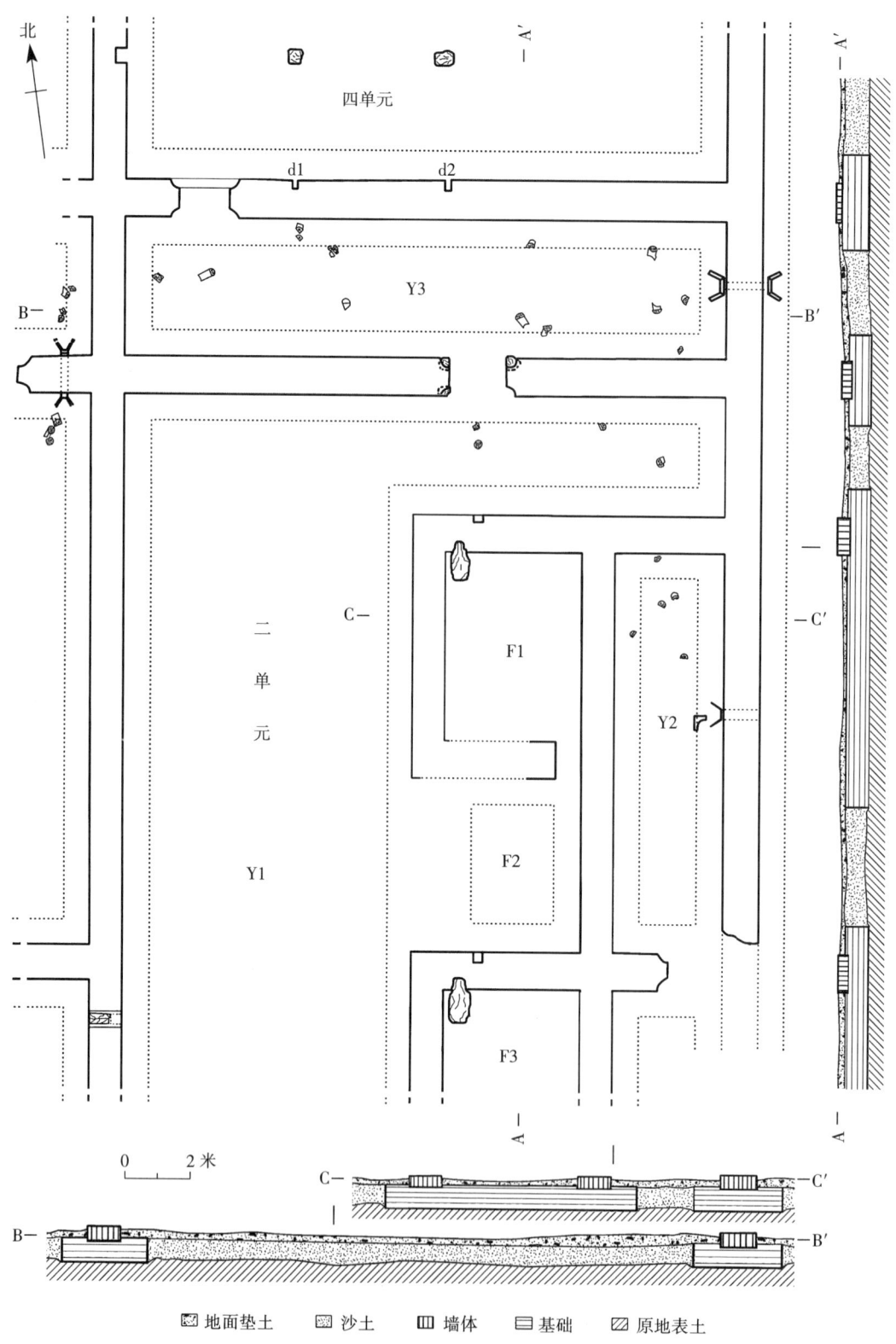

图一〇二　石碑地遗址第Ⅱ区第1组二、四单元遗迹平、剖面图

F3 未完全揭露，仅见房内东西宽度为 4.2 米。

②遗物

因破坏严重，上述房址内部基本不见秦代建筑遗物。

（2）院落（Ⅱ1 二 Y1～Y3）

二单元 4 座房址周围均为空地，其中西南部者编号为Ⅱ1 二 Y1，东部者编号为Ⅱ1 二 Y2，北部者编号为Ⅱ1 二 Y3。

①遗迹

Y1 平面呈曲尺形。南北总长度约为 42.2 米（南北两侧院墙内侧之间的距离）。中南部的宽度为 8.9 米（西墙内侧至 F1 西墙外侧的距离），北部东西宽为 18.4 米（本单元东西两侧院墙内侧之间的距离）。院落北墙内侧至 F1 北墙外侧的距离为 3.5 米（图一〇二）。

Y2 平面呈长方形。南北长 12、东西宽 3.3 米。其西墙利用 F1、F2 的东墙墙体，东墙、北墙、南墙均建于夯土墙基之上，墙基宽 2.7 米左右，三墙体均位于墙基中间部位，宽度均为 1.1 米。院落南墙与 F3 北墙在一条直线上，两墙等宽，东部有一缺口，应为院门，门宽 1.6 米。门旁墙体端头两侧有弧形缺口，应为门旁的柱槽痕迹（图一〇二）。在院落东墙中部稍偏北的位置发现一处穿越墙体的排水管道，管道中线与 Y2 北墙内侧的距离约为 4.8 米。入水口保存较好，呈喇叭口状。以三角形铺地砖直立铺成"八"字形迎水区，宽度为 0.7 米。所用铺地砖长 0.5、宽 0.3、厚 0.05 米。排水管道搭接在一块挖出圆孔的铺地砖上，管径为 0.25 米左右。

据相关迹象推测，Y2 南侧还应该有一个院落，形态、构造与 Y2 基本相同。

Y3 平面亦呈长方形。院落南北长 4.1 米，东西宽 18.4 米。四周墙体均建于宽 2.7 米的夯土墙基之上的中间部位，北、南墙宽度为 1.1 米，东、西墙宽度为 1～1.1 米。院落北墙外侧发现两处壁柱遗迹，从西向东分别编号为 d1、d2。其中 d1 中心点至四单元院落西墙内侧的直线距离为 5.25 米，d1、d2 间距 5.2 米。柱槽近方形，边长 0.2 米，保存高度为 0.25 米（图一〇二）。

院落南墙、北墙各有一门，可分别称为 Y3 南门和北门。南门位于院落偏东位置，门道中心点至 Y3 东墙内侧的距离为 7.5 米左右，宽 1.8 米。门道两旁墙体端头两侧均有弧形缺口，缺口半径为 0.3 米左右，应为门旁的柱槽痕迹，缺口下有础石。从现存迹象看，系先预置础石，再建墙体，而后在墙体上挖槽，经过抹泥处理后嵌入木柱，木柱应为圆形。北门位于院落偏西位置，门道中心点至 Y3 西墙内侧的距离为 2.4 米左右，宽 1.6 米。门道南侧两个础石坑之间有一道沟槽，宽 0.2 米，深 0.15 米，内有木炭遗迹，应为门槛经焚烧所致。门道地面有烧烤迹象，青色、红色相间（图版九九，2）。

在院落东墙几乎正中位置发现一处排水管道，穿越 Y3 东墙。入水口、出水口保存均较好，与 Y2 排水管道规格做法相同。

②遗物

遗物主要见于建筑倒塌堆积中，主要为建筑瓦件（参见图一〇二）。

上述院落中 Y3 的秦代建筑倒塌堆积保存较好，建筑构件多分布于建筑墙体的边缘，所见瓦当有乙类 B 型夹贝卷云纹半瓦当如标本 SSⅡ1 二 Y3 乙 BW：1（图一〇三，1；附表六；图版一〇二，1）；丙类 A 型夹贝卷云纹圆瓦当如标本 SSⅡ1 二 Y3 丙 AW：1（图一〇三，2；附表七；图版一〇二，2）。

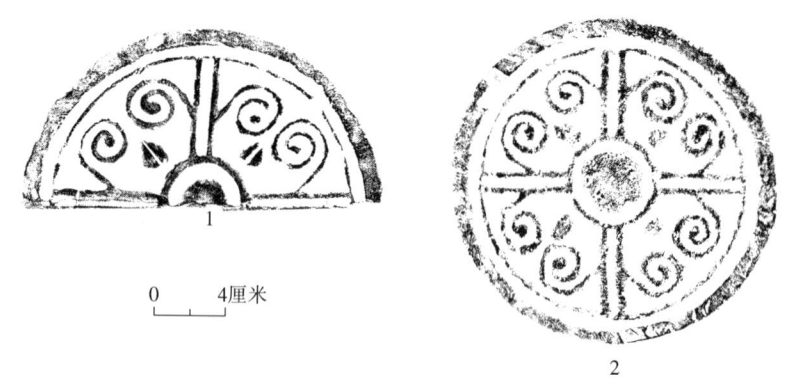

图一〇三　石碑地遗址第Ⅱ区第 1 组二单元 Y3 出土瓦当

1. SSⅡ1 二 Y3 乙 BW：1　　2. SSⅡ1 二 Y3 丙 AW：1

此外，Y1 东北部、Y2 北部秦代建筑倒塌堆积亦局部保存，除在 Y1 北部近 Y3 南门处发现一丙类 A 型夹贝卷云纹圆瓦当外，余皆为乙类 B 型夹贝卷云纹半瓦当。

上述院落内瓦当未全部采集，多原位回填保护。

4. 第Ⅱ区第 1 组三单元

三单元北半部经过发掘，其中北部的 3 座房址、过道及 Y3、Y4 均已全部揭露，而南部的主体建筑（Ⅱ1 三 J1）及东部院落（Y2）仅发掘出一部分（图一〇四；图版一〇三～一〇五）。

该单元建筑未作详细解剖，遗物多未采集，故遗物部分主要介绍其分布状态。

（1）主体建筑（Ⅱ1 三 J1）

位于三单元南部，属高台建筑，目前仅揭露出北部边缘的一部分。

①遗迹

J1 暴露出的部分为建筑台基，东西长约 13 米，南北宽度为 2.3～3.57 米，现存高度 0.05～0.4 米。台基建于基础之上。基础边缘较台基边缘宽出 0.5～0.8 米，基础深度不详。

建筑台基原高度不详。北缘西部保存相对较好，现存高度为 0.4 米，发现有 4 处壁柱遗迹，从柱槽看，壁柱宽 0.3、深入台壁内 0.26 米，其下有础石；东部保存较差，发现置于基础之上有 2 块础石，形状不规则，为扁平石块，顶面较平。上述壁柱与础石从西向东依次编号为 d1～d6。其中 d1 位于 Y3 西院墙内侧与台基交界处，d6 位于 Y2 西院墙外侧与台基交界处。d1～d6 中心点间的距离分别为 1.5、1.6、1.6、4.2、1.75 米。

建筑台基之上的建筑遗迹已遭破坏。

②遗物

建筑台基北部边缘外侧（Y3 内）、东部边缘外侧（Y2 内）见有秦代建筑倒塌堆积。邻近台基的瓦当多为夹贝卷云纹圆瓦当（参见图一〇四）。

（2）房址（Ⅱ1 三 F1～F3）

位于三单元北部，呈东西向分布，从西向东依次编号为 F1～F3，其东部还有一连接 Y3 及 Y4 的过道（图版一〇六，1）。

①遗迹

各房址的结构均有所不同。

F1、F2 建于连续的长条形夯土基础之上，基础东西长约 12 米，南北宽约 7.2 米。房址四周均有墙体，墙体较基础边缘内缩 0.85 米。

F1 平面近方形（图一〇四；图版一〇六，2）。房内东西长 4、南北宽 3.5 米，室内面积为 14 平方米。西、南、北墙宽度均为 1 米，西墙即第 2 组东墙。东墙即 F2 西墙，宽度为 1.3 米，墙体保存高度为 0.15～0.25 米。在南墙西部有一门道，宽 0.8 米，门旁发现 4 个础石坑，两两对应，其中位于南墙西部端头两侧各有一个，在西墙上与之对应的位置亦发现 2 个。坑呈圆形，直径约 0.4 米，在靠近门内的两处础石坑内发现有础石，置于基础之上，被建筑墙体叠压，呈不规则圆形，直径 0.4～0.55 米，顶面较平。门旁的倒塌堆积中夹杂有木炭，建筑瓦件被烧成红色，地面亦经火烧。在房址西墙内缘正中位置发现有壁柱遗迹，柱槽呈方形，边长 0.25 米，下有础石。在东墙内缘中部与之对应的位置亦发现一块础石，大体呈圆形，直径约 0.4 米。房址地面较平，系在基础之上铺垫一层厚约 0.1 米的黄土夯打而成，地面有火烧痕迹。

F2 平面近方形（图一〇四；图版一〇七，1）。房内东西宽 3、南北长 3.5 米，室内面积为 10.5 平方米。西墙即 F1 东墙，宽度为 1.3 米，其余各墙体宽度均为 1 米，墙体保存高度为 0.15～0.25 米。房门在东南角，宽 0.8 米，通往 F3。门旁发现 4 块础石，两两对应，呈不规则圆形，直径 0.4～0.55 米，顶面较平。门做法与 F1 相同。在房内的西南角发现一处灶址，仅存底部。灶址呈长方形，东西长 1.3 米，南北宽 0.3～0.4 米，存深 0.2 米，深入西墙内 1 米。四周经火烧，较为坚硬。室内地面做法与 F1 相同。

F3 平面呈长方形（图一〇四）。房内东西长 5.6、南北宽 4.5 米，室内面积为 25.2 平方米。

形制较为特殊，北、东、西三面均有墙基，宽 2.7 米左右，西墙即 F2 东墙。北、东墙体建于墙基中间部位，墙宽 1 米，保存高度为 0.15 米；南面空敞，未发现墙体，但有 3 块础石，与 F2、F4 南墙外缘在一条直线上，其西部的一块位于 F2 南墙东端外侧，东部的一块位于 F4 南墙拐角处外侧，另一块位于两者的中间。础石呈不规则圆形，直径 0.4～0.55 米，扁平，原应为暗础。室

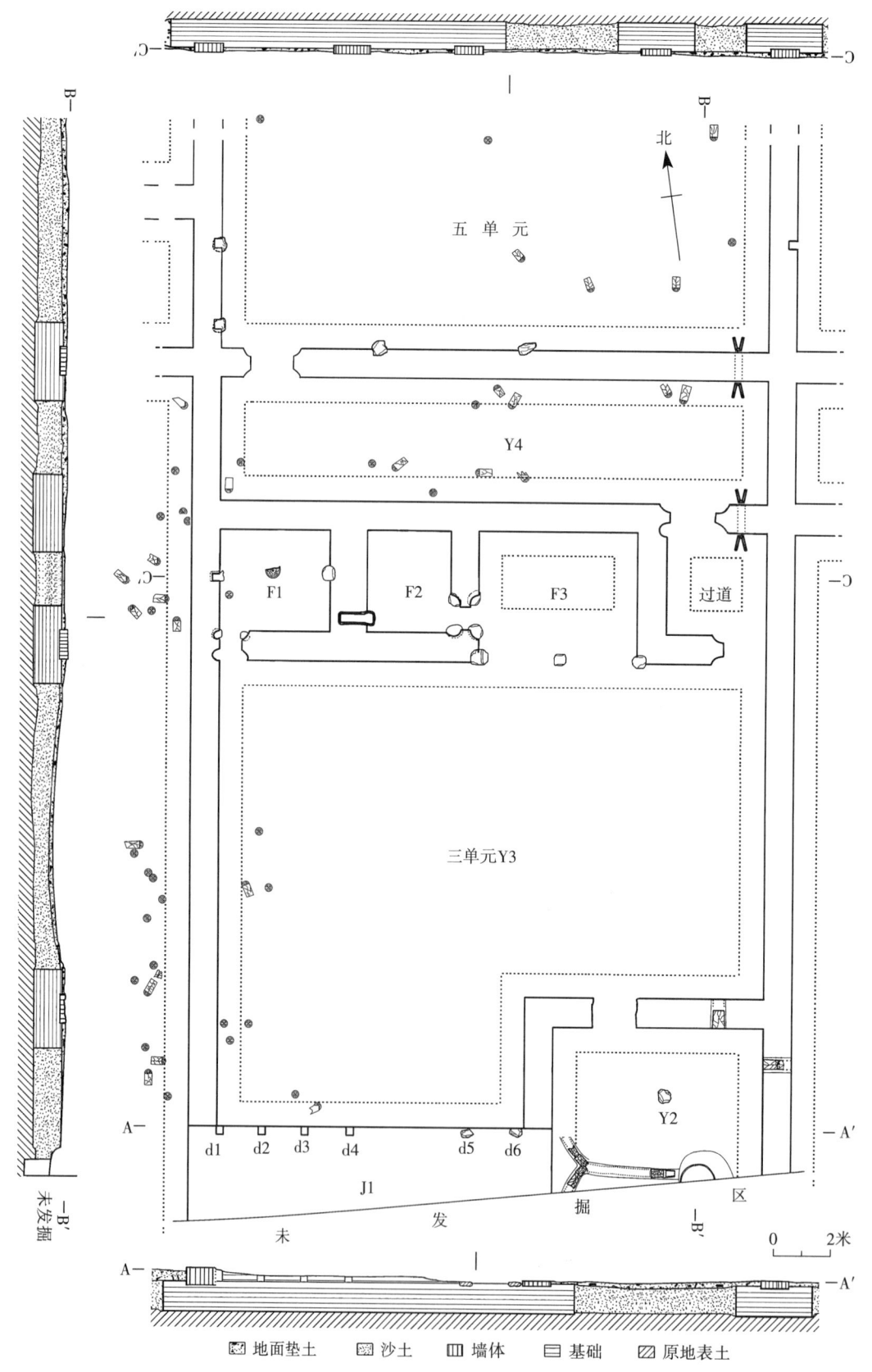

图一〇四　石碑地遗址第Ⅱ区第1组三、五单元遗迹平、剖面图

内地面以黄褐土铺垫，厚度为 0.1 米。

过道平面呈方形（图一〇四）。室内长宽均为 3.5 米，面积为 12.25 平方米。其西墙即 F3 东墙，东墙即二单元西部院墙。各墙体宽度均为 1 米，墙体保存高度为 0.2 米左右。其东南角（南门）与西北角（北门）均有门道，在北墙东部还有排水管道。在北墙东部有一处排水管道，管道中线与东墙之间的距离为 0.95 米，呈南北向穿过北墙通往 Y4。由入水口、管道、出水口三部分组成，总长度为 2.2 米。其中出水口与入水口的构造相同，两侧均以三角形的铺地砖立置形成"八"字形迎水区或散水区，贴墙体边缘立置一块切出圆孔与管道搭接的铺地砖。入、出水口的长度均为 0.5 米左右，宽度为 0.4 米。管道长 1.2 米左右，由两节排水管组成。每节排水管的粗端直径为 0.25 米，细端为 0.2 米，长 0.65 米，壁厚 0.03 米左右。管道粗端在南部，据此推测该管道主要用途是将 Y3 积水排往 Y4。南门宽 1.5 米，门旁发现 2 个础石坑，位于门西侧墙体东端两侧。北门宽 1.6 米，门旁发现 4 个础石坑，两两对应。东侧两个位于北墙西端两侧，西侧的两个位于房址西墙北部边缘。室内地面做法与其他房址相同。

②遗物

上述 3 座房址及过道南部秦代倒塌堆积多被汉代建筑破坏，仅见有少量的乙类 B 型夹贝卷云纹半瓦当；北部、西部倒塌堆积相对较多，其中邻近房址边缘的瓦当几乎全部为丙类 A 型夹贝卷云纹圆瓦当（参见图一〇四）。

需要说明的是，在 F1 室内及西墙北部外侧还发现有丙类 D 型夹心卷云纹圆瓦当，在 F1 室内发现有夒纹大瓦当残片，在 F1 附近有一残破的板瓦标本被采集，编号 SSⅡ1 三 F1BB：1（图一一，2；附表二）。

（3）院落（Ⅱ1 三 Y2 ~ Y4）

三单元 J1 南面的 Y1 未发掘，东面的 Y2 揭露出北半部，Y3 及 4 座房址北面的 Y4 全部经过发掘（图一〇四）。

①遗迹

Y2 发掘部分平面近长方形（图一〇四）。东西宽为 7.4、暴露部分南北长 5 ~ 5.7 米。西墙北部、北墙、东墙均建于夯土墙基之上，墙基宽 2.7 米，深度约 1 米。上述各墙体宽度均为 1 米，保存高度为 0.1 米左右。西墙南部以本单元 J1 的建筑台基为界。在北墙西部有一缺口，宽 1.6 米，中心点与西墙内侧的距离为 2.2 米，应为门道，但未见门旁础石等遗迹。在北墙东部发现一节排水管的残部，管中线与东墙内侧间的距离为 1.6 米，分析应为连通 Y2、Y3 的排水管道。在东墙北部亦发现一节排水管的残部，管中线距北墙内侧 1.2 米，该管道通往二单元 Y1。院落地面四周较高，中部略低。院落北部中间位置发现一块础石，大体呈圆形，直径 0.5 米，用途不详。南侧发现一污水井，口径 1.3 米，中心距东墙内侧 2.3 米，距北墙内侧 5.1 米，因未完全暴露出来，故该井未发掘。在井西侧发现有呈"Y"字形断续分布的排水管，从其走向看，应共用于 J1 及 Y3 排水（图版一〇八）。

Y3 平面呈曲尺形，东南角被 Y2 隔开（图一○四）。北部边缘东西两墙内侧的距离为 19.4 米，西部边缘长 16 米，南部边缘长 11 米，东部边缘长 11.5 米。其东、西院墙均宽 1 米，保存高度 0.1～0.2 米不等，建于宽 2.7 米的夯土墙基之上。其他各面以周邻建筑台基或墙体为界。院落地面西部较高，东部略低，地面铺垫红黏土。从目前的发现看，院落积水通过 Y2 及 Y4 外排。

Y4 平面呈长方形（图一○四）。东西长为 19.4、南北宽为 4.2 米。东、北、西部院墙建于夯土墙基之上，墙基宽 2.7 米，深度约 1 米；南墙利用 3 座房子及过道的北部墙体。各墙体的宽度均为 1 米，存高 0.1～0.2 米。院落见有 2 个门道，南门即本单元过道北门（详见过道）。北门位于院落西北角，门中线距西墙内侧约 1.85 米，由此通往五单元。该门宽亦为 1.6 米，结构与 F4 北门相同（图版一○七，2）。在北墙东部发现一处排水管道，与本单元过道北墙上的排水管道在一条直线上，规格、做法亦与之相同，将该院落积水排往五单元院内。

在院落北墙外侧西部发现有础石，参见下文（五单元）。

②遗物

Y2 上部及周围有汉代建筑，故秦代建筑遗迹破坏较严重，周围秦代建筑倒塌堆积较少（参见图一○四）。

Y3 内秦代建筑倒塌堆积主要集中在院墙周围。其中院西墙两侧瓦当均为乙类 B 型夹贝卷云纹半瓦当、丙类 A 型夹贝卷云纹圆瓦当，两者数量几乎相同，似交错分布（参见图一○四）。

Y4 内的秦代倒塌堆积集中在院落的墙体周围。其中北墙两侧多见乙类 B 型夹贝卷云纹半瓦当，分布于墙边 1 米的范围之内。南墙边缘多见丙类 A 型夹贝卷云纹圆瓦当，应为房址上塌落下来的（标本 SSⅡ1 三 Y4 丙 AW:3，图一○六；附表七；图版一○九，1），零星见乙类 B 型夹贝卷云纹半瓦当（参见附表六）。

此外，Y4 还采集零星筒瓦，标本 SSⅡ1 三 Y4 甲 BT:1，甲类 B 型，身长 52.5、扣尾长 3.5、宽 18.8 厘米（图一○五；附表三；图版一○九，2）。

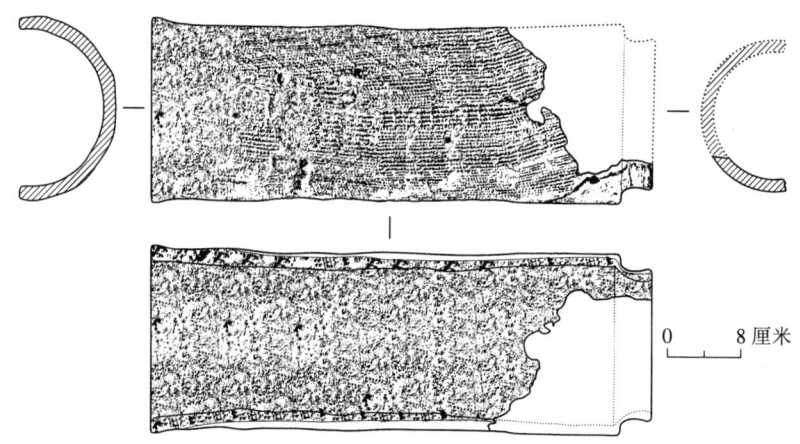

0   8 厘米

图一○五　石碑地遗址第Ⅱ区第 1 组三单元 Y4 采集
甲类 B 型筒瓦（SSⅡ1 三 Y4 甲 BT:1）

5. 第 II 区第 1 组四单元

从勘探结果看，四单元为一较大的空场（原编号 II AY1），其南半部经过了发掘。发掘部分东西两墙内侧的长度为 18.4 米，南北的宽度为 12～14 米。东西两侧发现有墙体，宽 1 米左右，保存高度为 0.15 米。建于宽度为 2.7 米的夯土墙基上的中间部位，基础深度为 0.9 米左右。

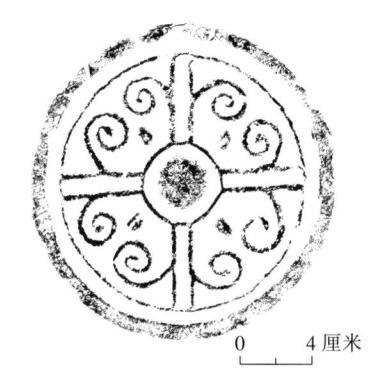

图一〇六　石碑地遗址第 II 区第 1 组三单元 Y4 出土丙类 A 型瓦当
（SS II 1 三 Y4 丙 AW：3）

在西墙内侧发现壁柱槽，呈方形，边长 0.3 米，中心至二单元北墙外侧的距离为 3.7 米。此外，在与二单元 Y3 北墙 d1、d2 相对应的位置上发现 2 块础石。两础石中心点与 d1、d2 外缘的距离均为 3.7 米。西侧的础石近方形，顶面较平，边长 0.5 米左右；东侧的础石近长方形，长边近 0.65 米，短边为 0.35 米。

从上述壁柱与础石的对应关系看，四单元南部边缘应为廊道（参见图一〇二）。

发掘部分所见秦代建筑倒塌堆积较少。

6. 第 II 区第 1 组五单元

从勘探结果看，该单元内未发现有遗迹现象，与四单元稍不同的是，其中北部有东西向的建筑墙体。该单元南半部经过了发掘，发掘部分东西两墙内侧间的长度为 19.4 米，南北宽度为 10～12 米（参见图一〇四）。

（1）遗迹

东西两侧发现有墙体，宽 1 米左右，保存高度为 0.1 米左右，建于宽度为 2.7 米的夯土墙基上的中间部位，基础深度为 1 米左右。在西墙南部内侧发现 2 块础石，大半被墙体所压。础石均近方形，顶面较平，边长 0.5 米左右。其中南部的一块中心点距南墙内缘 0.8 米左右，北部的一块距南墙内缘 3.6 米。南墙即四单元 Y4 北墙，在南墙内缘发现 2 块础石，仅一半被墙体所压，其西部的一块至西墙内缘的距离为 5.7 米，两础石间的距离为 5.4 米。础石大小、形状类似。南墙西部有一门，即三单元 Y4 北门，由此使两单元相通。从上述础石的分布结合倒塌堆积看，在三单元北门附近，应有东西及南北向廊道，南墙东部排水管道一带应为院落。

（2）遗物

秦代建筑倒塌堆积主要分布于发掘部分的东部（参见图一〇四）。

沿墙体边缘多见丙类 A 型夹贝卷云纹圆瓦当。

（二）第 2 组建筑遗存

位于第 II 区中部，大体由 5 个建筑单元组成（参见图九四）。

南部以一处较大规模的夯土台基为中心，周围见有廊道及院落，可统称之为第Ⅱ区第2组建筑一单元。其主体建筑编号为Ⅱ2—J1（即第Ⅱ区第2组一单元第1号建筑址，下同），周围的院落分别编号为Ⅱ2—Y1～Y3（即第Ⅱ区第2组一单元第1～3号院落，下同）。

一单元的北部有4个两两对称相对独立的建筑区域，可分别称之为二至五单元（图一〇七；图版一一〇）。

二单元由位于南部的主体建筑址（编号Ⅱ2二J1）、北部呈东西向排列的3个房间（从东向西依次编号为Ⅱ2二F1～F3，即第Ⅱ区第2组二单元第1～3号房址）、过道以及主体建筑和房址周围的5个院落（编号Ⅱ2二Y1～Y5，参见图一〇七）组成。

三单元的建筑布局与二单元几乎完全相同，不过各建筑方向恰与之相反，以两单元中部隔墙为中心，轴线对称。亦由位于南部的主体建筑址（Ⅱ2三J1）、北部呈东西向排列的3个房间（从西向东依次编号Ⅱ2三F1～F3）、过道以及5个院落（Ⅱ2三Y1～Y5）组成（参见图一〇七）。

四、五单元内未发现房址等遗迹现象，仅见有建筑墙体，似各分隔成两个院落，亦轴线对称（参见图一〇七）。

该组建筑中的一、二、三单元绝大部分经过发掘，遗迹现象较为清楚，将详细予以说明。四、五单元仅局部发掘，除其与二、三单元共用的围墙墙体外，未见其他遗迹现象，不单独予以介绍（相关情况参见二、三单元北部院落部分，特此说明）。

1. 第Ⅱ区第2组一单元

一单元位于本区本组二、三单元南部，以院落与上述两单元相隔，以慢道与之相通。其西北部为本区第3组院落；西部为第Ⅰ区第1组Y3、Y5，两区建筑以廊道相连（Ⅰ1L1、L2）；其南部为第Ⅰ区第1组建筑的院落，两区建筑以廊道墙体相隔，未发现相通的门道；东部边缘地区未经发掘，从勘探结果看，其绝大部分夯土基础均相对较窄，应为墙基或廊基（图一〇八）。

（1）建筑功能分析

本单元南部有较大的空场，应为院落，编号Ⅱ2—Y1；北部西侧有一长条形的空地，空地西部夯土基础上发现有排水管道，推测该空地应为院落，编号Ⅱ2—Y2；北部东侧有较大的近长方形的空地，周围环绕夯土基础，亦应为院落，编号Ⅱ2—Y3；此外，在Y3南部还有一狭小的空地，现见皆为沙土，其功能不详，或为天井，故暂称之为天井（图一〇八）。

除上述明确可界定为院落的区域以外，其他皆应属建筑区域。但本单元建筑保存较差，多仅存基础遗迹。

从分布状态看，本单元中、北部有大面积的夯土基础，在基础的西部还见有建筑台基及台基南部外侧的廊道地面、台阶等，据此可知其为一处较大规模的建筑，编号为Ⅱ2—J1。从现存的檐廊、散水、台阶等迹象看，J1基础南缘应自本单元西部与Ⅰ1L1交界处始，向东直至基础断缺处，这一段的距离为29.5米；自东南角向北延伸8米后，与一道呈东西向、宽4米的基础相交。

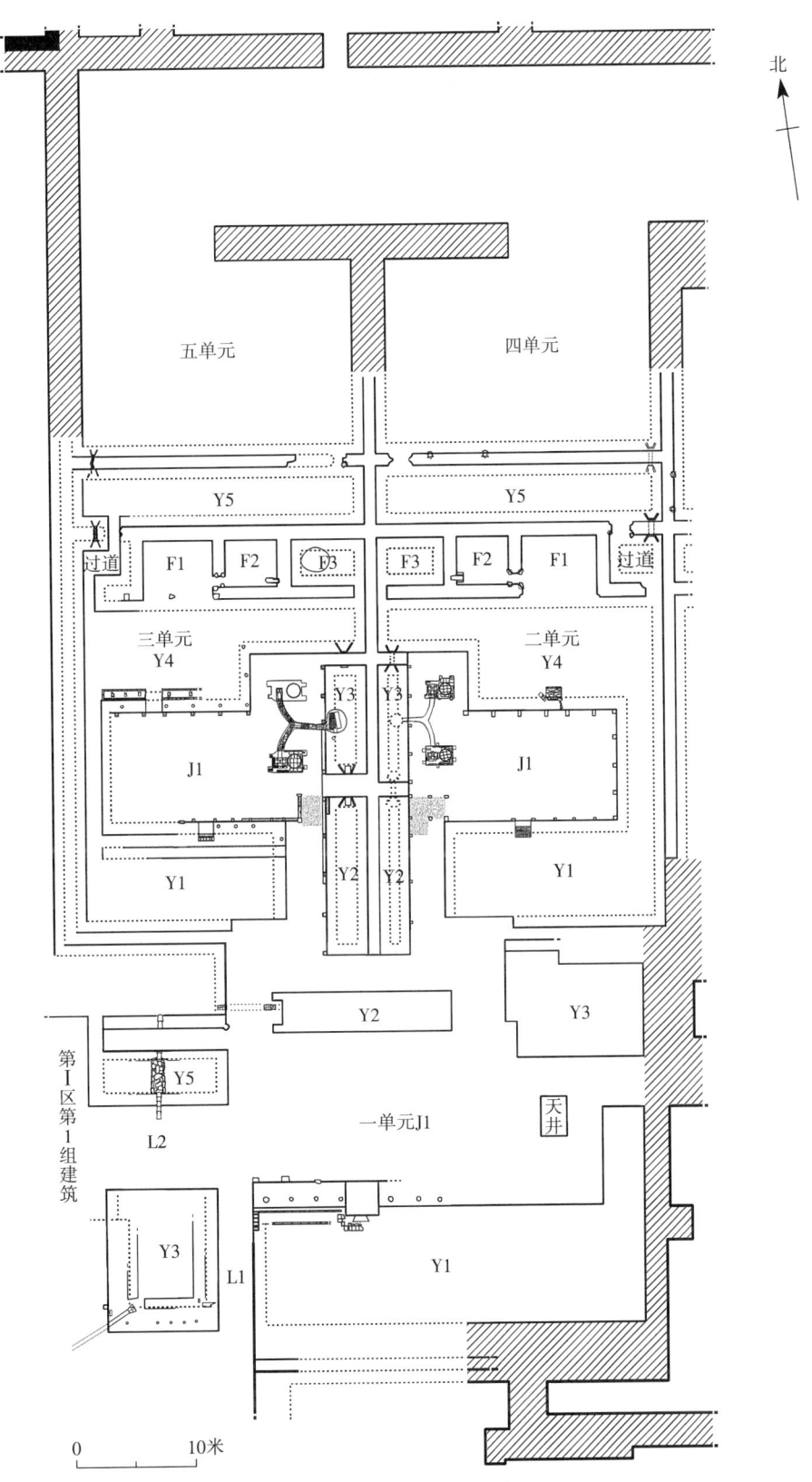

图一○七　石碑地遗址第Ⅱ区第2组建筑遗迹平面图

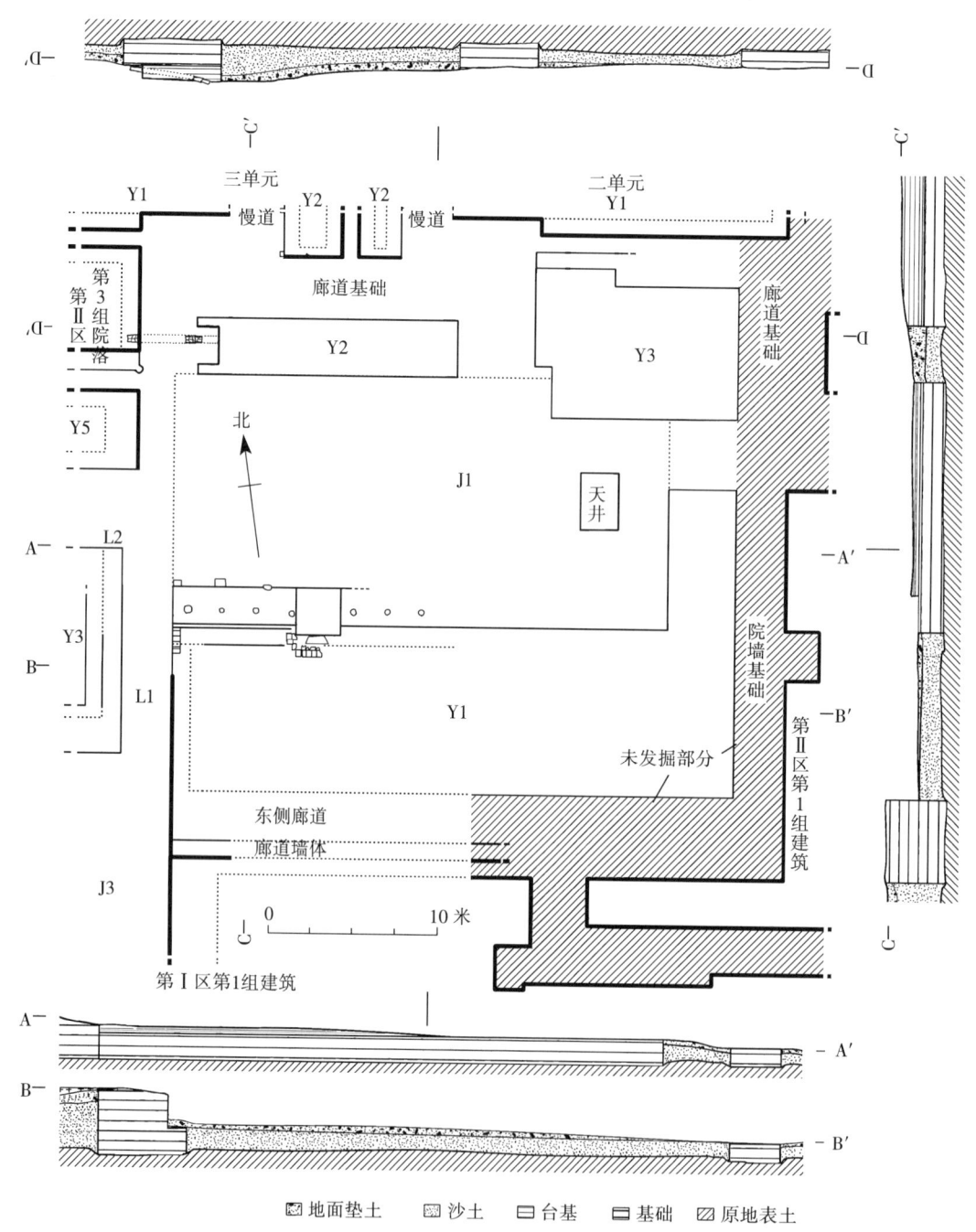

图一〇八　石碑地遗址第Ⅱ区第2组一单元遗迹平、剖面图

从其宽度及走向看，这条东西向基础可能为廊道，该廊道北部为Y3。推测J1基础东缘当自与廊道相交处继续向北延伸，直至Y3南缘，南北总宽度为12米；从Y2西部基础上发现有排水管道的情况推测，Y2南缘应为J1基础北缘。据此，可推定J1基础西缘南端应以与Ⅰ1L1东缘相交处起，向北延伸，直至Y2南缘，该段距离为14.3米；J1基础北缘可分为东、西两段。西段自Ⅰ1L1东缘起，沿Y2南缘向东延伸，直至Y3西缘，这一段的距离为22.3米。西段内缩2.3米，再向东与

基础东缘相交。如此推断不误，则 J1 基础呈曲尺形。

Y2 北部为通往本组二单元、三单元的慢道，据此推测 Y2 北部及东西两侧范围内的建筑基础均为廊道基础。

Y3 东部基础较宽，或亦为廊道基础。

Y1 南部为廊道基础，宽 4.8 米；Y1 东部应为墙基，宽约 2.8 米。

以下分别介绍各建筑遗迹的保存情况。

（2）1 号建筑址（Ⅱ2—J1）

①遗迹

该建筑基础平面呈曲尺形，顶面基本平齐，海拔高度为 6.9 米，较邻近的 Ⅰ1L1 基础低 2.1 米左右。基础建于生土之上，因地势不同，深度为 1.3～1.5 米，西高东低，南高北低。基础顶面高度与 Y1 地面基本平齐（参见图一〇八；图版一一一）。

建筑台基建于基础之上，西南部保存稍好。台基南部边缘较基础内缩 2 米，保存高度为 0～0.4 米，西部稍高，向东部渐低，现存台基南缘长度为 10.6 米左右，向东台基不存，且基础顶部亦遭破坏。台基壁面仅在西部局部保存，见有抹泥迹象。在南缘西部发现两个壁柱遗迹及一个础石坑，从西向东依次编号为 d1～d3。其中 d1 位于台基西部边缘，外边长 0.4 米，深入台基 0.3 米，d2 外边长 0.6 米，深入台基 0.45 米，d3 呈圆形，直径 0.8 米。d1～d3 中心点间的距离为 2.35、2.65 米。除 d3 外，其余两壁柱槽下部见有础石（图一〇九）。

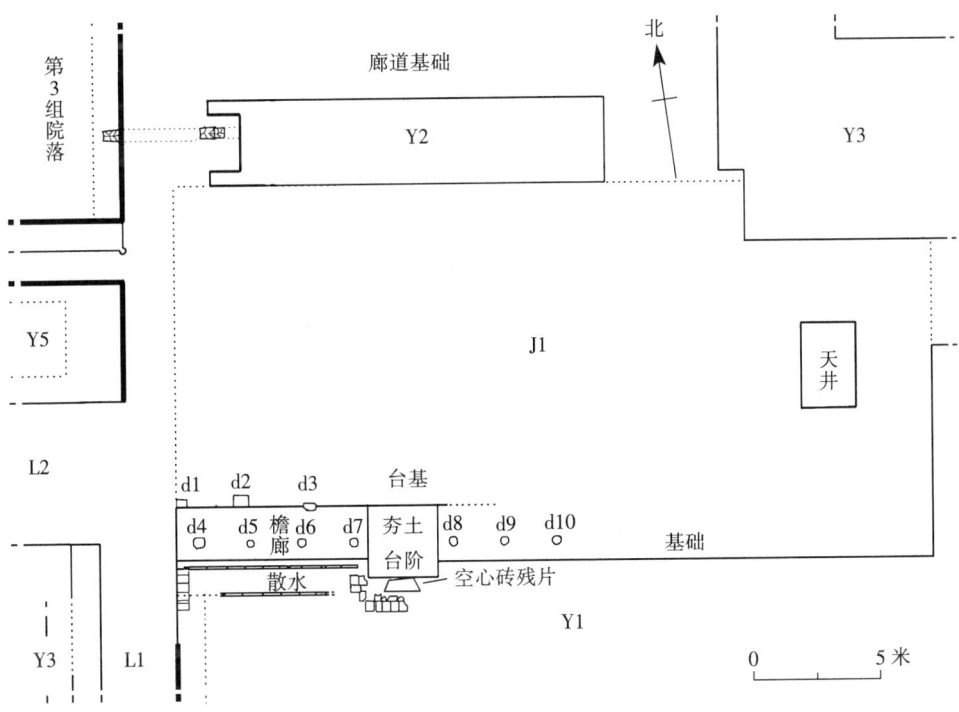

图一〇九　石碑地遗址第Ⅱ区第 2 组一单元 J1 平面图

台基南侧见有檐廊。檐廊边缘以立砌的铺地砖镶边，镶边距离台基南缘 2.25 米，距基础南缘 0.25 米，现存长度为 7 米左右。镶边所用铺地砖厚 0.03 米左右，埋入地下 0.15 米左右，顶部露出地表。檐廊地面上发现 7 个圆形柱槽，从西向东编号为 d4 ~ d10。除 d4 直径为 0.45 米外，其余各柱槽规格基本相同，直径为 0.25 ~ 0.3 米。上述柱槽中心点大体在一条直线上，距台基南缘 1.4 米左右。d4 中心点西距 I 1L1 东缘 0.9 米，除 d7、d8 的间距为 4 米外，其余各柱槽间的距离均为 2 米（图版一一二，2）。

在檐廊镶边以南 1 米处，又发现一道与之平行的立砌铺地砖镶边，其做法、保存状态与檐廊镶边相同，两道镶边之间的区域应为散水。

在接近 I 1L1 东部边缘的散水区域内发现一排呈南北向的铺地砖，长度为 1.5 米左右，似沿 I 1L1 东缘还有呈南北向的散水区域，地面铺砖。

在台基南部偏西位置发现有通往台基的台阶。台阶中心线与 I 1L1 东缘的距离为 8.7 米，仅存夯土台阶、残破的空心砖踏步及台阶周围的铺地砖等（图版一一二，1）。夯土台阶现呈坡状，自散水中部始见，一直延续至台基南缘，残存南北长度为 2.7 米左右，东西宽为 2.7 米。其中近台基处台阶西部保存高度为 0.15 米，东部为 0.1 米。在台阶南部散水外侧发现有铺地砖（方砖铺墁），其上部有空心砖踏步残段。综合上述迹象可以看出，该台阶的规格、做法与第 I 区第 1 组主体建筑的东阶极为相似。据空心砖与台基边缘的距离及空心砖的高度推测，本单元 J1 台基的原高度在 2.1 米左右，顶部与 I 1L1 基础平齐或稍高。

除南缘外，台基的其他部分未发现建筑遗迹。台基以上的建筑遗迹无存。

②遗物

该建筑上部被汉代遗存所压，秦代建筑倒塌堆积破坏较为严重，建筑瓦件均较破碎。

（3）院落（Ⅱ2 — Y1 ~ Y3）

①Y1

位于本单元最南部。平面大体呈曲尺形（参见图一〇八）。其南为第 I 区第 1 组建筑的院落，两院以廊道相隔。该廊道仅发掘西部一段，暴露出基础为止。现见其基础较高，高出本单元 Y1 院落地面及 J1 基础顶面，在基础偏南侧发现一段建筑墙体，宽 1 米。从勘探的结果看，该廊道基础中部遭到破坏，东部基础尚存。受发掘面积所限，该侧廊道的形制、与 I 区之间是否存在门道等情况均不详。院落东侧未发掘，现见基础宽 2.8 米左右，应为院落墙体基础，院落以东为本区第 1 组建筑。Y1 北为本单元 J1，J1 基础东缘与本单元东墙基础西缘之间有宽 4 米的空地。因未发掘，故 Y1 与 Y3 之间的通道情况不详。Y1 西为 I 1L1。

Y1 西部经过发掘，上部为汉代建筑倒塌堆积，下部为秦代建筑倒塌堆积。秦代建筑倒塌堆积经过扰动，夯土、烧土块及各类建筑构件混杂在一起。在倒塌堆积中发现的瓦当种类较多，推测多来自于周围的秦代建筑。

所见瓦当有甲类 B 型简化夔纹大瓦当残片（标本 SSⅡ2 — Y1 甲 BW：1，图一一〇；附表四；

图版一一三，4)、乙类A型几何纹半瓦当（标本SSⅡ2—Y1乙
AW：1，图一一一，4；附表五；图版一一三，1)、丙类A型夹
贝卷云纹圆瓦当（标本SSⅡ2—Y1丙AW：1，图一一一，1；附
表七；图版一一三，2)、丙类B型羊角形卷云纹圆瓦当（标本
SSⅡ2—Y1丙BW：3，图一一一，2；附表八；图版一一三，3)、
丙类C型串状蘑菇形卷云纹圆瓦当（标本SSⅡ2—Y1丙CW：1，
图一一一，3；附表九；图版一一四，1)。

②Y2

位于本单元西北部，平面呈长方形，东西较长（参见图一〇
八)。其南为本组一单元建筑台基；其余三面均为慢道或廊道
台基。

院落地面已遭破坏，现见为东西长14.2、南北宽3.25米的沙坑，西缘与台基西缘的距离为
4.65米，其西南、西北角部各伸出一东西长1.25、南北宽0.53米的小坑。据现存遗迹推测，坑
内沙土应为院落垫土。

在院落西部台基上发现一条排水管道，目前所见两节排水管暴露于现台基顶面。在本区第3
组院落地面上亦发现一节排水管，应是该管道的出水口。管道的首端被破坏，推测应在Y2地面

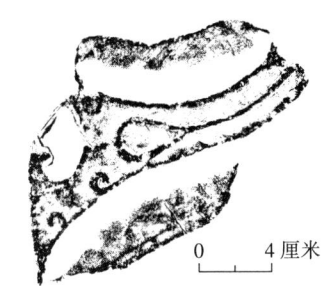

图一一〇 石碑地遗址第Ⅱ区
第2组一单元Y1出土甲类
B型瓦当（SSⅡ2—
Y1甲BW：1)

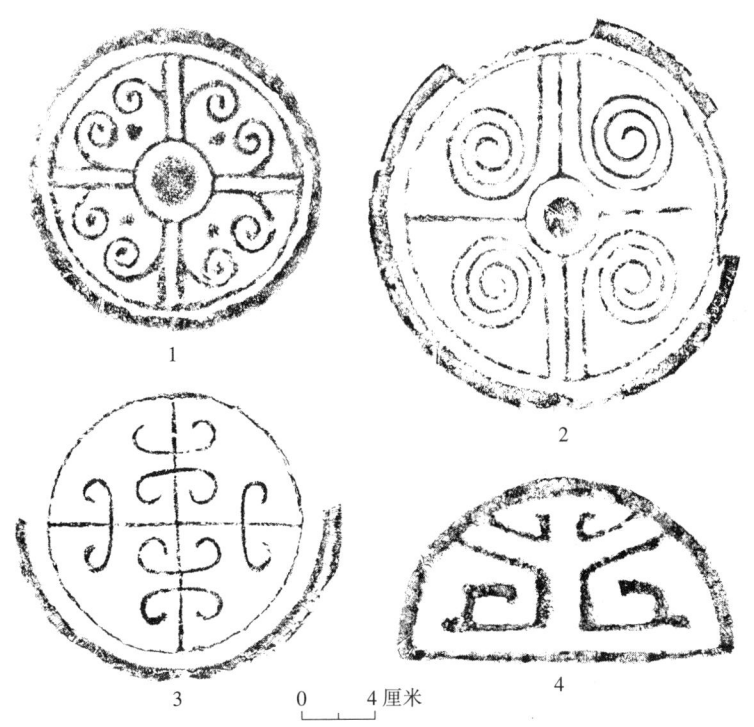

图一一一 石碑地遗址第Ⅱ区第2组一单元Y1出土瓦当

1. SSⅡ2—Y1丙AW：1 2. SSⅡ2—Y1丙BW：3 3. SSⅡ2—Y1丙CW：1 4. SSⅡ2—Y1乙AW：1

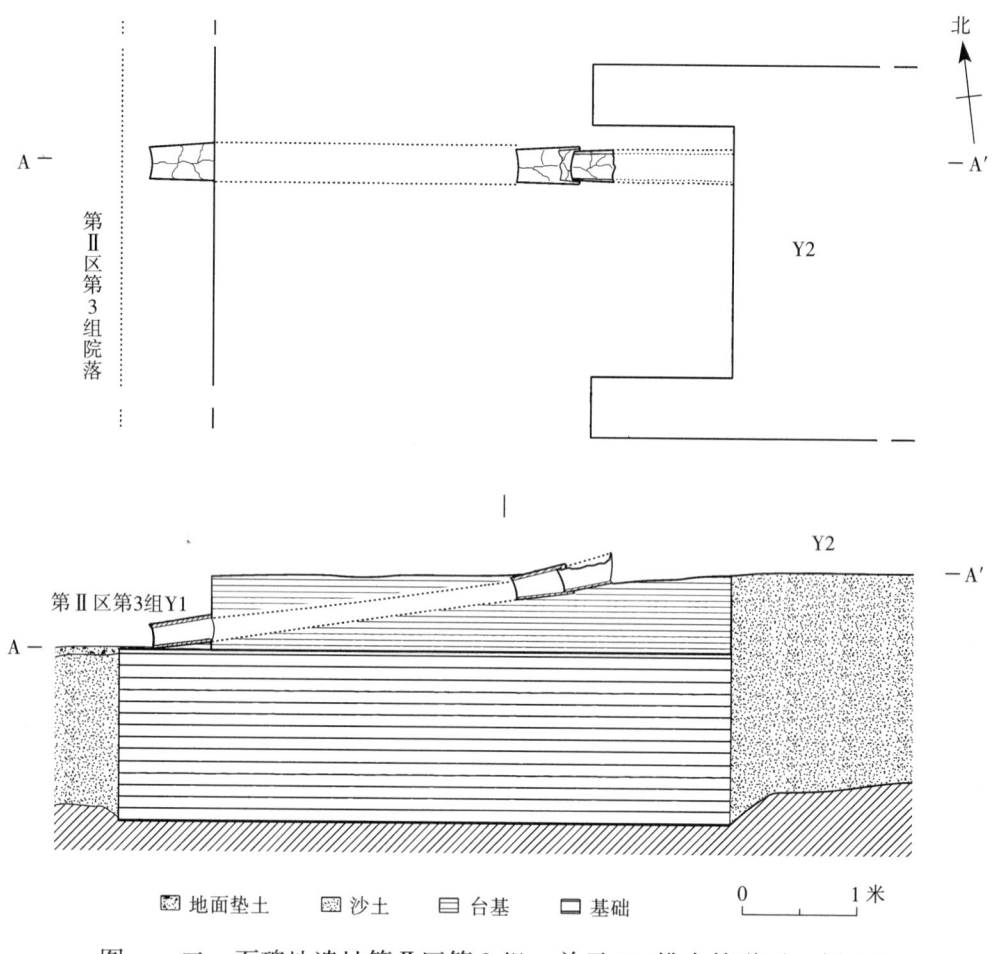

图例：▨ 地面垫土   ▨ 沙土   ▤ 台基   ▢ 基础

0   1 米

图一一二   石碑地遗址第Ⅱ区第 2 组一单元 Y2 排水管道平、剖面图

上，现见台基上暴露的排水管与出水口的高差为 0.65 米。据排水管道的落差推测，Y2 地面高度较第 3 组南部院落地面高 0.75 米以上（图一一二）。

在院落沙坑表面发现一丙类 A 型夹贝卷云纹圆瓦当（标本 SSⅡ2 — Y2 丙 AW∶1，图一一三；附表七；图版一一四，2）。

③Y3

位于本单元东北部，平面近长方形，东西稍长。其南为本单元 J1；西为 Y2，两院之间为夯土基础，宽度为 4.5 米；北为二单元 Y1，两者以院墙相隔，该院地面高于二单元 Y1 地面；东为廊道基础。

该院亦已被破坏至地面以下，所见为沙坑（参见图一〇八）。

秦代建筑倒塌堆积已被破坏殆尽。

（4）天井

位于 J1 东部，平面呈长方形。

现见为沙坑，南北长 3.25、东西宽 2.2 米。东部边缘距 J1 东部基础边缘 3 米，北部边缘距 Y3 南缘 3.1 米，其内不见秦代建筑倒塌堆积（参见图一〇八）。

2. 第Ⅱ区第 2 组二单元

本单元南、北两侧院墙内侧间的距离为 37.8 米，东、西墙内侧之间的距离为 24 米（图一一四；图版一一五）。

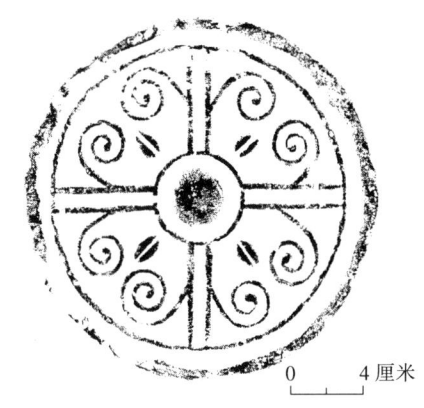

图一一三　石碑地遗址第Ⅱ区第 2
组一单元 Y2 出土瓦当
（SSⅡ2 一 Y2 丙 AW：1）

南部西侧以慢道与一单元建筑相连接；北部通过位于本单元 Y5 西北角的门道可与本组四单元建筑相通。

其东、北、西部均有围墙，东墙即本区第 1 组建筑的西侧围墙，北墙即本单元与四单元建筑的隔墙，西墙即三单元建筑的东墙，南部东侧亦见有围墙，西侧为本组一单元建筑台基。上述各墙基宽度为 2.6 ～ 2.8 米左右，其上中间部位的墙体宽 1 米左右。其中西墙保存较好，存高 0.4 米左右，其余各墙体保存高度 0.1 ～ 0.3 米不等。

本单元中南部有一呈曲尺形的大型夯土台基，编号Ⅱ2 二 J1。除东部与东墙之间仅有宽约 3.05 米（东墙内侧至建筑台基东缘的距离）的狭窄过道外，其余三面均有院落，南部的院落编号为Ⅱ2 二 Y1，西部从南向北并列分布的 2 个院落分别编号为 Y2、Y3，北部的院落编号为 Y4。在该单元 Y4 北部有一排东西向排列的房址，从东向西分别编号为Ⅱ2 二 F1 ～ F3。在 F1 的东侧还有一过道，由此通往其后院，后院编号为 Y5（参见图一一四）。

（1）1 号建筑址（Ⅱ2 二 J1）

该建筑现存基础、部分建筑台基及一些台上建筑遗迹，在建筑周围见有倒塌堆积，现分别予以介绍（图版一一六、一一七）。

①基础构造及现状

基础平面呈曲尺形，夯筑。其南部边缘最长，自东至西的距离为 19.35 米；西部与通往本组一单元慢道基础相连接；东部边缘较窄，南北宽度为 10.8 米；北部边缘自东向西延伸 12.45 米后北折，向北延伸的长度为 4.8 米，而后继续向西延伸 6 米与 Y3 北墙基础相接；西部最宽处为 15.8 米。基础深度为 1.1 ～ 1.2 米，其下为生土，基础顶面高度与外廊地面基本平齐（参见图一一四）。

②建筑台基及其周围的建筑遗迹

建筑台基建于基础之上，位于中间位置。其南部、北部台基边缘较基础边缘内缩 1 米左右，西部、东部内缩 0.9 米左右。现存台基顶面西高东低，西侧局部保存了台基顶部地面，据此可知台基原高度应为 0.9 米左右。台基各侧壁均经过加工处理，先贴碎瓦找平，而后抹草拌泥、细泥（现多已脱落）。除台基拐角以北部分的东壁、北壁不见壁柱遗迹外，其余各壁均见。相对应的南、北壁及东、西壁壁柱分布不对称，各面壁柱的距离、数量不等。壁柱的做法为：首先于基础之上预置础石，再沿台基边缘在预置础石的部位垂直下挖一道沟槽，而后在槽内抹泥，先抹粗泥，后

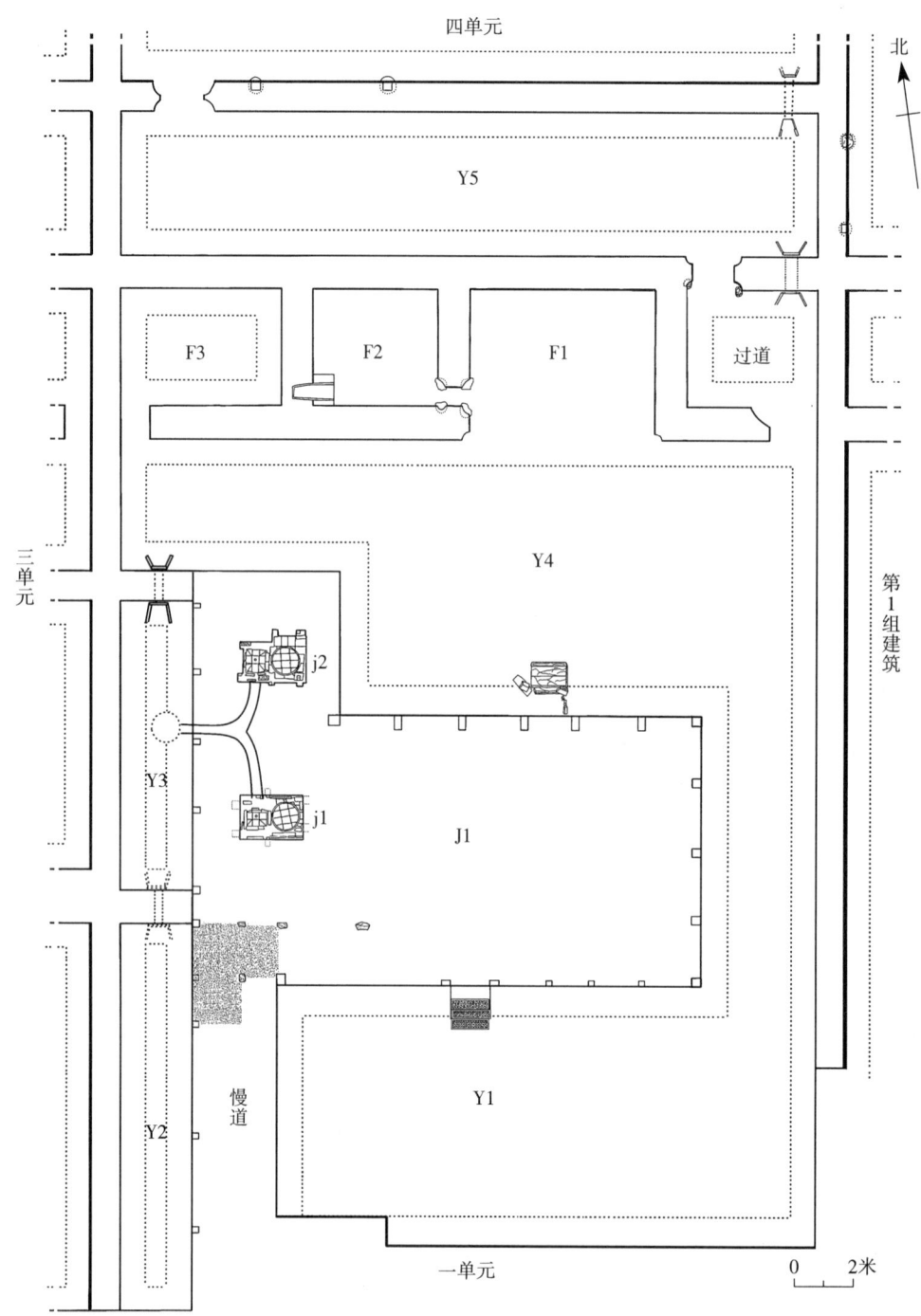

图一一四   石碑地遗址第Ⅱ区第2组二单元遗迹平面图

抹细泥，泥厚0.05米左右，最后在槽内立柱。壁柱础石形状不规则，多近圆形，直径0.5米左右，顶面较平（参见——一四）。台基各壁保存状况各异。

台基南缘西侧保存高度为0.7米，向东渐低，保存高度为0.4米。在台壁上发现7个壁柱遗迹，从西向东分别编号为d1~d7。其中d1位于台基西南与慢道交界处，为长方形，外边长0.3、

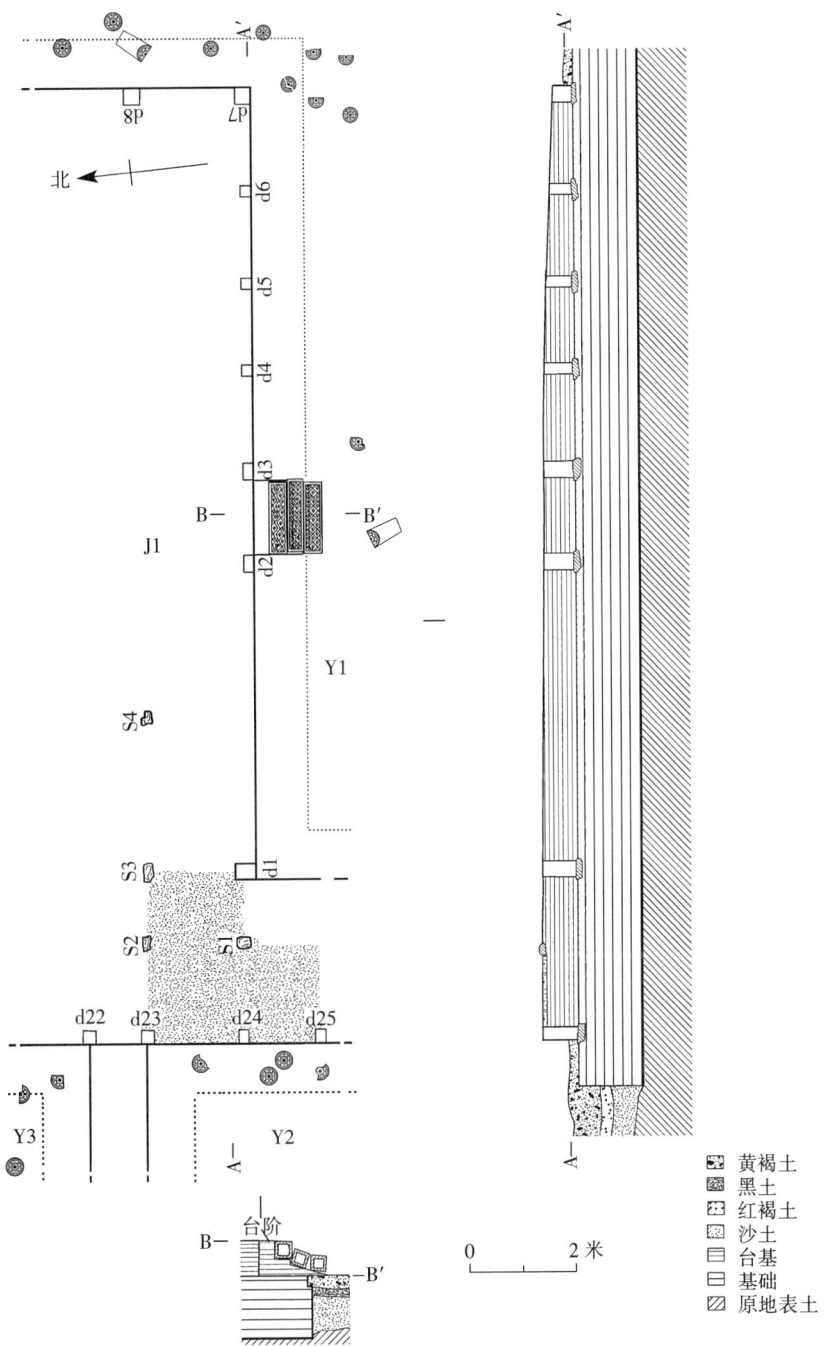

图一一五　石碑地遗址第Ⅱ区第 2 组二单元 J1 台基南缘平、剖面图

深入台基 0.4 米。d2、d3 为长方形，外边长 0.3、深入台基 0.2 米。d4 ~ d6 近方形，边长 0.2 米。d7 位于台基东南角，近方形，边长 0.3 米。d1 ~ d7 中心点间的距离分别为 5.65、1.7、1.85、1.6、1.7、1.75 米。柱槽下见有础石（图一一五）。南侧偏东地面上发现有通往台基顶部的台阶，中心线与台基东侧边缘的距离为 7.9 米，现存夯土台阶及 3 块空心砖踏步（图版一一八）。台阶现呈斜坡状，南北长度为 1.2 米，东西宽度为 1.3 米，恰处于 d2、d3 之间，现存顶部高度与台基现存顶

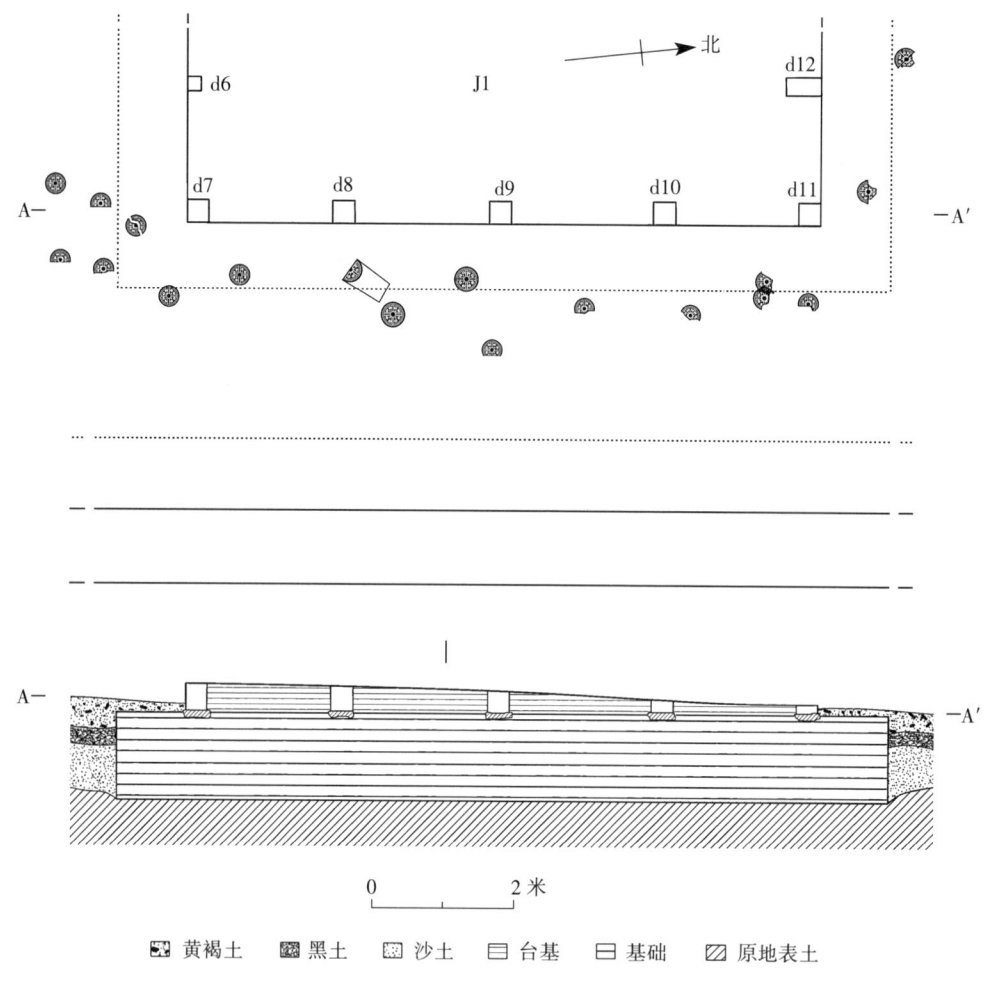

图一一六　石碑地遗址第 Ⅱ 区第 2 组二单元 J1 台基东缘平、剖面图

面高度相同，较基础顶面（即地面）高出 0.65 米。在台阶上发现 3 块空心砖，应为踏步。空心砖长 1.26、宽 0.34～0.37、高 0.18～0.21 米。现存最顶部的一块平放于台阶上，北缘距离台基南缘0.4 米，其上还应有一块空心砖，已被破坏。下部的两块呈斜坡状排放，推测系台阶遭破坏所致。最下部的一块空心砖底部与周围地面平齐，据三单元 J1 南部台阶构造推测，其下还应有一块空心砖或铺设铺地砖。

　　台基东缘南侧保存高度为 0.4 米，向北渐低，保存高度为 0.15 米（图一一六）。台壁上发现 5个壁柱遗迹，向北依次编号为 d7～d11（其中东南角的壁柱 d7 为台基两壁共用）。壁柱槽规格一致，均为方形，边长 0.3 米。距离大体相等，d7～d11 中心点间的距离分别为 2.1、2.25、2.3、2.05 米。柱槽下见有础石。该侧外部地面上未见其他遗迹现象。

　　台基北缘东侧保存高度为 0.15 米，向西渐高，西北拐角处保存高度为 0.45 米（图一一七）。在台壁上发现 7 个壁柱遗迹，自东向西依次编号为 d11～d17（其中东北角的壁柱 d11 为台基两面共用）。除 d11 为方形，边长 0.3 米外，其余柱槽均为长方形。d12～d16 外边长 0.25 米，深入台

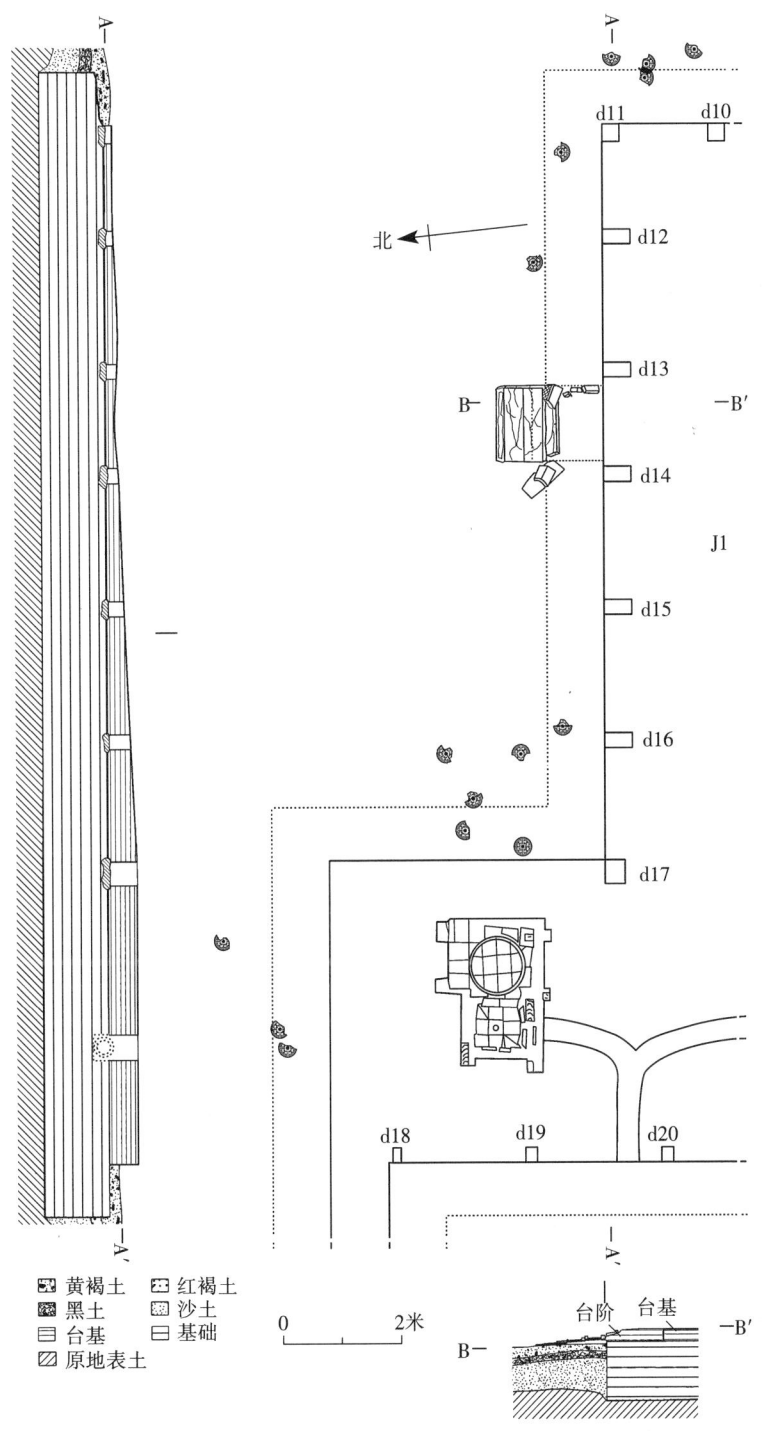

图一一七　石碑地遗址第Ⅱ区第2组二单元J1台基北缘平、剖面图

基0.5米。d17位于台基西北拐角处，东西边长0.4、南北宽0.35米。d11～d17中心点间的距离
为1.75、2.25、1.75、2.25、2.25、2.25米。柱槽下见有础石。台基北侧地面上见有通往台基顶
部的台阶遗迹。台阶位于台基北侧偏东位置，中心线与台基东侧边缘的距离为5米左右，现仅见
部分夯土台阶及一些空心砖踏步残片。夯土台阶现呈斜坡状，南北长度为1.25米，东西宽度为

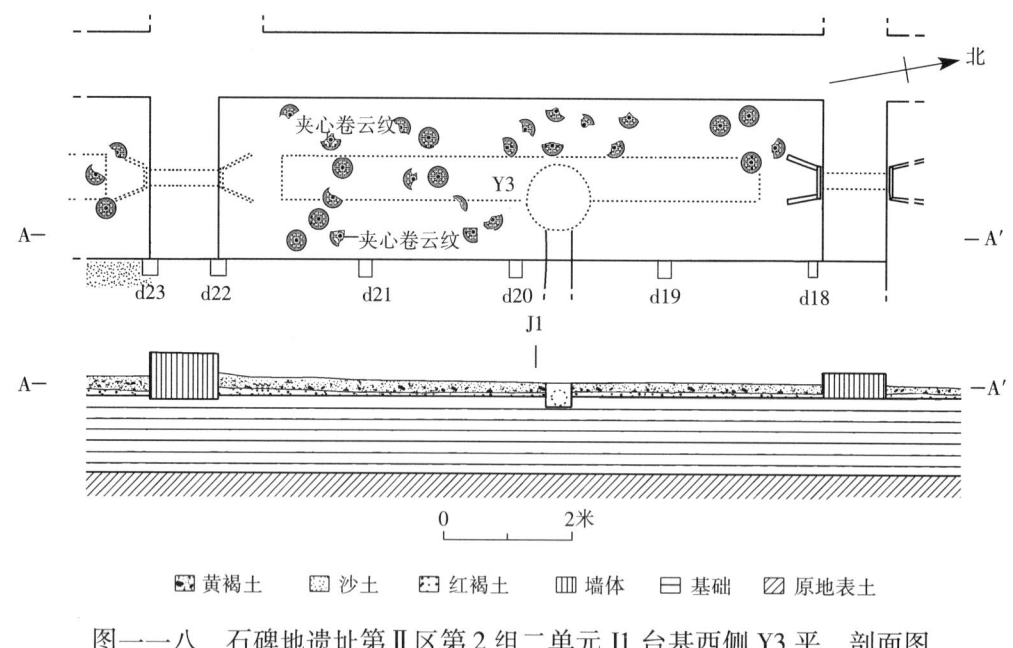

图一一八　石碑地遗址第Ⅱ区第2组二单元 J1 台基西侧 Y3 平、剖面图

1.3 米，恰处于 d13、d14 之间。夯土台阶现存顶部高度与台基现存顶面高度相同，较基础顶面（即地面）高出 0.3 米左右。在台阶上发现 3 块空心砖，应为踏步。空心砖长 1.28、宽 0.35 米左右，均已残破，从台阶上滑落，并非原位。推测该台阶构造与南缘台阶基本相同。

台基西缘及其南部的慢道西壁在一条直线上，均被同时利用为院落的隔墙，分属于本单元 Y3、Y2（图一一八、一一九）。上述两个院落在基础上铺垫黄沙及黄褐土形成院落地面，地面较邻近的 Y1、Y4 高 0.3～0.5 米，建筑台基部分被掩埋于地面以下，因此该侧建筑台基露明部分存高仅 0.15～0.45 米左右。在台基西缘发现壁柱遗迹 7 个、慢道西壁发现壁柱遗迹 3 个，从北向南依次编号为 d18～d27。其中 d18 位于 Y3 东北角，长方形，外边长 0.15 米，深入台基 0.25 米，中心点距 Y3 北墙内侧的距离为 0.15 米左右。d19～d21 规格相同，外边长 0.2、深入台基 0.25 米。d22、d23 规格相同，为方形，边长 0.25 米，恰位于 Y3 南墙两侧。d24～d27 与 d19～d21 规格相同。d18～d27 中心点间的距离依次为 2.35、2.4、2.35、2.35、1.1、1.8、1.5、3.7、3.3 米。因 Y2、Y3 倒塌堆积未清理，壁柱下部情况及院落内是否存在登上台基的台阶尚不清楚。

　　③台基上的建筑遗迹

　　台基顶面保存不好，其上的建筑墙体等已无存，现仅在其西南部与南侧慢道交界处发现有 4 块础石，并在础石周围发现有建于台基之上的建筑地面遗迹。台基上部发现的础石均较小，大体呈圆角方形或长方形，短边的长度约为 0.25 米。所见的 4 块础石分别编号为 s1～s4。其中 s1 在 d1 西部 1.35 米处（为础石中心点之间的距离，下同），大体位于 d1 与 d24 的连线上。d1 与 d24 连续以北约 1.8 米处，直线分布有三块础石。其中 s2 与 s1、s3 与 d1 两两对应，s4 位于 s3 东侧 2.8 米处。上述础石均裸露于台基上，距离台基顶面的高度为 0.2 米左右，推测原应为暗础。在

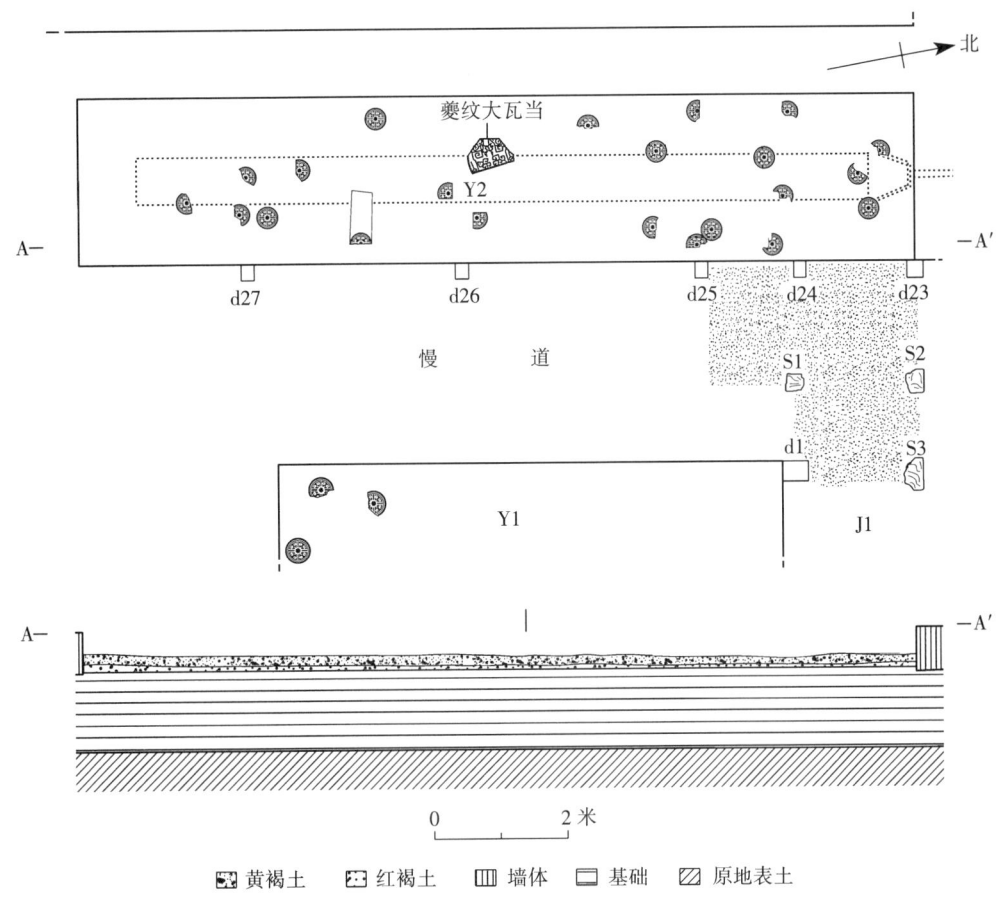

图一一九 石碑地遗址第Ⅱ区第2组二单元J1台基西侧Y2平、剖面图

s1、s2、s3及d1之间发现有夹杂白色圆形沙粒的夯土地面，该范围内地面较周围台基地面低0.2米左右。参照三单元J1的同类遗迹推测，该地面应是从台基顶面通向慢道的路面（图一一九；图版一一九）。

④台上建筑的内部设施

在台基西部加宽范围的中间部位，发现有两个井窖及与之相关的污水处理系统。现见暴露于台基地面以下的是南北排列并与台基边缘垂直的两个类似长方形的土坑，结构基本相同。两坑中心点间的距离为5.3米左右。为叙述方便，现将位于南部的一个井窖编号为j1，北部的编号为j2，分别予以介绍（参见图一一四）。

j1及其周围设施

该设施由井窖及水池等组成（图版一二○，1），具体作法为：

首先在台基地面向下挖出一长方形土坑，坑中心点与台基西缘的直线距离为2.7米，与台基南缘的直线距离为5.5米左右。土坑东西长2.36、南北宽1.64米，坑存深0.6米左右，底较平。坑所在地点现存台基顶部高度为0.85米，以台基高度为0.9米推算，原坑深应为0.65米（图一二○）。

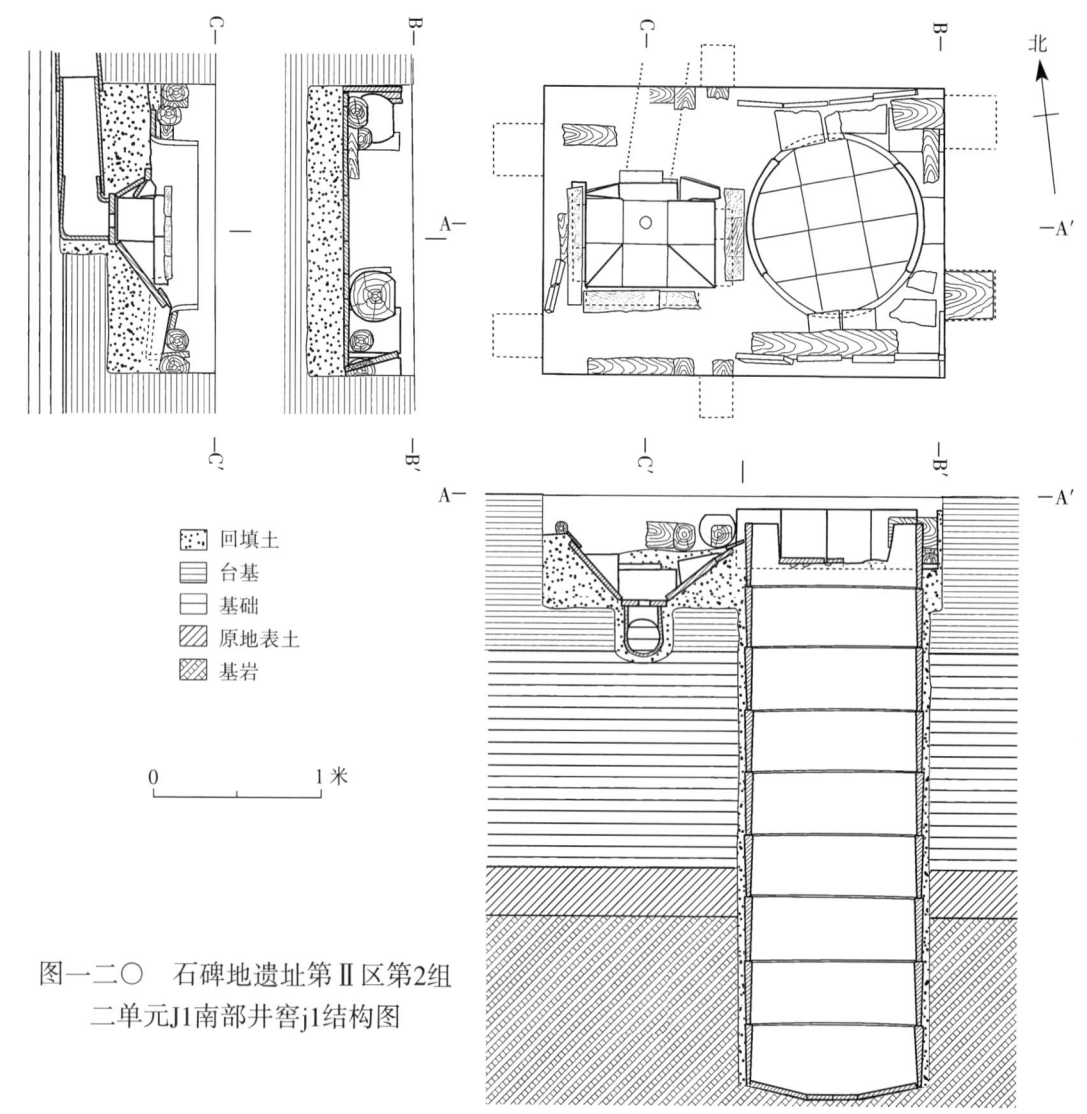

图一二〇　　石碑地遗址第Ⅱ区第2组
二单元J1南部井窖j1结构图

图例：
回填土
台基
基础
原地表土
基岩

0　　　　　　1 米

在坑内四壁又横向挖洞，洞上部平，洞顶距现台基顶面0.05～0.1米不等，下部微凹，内见有木炭，系木方经火烧所致。从炭化木方看，其为圆木，顶部削平，插入洞内。东壁两个横洞，洞径0.3、深入台基0.3米。其中靠近北部者，北部边缘与坑北壁的距离为0.04米。靠近南部者，南部边缘与坑南壁的距离为0.33米。北壁有一个横洞，洞径0.2、深入台基0.24米。其中心线与土坑西壁内侧的直线距离为1.04米，大体位于水池与井窖中间位置。西壁两个横洞，其中靠近北部者，北部边缘与坑北壁的距离为0.22米，洞径0.3、深入台基0.3米。靠近南部者，南部边缘与坑南壁的距离为0.1米，洞径0.25、深入台基0.3米。南壁一个横洞，位置与北壁者相对，规格亦相同。

土坑内的设施被分成东、西两部分。

东部有一井窖，编号J1j1（即1号建筑址1号井，下同），具体做法为：在坑东部中间位置向下挖出一直径1.13、深2.8米的圆坑，用以放置井圈。井窖中心点距离土坑南壁0.84、东壁

0.64、北部 0.8 米。井圈为圆形，内径 0.95 米，壁厚 0.03～0.05 米，上口较厚，下口较薄。每节井圈高 0.35 米左右，共有 9 节，圈圈相接，形成井窖。井窖底部呈锅底状，并弧状铺置一层铺地砖。所用铺地砖长 0.32、宽 0.26 米左右，用在边缘者磨出一定的弧度，使之与井圈结合紧密。最上部的一节井圈顶端低于现坑口 0.18 米左右，其南、北两个半弧被人为有意打掉。在井周围的土坑底部平铺铺地砖，贴近井圈者切出弧形缺口，使之与井圈外壁对接紧密。井圈周围的北部、南部、东部土坑内壁立砌有铺地砖，东部横洞外侧的立砌铺地砖被切削成圆弧状，使之与横木结合紧密。井圈周围的铺地砖上多见木方痕迹，经烧已成木炭。

西半部有一个小型"水池"类设施，具体做法为：在坑底预置的排水"弯头"（详见下文）上部平铺一块中间穿孔的铺地砖，砖东西稍长，为 0.26 米，南北稍窄，为 0.24 米，厚 0.03 米，孔径 0.07 米左右，位于其下"弯头"的中间。

在底部铺地砖的四周，以铺地砖向上斜砌，构成池壁。东、南、西壁与坑底地面的倾斜角度为 40°左右，北壁倾斜角度近 60°。池四角及池壁与池底对接处的铺地砖经切削打磨，缝隙对应，结合紧密。池壁下部垫土。池东、南、西壁均由两块铺地砖相接而成，总长度为 0.44 米，其中下部的一块较长，长度为 0.38 米，上部者较短。北壁亦由两块铺地砖组成，但下部铺地砖较短，长度为 0.22 米左右，上部的一块平铺，宽度为 0.1 米左右。砖砌水池上口东西长 0.92、南北宽 0.68 米左右。现见池口不平，各壁上口与池底的垂直深度为北壁 0.2 米，其余各壁为 0.4 米左右。在水池东、南、西壁上部铺地砖与周围地面（应铺砖，已破坏）的交界处放置了一些切成窄条的板瓦，瓦纹饰面向上，有一定的弧度，似乎是为了防止水渗入周围地面而采取的防护设施。

整个水池东边贴近井窖，其他各边与土坑边缘有一定的距离。其中水池南、北部边缘（铺砖边缘）与土坑边缘的距离均为 0.4 米左右，西边距土坑边 0.15 米左右。上述水池边缘见有木方遗迹，推测水池周围平铺横木，一些横木的端头插入土坑壁内的横洞中，惜因破坏严重，构造不详。

从台基的高度及土坑的深度推测，现见水池以上还应有其他设施（图一二〇）。

从坑内横木的放置情况看，该坑内东西两部分不同的设施应为分别建造而成，横木均为分别铺垫，有错动。

j2 及其周围设施

该设施与 j1 及其周围设施的形态及做法基本相同，略有差别（图一二一；图版一二〇，2）。

其在台基地面向下挖的土坑中心点与台基西缘的直线距离为 2.8 米左右，与台基北缘的直线距离为 3 米左右。

土坑呈曲尺形，东西总长度为 2.32 米。其东部较宽，南北宽度为 1.68 米，该范围东西长 1.24 米；西部略窄，南北宽 1.44 米。坑存深 0.3～0.4 米，底较平。坑所在地点现存台基顶部高度为 0.5～0.6 米左右，西高东低，坑底较台基顶面低 0.3～0.4 米。

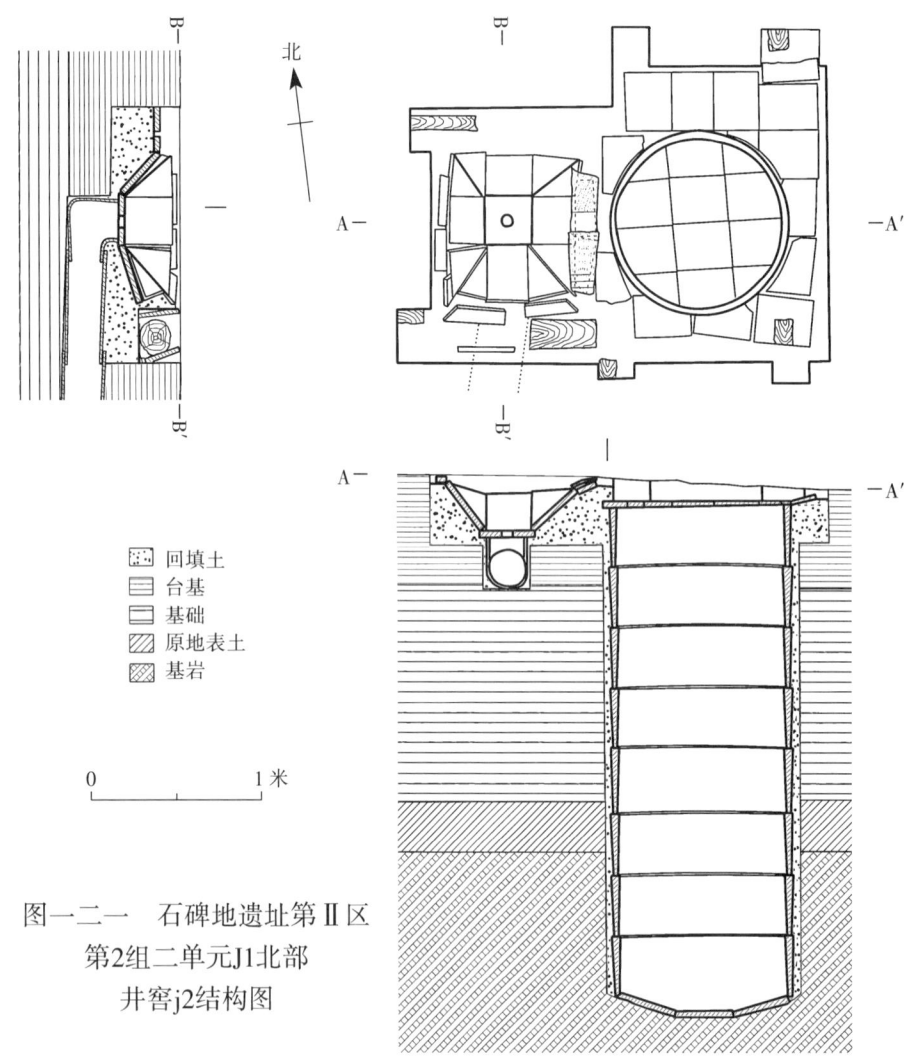

图一二一　石碑地遗址第Ⅱ区
第2组二单元J1北部
井窖j2结构图

图例：
回填土
台基
基础
原地表土
基岩

0　　　　　1 米

现见坑内各个角部均有向外挖出的沟槽（据 j1 土坑向外挖横洞的情况推测，其原或为横洞，现见沟槽系顶部台基被破坏所致），壁较直，底平，部分沟槽内现见有木方。

坑北壁横向伸出两段沟槽，西部沟槽的西缘与坑加宽部分西缘平齐，槽近方形，边长 0.22 米。东部沟槽东西宽 0.34 米，深入台基 0.2 米，东缘与土坑东壁的距离为 0.04 米，其内发现木方残段，呈南北向放置；坑南壁有两个沟槽，其西部的一个位于井窖与水池交界处，大体处于土坑南壁的中部，东西宽 0.2 米，深入台基 0.1 米，内见有南北向放置的木方残段。东部的一个东西长 0.2 米，深入台基 0.12 米，东缘与土坑东壁的距离为 0.12 米；坑西壁横向伸出两段沟槽，其南部的一个南缘与土坑南缘平齐，向外伸出 0.2 米，南北宽 0.3 米，其内北部发现呈东西向放置的木方残段。北部沟槽北缘与土坑北缘平齐，向西伸出 0.12 米，南北宽 0.25 米，其内北部发现呈东西向放置的木方残段；坑东壁未发现沟槽。

从土坑及沟槽的构造看，坑内东、西两部分不同的设施应为分别建造而成，各自独立。

东部井窖（J1j2）直径 1.15、深 2.7 米左右，其内井圈为圆形，内径 0.95 米，壁厚 0.03 ~

0.05 米，高 0.35 米左右，形态与 j1 井圈相同，现存 8 节，井窖底部铺一层铺地砖，呈锅底状。井窖中心点距离土坑南壁 0.8、东壁 0.74、北壁 0.88 米。最上部的一节井圈顶端低于现坑口 0.1 ～ 0.2 米。从井圈及其上周围的构造看，其上还应有井圈，已遭破坏。井窖周围的土坑底部平铺铺地砖，保存较好。其北、东、南部铺砖范围较土坑边缘内缩 0.04 ～ 0.14 米左右，推测缝隙内沿坑壁立砌有铺地砖，惜已破坏。其西部铺砖边缘大体与南部沟槽西缘平齐。所用铺地砖长 0.32、宽 0.26 米左右，贴近井圈者切出弧形缺口，与井圈外壁对接紧密。井圈东南部的铺地砖上见有木方残段。

西部"水池"做法与 j1 水池做法相同。铺底铺地砖大体呈方形，中间穿孔，边长 0.26 米，厚 0.03 米，孔径 0.07 米左右，放置于其下排水弯头的上部。在铺底砖四周向上斜砌铺地砖，构成池壁。东、西壁的倾斜角度为 45°左右，北壁为 40°左右，南壁则较平，似壁面下陷所致。池壁各部分缝隙对接紧密，做法与 j1 所在水池相同，不过保存稍差。水池上口近方形，边长 0.94 米左右，池深 0.3 米左右，现见池口不平。池口边缘铺瓦条，周围地面上铺有横木。

排水管道及污水井

在上述两"水池"的下部均见有排水管道。排水管道是在夯土台基建成以后埋设的，在现存台基表面见有宽约 0.4 ～ 0.5 米呈"Y"字形的弧状沟槽，其下部做法应与三单元的同类设施相同（详见下文），出于遗址保护的需要，该台基上的排水管道未发掘。

在两"水池"铺底砖的下部是一个呈"弯头"状的排水管。弯头上部竖直的部分均较短，长度为 0.05 米左右，连接排水管道的部分较长，为 0.13 米左右。其上口直径为 0.24 米左右，与管道连接的下口直径为 0.2 米左右，与排水管道中的排水管粗端套接。

从排水管道沟槽的走向看，两组管道在两水池之间稍偏西的部位交汇，交汇处有一制作成类似"三通"的排水管，与一组呈东西向的排水管道相通（参见图一一四）。

在本单元 Y3 内南北中心略偏东的位置，亦发现有渗水井，该院落倒塌堆积较厚，未发掘，推测其构造与三单元 Y3 内的同类设施相同，详见下文。

⑤J1 南侧的慢道

在 J1 西南部与 J1 台基相连，有一条南北向的廊道，通往本组一单元建筑。因其有一定的坡度，故称之为慢道。慢道北与 J1 台基相接，西缘与 J1 台基西缘在一条直线上。南连本组一单元 Y2、Y3 间建筑的北部廊道。南北长度为 8.7 米，东西宽 3 米。其东部为 Y1，西部为 Y2。慢道现南高北低，北部现存高度与 J1 台基现存高度相同，南部高度与一单元 Y2 北部廊道高度相同。现南、北部高差为 0.3 米左右。慢道东、西部基础较慢道宽 0.8 米左右，南高北低，掩埋于院落地面以下。慢道两侧的院落地面亦为南高北低。慢道东北部见有"掺石地面"，顶面其他迹象无存。慢道东侧见有壁柱遗迹，详见前文，参见图一一九。

⑥J1 周围的建筑倒塌堆积

秦代建筑倒塌堆积见于 J1 上部者较少，仅少量的建筑瓦件碎片。

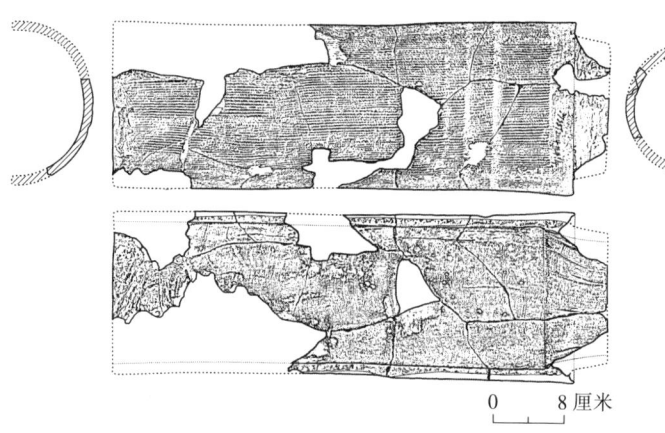

图一二二　石碑地遗址第Ⅱ区第2组二单元
J1 北井出土筒瓦（SSⅡ2 二 J1 甲 BT：1）

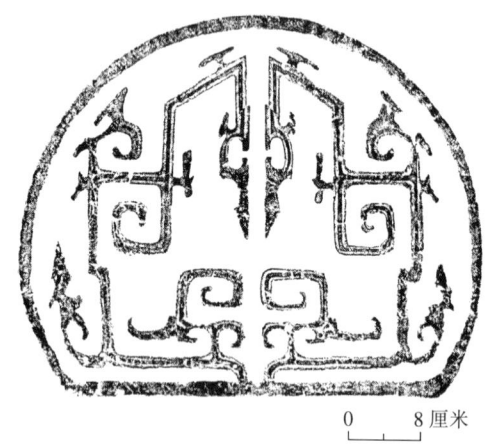

图一二三　石碑地遗址第Ⅱ区第2组二单元J1
南井出土甲类 A 型瓦当（SSⅡ2 二 J1 南井甲 AW：1）

在其北部井窖中出土 1 件可复原的筒瓦，标本 SSⅡ2 二 J1 甲 BT：1，甲类 B 型（图一二二；附表三；图版一二一，1）。此外，在南部井窖中发现 1 件当面可复原的夔纹大瓦当，标本 SSⅡ2 二 J1 南井甲 AW：1，当面线条圆润（图一二三；附表四；图版一二二，1）。

大量的建筑倒塌堆积主要集中于台基周围，靠近台基边缘处较厚，与台基现存高度基本平齐，向外渐薄。主要为建筑构件，多为板瓦、筒瓦、瓦当碎片，分布无规律。还有少量的空心砖、铺地砖等。在建筑构件中夹杂夯土及少量的木炭（参见图一一五～一一九）。

其中南侧倒塌堆积主要见于台阶东南部及台基东南角，见有一些可复原的筒瓦，标本 SSⅡ2 二 Y1 甲 BT：2，甲类 B 型（图一二四；附表三；图版一二一，2）；所见瓦当多为丙类 A 型夹贝卷云纹圆瓦当，标本 SSⅡ2 二 Y1 丙 AW：3（图一二五，1；附表七；图版一二二，2）；在台基东南角靠近本单元东墙处发现一块乙类 B 型夹贝卷云纹半瓦当（参见附表六）。此外，还零星见有乙类 A 型几何纹半瓦当（参见附表五）。

北侧所见瓦当较少，多为丙类 A 型夹贝卷云纹圆瓦当，标本 SSⅡ2 二 Y4 丙 AW：1（图一二五，2；附表七；图版一二三，1），亦见有乙类 B 型夹贝卷云纹半瓦当，标本 SSⅡ2 二 J1 乙 BW：1（图一二五，3；附表六；图版一二四，1）。

西侧院落内的倒塌堆积较厚，经过扰乱。其中 Y3 内倒塌堆积中见有两块空心砖，一块横置，一块立置，均残破，位于院内污水井的北部，应为井盖被移动所致。所见瓦当数量很多，均为圆瓦当，多为丙类 A 型（参见附表七），仅在院南部发现两块丙类 D 型夹心卷云纹圆瓦当（参见附表一〇）；Y2 北部瓦当数量亦较多，均为丙类 A 型（参见附表七）。中部发现一块甲类 A 型夔纹大瓦当残片；中南部所见瓦当相对稀少，靠近慢道边缘发现有乙类 B 型夹贝卷云纹半瓦当（参见附表六）。

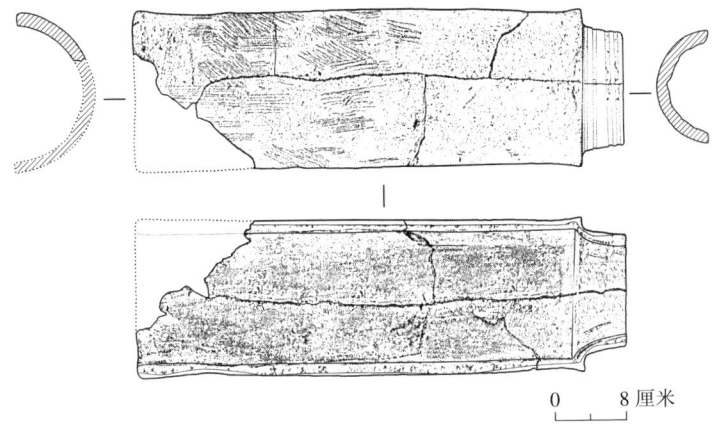

0　　8厘米

图一二四　石碑地遗址第Ⅱ区第 2 组二单元 J1 周围院落出土甲类
B 型筒瓦（SSⅡ2 二 Y1 甲 BT：2）

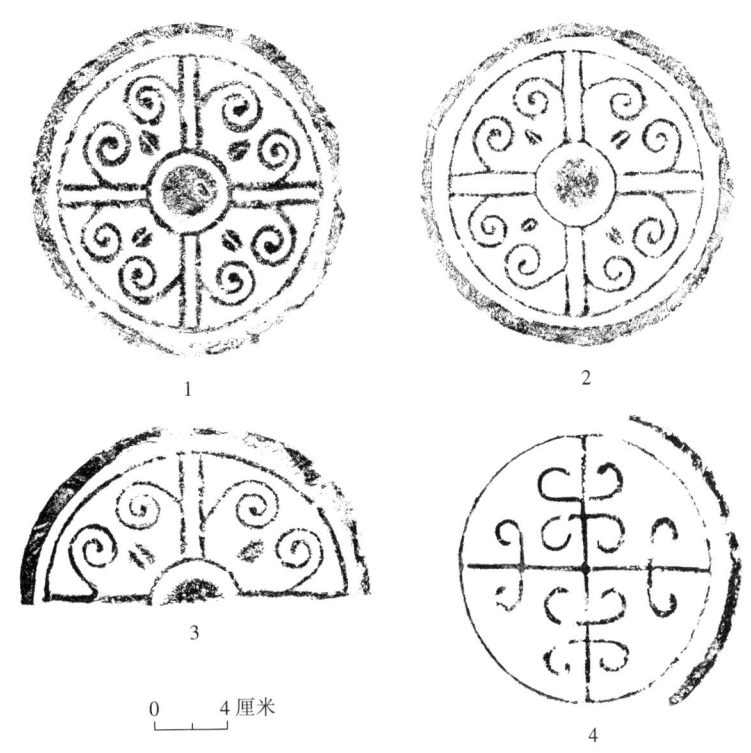

0　　4厘米

图一二五　石碑地遗址第Ⅱ区第 2 组二单元 J1 周围院落出土瓦当
1. SSⅡ二 Y1 丙 AW：3　2. SSⅡ2 二 Y4 丙 AW：1　3. SSⅡ2 二 J1 乙 BW：1　4. SSⅡ2 二 J1 丙 CW：1

东侧过道内建筑倒塌堆积亦较多，所见瓦当多为丙类 A 型夹贝卷云纹圆瓦当（参见附表七），
零星见有丙类 C 型串状蘑菇形卷云纹圆瓦当，标本 SSⅡ2 二 J1 丙 CW：1（图一二五，4；附表九；
图版一二三，2）。

另在东侧中部见有甲类 A 型夔纹大瓦当，当面基本可复原。标本 SSⅡ2 二 J1 甲 AW：1，夹砂质，灰色。当面纹饰线条圆润，直径54、高41、面厚2.7、边廓宽1.8、底边宽2.3厘米（图一二六；附表四；图版一二四，2）。

（2）房址（Ⅱ2 二 F1～F3）

位于本单元北部，东西向排列。自东向西分别编号为F1、F2、F3。在该组房址的东侧还有一过道，由此通往本单元Y5。

①遗迹

F1、F2 建于一呈长方形的夯土基础之上，南北宽7.9、东西长15.5米。基础深度为1.2～1.3米，西深东浅，建于生土之上。F3 及过道墙体建于条形墙基之上。各房址的规格及做法均有所不同（图版一二五）。

F1 平面呈长方形。房内东西宽6.3、南北长3.9米（图一二七）。墙体均建于基础上，其北、东墙较基础内缩0.9米。除南部空敞未发现墙体外，其余各面墙体的宽度均为1.1米，保存高度为0.1～0.2米左右。在西墙西南角、东墙东南角各发现一个础石坑，下有础石，推测该房址南部有木构设施。房址有西门与F2相通，门宽0.9米，门两旁发现两两对应的4块础石，已露出地面，原应为暗础。室内地面系在基础之上垫一层0.1～0.2米厚的黄褐土夯打而成，较平整。

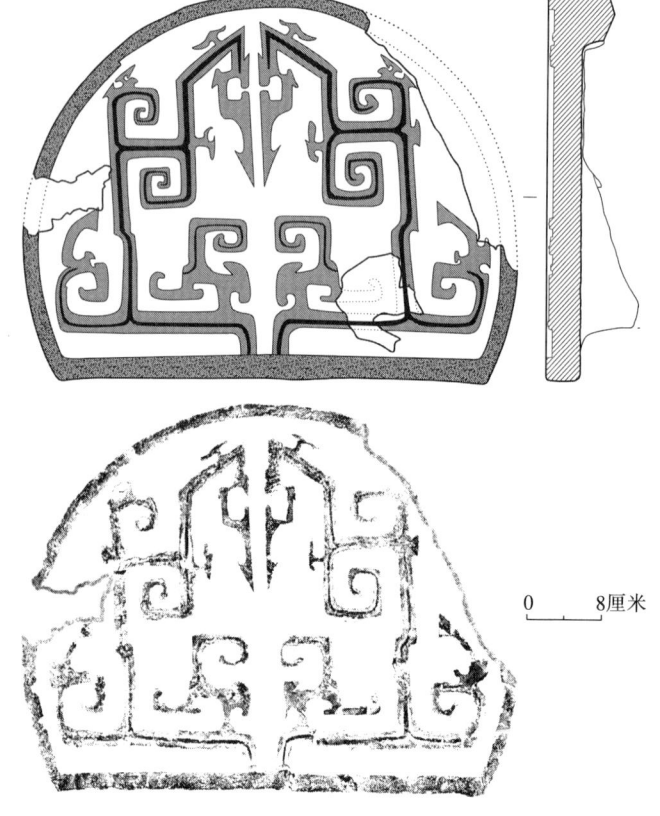

0   8厘米

图一二六　石碑地遗址第Ⅱ区第2组二单元 J1 东侧出土甲类
A 型瓦当（SSⅡ2J1 甲 AW∶1）

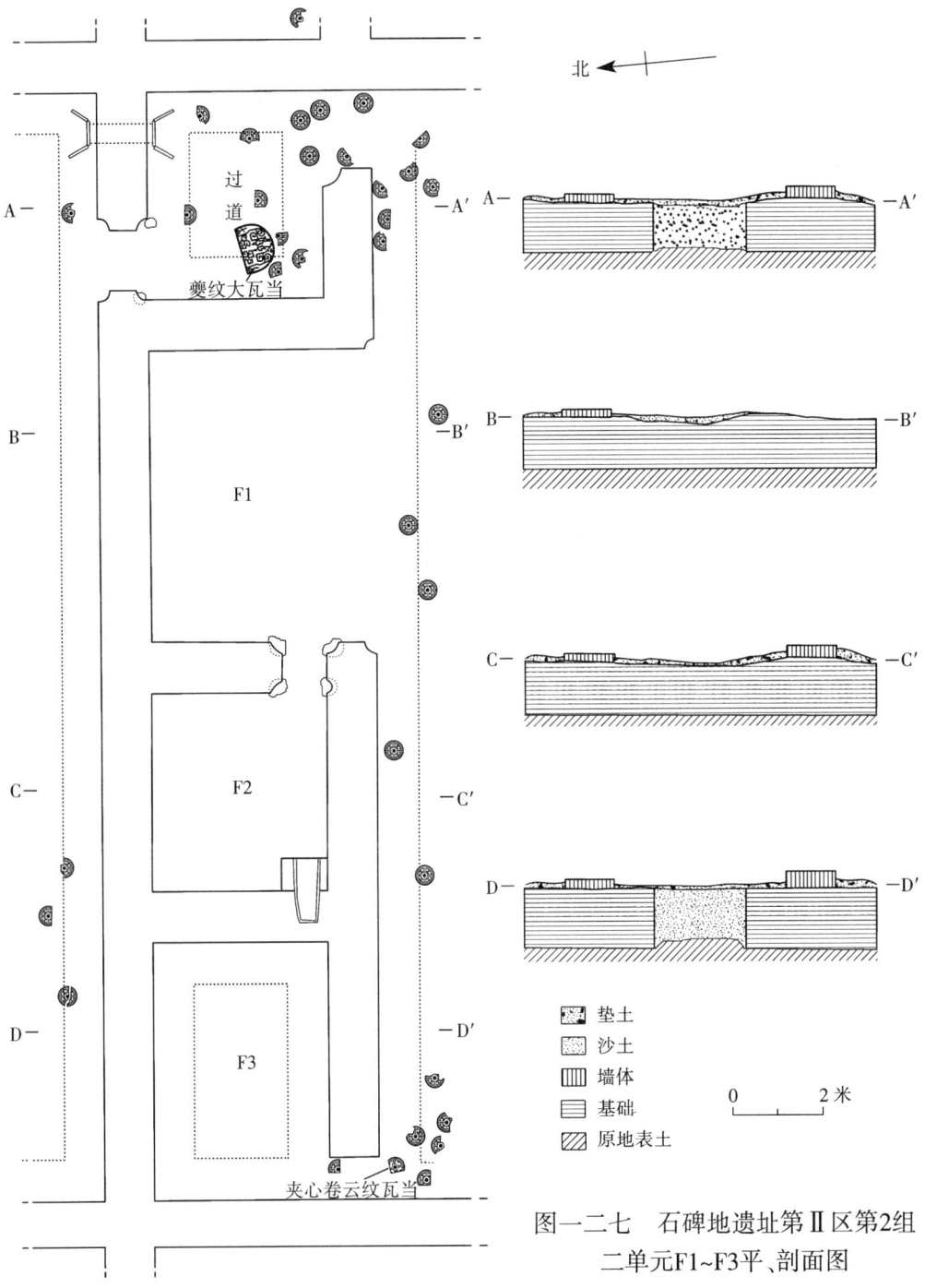

图一二七　石碑地遗址第Ⅱ区第2组
二单元F1~F3平、剖面图

F2平面近方形。房内东西宽4.3、南北长3.9米（图一二七）。房址四面建有墙体，宽度均为
1.1米。其中北墙与F1北墙在一条直线上，东墙即F1西墙，南墙较基础内缩0.9米，西墙系与
F3的隔墙，较基础内缩0.9米。各墙体保存高度为0.1~0.2米。门在西南角，通往F1。在室内
西南角有一个近圆角长方形的土坑，东西长1.3米，深入东墙内0.55米。东端较宽，为0.45米，
西端略窄，宽0.3米左右。坑深入室内地面以下0.3米，四壁经烧烤，呈红色，应系灶类设施。

室内地面较平，做法与 F1 相同。

F3 平面近长方形。房内东西宽 5.6、南北长 3.9 米（图一二七；图版一二六）。北墙建于一道宽为 2.8 米的基础之上，基础北缘与 F1、F2 基础北缘平齐。墙体宽度为 1.1 米，北部较墙基内缩 0.9 米；东墙即 F2 西墙；南墙亦建于宽 2.8 米的墙基之上，基础南缘与 F2 基础南缘在一条直线上，墙体宽 1.1 米，南侧较基础内缩 0.9 米；西墙利用了本单元建筑的西墙，墙宽 1 米。上述墙体保存高度为 0.1～0.2 米。在室内西南角有一缺口，宽 0.9 米，应为门道，但不见础石与柱槽。室内地面与 F1、F2 相同。

过道平面呈长方形。房内南北宽 3.9、东西长 4.5 米（图一二七）。位于 F1 东部。南墙宽 1.1 米，与 F1～F3 南墙在一条直线上，其下为宽 2.8 米的墙基，墙基南缘与 F1 基础南缘平齐；北墙宽 1.1 米，与 F1～F3 北墙在一条直线上，其下为宽 2.8 米的墙基，基础北缘与 F1 基础北缘平齐；西墙利用 F1 的东墙；其东墙即本单元东部院墙。南墙东部有缺口，当为门道，可称之为南门。南门宽 1.65 米，在南墙东端北侧发现一个础石坑；北墙西部有缺口，应为门道，可称之为北门，由此通往本单元 Y5。北门宽 1.4 米，缺口两端发现对应的 4 个础石坑，其中南侧的 2 块础石裸露（图版一二七，1）。

在过道北墙东部发现一处排水管道，管道长度为 1.3 米。两侧有呈"八"字形的迎水区与散水区，均由呈三角形的铺地砖立砌而成，最宽处为 1 米。与管道相接处立砌一块铺地砖，中间挖出圆孔。过道地面东部稍低。

②遗物

在上述房址的南部、北部及过道内均见有秦代建筑倒塌堆积。

堆积较薄，主要为建筑构件，有板瓦、筒瓦、瓦当等，内夹杂一些夯土、烧土及木炭。其中房屋周围所见瓦当多为丙类 A 型夹贝卷云纹圆瓦当，仅在 F3 门道南侧发现有丙类 D 型夹心卷云纹圆瓦当残片；过道内倒塌堆积较多，所见瓦当均为丙类 A 型夹贝卷云纹圆瓦当（参见图一二七）。

（3）院落（Ⅱ2 二 Y1～Y5）

院落地面做法基本相同，下部垫沙或黑土，上部为红板沙。

Y1 位于本单元最南部。平面呈长方形，东西较长（图一一四）。其南为本组一单元建筑 Y3，两者的隔墙宽为 1 米左右；北为本单元 J1，自南墙北侧至 J1 台基南缘的距离为 8.7 米左右；东为本区第 1 组建筑院落，两院隔墙宽 1 米左右，不见相通的门道；西为本单元通往一单元的慢道，自慢道东缘至院落东墙西缘间的距离为 18.5 米。

现院内地面中部略低，四周稍高，未见向外排水的管道，推测已遭破坏。

院内南部的倒塌堆积主要来自于一单元建筑，北部建筑倒塌堆积主要来自于本单元 J1，东部主要来自于东部院墙与 J1，西部主要来自于本单元慢道（其堆积状态可参见相关章节）。本院内所见瓦当均为丙类 A 型夹贝卷云纹圆瓦当。

Y2 位于本单元西南部。平面呈长方形，南北长 12.9、东西宽 2.5 米（图一一四）。其南为本组一单元建筑台基；北为本单元 Y3，两院隔墙宽度为 1.1 米；东为本单元慢道；西为三单元 Y2，两院隔墙的宽度为 1 米。

院内未经发掘，在北墙中部发现有排水管道遗迹（图版一二七，2）。据三单元 Y2 内发现有台阶的情况推测，该院东北角亦应有台阶，由此通往本单元 J1。

院落内倒塌堆积较厚，应来自于周围的慢道、J1 及院落墙体（参见 J1 建筑倒塌堆积一节，参见图一一九）。

Y3 位于本单元西部偏南。平面呈长方形，南北长 9.6、东西宽 2.5 米（参见图一一四；图版一二八；图版一二九，1）。其南为本单元 Y2，两院落隔墙宽度为 1.1 米；北为 Y4，两院落隔墙宽度为 1 米；东为 J1 台基；西为三单元 Y3。

该院未经发掘，在北墙中部发现有排水管道遗迹，未发现门道。

院落内倒塌堆积较厚，主要来自于 J1 及院落墙体（参见 J1 建筑倒塌堆积一节，图一一八）。

Y4 位于本单元中北部。南为 Y3、J1，北为一排房址。西、东部均为本单元的院墙（图一一四）。平面大体呈曲尺形。院落东西长 24 米；南北宽度不一，东部较宽，自 J1 台基边缘至过道南墙南侧的距离为 9.2 米；西部较窄，自 Y3 北墙北侧至 F3 南墙南侧的距离为 4.4 米。

地面保存不好，现状为四周略高，中部较低。Y2、Y3、Y4 的积水通过其东北部过道内的排水管道向北排出。

该院落内的秦代建筑倒塌堆积分属于 J1、F1 ~ F3、过道等，参见前文。

Y5 位于本单元的最北部。平面呈长方形，南北宽 4.8、东西长 24 米（图一二八；图版一二九，2）。其东侧为第 2 组五单元院落，与之共用院墙。西侧为本组三单元 Y5，以院墙相隔。南部为本单元的一排房址。

院西北角有宽为 1.5 米的缺口，缺口两端墙体的两侧各发现一个础石坑，两两相对，应是门址所在，由此通往本组四单元建筑。门址中线与西墙内侧的直线距离为 2.25 米。

院内地面较平，积水自东北角排出。现见有一组排水管道穿墙而过。由迎水区、排水管道及散水区组成。其中迎水区、散水区的做法大体相同，外缘均以三角形铺地砖立砌，呈 "八" 字形，以挖出圆孔的铺地砖立砌连接排水管。迎、散水区规格亦相同，宽度为 0.75 米，长度为 0.5 米。整个排水管道的长度为 2.5 米。

在院落北墙西部外侧发现两个壁柱遗迹，从西向东编号为 d1、d2。两柱槽中心点的距离为 4.6 米，d1 距西墙内侧亦为 4.6 米。其中 d1 东西宽 0.3 米，深入北墙内 0.25 米。d2 东西宽 0.4 米，深入北墙内 0.25 米，两柱槽下均见有置于墙基之上础石。从础石所在位置看，在本区本组四单元南部应有建筑设施，但未经发掘，情况不详。

该院落内的秦代建筑倒塌堆积主要集中于院落墙体的四周，其中院落南部的倒塌堆积应属于 F1 ~ F3，所见瓦当均为丙类 A 型夹贝卷云纹圆瓦当。在院落北墙两侧多见乙类 B 型夹贝卷云纹半瓦当。值得注意的是在院落北墙中部南北两侧各发现一块甲类 A 型夔纹大瓦当残片。

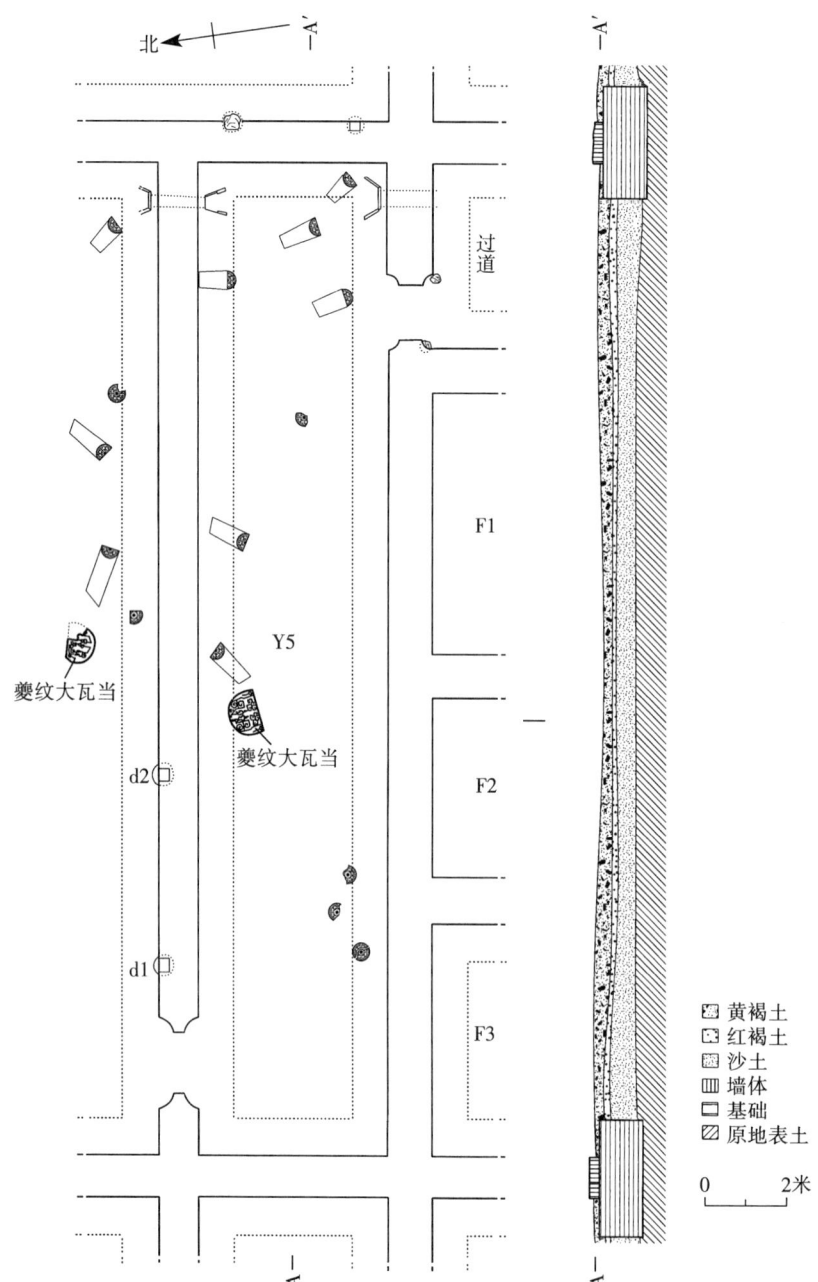

图一二八　石碑地遗址第Ⅱ区第2组二单元Y5平、剖面图

3. 第Ⅱ区第2组三单元

该单元南、北两侧院墙内侧间的距离为37.8米，东侧院墙内侧至西侧院墙基础内侧间的距离为24.4米左右（图一二九；图版一三〇）。

其东、北、西部均有围墙，东墙即本组二单元建筑西侧围墙，北墙即本单元与五单元建筑的隔墙，西墙系本组建筑与第3组建筑的隔墙。南部西侧亦见有围墙，东侧为本组一单元建筑台基。

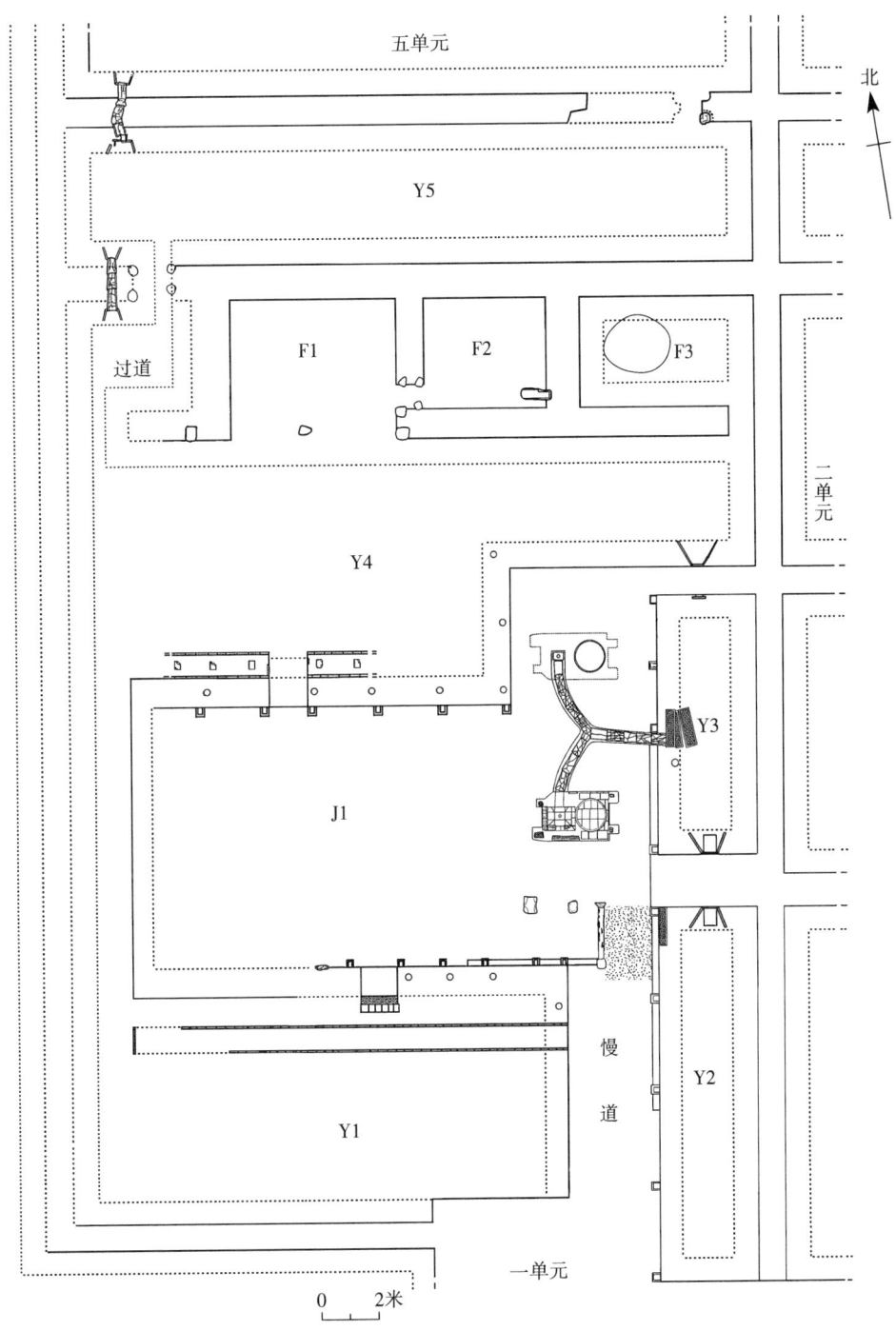

图一二九　石碑地遗址第Ⅱ区第2组三单元遗迹平面图

上述各墙基宽2.7~2.8米，除西墙仅见基础外，其余各面均见有建于基础中间部位的建筑墙体，宽1~1.1米。其中南部院墙保存较好，存高0.1~0.5米，北墙存高0.2米左右，东墙存高0.4米左右。

该单元中南部有一平面呈曲尺形的大型夯土台基，编号Ⅱ2三J1。该建筑除西部与西墙之间仅有一狭窄的过道外，其余三面均有院落，其南部的院落编号为Ⅱ2三Y1，东部从南向北并列分布的两个院落分别编号为Y2、Y3，北部的院落编号为Y4。在Y4北部有一排东西向排列的房址，从西向东分别编号为Ⅱ2三F1～F3。在F1的西侧还有一过道，由此通往其后院，后院编号为Y5。

　　该单元南部东侧的慢道与一单元建筑相连接；通过位于本单元东北角的门道与本组五单元建筑相通（参见图一〇七）。

　　（1）1号建筑址（Ⅱ2三J1）

　　其主体建筑结构比较复杂，现存基础、部分建筑台基及一些台上建筑遗迹。

　　①基础构造及保存现状

　　基础保存相对较好，平面呈曲尺形，夯筑。其南部边缘最长，东西为19.5米，东部与通往本组一单元的慢道基础相连接；西部边缘较窄，南北长11米；北部边缘自西向东延伸12.5米后北折4.7米，而后向东延伸6.2米与Y3北墙基础相连；东部最宽处为15.7米。基础深度为1.2米左

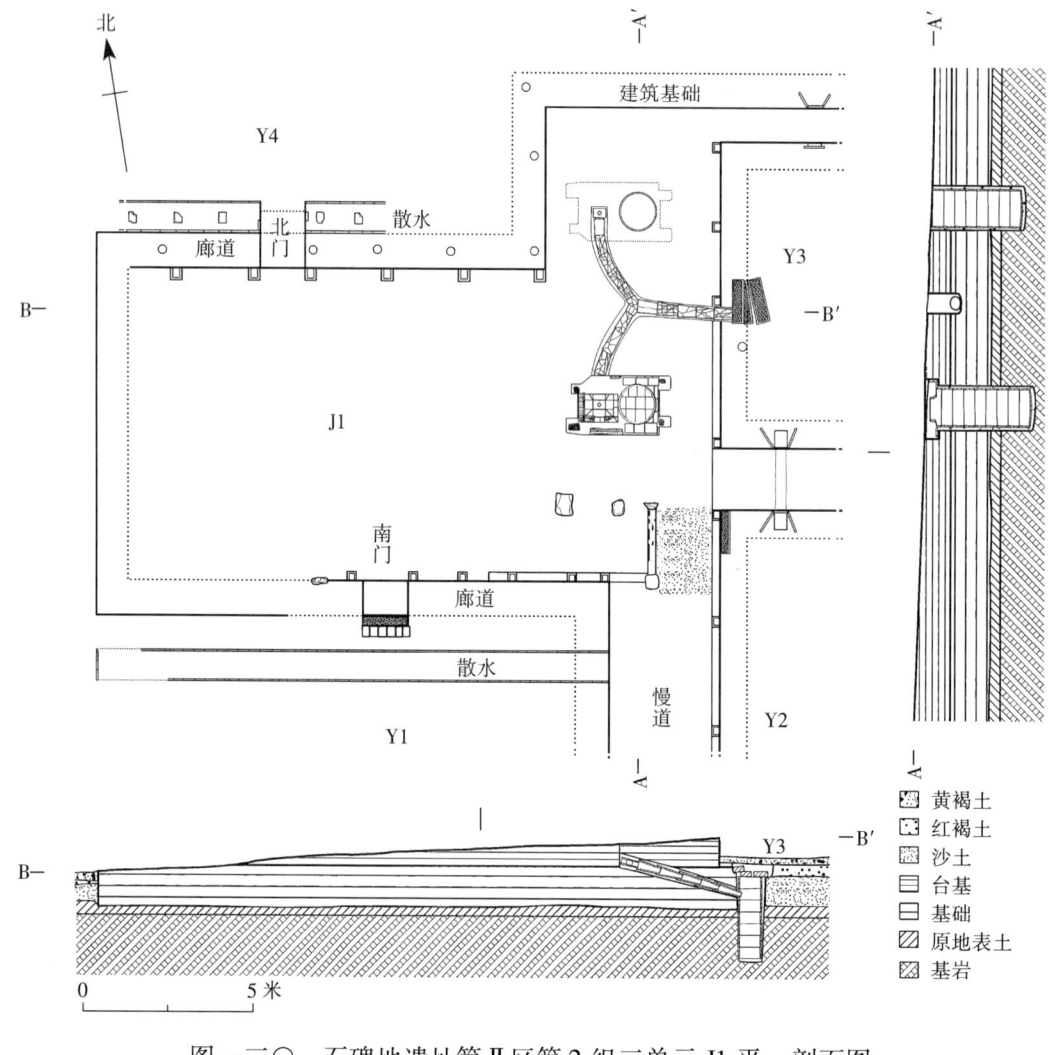

图一三〇　石碑地遗址第Ⅱ区第2组三单元J1平、剖面图

右，其下为生土（红黏土含碎石块），基础顶面高度与外廊地面基本平齐（图一三〇；图版一三一；图版一三二，1）。

②建筑台基及其周围的建筑遗迹

在基础之上的相关位置预置础石，而后修筑建筑台基（图一三〇）。

建筑台基建于基础之上，位于中间位置。其南部、北部外缘较基础内缩1米左右，东部内缩0.8米，西部遭破坏。台基顶面现状为东高西低，东侧局部保存了台基顶部地面，据此可知台基高度应为0.9米左右。台基周壁外面经加工处理，先于壁外贴碎瓦找平，而后抹草拌泥，经烧烤后形成一层保护面，其中北部曲尺形内拐角处西壁外层草拌泥已脱落，仅存碎瓦贴面遗迹。在台基的南、东、北部的边缘见有壁柱遗迹或础石。台基西部已遭破坏，现见基础以下部分，未见柱槽与础石。南、北缘壁柱分布不对称，各面柱槽的距离、数量不等。壁柱的做法为：首先沿台基边缘在预置础石的部位垂直下挖一道沟槽。而后在槽内抹泥，先抹粗泥，后抹细泥，泥厚0.05米左右，最后在槽内立柱。壁柱础石形状不规则，多近圆形，直径0.5米左右，顶面较平，距台基顶面的高度约0.9米。

在台基的周围发现有檐廊、散水及通往台基的踏步等。

为叙述方便，现分别介绍台基各壁保存情况及其周围的建筑遗迹。

台基南缘保存相对较好，东侧最高处保存高度为0.75米。在台壁上发现6个壁柱遗迹，从东向西分别编号为d1～d6；另有一块础石，应为台基被破坏至基础所致，故编号为d7。柱槽呈方形，边长为0.3米左右。壁柱呈长方形，外边长为0.2米，深入台壁0.25米左右。所见壁柱均经火烧，柱坑边缘经烧烤形成烧土硬壳。d1至d7的间距（两壁柱中线之间的距

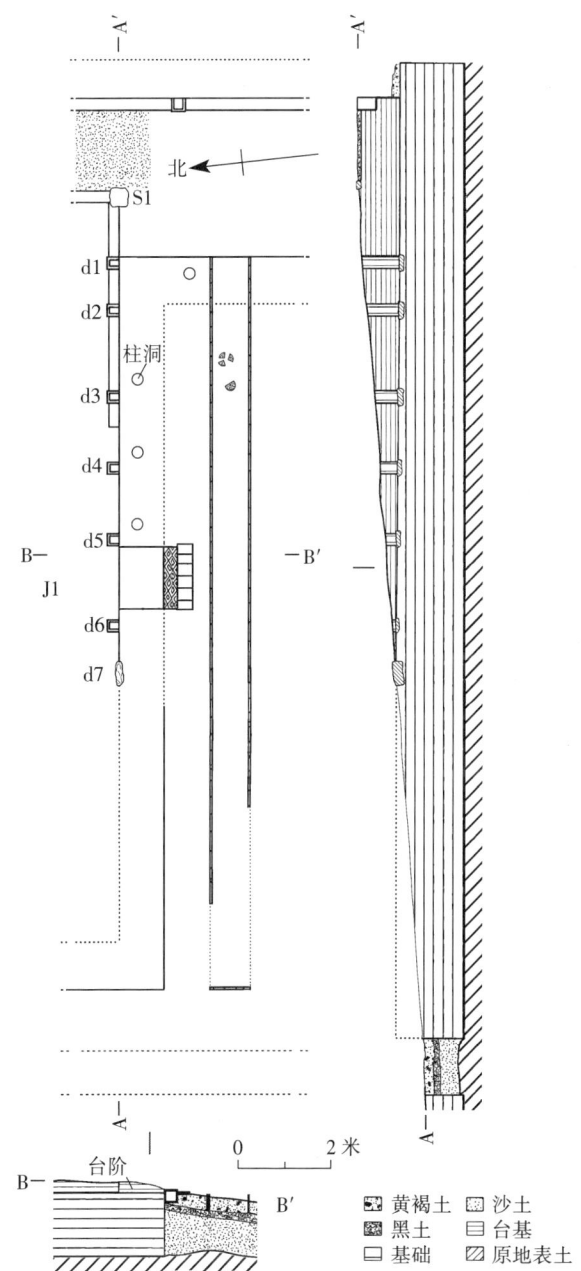

图一三一　石碑地遗址第Ⅱ区第2组
三单元J1台基南侧平、剖面图

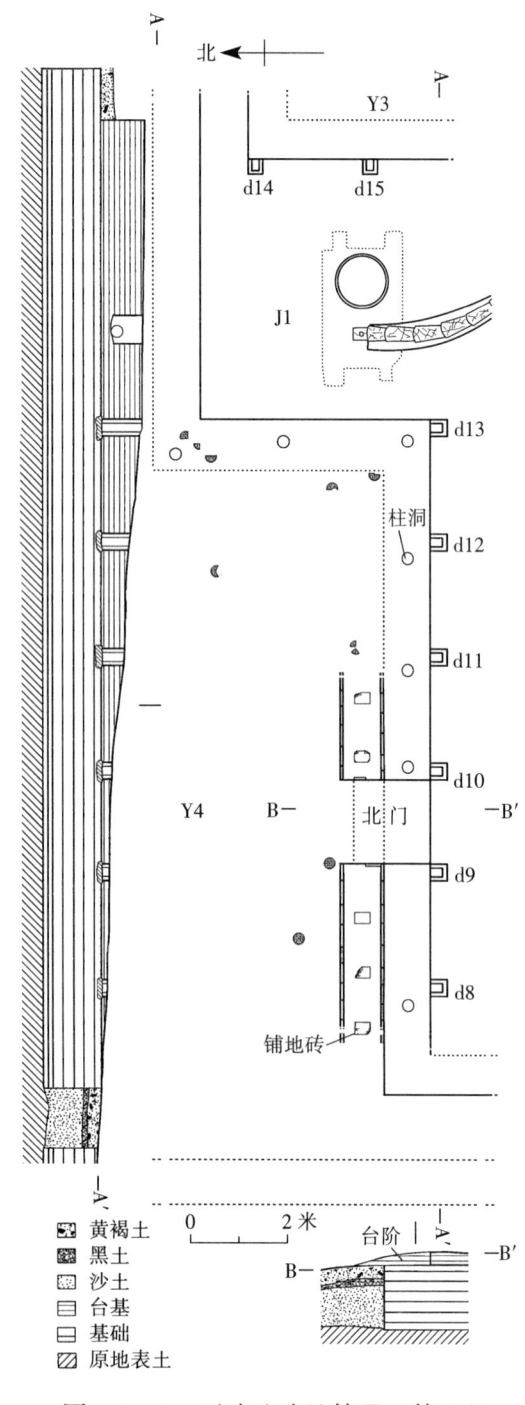

图一三二　石碑地遗址第Ⅱ区第2组
三单元 J1 台基北侧平、剖面图

离，下同）分别为 1、1.8、1.5、1.5、1.8、1 米
（图一三一）。台基南侧的檐廊宽 2 米，檐廊边缘立
砌破碎的铺地砖。铺地砖长度不等，厚度为 0.04 米
左右，埋入地面以下 0.1~0.25 米。在檐廊地面上零
星见有平铺的铺地砖，据此可推测檐廊地面铺砖。檐
廊外 0.9 米的范围内为散水，外缘亦以铺地砖镶边，
做法与檐廊边缘相同（图版一三二，2；图版一三
三）。在台基南部中间略偏东的位置发现有踏步遗
迹，现存夯土台阶、第一阶空心砖踏步、铺地砖等。
夯土台阶南起自檐廊边缘，南北长度为 1 米左右。南
部现存一阶，阶高 0.2 米，北部呈坡状与台基相连
接。阶东西宽为 1.3 米左右，其中心线至东侧慢道西
缘的距离为 6.7 米。夯土台阶南侧保存一块空心砖，
长 1.28、宽 0.33、高 0.23 米左右，大部掩埋于地面
以下，仅有纹饰的顶面露出地表。空心砖南侧平铺 6
块铺地砖（方砖铺墁），砖宽 0.26、长 0.32、厚 0.04
米，较地表高出 0.03 米左右。

台基北缘西侧最高处保存高度为 0.6 米。在台基
西段发现 6 个壁柱遗迹，从西向东分别编号为 d8~
d13；壁柱做法、规格与南缘相同，其中除台阶两侧
的 d10、d5 间距为 1.7 米外，其余各柱槽间的距离均
为 2.3 米左右（图一三二）。台基北侧的檐廊宽为 1
米，以铺地砖立砌镶边。檐廊中南部发现有 5 个圆形
柱槽，直径为 0.25 米左右，中心距台基北缘约 0.4
米，多位于相邻台基壁柱的西侧，用途不详。檐廊外
0.9 米的范围内为散水，外缘亦以铺地砖镶边。檐
廊、散水镶边所用铺地砖的规格及做法与南部相同。
散水中间零星见有铺地砖，砖上见有炭化的木柱痕
迹。台基北侧略偏西位置发现通往台基的台阶，中线
至台基北折处的距离为 7.7 米。该台阶已遭破坏，早期发掘取出一块空心砖踏步，标本 SSⅡ2 三
J1 北侧 BK∶1（附表一二）。现存夯土台阶及土阶上遗留的封堵空心砖两端的铺地砖残段。据台阶
及檐廊镶边的空缺范围推测，该门道宽、长度与南部者基本相同。

台基东缘及其南部的慢道东壁在一条直线上，均被利用为院落的隔墙，分属于本单元 Y2、

Y3。上述两个院落在基础上铺垫黄沙及黄褐土形成院落地面，地平较邻近的 Y1、Y4 高 0.3～0.5 米。建筑台基部分被掩埋于地面以下，因此该侧建筑台基露明部分存高仅 0.3～0.5 米左右（图一三三、一三四）。在台基东缘发现壁柱遗迹 6 个、慢道东壁 3 个，从北向南依次编号为 d1～d9。其中 d1 位于 Y3 西北角，d4 位于 Y3 西南角，d5 位于 Y2 西北角，d9 位于 Y2 西南角，d1～d9 中心点间的距离依次为 2.55、2.15、4.1、1.9、3、3.15、3.3、2.4 米。从现存痕迹看，壁柱规格、做法与南缘壁柱基本相同。

台基西部地面被破坏，构造不详。台基东部为 Y2、Y3。其中 Y2 内有通往台基的踏步，详见后文。

③台基上的建筑遗迹

建筑台基顶面保存不好，其上建筑墙体及房屋设施等均已无存，目前局部发现有建筑地面及础石遗迹（参见图一三三）。保存有建筑地面的地点位于台基东南角与南侧慢道交界处。其分布

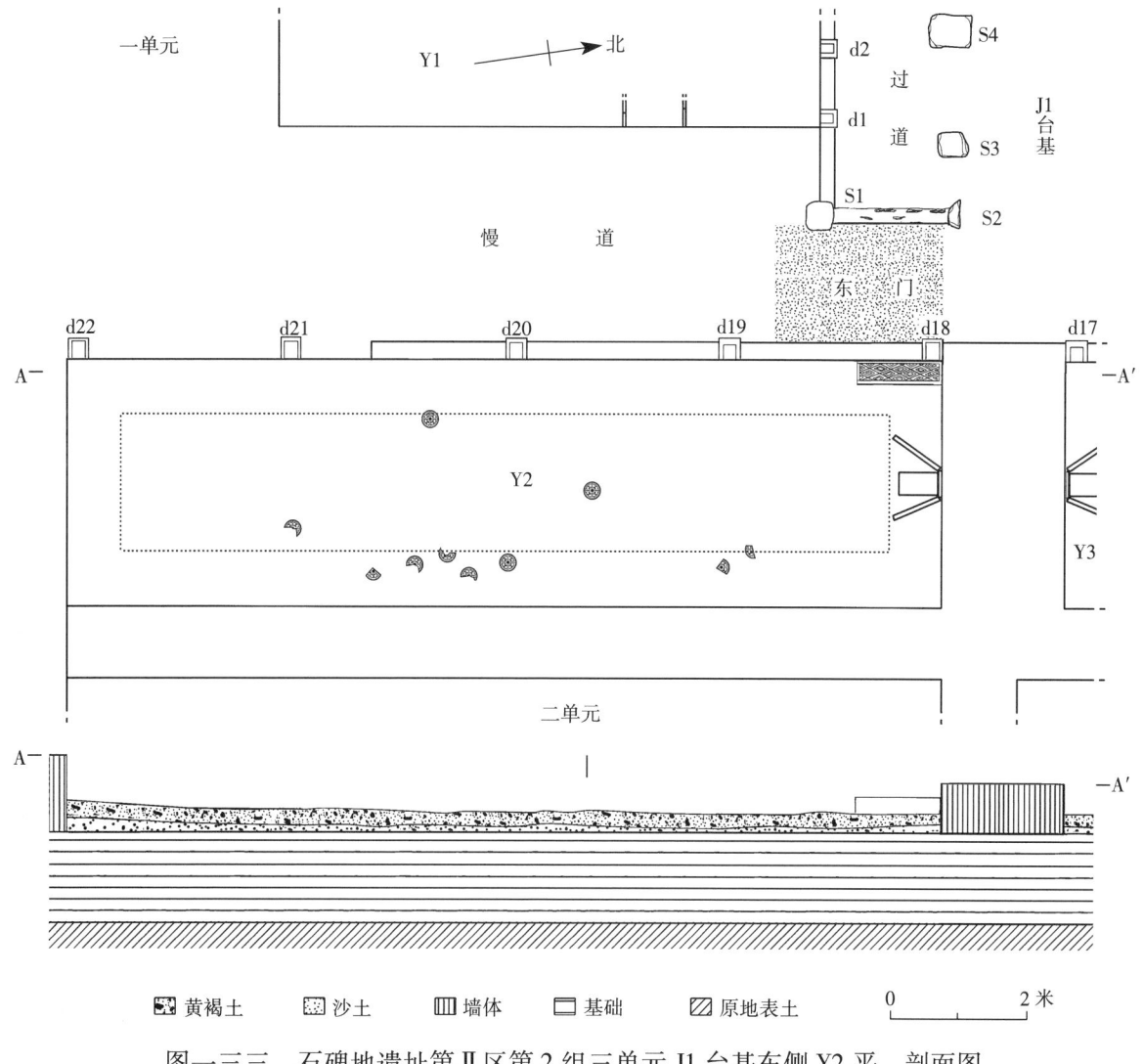

图一三三　石碑地遗址第Ⅱ区第 2 组三单元 J1 台基东侧 Y2 平、剖面图

范围大体呈长方形，现存东西宽1.7、南北长2.5米，距基础顶面的高度为0.75米左右。现其西部、北部较周围台基低0.05米，根据台基高度推测，该范围地面较周围台基地面低0.15米左右。地面做法为：在黄土中掺杂黄豆粒大小的白色圆形沙粒进行夯打，厚度为0.1米左右，极为坚硬，类似当代的"水磨石"地面（为叙述方便，以下特称之为"掺石地面"）。该地面一直延伸至南侧慢道上，据此可推测出慢道的地面位置及做法。在"掺石地面"西部建筑台基上共发现有4块础石，分别编号为s1～s4，其中s1位于台基与慢道交界处的地面范围西部，大体呈圆角方形，边长0.4米左右。s2位于地面范围的西北角，仅存础石局部。上述两础石中心点间的距离约为2米。在地面西侧两础石间现见一条沟槽，存深0.02米，宽度为0.25米，内有木炭痕迹。位于s2西部的两块础石s3、s4与s2大体在一条直线上，三者的间距为1、1.6米。s3、s4大体呈长方形，大小不一。据建筑台基顶面高度推测，上述础石均为暗础。据此亦可以推测，s2、s3、s4的南侧应为台基上部的过道。"掺石地面"的东侧为Y2，该地面的北缘与Y2北墙南缘恰在一条直线上。在Y2西北角贴近J1台基东壁处发现一块空心砖，长128、宽34、高20厘米，应为踏步。在踏步上部的J1台基边缘发现一条沟槽，上有木炭痕迹。据上述迹象分析，这里应是一处由Y2通往J1的门道。

④台上建筑的内部设施

台上建筑均已被毁，仅在其东部保留了建于台基内部的部分建筑设施。

在台基东部加宽范围的中间部位，发现有两个井窖及与之相关的污水处理系统。

现见暴露于台基地面下的是南北排列的与台基边缘垂直的两个类似长方形的土坑，结构相同，功能不详。两坑中心点间的距离为5.6米（参见图一三四；图版一三四）。

为叙述方便，现将位于南部的一个井窖编号为j1，北部的编号为j2，分别予以介绍。

j1及其周围设施

该设施的构造为：在台基地面向下挖出一东西长2.4、南北宽1.6、深0.4米左右的长方形土坑，坑底不平。坑中心点与"掺石地面"北缘的垂直距离为2.9米，与台基东缘的垂直距离为3米。现见坑表的台基高度为0.75米左右，以台基原相对高度为0.9米推算，原坑深应为0.55米左右。坑的东、西两端又各向外伸出两段沟槽，沟槽宽0.3～0.4米，长亦为0.3～0.4米，深度与坑相同（图一三五；图版一三五，1）。

土坑内的设施被分成东、西两部分。

东部有一井窖，编号J1j1（即1号建筑址1号井，下同），具体做法为：在坑东部中间位置挖出一直径1.15、深2.7米左右的圆坑，用以放置井圈。井圈为圆形，内径0.95、壁厚0.03～0.05米，上口较厚，下口较薄。每节井圈高0.35米左右，共有9节，圈圈相接，形成井窖，井窖底部铺一层铺地砖，呈锅底状。井窖中心点与土坑南、东、北部边缘的垂直距离均为0.8米左右。最上部的一节井圈顶端与现坑口基本平齐，其南、北两个近四分之一半弧被人为有意打掉。在井窖周围的土坑底部及外壁均平铺或立砌铺地砖，坑底平铺的铺地砖与井圈外壁对接紧密，其顶面与

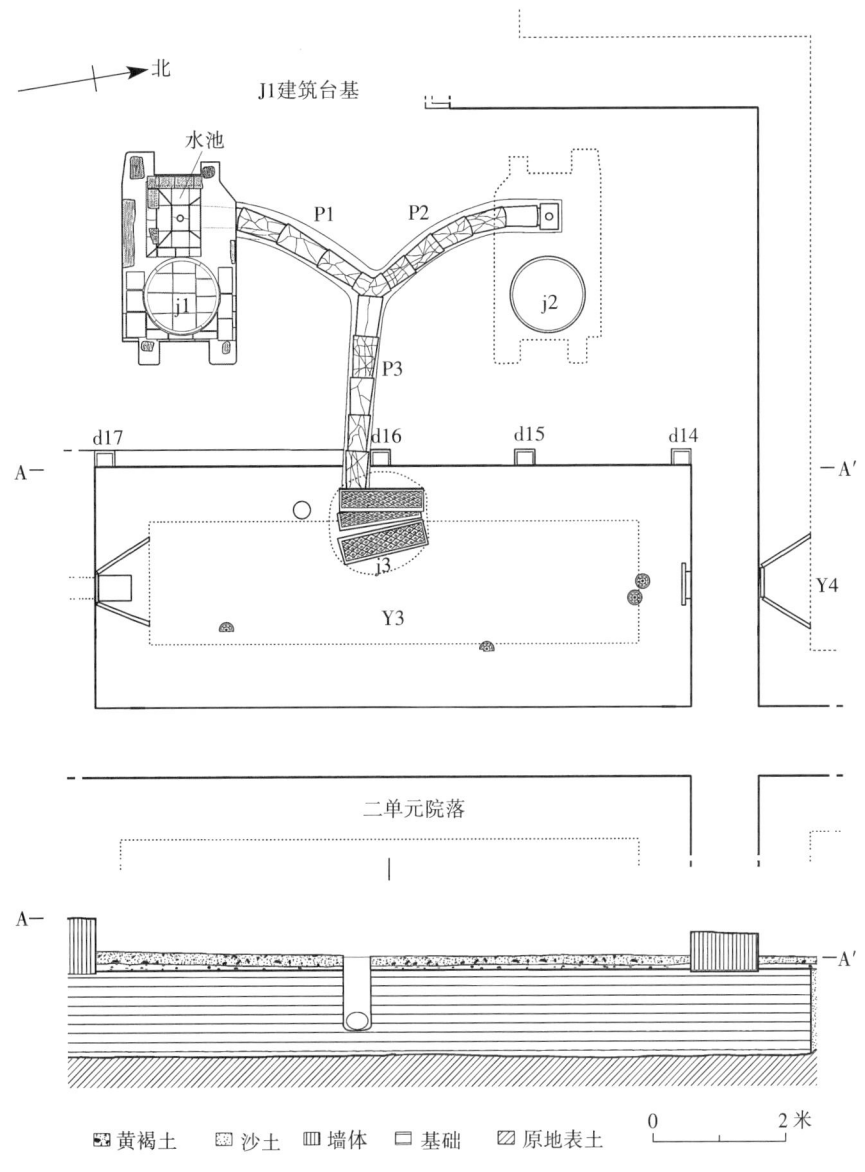

图一三四　石碑地遗址第Ⅱ区第2组三单元J1台基东侧Y3平、剖面图

上数第二节井圈的上口平齐。井圈北面、南面土坑内壁立砌有铺地砖，东面除沟槽部分以外的内壁也立砌有铺地砖，近沟槽处的立砌铺地砖被切削成圆弧状。井圈周围的铺地砖上以及沟槽内遍布木炭灰，推测其上应放置有平铺的横木。北、南部东西向的横木底圆上平，伸出坑外，置于沟槽之中，遇井圈后难以直行通过，故将井圈的南北边缘各打掉一块，木方的顶端与最上一节井圈的上口平齐，暴露于地表上部的井口部分应呈长方形。从台基高度及土坑深度看，现见井口以上还应有其他设施。

　西部有一个小型"水池"类设施，具体做法为：在坑底预置排水管道"弯头"（详见下文），其上平铺一块铺地砖，砖东西长0.35、南北宽0.25米，中间有一穿孔，孔径0.09米左右，孔对应其下弯头的中间部位。在该铺地砖的四周，又以铺地砖向上斜砌，各边铺地砖与坑底地面的倾

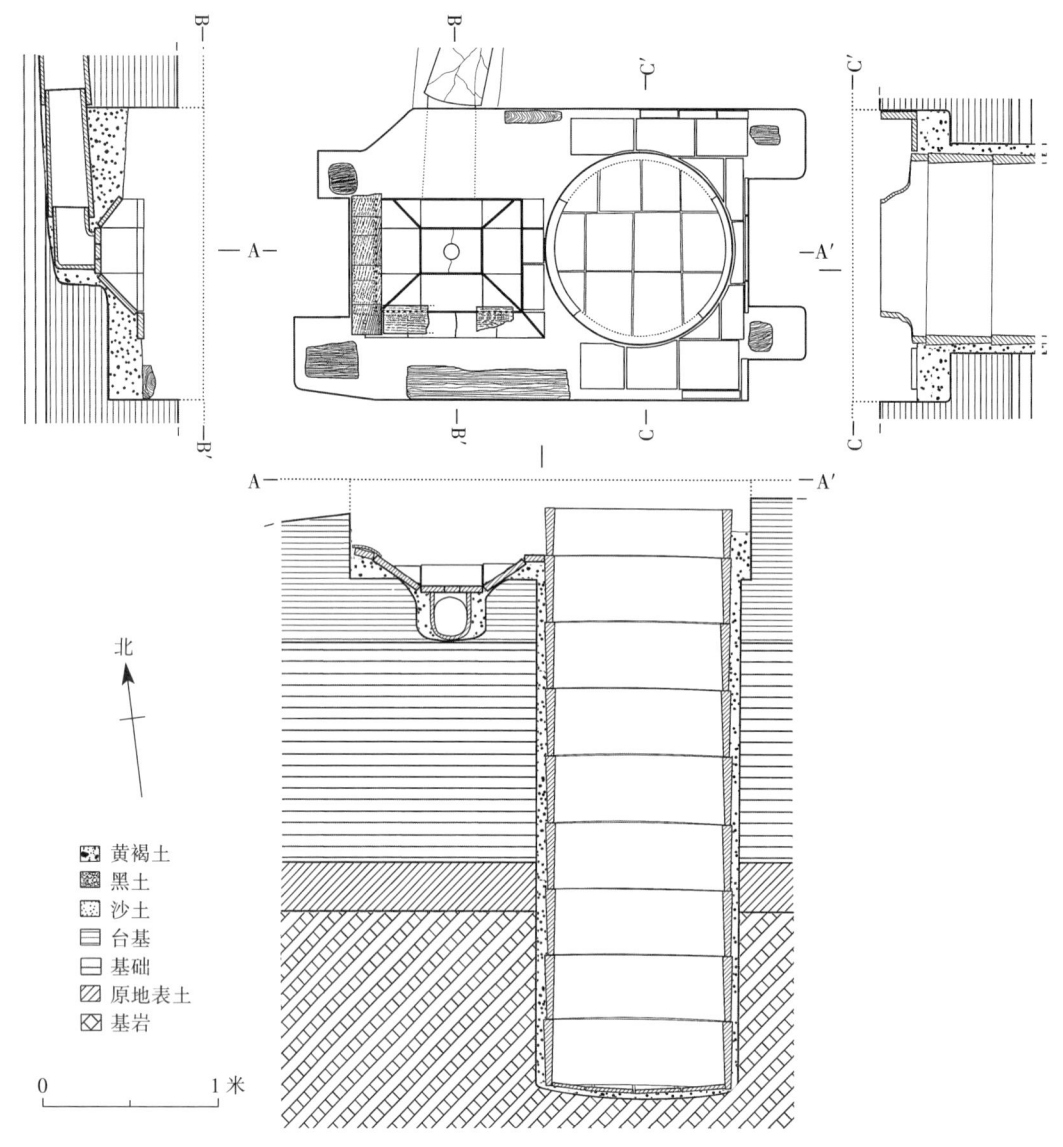

图一三五　石碑地遗址第Ⅱ区第 2 组三单元 J1 南部井窖 j1 结构图

斜角度在 30°~45°之间，斜砌的铺地砖下部垫土。斜砌与平置铺地砖缝隙相对应，为使之结合紧密，四角对接处的铺地砖经切削打磨。砖砌水池上口东西长 0.8、南北宽 0.6 米。在水池上部的东、南、西部边缘，又以宽约 0.1~0.13 米的窄条铺地砖平铺。似乎出于防渗的需要，在顶部铺地砖交界的缝隙处放置了一周切成窄条的板瓦。水池上口东边贴近井窖，西边与土坑边缘基本平齐，中心点与土坑南、北两边的距离大体相等，东西长 1.06、南北宽 0.82、深 0.3 米，略低于坑口。水池边缘亦见有大量木炭，推测其上应有放置的横木，其西缘向外伸出的沟槽与放置的横木有关，从台基的高度及土坑的深度推测，现见水池以上还应有其他设施。

从现存迹象看，该坑内东、西两部分不同功用的建筑设施应为分别建造而成的，包括周围平铺的横木均为分别铺垫，位置有错动，因此沟槽并不对应。

"水池"下部见有排水管道，为叙述方便，将其编号为 J1p1（即 1 号建筑址第 1 组排水管道，下同）。排水管道是在夯土台基建成以后埋设的，现存台基表面见有宽约 0.4~0.5 米的弧状沟槽，槽底有一定的坡度，故不同部位沟槽深度不等，用以埋设排水管。管道首端连接水池的是一个呈"弯头"状的排水管，立置。弯头上部竖直的部分较短，长度为 0.03 米左右，下部与排水管道粗端套接的部分较长，为 0.13 米左右。该"弯头"上口直径为 0.24 米，与管道连接的下口直径为 0.2 米。该处沟槽底部位于基础顶面，至台基顶面的高度约为 0.9 米左右。

连接弯头的这组排水管道由 4 节排水管套接而成。排水管规格大体相同，长度为 0.7 米左右，剖面呈梯形，粗端直径为 0.26 米，窄端直径为 0.22 米左右，壁厚为 0.01 米左右。管道向东北方向带有一定的弧度延伸，与北部的一处同类设施的排水管道（编号 J1p2）在台基地面下部中间地区交汇，交汇处有一制作成类似"三通"的排水管。该处沟槽底部至台基顶面的高度为 1.25 米左右，排水管底部与水池下排水管底部的高差为 0.35 米左右，自水池孔中心至"三通"中心的直线距离约为 2.85 米。

"三通"系由"弯头"改制而成。将弯头横置，两端分别连接 J1p1、p2。弯头向东，拐角处被打掉，另插入一节排水管，与一组呈东西向的排水管道相通（编号 J1p3）。

J1p3 由 5 节排水管组成，自与三通套接处至最后一节排水管尾端的长度为 3 米左右，穿越台基至 Y3 中部的渗水井内（编号 J1j3）。此处沟槽底部至台基顶面的高度为 1.8 米左右，深入基础下 0.9 米。出水管底部与"三通"底部高差为 0.55 米左右，整个排水管道首、尾高差为 0.9 米。

渗水井位于 Y3 内南北中心线略偏西的位置，在距离台基东壁约 0.1 米处沿基础下挖井窖，井窖呈圆形，上口较大，下口稍大于井圈。内置 7 节井圈，每节井圈的直径为 0.7 米，高 0.35 米左右，壁厚 0.02~0.04 米，上口较厚，下口较薄，圈圈相接，总深度为 2.5 米左右（图一三六；图版一三六；图版一三七，1）。

J1p3 的尾端排水管从 j3 上数第 2 节井圈中部穿出，在井圈相应的位置切出一圆形缺口。顶部一节井圈的上口较基础顶面低 0.3 米左右，其上叠置三块空心砖封住井口。各空心砖的长度为 1.26 米左右，宽度为 0.34~0.38 米，高 0.17~0.21 米（参见附表一二）。空心砖顶面与基础顶面基本平齐。在空心砖之上垫土，厚度为 0.2~0.4 米，形成院落地面。院落地面西侧较高，中、东部较低。

在 j3 南侧约 0.5 米处，有一节口部稍高于 Y2 地面的排水管，管径 0.2 米左右，竖立于地下，高度为 0.5 米左右，其下部又有一南北横置的排水管，首端打掉一个缺口与直竖的排水管尾端相接，其尾端置于第 1 节井圈中部，并打破该井圈。该设施应主要起通风作用。

j2 及其周围设施

该设施保存不好，"土坑"已破坏至底部；东部的"渗水井"（j2）顶部一节已完全被毁，周围地面设施无存。该井中心至台基北缘的距离为 3.1 米，j1、j2 中心点的连线与台基东缘平行。j2 井窖做法与 j1 相同，井圈规格亦相同，现存 8 节井圈，存深 3 米左右；西部"水池"类设施已被

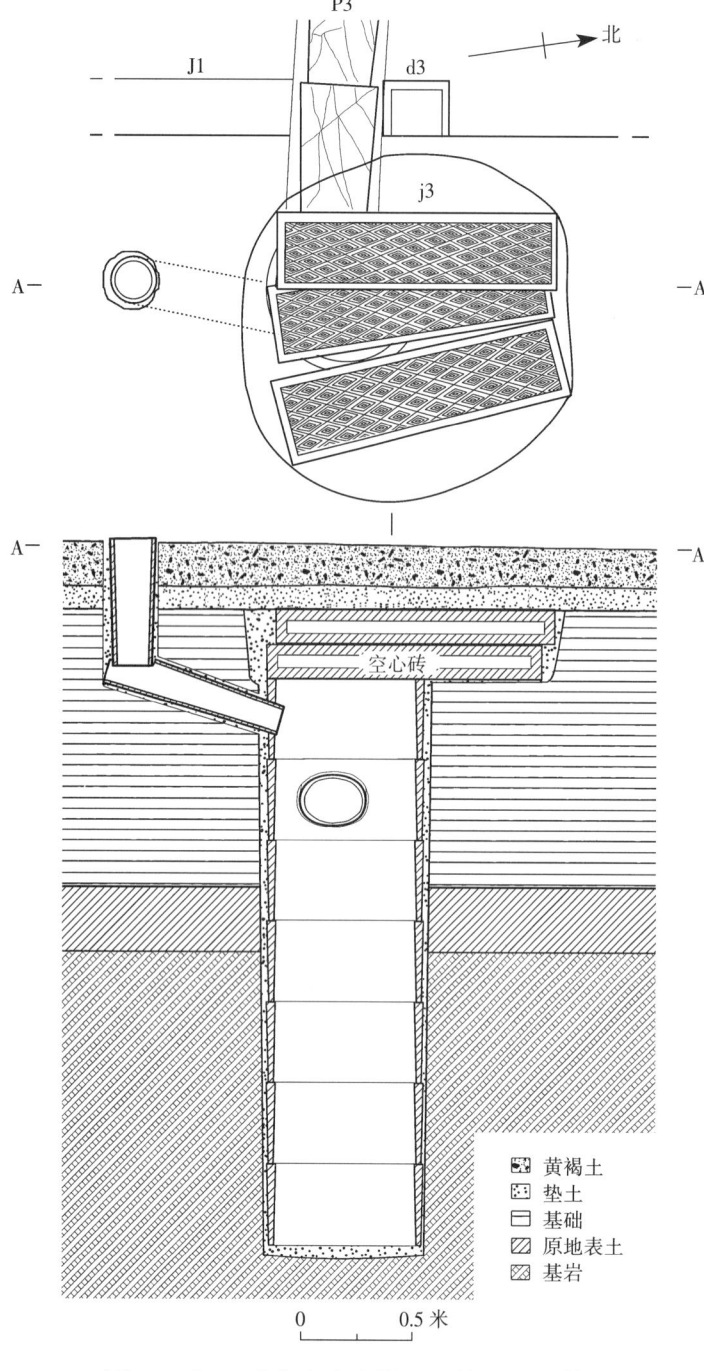

图一三六　石碑地遗址第Ⅱ区第2组三单元
J1Y3内渗水井j3结构图

文（参见图一三二）。

⑥J1周围的建筑倒塌堆积

J1台基上部的建筑倒塌堆积较少，主要见于井窖内部及台上地势较低处。其中北部井窖内见有甲类A型夔纹大瓦当残片（参见附表四）。

破坏，现仅存底部带有穿孔的铺地砖，规格、形态与南部发现者相同。其下亦有"弯头"连接排水管道（p2）；J1p2由弯头与5节排水管连接而成，与台基中部的"三通"相连接。各相关建筑构件规格、做法与p1相同。其首节排水管底部与"三通"底部的高差为0.35米左右，自水池孔中心至"三通"中心的直线距离为3米左右（参见图一三四；图版一三五，2）。

⑤J1南侧的慢道

在J1东南部与J1台基相连处，有一条南北向的廊道，通往本组一单元建筑。因其有一定的坡度，故称之为慢道（参见图一二九）。慢道北与J1台基相接，东缘与J1台基东缘在一条直线上。南连本组一单元Y2北部廊道。南北长8.8、东西宽3.3米。其西部为Y1，东部为Y2。慢道北部现存高度与J1台基现存高度相同，南部高度与一单元Y2北部廊道高度相同。现存南、北部高差为0.4米左右，南高北低。慢道东、西部基础较慢道宽0.8米左右，南高北低，掩埋于院落地面以下。慢道两侧的院落地面亦为南高北低。慢道东北部见有"掺石地面"，顶面其他迹象无存。

慢道东侧见有壁柱遗迹，详见前

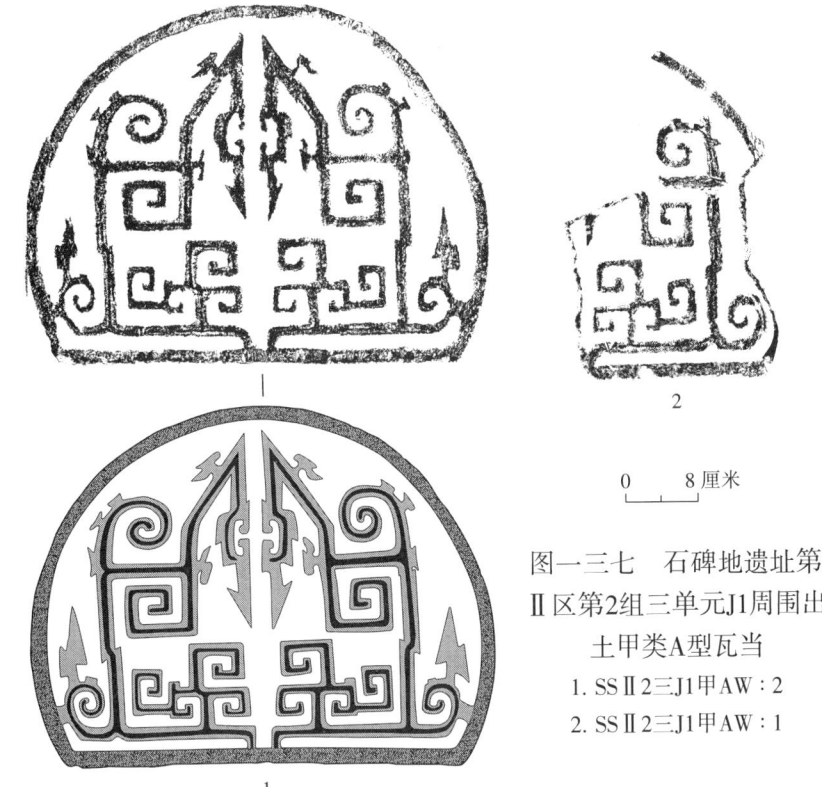

0 —— 8 厘米

图一三七　石碑地遗址第
Ⅱ区第2组三单元J1周围出
土甲类A型瓦当
1. SSⅡ2三J1甲AW：2
2. SSⅡ2三J1甲AW：1

J1周围的建筑倒塌堆积较多。西侧为一较窄的过道，倒塌堆积相对较少，但却出土有甲类A型夔纹大瓦当（参见附表四）、乙类B型卷云夹贝纹半瓦当（参见附表六）等建筑构件。其中乙类B型瓦当似应为其西院墙的建筑构件，而甲类A型瓦当应属于J1。标本SSⅡ2三J1甲AW：1（图一三七，2；附表四；图版一三七，2），红褐色，纹饰线条较方正，与J1东侧出土的同类瓦当相同。

东侧院落Y2、Y3内的倒塌堆积较厚，应多为J1东侧的建筑倒塌堆积。堆积中主要见有建筑构件，多为板瓦、筒瓦碎片，夹杂夯土及少量的木炭，无规律。还有少量的空心砖残片、铺地砖残片、瓦当等。在与西侧大体相对应的位置见有甲类A型夔纹大瓦当，标本SSⅡ2三J1甲AW：2，出土于本单元Y2内，灰色，当面保存完整，夔纹线条较方正，瓦筒保存长度为33厘米，与当面结合紧密，厚2厘米（图一三七，1；附表四；图版一三八，1）。

北侧倒塌堆积较厚，主要见于其檐廊与散水的范围之内，靠近台基边缘处堆积较厚，与台基现存高度基本平齐，散水处较薄。内出土有可复原的甲类B型筒瓦，标本SSⅡ2三J1甲BT：3（图一三八，1；附表三；图版一三七，3），身长53.3、扣尾长4.2、宽17.8厘米。所见瓦当多为乙类B型夹贝卷云纹半瓦当，标本SSⅡ2三J1乙BW：3（图一三九，2；附表六），亦有丙类A型夹贝卷云纹圆瓦当，标本SSⅡ2三J1丙AW：1（图一三九，4；附表七；图版一三八，2），零星见丙类C型串状蘑菇形卷云纹圆瓦当，标本SSⅡ2三J1丙CW：2（图一四〇，1；附表九），丙类D型夹心卷云纹圆瓦当，标本SSⅡ2三J1丙DW：2（图一四〇，2；附表一〇）。

南侧倒塌堆积亦较厚，堆积状态与北侧基本相同。出土有可复原的甲类B型筒瓦，标本SSⅡ

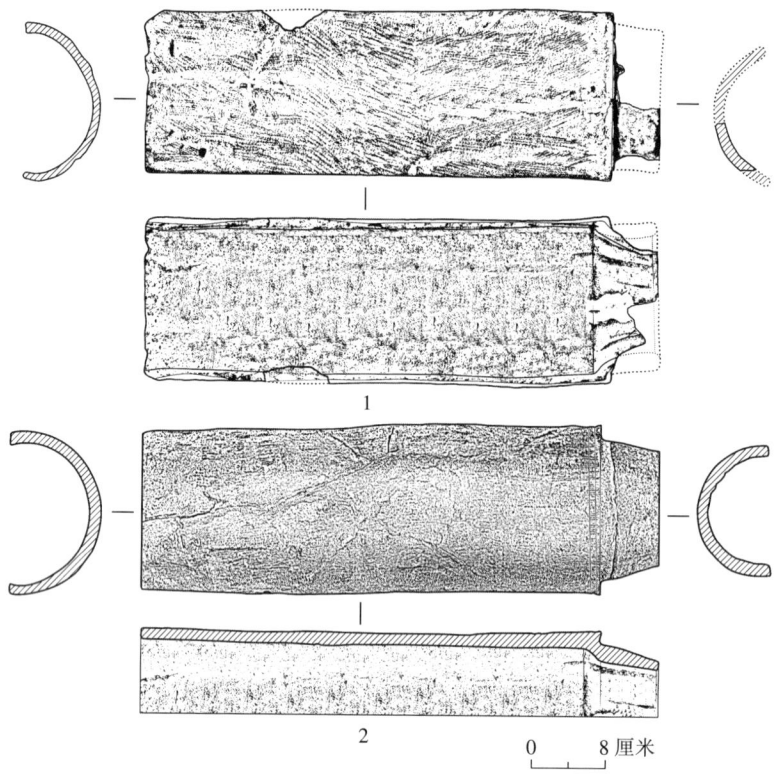

图一三八　石碑地遗址第 Ⅱ 区第 2 组三单元 J1 周围出土筒瓦

1. SS Ⅱ 2 三 J1 甲 BT：3　2. SS Ⅱ 2 三 J1 甲 BT：4

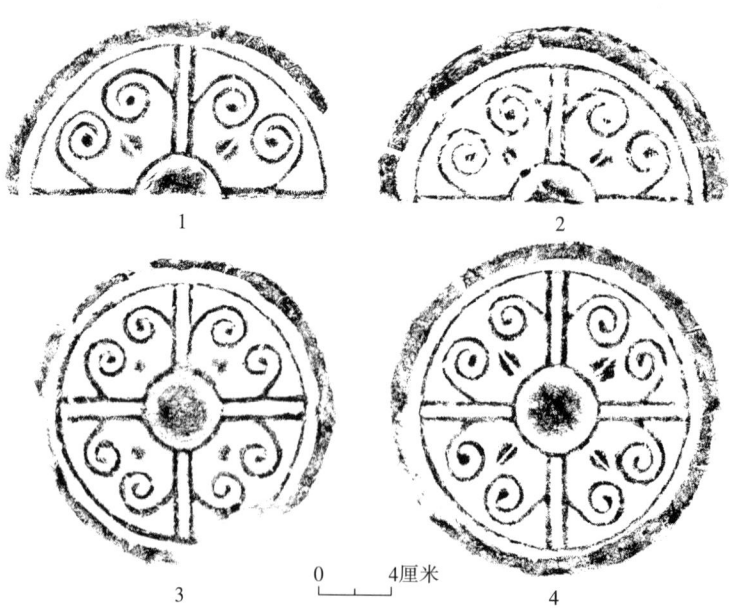

图一三九　石碑地遗址第 Ⅱ 区第 2 组三单元 J1 周围出土瓦当

1. SS Ⅱ 2 三 J1 乙 BW：1　2. SS Ⅱ 2 三 J1 乙 BW：3　3. SS Ⅱ 2 三 J1 丙 AW：4　4. SS Ⅱ 2 三 J1 丙 AW：1

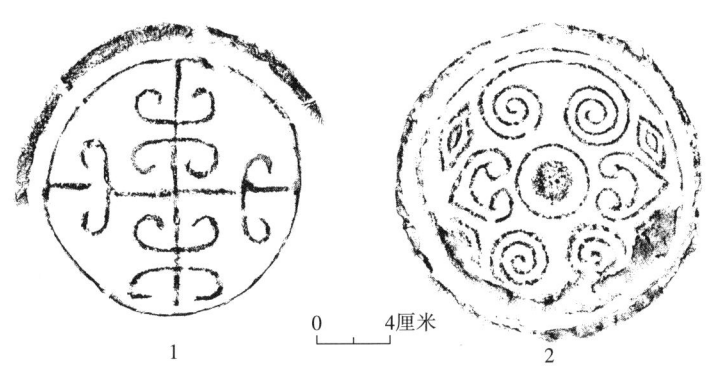

0 ____ 4厘米

1　　　　　　2

图一四〇　石碑地遗址第Ⅱ区第2组三单元J1周围出土瓦当

1. SSⅡ2 三 J1 丙 CW：2　2. SSⅡ2 三 J1 丙 DW：2

2 三 J1 甲 B T：4（图一三八，2；附表三），身长 51、宽 17.5、扣尾长 6 厘米。所见瓦当类型有：乙类 B 型夹贝卷云纹半瓦当，标本 SSⅡ2 三 J1 乙 BW：1（图一三九，1；附表六；图版一三八，3）、丙类 A 型夹贝卷云纹圆瓦当，标本 SSⅡ2 三 J1 丙 AW：4（图一三九，3；附表七；图版一三八，4）等。

慢道两侧院落内倒塌堆积中的瓦当亦为丙类 A 型夹贝卷云纹圆瓦当（参见附表七；分布状态参见图一三一～一三四）。

（2）房址（Ⅱ2 三 F1～F3）

位于本单元北部，东西向排列。自西向东分别编号为 F1、F2、F3。在该组房址的西部有一过道，由此通往本单元 Y5。

①遗迹

F1、F2 建于一南北宽 7.8、东西长 15.2 米的条形夯土基础之上。基础建于生土之上，深度为1.3～1.4 米。F3 及过道墙体建于墙基之上（图一四一；图版一三九）。

各房址的规格及做法均有所不同。

F1 平面呈长方形。房址东西宽 5.9 米，北墙内缘至南部础石外缘的距离为 4.7 米左右（图一四一）。北部墙体建于基础之上，宽度为 1.2 米，墙体较基础内缩 0.9 米；西墙内侧局部保存，外侧呈坡状被破坏至基础，因基础与墙体夯土质地、颜色相同，故难辨其宽度，墙体内缘至基础外缘的宽度为 2 米，墙体内侧至墙上础石外缘的距离为 1.2 米，或为 F1 西墙的宽度；东墙宽 1 米，系与 F2 的隔墙；F1 未发现南墙。其西、北、东墙的保存高度为 0.05～0.2 米。室内地面系在基础之上垫一层 0.1 米厚的黄褐土经夯打而成，较平整。在室内南部中间位置发现 1 块础石，在西墙西南角、东墙东南角亦各发现 1 块础石，3 块础石顶面平整，大部掩埋于地面以下，顶面与地面平。3 础石中心点间的距离大体相等，为 3.7 米左右，其外缘与 F2、F3 南墙外缘大体在一条直线上。该房址东部有门道与 F2 相通，门道宽 0.9 米，门两旁发现两两对应的 4 块础石，础石已露出地面，原应为暗础。

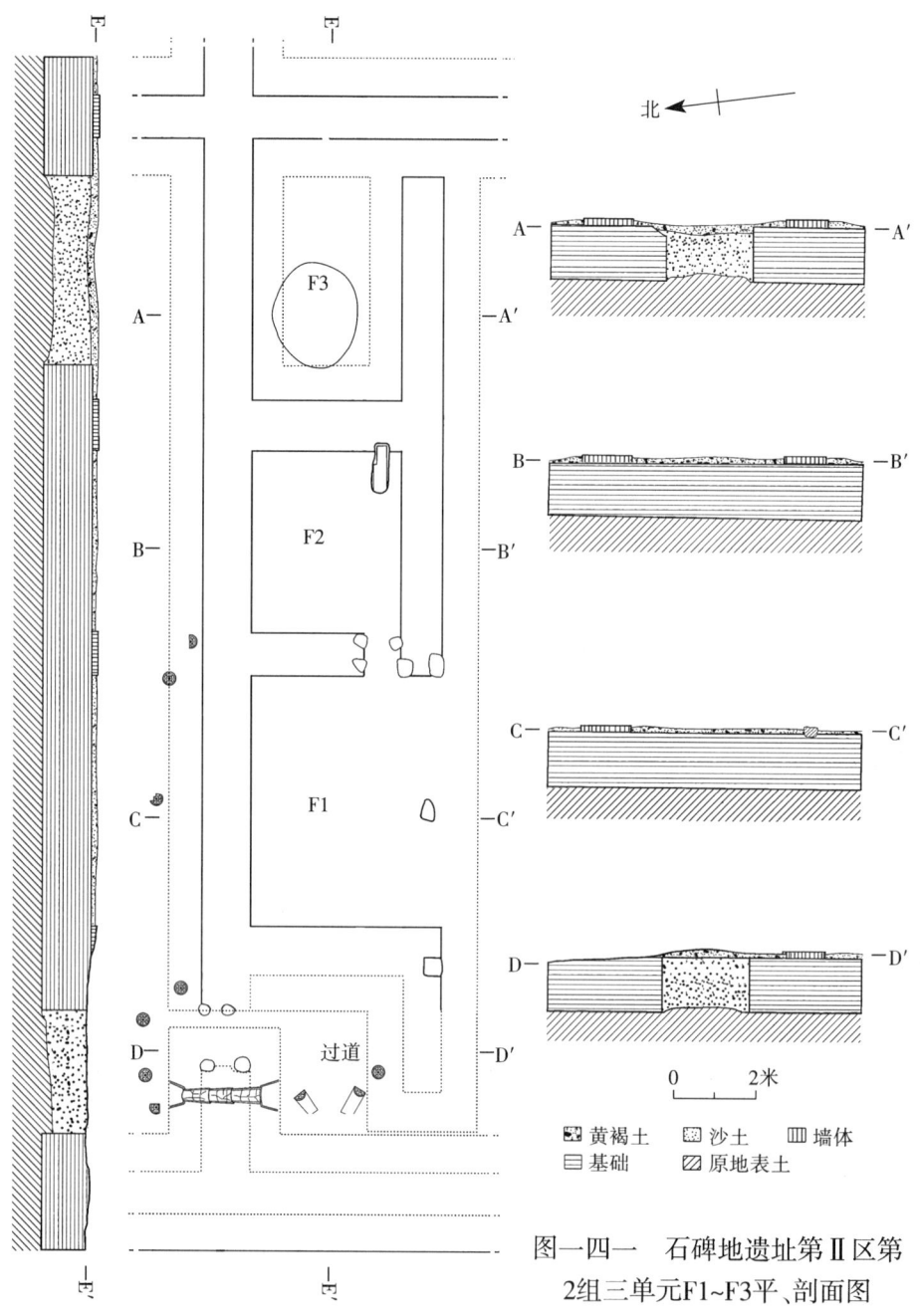

图一四一　石碑地遗址第Ⅱ区第
2组三单元F1~F3平、剖面图

F2 平面亦呈长方形。室内东西长 4.3、南北宽 3.8 米（图一四一）。北墙与 F1 北墙规格、做法相同；西墙即 F1 东墙；南墙宽 1 米，较基础内缩 0.9 米；东墙宽 1.2 米，系与 F3 的隔墙，较基础内缩 0.8 米。各墙体保存高度为 0.1~0.2 米。室内地面较平，做法与 F1 相同。东南角有一近圆角长方形的土坑，坑深入室内地面以下 0.3 米，东西长 1.4 米，深入东墙内 0.2 米。南北最宽处为 0.5 米。四壁经烧烤，呈红色，应系灶类设施。门在西南角，与 F1 相通。

F3 平面呈长方形。室内东西长 6.2、南北宽 3.8 米（图一四一）。北墙建于一道宽为 2.8 米的基础之上，基础外缘与 F1、F2 基础外缘平齐。墙体宽度为 1.2 米，北部较墙基缩 0.9 米；西墙即

F2 东墙；南墙亦建于夯土墙基上，墙基宽 2.8 米，南缘与 F2 基础南缘在一条直线上，墙体宽 1 米，两侧较基础内缩 0.9 米；东墙利用了本单元建筑的东墙，墙宽 1 米。上述墙体保存高度为 0.1 ~ 0.2 米。在室内东南角有一缺口，宽 0.9 米，应为门道，但不见础石与柱槽。室中心有一直径为 1.5 米的圜底圆坑，内部堆积为较纯净的灰土，不见任何遗物。室内地面为黄褐土，厚 0.1 米。

F1 与 F2 两房相通，类堂、室结构，这处布局形式已见多例。F3 地面下有灰坑，门道构造简单，应另有所用。

在 F1 的西侧发现有墙基、础石坑、排水管道等遗迹，综合分析其应为过道所在，构造应与本组二单元北部东侧的过道相同。

过道南部的一道墙基南北宽 2.8 米，与 F1 基础相连，东西长 2.9 米，其上应有建筑墙体与 F1 西墙相连，已被破坏。其西侧有缺口，当为门道，可称之为南门；北部墙基南北宽 2.8 米，北缘与 F1 基础北缘平齐，西与本单元西墙墙基相连，东西长 2.5 米，其上应有建筑墙体。其东部有缺口，缺口两侧见有 4 个对应的础石坑，应为门道所在，可称之为北门，由此通往本单元 Y5。在北门西侧墙基上发现一处排水管道，由 3 节排水管组成，长度为 1.4 米。两侧有呈"八"字形的迎入水区与散水区，均由呈三角形的铺地砖立砌而成，最宽处为 0.8 米。与管道相接处立砌一块铺地砖，中间挖出圆孔，管道由此伸出（参见图一四一）。

②遗物

在上述房址的南部、北部及过道内均见有秦代建筑倒塌堆积。主要为建筑构件，有板瓦、筒瓦、瓦当等，内夹杂一些夯土、烧土及木炭。其中房屋周围所见瓦当为丙类 A 型夹贝卷云纹圆瓦当，过道东部亦见同类瓦当，过道西部的瓦当则多为乙类 B 型夹贝卷云纹半瓦当（参见图一四一）。

（3）院落（Ⅱ2 三 Y1 ~ Y5）

院落地面做法基本相同，下部垫沙或黑土，上部为红板沙。

①Y1

Y1 位于本单元最南部。平面呈长方形，东西较长（参见图一二九）。南为本组一单元建筑及第 3 组南部院落，院落墙体宽 1 米左右。北为本单元 J1，自本单元南墙（一单元北墙）北侧至 J1 南侧檐廊外缘的距离为 6.8 米左右。西为本区第 3 组建筑院落，不见相通的门道。东为本单元通往一单元的慢道。自慢道西缘至院落西墙基础间的距离为 17.6 米（墙体被破坏，推测至墙体内侧的距离为 18.5 米左右）。

现院内地面中部略低，四周稍高，未见向外排水的管道，推测已遭破坏。通过 J1 南部台阶可从此院进入 J1，通过 J1 西部过道可进入 Y4。

院内北部建筑倒塌堆积主要来自于本单元 J1，东部堆积主要来自于东部院墙与 J1，西部堆积主要来自于本单元慢道，南部的倒塌堆积主要来自于本组一单元建筑。

其中院落东南部的倒塌堆积较厚，出土了较多的建筑瓦件，包括：

A 型板瓦，标本 SSⅡ2 三 Y1AB：1，长 71.2、残宽 40 ~ 43.2 厘米；B 型板瓦（参见附表二），

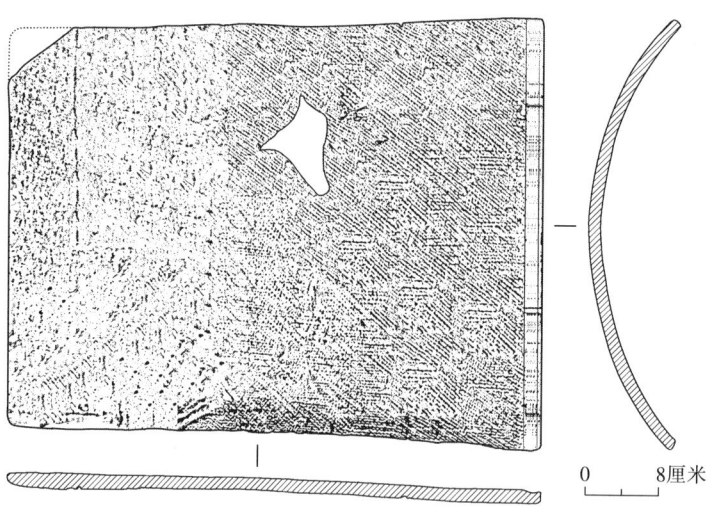

图一四二　石碑地遗址第Ⅱ区第2组三单元Y1出土
B型板瓦（SSⅡ2三Y1BB：2）

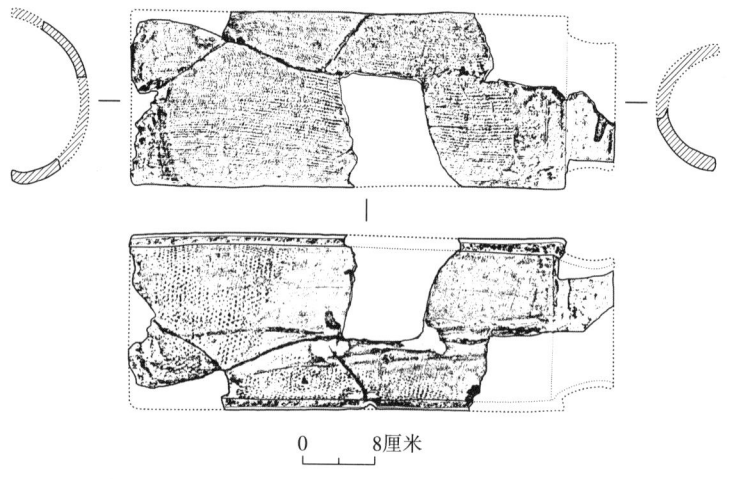

图一四三　石碑地遗址第Ⅱ区第2组三单元Y1出土甲类
B型筒瓦（SSⅡ2三Y1甲BT：1）

标本SSⅡ2三Y1BB：2（图一四二，附表二；图版一四〇，2），长60.4、宽端46.9厘米。

甲类B型筒瓦，标本SSⅡ2三Y1甲BT：1（图一四三；附表三；图版一四〇，1），身长49.3、扣尾长5.2、宽18.8厘米。

乙类A型几何纹半瓦当（参见附表五）；乙类B型夹贝卷云纹半瓦当，标本SSⅡ2三Y1乙BW：1（图一四四，1；附表六；图版一四〇，3）；丙类A型夹贝卷云纹圆瓦当，标本SSⅡ2三Y1丙AW：1（图一四四，3；附表七；图版一四一，1）；丙类B型羊角形卷云纹圆瓦当，标本SSⅡ2三Y1丙BW：7（图一四四，2；附表八；图版一四一，2）；丙类D型夹心卷云纹圆瓦当（参见附表一〇）。其中丙类A型瓦当数量最多，丙类D型最少。

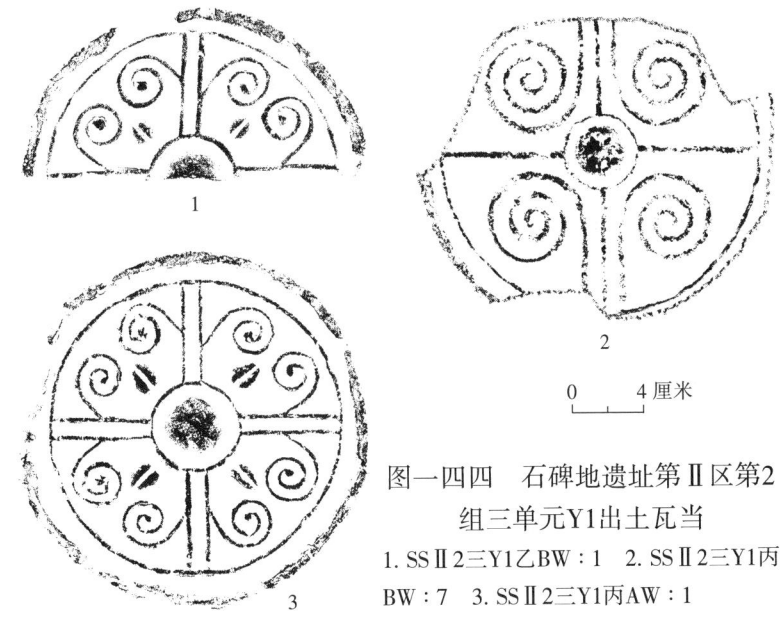

图一四四 石碑地遗址第Ⅱ区第2
组三单元Y1出土瓦当
1. SSⅡ2三Y1乙BW：1 2. SSⅡ2三Y1丙
BW：7 3. SSⅡ2三Y1丙AW：1

②Y2

Y2 位于本单元东南部。平面呈长方形，南北长 12.9、东西宽 3.5 米（参见图一三三）。其南为本组一单元建筑台基。北为本单元 Y3，二者之间的隔墙宽度为 1.8 米。西为本单元慢道。东为二单元 Y2，两院隔墙的宽度为 1 米。院内地面地势较高，具有一定的坡度，为南高北低、西高东低。排水管位于该院偏东位置，散水道以凹面向上的板瓦对接铺砌而成，北部有一排水管穿墙而过，将该院积水排往 Y3。该排水管道保存最为完好，迎水的一节管道口部从立置铺地砖（由两块铺地砖上下对接而成）中间的圆孔（上下的两块铺地砖各削出半圆）中伸出，平置于地面之上，两端以三角形铺地砖砌出"八"字形迎水区，迎水区地面上平铺一块铺地砖。散水区亦如此构造。通过院落西北部的台阶可进入本单元 J1。该院遗物情况参见 J1。

③Y3

位于本单元东南。平面呈长方形，南北长为 8.9 米，东西宽 3.5 米（参见图一三四）。其南为本单元 Y2；北为 Y4，Y3、Y4 隔墙宽度为 1 米；西为 J1 台基；东为二单元 Y3。院落地面的做法与 Y2 相同。排水管亦处于偏东位置，通过排水管道将 Y2、Y3 的积水排往 Y4。从本单元 J1 进入该院的门道无存，从台基边缘的做法看，台阶应在其西南角，与 Y2 的台阶隔墙相对。该院出土遗物情况参见 J1。

④Y4

位于本单元中北部。平面大体呈曲尺形，东西宽 24.4 米，南北长度不一，西部南北长 9.2 米，东部南北长 4.5 米（参见图一二九）。其南为 Y3、J1，北为一排房址。院内地面保存不好，中部被水冲出一凹坑，Y2、Y3、Y4 积水通过其西北部过道的排水管道向北排出。该院落内的秦代建筑倒塌堆积分属于 J1、F1～F3、过道等（参见前文）。院落内出土可复原的筒瓦均为甲类 B

型，标本 SS Ⅱ 2 三 Y4 甲 BT：5（图一四五，3；附表三；图版一四〇，4），身长 54.5、扣尾长 5.5、宽 20 厘米。

所见瓦当类型有甲类 A 型夔纹大瓦当（参见附表四）；乙类 A 型几何纹半瓦当（参见附表五）；丙类 A 型夹贝卷云纹圆瓦当（参见附表七），标本 SS Ⅱ 2 三 Y4 丙 AW：9（图一四五，1；附表七；图版一四二，1）；丙类 B 型羊角卷云纹圆瓦当（参见附表八）；丙类 C 型串状蘑菇形卷云纹圆瓦当（参见附表九），标本 SS Ⅱ 2 三 Y4 丙 CW：1（图一四五，2；附表九；图版一四二，2）。

⑤Y5

Y5 位于本单元的最北部。平面呈长方形，东西长 24.4、南北宽 4.8 米（图一四六）。其东侧为本组二单元 Y5，与之共用院墙。西侧为本区第 3 组建筑院落。南部为本单元的一排房址。院落北墙建于宽 2.8 米的墙基上，宽度为 1 米左右。院落东北角有较宽的缺口，缺口东侧墙体端头发现础石坑及础石，推测这应是门址所在，由此通往本组五单元。

院内地面较平，积水自西北角排出，现见有一组排水管道穿墙而过。管道由迎水区、排水管

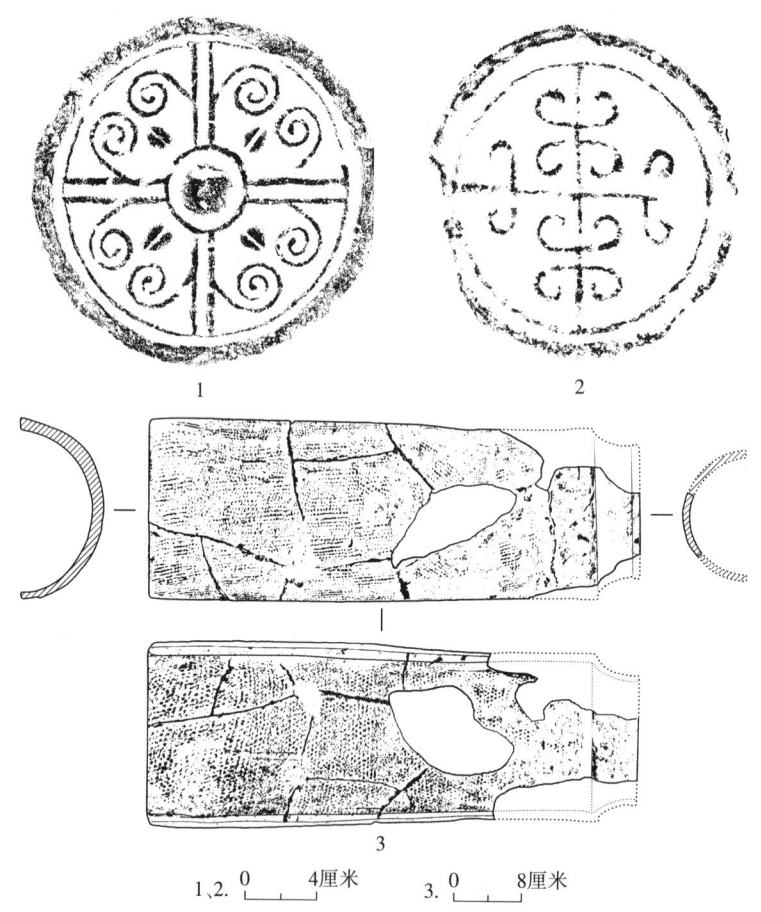

图一四五　石碑地遗址第 Ⅱ 区第 2 组三单元 Y4 出土建筑构件

1. 丙类 A 型瓦当（SS Ⅱ 2 三 Y4 丙 AW：9）　　2. 丙类 C 型瓦当（SS Ⅱ 2 三 Y4 丙 CW：1）

3. 甲类 B 型筒瓦（SS Ⅱ 2 三 Y4 甲 BT：5）

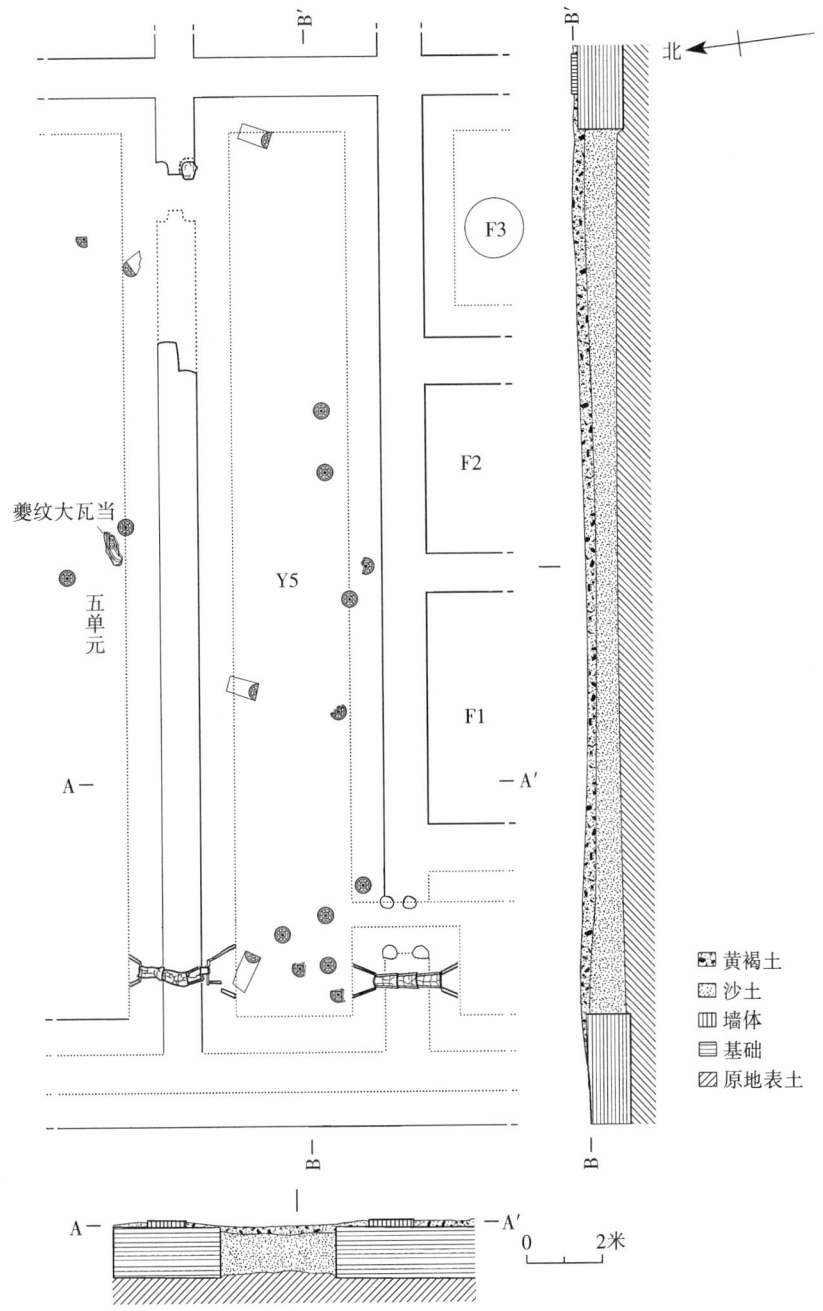

图一四六　石碑地遗址第Ⅱ区第2组三单元Y5平、剖面图

道及散水区组成。其迎水区、散水区做法相同，外缘均以三角形铺地砖立砌，呈"八"字形，以挖出圆孔的铺地砖立砌连接排水管。需要说明的是，排水管道中间一节形态较为特殊，呈弯曲状。整个排水管道人为扭曲铺就，以减缓水速（图版一四三）。

院落内秦代建筑倒塌堆积主要集中于墙体的四周，其中南部的倒塌堆积应属于F1～F3，所见瓦当均为丙类A型夹贝卷云纹圆瓦当，标本SSⅡ2三Y5丙AW：1（图一四七，2；附表七；图版一四四，1）；在院落北墙两侧多见乙类B型夹贝卷云纹半瓦当，标本SSⅡ2三Y5乙BW：4（图一

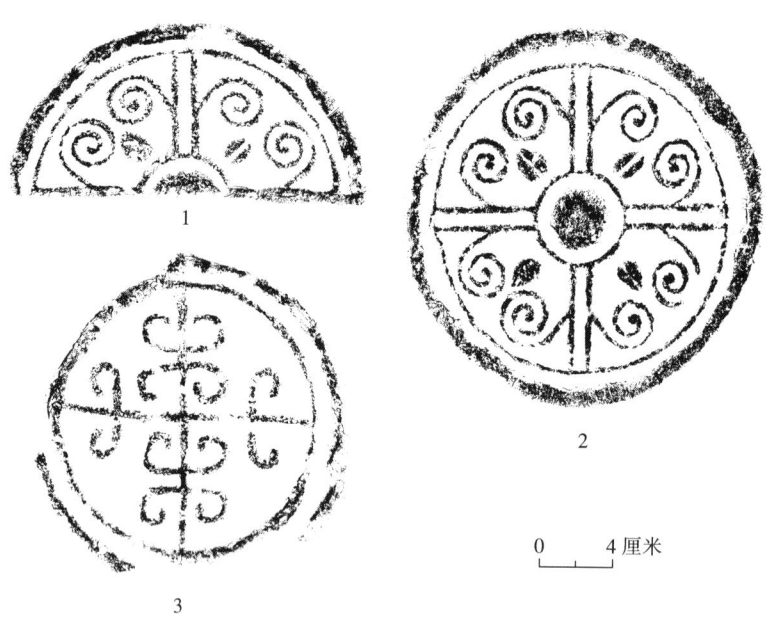

图一四七　石碑地遗址第Ⅱ区第2组三单元Y5出土瓦当

1. SSⅡ2三Y5乙BW：4　2. SSⅡ2三Y5丙AW：1　3. SSⅡ2三Y5丙CW：1

四七，1；附表六；图版一四四，4）。此外，值得注意的是在院落北墙北侧中部发现有丙类C型串状蘑菇形卷云纹圆瓦当，标本SSⅡ2三Y5丙CW：1（图一四七，3；附表九；图版一四四，3）等，可能属于五单元建筑的倒塌堆积，因发掘面积所限，具体情况不详（瓦当分布情况参见图一四六）。

4. 第Ⅱ区第2组四、五单元遗存

四、五单元仅有与二、三单元相邻的局部经过发掘，发掘部分所见均为院落。

从勘探结果看，四、五单元中部有一道东西向的墙体将上述两单元分隔成南北两部分，两部分内部均未见其他遗迹现象。

需要说明的是，在五单元院落南部建筑倒塌堆积中见有甲类A型夔纹大瓦当残片，线条圆润，标本SSⅡ2五甲AW：1（图一四八；附表四；图版一四四，2）

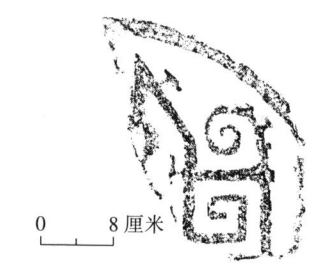

图一四八　石碑地遗址第Ⅱ区第2组五单元出土甲类A型瓦当

（SSⅡ2五甲AW：1）

（三）第3～5组建筑遗存

第Ⅱ区第3～5组建筑发掘部分均较少，或未经发掘，现见多为勘探结果。

1. 第 3 组建筑

位于第Ⅱ区西部。平面大体呈南北狭长的长方形。其东为本区第 2 组建筑，西为第Ⅲ区建筑，北为第Ⅶ区建筑，南为第Ⅰ区建筑。该组建筑多以院墙与其他区组建筑相隔，发掘所见，除东侧隔墙仅存基础外，其余隔墙墙体尚存，宽 1 米左右，建于宽 2.8 米的墙基之上（参见图九四）。

从勘探结果看，其主体建筑位于北部，现见一规模较大的夯土台基，编号Ⅱ3J1（即第Ⅱ区第 3 组第 1 号建筑址）。J1 南部又伸出一拐角形的夯土墙基，推测亦与 J1 有关。本组其他部分未见建筑遗迹，为较大的空场。

本组建筑南侧局部地区经过考古发掘。包括深入第Ⅰ区内的窄条院落（编号Ⅰ1Y6，详见前文），以及第 2 组三单元建筑南部的空地（参见前文）。

本组建筑中部做过局部发掘，大体沿东西墙基之间开一条宽 1 米的探沟，未发现建筑遗迹。解剖发现，其中部地面坡度较大，中间下凹，底部有黑灰色淤泥。结合本区第 2 组建筑、第Ⅰ区北部、第Ⅲ区东部各组建筑的院落排水均积聚于此的情况考虑，第 3 组建筑中南部或为"蓄水池"，但待更多的发掘证实。

2. 第 4 组建筑

位于第Ⅱ区北部。平面呈东西较长的长方形（参见图九四）。

其东、北均为宫城外侧空地。南为本区第 2 组四、五单元建筑，两组建筑间有隔墙，墙基宽 2.8 米。隔墙中间有缺口，应为两组建筑相通的门道。西为第Ⅶ区建筑。

勘探所见，该组仅有夯土墙基，宽度为 2.6~2.8 米。东西较长，东部墙基东侧至与第Ⅶ区隔墙墙基中部的距离为 38 米；南北较窄，自北墙墙基北侧至与本区第 2 组建筑隔墙墙基中部的距离为 20 米。偏西部有一南北向墙基，将本组建筑分隔成东西两部分。西部较窄，东、西两墙基中线间的距离为 7.9 米。

本组建筑的西北角在 1992 年做过发掘，共布 5×5 米的探方 5 个，加之扩方部分，发掘总面积为 141 平方米。此次发掘仅限于将遗迹与遗物揭露出来，未进行深入解剖，遗物未取出，均原位回填保护。该地点表土下即见夯土墙基、单体建筑遗迹及散乱堆积的建筑瓦件等。发掘区内共发现夯土墙基 3 道，均以纯净的黄土夯成。包括本组建筑的北部墙基、本组东、西部分的隔墙墙基及本组与第Ⅶ区的隔墙墙基。在西墙西侧第Ⅶ区内发现建筑遗迹 3 处，自南向北编号分别为 J1、J2、J3。此外，在本组建筑西北角还发现有缺口，似门道（图一四九）。

以下分区介绍相关遗存。

（1）第Ⅱ区第 4 组遗存

发掘所见，本组建筑北墙墙基宽 2.8 米，其上未见墙体，推测已被破坏。倒塌堆积多散布于墙基北部宽 1.5~2 米的范围内。

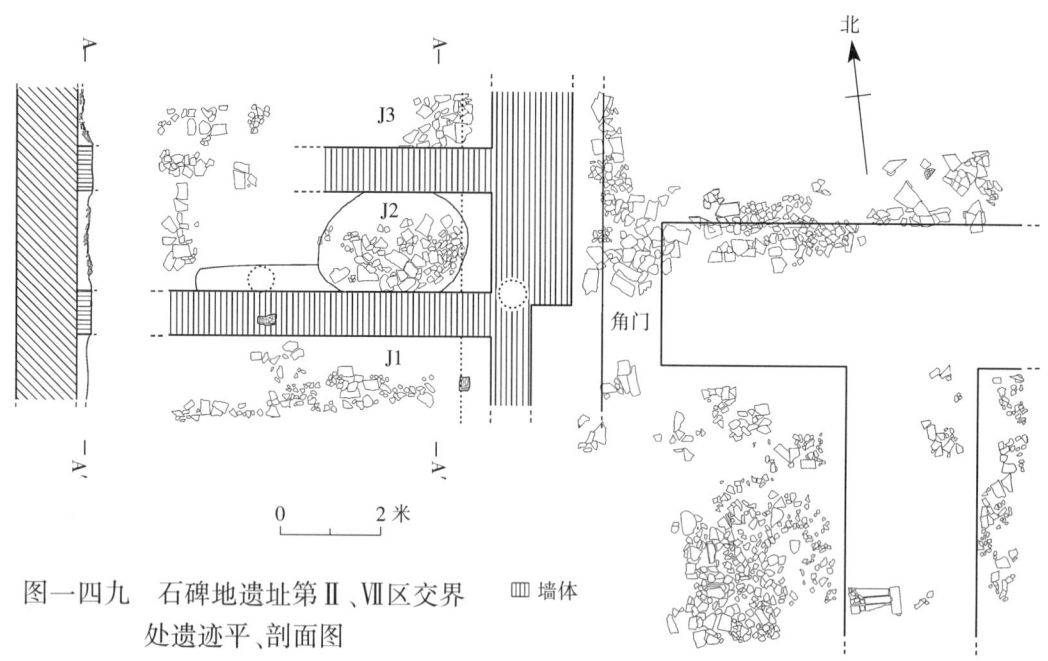

图一四九　石碑地遗址第Ⅱ、Ⅶ区交界
处遗迹平、剖面图　　▨ 墙体

　　中部隔墙墙基北端与北墙墙基直角相交，向南延续较长。其墙基宽 2.6 米，其上未见墙体，推测已遭破坏。墙基两侧散布有墙体及其覆瓦的倒塌堆积。在此次发掘区的南部、该墙基的残存基础表面上发现有 4 块较为完整的筒瓦。筒瓦长达 82 厘米，宽 20 厘米。其中 3 块呈东西向放置，从南到北排列紧密，另 1 块则呈南北向置于上述筒瓦的东端，其形成原因不详。

　　在本组建筑西北角，北墙墙基西部与两区隔墙间有一个宽约 2 米的缺口。缺口上及其内、外见有大量的建筑瓦件，推测此处为一角门所在。

　　（2）第Ⅶ区相关遗存

　　与第Ⅱ区交界处的第Ⅶ区内发现一些建筑遗迹（图一四九）。

　　上述两区隔墙墙基宽 2.8 米，从勘探结果看，其北起自第Ⅱ区的西北角，向南则伸入宫城内部。

　　从发掘部分看，其上有宽度不等的窄墙。其中位于缺口中段以北的墙体（即宫城外墙）宽 1.6 米左右，以南进入宫城内部的墙体宽 0.8 米，墙体保存高度为 0.15 米。由此可以推测，宫城外墙的墙体较宫城内墙的墙体要宽。该墙基的东侧未见其他遗迹现象，仅在其外侧沿着墙基边缘分布有大量的筒瓦、板瓦、瓦当等倒塌的建筑构件。倒塌堆积现存厚度不等，越靠近墙基的部位越厚、越密集，反之则浅而稀疏，应是墙体及其覆瓦倒塌所致。其西侧第Ⅶ区内分布有 3 处建筑遗迹。

　　J1：位于此次发掘区的东南部，是一处平面呈方形或长方形的建筑，目前仅揭露出其东北部。发掘所见有两道墙体，可分别称之为 J1 北墙、东墙。两道墙体宽为 0.84～0.9 米，呈红色，存深 0.2 米。在北墙的南部边缘发现有一块础石，呈梯形，其中心点与 J1 东北角的距离为 4.5 米；在西部距离 J1 东墙 0.5 米、距离北墙边缘 0.9 米处也发现有一块础石，呈方形。两块础石表面均较光滑、平整。地面的土色呈黄色，较平整、坚硬。其北部边缘有烧土分布，地面上散乱分布有板瓦、筒瓦等建筑构件。

J2：位于 J1 北部，平面近似长方形，中部凹陷。凹陷部分平面呈椭圆形，长径为 3 米，短径为 1.9 米；剖面呈锅底状，最深处较地面低 0.45 米，其内部堆积大量的建筑瓦件。该建筑的东、西、北三面的地面上有一层非常坚硬的垫土，土色呈白色且掺杂有大量的粗红沙。在 J2 的南部，这种垫土自东南角开始一直向西延伸，呈条状分布，长 2.4、宽 0.5 米。在该垫土带的西部与 J2 的东南角各有一个直径为 0.5 米的圆形遗迹，其内部的填土呈红褐色，土质较硬。

J3：位于 J2 北部、外侧东墙的东部边缘。形状与构造与 J2 大体相同。

上述几处建筑遗迹的边缘局部见墙体，因未解剖，具体构造不详。但地面范围较为清楚，可大体判断其形状。该地点发现的遗物均为建筑构件，包括板瓦、筒瓦、瓦当等，皆青灰色，夹砂。

板瓦一般呈梯形。凸面饰斜向细绳纹，凹面饰麻点纹。前端宽厚，后端窄薄。规格不一。皆内切。其中发现最大者的规格为：前端宽 53、后端宽 36、长 64、厚 1.5～1.8 厘米；已发现最小者前端宽 35、后端宽 26、长 35、厚 1.2～1.8 厘米。

筒瓦凸面均饰斜向细绳纹，凹面多饰麻点纹，少量饰布纹。外切，均不切透，切痕仅占 1/3 左右。扣尾部分有的平直，有的内敛。一般长 60 厘米左右，最长者达 82 厘米。一般宽 19～20.5 厘米，胎厚 1.4～1.7 厘米。

3. 第 5 组建筑

在本区院墙外东北部，其遗迹边缘与本区外墙墙基东北角外侧的直线距离为 11.5 米左右（参见图九四）。

该建筑遗迹未发掘。勘探所知，其大体呈东北西南向，由两部分组成：西南部为呈条状的红褐黏土带，宽近 3 米，长近 6 米；东北部在长约 7、宽约 6 米的范围内普遍发现有河卵石，卵石直径 0.2 米左右。

四　第 Ⅲ 区建筑遗存

位于遗址中东南，总体近长方形，除北部外，其余三面均环绕较连续的夯土墙基。其南为第 Ⅰ 区，两区以廊墙相隔；东为第 Ⅱ 区，两区大体自西向东平行分布；北为第 Ⅶ 区，两区无明确的隔墙；西为第 Ⅴ、第 Ⅵ 区，本区与上述两区以南北向的墙体相隔，与第 Ⅴ 区有门道相通。南北长约 89.8 米（北端墙基到南墙内侧之间的距离），东西宽 49.65～54.8 米（东西墙体内侧之间的距离）（图一五〇；图版一四五、一四六）。

本区南部围墙利用了一道大体呈东西向的廊道墙体，并以此为界将本区与第 Ⅰ 区隔开。该墙

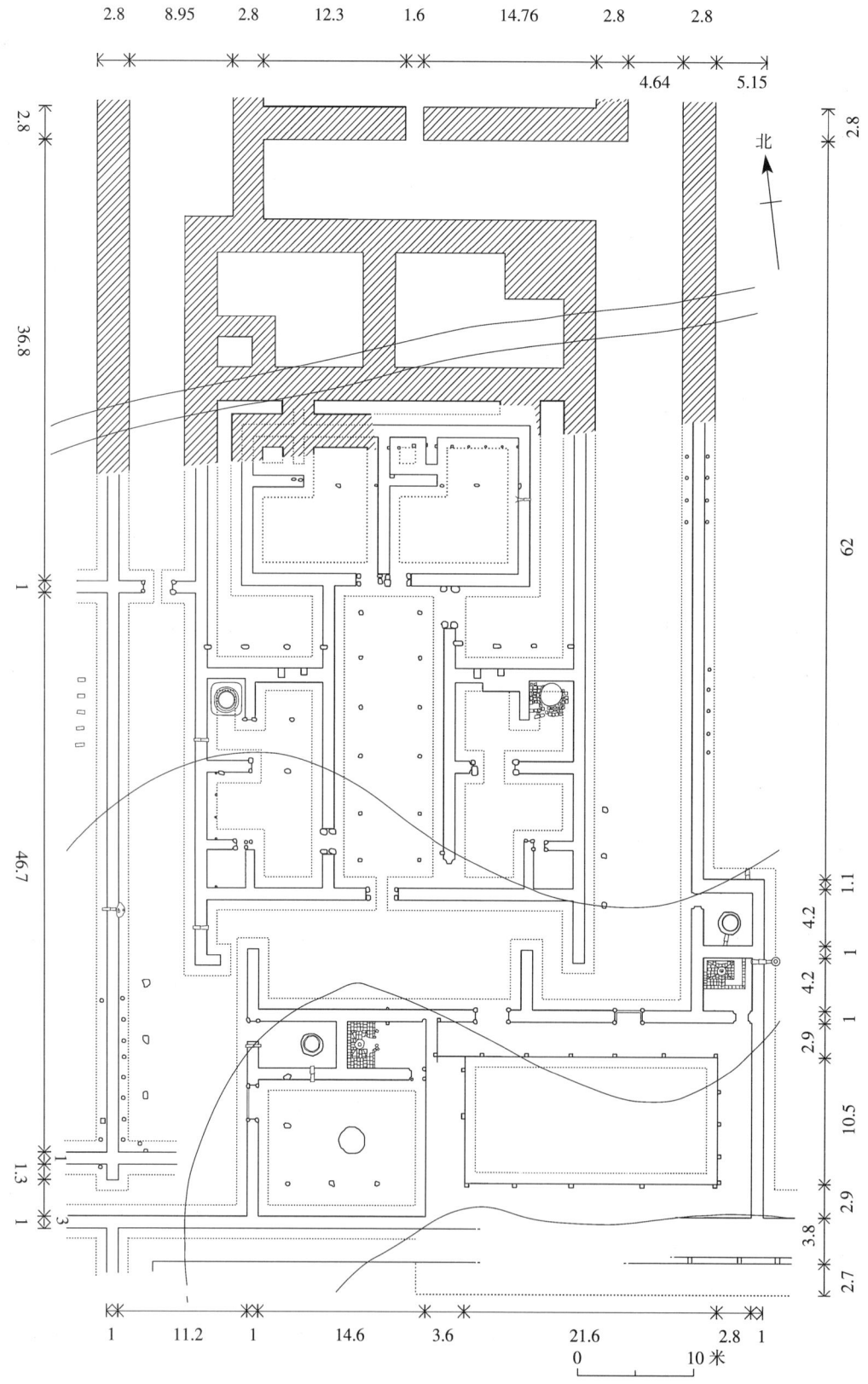

图一五〇　石碑地遗址第Ⅲ区建筑遗迹总平面图

体所属的廊道基础宽度不同，构造亦不同，但廊道墙体则是连续的，并在一条直线上。廊道西部为单侧廊，大体分布于本区第1组二单元Y2的范围内，东西长度为11.2米。这一段廊道基础宽度为2.8米左右，廊道墙体建于基础之上的中间部位，宽1米左右，廊道则位于第Ⅰ区内，本区所见仅为院落墙体。廊道中部为复廊，大体分布于本区第1组二单元Y1范围内，东西长度为14.6米。这一段廊道的基础宽度亦为2.8米左右，廊道墙体建于基础之上的中间部位，宽度为1米。本区1组二单元Y1南端及第Ⅰ区内均见有廊道，两侧廊道构造基本相同，较为对称。廊道东部自本区第1组一单元Y1西部廊道的西缘始，至第Ⅰ区第1组J1基础西缘止，东西长度为35.8米左右。该段廊道情况有所不同，西端的墙体已不存，仅存基础，东端见有慢道，宽3.8米，存长14米，存高为0~0.6米，呈坡状通往Ⅰ1J4（参见第Ⅰ区建筑遗存）。

本区北部无隔墙，以位于第Ⅶ区中南部的一个长方形院落为界。

本区东部围墙作为与第Ⅱ区的隔墙可分为南、北两段。南段向东凸出，凸出部分为本区第1组一单元Y1东侧廊道及两座与沐浴有关的房址，南北长约27.8米（本区第1组一单元Y1南侧慢道北缘至F2北墙外侧间的距离），东西宽5.15米（本区东墙东缘至第1组一单元F2东墙东缘的距离）。北段缩进，向北直至本区北部边缘，为院落墙体，宽1米，建于宽2.8米的墙基之上，长度为62.9米。

本区西墙即第Ⅴ、Ⅵ区的东墙，墙体建于宽2.8米的基础之上，宽1米，南北长度为89.8米。墙体西南角有一缺口，系本区与第Ⅴ区的门道。

为对本区建筑进行更为系统的介绍，现据各类建筑及相关院落的分布状态，将本区建筑统一划分为4组：

第1组，位于本区的南部，以两处沐浴设施为中心，前部及周围则有较大的院落。

第2组，位于本区的中部，其南部为一较大的院落，北部中间以廊道为轴线，两侧分布有较为对称的单元建筑。

第3组，位于本区发掘区的北端，由基本对称的两个单元建筑组成。

第4组，位于本区北部，从勘探结果看，由两个院落组成，两个院落的东北角与西南角分别发现有夯土台基或墙基，可谓对角对称建筑。

本区地势较平，除东南部地势较高外，其余部分地表高度基本相同，海拔高度在7.5米左右。

本区的第1、2组建筑全部经过发掘，第3组建筑仅局部揭露，以下分别予以介绍，有关本区外侧围墙的构造情况将在相关组别中加以说明。

（一）第1组建筑遗存

位于第Ⅲ区南部，由两个建筑单元组成（图一五一）。

该组未见较大规模的建筑遗迹，仅见两处形制基本相同的沐浴设施。一处位于本区东北部外墙凸出处，由两个南北向排列的房址组成，从门道等遗迹推断，该设施面西，其西、南面均为院

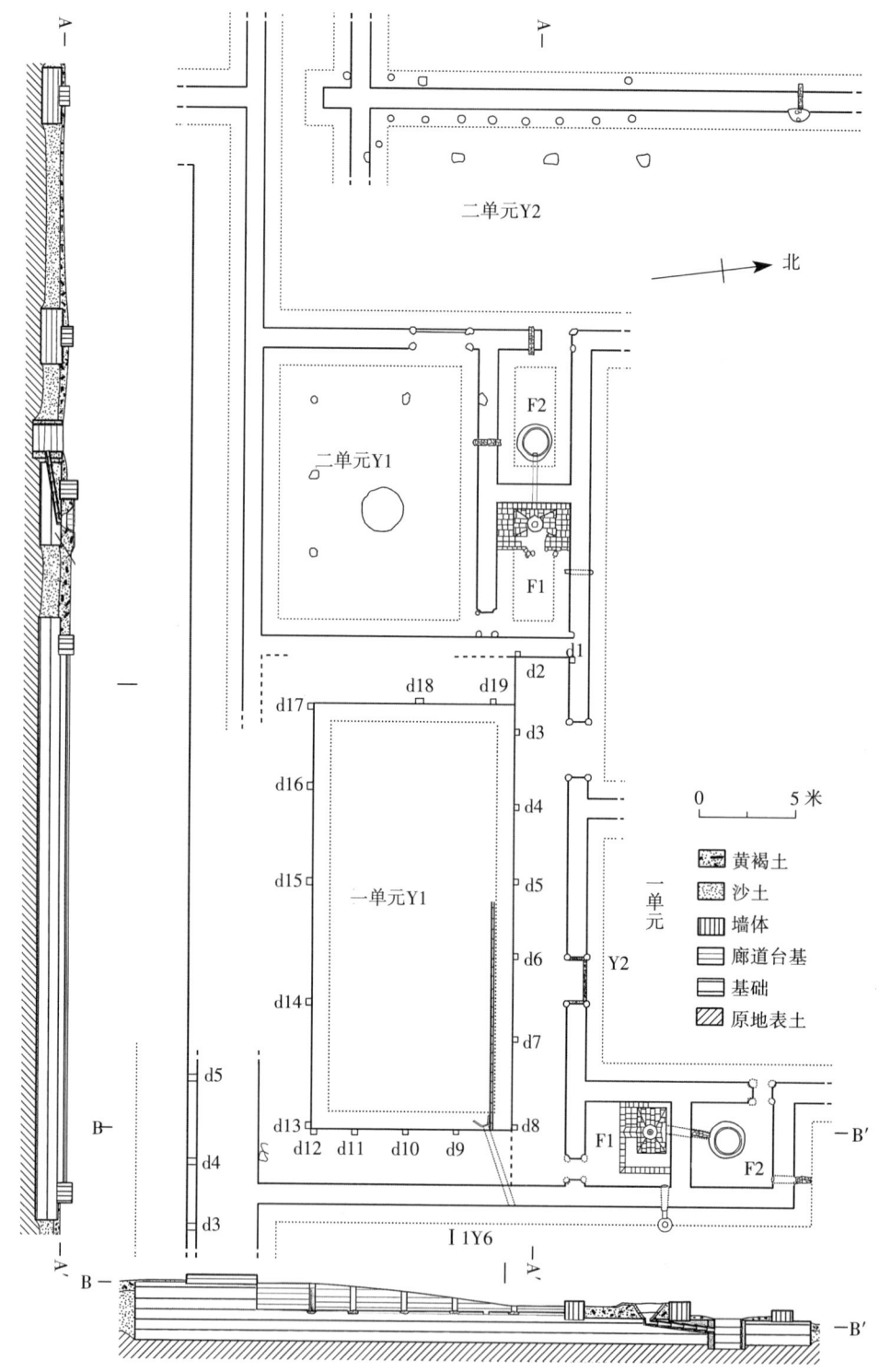

图一五一　石碑地遗址第Ⅲ区第1组建筑平、剖面图

落；另一处位于本区南部偏西侧，由两个东西向排列的房址组成，面南，其西、南面亦均为院落。从各建筑遗迹构成看，上述两处单元建筑有较强的相似之处，有别于本区其他单元建筑，且分布区域邻近，故合并为 1 组，即第Ⅲ区第 1 组建筑。其位于东部者可称为一单元，西部者称为二单元。

1. 第Ⅲ区第 1 组一单元

位于第Ⅰ区第 1 组建筑东部。其西南为本组二单元建筑，西北为本区第 2 组建筑，南为第Ⅰ区建筑西侧廊道，东为第Ⅰ区建筑院落（图版一四七）。

本单元由两座具有沐浴性质的房址及两处院落遗迹组成。其房址从南向北依次编号为Ⅲ1 — F1、F2（即第Ⅲ区第 1 组一单元第 1 号、2 号房址，下同）。F1 的南部有一东西长，南北窄的院落，编号为Ⅲ1 — Y1（即第Ⅲ区第 1 组一单元第 1 号院落址，下同）。F1、F2 西部有南北狭长的院落，编号为Ⅲ1 — Y2。

（1）房址（Ⅲ1 — F1、F2）

两座房址位于本单元的东北部，建于一南北长 12.4、东西宽 8.05、深 1.2～1.3 米左右长方形夯土基础上。基础西北部与本区东墙北段基础相连，两基础西缘在一条直线上。基础南部与本单元 Y1 北部廊道基础相连，部分被用作廊道基础。两座房址的墙体建于基础之上，东、西墙体在一条直线上。西侧墙体较基础西缘内缩 0.9 米，东侧墙体较基础东缘内缩 1 米（图一五二）。

①F1

F1 建于基础的南部。平面近方形，南北稍长，为 4.2 米，东西略窄，为 4.15 米。四壁墙体宽均为 1 米，以黄褐土夯成，自基础上挖浅槽起筑，现暴露高度为 0.2 米左右，南墙稍高，北墙略低（图一五二）。

门在房址的东南角，构造方式与其他门道相同，即：首先在基础之上门道两侧预置对称分布的 4 块础石，所用础石近圆角方形，边长 0.3 米左右，顶面较平，位置较基础顶面略低，应为暗础；而后建造房址墙壁，并保留门道缺口，使础石的一半压于壁墙之下，另一半在墙体之外。现见门道两旁墙壁四角均有弧状缺口，从缺口及础石上部保存的炭化木柱痕迹看，础石之上应立有门旁壁柱，似为圆形，柱径 0.2 米左右，一半嵌于墙内，一半暴露于外。础石中心点的连线呈方形，边长为 1 米，其南北边长与墙体厚度相同，东西边长应为门道的宽度。门道中心线与房址东墙内缘的直线距离为 0.8 米。

房址室内地面有较厚的垫土，并在西北部建有一个以铺地砖铺砌而成的长方形漏斗状建筑，可称之为沐浴设施，其做法为：

首先在基础顶面以下预埋排水管道（参见图一五二；图版一四八）。从局部解剖的结果看，管道先于 F1、F2 之间的隔墙修建，从房址的基础中部穿过。埋置管道的沟槽较管道稍宽，宽度为 0.4 米左右，大体呈东北—西南向，长度为 3.2 米左右。沟槽南部较浅，自基础顶面向下约 0.35

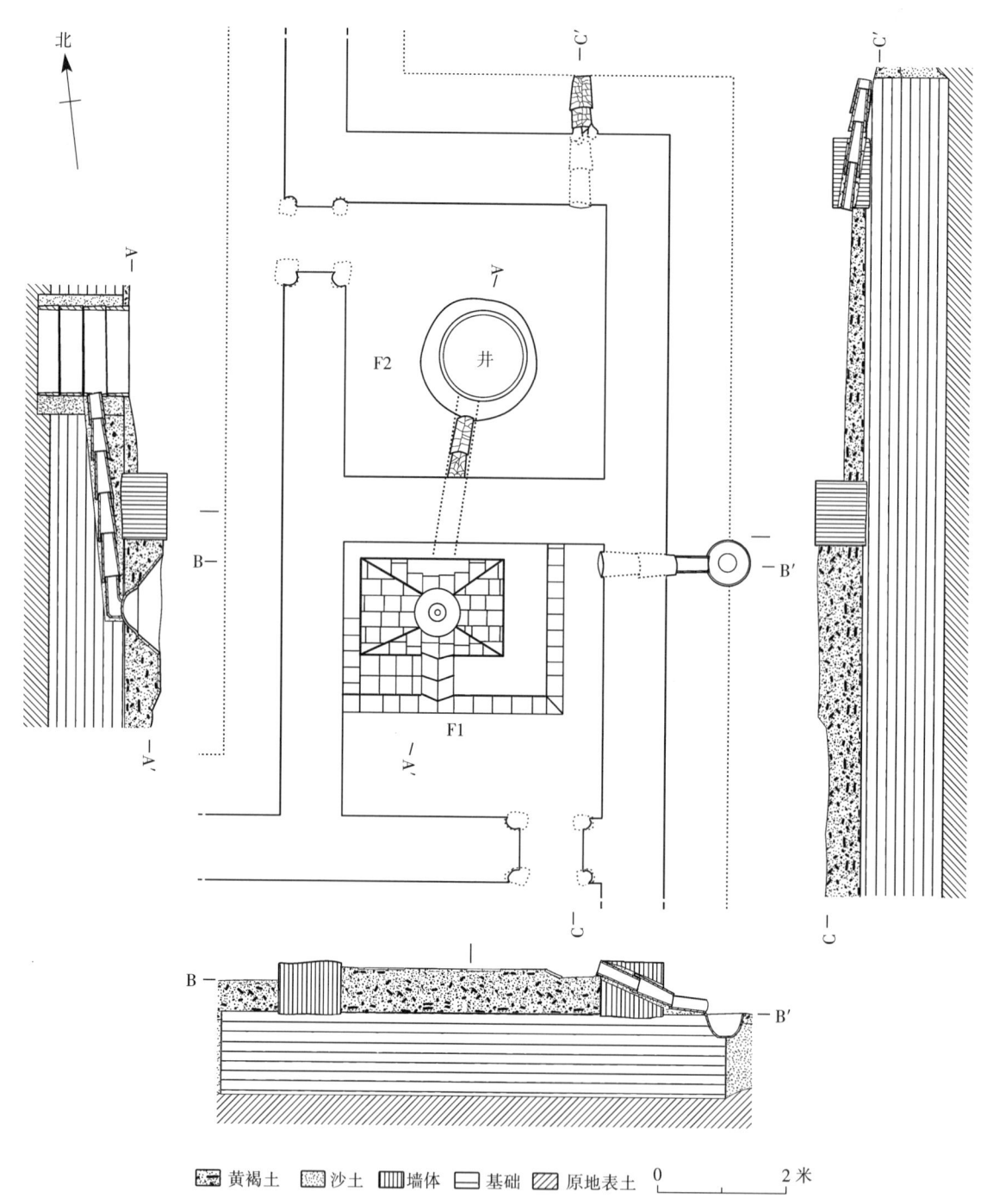

图一五二　石碑地遗址第Ⅲ区第 1 组一单元 F1、F2 平、剖面图

米，北部较深，自基础顶面至沟槽底部的深度为 0.6 米左右，坡度不大。沿沟槽底部铺设排水管，
其南端第一节呈直角弯曲状，可称为"弯头"。"弯头"立置，上部竖直的部分较短，长度为 0.1
米，连接排水管道的部分较长，为 0.5 米左右，上口直径为 0.24 米，下口直径为 0.2 米左右，与
第二节排水管的粗端套接。排水管道的其他排水管规格大体相同，长度近 0.7 米，剖面呈梯形，粗

端直径为 0.26 米,窄端直径为 0.22 米,壁厚 0.01 米左右。管道共由 5 节排水管及一个弯头组成,首尾套接,依次向北排列。尾端一节从 F2 内渗水井的第二节井圈中部穿出,管道首尾高差为 0.25 米。铺设管道后,沟槽以土填平。

建好房址隔墙后修建"沐浴水池"。先在底部中间放置一陶盆,口径 0.7 米,弧壁、圜底,深 0.4 米,盆底中间有一圆形穿孔,孔径 0.1 米,当为漏水孔。盆底搭在弯头上,穿孔位于弯头竖直部分的中间。盆周围基础上垫土,垫土较坚实,似经夯打。盆底穿孔中心距 F1 北墙内侧 1.05 米,距西墙内侧 2 米。而后在陶盆周围以铺地砖铺成"水池"。水池呈斗状,斜壁,以陶盆为底。口部呈长方形,东西长 2.25、南北宽 1.5 米,盆底至池口部顶端的垂直距离为 0.7 米。除南壁中间两块铺地砖以近 130° 的夹角相对接,另形成一道浅沟槽外,其余三壁皆光滑平整。边角及转折对接处的铺地砖均被切削并经过打磨,包括与陶盆对接部分的铺地砖也被削出一定的弧度,使之镶砌紧密,制作非常精细讲究。

池壁的下部、周边及整个房址内均垫土,厚度为 0.55 米左右。垫土呈黄褐色,较坚实,似经夯打。水池周围的垫土稍高,较周围地面高出 0.1~0.15 米,形成顶面较平的土台,北抵 F1 北墙内侧边缘,西抵西墙内侧边缘,南部、东部均呈斜坡状。在土台上沿北墙、西墙各平铺一排铺地砖,南部、东部各平铺两排,其中南部的两排铺地砖中部略下凹,下凹位置与池壁沟槽位置相对应。土台东、南部边缘各斜置一排铺地砖,砖顶端与平铺的铺地砖对接,底部直抵室内地面,护住土台外缘。整个土台的底边东西总长度为 3.5 米,南北总宽度为 2.6 米,顶边东西长 3.25 米,南北宽 2.35 米。

该房址南部地面与门道地面及本单元 Y1 北部廊道地面平齐。

在沐浴设施的东部、F1 的东北角还发现一组大体呈东西向的排水管道,由两节排水管、一节筒瓦及陶盆组成,穿越 F1 东墙抵达室外,整个排水管道长 1.5 米,首尾两端高差为 0.5 米。

室内所见为排水管,首端置于室内地面上,伸出长度为 0.1 米,其外缘距 F1 北壁约 0.3 米,伸入 F1 东墙。其规格与水池下部的排水管相同,在墙内插入第二节排水管内。第二节排水管从 F1 东壁伸出,外露破损,其尾端插入一节筒瓦。筒瓦扣尾部分伸入第二节排水管内,另一端搭于一陶盆上,暴露于室外地面上。陶盆埋于室外地面下部,盆口与地面平齐,盆径 0.63 米,深 0.32 米(图版一四九,1)。

F1 室内、外倒塌堆积含有大量的瓦砾、烧土块、砖及木炭等。其中砖的制法与形态类似现代的土坯,一般长 0.36、宽 0.18、厚 0.1 米,系以草拌泥模制经烧而成,火候较低,上、下两面不光滑。房址内出土的瓦当有乙类 B 型夹贝卷云纹半瓦当,标本 SSⅢ1—F1 乙 BW:4(图一五三,2;附表六;图版一五〇,3);丙类 A 型夹贝卷云纹圆瓦当,标本 SSⅢ1—F1 丙 AW:6(图一五三,1;附表七;图版一五〇,1)等。门外侧附近还见有丙类 B 型羊角形卷云纹圆瓦当,标本 SSⅢ1—F1 丙 BW:1(图一五三,4;附表八;图版一五〇,2);丙类 D 型夹心卷云纹圆瓦当,标本 SSⅢ1—F1 丙 DW:1(图一五三,3;附表一〇;图版一五一,1)。

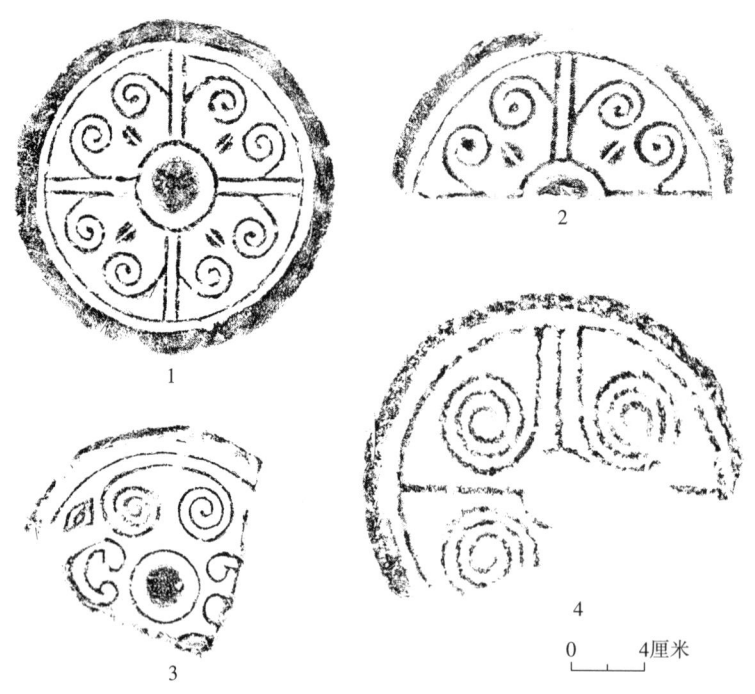

图一五三　石碑地遗址第Ⅲ区第1组一单元 F1 出土瓦当

1. SSⅢ1—F1 丙 AW∶6　2. SSⅢ1—F1 乙 BW∶4　3. SSⅢ1—F1 丙 DW∶1　4. SSⅢ1—F1 丙 BW∶1

②F2

建于基础的北部，南为 F1。室内平面近方形，南北稍长，为 4.2 米，东西略窄，为 4.15 米，规格与 F1 相同。除北墙宽度为 1.1 米外，房址其他三壁墙体宽均为 1 米。墙体均以黄褐土夯成，暴露高度为 0.2～0.4 米不等，南墙保存较高，北墙略低，均自基础上挖浅槽起筑（图一五二）。

门在房址的西北角，门道宽 1 米。门旁见有 4 块两两对应的础石，构造与 F1 大体相同，唯门道北缘壁柱置于房址的北壁外侧。

在基础之上铺垫厚约 0.3 米的垫土作为室内地面，垫土呈黄褐色，较坚实。F2 室内地面较 F1 地面低 0.25～0.4 米，故墙体暴露部分较 F1 高。室外地面亦垫土，较室内低 0.3 米左右。

在房内中部略偏南处发现一渗水井。井穴直径为 1.9 米，存深 1.5 米，内置井圈。井圈直径 1.4 米，高 0.35 米，壁厚 0.02～0.04 米，上口较厚，下口较薄，圈圈相接，现存 4 节。此外，在井内发现有 1 节井圈残片，推测系顶部一节碎落入井中所致，由此可判定井圈原至少有 5 节，井口高出室内地面 0.25 米左右（图版一五二）。

F1 内水池下部的排水管道抵达该井，管道尾端从下数第 3 节井圈下部穿出。穿出部分的井圈被打出圆形缺口。

在本房址的东北角发现一组大体呈南北向的排水管道，由 4 节排水管组成，穿越房址北墙抵达室外。排水管道首端置于室内地面上，伸入室内的长度为 0.1 米，外缘距 F2 东壁内缘约 0.4 米。所用排水管规格与水池下部的排水管相同，前两节大部分位于墙内，后两节位于墙外地面上。

排水管总长度 2.47 米，共由 4 节套接而成，首、尾端高差 0.35 米。

F2 室内的建筑倒塌堆积与 F1 内堆积基本相同，出土的瓦当有甲类 A 型夔纹大瓦当，标本 SS Ⅲ1 — F2 甲 AW：1（图一五四，1；附表四；图版一五一，2）；乙类 A 型几何纹半瓦当，标本 SS Ⅲ1 — F2 乙 AW：1（图一五四，2；附表五；图版一五三，1）；乙类 B 型夹贝卷云纹半瓦当，标本 SSⅢ1 — F2 乙 BW：13，（图一五四，3；附表六；图版一五一，4）；丙类 A 型夹贝卷云纹圆瓦当，标本 SSⅢ1 — F2 丙 AW：1（图一五四，4；附表七；图版一五一，3）；丙类 D 型夹心卷云纹圆瓦当，标本 SSⅢ1 — F2 丙 DW：1（图一五四，5；附表一〇）。

（2）院落（Ⅲ1 — Y1、Y2）

一单元有两处院落，位于南部的 Y1 构造虽复杂，但较为规矩。位于西北部的 Y2 则南北狭长，自 Y1 北部始直至本区北端。

①Y1

位于本单元最南部。平面呈长方形，东西较长，为 21.6 米，南北较窄，为 10.5 米（图一五

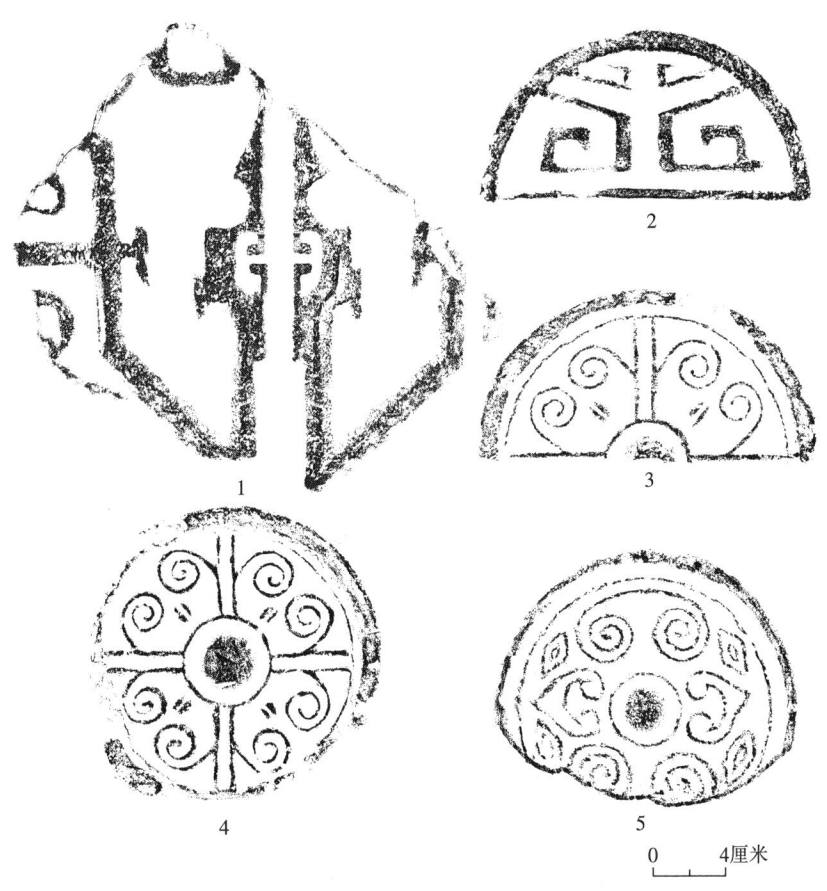

图一五四　石碑地遗址第Ⅲ区第 1 组一单元 F2 出土瓦当

1. SSⅢ1 — F2 甲 AW：1　2. SSⅢ1 — F2 乙 AW：1　3. SSⅢ1 — F2 乙 BW：13

4. SSⅢ1 — F2 丙 AW：1　5. SSⅢ1 — F2 丙 DW：1

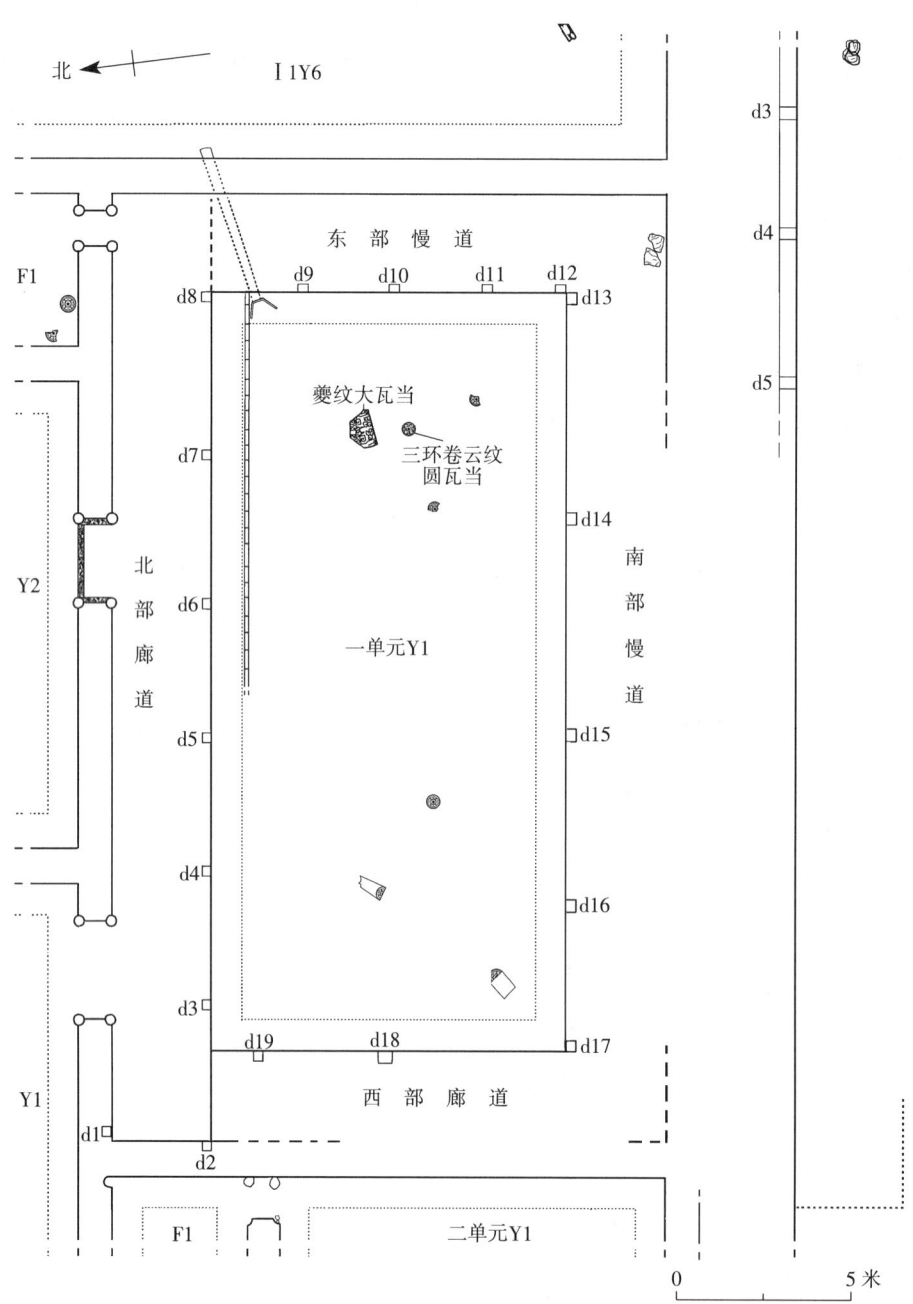

北   I 1Y6

东 部 慢 道

d3

d4

d5

F1

d9 d10 d11 d12

d8   d13

夔纹大瓦当

三环卷云纹
圆瓦当

d7   d14

北
部
廊
道

Y2   南
部
慢
道

d6   一单元Y1

d5   d15

d4   d16

d3

d19   d18   d17

Y1   西 部 廊 道

d1

d2

F1   二单元Y1

0   5 米

图一五五   石碑地遗址第Ⅲ区第 1 组一单元 Y1 平面图

五）。院落地面较平，周边皆为廊道或慢道。

北部廊道

Y1 北部为单侧廊道，现存廊道墙体、地面及散水等遗迹。东自 Y1 的东侧慢道墙体边缘起，向西抵 Y1 西北部的墙体内缘，东西长 27、南北宽 2.9 米（图一五六）。

廊道墙体位于廊道北部，宽为 1 米，现存露出地面的高度为 0.2 米。廊道地面见于墙体的南部。

　　墙体及廊道地面均建于一长方形基础之上，墙体两侧基础高度不同。墙体较基础北部边缘内缩 0.9 米，内缩部分的基础较矮，为 1.3 米左右，其上垫土较厚；墙体以南及廊道部分的基础较高，为 1.55 米左右，廊道南缘较基础内缩 0.9 米。基础起建于较坚硬的红黏生土之上。

　　廊道地面经夯，平整、坚硬，高出其南部的 Y1 地面 0.2 米左右，与北部的本单元 F1 门道地面、Y2 南部门道附近地面及本区第 2 组院落地面平齐，较其东部的第 I 区第 1 组 Y6 地面高出 0.5 米左右，与西部本组二单元 F1 地面在同一水平线上。

　　廊道南缘以南近 1 米处，发现有以铺地砖立砌而成的散水镶边遗迹。

　　在该廊道范围内发现一些壁柱遗迹，应与廊道的构造有关。其中在廊道北墙与西侧慢道墙体（即本组二单元 F1 与本院西侧慢道的共用墙体）交界处发现一个，编号为 d1。在西侧慢道墙体下发现一个，编号为 d2，d1、d2 中心点的直线距离为 2.8 米左右。沿廊道南部边缘一线发现 6 个壁柱遗迹，从西向东依次编号为 d3 ~ d8，其中 d8 位于本廊道与本院东侧慢道外缘的交界处。d2 ~ d8 在一条直线上，中心点间的距离分别为 4.02、3.8、3.82、3.82、4.24、4.55 米，d8 中心点距东侧慢道墙体西缘的直线距离为 2.9 米。上述壁柱遗迹的柱槽形态大体相同，均近方形，边长 0.2 米左右，其下见有础石。础石形状不规则，近圆形或圆角方形，顶面较平，应为暗础。

　　该廊道北墙发现 3 处门道。最东部的一处通往本单元 F1，中部的一处通往本单元 Y2，西部的一处通往本区第 2 组一单元 Y1。其中部通往本单元 Y2 的门

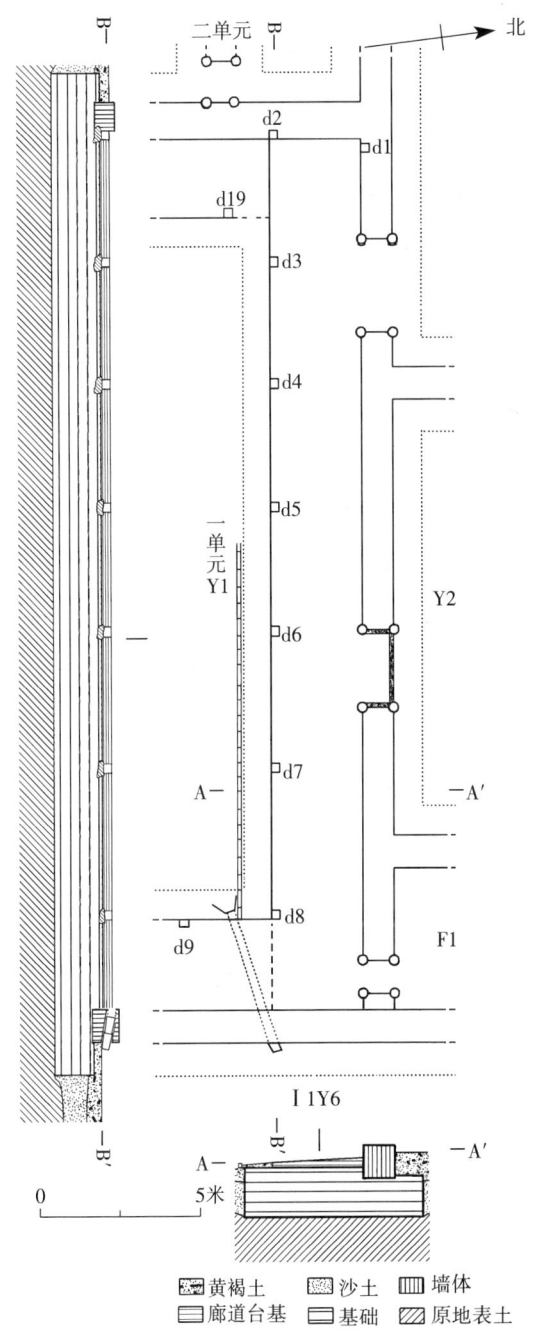

图一五六　石碑地遗址第 Ⅲ 区第 1 组
一单元 Y1 北部廊道平、剖面图

道东西宽度达 2.4 米，构造与其他门道基本相同，保存相对较好。从门道两侧墙体角部的弧状立柱遗迹及地面残留的础石坑看，门道两旁立柱的 1/4 嵌入墙内。立柱为圆形，直径 0.3 米左右。柱下有础石，顶面平整，为暗础。在门道东、西两侧贴近墙体的地面上均发现有嵌于地面的木方遗迹。从现存遗迹看，木方宽 0.12 米，嵌入地下 0.1 米，南北端与门柱相连接，长度为 0.7 米左

右。在门道北侧地面上，亦发现有嵌入地面下的木方遗迹，宽0.18米，深入地下0.1米，槽内横木，经火烧已成木炭，似为门槛（图一五七）。门道及其北部地面经火烧，极为平整、坚硬。在门北侧1.5米处发现有与门平行的已烧成炭状的木板痕迹，宽0.18米。在门道北侧见有极为规整的建筑倒塌堆积。堆积的最下层为带有瓦当的筒瓦。其上为凸面向上的板瓦，多3～6块叠压在一起，相叠板瓦稍有错落，下部的一块较上部的一块向外伸出约0.1米，成排分布，筒瓦恰位于每两叠板瓦间的缝隙下部。最上层为草拌泥、木炭等。板瓦共见有14排，带有瓦当的筒瓦共见13块。瓦当及板瓦排列整齐，分布于门槛外侧2米处。每块板瓦的长度为0.68米，宽0.48～0.5米，东西排列的总长度近7米。从上述倒塌堆积的情形看，该门道上部应有较长的出檐，在倒塌之前，板瓦全部滑落至檐边，被钉有瓦钉并带有圆瓦当的筒瓦挡住，因重力或某外力所致，最后全部倒扣落地（图版一四九，2）。

西侧门道更宽，近2.8米，做法与中部门道基本相同，但未见门槛等遗迹。门道及其周围见有建筑倒塌堆积。

东部慢道

Y1东部为慢道，现存慢道墙体、慢道台基及台基边缘的壁柱等遗迹。慢道北自Y1北部廊道

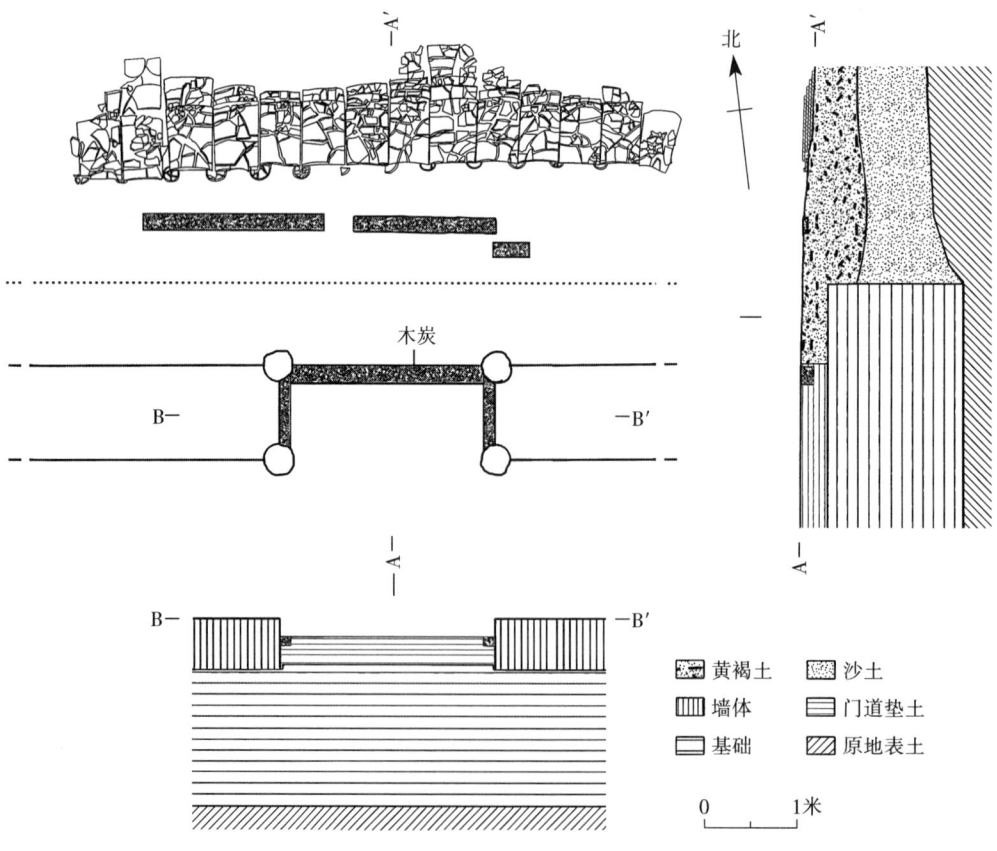

图一五七　石碑地遗址第Ⅲ区第1组一单元Y1北门瓦件倒塌堆积图

南缘起，向南呈坡状分布，至第 I 区第 1 组 J4 的西侧慢道台基边缘止，南北总长度为 13.4 米，宽度为 2.8 米（图一五八）。

慢道墙体位于慢道东部，宽为 1 米左右，现存高出慢道地面 0.2 ~ 0.4 米，呈南高北低状。

慢道台基见于墙体的西侧，慢道墙体及台基均建于一长条形基础之上，墙体两侧的基础高度不同。墙体较基础东缘内缩 1 米，内缩部分的基础较矮，为 1.3 米左右，其上垫土，形成第 I 区第 1 组 Y6 地面；墙体以西及慢道台基部分基础较高，为 1.55 米左右，略低于 Y1 地面。慢道台基西缘较基础内缩 0.9 米左右。建筑基础均建于较坚硬的红黏土生土之上。

慢道台基地面平整、坚硬，保存相对较好。其北与 Y1 北部廊道相连，向南 5.6 米的范围内坡度稍大，与 Y1 北部廊道地面的高差为 0.7 米，再向南的坡度较缓，顶部 2.8 米的范围内慢道较平，整个慢道南、北地面高差为 1.05 米。慢道地面高出其西部的 Y1 地面 0.2 ~ 1.25 米，较其东部的第 I 区第 1 组 Y6 地面（该院落地面南高北低，有一定的高差）高出 0.6 ~ 1.4 米，南端地面较现存 I 1J4 的西侧慢道台基顶部低 0.4 米左右。因 I 1J4 的西侧慢道向北倒塌，致使其慢道南缘破坏严重。

在慢道南缘的地面上发现两块础石，形状不规则，顶面较平，并排放置，长边 0.4 米左右，功能不详。

廊道台基侧面经过抹泥处理，先补贴一层碎瓦，时断时续，而后在瓦面上抹一层厚约 0.5 厘米的细泥，再于细泥外抹一层厚约 1

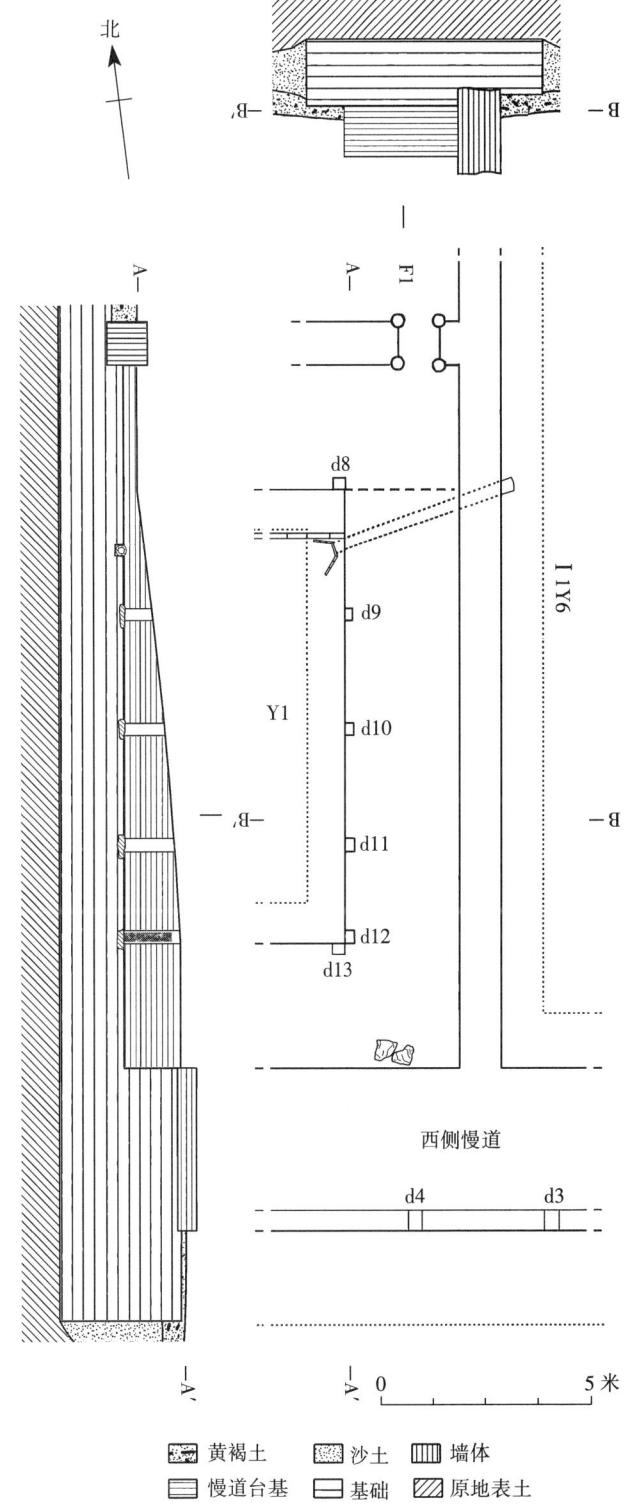

北

黄褐土　　沙土　　墙体
慢道台基　　基础　　原地表土

0　　　　　　5 米

图一五八　石碑地遗址第Ⅲ区第 1 组一单元 Y1 东部慢道平、剖面图

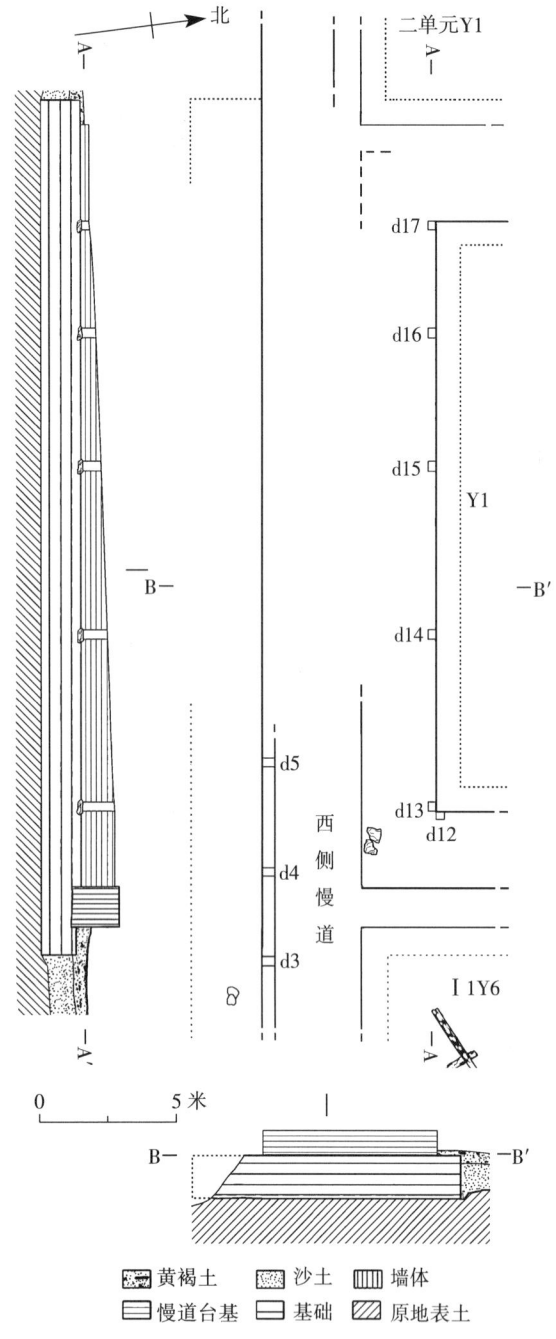

图一五九　石碑地遗址第Ⅲ区第1组
一单元Y1南部慢道平、剖面图

厘米的草拌泥。外表经烧烤后，质地较坚硬。

在慢道台基边缘发现一些壁柱遗迹，共4处，从北向南依次编号为d9～d12。其中d12位于该慢道与Y1南部慢道的交界处。壁柱遗迹的柱槽近方形，边长0.2米左右，其下见有础石。础石形状不规则，近圆形或圆角方形，顶面较平，与基础顶面平齐，应为暗础。d8～d12中心点间的距离分别为3.05、2.67、2.71、2.13米，d12中心点至Y1南部慢道边缘的距离为3米。

南部慢道

Y1南部亦为慢道，现仅存慢道台基及其边缘的壁柱等遗迹（图一五九）。

慢道台基较宽，自Y1内台基南缘至Ⅰ1J4西侧慢道北缘的距离为2.9米左右。其东端与Y1东侧慢道相连，顶部较平，向西呈坡状分布，至Y1西侧廊道并与之相连接，东西总长度为21.6米。

台基建于基础之上。北缘较基础内缩0.9米，该侧基础深度为1.55米左右，建于较坚硬的红黏生土之上。南部与Ⅰ1J4西侧慢道台基相连，其下基础构造情况不详。现存台基地面平整、坚硬，保存相对较好。其东部与Y1东部慢道顶部高度相同，西部与Y1西侧慢道高度相同，现存慢道东、西地面高差为0.95米左右。慢道地面高出其北部的Y1地面0.3～1.25米，东端地面较现存Ⅰ1J4的西侧慢道台基顶部低0.4米左右，向西近4米后，因破坏所致，Ⅰ1J4西侧慢道与本慢道高度、坡度完全相同。

在慢道台基北缘发现一些壁柱遗迹，共5处，从东向西依次编号为d13～d17。其中d13与d12相邻，d17位于该慢道与Y1西侧廊道的交界处。壁柱遗迹的柱槽近方形，边长0.2米左右，其下见有础石。础石形状不规则，近圆形或圆角方形，顶面较平，应为暗础。d13～d17中心点间的距离分别为6.3、6.14、4.86、3.99米。

西部廊道

Y1西部为廊道，现存廊道墙体、台基等遗迹（图一六○）。

廊道墙体见于廊道北部西侧，位于院落北部廊道向西延伸的区域内，保存高度为 0.2 米，南北长度为 4 米，向南延伸的情况不明。

台基见于廊道南段，东西宽 3.6 米，西缘与其北部的墙体西缘平齐，高度与之相同，其上不见墙体，向南与本院落南部慢道台基相连。现存台基顶面较平整，较其东侧的 Y1 地面高 0.3 米，较其北侧的廊道地面高 0.1 米，较其西部的本区二单元 Y1 地面高 0.2~0.3 米，与其南部的慢道西侧地面高度相同。台基建于基础之上。东西两侧边缘较基础内缩 0.9 米，基础深度为 1.5 米左右，建于较坚硬的红黏生土之上。

在台基东侧发现 2 处壁柱遗迹，从南向北依次编号为 d18、d19。壁柱规格及做法与 Y1 内廊道、慢道的壁柱相同。其中 d19 中心点距北侧廊道边缘 1.4 米，d17~d19 中心点间的距离分别为 5.4、3.8 米。

院内排水设施

院地面西南部略高，东北部略低，在院内东北角部发现一处排水管道（参见图一五五）。管道首端位于 Y1 北侧廊道散水与东侧慢道夹角处，穿越东侧慢道台基抵达 I1Y6 内。迎水区呈"八"字形，两侧以三角形的铺地砖立砌用以拦水，中间竖立一块中间穿孔的铺地砖，管道穿入孔中，搭于地面上。由于未解剖，现仅可知管道的大体走向。

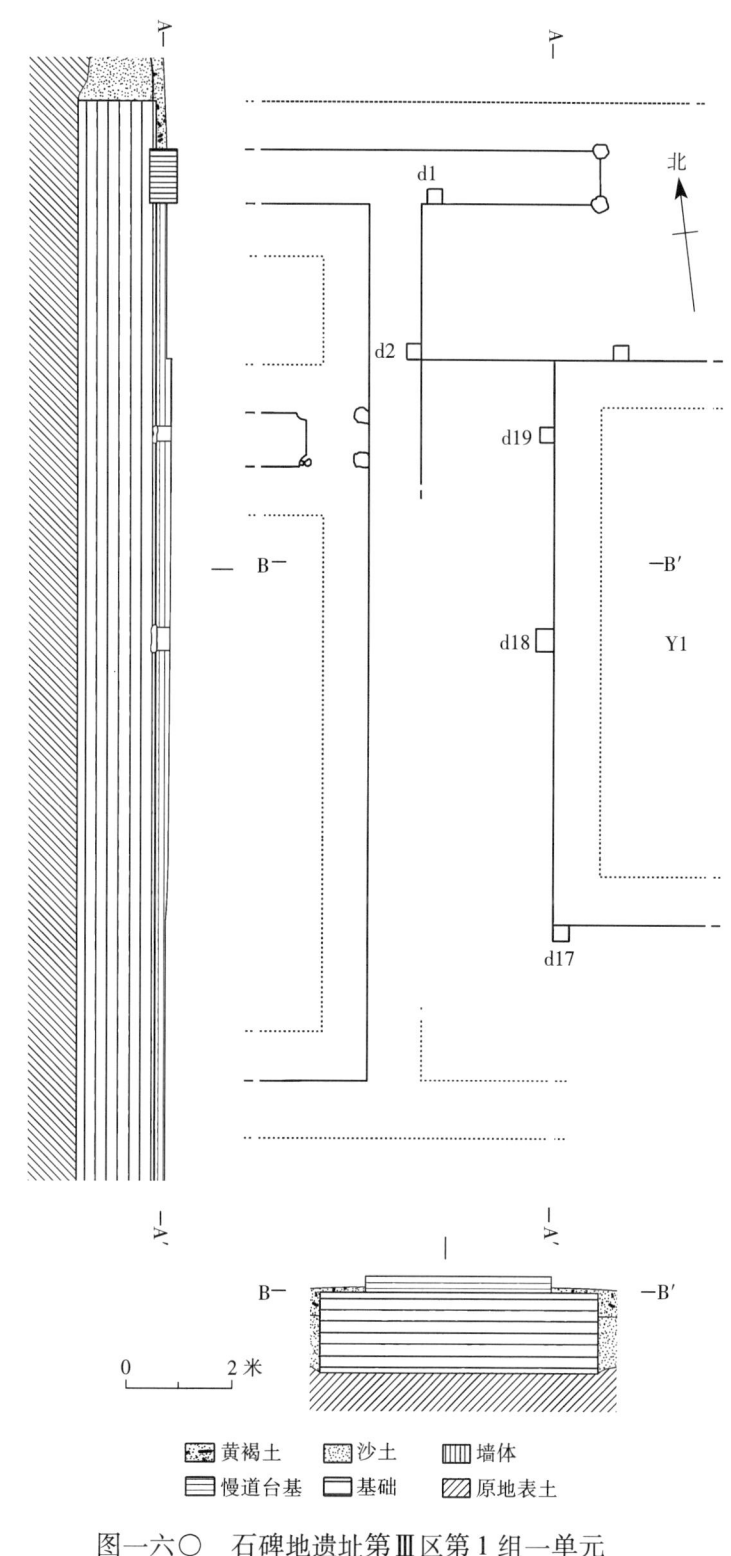

图一六〇　石碑地遗址第Ⅲ区第 1 组一单元
Y1 西部廊道平、剖面图

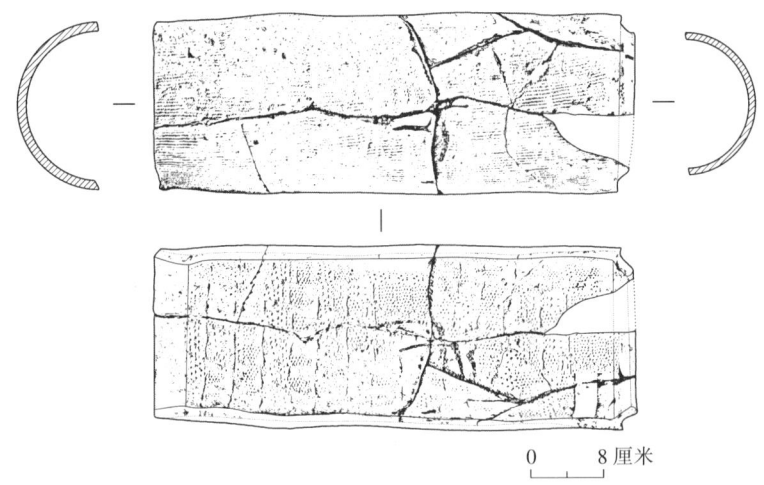

0   8厘米

图一六一　石碑地遗址第Ⅲ区第1组一单元 Y1 出土甲类
B 型筒瓦（SSⅢ1－Y1 甲 BT:1）

院内出土遗物

院落内的倒塌堆积较厚，主要来自于周围的廊道、慢道建筑。因该院落属于汉代建筑的分布范围，故秦代建筑倒塌堆积扰动较甚，现见夯土、烧土、土坯、铺地砖、筒瓦、板瓦、瓦当、空心砖等混杂在一起。其中出土一近乎完整的筒瓦。标本 SSⅢ1－Y1 甲 B T:1，甲类 B 型，扣尾极短（图一六一；附表三；图版一五三，2）。

所见的瓦当种类也较多，有甲类 A 型夔纹大瓦当，标本 SSⅢ1－Y1 甲 AW:1（图一六二，1；附表四；图版一五三，3），标本 SSⅢ1－Y1 甲 AW:2（图一六二，2；附表四；图版一五四，2）；乙类 A 型几何纹半瓦当，标本 SSⅢ1－Y1 乙 AW:1（图一六二，3；附表五；图版一五三，4）；乙类 B 型夹贝卷云纹半瓦当，标本 SSⅢ1－Y1 乙 BW:1（图一六二，4；附表六；图版一五四，1）；丙类 A 型夹贝卷云纹圆瓦当，标本 SSⅢ1－Y1 丙 AW:4（图一六二，5；附表七；图版一五四，4）；丙类 B 型羊角卷云纹圆瓦当（参见附表八）；丙类 D 型夹心卷云纹圆瓦当，标本 SSⅢ1－Y1 丙 DW:6（图一六二，6；附表一〇；图版一五四，3）等。

②Y2

位于本单元西北部，平面呈长方形。其南北较长，自本组 Y1 北部起直至本区北部，发掘部分的长度为 50 余米，东西宽度为 9.05 米左右（图一六三）。

院落南墙即本单元 Y1 北墙。

院落东墙即本区与第Ⅱ区的隔墙。墙宽 1 米左右，发掘部分存长 18 米，仅见于南部，存高 0~0.2 米，南高北低，北部仅存墙基。墙基宽 2.8 米，墙体建于墙基之上的中间部位，挖浅槽起建。在墙体两侧的墙基之上各发现一排柱槽，均为圆形，直径 0.3~0.45 米，深度为 0.3 米左右，下无础石，填土较坚硬纯净，开口于地面垫土以下。柱槽中心点距墙基边缘 0.5 米左右，距墙体边缘 0.4 米左右。墙体两侧南北成排的柱槽间为 1.5~2 米左右，隔墙东西两两相对，间距基本相等，为 1.8 米。据其分布规律及层位关系推断，上述柱槽或许与修建墙体有关（参见图一六三）。

院落西墙即本区第 2 组、第 3 组、第 4 组的东墙。其南部有一较大的缺口，宽 3.9 米，应为本组通往第 2 组建筑的通道。

院落地面西高东低，南高北低。在近第 2 组建筑东墙处的院落地面上发现有 4 块础石，南北排成一线，与 Y2 西墙平行，础石中心线与 Y2 西墙内侧的距离为 2 米左右。础石与西墙间的地面较平整，稍高于东侧地面，推测该区域存在廊道或其他建筑。上述础石应为暗础，从南向北依次编号为 d1~d4，间距分别为 4、3.8、4 米左右（图一六四）。

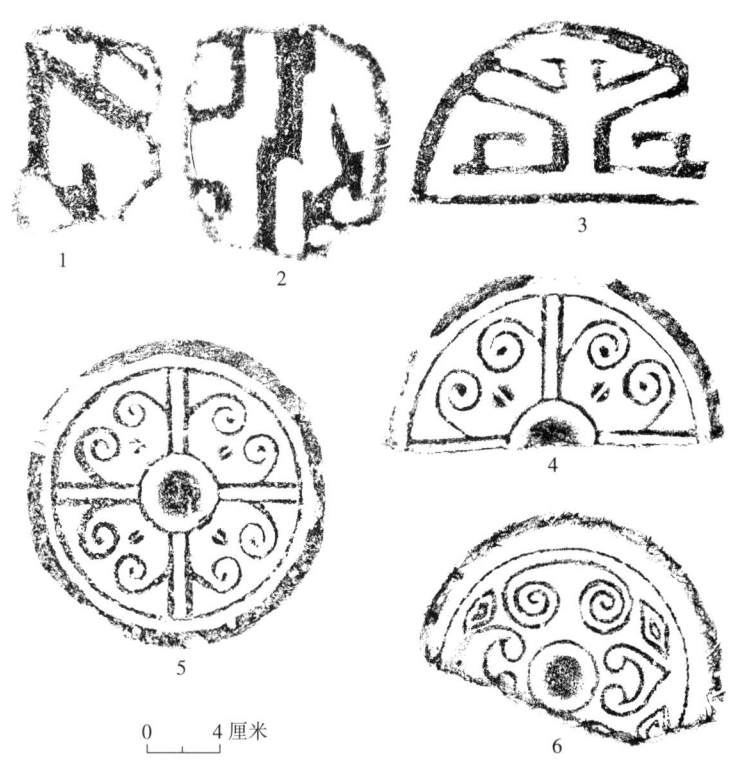

图一六二　石碑地遗址第Ⅲ区第 1 组一单元 Y1 出土瓦当

1. SSⅢ1 — Y1 甲 AW∶1　2. SSⅢ1 — Y1 甲 AW∶2

3. SSⅢ1 — Y1 乙 AW∶1　4. SSⅢ1 — Y1 乙 BW∶1

5. SSⅢ1 — Y1 丙 AW∶4　6. SSⅢ1 — Y1 丙 DW∶6

本单元 Y1、F2 均有通往该院的门道，参见前文。

该院墙体两侧的建筑倒塌堆积较少，夹杂于夯土之中的建筑构件主要为筒瓦、板瓦碎片。夹杂的少量瓦当，绝大部分为乙类 B 型夹贝卷云纹半瓦当，仅零星见有丙类 A 型夹贝卷云纹圆瓦当。院落内的建筑倒塌堆积较少，地面上见有零星的瓦片（图一六四）。

2. 第Ⅲ区第 1 组二单元

位于本组西部。东为本组一单元建筑，北为本区第 2 组建筑，南为第Ⅰ区建筑，西为第Ⅴ区建筑（图版一五五）。

本单元建筑由两座具有沐浴性质的房址及两处院落遗迹组成。房址从东向西依次编号为Ⅲ1 二 F1、F2（即第Ⅲ区第 1 组二单元第 1、2 号房址）。房址的南部有一东西长、南北窄的院落，编号为Ⅲ1 二 Y1（即第Ⅲ区第 1 组二单元第 1 号院落址）。房址及 Y1 的西北部有一南北狭长的院落，编号为Ⅲ1 二 Y2（即第Ⅲ区第 1 组二单元第 2 号院落址）。

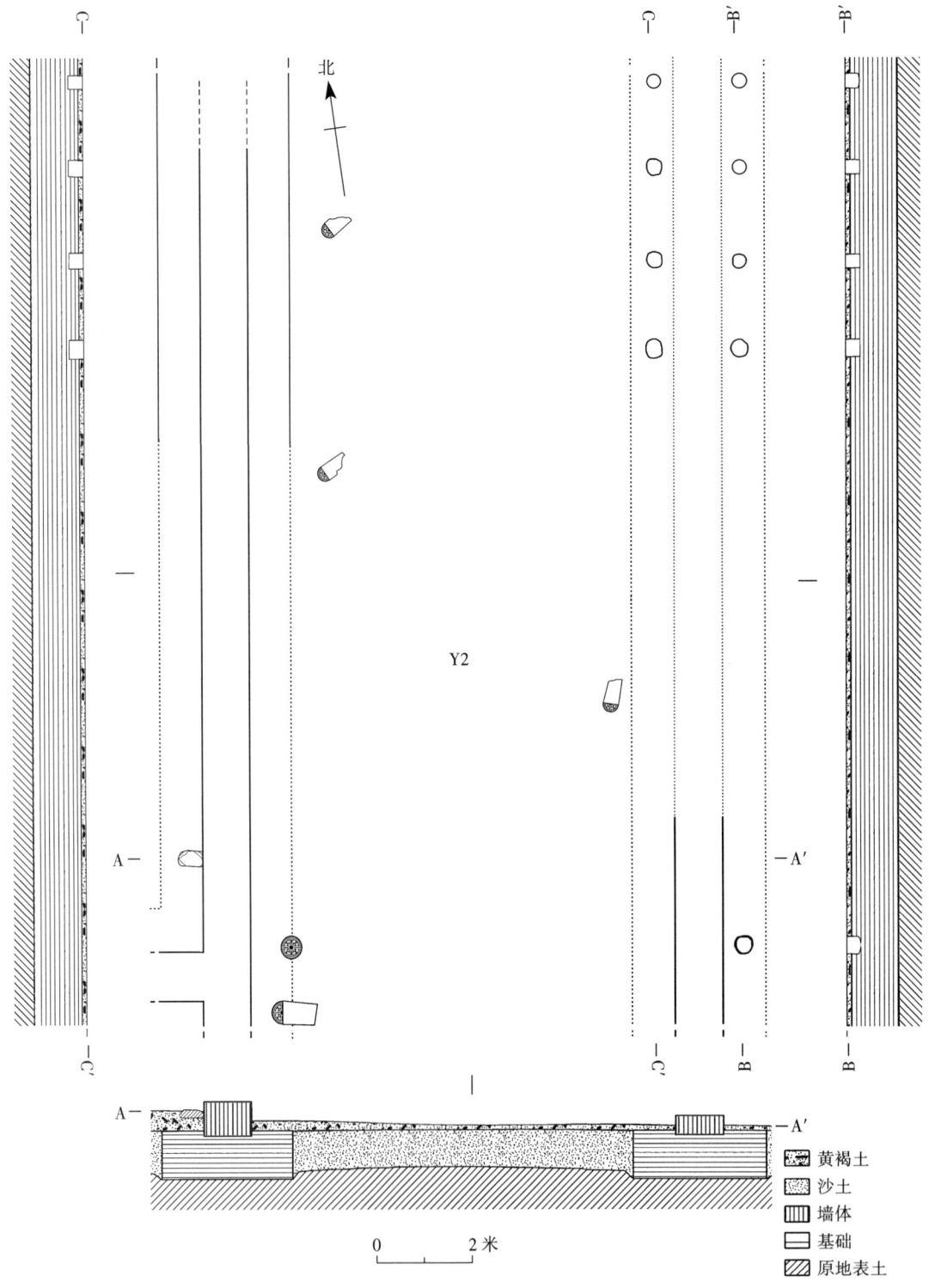

图一六三　石碑地遗址第Ⅲ区第 1 组一单元 Y2 北部遗迹、遗物分布图

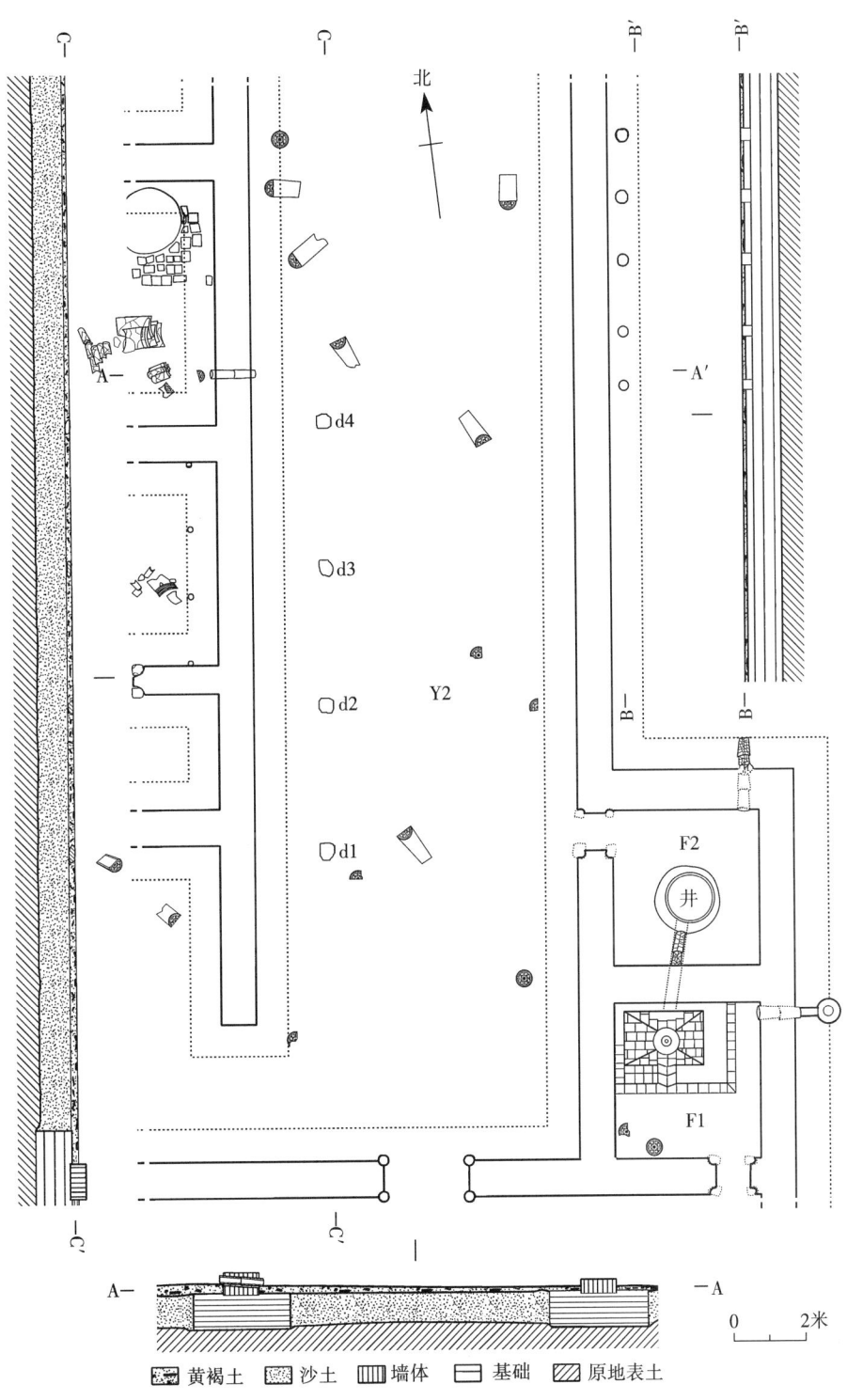

图一六四 石碑地遗址第Ⅲ区第 1 组一单元 Y2 南部遗迹、遗物分布图

（1）房址（Ⅲ1 二 F1、F2）

位于本单元的东北部。从发掘结合勘探的结果看，两座房址的墙体均建于墙基上，与一单元的同类房址不同。两座房址的北墙及一单元 Y1 北部廊道墙体在一条直线上，宽度相同。南墙亦在同一直线上，宽度相同（图版一五六）。

F1

房址平面呈长方形，东、西两墙内侧之间的距离为 6.85 米，南、北两墙内侧间的距离为 4 米，室内面积为 27.4 平方米（图一六五）。

其北、西、南部墙基宽度均为 2.8 米，深度为 1.5 米左右。墙体建于墙基中间部位，挖浅槽起建，宽 1 米左右。东墙与一单元 Y1 北部廊道西墙共用一墙，宽度为 1 米。上述墙体均以黄褐土夯成，现暴露高度为 0.2 米左右。

门在房址的东南角。现见南墙东部与东墙之间有一缺口，宽度为 1.3 米左右，保存不好。缺

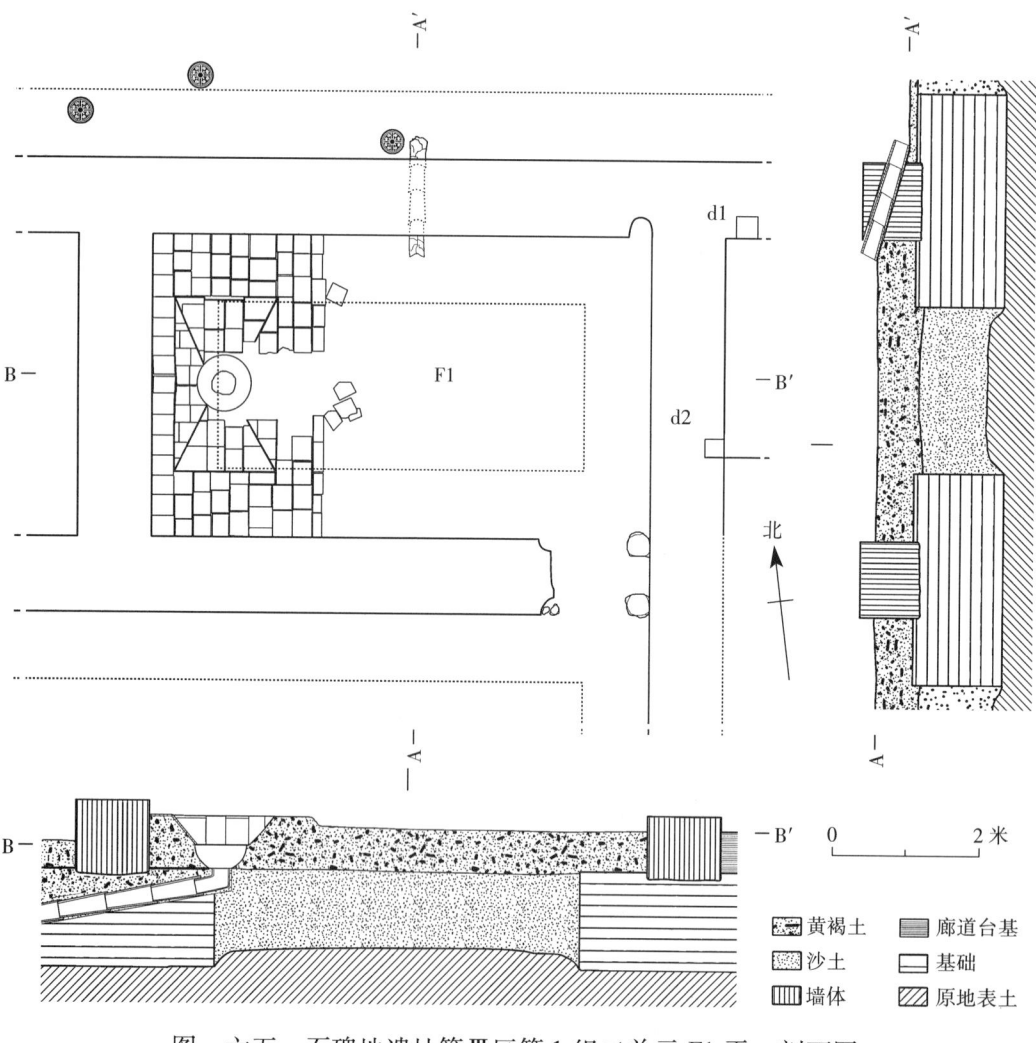

图一六五　石碑地遗址第Ⅲ区第 1 组二单元 F1 平、剖面图

口西端的南墙南北两侧有弧形缺口，其下见有础石。其中南侧缺口处发现有烧毁的门柱遗迹，下有础石，部分已暴露于门道地面上。缺口东端沿东墙边缘发现两块础石，与南墙的弧形缺口处的础石位置相对应。上述两础石大部分暴露于门道地面上，边缘被东墙所压。据其他门道的做法及门旁础石与其上墙体的位置关系推测，其门东侧应附加有较窄的东向西墙体，惜已遭破坏。门道的实际宽度应为 1～1.1 米左右。

房址东部室内地面较平，垫土为黏土。西部建有沐浴设施，高出东部室内地面 0.15 米，其做法与一单元 F1 内的同类设施大同小异（图版一五七）。

首先在基础顶面以下预埋排水管道（参见图一六五）。管道从 F1、F2 隔墙下部穿过，大体呈东西向，长度为 3.5 米。首节为"弯头"，立置，竖直向上的部分较短，为 0.1 米，横置连接排水管道的部分较长，为 0.5 米。弯头上口直径为 0.24 米，中心点西至 F1 西墙内侧的距离为 1 米，至南北两墙内侧间的距离均为 2 米；与管道连接的下口直径为 0.2 米左右，与第二节排水管的粗端套接，依次向西排列。各排水管规格相同：长近 0.7 米，粗端直径为 0.26 米，窄端直径为 0.22 米，壁厚 0.01 米左右。尾端一节排水管的窄端从 F2 内渗水井的井圈中穿出，整个管道首尾高差为 0.4 米。

建好房址墙体后修建"沐浴水池"。现见水池底部中心有一平面近圆形的土坑，上口直径 0.75 米，弧壁，圜底，深 0.3 米左右，其下见有排水弯头。据一单元 F1 内的同类设施推测，该坑应为放置底部中间穿孔的陶盆所用，现陶盆已不存。

以铺地砖铺成的"水池"口部呈长方形，南北长 2.3、东西宽 1.41 米，斜壁，底部周围被破坏。池口顶端与土坑底部的垂直距离为 0.7 米。除西壁中间两块铺地砖以近 130° 的夹角对接，形成一道浅沟槽外，其余三壁皆光滑平整。边角及转折对接处的铺地砖均被切削并经过打磨，使之镶砌紧密，制作精细。

池壁下部、周边均垫土。垫土呈黄褐色，较坚实，在池的周围形成顶面较平的土台，除东部外，土台边缘均抵达 F1 的各墙边。土台东缘呈斜坡状，顶面较室内东部地面高 0.15 米左右。在土台上沿西墙边缘平铺一排铺地砖，沿南、北墙边缘各铺 3 排铺地砖，东部平铺 2 排，向下斜铺 1 排直抵室内地面，护住土台外缘。台上平铺铺地砖除西部中间两块铺出凹槽外，其余皆较平整。水池外侧土台铺砖范围的南北长度为 4 米，东西顶面宽度为 2.3 米，底边宽度为 2.45 米。

在沐浴设施的东部、F1 北墙上还发现一组大体呈南北向的排水管道。管道中线至 F1 西墙的直线距离为 3.6 米，距土台底部边缘 1.15 米。其首端置于室内地面上，伸入 F1 室内地面的长度为 0.3 米，已残破。管道从 F1 北墙穿出，进入本区第 2 组 Y1，尾端亦残。现存管道长 1.6 米，首尾两端高差为 0.4 米。

该房址东部地面与本单元 Y1 东部廊道地面基本平齐。

房址室内、外均见有大量的建筑倒塌堆积，包括 F1 室内水池均为建筑倒塌堆积所覆盖。倒塌堆积中主要为夯土、土坯、烧土块、筒瓦、板瓦残片等，零星见有乙类 B 型夹贝卷云纹半瓦当。

房址北侧边缘所见瓦当多为乙类 B 型夹贝卷云纹半瓦当，也见有少量的丙类 A 型夹贝卷云纹圆瓦当；南部倒塌堆积中未见瓦当。

②F2

位于 F1 西部。平面呈长方形，东西长 6.75、南北宽 4 米，室内面积为 27 平方米，与 F1 基本相同（图一六六）。

四面墙体均建于宽为 2.8 米左右的墙基中间，宽 1 米左右，以黄褐土夯成，现存暴露高度为 0.2～0.4 米。

门在房址的西北角，较其他门址的形态有所不同。现见西墙北部与北墙之间有一缺口，宽度达 1.8 米。缺口南端的西墙端头较平，不见础石坑及础石；缺口北端的北墙西端发现有弧状的壁柱槽，其下见有础石。础石平面形状不规则，顶部较平，一半压在北墙下，一半在门道地面上（图版一六〇，1）。

房址地面垫土为红黏土，现见四周稍高，中部略低，似地面下陷所致。该房址的地面较 F1 地

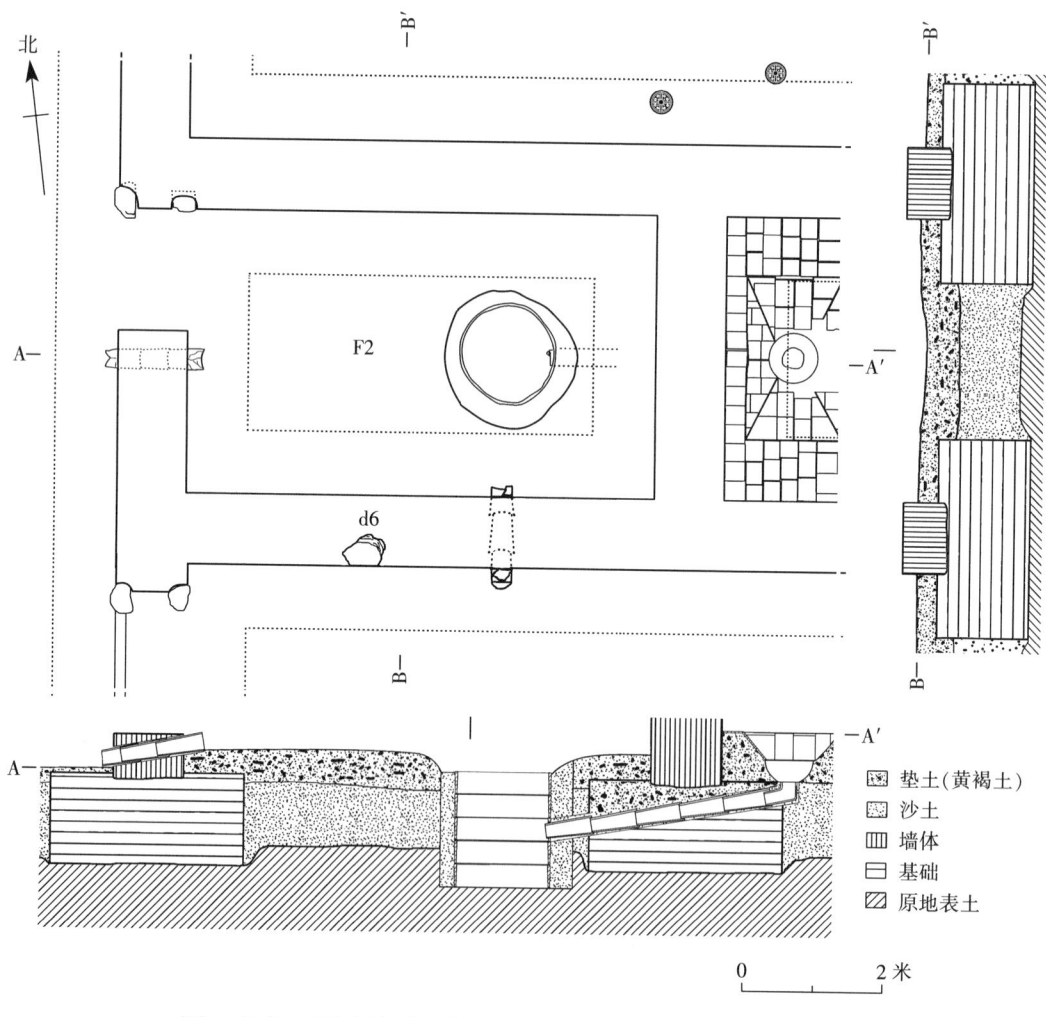

图一六六　石碑地遗址第Ⅲ区第 1 组二单元 F2 平、剖面图

面低 0.2 米左右。

在室内偏东部发现一渗水井。井中心点距 F2 东壁 2.15 米，距南、北壁皆 2 米。井穴大体呈圆形，上口直径 1.9 米，存深 1.6 米。内置井圈，井圈由两个半圈拼对而成，直径 1.4 米，高 0.28~0.3 米，壁厚 0.02~0.04 米，上口厚，下口薄，圈圈相接，现存 5 节，最上一节井圈略低于室内地面。F1 内水池下部的排水管道在下数第 3 节井圈下部穿出，穿出部分的井圈被打出圆形缺口（参见图一六六；图版一五八）。

在房址内发现两组通往室外的排水管道。

其一位于房址西门南侧部，管道中线距南墙内侧 1.95 米。现见 3 节排水管，均已破碎。其首节粗端置于室内地面上，伸入室内的长度为 0.2 米。第 3 节的细端搭于室外地面上。现存排水管道总长度为 1.45 米，首、尾端高差 0.3 米（参见图一六六；图版一五九）。

其二位于房址南墙东部，管道中线恰与井窖中线在一条直线上。亦存 3 节排水管，均破碎。首节粗端伸出室外地面 0.3 米。第 3 节的细端搭于室内地面上，伸出 0.1 米。现存排水管道总长度为 1.45 米，首、尾端高差 0.2 米左右。从排水管道的构造看，似乎是将室外积水排往室内渗水井。

房址室内、外均见有大量的建筑倒塌堆积，包括室内水井内均为建筑倒塌堆积所覆盖。房址内采集一件近乎完整的筒瓦，标本 SSⅢ1 二 F2 甲 BT：1（图一六七；附表三；图版一六〇，2），属甲类 B 型。房内见有乙类 B 型夹贝卷云纹半瓦当，北侧边缘所见瓦当多为乙类 B 型，亦有丙类 A 型夹贝卷云纹圆瓦当，南部倒塌堆积中未见瓦当。

（2）院落（Ⅲ1 二 Y1、Y2）

二单元有两处院落，位于其东南部的编号 Y1，西北部的编号 Y2。

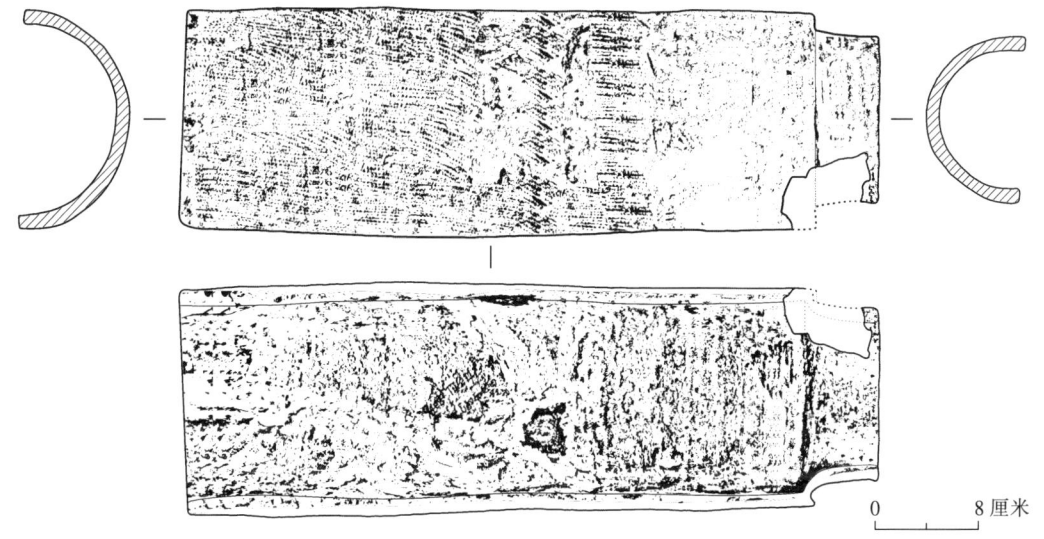

图一六七 石碑地遗址第Ⅲ区第 1 组二单元 F2 出土甲类 B 型筒瓦（SSⅢ1 二 F2 甲 BT：1）

①Y1

院落平面呈长方形。东西长 14.6、南北宽 11.3 米（图一六八）。其北为本单元的两座房址，西为本单元 Y2，东为本组一单元 Y1 廊道，南为第 I 区西侧廊道。除东部为廊道台基外，院落其余三面均有与上述相关建筑共用的墙体，现存墙体相对高度为 0.2～0.3 米。

院落西北部发现一门道，由此通往本单元 Y2。门道南北宽度达 2.8 米，保存相对较好。门道缺口北端有呈南北向较短的墙体，似本单元 F2 西墙的向南延伸，长度为 0.4 米。两侧端头均有弧形缺口，缺口下见有础石。础石呈不规则方形，边长 0.4 米左右，顶面较平，一半位于墙下，一半位于门道地面上。门道西侧两块础石上发现有炭化的木柱遗迹，在上述两块础石间的地面上发现有沟槽，宽 0.15 米，嵌入地下 0.1 米，应为门槛遗迹（图一六九；图版一六一）。门道地面平整、坚硬。在门西侧大约长 5 米，宽 3 米的范围内发现有成排倒塌的板瓦，均凸面向上，似整个建筑顶部倒扣落地而形成。

院落东北部有通往 F1 的门道，参见前文。

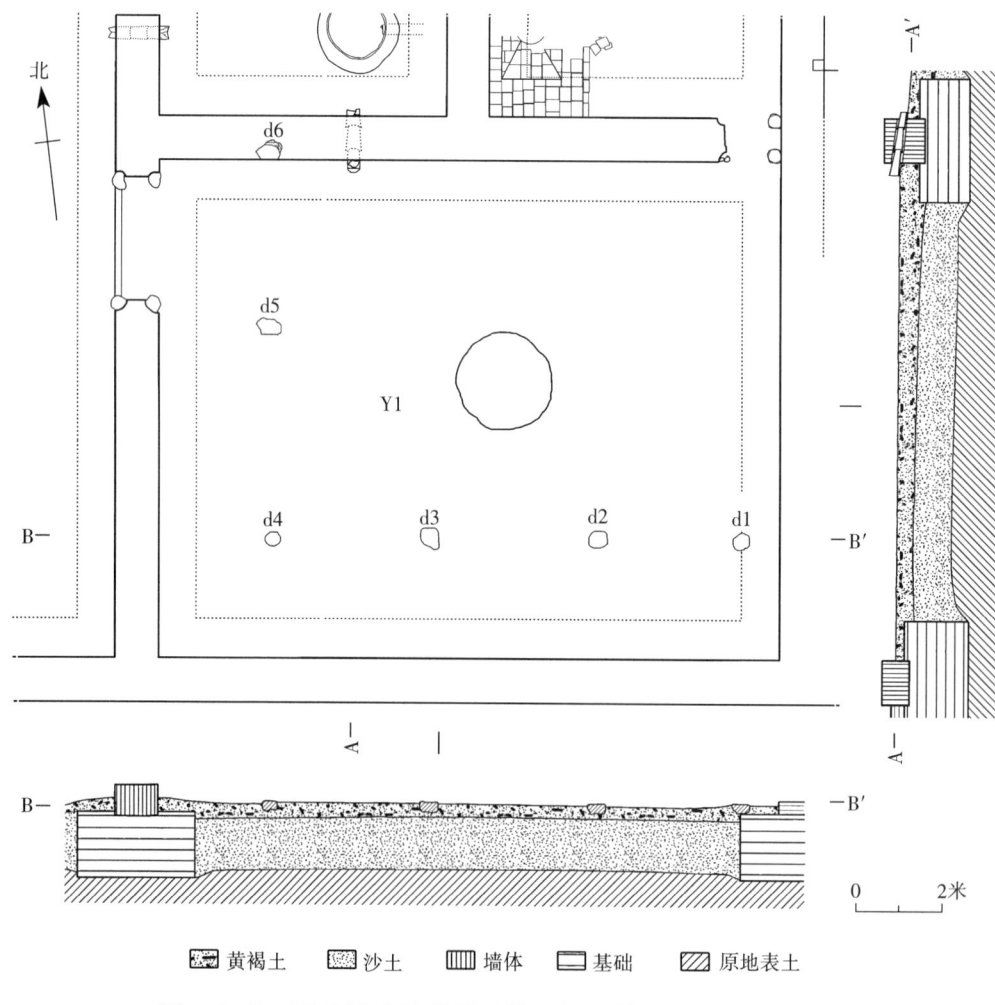

图例：
📊黄褐土　📊沙土　⬜墙体　⬜基础　📊原地表土

图一六八　石碑地遗址第 III 区第 1 组二单元 Y1 平、剖面图

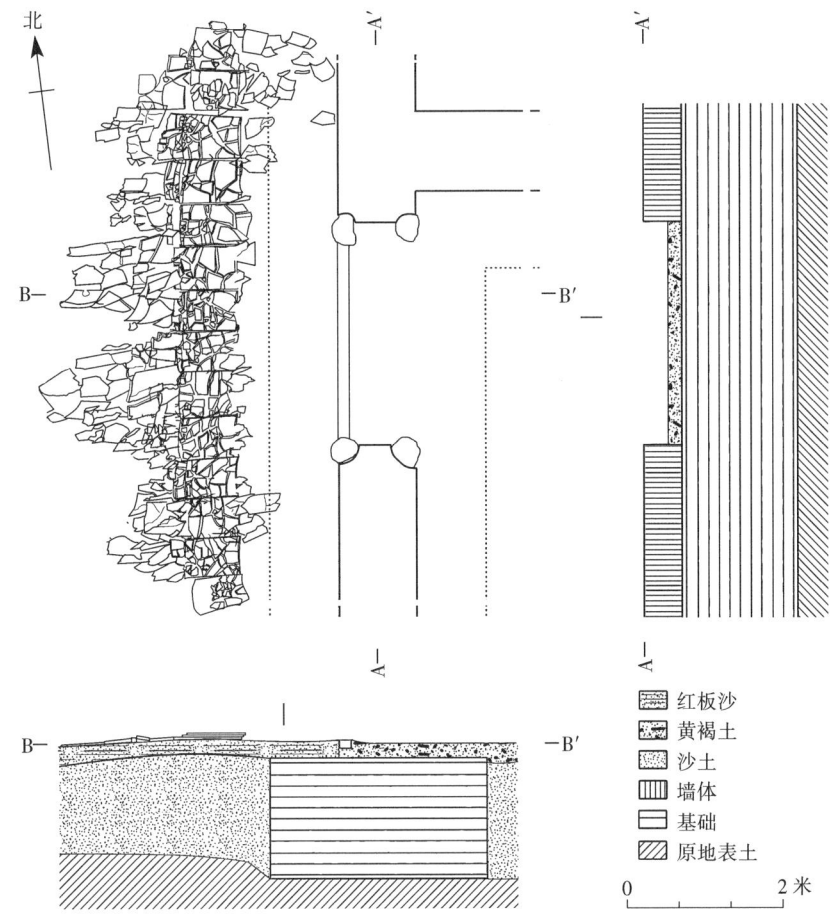

图一六九　石碑地遗址第Ⅲ区第 1 组二单元 Y1 西门瓦件倒塌堆积图

　　院落地面铺垫红黏土，周边稍高，中间略低，破坏较严重。地面南部发现 4 块础石，现均已露出地表，原应为暗础，从东至西依次编号为 d1～d4。础石大体为圆角方形，除 d1 略小，边长约 0.25 米外，余者边长皆为 0.35 米左右。础石中心点的连线与其南部的墙体平行，直线距离为 2.7 米，d1 中心点距其东部廊道西缘的距离为 0.9 米，d4 中心点距院落西墙内缘 2.7 米，d1～d4 中心点间的距离分别为 3.34、3.94、3.72 米。据上述迹象推断，院落南部应有廊道存在。廊道地面已被破坏，现表面高度较院落北部地面高 0.1～0.2 米，较邻近的一单元 Y1 西侧廊道地面低 0.1 米左右。

　　在院落地面西部亦发现 1 块础石，现露出地表，编号为 d5，近梯形。d4、d6 中心点的连线与其西部的墙体平行，距离为 2.7 米左右，d5 中心点距院落北部 F2 南墙外侧的距离为 3.82 米，d4、d5 中心点间的距离为 4.78 米，推测院落西部亦可能有廊道。廊道地面已被破坏，现表面高度较院落东部地面高 0.1～0.2 米。

　　在院落东部发现一非常规矩的圆形灰坑，直径 2.2 米。填土呈黑色，内有建筑倒塌堆积，未清理至底，或许与院落排水有关。

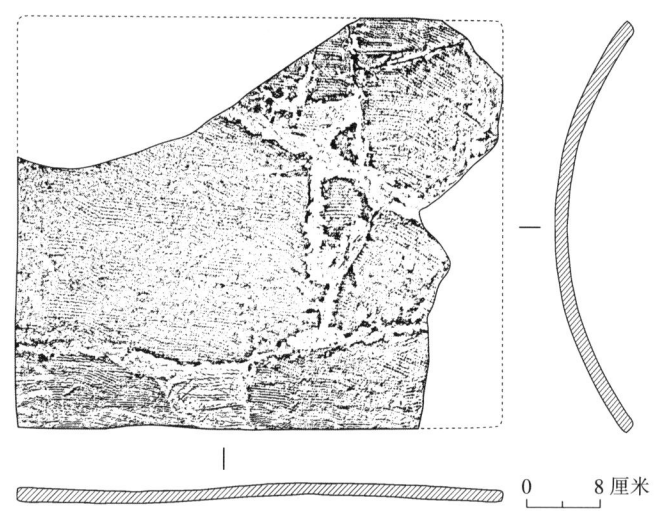

图一七〇　石碑地遗址第Ⅲ区第1组二单元
Y1 出土板瓦（SSⅢ1 二 Y1BB：1）

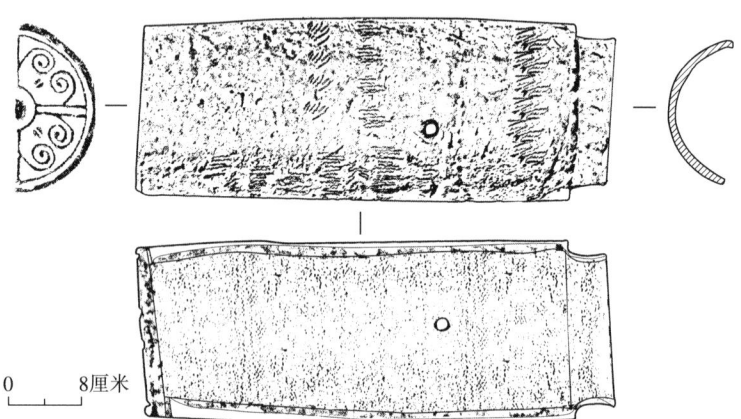

图一七一　石碑地遗址第Ⅲ区第1组二单元 Y1 出土
筒瓦（SSⅢ1 二 Y1 乙 BW：2）

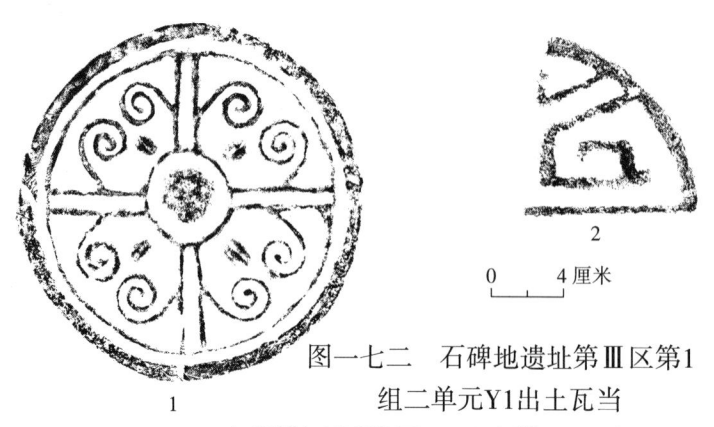

图一七二　石碑地遗址第Ⅲ区第1
组二单元Y1出土瓦当
1. SSⅢ1二Y1丙AW：1　2. SSⅢ1二Y1乙AW：2

该院落上有汉代建筑，故秦代的倒塌堆积经过扰动。现见倒塌堆积主要为建筑构件，混杂有夯土、烧土、土坯等，均来自于其周边建筑。

在院落内采集一大体可复原的板瓦，编号 SSⅢ1 二 Y1BB：1（图一七〇；附表二；图版一六三，3）。采集一件完整的筒瓦，标本 SSⅢ1 二 Y1 乙 BW：2（图一七一；附表三、六；图版一六三，4）属甲类 B 型，瓦当及瓦身保存均完好。

院落东部墙体附近多为丙类 A 型夹贝卷云纹圆瓦当，标本 SSⅢ1 二 Y1 丙 AW：1（图一七二，1；附表七）；院落西部多见乙类 B 型夹贝卷云纹半瓦当（参见附表六）。

在院落西南部见有 3 个甲类 A 型夔纹大瓦当个体（参见附表四）。其中标本 SSⅢ1 二 Y1 甲 AW：1（图一七三，1；附表四；图版一六二，1、5）可复原，当面夔纹线条较圆润，简洁。背面平整，经轮修刮平。瓦筒保存基本完好，长69.1厘米，与当面结合紧密，几为一体。与当面交接处保留有刀割痕迹，其他的边缘部分手工掰开。凸面饰细绳纹，不连续。凹面局部见麻点纹，似戳点而成。另外两件标本的当面纹饰与上述标本相同，标本 SSⅢ1 二 Y1 甲 AW：2（图一七三，2；附表四；图版一六二，3），标本 SS

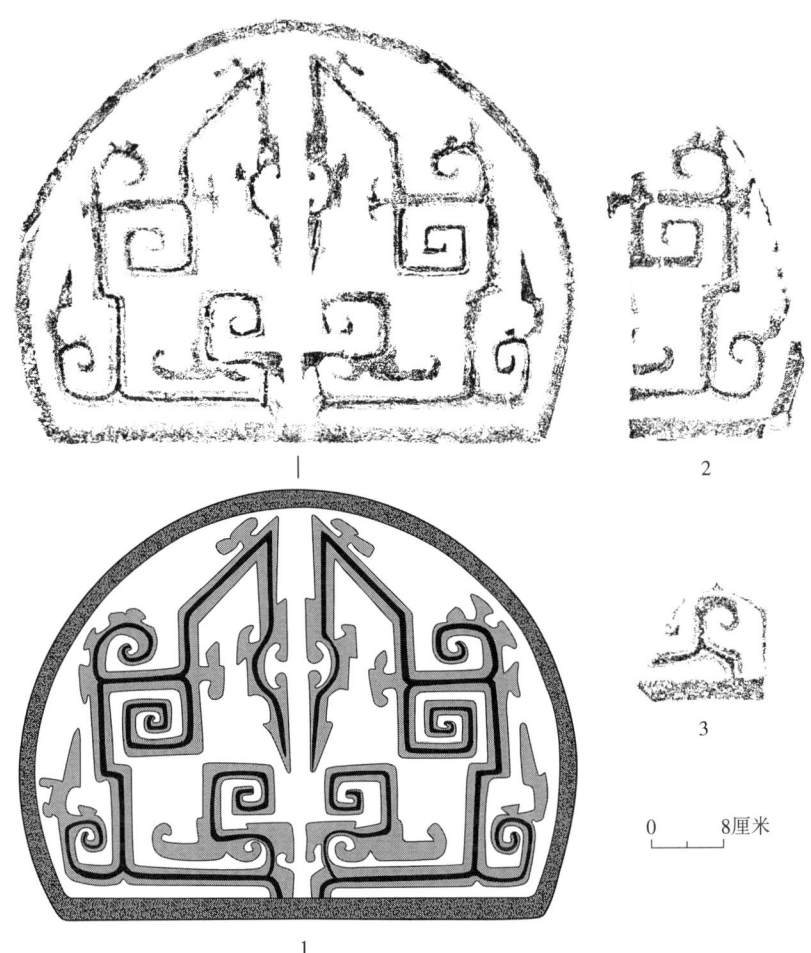

图一七三　石碑地遗址第Ⅲ区第1组二单元Y1出土甲类A型瓦当

1. SSⅢ1二Y1甲AW：1　2. SSⅢ1二Y1甲AW：2　3. SSⅢ1二Y1甲AW：3

Ⅲ1二Y1甲AW：3（图一七三，3；附表四；图版一六二，2）。

此外，在院落内还发现零星乙类A型几何纹半瓦当，标本SSⅢ1二Y1乙AW：2（图一七二，2；附表五；图版一六三，1）。

院落外则多为丙类A型夹贝卷云纹圆瓦当；北部房址南墙周围基本不见瓦当。

②Y2

位于本单元西北部，平面大体呈曲尺形（图一七四、一七五）。其南北较长，自本区南部始直至中部，南、北院墙墙体内侧之间的距离为52米。南部较宽，东西宽11.2米，这一段的长度为20余米。北部较窄，东西宽6.85米。

院落南墙即本区与第Ⅰ区廊道的隔墙，宽度为1米，参见相关章节。

院落西墙即本区与第Ⅴ区的隔墙，经过发掘，其中有些遗迹涉及第Ⅴ区，在此一并介绍。墙体建于宽2.8米的基础中间部位，挖浅槽起筑，宽度为1米，存高0.2~0.3米。墙两侧的基础上发现有对称分布的圆形柱槽，直径0.35~0.4米，深0.4米以上，几乎等距离分布，间距1.7米左

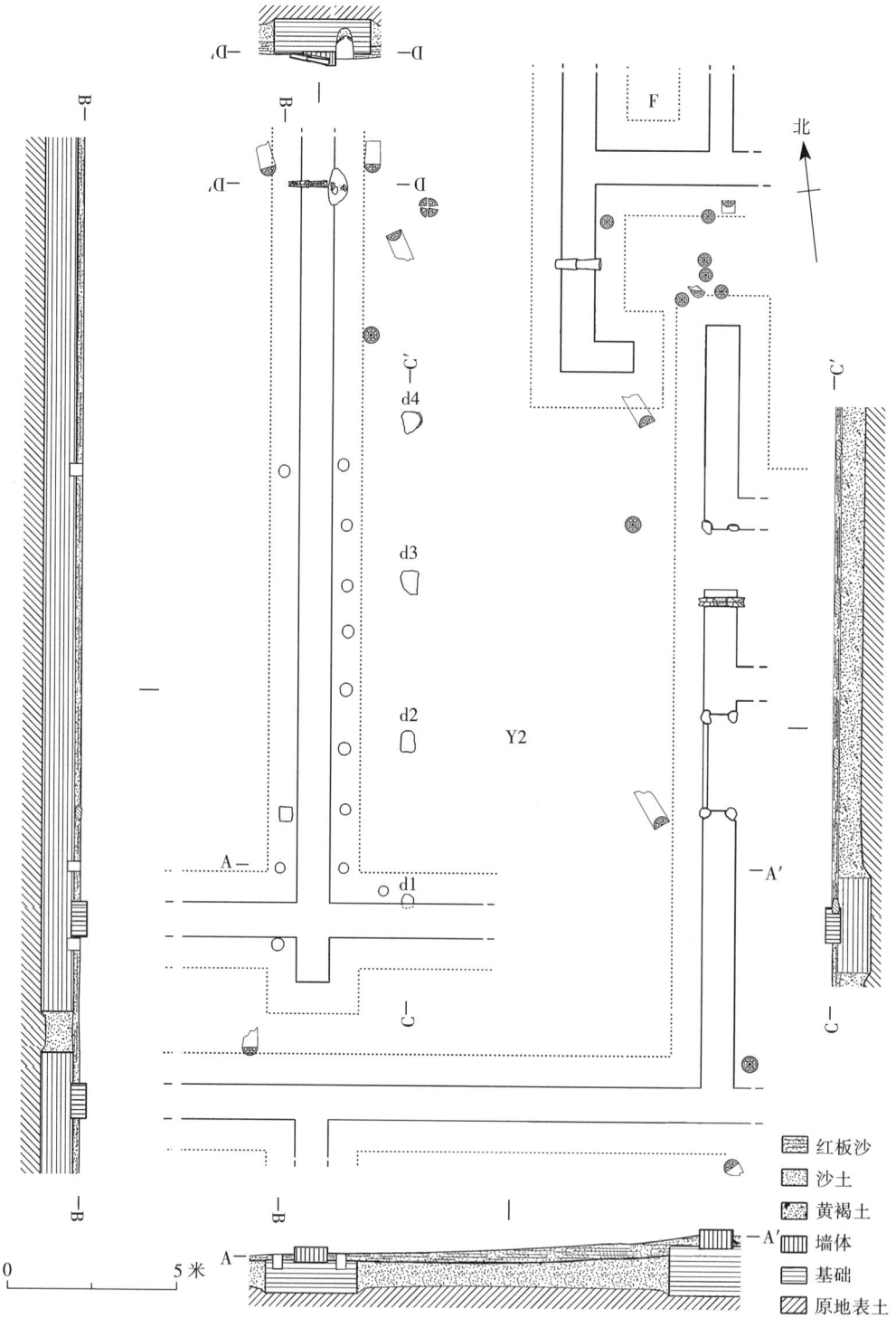

图一七四　石碑地遗址第Ⅲ区第 1 组二单元 Y2 南部遗迹、遗物分布图

右。各柱槽中心点的连线大体与墙体平行，距墙体边缘 0.3～0.4 米。洞内填土为黄褐色，土质土色与墙体上的夯土类似，推测其应为筑墙时所用的夹板柱槽。这类柱槽均位于墙基上地面垫土以下，未全部清理（图一七四）。

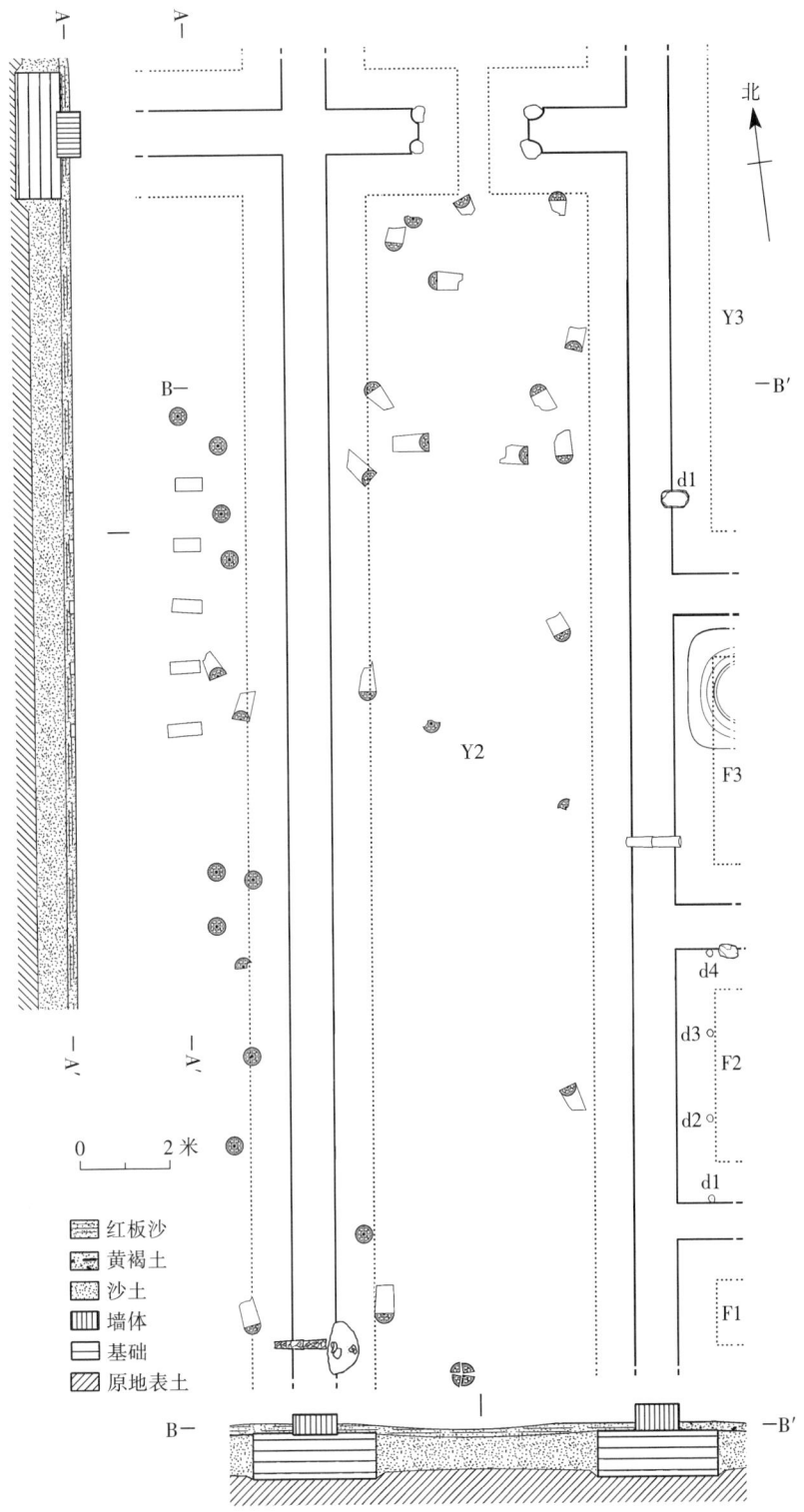

图一七五 石碑地遗址第Ⅲ区第1组二单元Y2北部遗迹、遗物分布图

西墙发现一处排水管道，现存两节排水管，从墙体底部穿过。从排水管的高差（东高西低，高差0.2米）及套接（从东向西套接）的方式看，应为将积水从本院排往第Ⅴ区院落内所用。排水管东部有一个小的灰坑，坑内发现有排水管残片及以残破的空心砖制作的迎水区构件，推测该管道原有迎水区，现已遭破坏。

在西墙南端发现一缺口，宽3米，应为本区与第Ⅴ区间的通道。缺口北部1.3米处发现一道建于2.8米宽的墙基之上呈东西向的墙体，宽1米，现存长度为4米左右，存高0.1米。该墙体北侧发现一壁柱遗迹，编号d1。壁柱的础石现已外露，中心点距西墙东缘2.3米（图版一六四）。

院落北墙宽亦为1米，墙基宽2.8米，与第Ⅴ、Ⅵ区间的隔墙在一条直线上。墙体中部有一宽2.5米的缺口，缺口两侧墙体端头部位均见有弧形缺口，下有础石，应为门道。门道略偏西，中线距西墙内侧3.35米，由此通往本区北部院落。

院落东墙即本区第1、2组相关建筑的西墙，详情参见相关章节。

院落地面均以红板沙土铺垫。从多个解剖地点看，地面下垫土以沙土为主，有些地区有黑土、黑黏泥等。现见地面靠近墙体的部分地势稍高，中间略低。从排水管道的设置看，院落地面总体应为东高西低，现状系地面下沉所致。

在院落的西南部、东西向墙体的北部，沿西墙边缘发现3块础石，上述础石以及位于东西向墙体北侧的d1中心点大体在一条直线上，中线距西墙内缘的距离为2.4米左右。础石与西墙间的地面较平整，稍高于东侧地面，推测该区域存在廊道或其他建筑。上述础石应为暗础，从南向北依次编号为d2~d4，间距分别为4.6、4.7、4.6米。

值得注意的是，在西墙北部西侧，属于第Ⅴ区范围内的院落地面上发现有等距离分布的5个黑土坑。土坑平面均呈长方形，东西较长，长度为0.6~1米，宽度为0.25~0.3米。各坑中心点的间距为1.35米左右，坑东缘至Ⅲ1二Y2西墙西缘的距离为2.2米左右。坑打破红板沙土地面，深度为0.1~0.15米，填土为黑土，用途不详（图一七五）。

院落内的倒塌堆积均属于其周边的各类建筑。从倒塌堆积分布状态看，各类建筑墙体边缘1米左右的范围内倒塌的夯土较厚，各类建筑构件如板瓦、筒瓦、瓦当等多分布于墙体外侧1~2米的范围之内，其中混杂有烧土块、土坯等；院落中部则多为散落的建筑瓦件。

从瓦当分布看，院落西墙西侧所见绝大部分为丙类A型夹贝卷云纹圆瓦当，东侧所见瓦当绝大部分为乙类B型夹贝卷云纹半瓦当。院落东墙周围瓦当应分属于其相关建筑（参见图一七四、一七五）。

该院落内建筑构件未全部清理，仅采集了一些较完整或可复原的建筑瓦件标本，其中有B型板瓦，标本SSⅢ1二Y2BB：1（图一七六；附表二）；甲类A型夔纹大瓦当，标本SSⅢ1二Y2甲AW：1（图一七七，1；附表四；图版一六二，4）；乙类A型几何纹半瓦当，标本SSⅢ1二Y2乙AW：1（图一七七，3；附表五；图版一六三，2）；乙类B型夹贝卷云纹半瓦当，标本SSⅢ1二Y2

乙 BW：1（图一七七，2；附表六；图版一六九，2）；丙类 A 型夹贝卷云纹圆瓦当，标本 SSⅢ1 二 Y2 丙AW：1（图一七七，4；附表七；图版一六九，3）等。

（二）第 2 组建筑遗存

位于第Ⅲ区中南部、第 1 组建筑北部，由 3 个建筑单元组成。该组建筑有较强的对称性，其东、南、西三面均有围墙。南部凸出，为较大的院落。北部中间为回廊式建筑，两侧对称分布有功能、形态均相似的建筑（参见图一五○；图版一六五，1）。

1. 第Ⅲ区第 2 组一单元

位于本组建筑中部。东为本组二单元、西为三单元建筑，南为本区第 1 组、北为第 3 组建筑。

本单元由南部院落及北部回廊式建筑组成，分别编号为Ⅲ2 一 Y1（即第Ⅲ区第 2 组一单元第 1 号院落）、Ⅲ2 一 J1（即第Ⅲ区第 2 组一单元第 1 号建筑址）。

（1）1 号建筑址（Ⅲ2 一 J1）

位于本单元中北部，四周均有墙体。平面呈长方形，南北长 25.2、东西宽 9.6 米（参见图一七八；图版一六五，2）。

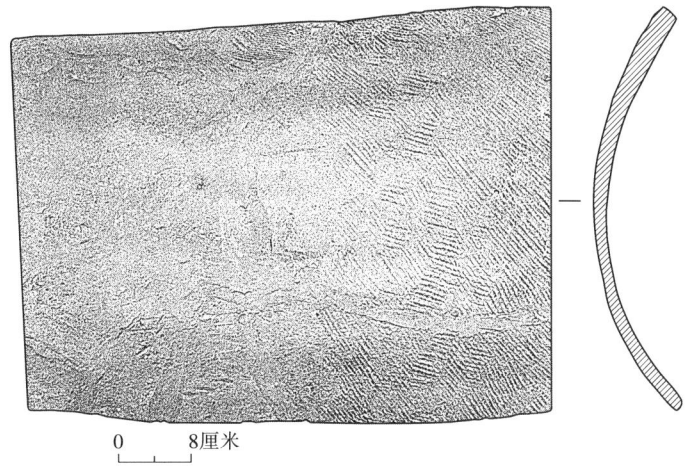

图一七六　石碑地遗址第Ⅲ区第 1 组二单元 Y2
出土 B 型板瓦（SSⅢ1 二 Y2BB：1）

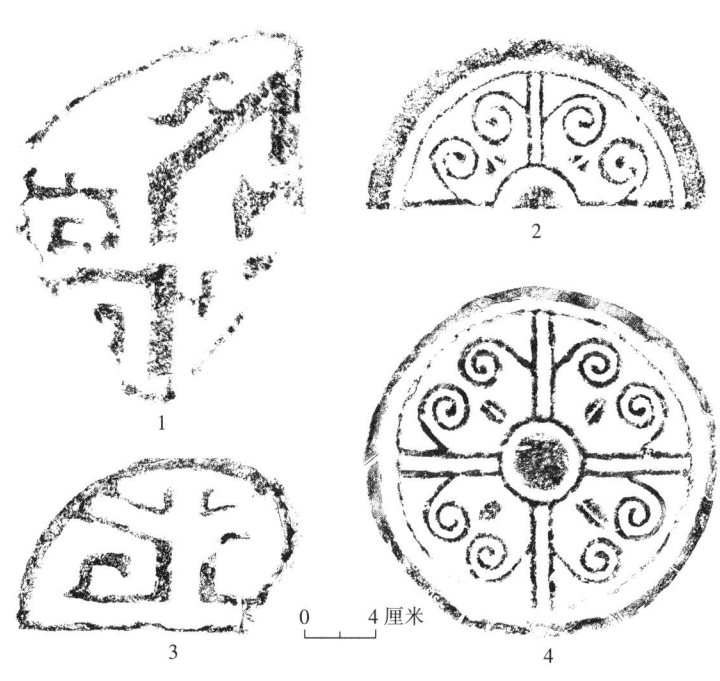

图一七七　石碑地遗址第Ⅲ区第 1 组
二单元 Y2 出土瓦当

1. SSⅢ1 二 Y2 甲 AW：1　2. SSⅢ1 二 Y2 乙 BW：1
3. SSⅢ1 二 Y2 乙 AW：1　4. SSⅢ1 二 Y2 丙 AW：1

该建筑址的四周墙体均建于宽 2.8 米的基础之上的中间部位，宽度为 1 米，存高 0.2 ~ 0.3 米。

其南墙中部偏西处有一缺口，宽 2.8 米，两端墙体较平直，不见弧状缺口。缺口西端墙体长度为 2.8 米，东端墙体长度为 4 米。缺口两端各发现两块础石，顶面露出地表。础石东、西部边缘紧贴其邻近的墙体端头，南、北部边缘略超出其两侧墙体的侧面。从上述迹象推测，该缺口应

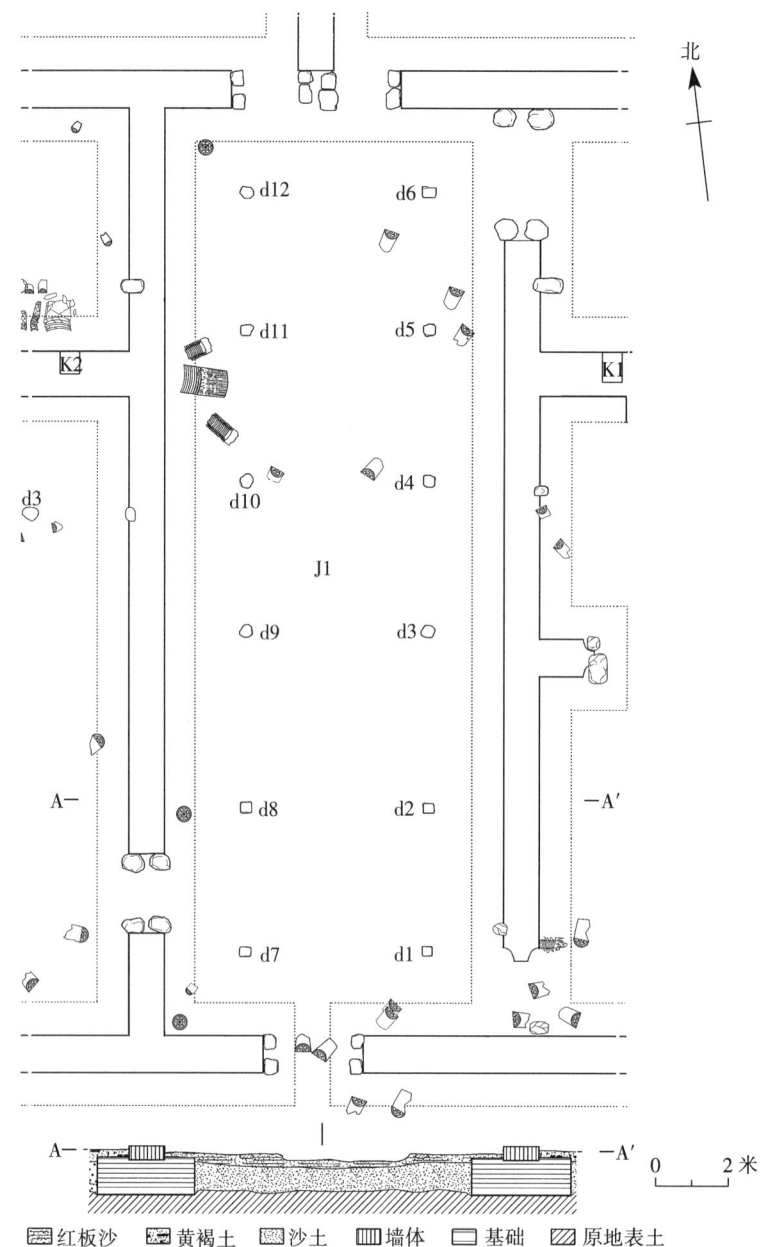

图一七八　石碑地遗址第Ⅲ区第2组一单元J1平、剖面图

为门道。做法与其他门道略有区别，由此通往本单元Y1。

东墙东南、东北角各有一个缺口，均应为门道，分别通往本组二单元建筑，详见下文。

西墙南部有一缺口，宽2.1米，应为通往本组三单元的门道，详见下文。

北墙中部偏西位置有一缺口，宽达4.8米，两端墙体较平直，不见弧状缺口。缺口西端墙体长度为1.9米，东端墙体长度为2.9米。缺口两端各发现2块础石，顶面露出地表。础石东、西部边缘紧贴其邻近的墙体端头，南、北部边缘略超出其两侧墙体的侧面。在缺口中部、本区第3组两个单元建筑隔墙的南端发现4块础石，础石顶面露出地表，排列紧密。从现存迹象推测，该缺口应有两处门道，分别通往本区第3组不同的建筑单元。

现见建筑址地面可分为三部分。

东部地面稍高，且较平坦，宽度为3.3米左右，较中部地面高0.15～0.2米。在该区域内发现有6块础石，大体呈南北向。础石中心线与东墙基本平行，距离为3米左右。现见础石顶面露出地面，平面形状多为方形或圆角方形，边长0.35～0.45米，原应为暗础，自南向北依次编号为d1～d6。其中d1中心点距南墙内缘2.3米，d6距北墙内缘2.3米，d1～d6的间距分别为3.9、4.8、4.1、4.1、3.7米，从上述迹象推测，该部分应为廊道。

西部地面亦稍高，平坦，宽度为2.6米左右，较中部地面高0.15～0.2米。该区域内发现6块础石，大体呈南北向，自南向北依次编号为d7～d12。础石中心线与西墙基本平行，距离为2.3米左右。础石形状、规格、保存状态与东部所见基本相同。其位置与d1～d6大体对应，d7中心点距南墙内缘2.3米，d12距北墙内缘2.3米，d7～d12的间距分别为3.9、4.8、4.2、4.1、3.7米。该部分亦应为廊道。

两侧廊道中间的地面稍低，应为中间的过道。

该建筑址内未发现排水设施。

该建筑墙体两侧均有建筑倒塌堆积，所见瓦当多为乙类B型夹贝卷云纹半瓦当，边角部位见有丙类A型夹贝卷云纹圆瓦当。值得注意的是，在西墙中北部内侧发现3堆建筑瓦件，偏南部有14块筒瓦竖立叠放，中部9块板瓦竖立叠放，北部又有10块筒瓦竖立叠放，扣尾向上（参见图一七八）。

该建筑内的建筑构件未清理，多已原位回填保护。

采集到一完整的筒瓦，标本SSⅢ2—J1甲BT：1（图一七九；附表三；图版一六七，1），属甲类B型。另采集有乙类A型几何纹半瓦当（参见附表五）。

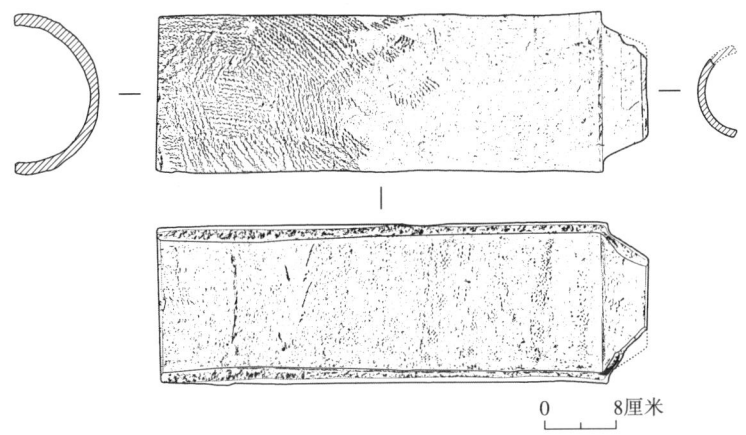

0　　8厘米

图一七九　石碑地遗址第Ⅲ区第2组一单元J1出土甲类B型筒瓦

（SSⅢ2—J1甲BT：1）

（2）1号院落（Ⅲ2—Y1）

位于本组建筑南部（图一八〇）。平面呈凸字形，南北长9.1米，东西宽度不一，北部宽31.8米，南部宽23米。四面均有墙体，建于基础的中间部位。除南墙基础较特殊外（参见相关建筑基础），其余各墙体基础构造相同，宽均为2.8米。各墙体均建于基础的中间部位，宽1米，存高0.2~0.4米。

其南墙即本区第1组一单元Y1、二单元F1、F2的北墙，东南部有门道与第1组一单元Y1相通。

东墙即本区第1组一单元Y2的西墙南段，由两部分组成：南部墙体向西内缩，南北长度为5.1米左右，墙体北端与北墙内侧间有4米宽的缺口；北部的墙体向东外延，外延宽度为3.4米，这一段墙体与本组二单元东墙在一条直线上，长度亦为5.1米。墙体南端与第1组一单元Y1北墙间有一宽4米的缺口，由此可通往1组一单元Y2。

北墙即本组一、二、三单元建筑的南墙，有门道与一单元建筑相通。

西墙即本区第1组二单元Y2的东墙南段，与东墙构造类似，但也有所区别：南部墙体向东内缩，南北长度为5米左右，墙体北端与北墙内侧间有4.1米宽的缺口；北部向西外延，外延宽度为3.4米，这一段墙体与本组二单元西墙在一条直线上，长度为4.6米（墙体内侧间的距离），而后东折，长度为1.2米。在东折墙体与南段墙体之间形成一2.2米的缺口，由此可通往1组二单元Y2。

该院落地面垫土为红板沙，其下为沙土。现见中部地面地势较低，院墙周边地面地势较高。

在院落西墙北段的中部发现一组排水管道，现存2节，从管道高差及套接方式看，应为将本院积水排往1组二单元Y2所用。

院落内的建筑倒塌堆积多集中于院墙周围，所见遗物仅采集一些标本，未全部清理。其北墙附近多见乙类B型夹贝卷云纹半瓦当，标本SSⅢ2—Y1乙BW：1（图一八一，1；附表六；图版一六七，2）。南墙附近多见丙类A型夹贝卷云纹圆瓦当，标本SSⅢ2—Y1丙类AW：1（图一八一，2；附表七；图版一六七，3），零星见丙类C型串状蘑菇形卷云纹圆瓦当，标本SSⅢ2—Y1丙CW：1（图一八一，3；附表九；图版一六九，1）。

2. 第Ⅲ区第2组二单元

位于本组建筑东部。西、南部为本组一单元建筑，北为第3组建筑，东为第1组建筑院落（图版一六六）。

该单元建筑平面呈长方形，南北长25.2、东西宽10.1米。

除东北角外，四周均有墙体。墙体建于宽2.8米的基础之上，宽度为1米，存高0.2~0.3米。其本单元建筑又被东西向墙体或建筑分隔成相对独立的3个院落，从南向北依次编号为Ⅲ2二Y1~Y3（即第Ⅲ区第2组二单元第1~3号院落）。各院落内均有功能不同的各类建筑，现以院落为序分别介绍相关遗迹。

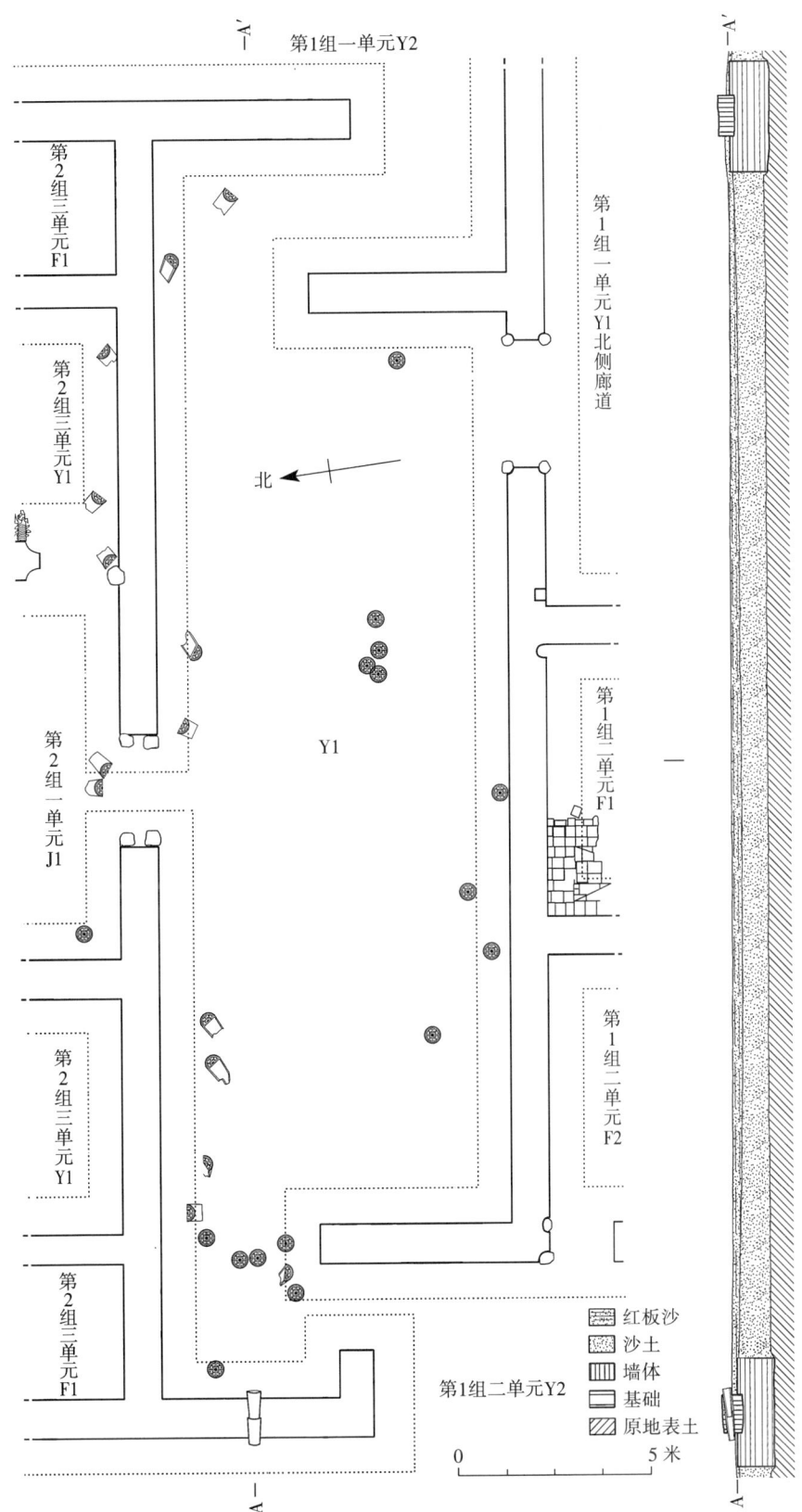

第1组一单元Y2

第2组三单元F1

第2组三单元Y1

第1组一单元Y1北侧廊道

北←

Y1

第2组一单元J1

第1组二单元F1

第2组三单元Y1

第1组二单元F2

第2组三单元F1

第1组二单元Y2

红板沙
沙土
墙体
基础
原地表土

0　　　　　　　5 米

图一八〇　石碑地遗址第Ⅲ区第 2 组一单元 Y1 平、剖面图

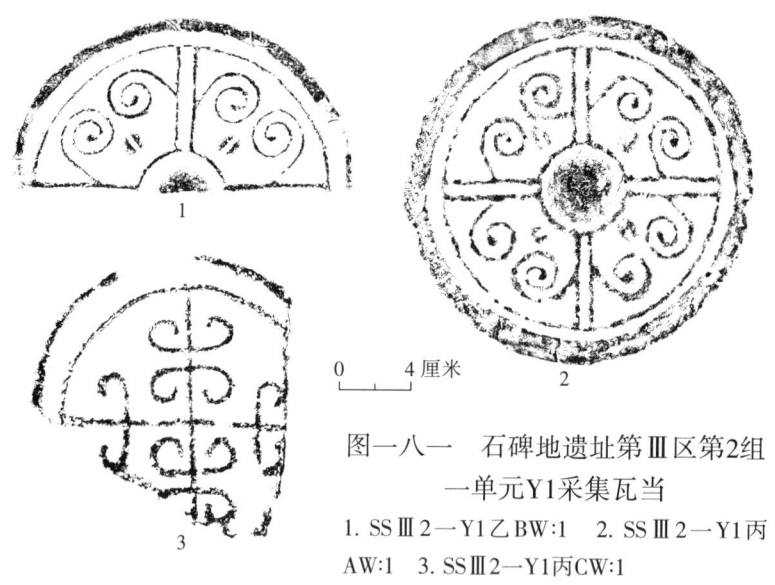

图一八一　石碑地遗址第Ⅲ区第2组
一单元Y1采集瓦当
1. SSⅢ2—Y1乙BW:1　2. SSⅢ2—Y1丙
AW:1　3. SSⅢ2—Y1丙CW:1

（1）南部院落（Ⅲ2 二 Y1）

院落平面呈长方形，四周均有墙体，其南、北墙体内侧间的距离为9.6米（图一八二）。

南墙即本单元的南墙，东、西墙为本单元东、西院墙的南段，北墙为Y1、Y2的隔墙。上述各墙体的宽度均为1米左右，建于宽2.8米的墙基中间部位，存高0.2～0.3米。

在院落西南角有一缺口，宽2.1米。在缺口北部的墙体端头两侧发现有弧形缺口，其下未见础石。缺口南端东侧发现有1块础石，平面近长方形，长0.5、宽0.3米，贴近Y1南墙边缘。缺口处的地面经火烧，极为坚硬，形成厚为1.5厘米的烧土面。综合上述迹象看，该缺口应为门道，与本组一单元建筑相通。

在院落北部偏西位置亦发现1处门道，宽达3.6米，西缘与院落西墙内侧的距离为1.5米。门道东端墙体两侧发现弧形缺口，缺口下见有础石。础石平面近圆角方形，边长0.5米左右，顶面露出门道地面。西端墙体边缘亦发现2块础石，平面均为长方形，其南侧的一块长边达0.8米，短边为0.5米，北侧的一块较小，顶面平整。门道地面经火烧，周围散落的建筑瓦件亦有被烧的迹象。

院落东部南北排列有两座房址，从南向北编号分别为Ⅲ2 二 F1、F2（同一单元内相同类型的建筑统一编号）。

F1 位于Y1东南角，平面大体呈方形。南北长3.2、东西宽3.4米。其南、东两墙均利用院落墙体，西、北墙体建于夯土台基之上，墙体外缘较台基外缘内缩0.9米。两墙均宽0.8米左右，存高0.2～0.3米不等。门位于西北角，与F2相通，宽0.95米。门东端墙体两侧发现弧形缺口，缺口下见有础石，顶面露出地表，近方形。西端发现有1个柱槽，位于房址西墙内边缘，呈圆形，直径0.3米左右，其下有础石。在房址西墙北端还发现有2块础石，平面近圆形，直径0.3米左右。据上述迹象推测，该门道与其他门道构造相同，西侧门柱的北部础石借用了其西墙北端东侧

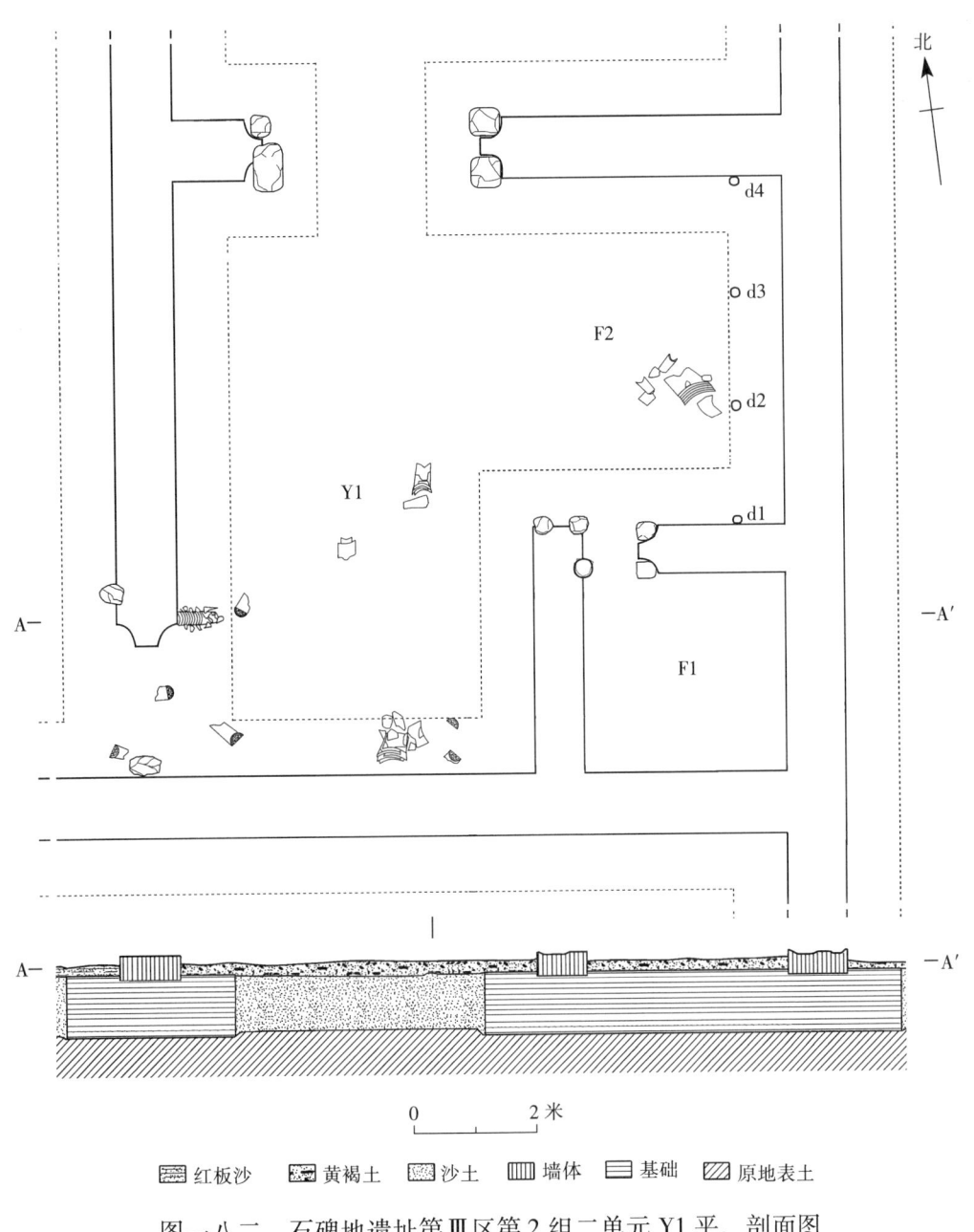

图一八二　石碑地遗址第Ⅲ区第2组二单元 Y1 平、剖面图

的础石。房址地面较平整，系在夯土上铺垫 0.2 米左右的黄褐土夯成。地面中部有大面积的红烧土，其上有建筑倒塌堆积。

F2 位于 Y1 东北角，平面大体呈长方形。其北、东两墙均利用院落墙体，南墙即 F1 北墙，西面空敞。南北长 5.6 米，东西的宽度应为 3.4 米左右。其西南部有门 F1 相通。房址地面较平整，构造方法与 F1 相同。在房内东部地面上发现有 4 个圆形柱槽，从南向北依次编号为 d1～d4。各柱槽的直径均为 0.15 米左右，中心点大体在一条直线上，与房址东墙平行，与东墙内缘的距离为 0.8 米左右。d1、d4 分别位于房址南、北墙体边缘，各柱槽中心点间的距离大体相等，分别为

1.84、1.84、1.79 米。

在院落门道两侧发现许多建筑构件，所见瓦当多为乙类 B 型夹贝卷云纹半瓦当。值得注意的是，在门道北部内侧发现有 10 块筒瓦相叠压，形成原因不详。

在 F1 南、西墙外侧亦多见乙类 B 型夹贝卷云纹半瓦当，见少量丙类 A 型夹贝卷云纹圆瓦当，标本 SSⅢ2 二 Y1 丙 AW：3（图一八四，1；附表五；图版一六八，2）。

F2 内、外倒塌堆积较薄，多为板、筒瓦残片。

该院内遗物未清理，仅采集少量标本，现已原位回填保护。

（2）中部院落（Ⅲ2 二 Y2）

院落平面呈长方形，四周均有墙体（图一八三）。

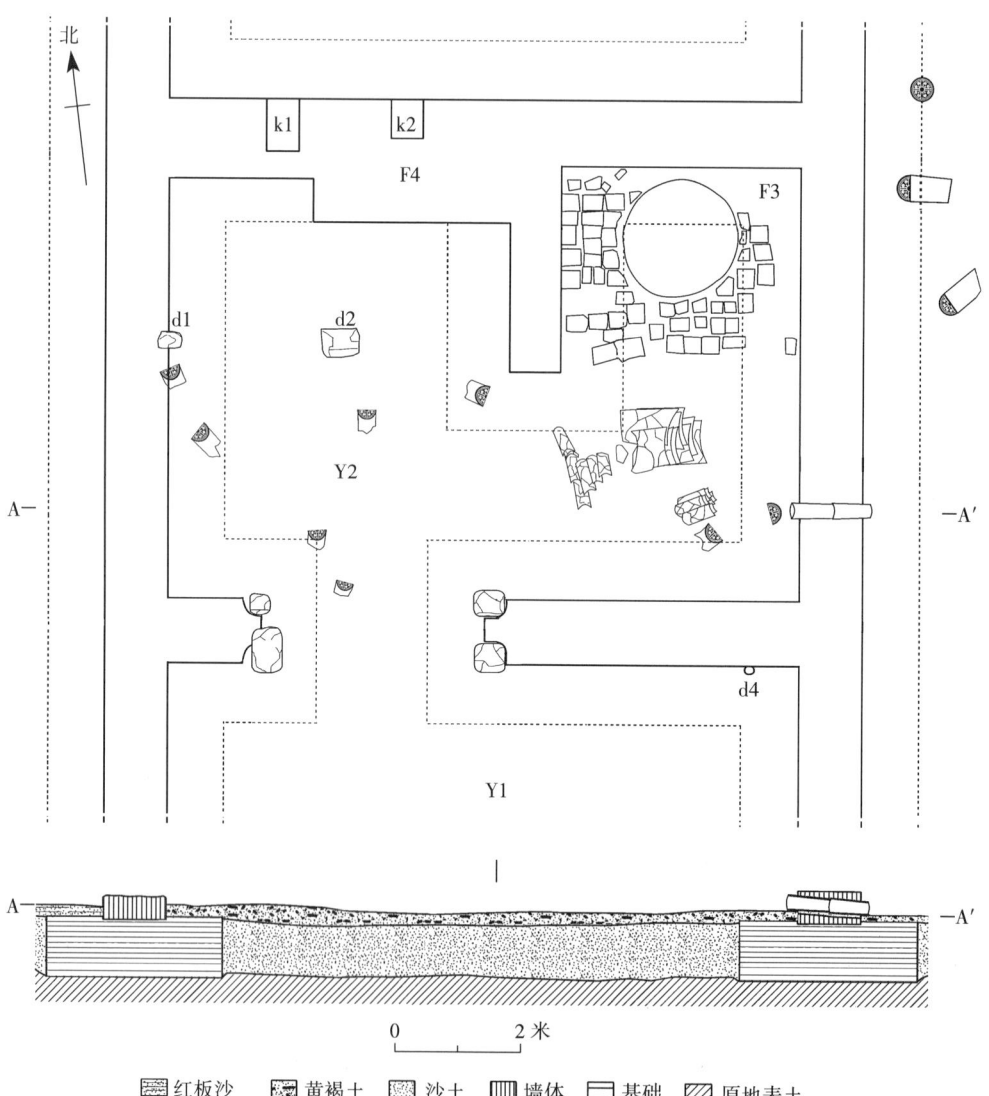

图一八三　石碑地遗址第Ⅲ区第 2 组二单元 Y2 平、剖面图

南墙即本单元 Y1 的北墙，东、西墙为本单元东、西院墙的中段，北墙即院落北部两座房址的北墙。

在院落南部有通往本单元 Y1 的门道。

在院落东南部发现有一组排水管道，穿越院墙通往本区第 1 组一单元 Y2，现存两节，其粗端位于本院内。

院落北部东西排列有两座房址，从东向西编号分别为Ⅲ2 二 F3、F4。

两座房址相连，北墙建于宽 2.8 米的墙基之上，墙体宽度不同，北部外缘平齐。房址的结构功能均不同。

F3 位于 Y2 东北角，平面大体呈方形。其东部墙体即本单元院落东部墙体，宽 1 米。北墙建于墙基的中间部位，宽 1 米。西墙建于宽 2.8 米的墙基之上，宽 0.8 米左右。南部未见墙体。房址东、西两墙体内侧之间的距离为 3.8 米。从地面及铺地砖范围看，室内南北宽度为 3.1 米。从房址的结构看，门应在南侧。房址中部偏北的位置有一圆形的土坑，直径 1.8 米。坑中心点距北墙内缘 1 米左右，距东、西墙内缘均为 1.9 米。土坑外缘平铺一层铺地砖，邻近土坑边缘的铺地砖切削出一定的弧度。现见西北边缘铺地砖结合紧密，中部铺地砖间缝隙较大，应为地面下陷所致。该房址未作解剖，据本组三单元 F3 的情况推测该房址应为井房，土坑为水井，其内有井圈，井圈应高出地表，外侧地面铺砖。现井圈塌落井中，铺地砖向中部滑脱，未作详细解剖。

F4 位于 Y2 西北角，平面大体呈长方形。其西部墙体即本单元院落西部墙体，宽 1 米。北墙建于墙基上，西部宽 1.2 米，东部墙体无存，已暴露出基础，推测其墙体宽度为 1.9 米。在该墙体北部发现两个长条形的土坑，从西向东编号分别为 k1、k2。其中 k1 长 0.84、宽 0.53 米，k2 长 0.6、宽 0.53 米，k1 中心点至西墙内缘的距离为 1.83 米，k2 中心点至东墙内缘的距离为 1.67 米，k1、k2 中心点间的距离为 2 米。土坑现存深 0.2 米左右，其内为红烧土，功用不详。东墙即 F3 的西墙。南部未见墙体，发现 2 块础石，础石顶面已露出地表，推测原应为暗础，从西向东编号为 d1、d2。d1 位于西墙内缘，一半在墙下，一半在房内地面上，大体呈圆角方形，边长 0.4 米。d1、d2 中心点连线与北墙平行，距北墙内侧 1.84 米。d1、d2 中心点间的距离为 2.74 米。d2 中心点距东墙内缘 2.76 米。房内地面较平整，稍高于院落地面。

在房址四周院落地面上均见有建筑倒塌堆积，所见瓦当多为乙类 B 型夹贝卷云纹半瓦当，标本 SSⅢ2 二 Y2 乙 BW：1（图一八四，2；附表六；图版一六八，1）。

在 F3 南侧院内地面上发现成组的筒、板瓦。其中多者为 9 块筒瓦、板瓦堆在一起。

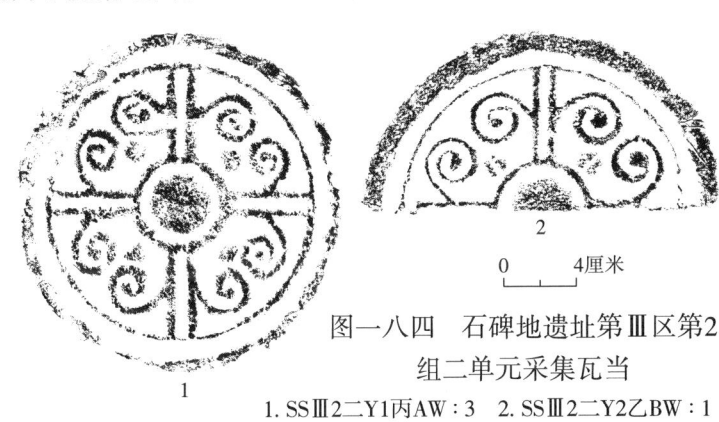

图一八四　石碑地遗址第Ⅲ区第2组二单元采集瓦当

1. SSⅢ2二Y1丙AW：3　2. SSⅢ2二Y2乙BW：1

该院内遗物未清理，仅采集少量标本，现已原位回填保护。

（3）北部院落（Ⅲ2 二 Y3）

院落平面呈长方形，四周均有建筑墙体。院内东西长 10.1 米，南北宽度不一，西端宽 6.9 米，东端为通道，具体长度不详（图一八五）。

南墙利用了本单元 F3、F4 的北墙，东、西墙为本单元东、西院墙的北段，北墙即本单元北墙。

在院落西北角有一缺口，应为门道。缺口宽 3.6 米。在缺口南端即西墙端头发现 2 块础石，与之对应在北墙侧亦发现 2 块础石，在相应的墙体上未见弧形缺口。

在院落南部地面上发现 4 块础石，顶面已露出地表，推测原应为暗础，从西向东编号为 d1～d4。各础石形状不规则，大体呈长方形，长边 0.46～0.63 米，短边 0.27～0.38 米。各础石中心点

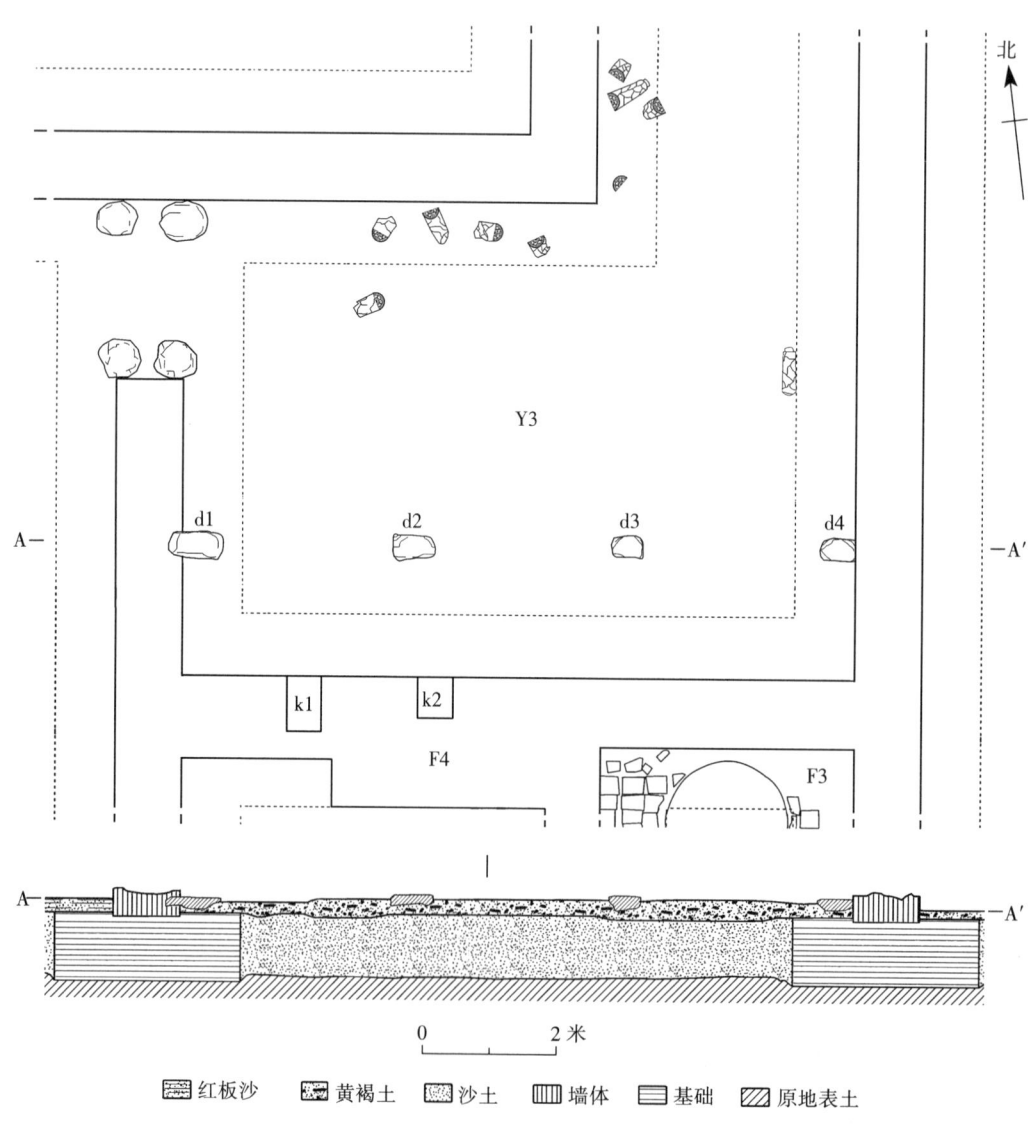

图一八五　石碑地遗址第Ⅲ区第 2 组二单元 Y3 平、剖面图

连线与南墙平行，距南墙内侧 1.9 米。其中 d1 位于西墙内缘，部分在墙下，部分在房内地面上。d4 位于东墙内缘，构造与 d1 相同。d1～d4 中心点的间距分别为 3.27、3.25、3.15 米。

在院落地面见有建筑倒塌堆积，所见瓦当多为乙类 B 型夹贝卷云纹半瓦当。

3. 第Ⅲ区第 2 组三单元

位于本组建筑西部。东、南部为本组一单元建筑，北为第 3 组建筑，西为第 1 组建筑院落（图版一七〇，1）。

该单元建筑平面呈长方形，其南北长 25.2、东西宽 10.1 米。布局与二单元建筑基本相同。除西北角外，四周均有墙体，建于宽 2.8 米的基础之上，宽度均为 1 米，存高 0.1～0.3 米。本单元建筑亦被东西向墙体或建筑分隔成相对独立的 3 个院落，从南向北依次编号为Ⅲ2 三 Y1～Y3（即第Ⅲ区第 2 组三单元第 1～3 号院落）。各院落内有功能不同的各类建筑，现以院落为序分别介绍相关遗迹。

（1）南部院落（Ⅲ2 三 Y1）

院落平面呈长方形，四周均有墙体。其南、北墙体内侧间的距离为 9.6 米（图一八六）。

南墙即本单元的南墙，东、西墙为本单元东、西院墙的南段，北墙为 Y1、Y2 的隔墙。上述各墙体的宽度均为 1 米左右，建于宽 2.8 米的墙基中间部位，存高 0.2～0.3 米。

在院落东南部有一缺口，宽 2.1 米。缺口两侧墙体端头未发现弧形缺口，但发现有 4 块两两对应的础石，应为门道，与一单元建筑相通。

在院落北墙即 F2 北墙东端两侧发现弧形缺口，下见有础石。础石平面近圆形，规格有所不同，其南侧者直径 0.3 米左右，北部者直径 0.45 米。在上述础石东部 3.2 米（础石中心点间的直线距离）处亦发现一块础石，平面呈椭圆形，长径 0.5、短径 0.4 米。据上述迹象，参照二单元同类设施的构造情况推测，该缺口亦应为门道，与本单元 Y2 相通。

院落西部南北排列有两座房址，从南向北编号分别为Ⅲ2 三 F1、F2（同一单元内相同类型的建筑统一编号）。

F1 位于 Y1 西南角，平面大体呈方形。南北长 3.2、东西宽 3.4 米。其南、西两墙均利用院落墙体。东、北墙体建于夯土台基之上，墙体外缘较台基外缘内缩 0.9 米，两墙均宽 0.8 米左右，存高 0.1～0.2 米。门在东北角，与 F2 相通，宽 0.8 米。门西端墙体两侧发现弧形缺口，缺口下见有础石，局部被墙体所压。东端发现 3 个础石坑，位于房址东墙北端地面上，平面呈圆形，直径 0.3 米左右，构造较特殊。房址地面较平整，系在夯土上铺垫厚 0.15 米左右的黄褐土夯成。

F2 位于 Y1 西北角，平面大体呈长方形。其北、西两墙均利用院落墙体，南墙即 F1 北墙，东面空敞。南北内墙间的距离为 5.6 米，东西内墙之间的宽度应为 3.4 米左右。东南部有门 F1 相通。房址地面较平整，构造与 F1 相同。在其西部地面上发现有 4 个圆形柱槽，从南向北依次编号为 d1～d4，d1、d4 分别位于房址南、北墙体边缘。各柱槽的直径均为 0.15 米左右，中心点大体在

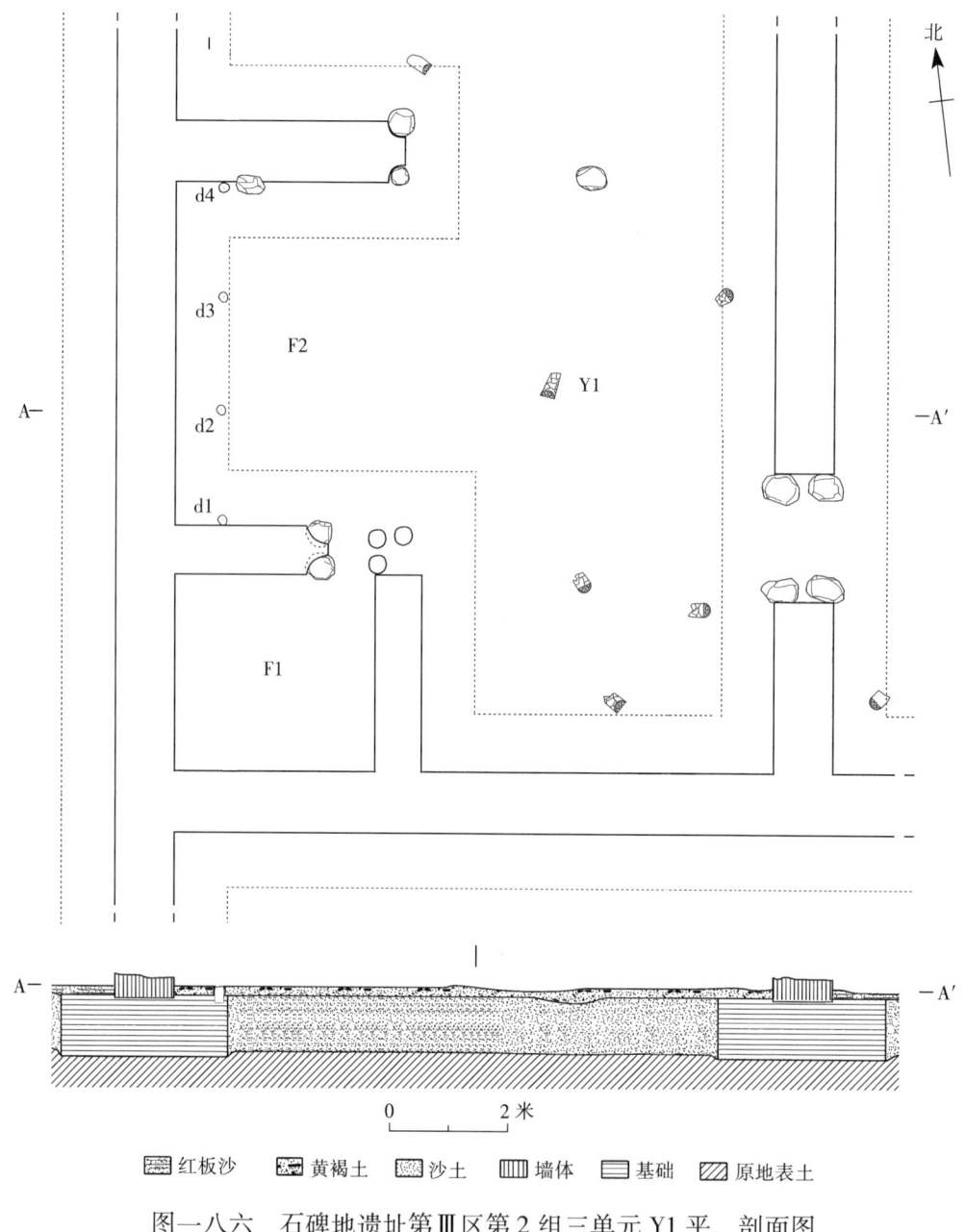

图一八六　石碑地遗址第Ⅲ区第 2 组三单元 Y1 平、剖面图

一条直线上，其连线与房址西墙平行，与西墙内缘的距离为 0.8 米左右。各柱槽间的距离大体相等，中心点间的距离分别为 1.79、1.84、1.77 米。

　　F1 地面中部有大面积的红烧土块等建筑倒塌堆积。在房址东墙外侧院落地面上多见乙类 B 型夹贝卷云纹半瓦当，标本 SSⅢ2 三 Y1 乙 BW∶2（图一八七；附表六；图版一六八，3）。

　　在南侧本组一单元 Y1 地面上多见丙类 A 型夹贝卷云纹圆瓦当。

　　F2 房址内、外倒塌堆积较少，多为板、筒瓦残片，所见瓦当多为乙类 B 型夹贝卷云纹半瓦当。

该院落倒塌堆积未清理，仅采集少量瓦当标本。

（2）中部院落（Ⅲ2 三 Y2）

院落平面呈长方形，四周均有墙体，东西宽 10.1 米（图一八八）。

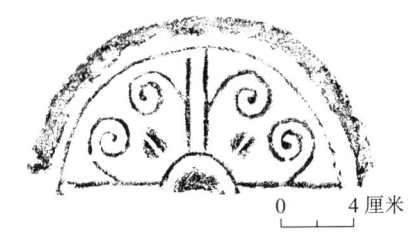

图一八七 石碑地遗址第Ⅲ区第2组
三单元 Y1 采集乙类 B 型瓦当
（SSⅢ2 三 Y1 乙 BW：2）

南墙即本单元 Y1 的北墙，东、西墙为本单元东、西院墙的中段，北墙即院落北部两座房址的北墙。

在院落南部有通往本单元 Y1 的门道。

在院落西南部发现一组排水管道，穿越院墙通往本区第 1 组二单元 Y2，现存两节，其粗端位于本院内。

院落北部东西排列有两座房址，从西向东编号分别为Ⅲ2 三 F3、F4。两座房址相连，北墙建于宽 2.8 米的墙基之上，墙体宽度不同，北部外缘平齐。房址的结构功能均不同。

F3 位于 Y2 西北角，平面大体呈方形，房址东西宽为 3.3 米，南、北间的距离不详。其西部墙体即本单元院落西部墙体，宽 1 米。北墙建于墙基上，宽 0.9 米。东墙建于宽 2.8 米的墙基上，宽 0.9 米左右。南部未见墙体。从房址的结构看，门应在南侧。房址中部有一圆角方形的土坑，边长 2.7 米左右（图版一七〇，2）。坑周边至北、东、西墙内缘的距离均为 0.3 米左右，该坑经过发掘，其做法为：首先修建房址各墙体基础，基础自生土上起建，厚度为 1 米左右。坑自基础上部边缘下挖，打破基础，平面呈圆角方形；至生土（红黏土）后，坑的平面呈圆形，直径约 2.1 米，斜壁，壁上保留有脚窝，这一段的深度为 1 米左右；再向下为基岩，井坑呈圆形，直径为 1.8 米左右，直壁。其内发现井圈，直径为 1.45 米左右，厚度为 0.05 米，每节高度为 0.35 米。发掘时沿井圈向下挖 2 米左右开始出水，未继续向下发掘，故总深度不详。因坑底情况不明，故其为井还是为窖难以定论。在坑内倒塌有大量的井圈残片，应为上部井圈塌落所致。参照二单元 F3 的结构推测，该坑地面应铺设铺地砖。

F4 位于 Y2 东北角，平面大体呈长方形。其东部墙体即本单元院落东部墙体，宽 1 米。北墙建于墙基上，宽 1.2 米。在该墙体北部发现两个长条形的土坑，从西向东编号分别为 k1、k2。其中 k1 长 0.8、宽 0.56 米，k2 长 0.6、宽 0.53 米，k1 中心点距西墙内缘的距离为 6.5 米，k2 中心点距东墙内缘的距离为 1.6 米，k1、k2 中心点间的距离为 2 米。土坑现存深 0.2 米左右，其内为红烧土，功用不详。西墙即 F3 的东墙，其南端发现两块础石，自西向东编号分别为 d1、d2。南部未见墙体，发现两块础石，从西向东编号分别为 d3、d4，其中 d4 位于东墙内侧，一半在墙内。d1～d4 中心点大体在一条直线上，与北墙平行，距北墙内侧 3.1 米，其中心点间的距离分别为 0.8、3.3、2.7 米。房内地面较平整，高于院落地面。

在 F3 四周院落地面上均见有建筑倒塌堆积，所见瓦当多为乙类 B 型夹贝卷云纹半瓦当，仅在西墙外侧南部发现有甲类 A 型夔纹大瓦当残片。

在 F4 四周院落地面上均见有大量的建筑倒塌堆积，所见瓦当均为乙类 B 型夹贝卷云纹半瓦

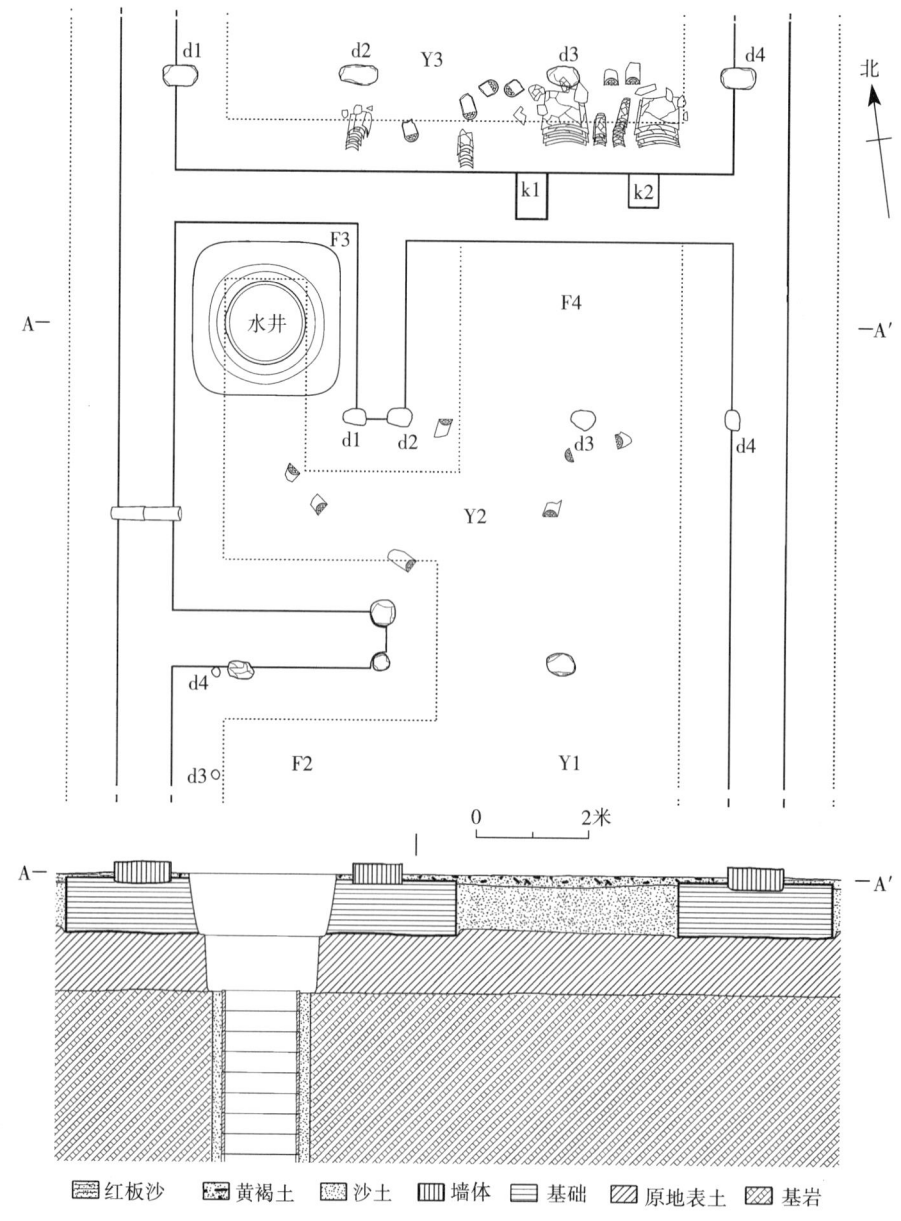

图一八八　石碑地遗址第Ⅲ区第 2 组三单元 Y2 平、剖面图

当。在其北墙外侧发现成组的筒、板瓦，多为 6 ~ 8 块筒瓦或板瓦堆在一起。

该院落倒塌堆积未清理。

（3）北部院落（Ⅲ2 三 Y3）

院落平面呈长方形，四周均有墙体。东西宽 10.1 米，南北长度不一，东端长 6.9 米，西北角为通道，长度不详（图一八九）。

南墙利用了本单元 F3、F4 的北墙，东、西墙为本单元东、西院墙的北段，北墙即本单元北墙。

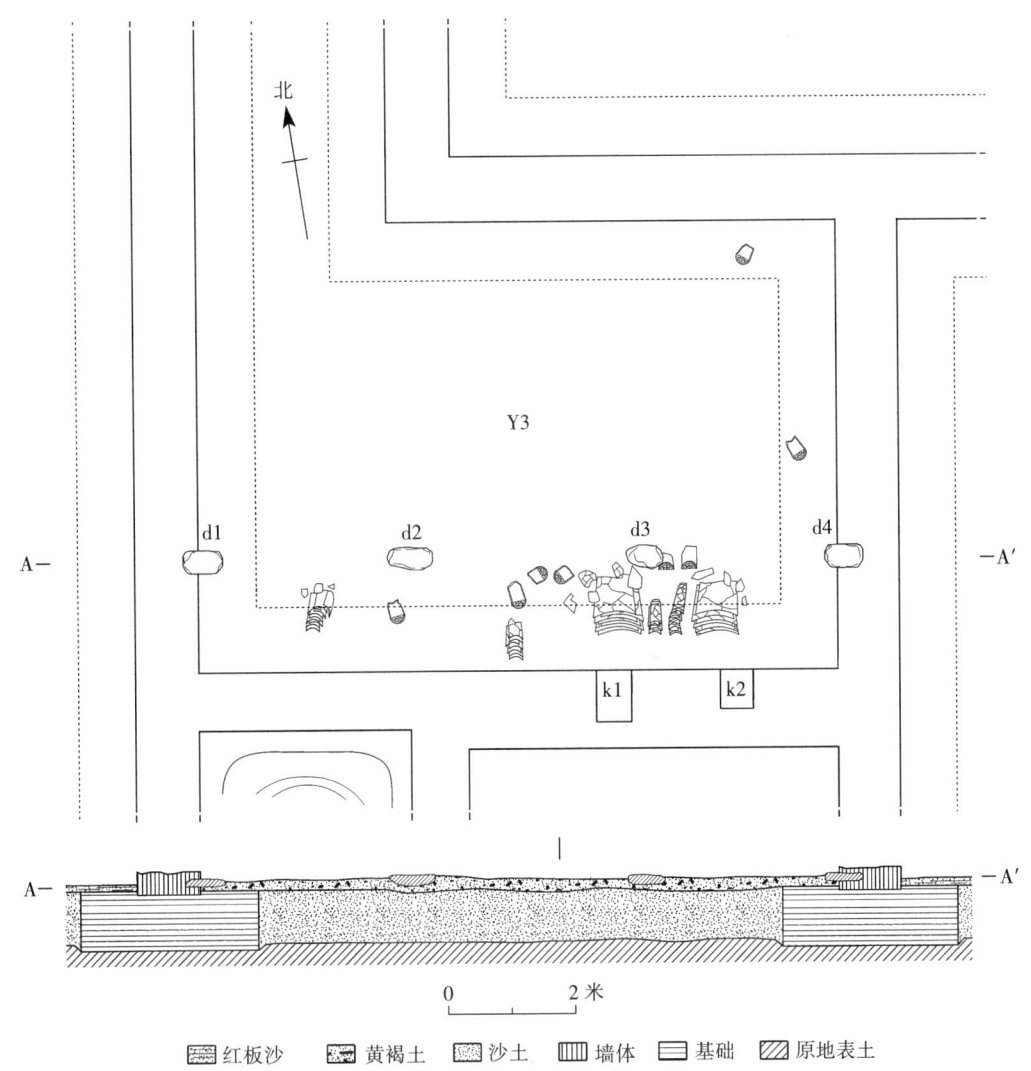

图一八九 石碑地遗址第Ⅲ区第 2 组三单元 Y3 平、剖面图

院落四周较为封闭，仅在西北角有一通道。

在院落南部地面上发现 4 块础石，础石顶面已露出地表，推测原应为暗础，从西向东编号为 d1 ~ d4。各础石形状不规则，平面大体呈长方形，长边 0.55 ~ 0.7 米，短边 0.3 ~ 0.35 米。各础石中心点的连线与南墙平行，距南墙内侧 1.7 米。其中 d1 位于西墙内缘，部分在墙下。d4 位于东墙内缘，构造与 d1 相同。d1 ~ d4 中心点的间距分别为 3.3、3.6、3.2 米。

在院落地面见有建筑倒塌堆积，所见瓦当多为乙类 B 型夹贝卷云纹半瓦当，遗物未采集，原位回填保护。

（三）第 3 组建筑遗存

位于第Ⅲ区中北部，由 2 个建筑单元组成。其位于东部者称为一单元，西部者称为二单元，两单元建筑的基础构造及规格基本相同（图版一七一）。

其中一单元全部进行了发掘，二单元仅南部进行了发掘。

1. 第Ⅲ区第 3 组一单元

位于本组建筑东部。西为本组二单元，南为本区第 2 组建筑，北为第 4 组建筑，东为第 2 组建筑院落（参见图一五〇；图版一七二，1）。

该单元建筑平面近方形，四周均有墙体，应为相对独立的院落。

其南墙即本区第 2 组建筑一、二单元的北墙，北部以两座房址的北墙为界，南、北墙内侧间的距离为 11.4 米；东墙即本组建筑的东墙，院落西墙即本组两单元建筑的隔墙，其东、西墙体内侧间的距离为 11.8 米。上述建筑墙体宽均为 1 米，建于宽 2.8 米宽的墙基中间部位，存高 0.1 ~ 0.2 米。

该单元建筑南部有较大的空地，编号为Ⅲ3 — Y1（即第Ⅲ区第 3 组一单元第 1 号院落）。北部为东西排列的两座房址，从西向东依次编号为Ⅲ3 — F1、F2（即第Ⅲ区第 3 组一单元第 1、2 号房址）。

（1）院落（Ⅲ3 — Y1）

院落平面呈长方形，东、南、西面均有墙体，北以 F1 的南墙为界。南北长 7.25、东西宽 11.1 米（图一九〇；图版一七三，1）。

院落西南角有一门道，通往第 2 组建筑一单元（图版一七三，2）。东墙北部发现一组东西向的排水管道，管道中线与院落南墙内缘的距离为 6.2 米。管道现存两节，将本院积水排往第 2 组建筑二单元的北部院落。

院内、外建筑倒塌堆积较多，所见瓦当均为乙类 B 型夹贝卷云纹半瓦当。在 F1 南部地面上发现有多块筒、板瓦叠落的迹象。遗物均未采集，回填保护。

（2）房址（Ⅲ3 — F1、F2）

共两座。

F1 位于本单元西北角，平面呈方形。南北长 3.1、东西宽 3.15 米（图一九〇）。其西墙与本单元的院落西墙在一条直线上，宽 1 米。墙体北部发现一壁柱遗迹，编号 d1，平面呈方形，边长 0.2 米，中心点距北墙内缘 0.9 米。北墙即本单元建筑的北墙，宽 1 米。东墙建于墙基之上，宽 1 米，存高 0.05 米。墙体北部发现一壁柱遗迹，编号 d4，平面呈长方形，南北边长 0.25 米，深入墙内 0.15 米，中心点距北墙内缘 0.65 米。南墙建于墙基之上，宽 1 米，存高 0.05 米。西北角发现一壁柱遗迹，编号 d5，平面呈长方形，东西边长为 0.4 米，深入墙内 0.3 米。东墙南部有一缺口，宽 0.85 米，应为门道。室内地面较平，其上发现 2 个方形柱槽，从西向东编号分别为 d2、d3。其中 d2 与 d1 规格相同，两柱槽位置偏南，中心点连线与北墙平行；d3 边长 0.25 米，与 d4 规格类似，两柱槽位置偏北，中心点连线与北墙平行。d1 ~ d4 中心点间距分别为 0.58、0.84、0.7 米。

F2 位于本单元东北部、F1 东部，平面大体呈长方形。其西墙即 F1 东墙，在墙体东侧发现一壁柱遗迹，编号 d1，平面呈方形，边长 0.2 米，中心点距北墙内缘 0.75 米。北墙即本单元建筑的北墙，

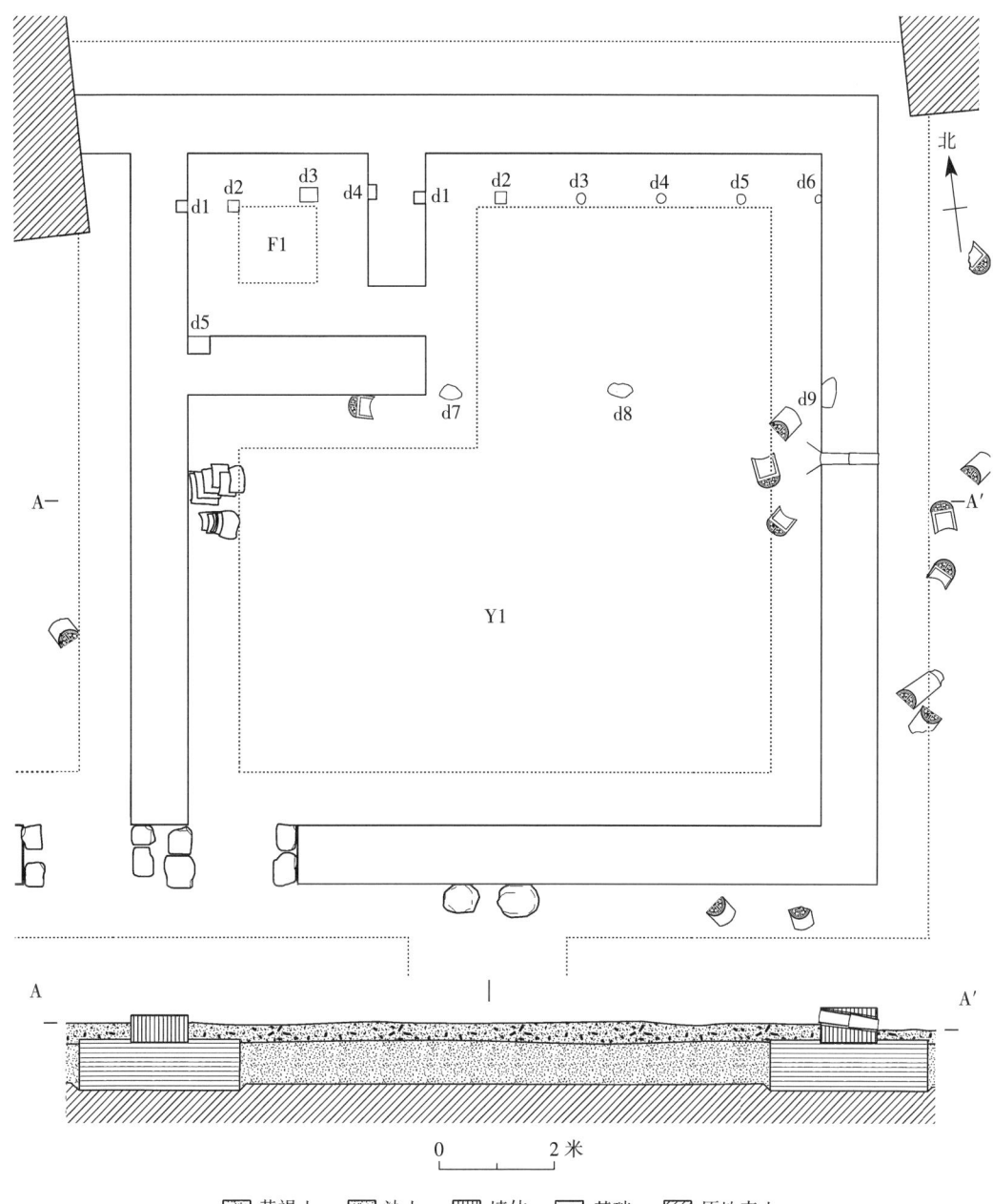

图一九〇　石碑地遗址第Ⅲ区第3组一单元Y1平、剖面图

宽1米。东墙与本单元东部院墙在一条直线上，宽1米。南部空敞，发现3块础石，大体在一条直线上，从西向东编号分别为d7～d9。其中d9位于东墙内侧，一半在墙内。d7～d9中心点间的距离分别为2.98、3.67米，上述柱槽中心点连线大体与北墙平行。室内东、西墙体内侧间的距离为6.95米左右；北墙内缘与d7～d9中心点连线间的距离为4.05米左右。房址地面较平整，其北部发现1个方形柱槽、4个圆形柱槽，从东向西依次编号为d2～d6。其中d2边长0.2米，其余圆形柱槽的直径均为0.15米左右。d1～d6中心点大体在一条直线上，与房址北墙平行，至其内缘的距离为0.75米

左右。各柱槽间的距离大体相等，中心点间的距离分别为 1.4、1.41、1.4、1.4、1.38 米。

F1 外发现建筑倒塌堆积，所见瓦当均为乙类 B 型夹贝卷云纹半瓦当。在南墙外侧东部、本单元 Y1 地面上发现叠置的筒瓦，达 8 块左右。

F2 外侧倒塌堆积较少，多为板、筒瓦残片，所见瓦当多为丙类 A 型夹贝卷云纹圆瓦当。

上述房址遗物未采集，回填保护。

2. 第Ⅲ区第 3 组二单元

位于本组建筑西部。东为本组建筑一单元，南为本区第 2 组建筑，北为第 4 组建筑，西为第 2 组建筑院落（图一九一）。

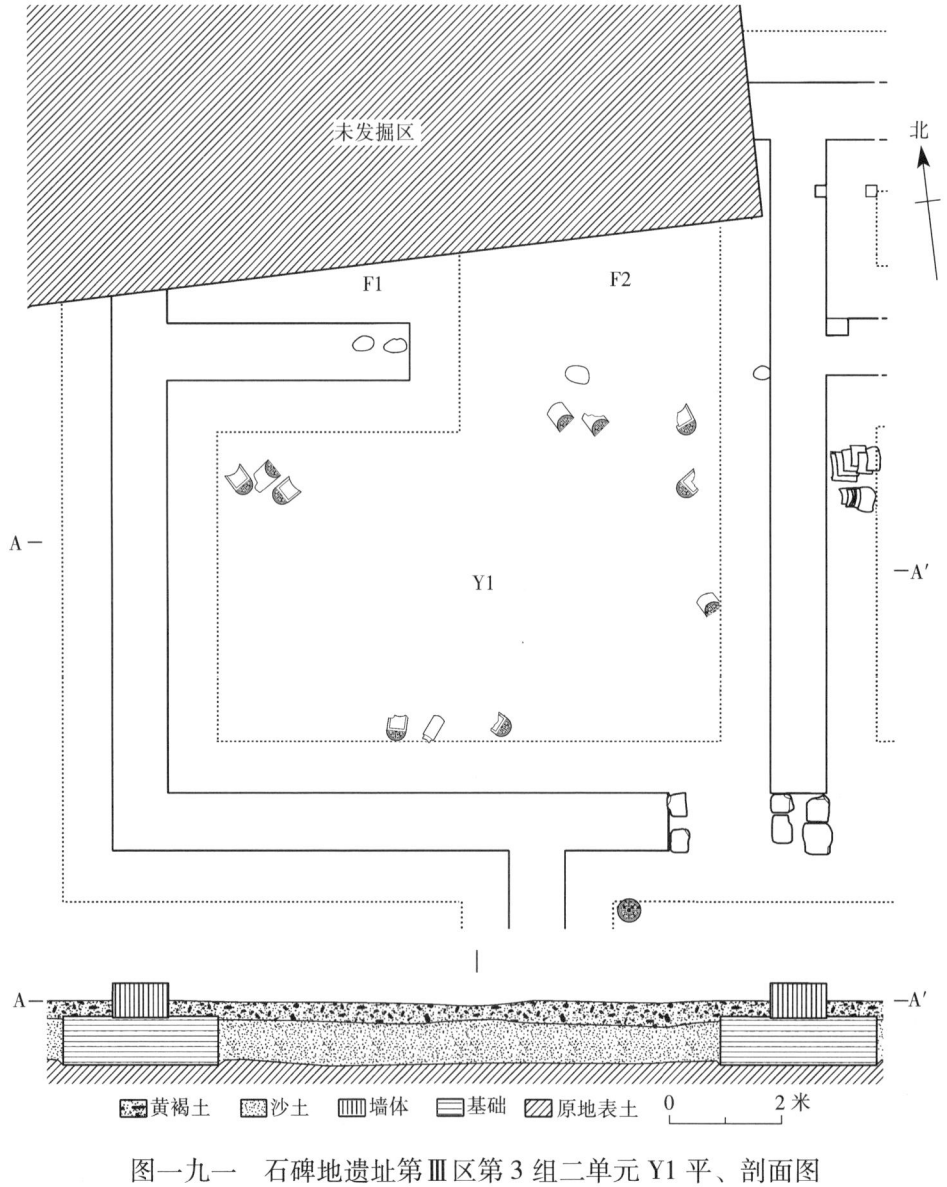

图一九一　石碑地遗址第Ⅲ区第 3 组二单元 Y1 平、剖面图

从勘探结果看，该单元建筑平面布局与夯土基础分布与一单元相同，应为相对独立的院落。院落的西北角有以基础围成的方形空间，应为房址。上述基础宽度均为 2.8 米。

发掘所见，该单元建筑南部为院落，编号为Ⅲ3 二 Y1（即第Ⅲ区第 3 组二单元第 1 号院落）。北部为东西排列的两座房址，从西向东依次编号为Ⅲ3 二 F1、F2（即第Ⅲ区第 3 组二单元第 1、2 号房址）。

（1）院落（Ⅲ3 二 Y1）

该院落已全部揭露。其平面呈长方形，南北长 7.2、东西宽 10.9 米。东、南、西面均有建筑墙体（图一九一；图版一七二，2）。

其南墙即本区第 2 组建筑一、三单元的北墙，在东南角有一门道，通往第 2 组建筑一单元；院落西墙即本组建筑的西墙；院落东墙即本组两单元建筑的隔墙；北部以两座房址的南部边缘为界。

上述墙体宽均为 1 米，建于墙基的中间部位，存高 0.1～0.2 米。

院内、外建筑倒塌堆积所见瓦当均为乙类 B 型夹贝卷云纹半瓦当。采集 1 件基本完整的筒瓦，标本 SSⅢ3 二 Y1 甲 BT：1（图一九二；附表三；图版一七四，1），属甲类 B 型。

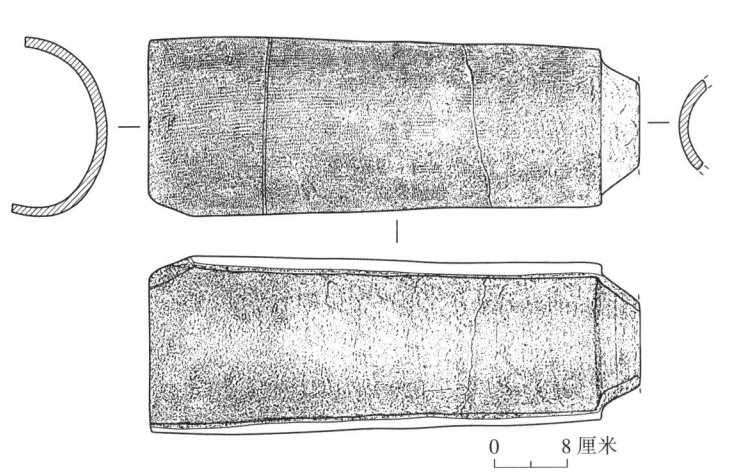

图一九二　石碑地遗址第Ⅲ区第 3 组二单元 Y1 采集甲类 B 型筒瓦（SSⅢ3 二 Y1 甲 BT：1）

（2）房址（Ⅲ3 二 F1、F2）

院落北部东西排列有两座房址，从西向东依次编号为Ⅲ3 二 F1、F2。

因未发掘完，两座房址的结构不详，推测应与一单元的同类遗迹相同。

两座房址南部建筑倒塌堆积中所见瓦当多为乙类 B 型夹贝卷云纹半瓦当，遗物未采集，原位回填保护（参见图一九一）。

五　其他区域建筑遗存

除第Ⅰ、Ⅱ、Ⅲ区经过大面积发掘外，其他各区域仅局部进行了发掘，区内遗迹多为勘探所见，现一并介绍如下。

（一）第Ⅳ区建筑遗存

本区位于整个遗址的西南角，东为第Ⅰ区，北为第Ⅴ区。

1. 建筑基础布局

本区平面近方形，四面均有围墙墙基，内部形成较大的相对独立的空间，南北长 71.6（南、北墙基内侧的距离）、东西宽62.6 米（自西墙基内侧至第 I 区西墙西侧的距离），建筑总面积约为4482.61 平方米。空间内勘探并经局部解剖不见有遗迹现象，推测为空地（图一九三）。

其西、南部墙基分别为宫城的西墙墙基南段与南墙墙基西段；东墙墙基北部即为第 I 区西墙墙基，南部以第 I 区 2 号建筑西缘为界；北墙基即第 V 区之南墙墙基。各围墙基宽均为 2.8 米左右。

本区的南、东、北部墙基中段各有一个缺口，均为门道。其南门编号为 1 号宫城南门，是由城外进入本区最便捷的通道。其北门与南门相对，由此可进入第 V 区。经由本区东门可进入第 I 区（该区相关数据参见图一九三）。

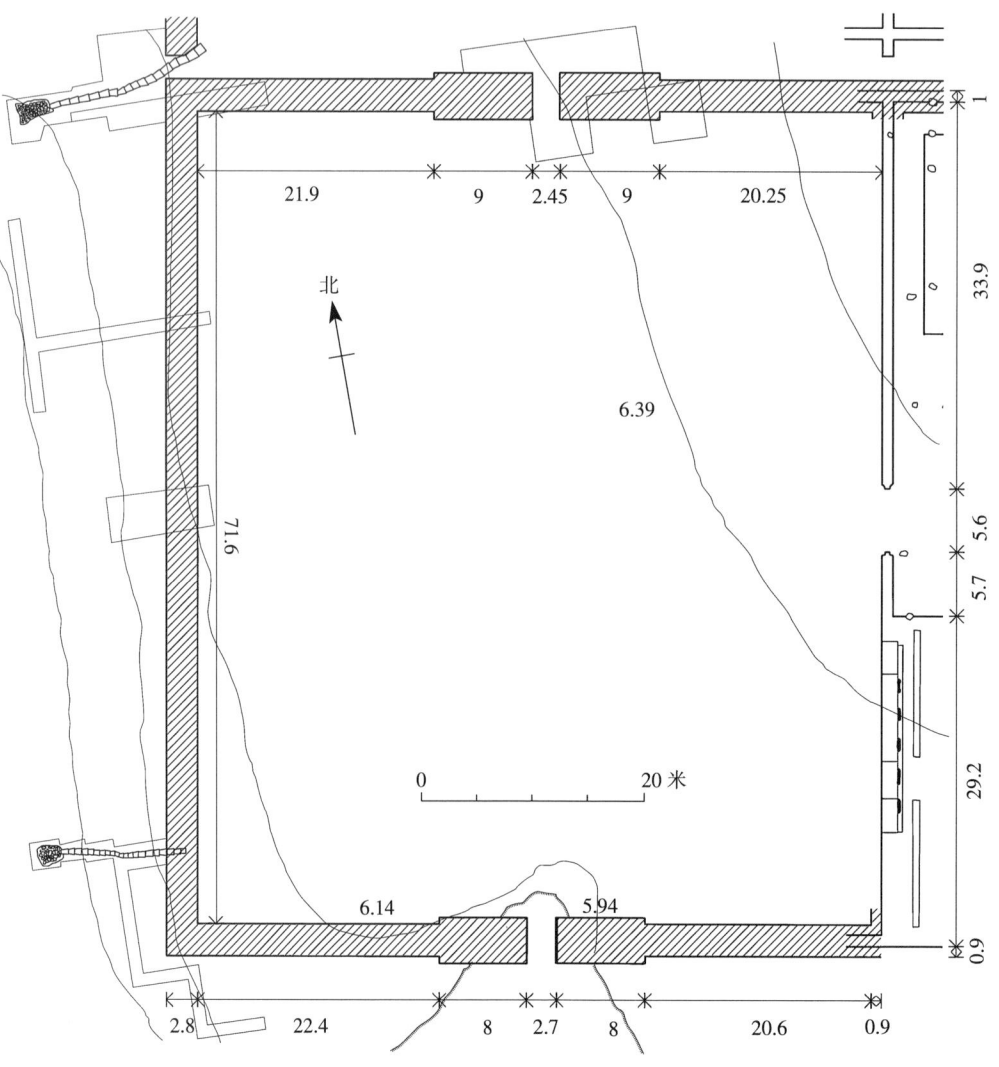

图一九三　石碑地遗址第Ⅳ区建筑遗迹分布图

本区现地表地势总体为西低东高，北高南低。西围墙中段现存墙基顶部海拔高度为 5.7 米左右，东围墙中段现存墙基顶部海拔高度为 6.8 米左右，从西到东的地表高差为 1.2 米。南围墙中段现存墙基顶部海拔高度为 5.8 米左右，北围墙中段现存墙基顶部海拔高度为 6.2 米左右，从南到北的地表高差为 0.5 米。

本区所做的发掘工作多集中于西部边缘及墙基，通过发掘大体了解了本区西南角即宫城址西南角、南门即宫城址 1 号南门以及本区排水系统的构造情况，现分别介绍如下。

2. 西南角基础构造

对宫城西南角进行发掘的主要目的是：验证勘探结果，弄清宫城址西南部的分布范围。为此，早在 1985 年便对该区域做过试掘[①]：该地点表土呈黄褐色，厚约 0.3 米，其下即见围墙墙基（该处地势较低，其上原为耕地，发掘区内未发现汉代遗迹、遗物）。

墙基平面呈直角，宽 2.8 米，以黄黏土版筑而成。内、外两壁陡直，两侧皆以黄沙（即第④b 层，④a 层被破坏）堆护壁面，沙层厚度为 0.6～0.8 米。其下为原地表土。原地表土为黑色黏土，西薄东厚，厚度为 0.3～0.5 米。其下为生土。

墙基在原地表上挖槽起建，槽深 0.2～0.4 米，槽底的黑土经夯打。基础上的板痕相当清楚，可见板长 3、高 0.3 米左右，现存三道板痕。

原地表上墙基内、外两侧皆有桢棍洞。墙基的内侧发现 5 个：东西向的墙基边缘 4 个，编号为 SN1～SN4（即南墙内侧 1～4 号桢棍洞），其中 SN1 在内转角处；南北向的墙基边缘发现 1 个，编号 WN1（即西墙内侧 1 号桢棍洞）。上述桢棍洞间距离大致相等，为 1.6 米左右。墙基外侧发现 4 个：南北向墙基边缘发现 3 个，编号为 WW1～WW3（即西墙外侧 1～3 号桢棍洞）；东西向墙基边缘发现 1 个，编号 SW1（即南墙外侧 1 号桢棍洞）。WW1 与 WW2 之间的距离较远，为 2.5 米左右，WW1 与 SW1 间距较近。桢棍为圆形，直径约 0.2 米左右，地下掩埋深度为 0.5 米左右。桢棍的竖立方法为：先在地表上向下挖出一个直径为 0.5～0.7 米的平面近圆形、弧壁内收的浅坑，深 0.3 米左右。将桢棍立放，再下砸 0.2 米左右，而后将桢棍坑用黄黏土掩埋夯实（参见图一九四）。

发掘区域内所见遗物极少，在墙基西南角外侧发现两个丙类 E 型树纹圆瓦当残片（图一九五；附表一一；图版一七四，2、3），伴出一些板瓦、筒瓦。

3. 1 号南门基础构造

勘探所见，宫门址基础较宽，为了解其构造情况，1999 年对 1 号南门进行了发掘。

---

① 辽宁省文物考古研究所：《辽宁省绥中县"姜女坟"秦汉建筑遗址发掘简报》，《文物》1986 年第 8 期；王成生：《辽宁省绥中县姜女坟秦汉建筑遗址》，《中国考古学年鉴（1986）》，文物出版社，1987 年。

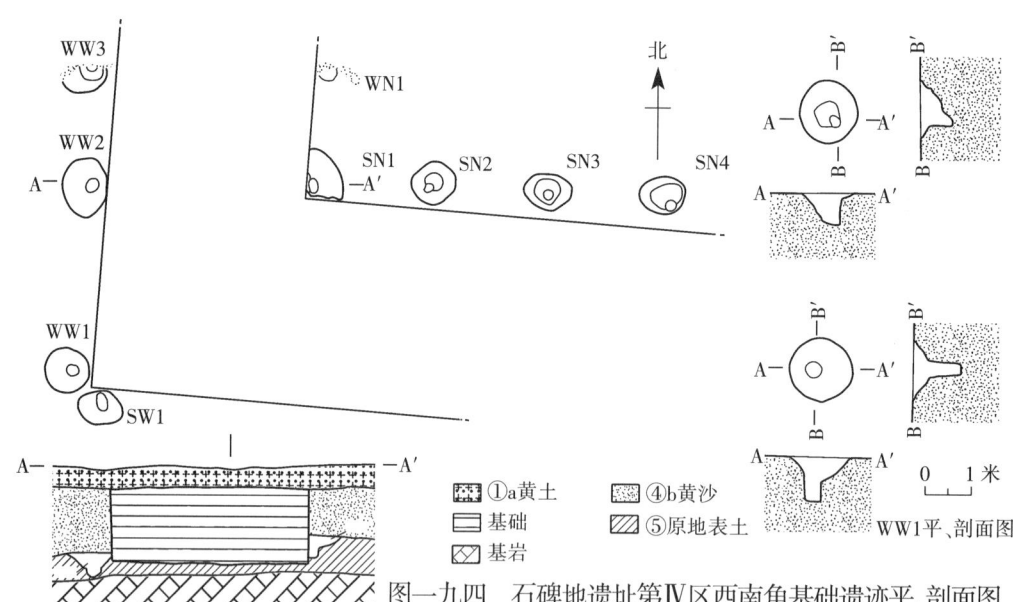

图一九四　石碑地遗址第Ⅳ区西南角基础遗迹平、剖面图

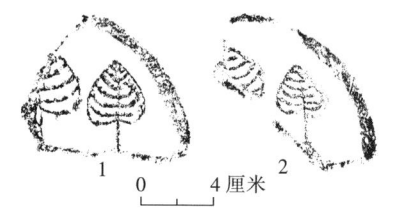

图一九五　石碑地遗址第Ⅳ区西南
角采集丙类 E 型瓦当

1. SSⅣ丙 EW：2　2. SSⅣ丙 EW：1

从解剖的情况看，表土下即见门道两侧的夯土墙基，墙基外侧原地表凸凹不平。原地表土（即第⑤层）为黄褐色沙土，厚 0.05～0.2 米。其下为红褐色内含大量石子的原生土。墙基建成后以灰白色海沙（即④b 层，厚 0.05～0.45 米）和红褐色的黏土（即第④a 层，厚 0.1～0.15 米）填平。

两侧基础较周围的墙体基础宽，为 4 米，加宽部分的长度为 8 米，现存深 0.7 米左右，其下为原生土。两侧基础间有宽 2.7 米的缺口，其上应为门道，推测门道宽于缺口的宽度（图一九六）。

门旁发现的遗物多为建筑瓦件残片，在缺口北侧东段发现瓦当残段，饰夹贝卷云纹，难辨其属于半瓦当或圆瓦当。

4. 1 号外排水系统

为了解宫城址西部外侧的构造情况，1992 年 9 至 11 月，我们沿本区西部与南部外侧（分别距南墙、东墙 1～10 米不等的范围内）、环外墙开了一条长近 120 米，宽 1 米的探沟，基本弄清本区宫城内、外地层堆积状态，并在本区西墙南部（亦即宫城址西侧围墙的南部）、南距城址西南角仅 9 米处发现了一处外排水系统，编号为第Ⅳ区 1 号排水系统。

该地现为荒地，地势较低，地表堆积为黑沙土（①b 层），厚约 0.2 米。其下亦为沙土，即②a 层，呈黑褐色，排水管道等见于该层下。

现见排水系统由排水管道与散水区两部分组成（图一九七；图版一七五）。

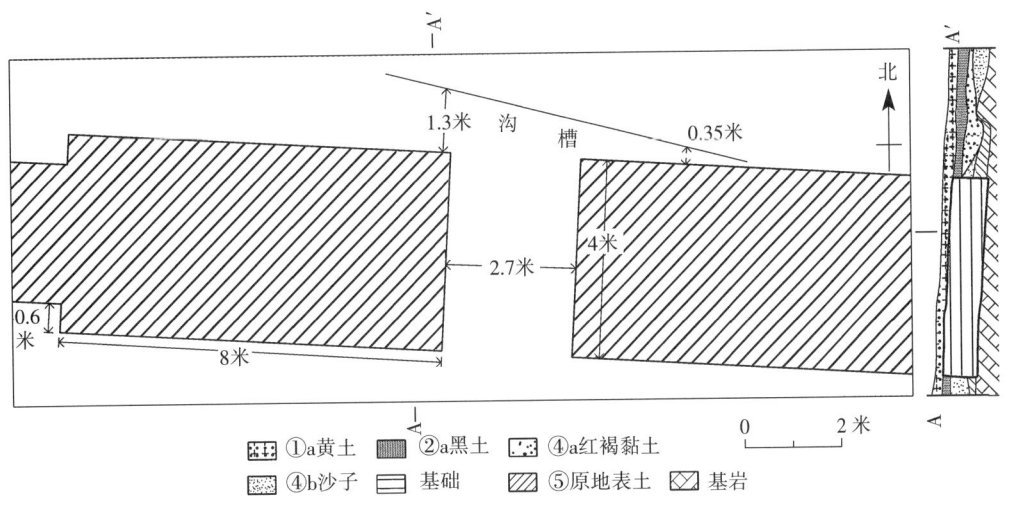

图一九六　石碑地遗址第Ⅳ区 1 号南门基础构造图

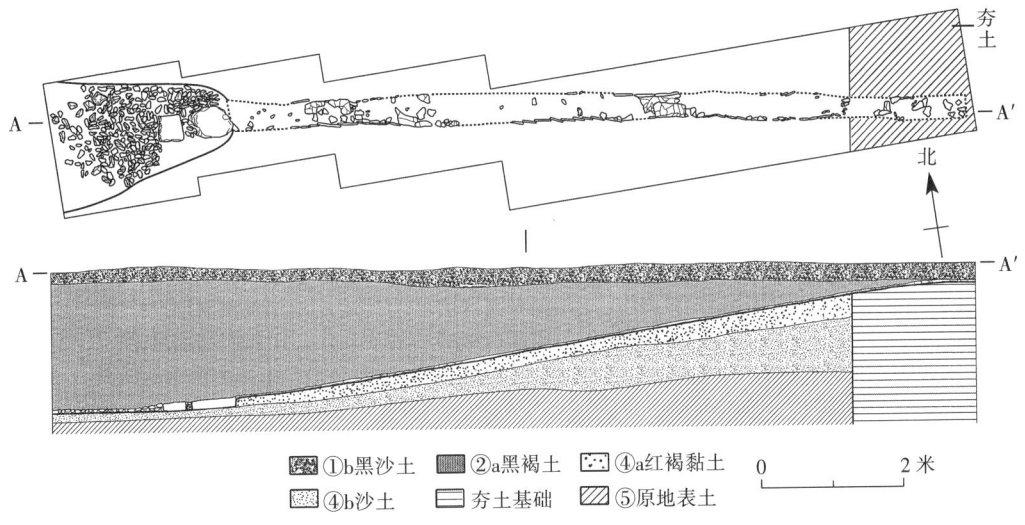

图一九七　石碑地遗址第Ⅳ区 1 号外排水系统平、剖面图

现见管道搭于墙基之上，在墙基上的残存部分长 1.8 米左右，应穿越西墙基础（因破坏，不知其如何穿越墙基而不至于被压毁）。而后呈西北向延伸。整个管道的首端已被破坏殆尽，排水管均残半，尾端距离墙基外侧约 10 米，搭于散水区首端的两块光面石上。

散水区大体呈梯形，由河卵石铺砌而成，现存长度为 2.2 米左右，与排水管道搭接处铺有两块较大的石块，石块表面较平整。从构造看，散水区原应露明。

排水管道首尾两端的高差为 1.8 米左右。

该排水系统的构造与第Ⅴ区 1 号外排水系统大体相同，但未在墙基上预留缺口。

排水系统所在区域内发现有极为破碎的建筑构件，均为筒瓦、板瓦残片。

除上述发掘地点外，1986 年在本区西墙中段进行过解剖，仅发现有夯土墙基，其上未发现围墙墙体（略）。

（二）第Ⅴ区建筑遗存

位于整个遗址的西南部，第Ⅳ区北部、Ⅲ区西部、Ⅵ区南部。

1. 建筑基础布局

本区平面近长方形，四面均有围墙墙基，形成较大的相对独立的空间，东西稍长，自西墙墙基内侧至东墙内缘的距离为62.6米；南北稍窄，自南墙墙基内侧至其北部墙基内侧距离为51.1米。建筑总面积约为3198.86平方米。除东北部发现一些建筑遗迹外，其余部分均为空场（图一九八）。

其西墙墙基为宫城的西墙墙基，南墙墙基即第Ⅳ区北墙墙基，北墙墙基即第Ⅵ区之南墙墙基，东墙墙基即为第Ⅲ区西墙墙基，各墙基宽均为2.8米。从局部解剖的情况看，西墙墙基外侧见有表面为红色沙土的护基，个别地段见有建筑瓦片。南墙墙基局部发现有建筑的倒塌堆积。北墙墙基周围少见遗物。

本区四面墙基上均有缺口，多为门道。其西部墙基上发现两处缺口：中部的一处两侧墙基加宽，为自城外进入本区的大门，即宫城西侧1号门；西南角处为建排水系统而预留的缺口，从建

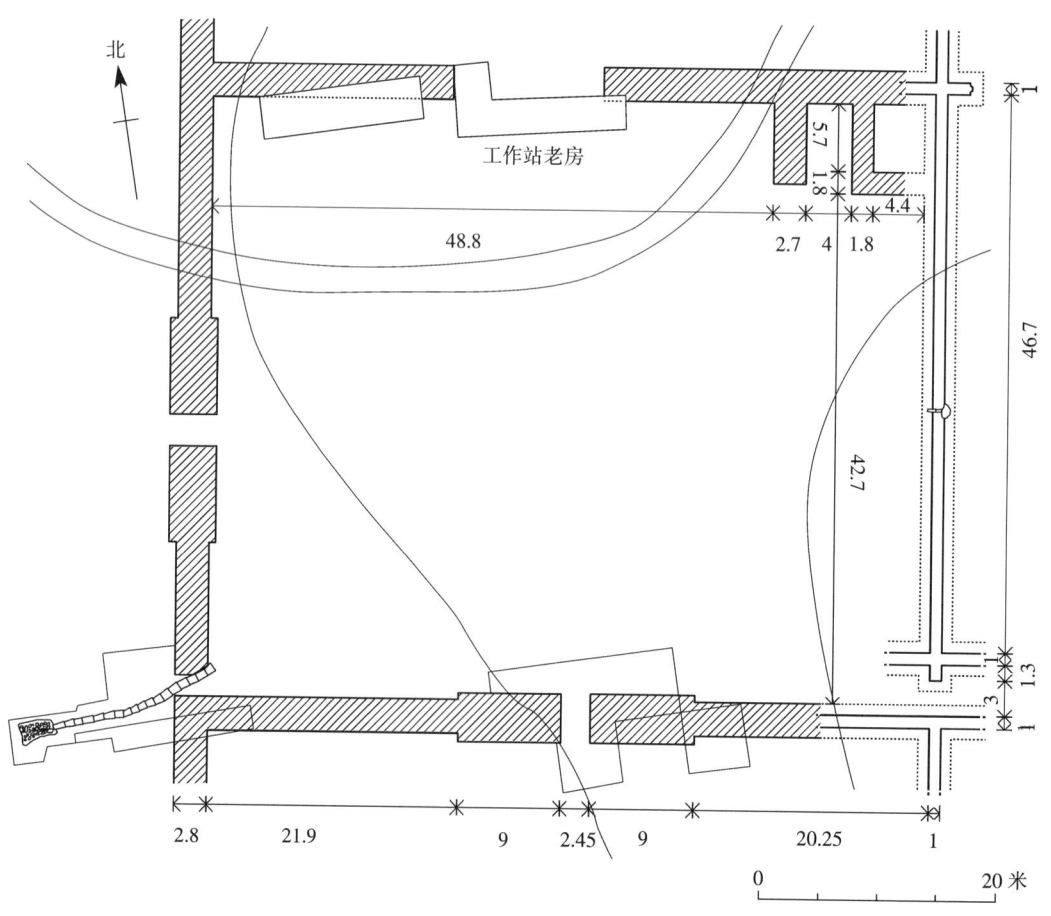

图一九八　石碑地遗址第Ⅴ区建筑遗迹分布图

筑遗迹看其上应有角门。南、北部墙基中部各有一缺口，两者相对，分别为通往第Ⅳ区、第Ⅵ区的通道。从该区进入第Ⅲ区则要经由其东南角门。

经勘探，在本区东北角发现有一组建筑遗迹，编号为第Ⅴ区第1组建筑。

本组建筑遗迹平面呈方形，四面墙基环绕（其东、北部墙基借用了本区的围墙墙基），从基础的构造情况看，似房屋建筑，各段墙体的规格详见图一九八。

本区地势总体为西低东高，北高南低。西围墙中段墙基现存顶部海拔高度为5.8米左右，东围墙中段墙基现存顶部的海拔高度为6.9米左右，从西到东的地表高差为1.25米左右。南围墙中段墙基现存顶部的海拔高度为6.2米左右，北围墙中段墙基现存顶部的海拔高度为6.5米左右，从南到北的地表高差为0.5米左右。

本区所做的发掘工作主要集中在南门及西南角门处，现分别介绍如下。

2. 南门

为了解第Ⅴ区南门的基础构造情况，1992年在其南部墙基的缺口处进行了发掘。该门基础规格与第Ⅳ区南门略有差别（图一九九）。

门址基础所在位置第①层下即见墙体与④a层（红沙土面）。第④a层分布于缺口处和墙体四周，厚0.4米，其下填沙，原地表土即第⑤层距现地表深1.8米。

门址两侧墙基加宽，达4米，加宽部分长9米。中间有一缺口，宽2.45米。缺口两边各发现

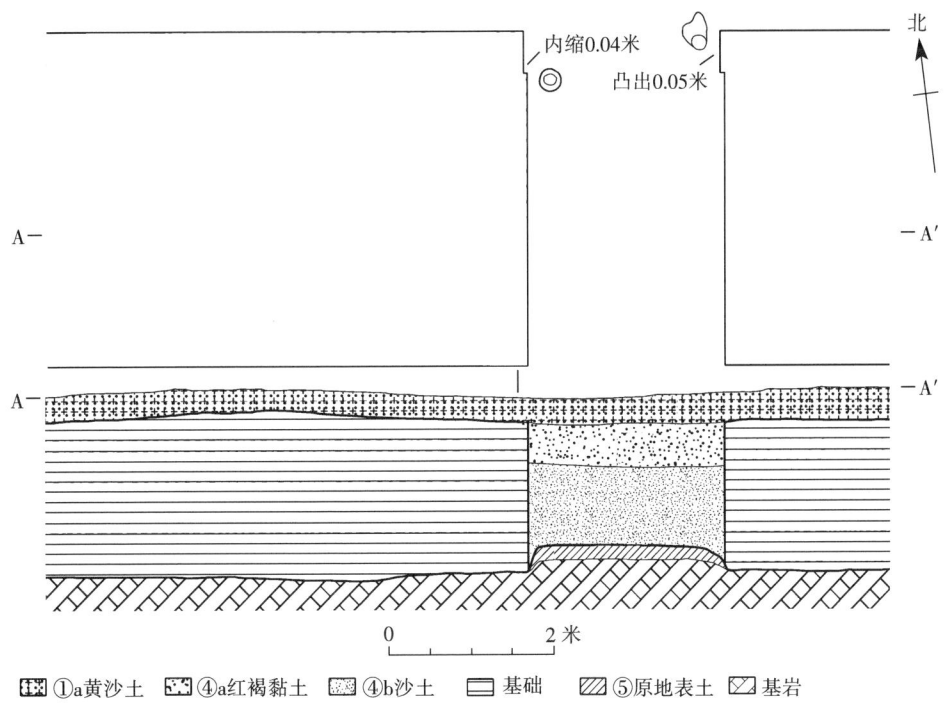

图一九九　石碑地遗址第Ⅴ区南门基础构造图

一柱槽，柱槽两侧墙体分别凹进（西墙）、凸出（东墙）0.04、0.05 米，凹进与凸出部分长 0.5 米，这种情形应与建筑方式有关。凹进与凸出部分边缘发现有桢棍洞，构造方式与宫城 1 号南门址桢棍洞基本相同。

墙基之上及周围未见其他遗迹，其门旁建筑已完全被毁。

该墙基之上及其周围遗物无存。

3. 西南角门

该地点于 1992 年进行了发掘。发掘区内发现一处排水系统及其上的建筑倒塌堆积，以下予以详细介绍（参见图一九八）。

（1）层位堆积

发掘区内地层分为 5 层。

第①层：表土，厚 0.1～0.2 米。围墙基础周围及城内现为耕地，属①a 层；基础以外地势低洼处现为荒草地，属①b 层。城内现地表地势较平，城外则呈坡状分布。发掘区范围内，城内、外地表的高差为 1.5 米左右。

第②层：属②a 层，黑土，厚度为 0.3～0.95 米，宫城内、外均见。在宫城内该层分布较均匀，厚度为 0.3 米左右。宫城外厚度不均，多在 0.3～0.95 米之间。

第③层：秦代建筑倒塌堆积层，厚 0.2～0.4 米，主要分布于宫城内部及外围墙附近。其中见有黄色夯土、烧土块、木炭等，混杂于建筑瓦件碎片之中（图二〇〇）。

第④层：秦代地面垫土。其中④a 层为红沙黏土，厚 0.2～0.3 米。在宫城内部铺垫平整；在宫城外侧地势较低的地区则铺垫出一定的坡度。其下为④b 层，为沙土，厚度为 0.05～1.2 米。城

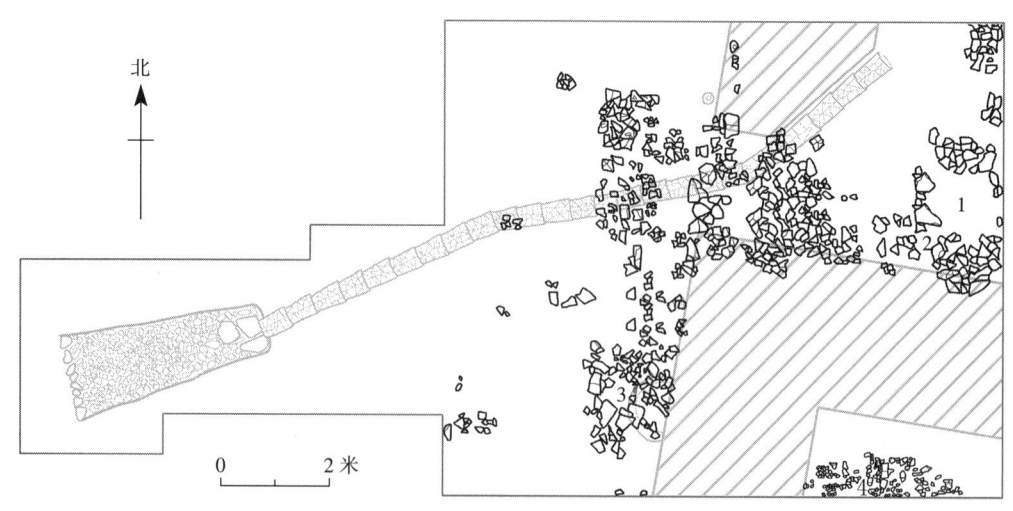

图二〇〇　石碑地遗址第Ⅴ区西南角门倒塌瓦件分布图

1、2. 甲类 A 型瓦当出土位置　3. 乙类 A 型瓦当出土位置　4. 丙类 B 型瓦当出土位置

外部分该层间有红沙黏土的隔层。

第⑤层：原地表土，呈灰褐色，厚0.3~0.65米，距离现地表的深度为1.05~1.8米。原地表大体为西低东高，但高差不大。

其下为红褐色黏土，即生土（参见图二〇一）。

（2）建筑遗迹

秦代建筑倒塌堆积下发现有墙基，以及墙基缺口下部的排水系统。

①墙基

发掘区内所发现的墙基分为两部分：南部两道呈直角交汇，其一大体呈东西向，另一道呈南北向，为第Ⅳ区西北拐角的墙基基础。北部发现一道大体呈南北向的墙基，即第Ⅴ区的西墙基础。

墙基是在原地表上挖出深约0.2米左右的浅槽后开始建筑的。各道墙基的宽度均为2.8米，存高1.5~1.6米。版筑痕尚清晰可见，每板宽0.3米左右，板长约3米，各墙基上现存4~5板不等。在两段南北向的墙基西缘各发现一个桢棍洞，开口于原地表上，深0.4~0.5米。

两段南北向的墙基大体在一条直线上，中间有一个宽约1.5米的缺口。其中第Ⅴ区的西墙基础南端边缘整齐，尚见栏板痕迹，可见该缺口系建墙时有意存留的。墙基建完后周围以沙土、黑

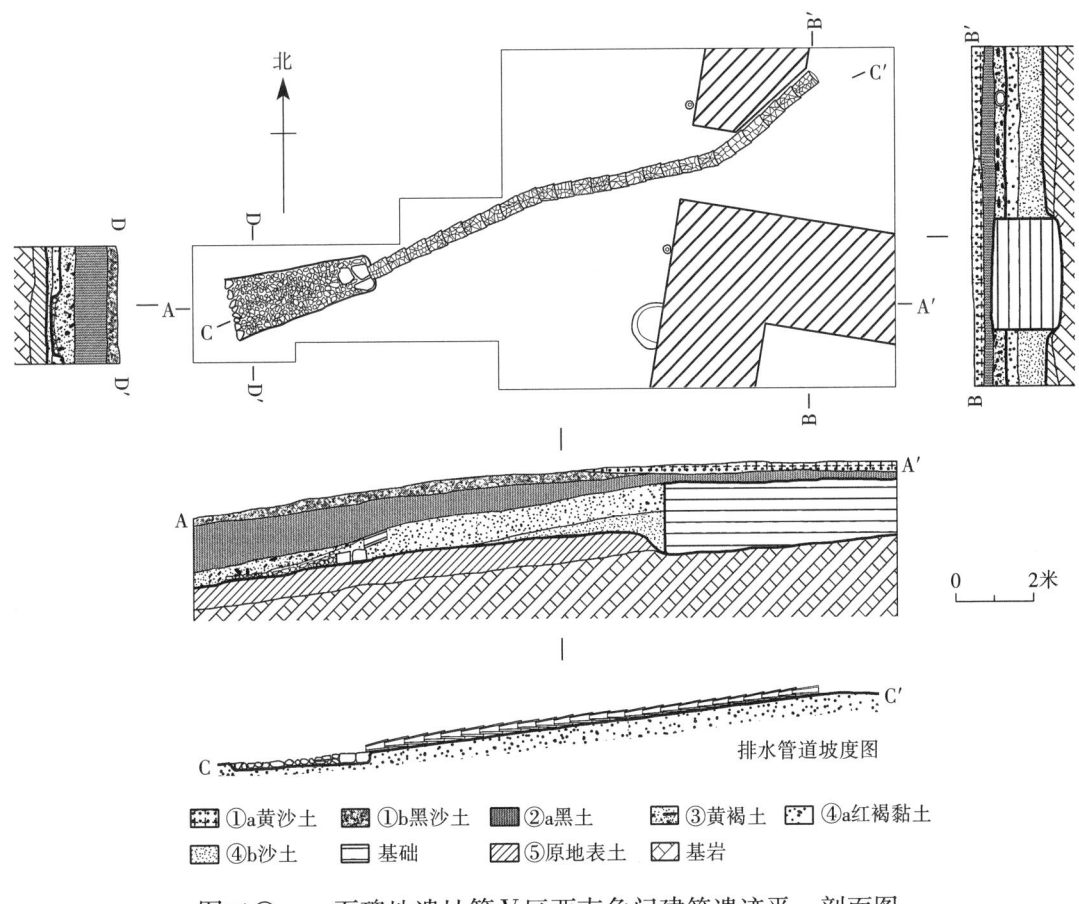

图二〇一 石碑地遗址第Ⅴ区西南角门建筑遗迹平、剖面图

黏泥相间填充，最上面为红黏土。城内及缺口处的地面铺垫较平，墙外的填土有一定的坡度。地面下发现有排水系统（参见图二〇一）。

②排水系统

位于缺口处的排水系统现见排水管道与散水区两部分（迎水区已遭破坏），将城内积水排往城外（参见图二〇一；图版一七六），其构造如下：

排水管道的首端（东端）置于城内地面上，首节排水管顶部高度与现存夯土基础的顶部基本平齐。管道的前4节斜穿过第Ⅴ区的西墙墙基，并将墙基的上部切去一角，从这段管道的方向看，其主要目的是为了将更大范围的积水排出。管道的其他部分则通过缺口斜向铺往城外，并掩埋于建筑地面以下。掩埋管道的填土与周围地区的地面填土相同，坡度亦一致，均为红黏土。该层填土较厚，将管道完全包裹于其中，坡度与管道坡度一致。管道的尾端搭于散水区上。

整个排水管道大体呈东北—西南走向，总长度为13米，共由25节排水管首尾套接而成。排水管的纵剖面呈梯形，长0.6米左右，首端直径约0.3米，尾端直径约0.25米，管壁厚约0.015米，现均已破碎。整个排水管道东北高、西南低，首尾的高差为1.2米左右。

排水系统的西端以红黏土围出一深0.3米左右的梯形散水区，长4米左右，出水端宽0.8米，散水端宽1.6米。散水区建筑于原地表之上，底部以河卵石铺垫，与水管搭界的出水口处为三块较大的光面花岗岩石块，其边缘与最末端均以天然小石块砌筑，制作颇为讲究。

（3）建筑瓦件

排水管道所在缺口的上部上散布有大量的建筑瓦件，一直蔓延到周围的墙基上，推测其上应有角门类的单体建筑，但具体构造不详（参见图二〇〇）。

由于缺口位于两区交界的墙体拐角处，故各类建筑构件尤其是瓦当的类型较多。其中出土可复原的筒瓦为甲类B型，标本SSⅤ西南门甲BT：1（图二〇二；附表三；图版一七七，1）。瓦当类型有甲类A型夔纹大瓦当，见于城内缺口南北两侧，标本SSⅤ西南角门甲AW：1（图二〇三，1；附表四；图版一七七，3），标本SSⅤ区西南角门甲AW：2（图二〇三，2；附表四；图版一七七，2）；乙类A型几何纹半瓦当（见于缺口南部墙基西侧，参见附表五）；乙类B型夹贝卷云纹半瓦当，见于缺口南北两侧墙基边缘，标本SSⅤ西南门乙BW：2（图二〇三，4；附表六；图版一七七，4）；丙类A型夹贝卷云纹圆瓦当，标本SSⅤ西南门丙AW：1（图二〇三，3；附表七；图版一七八，1）；丙类B型羊角形卷云纹圆瓦当，标本SSⅤ西南门丙BW：1（图二〇三，5；附表八；图版一七八，2）等。

（三）第Ⅵ区建筑遗存

位于整个遗址的西南部，第Ⅴ区北部，第Ⅲ区西部，第Ⅶ、Ⅸ、Ⅹ区南部。

本区平面近长方形，四面均有围墙墙基。经勘探区内未发现其他类型的建筑遗迹，为较大的空场（图二〇四）。

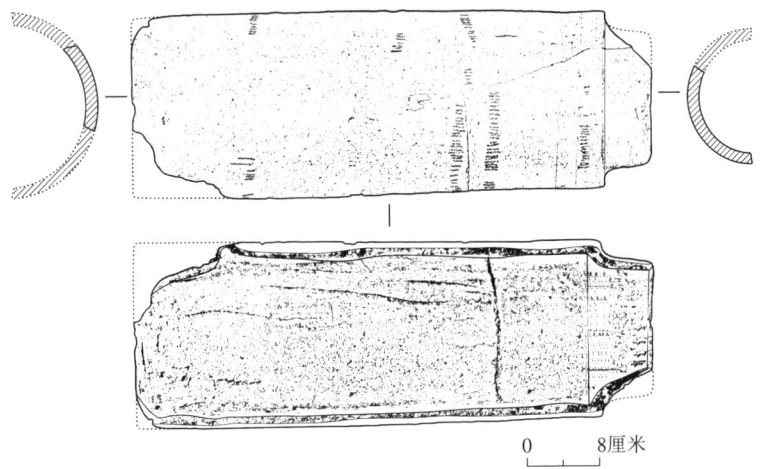

图二〇二　石碑地遗址第Ⅴ区西南角门出土甲类 B 型筒瓦（SSⅤ西南门甲 BT：1）

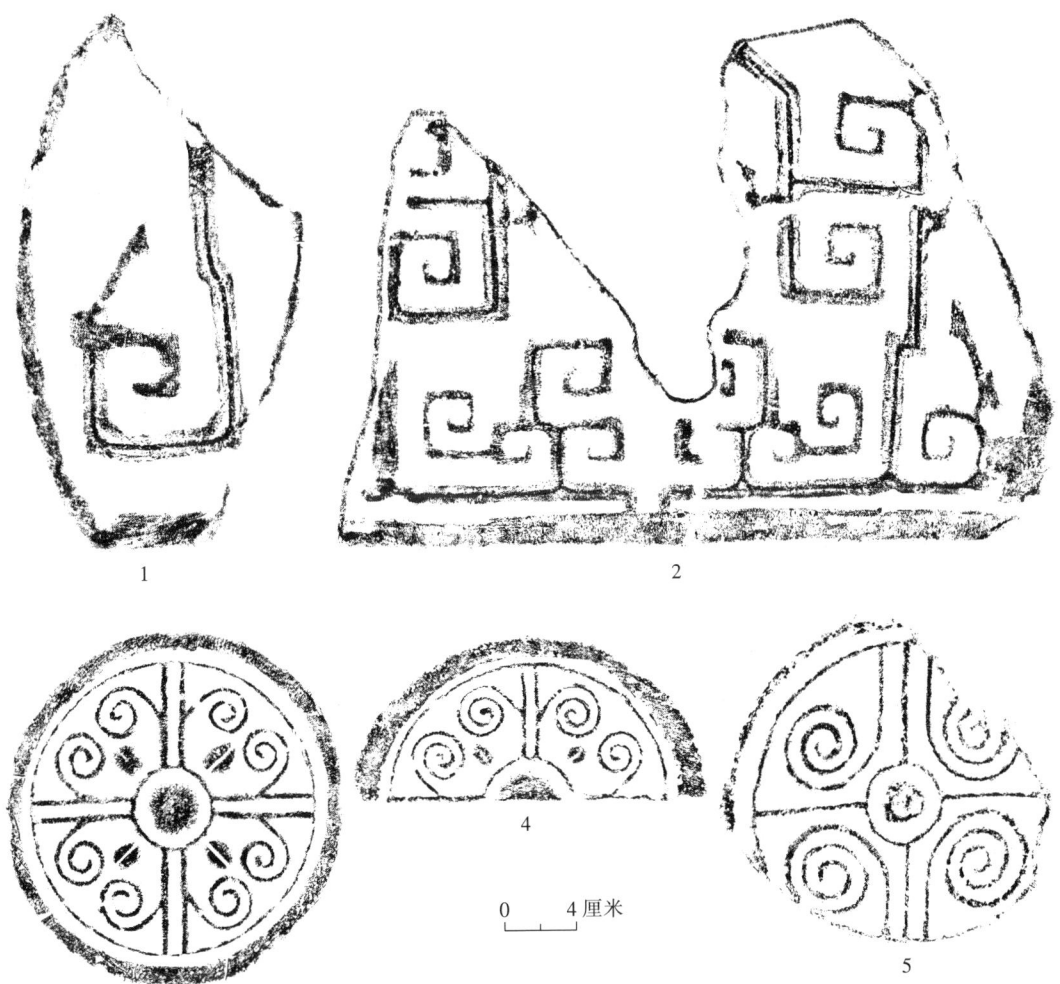

图二〇三　石碑地遗址第Ⅴ区西南角门出土瓦当

1. SSⅤ西南角门甲 AW：1　2. SSⅤ西南角门甲 AW：2　3. SSⅤ西南门丙 AW：1

4. SSⅤ西南门乙 BW：2　5. SSⅤ西南门丙 BW：1

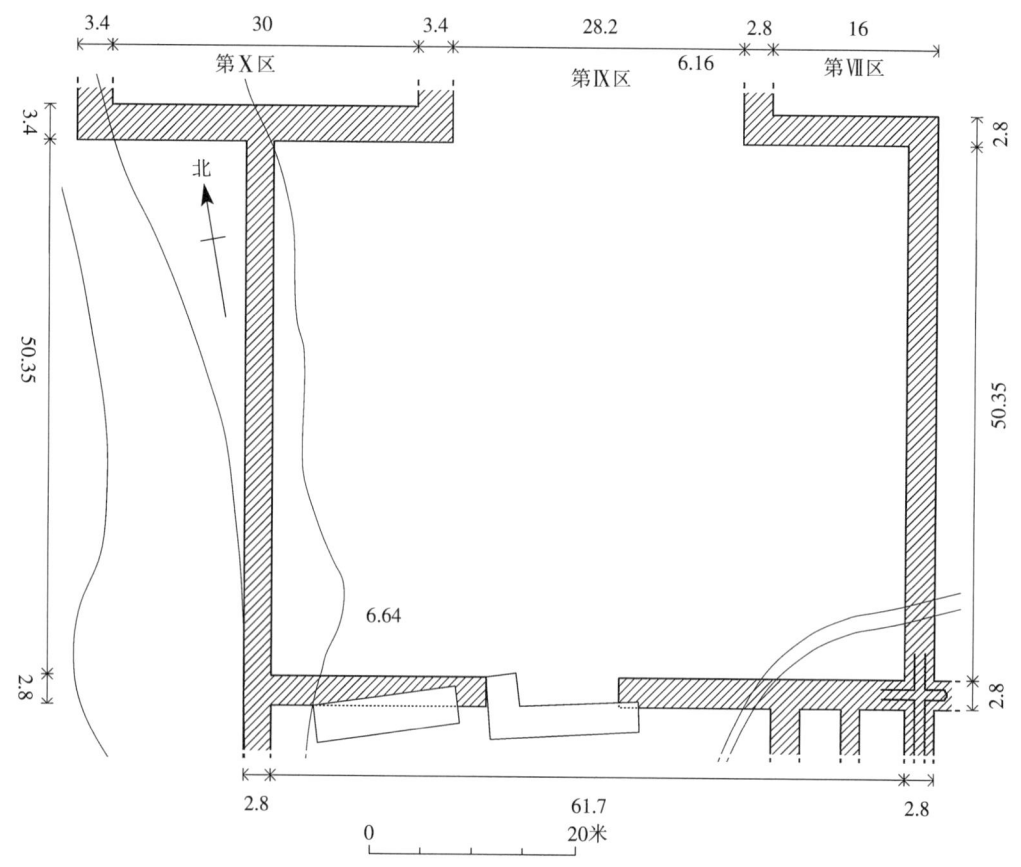

图二〇四　石碑地遗址第Ⅵ区建筑遗迹分布图

各墙基围成的空间东西稍长，东西墙基内侧之间的距离为 61.7 米；南北稍窄，南北墙基内侧之间的距离为 50.35 米。建筑总面积约为 3106.59 平方米。

其西墙墙基为宫城的西墙墙基；南墙墙基即第 V 区北墙墙基；北墙墙基即第 X 区南墙墙基之东段、第Ⅶ区之南墙墙基西段；东墙墙基即为第Ⅲ区西墙墙基。除局部外，各围墙墙基宽均为 2.8 米。

本区的南部有缺口，由此可进入第 V 区。北部缺口宽达 28.2 米，与第Ⅸ区相通。

本区地势总体为东高西低，北高南低。西围墙中段现存墙基顶部的海拔高度为 6.1 米左右，东围墙中段现存墙基顶部的海拔高度为 6.6 米左右，从西到东的地表高差为 0.5 米左右。南围墙中段现存墙基顶部的海拔高度为 6.5 米左右，北围墙中段现存墙基顶部的海拔高度为 6.6 米左右，从南到北的地表高差为 0.3 米。

该区域内的所有遗迹均未经发掘。

（四）第Ⅶ区建筑遗存

位于遗址中部偏东地区，第Ⅱ、Ⅲ、Ⅵ区北部，第Ⅸ区东部，第Ⅷ区南部。

本区面积较大，平面近"凸"字形，夯土墙基与台基分布密集（图二〇五）。

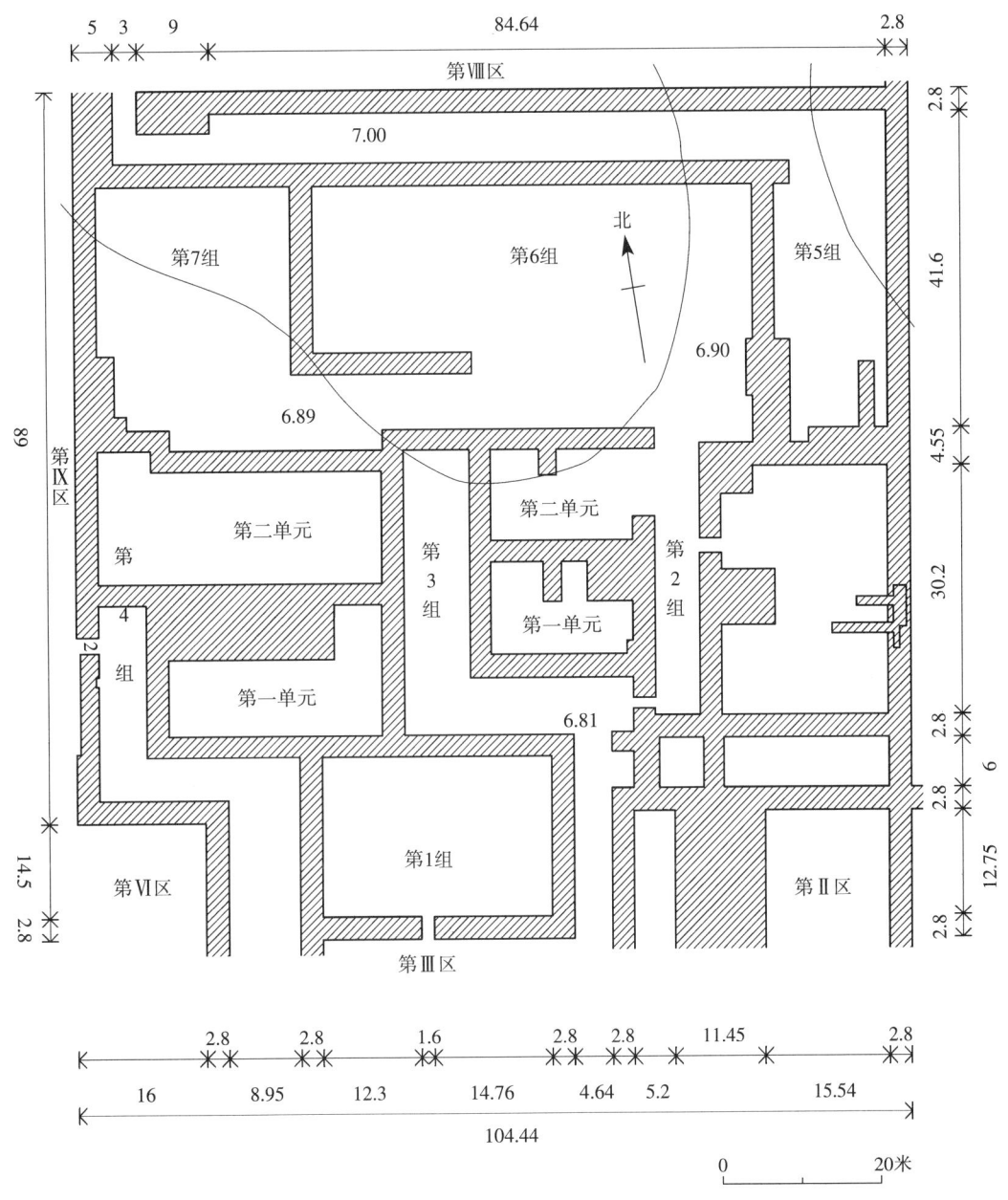

图二〇五　石碑地遗址第Ⅶ区建筑遗迹分布图

　　其东部围墙墙基即宫城东围墙墙基的中段，这段墙基的长度为84.8米。北部有两道墙基几乎横贯东西，偏北部的一道长达84.64米，在其与本区西部墙基之间有一个缺口，缺口宽近3米。在缺口处，北部墙基的西段加宽，加宽部分东西长9米，南北宽5米。西部墙基的相应部分也加宽，不过加宽部分南北长近9米，东西宽为5米，从缺口两侧基础加宽的规律看，这应该是门址所在，其门旁建筑较为特殊。西侧与第Ⅸ区共用一墙，总长度为89米，比东墙稍长。本区的南侧围墙未完全封闭，与第Ⅱ、Ⅲ、Ⅵ区相连。

本区中部有一道东西向的墙体，虽然有曲折，但大体可延续，将本区建筑分成南、北两大部分。南、北两部分中又各有两至三道南北向的纵墙，将每半区分成三个相对独立的小区。此外，本区中南部与第Ⅲ区交界处还有一相对独立的院落，门在南墙中间部位（在勘探报告中，我们将其划分为第Ⅲ区，现做调整）。

对上述7个相对独立的建筑区域，我们分别称之为第1～7组建筑。其中位于南部凸出的院落，称为第1组建筑（SSⅦ1）；中部的三组从东向西分别编号为第Ⅶ区第2、3、4组建筑（SSⅦ2、3、4）；最北部的三组从东向西分别编号为第Ⅶ区第5、6、7组建筑（SSⅦ4、5、6）①。

第1组建筑平面呈长方形，除四周墙体基础外，其内未发现遗迹现象。

中部的三组建筑以第3组为中心，各组建筑的占地面积大致相等。

第2组建筑以中部的夯土台基为界，又分成南北两个部分，分别编号为第Ⅶ区第2组建筑一、二单元（SSⅦ2一、二）。两个单元的建筑基础构造相似，在西北角均有一夯土台基，其他部分为空地。

第3组建筑的东、南、西三面均为空地，中、北部有两个长方形的建筑单元，分别编号为第Ⅶ区第3组建筑一、二单元（SSⅦ2一、二）。两个单元的建筑占地面积大体相等，构造亦有相同之处。

第4组建筑的西南角为空地，其他部分有一道东西向的墙基将其分成南、北两部分，分别编号为第Ⅶ区第4组建筑一、二单元（SSⅦ3一、二）。其一单元西北部有一夯土台基，恰位于第4组建筑的中部。

最北部的三组建筑以第6组为中心，面积较大，多为空地。其他两组建筑区的南部的夯土基础加宽，应有个体建筑存在。

本区地势较平，中北部略高，现地表的海拔高度为7米左右，四周稍低，高差为0.3米左右。夯土墙基现存顶部的海拔高度为6.3米左右。

该区域内的所有遗迹均未经发掘。

（五）第Ⅷ区建筑遗存

地处整个遗址的东北、第Ⅶ区北部。

本区平面近长方形，面积较大，占地总面积约为22128平方米。其空场较多，仅在中部偏东处发现一长方形夯土台基，长近15、宽7.5米左右（图二〇六）。

其东部墙基即城址东墙墙基北段，长达217.7米。北部墙基为宫城北部墙基东段，长近98.2

---

① 在勘探报告中我们曾将该区建筑分为9组，但各"组"不很均衡，故作调整，参见《辽宁绥中县"姜女石"秦汉建筑群址石碑地遗址的勘探与试掘》，《考古》1997年第10期。

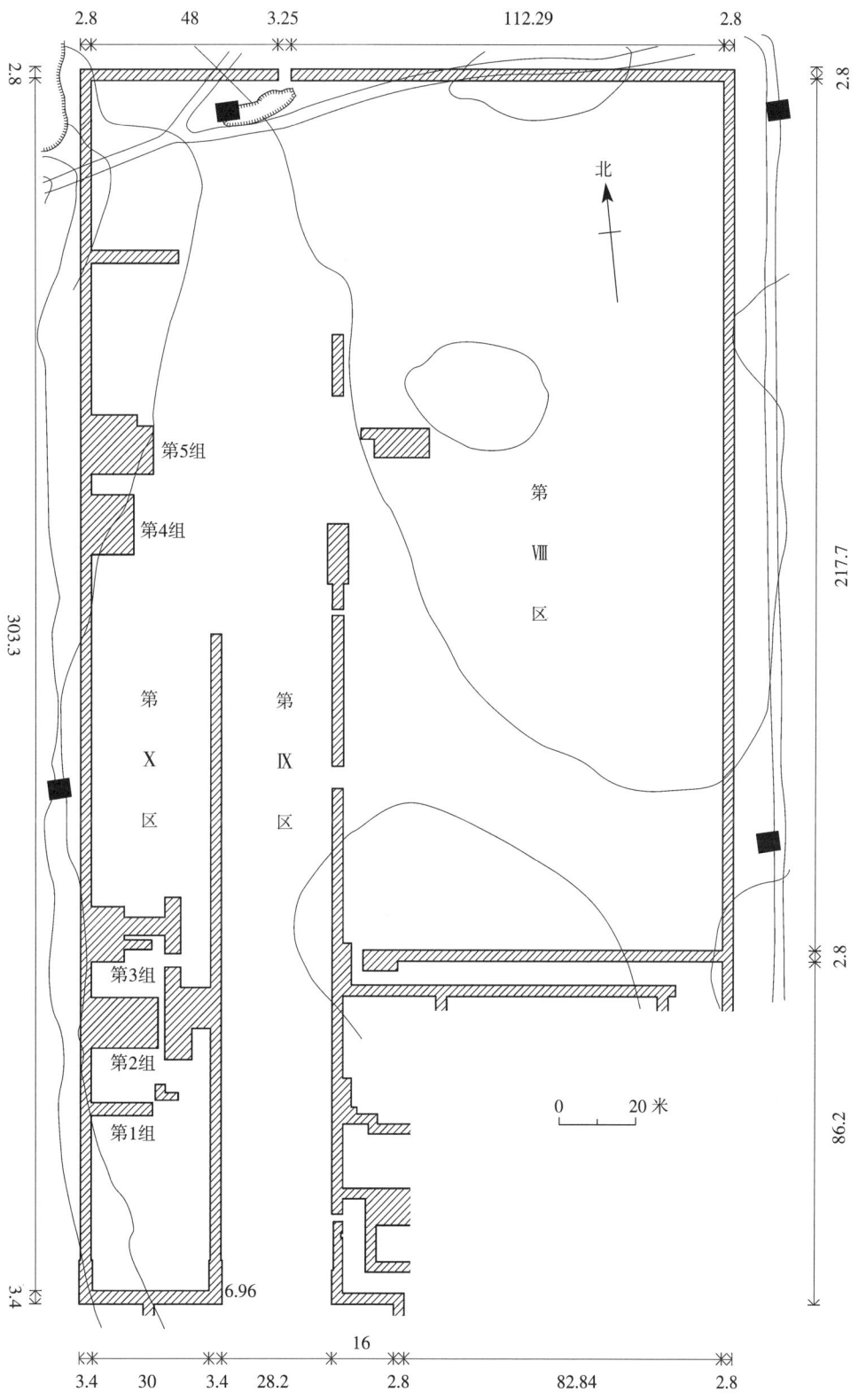

图二〇六　石碑地遗址第Ⅷ~Ⅹ区建筑遗迹分布图

米。西部墙基不连贯，亦不规整，有缺口。

本区地势总体为中部高，四周低，现中部地表的海拔高度为7.63米。西围墙中段墙基现存顶部的海拔高度为6.5米左右，东围墙中段墙基现存顶部的海拔高度为6.7米左右。南围墙中段现存墙基顶部的海拔高度为6.7米左右，北围墙中段墙基现存顶部的海拔高度为6.5米左右。

（六）第Ⅸ区建筑遗存

位于第Ⅶ、Ⅷ区西部，第Ⅹ区东部。

本区与周临区域遗迹以缺口相通，而且处在呈南北一线的城门通道上，其间无其他遗迹现象。长303.3、宽28.2米，总面积约8553.06平方米（参见图二○六）。

本区地势较平，中部略高，现地表海拔高度为6.65米左右。

该区域内的所有遗迹均未经发掘。

（七）第Ⅹ区建筑遗存

位于宫城址西北部，东临第Ⅸ区，南临第Ⅵ区。是一个以夯土墙基围成的建筑单元。

其西部边缘墙基的长度为303.3米，南部墙基长36.8米，东部围墙墙基存长约169米，占地总面积约11161平方米。

在本区的北部、距北墙墙基边缘约42米处有一道东西向的墙基。该墙基沿西墙基边缘向东延伸近30米。在这道墙基与本区南墙基之间有5个相对独立的夯土台基或墙基，自南向北依次编号为第Ⅹ区第1~5组建筑（SSⅩ1~5）。

其中第Ⅹ区第1组建筑（SSⅩ1）由东、西两部分组成。东部有一段平面呈曲尺形的夯土墙基，西部发现一道东西向的夯土墙基。

第2组建筑中发现两个夯土台基。

第3组建筑的西部发现一个夯土台基；东部为3道夯土墙基，其中两道为东西向，另一道为南北向。

第4组建筑中发现一个呈长方形的夯土台基。

第5组建筑中也发现一个呈长方形的夯土台基（参见图二○六）。

本区地势总体为东高西低，北高南低。西围墙中段墙基现存顶部的海拔高度为6.2米左右，东围墙中段墙基现存顶部的海拔高度为6.4米左右，从西到东的现地表高差为0.3米左右。南围墙中段现存墙基顶部的海拔高度为5.7米左右，北围墙中段现存墙基顶部的海拔高度为6.3米左右，从南到北的现地表高差为0.5米左右。

该区域内的所有遗迹均未经发掘。

六　小　结

石碑地遗址秦代建筑遗迹保存较好，且经过系统勘探、发掘，由此可见其缜密的建筑规划设计、规范而成熟的建筑技术、使用富有特色的建筑材料等诸多方面的内容，现简要概况如下。

（一）缜密的规划与设计

石碑地遗址是姜女石遗址群中的主体建筑。其基础外轮廓大体呈曲尺形，宫内各段墙体之间结合紧密，配置有序，方向一致，总体设计当为一次完成。

其主要建筑遥对海中"门柱"状的天然礁石，将人文建筑融入自然景观之中，规划构思精巧；整个宫城址突出于周围地表，雄伟壮观；建筑地面呈"三步阶梯"状，显得错落有致。不仅如此，宫城内部建筑布局合理、配置有序、功能齐全，设计极为合理，试简要分析如下。

1. 独具特色的建筑布局

从石碑地遗址的建筑布局看，有两个显著的特点：

（1）以暗含的轴线与对称保持建筑协调，不拘一格。

表面看来，该遗址中的建筑并非轴线对称的，但仔细研究可以发现，整个宫城址多暗含着轴线与建筑间的对称。

就整个城址的轴线而言，是由形态不同、大小不一的院落串联而成的，与主体建筑分布于中轴线上的布局确有区别：该遗址由十个相对独立的建筑区域组成，主体建筑位于东南部，由此构成整个建筑群的中路。其中第Ⅰ区位于最前部，总揽中路，其后的第Ⅲ、Ⅶ、Ⅷ区构成主轴线，可称之为中1路。主轴线的东侧，由第Ⅱ区构成中2路（亦可称之为东路）；西部以第Ⅳ区为总揽，构成西路。其中第Ⅳ、Ⅴ、Ⅵ、Ⅸ区构成西路的主轴线，可称之为西1路，第Ⅹ区为西2路。

就建筑对称而言，则几乎无处不在，如南侧两处门址东西对称，其中偏西部的一处对应北门等，使得整个城址外观极为协调。这种对称在宫城内部各个区、组内表现更为明显，如第Ⅰ区的主体建筑位于该区的北部中心，两侧为附属建筑。尽管附属建筑的形式不同，但所处的位置大体对称。第Ⅱ区第2组两侧建筑对称分布，甚至建筑形式都完全相同等。而且形式多样，有同向对称，反向对称、对角对称等。

从该遗址的建筑布局及建筑物的分布等诸多迹象看，既保持了皇家建筑大气、凝重的特点，又不失自然与别致。

（2）用建筑物的体量标高突出主题，开门见山。

该城址内、外的地面经过人工铺垫，整体高出周围地表。

宫城内各个区域的地面也有一定的高差，形成了至少为"三步阶梯状"的建筑台面。其中第

Ⅰ区第 1 组建筑所在区域地面最高，向四周逐渐降低，城内地面高差达 2 米以上。

不仅如此，建筑地面以上的建筑台基亦高矮不同，高差亦达 2 米以上。

采用不同的建筑层面体现不同的建筑等级，使得整个城址从外观看高低、错落有致，更衬托出中心建筑的宏伟与庄重。结合建筑布局看，并非像后世宫殿那样按中轴线左右对称、层层进深地安排每组建筑，而是将主要建筑组群安排到宫城内的东南部，有开门见山之感。为了使建筑群体不因偏于一隅而失重，特在西部设立一条横贯南北的中心大道作为轴线，保持建筑总体布局的稳定。

2. 合理有序的建筑配置

宫城址十个区域的建筑布局、形态均有所不同，且功能各异，并有机结合成为一个整体。

其中第Ⅰ区位于宫城址的东南部，其内建筑分为三组：中北部为一大型的高台建筑，其上部及周围有房址、院落等，有的房址地面以下铺垫一层木炭用以防潮，制作极为考究。高台建筑的两侧及后部有与本区或其他区域连通的廊道或慢道，前部则为非常广阔的前庭。本区西南部有一座面东的殿址，亦建于台基之上。东南部有一组由方坑与圆坑组成的特殊设施。据上述建筑规格及特殊的建筑布局可以推测，该区域应属于最高级别者居住与主持祭祀活动的场所。

第Ⅱ区位于第Ⅰ区的东北部，平面近长方形。本区与第Ⅰ区第 1 组相连接的第 2 组建筑南部有呈"品"字形分布的三座大型高台建筑址：其一单元 J1 从规模看不亚于Ⅰ1 主体建筑，只是台基高度略低。二单元 J1、三单元 J1 亦建于台基之上，其内部见有水池、带有铺底砖的井窖等设施。上述大型建筑的周围见有较多的房址。从上述遗迹形态及规模推测，本区建筑的功能均与寝居生活密切相关，居住者的等级应有所不同。

第Ⅲ区位于第Ⅰ区的西北部，平面大体呈长方形。该区域内南部有两处"沐浴"设施、两处水井及一处大型的"廊房"，北部亦有一些房址。从上述建筑遗迹的分布可以看出，该区域内的建筑多为附属服务设施。

上述三区经过考古发掘，可以对其建筑功能有较为深入的了解，而其他区域仅做过考古勘探，但就基础形态及布局也可以看出其建筑功能的不同，如第Ⅳ、Ⅴ、Ⅵ、Ⅸ区为较大的空场，或许为休闲区域。第Ⅶ区的建筑墙基分布较为密集，而第Ⅷ、Ⅹ区则仅见一些长条状的夯土基础，功能亦应与其他区域有别。

从上述建筑配置可以看出，城址不仅功能完备，而且布局合理。

（二）规范且成熟的建筑技术

本遗址秦代建筑遗迹最显著的特点是构思精巧、规律性强，充分表明了其建筑技术的规范与成熟，试分类例举如下。

1. 规范的工程做法

该遗址现所见遗迹有建筑基础、台基、墙体等，这些分项工程从规格到做法都有一定的规范。

各种建筑的基础规格不同，分为如下几种情况：宫墙、小区、群组及单元建筑院墙基础宽度为2.8米左右，单侧廊道的基础宽度为4米以上，复廊基础宽度为8米左右，一般房基的宽度为8米左右，基础宽度超过10米以上者多为高台建筑。其做法为版筑，所用木板宽0.3米，长3米左右。板外立柱，以防夹板脱落。其内填土以圆头工具夯实，夯窝局部可见。夯层厚度基本一致，为8厘米左右。基础夯实程度需要检验，故有的基础侧面见检验戳痕。各类门道基础处预留缺口，宫城大门缺口两旁基础加宽，其他院落的门址基础与墙体基础等宽。

基础掩埋后要预置础石。础石形状不规整，多为圆或方形顶面较平的天然石块，其边长或直径多为0.5米左右。各类院墙基础上的础石多在门道处，单侧廊道上的础石的位于基础的一侧，复廊上的础石位于基础的两侧，房基的门道两侧及空敞的一面均置础石，高台建筑上的础石多位于台基的边缘位置。

院落墙体位于墙基的中部，单侧廊的墙体位于廊基上与础石相对的一侧，复廊墙体位于廊基的中部，房屋墙体位于房基的边缘。上述各类墙体的宽度为1~1.2米，较基础内缩0.8~1米。各类门道的宽度不同：宫城门道最宽，达4米以上。区、组间的门道宽1.5~2米。小型房屋的门道一般宽为0.8~1米。

高台建筑台基建于基础上，周边内缩，作檐廊使用。台基侧壁边缘贴瓦后抹泥，有壁柱。通往台基的台阶以空心砖为踏步。

总之，该遗址建筑分项工程的规格与建造方式有相当强的规律，甚至可以依据某种建筑基础的规格来判断其所属的建筑类型。

2. 成熟的建筑技术

该遗址的许多建筑设施均有较强的科学性与艺术性，表明其有非常成熟的建筑技术。如第Ⅰ区第1组F1地面防潮处理；第Ⅰ区第1组J4的"冰窖"类设施；第Ⅱ区第2组二、三单元的"井窖"、"水池"；第Ⅲ区第1组一、二单元的"沐浴间"；第Ⅲ区第2组二、三单元的"水井"等。在这里重点对该遗址的排水加以说明。

宫城排水技术相当成熟，对雨水与污水采取不同的排水方式。

天然雨水排放有"自渗"、"外排"、"内储"三种方式。

院落垫土均由红板沙与细海沙相间铺垫而成，既保证了地面平整、美观、不下陷，又可使雨水很快渗入地下。因此，在雨量较小的情况下，这种构造使得院内很少留有积水，具有一定的自渗排水功能；雨量较大时则需要利用宫城地面高差不同将积水排往城外，因此在房间、天井、院落内到处可见各种排水管道穿墙而过，有的在地面上，有的在地下。因排水量的大小不同，所用管道预先设计成粗细不等。整个管道铺设直曲不同，以加速或减缓水流。为防止积水冲毁地面，在一些院落中还用卵石及块石铺成过水面。每组排水管道的两端均用方砖砌成八字形的迎水区和散水区，用以加大过水面积；因城址面积较大，因此不排除在城址内部有"蓄水池"的可能性。

如第Ⅱ区第3组建筑中南部有一较大的空场，总面积近 2000 平方米。经勘探和试掘发现，这里的地面四周高、中部低，最低处较周围地面低 1.2 米，周围各院落的积水交汇至此，极有可能为"蓄水池"，当然，以目前的工作尚未证实此推论。积水排往城外后还应再作进一步处理，在这方面目前也有一些线索：如第Ⅳ、Ⅴ区发现的排水管道构造相同，但出水方向却不同，其南部的一处向北排，而北部的一处向南排，因城址西侧地势较低，推测在这里应另有一蓄水区；整个城址东部地势较高，外排水可能通过城外的一条南北向的人工沟完成，通往大海，第Ⅱ区第5组建筑就可能是通往这条人工沟的排水设施。

城内污水均不外排，多通过排水管排往室内或室外的渗水井处理，如"沐浴间"等。在排污的管道中使用了"弯头"和"三通"等管件，一些污水井以空心砖为井盖，封盖后掩埋于地下，井边地面设有通风孔。

（三）富有特色的建筑材料

石碑地遗址出土的秦代建筑构件多见于目前已发现的各地秦代遗址中，且数量巨大，但也有些建筑构件的形态或图案为本遗址或本地区的同类秦代遗址所独有。

本遗址所见板瓦、筒瓦等规格较大。其中 A 型板瓦长达 70～74、宽 41～50 厘米，甲类 A 型筒瓦通长达 68 厘米，而乙类筒瓦通长近 90 厘米。所见最具秦代标志性的夔纹大瓦当可分为两型：A 型夔纹大瓦当发现数量较多，达数十件，从出土位置看使用较为普遍，且并非仅用于大型建筑的屋脊两侧；B 型简化夔纹大瓦当数量较少，目前仅见于第Ⅰ区第1组建筑周围。乙类 A 型几何纹瓦当在秦代遗址中较常见，而本遗址出土数量最多的乙类 B 型夹贝卷云纹半瓦当、丙类 A 型夹贝卷云纹圆瓦当则仅见于渤海西岸一带的秦代遗址。此外，丙类 B 型羊角形卷云纹、丙类 C 型夹心卷云纹、丙类 D 型串状蘑菇形卷云纹、丙类 E 型树纹圆瓦当等也颇具特色，其图案特征可在战国时期的燕、齐乃至楚国瓦当中找到原型，由此可见秦统一中国进程中的文化融合。

本遗址所见空心砖、井圈、铺底砖等均一物所用，规格不一。用以砌筑建筑墙体土坯砖，使用前经烧，但火候不高，受热不均。

此外，制作成弯曲状的排水管、豆盘状的井底也颇具特色。

总之，尽管石碑地遗址的秦代建筑大多仅保存了基础及其上建筑的局部，不可能对其建筑本身进行复原，但仍然可以从中看出其单体建筑和建筑群组的设计已有一套成熟的手法，建筑技术与艺术达到一定的水平。这些成果的取得，使我们对秦代建筑尤其是"行宫"性质的建筑有了更深入的了解。

第三节　汉代遗存

石碑地遗址所见汉代遗存包括建筑遗存与窑址两类，下面分别予以介绍。

一　建筑遗存

石碑地遗址的汉代建筑是在秦代建筑倒塌堆积之上重建的。

从目前的考古发现看，汉代人在建筑之前，对秦代建筑的倒塌堆积进行了大规模的平整，并利用秦代建筑地面的高差对不同区域的建筑地面进行了设计，即原秦代建筑地面较高的区域，汉代建筑地面也较高，反之亦然。因此，在平整地面时充分利用了秦代建筑的倒塌堆积，以保持撤、取土平衡；总体看，汉代建筑地面较秦代建筑地面高 0.2~0.4 米，这也是秦代建筑墙体得以保留一定高度的重要原因。

汉代建筑基础充分利用了秦代的建筑基础，在局部有所改造。

目前所见，汉代建筑基础均较浅，且夯土土质不纯，颜色不一，多就地取材，利用秦代建筑倒塌夯土重新夯筑而成，其中夹杂黑土、烧土粒等。汉代单体建筑形制与秦代单体建筑形制基本相同，故其基础多于秦代建筑基础之上补筑而成。

因自然侵蚀和人类生产活动的破坏，汉代建筑遗存保存极差。目前发掘所见，汉代建筑遗迹主要分布于秦代建筑的第Ⅰ、Ⅱ区内，外轮廓呈曲尺形（图二〇七）。

鉴于上述情况，为叙述方便，现以本遗址秦代建筑的区、组编号为序分别对汉代建筑遗迹进行介绍。

（一）第Ⅰ区建筑遗存

在秦代第Ⅰ区范围内发现的汉代建筑布局与秦代建筑布局极为类似，目前所知在秦代第Ⅰ区第1组主体建筑之上有汉代的主体建筑，在秦第Ⅰ区第2组建筑范围内亦发现有汉西门及廊道设施等，现参照秦代建筑分组编号分别予以介绍。

1. 第Ⅰ区第1组建筑遗存

在秦代第Ⅰ区第1组建筑范围内普遍发现汉代的建筑遗迹及遗物，但因近代修建战壕及人为取土的破坏，其建筑遗迹已残缺不全，遗物散乱分布。从现存遗迹看，该区域汉代建筑亦为高台建筑，目前仅局部见有夯土台基、部分台上及台基周围的建筑遗迹等。

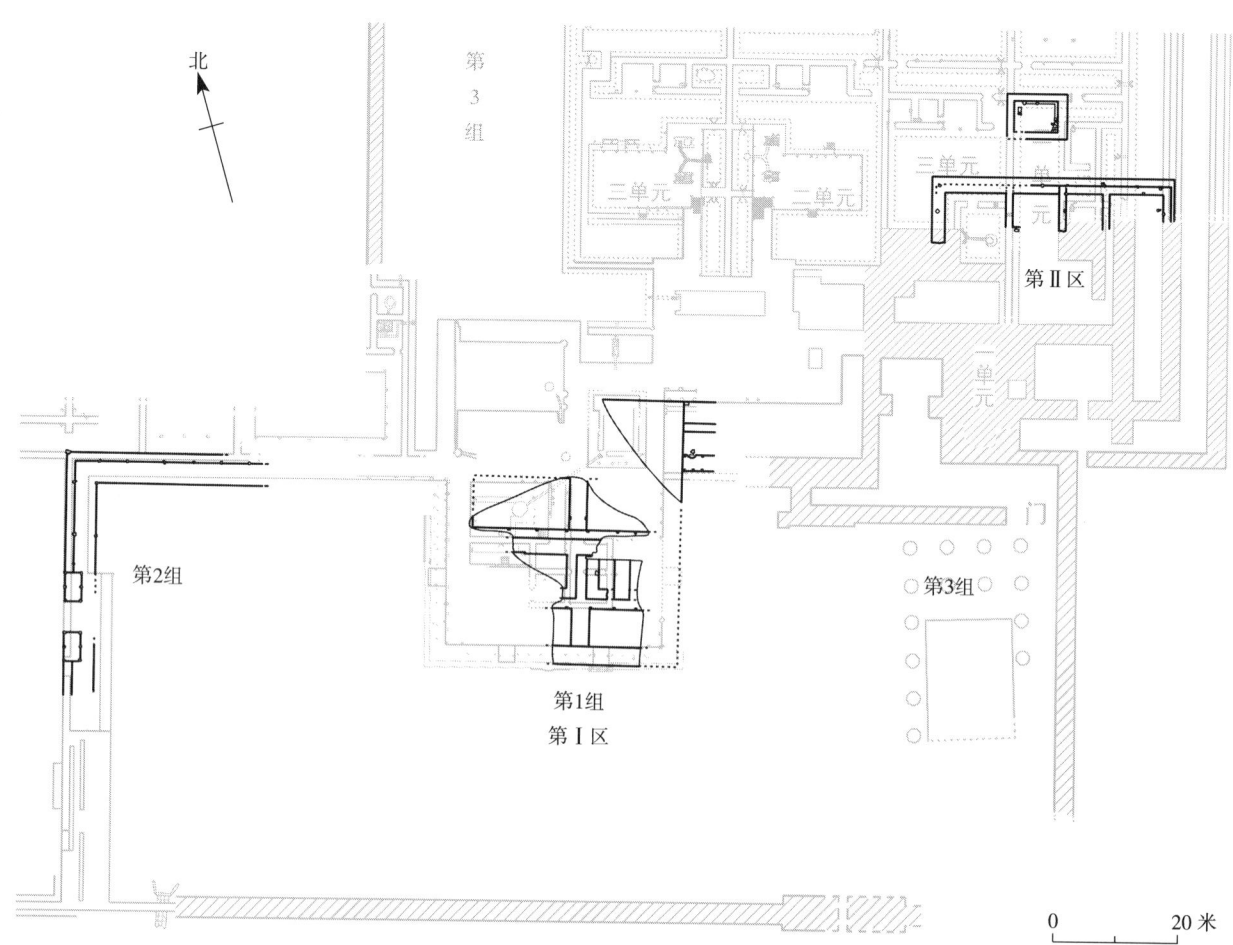

图二〇七　石碑地遗址汉代遗迹分布图

（1）建筑台基构造及建筑单元划分

汉代建筑台基保存较差，难见全貌，仅在秦代第Ⅰ区第1组主体建筑台基中南部及东北部有所发现，保存状况各不相同（图二〇八）。

台基顶面多已不存，仅在秦代第Ⅰ区第1组建筑4座房址所在区域内局部保留。据现存地面及地面附近存留的汉代础石看，汉代建筑台基的顶部地面较秦代建筑台基顶部地面高出1米左右。

现存高出秦代建筑台基顶部地面并保留有重新夯筑迹象的汉代建筑台基范围为：南北宽12.8、东西长14.5~29.5米。该部分台基南、北部边缘及顶面汉代重新夯筑的夯土呈黄褐色，内夹杂少量的烧土粒及炭粒，较坚硬。而其内部的夯土土质不纯，且保留有秦代建筑墙体，甚至夹杂有秦代建筑瓦件碎片，系以秦建筑倒塌堆积回填夯实而成（因此之故，在这一区域内秦代建筑墙体及部分建筑倒塌堆积局部保留了下来）。在该区域内台基上发现有呈东向西及南北向的建筑基础，其夯土较纯，呈红褐色。从解剖结果看，这些建筑基础应为台基上部的建筑基础，系在台基建成后挖槽至秦代台基顶面后向上夯筑而成。从建筑基础的形态与结构看，台基上应有房址存在，为叙述方便，现将该区域建筑称为汉代第Ⅰ区第1组主体建筑，编号汉Ⅰ1J1。

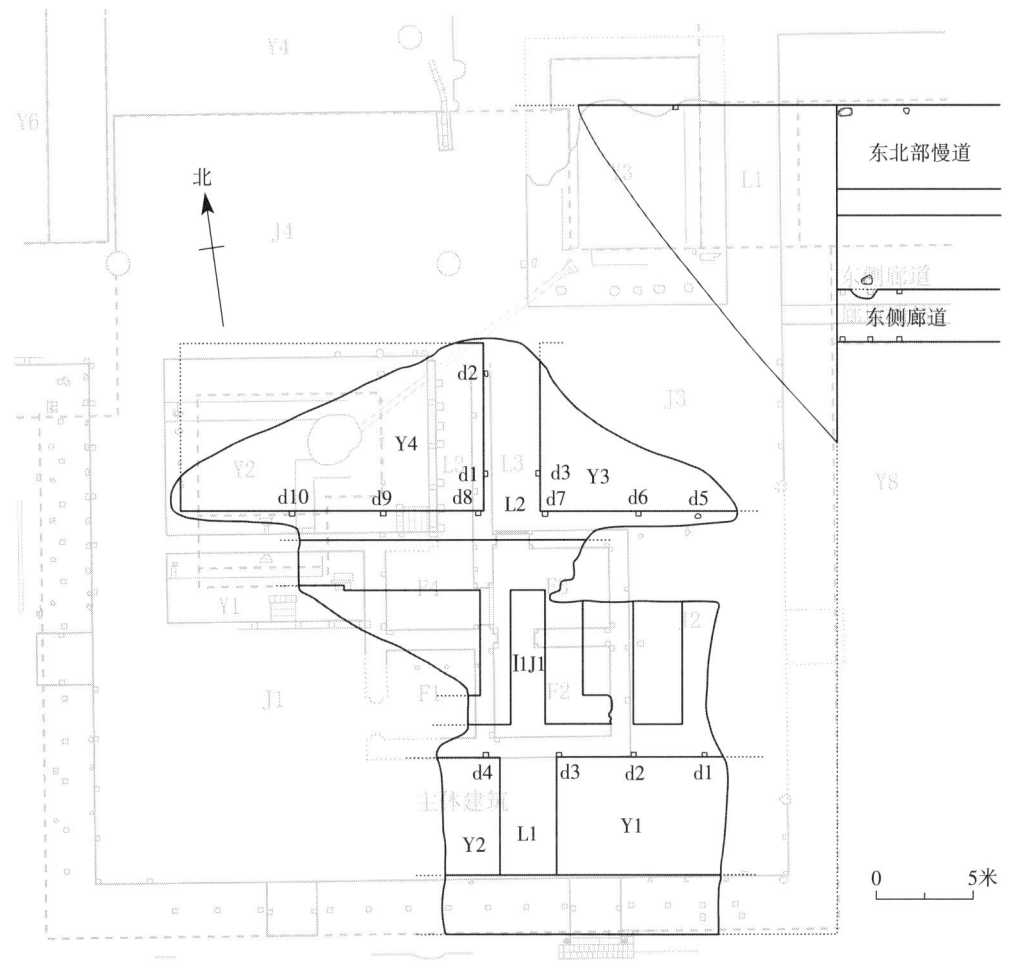

图二〇八　石碑地遗址汉代第Ⅰ区第1组建筑单元划分

从上述区域内的台基构造及台基之上的建筑基础构造看，与秦代建筑有所区别。

在汉Ⅰ1J1 南、北两侧各发现一道呈南北走向的墙基，宽度为 3 米，与台基相连。其夯土呈黄褐色，内夹杂烧土及炭粒，较坚硬，夯层厚 0.05～0.08 米。从两道墙基的宽度、高度及其与周围遗迹的关系看，应为连接汉代第Ⅰ区第 1 组主体建筑与周邻其他建筑的廊道。为叙述方便，其中位于南部者可称为汉Ⅰ1L1（即汉第Ⅰ区第 1 组 1 号廊道，下同）；位于北部者可称为汉Ⅰ1L2。

在汉Ⅰ1J1 台基南、北部的区域内见有较多的汉代建筑倒塌堆积，主要为破碎的建筑瓦件。据台基边缘壁柱的形态、汉代建筑倒塌堆积的状态等综合分析，上述范围应为院落。其中南部院落被汉Ⅰ1L1 分隔为两部分，从西向东可分别称之为汉Ⅰ1Y1、Ⅰ1Y2（即汉代第Ⅰ区第 1 组 1、2 号院落，下同）。上述两院落地面局部得以保存，地平较Ⅰ1J1 台基顶面低 1 米左右，恰处于秦代主体建筑台基顶面；北部院落则被汉Ⅰ1L2 分隔为两部分，从东向西可分别称之为汉Ⅰ1Y3、Ⅰ1Y4。现见上述两院落地面较Ⅰ1J1 台基顶面低 0.6 米左右，较 Y1、Y2 高出 0.4 米。

汉Ⅰ1Y1、Ⅰ1Y2 南部发现有汉代的建筑基础，呈长条形，东西向，宽 3 米，边缘平直，残存长度为 14.7 米左右。其夯土呈黄褐色，内夹杂有烧土粒、炭粒等，较坚硬，可见夯层，夯层厚度为 0.05 ~ 0.08 米。其北部叠压在秦主体建筑台基南部边缘之上，向南达秦主体建筑基础边缘，致使秦主体建筑"东阶"遭破坏。从现存汉代条形夯土基础与秦代夯土台基的关系看，汉代建筑之前，秦代建筑台基南缘已遭破坏。汉代补筑夯土现存厚度为 0.2 ~ 0.4 米，现存汉台基顶面与秦代台基顶面的相对高差为 0.7 ~ 1 米（秦台基原残存高度为 0.3 ~ 0.6 米）。从其与汉 I 1Y1、Y2 的关系看，该基础原高度应高于 Y1、Y2 地面高度，即高于秦代建筑台基顶面高度，应属于汉 I 区 1 组建筑台基的组成部分。

　　大体在秦代第 I 区第 1 组建筑东侧廊道所在的位置发现有大体呈东西向的条状汉代建筑基础。基础西部发现有汉代补筑的夯土，位于秦代建筑基础之上，并将秦主体建筑台基包裹其中。从汉补筑夯土的构造看，其亦应为汉代第 I 区第 1 组建筑台基的组成部分，而其东部的建筑台基则应为其东北侧的廊道，高度较低。

　　此外，大体在秦代第 I 区第 1 组建筑基础的东北角上部亦发现有汉代补筑夯土，边缘较平直，现存顶面高出秦代第 I 区第 1 组建筑基础 0.5 米左右，应为汉代第 I 区第 1 组建筑台基的东北部边缘。东北部边缘的外侧还见有汉代通往台基之上的慢道。

　　通过对上述各汉代夯土基础的简要描述与分析，可以得出如下认识：

　　大体在秦代第 I 区第 1 组主体建筑范围内，汉代亦建有高台建筑，现见均为建筑台基的局部。

　　汉代建筑台基顶面高度较秦代主体建筑台基高 1 米左右，较周围汉代地面高 2.8 米左右，较秦代建筑台基周围地面高 3.2 米左右；汉代建筑台基的南部边缘超出秦代建筑台基南部边缘约 2.7 米，北部边缘与秦主体建筑基础北缘基本平齐，南北总长度约 42 米。东部边缘超出秦代建筑台基东部边缘约 2.7 米，大体与秦主体建筑基础东部边缘平齐，其西部边缘的范围尚不清楚，但据其他边缘的情况推测，应与秦建筑基础西侧边缘平齐，东西总宽度为 41.9 米；在汉建筑台基的东部发现有汉代廊道建筑，东北部发现有通往台基的慢道。

　　从目前的考古发现看，汉代建筑台基的做法为：把秦代主体建筑的倒塌堆积进行简单平整，并按规划保留一定的高度，而后夯打成台。对秦代建筑台基已破坏的部分进行重新补修，新增的部分则重建，补修与新建的夯土呈黄褐色，内夹杂有烧土及炭粒；汉代建筑台基与秦代第 I 区第 1 组主体建筑台基的方向略有不同，但差异不大；在汉代建筑台基之上发现有各类建筑，其四周为回廊，南部有院落，中南部有房址，为主体建筑，中北部亦为院落。

　　以下详细介绍台上及其周围的各类建筑遗迹。

　　（2）第 I 区第 1 组主体建筑（汉 I 1J1）

　　位于汉代第 I 区第 1 组建筑台基的中南部（图二○九；图版一七九）。

　　该建筑南北两侧皆为院落，使得其所在的台基较为独立。

　　现存建筑所在台基平面呈长条形，南北较窄（宽 12.8 米），东西较长。中部较高，保存台基顶部地面，向四周呈坡状分布。台基顶面与南部院落地面的高差为 1 米，与北部院落地面的高差

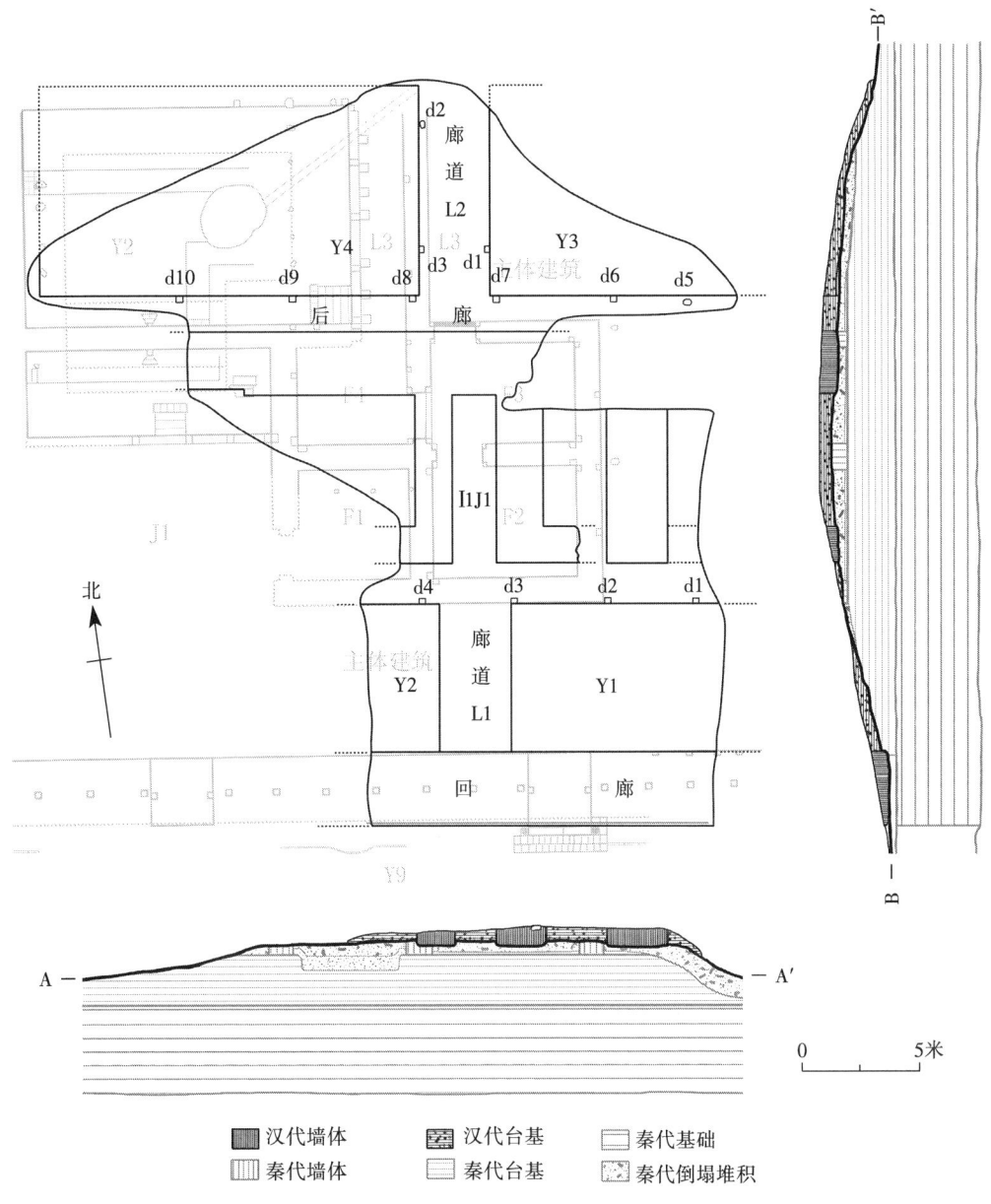

图二〇九　石碑地遗址汉代第 I 区第 1 组建筑中南部遗迹平、剖面图

为 0.7 米左右。其南部边缘残存东西长度为 14.5 米，将部分秦代建筑倒塌堆积包裹其中。其边缘较竖直，保存高度为 0 ~ 0.15 米。其上残存 4 个壁柱遗迹，从东向西依次编号为 d1 ~ d4。壁柱槽呈方形，边长 0.25 米，d1 ~ d4 中心点间的距离分别为 3.75、4、3.9 米，存深0.1 ~ 0.15 米，其下有础石，础石顶面与汉 I 1Y1、Y2 地面平齐；北部边缘残存东西长度为 29.5 米，将相关的秦代建筑倒塌堆积部分包裹其中。其边缘竖直，保存高度 0 ~ 0.25 米。其上残存 6 个壁柱遗迹，从东向西依次编号为 d5 ~ d10。壁柱槽呈方形，边长 0.25 米，d5 ~ d10 中心点间的距离分别为 3.1、5、3.5、5、4.8 米，其中 d5 已暴露出础石顶面，础石大体呈圆形，直径 0.35 米。其余壁柱存深 0.1 ~ 0.25 米，其下有础石。础石顶面与汉 I 1Y3、Y4 地面平齐；建筑台基的东部、西部边缘不详。

在台基上另发现有汉代建筑墙体的基础，这种构造与该区域内的秦代建筑墙体直接建于台基顶面以上的情况有所不同。究其原因，大抵与汉代建筑台基内部掺杂有秦代建筑倒塌堆积，夯筑不甚坚实难以承重所致。

台基上的墙基共发现有四道，均于汉台基顶面向下挖槽，至原秦代建筑地面，重新进行夯筑而成，夯土较纯净，呈红褐色。

在台基北部有一道大体呈东西向的墙基，北部边缘距台基北缘 1.5 米。墙基宽 2.6 米，残长 15 米左右。墙基底部较平，现存表面呈坡状分布，中部较深，达 0.8 米，四周渐浅，与保存状态有关。

台基中部有三道南北向的墙基，各墙基形态、宽度均不同。其东部的一道墙基较直，南北长 6.2 米，宽 2.6 米，存深 0.1~0.6 米，南浅北深；中间的一道呈"L"形，南北长 5.4 米，宽 0.2 米，存深 0.1~0.8 米，南端向东折出 1.8 米，东折部分宽 1.5 米。在南北向墙基中段东缘上部发现一块础石，呈圆角长方形，南北边长 0.4 米，东西边长 0.25 米；最西部的一道墙基亦呈"L"形，南北长 5.4 米，宽 1.6 米，存深 0.15~0.7 米。北端与台基北部墙基相连，南端向西折出 1 米，西折部分宽 1.5 米。中部、西部墙基外折部分在一条直线上，南缘距台基南缘 1.7 米。上述三道墙基中线间的距离（从东向西）分别为 5、3.6 米。

从上述墙基分布看，台基之上应有一排房址。房址的北墙建于北部墙基上，南北向的墙基应为各房址的隔墙墙基，南墙则应建于南北向墙基南部东折、西折的墙基上。

（3）主体建筑南侧廊道及院落

汉Ⅰ1J1 南侧廊道编号为汉Ⅰ1L1，呈南北向，宽度为 3 米，南与主体建筑台基相连，向北延伸长度为 1.4~2 米，存深 0~0.15 米，推测该廊道原高度应与汉代第Ⅰ区第 1 组建筑台基的高度相同（图版一八〇）。

该廊道东、西两侧均为院落，分别编号为汉Ⅰ1Y1、汉Ⅰ1Y2，亦建于汉代第Ⅰ区第 1 组建筑台基之上。从北部保存较好的部分看，两院均以秦代第Ⅰ区第 1 组主体建筑台基的顶面作为院落地面，与汉Ⅰ1J1 台基顶面的高差为 1 米。现见北高南低，院落北缘至南部汉代补筑条形基础北缘现存顶面的高差达 1.6 米。

上述两院落除北边局部较清楚外，各边原长度不详。若以院落南部汉代补筑台基的北部边缘作为院落南缘的话，两院南北长度为 6.1 米。现见 Y1 东西残长 8.7 米，Y2 东西残长 3 米左右。

院落南部汉代补筑基础应为汉代第Ⅰ区第 1 组建筑台基南侧上部的回廊，推测原高度应与台基顶面高度相同，高出台基外侧的汉代建筑地面约 2.8 米左右。

（4）主体建筑北侧廊道及院落

汉Ⅰ1J1 北侧廊道编号为汉Ⅰ1L2，呈南北向，宽度为 3 米，北与主体建筑台基相连，向北延伸长度为 6.7 米左右，存高 0~0.7 米，推测该廊道原高度应与汉代第Ⅰ区第 1 组建筑台基的高度相同。在廊道东侧边缘发现一个壁柱遗迹，编号为 d1，壁柱槽呈方形，边长 0.25 米，其下有础石，该壁柱中心点距主体建筑台基北缘 1.9 米。在廊道西侧边缘发现一块础石及一个壁柱遗迹。

础石位于北部，原应置于墙基下部，因墙基被破坏，现暴露于外，编号为 d2，平面大体呈圆形，直径 0.5 米，与 d3 中心点的间距为 4.9 米；壁柱遗迹位于南部，编号为 d3，平面呈方形，边长 0.25 米，其下有础石，中心点距主体建筑台基北缘 1.9 米，与 d1 东西对应（图版一八一；图版一八二，1）。

该廊道东、西两侧均为院落，分别编号为汉Ⅰ1Y3、Ⅰ1Y4，亦建于汉代第Ⅰ区第 1 组建筑台基之上。从北部保存较好的部分看，两院地面均高出秦代第Ⅰ区第 1 组主体建筑台基的顶面 0.3 米左右，与汉Ⅰ1J1 台基顶面的高差为 0.7 米。其中 Y3 东西残长 10.5 米，南北残宽 6.8 米。Y4 东西残长 16 米，南北宽 8.6 米左右。两院现见均南高北低，北缘与南缘的高差为 0.3~0.6 米。除北缘局部保留汉代地面垫土外，院落其他部分地面均为秦代建筑台基夯土及相关院落的建筑倒塌堆积。院落地面上保留有汉代建筑的倒塌堆积（图版一八二，2）。

现存 Y4 北缘至汉代第Ⅰ区第 1 组建筑台基北缘的南北长度达十余米，其上还应有汉代建筑，惜已无存。

（5）第Ⅰ区第 1 组建筑台基东北部慢道

慢道位于汉代第Ⅰ区第 1 组建筑台基的东北部，西与台基相连，慢道北缘与台基北缘平齐。系用黄褐土夯筑而成，内夹有烧土颗粒。慢道宽 4.3 米，南部见有宽 1.3 米的建筑墙体，残存长度为 3.5 米。慢道北侧发现两块础石，其一位于与台基交界处，大体呈圆角长方形，东西边长 0.7 米，南北边长 0.4 米；其二位于东部，大体呈圆形，直径 0.3 米。两础石中心点间的距离为 3.2 米（图二一〇）。

慢道上部及两侧发现大量的汉代建筑构件碎片。

（6）第Ⅰ区第 1 组建筑台基的东侧廊道

东侧廊道位于慢道的南部，两者的间距为 3.75 米，系用黄褐土夯筑而成，内夹有烧土颗粒，夯层厚度为 0.07 厘米。其西与台基相连，宽度为 2.65 米，现清理出的东西长度为 4 米，残存高度为 0.35 米。在廊道南、北两侧各发现 3 个壁柱遗迹。壁柱槽为方形，边长 0.25 米，南北两两对称，壁柱中心点间的距离为 1.5 米。其中西端的南、北两侧壁柱中心点与台基边缘的距离为 0.1 米左右（图二一〇；图版一八三，1）。

廊道两侧均见有汉代建筑的倒塌堆积。

2. 第Ⅰ区第 2 组建筑遗存

该组建筑位于秦代第Ⅰ区第 2 组建筑所在的区域内，各类建筑的布局与秦代基本相同，唯构造略有变化。

从秦代第Ⅰ区第 2 组 1 号建筑基础局部经补修的迹象推测，在该区域南部、秦代主体建筑之上亦应有汉代建筑存在。由于破坏严重，该建筑的具体结构不清，开间不明，现仅在秦代夯土台基的东西两侧发现有叠压在秦代建筑倒塌堆积之上的汉代建筑倒塌堆积。汉代建筑倒塌堆积较薄，

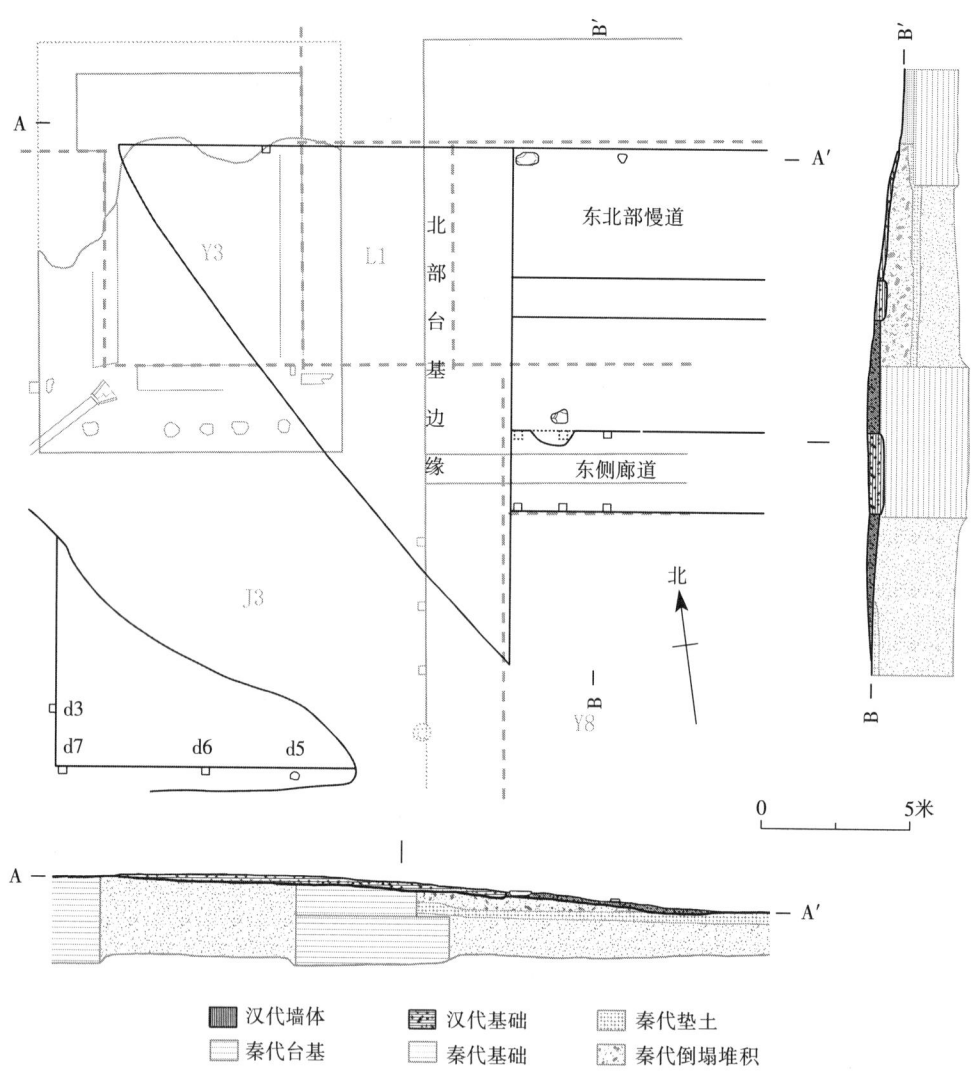

图二一〇　石碑地遗址汉代第Ⅰ区第1组建筑东北部遗迹平、剖面图

见有板瓦、筒瓦等建筑构件，其中瓦当种类单一，仅见"千秋万岁"瓦当一种。

　　在秦代第Ⅰ区第2组建筑中部门道的上部发现有汉代门道遗迹，因该门道以西的部分未发现汉代建筑遗迹，故可称之为汉西门建筑。该门址南、北两侧均发现有汉代的廊道。上述遗迹保存相对稍好，现分别予以介绍。

　　（1）西门

　　该门址现保存两侧门旁建筑基础及中部缺口遗迹（图二一一；图版一八三，2）。

　　汉代门址与秦代第Ⅰ区第2组中部门道的规模不同、构造有别，位置也有差异。

　　从现存迹象看，其规模较秦代门址小，南北总长度为14.3米。其北部边缘与秦代门址北部边缘基本平齐，南部边缘则较秦代门址南缘内缩9.4米左右。

　　门道南、北两侧见有对称的门旁建筑基础。基础较薄，系利用秦代门址基础，在秦代建筑倒塌堆积之上，铺垫一层黑黏土夯筑而成的。两侧基础规格完全相同，南北长4.65米，东西宽2.8

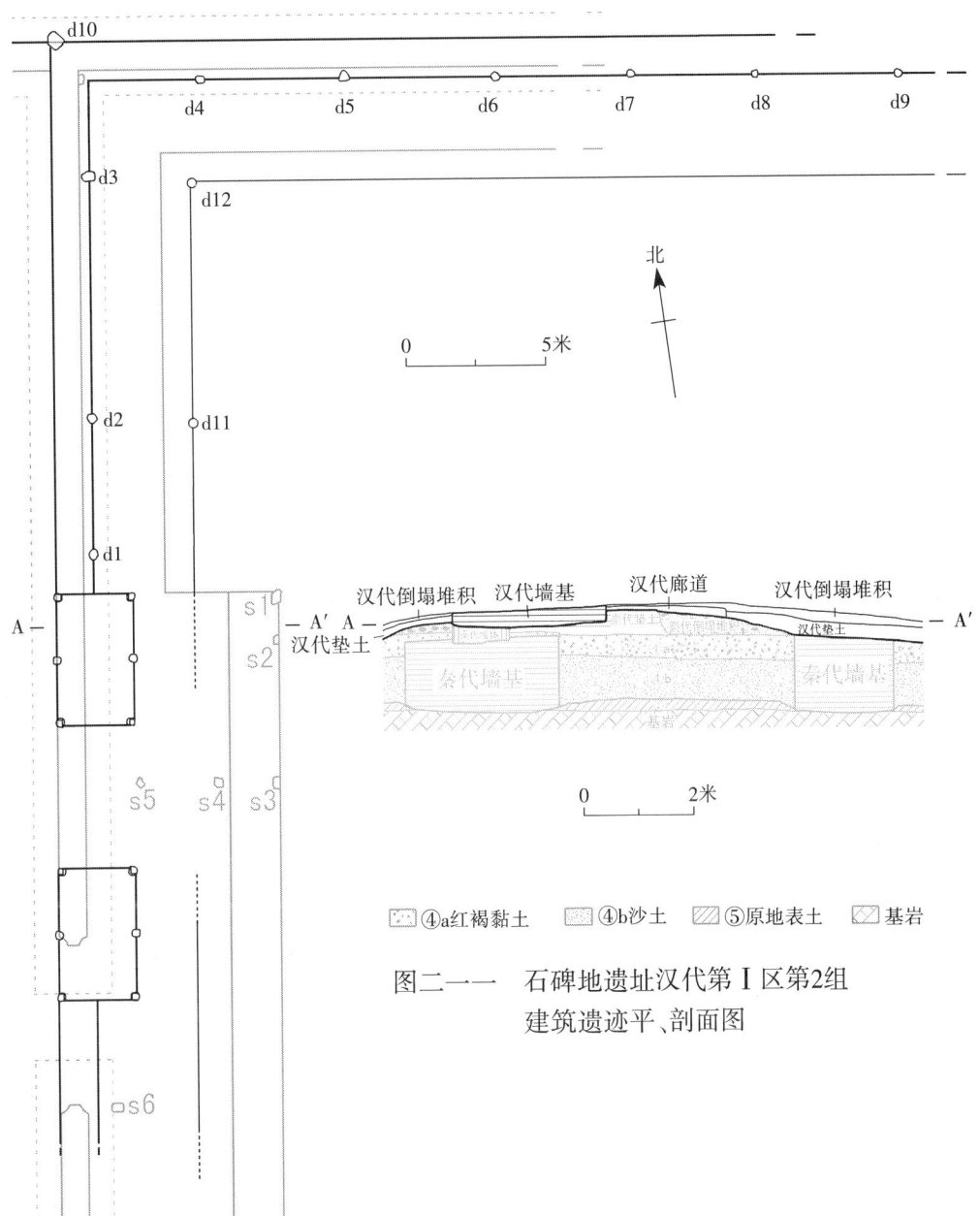

图二一一　石碑地遗址汉代第Ⅰ区第2组
建筑遗迹平、剖面图

米。基础的东西两侧见有础石，为绿沙岩，质地疏松，大体为圆形，直径0.3米左右，原应为暗础。基础角部础石之上局部保留有柱槽遗迹，大体呈方形，边长0.2～0.3米。从础石与基础的位置关系看，上述柱槽应为壁柱遗迹。

门址两侧建筑基础的中部有宽5米的缺口，应为门道。门道地面保存不好，现见为较薄的一层黑土，其上为散碎的汉代建筑瓦片堆积，其下为秦代建筑倒塌堆积。

（2）西门南、北两侧廊道

在门址南、北两侧均有廊道遗迹。其中南侧廊道遗迹保存较差，仅局部发现廊道墙体。墙体北与门址的基础相连，西部边缘与门址基础西部边缘平齐。现存墙体高度仅 0.1 米左右，宽约 1.4 米，向南延伸 5 米后不见，推测应与南部主体建筑相连。

北部廊道保存相对较好，为单侧廊，现见有廊道墙体及廊道地面等。该廊道南与门址相连，现见墙体西缘与门址基础西缘平齐，向北延伸 20.1 米左右（以廊道北部建筑墙体中线计算）后折而向东，向东延续约 40 米后遭破坏不见，推测该廊道应与本区第 1 组汉代主体建筑相连。为叙述方便，现将位于西部大体呈南北走向的廊道称为西侧廊道，位于北侧大体呈东西走向的廊道称为北侧廊道。

西侧、北侧廊道墙体呈黄褐色，内夹杂烧土块及秦代建筑瓦件碎片，系就地取用秦建筑倒塌夯土等夯筑而成的。墙宽均为 1.4 米，存高 0.1～0.2 米。两廊道墙体走向与秦廊道墙体走向一致，位置亦大体相同。从局部解剖结果看，两廊墙下部均有夯土基础。基础夯土呈黑褐色，以黑黏土为主，内夹杂少量烧土，黄褐土。基础宽 1.9 米左右，打破秦廊道墙体、廊道地面及建筑倒塌堆积。

在西侧廊道墙体东部边缘发现有础石，共 3 个，从南向北分别编号为 d1～d3。北侧廊道墙体南部边缘亦发现础石 6 个，从西向东分别编号为 d4～d9。上述础石置于基础之上，一半位于墙下，做法与秦代建筑相同，应为暗础。础石大体为圆角方形，大小不等，边长 0.3～0.5 米，均为沙质岩，风化较甚。其中 d1 中心点距门址基础北缘 1.4 米，d1～d3 中心点间的距离为 4.8、8.5 米，d3 距廊道墙体拐角的距离为 3.4 米。d4 中心点距廊道墙体西部拐角 4 米，d4～d9 中心点的间距分别为 5.2、5.5、4.9、4.5、4.6 米。此外在西侧、北侧廊道墙体拐角处的外侧亦发现一块础石，编号 d10，压在墙体下，现础石顶面已露出地表。

西侧廊道墙体东部及北侧廊道墙体南部发现廊道地面，宽 3.6 米左右，系用黑黏土掺杂黄褐土铺垫而成，厚度在 0.1～0.15 米之间。地面下为秦代建筑倒塌堆积，堆积下为秦代回廊地面。在廊道地面东侧边缘发现两个圆形柱槽，其下见有础石。其中一个位于东侧廊道地面中部边缘，编号 d11，与 d2 相对应。另一个位于西侧、北侧廊道地面拐角处，编号 d12，与 d3、d4 相对应。两柱槽直径均为 0.3 米左右，中心点间的距离为 8.5 米。

西侧廊道建筑的倒塌堆积多分布于其墙体的东面，北侧廊道建筑的倒塌堆积多分布于廊道墙体的南面，与秦代建筑倒塌堆积的状态不同，或许与其建筑上部结构不同有关。倒塌堆积皆为破碎的建筑构件，如板瓦、筒瓦等，亦见有少量的瓦当，均为"千秋万岁"瓦当。

（二）第Ⅱ区建筑遗存

在石碑地遗址第Ⅱ区也零星见有汉代建筑遗迹，集中于秦代第Ⅱ区第 1 组二、三单元建筑范围内，共发现 5 座房址，分为南北两排，其中北部的一排仅发现一座，编号汉ⅡF1（即汉代第Ⅱ区第 1 号房址，下同）；南部的一排发现四座房址，均未发掘完，从东向西分别编号为汉ⅡF2～F5。上述房址均建于秦代建筑倒塌堆积上，方向与秦代建筑大体相同，为北偏东 8°左右（参见图二○七；图版一八四）。

1. 第Ⅱ区1号房址（汉Ⅱ F1）

汉Ⅱ F1位于秦代第Ⅱ区第1组二单元1号院落的西北角，打破秦Ⅱ1二F1（图二一二；图版一八五，1）。

其西墙、北墙建筑于秦Ⅱ1二Y1的墙基之上，宽1.1米；东墙建于秦Ⅱ1二Y1北墙、Ⅱ1二F1东墙的基础之上，墙宽1.5米；南墙局部建于生土之上，墙宽1.1米，在西南角发现有宽1.5米左右的缺口不见墙体，似为门道所在。室内东、西墙体内侧之间的距离为7.1米，南、北墙内侧间的距离为4.9米。

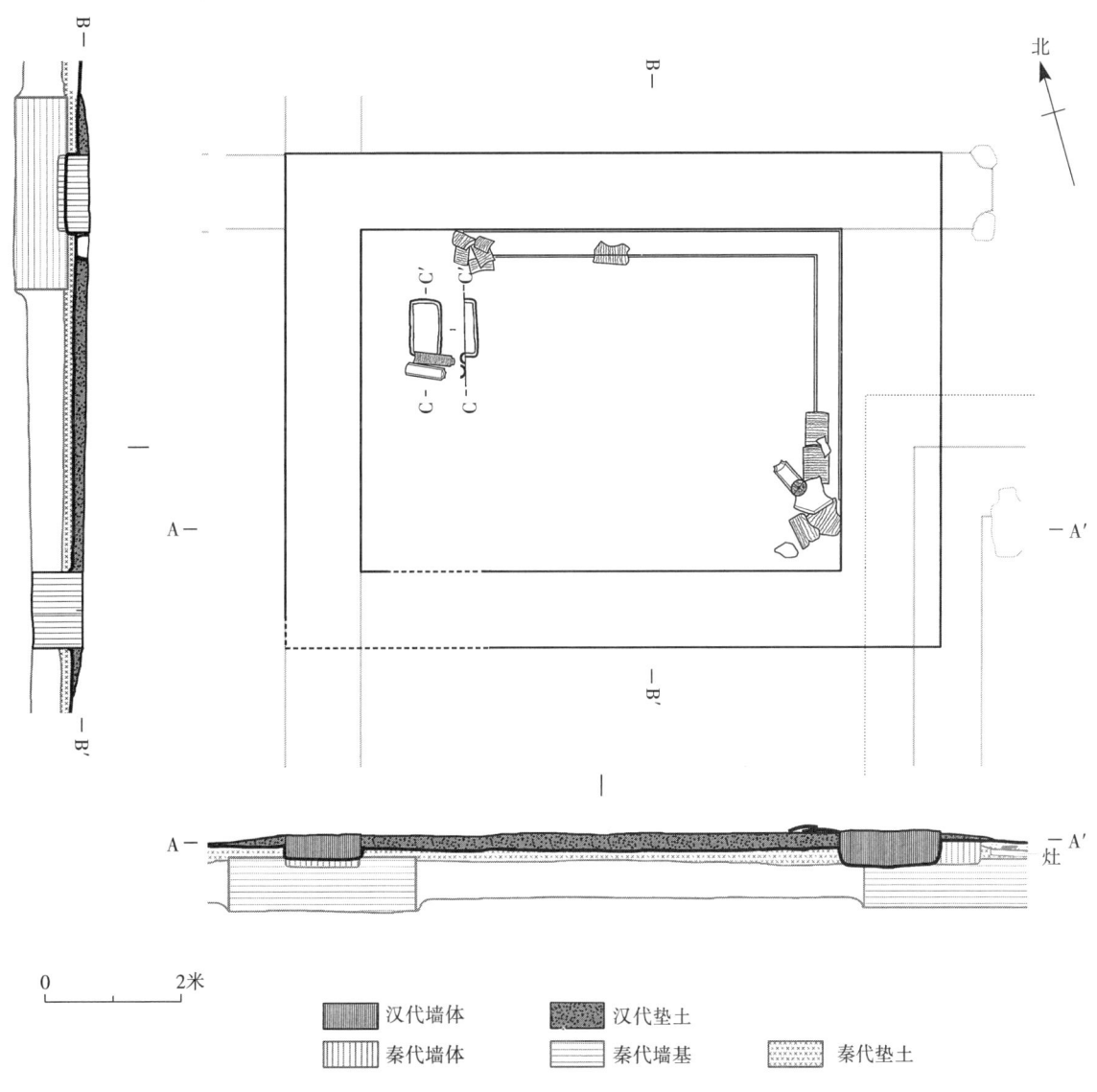

图二一二　石碑地遗址汉代第Ⅱ区 F1 平、剖面图

房址已破坏至室内地面，各墙体顶面与现存室内地面高度基本平齐。室内地面垫土厚 0.3 ~ 0.4 米，呈红褐色，较室外汉代地面略高（图版一八五，2）。

在室内西北角发现一灶址，仅存地面以下部分，平面大体呈长方形，南北长 0.7、东西宽 0.3 米，存深 0.2 米左右。灶中心点距西墙内缘 0.95 米，距北墙内缘 1.4 米。灶址四周及底部经长期烧烤形成厚 0.05 米的硬壳，灶周围地面亦被火烧成红色（图版一八六，1）。

在室内北墙、东墙边缘发现有建于地面以下的沟槽。沟槽自北墙西部距西墙 1.5 米处始，沿北墙、东墙边缘延伸，至东墙南部距南墙内缘 1 米处止。现存沟槽表面宽 0.4 米，弧壁，平底，存深 0.2 ~ 0.25 米。沟槽两侧壁均以板瓦镶砌，板瓦边缘及沟槽底部有烟熏的痕迹。沟槽顶部地面上见有板瓦，尤以沟槽两端最多。

室内建筑倒塌堆积较少，均为汉的建筑瓦件，其中在灶南部发现两块近完整的筒瓦，在东墙南端发现一"千秋万岁"瓦当。

2. 第 II 区 2 ~ 5 号房址（汉 II F2 ~ F5）

汉 II F2 ~ F5 大体位于秦代第 II 区第 1 组二单元、三单元建筑中部，叠压在秦 II 1 二 Y1、F2、F3、三 Y2 建筑倒塌堆积之上，均仅部分发掘，未完全揭露。

F2 位于上述房址的最东部（图二一三）。

其东墙建于一道宽 1.7 米的汉代墙基西部。汉代墙基打破秦代第 II 区东部三道围墙墙基的中间一道墙基，其西部边缘与秦墙基西部边缘平齐，现存深度 0.1 米左右，其下为秦代墙基。汉代

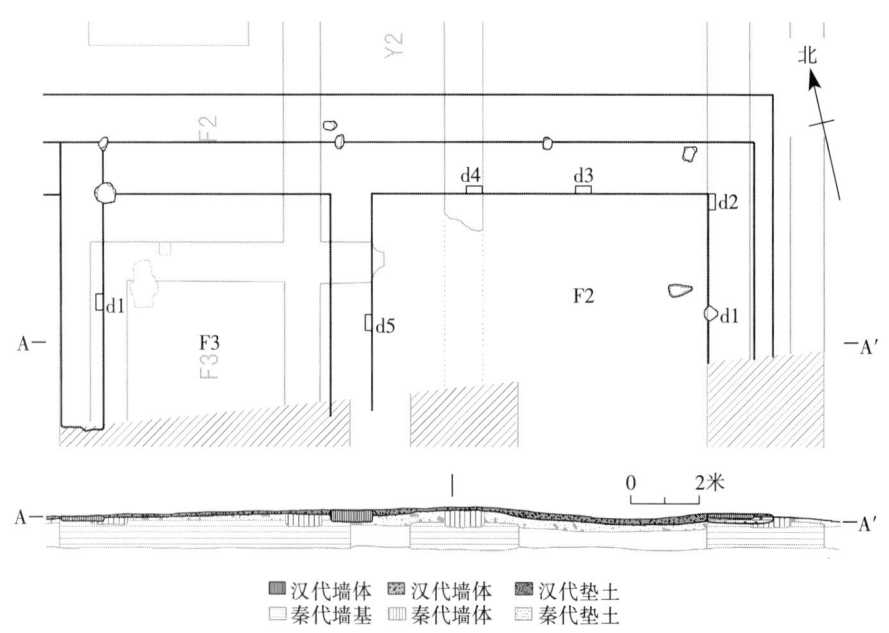

图二一三　石碑地遗址汉代第 II 区 F2、F3 平、剖面图

墙基呈红褐色，与黄褐色的秦墙基有别。东墙墙体宽 1.2 米，现存高度为 0.05~0.1 米，北高南低，揭露出的室内墙体南北长度为 4.25 米。在东墙北部西侧发现一壁柱遗迹，柱槽呈长方形，南北宽 0.4 米，深入墙体内 0.2 米，其下有础石。中部西侧边缘发现一块础石，一半在墙内，大体呈圆形，直径为 0.35 米，应为壁柱下的础石，墙体遭破坏故暴露于外。上述础石及壁柱遗迹分别编号为 d1、d2，d1 与 d2 中心点间的距离为 2.8 米。

北墙建于一道宽 2.5 米宽的汉代墙基南部。该汉代墙基呈红褐色，打破多道秦代建筑墙体，现存深度为 0.2~0.4 米，其下为秦代各类建筑基础及建筑地面。其北墙墙体宽 1.3 米，现南侧较高，北侧较低，存高 0.05~0.1 米，室内东西长度为 8.8 米。在北墙体南侧发现两个壁柱遗迹，与 d2 结构相同，从东向西依次编号为 d3、d4。其中 d3 中心点与东墙内缘的距离为 3.25 米，d3、d4 中心点间的距离为 2.85 米，d4 中心点距西墙内缘 2.7 米。

西墙建于秦代基础之上，宽 1.1 米，打破秦代建筑墙体，现存深度为 0.4 米左右，揭露出的室内墙体南北长度为 5.4 米。在墙体中部东侧发现一壁柱遗迹，与其他墙体壁柱结构相同，编号为 d5，其中心点距北墙内缘 3.25 米。

房址南墙未揭露。

室内地表为黄褐土，其下为秦建筑倒塌堆积。

在房内东部发现一灶址，位于地面以下，大体呈东西向，梭形。东西长 0.6 米，南北最宽处为 0.3 米。灶坑内部及四周被烧成红色。

F3 位于 F2 西部（图二一三）。

其东墙即 F2 西墙；北墙规格、构造与 F2 北墙基本相同，其南侧存高 0.05 米左右，北侧仅局部保存，室内东西长度为 6 米，在墙西北角发现一块础石，平面大体呈圆形，直径 0.5 米左右，一半位于墙下，因墙体保存较差，础石顶面已暴露；西墙亦建于秦代基础之上，宽 1.1 米，打破秦代建筑墙体，在墙体中部东侧发现一壁柱遗迹，构造、规格均与 F2 内壁柱相同，编号为 d1，其中心点距北墙内缘 2.75 米；房址南墙尚不见。

F4 位于 F3 西部（图二一四；图版一八六，2）。

其东墙即 F3 西墙，现存高度为 0.05~0.1 米，北低南高，保存长度为 5.8 米左右。北墙墙基尚存，墙体南部边缘迹象清楚，北部被破坏。室内墙体东西长度为 7.55 米；西墙建于秦代第 Ⅱ 区第 1 组二、三单元的隔墙墙基之上，宽 1.1 米，打破秦代建筑墙体，室内墙体南北长度为 5.3 米左右。南墙仅西南角局部保留。墙体建于秦代建筑墙基上，墙边缘发现一块础石，似为南墙内侧壁柱下的础石。

F5 位于本排房址最西部（图二一四）。

其东墙即 F4 西墙；北墙墙基边缘清楚，墙体仅见南部边缘部分，室内东西长度为 9.8 米；西墙仅见墙基，宽 2.05 米，叠压于秦建筑墙基之上；南墙不见。

上述房址室内地面均保存不好，其下为秦建筑倒塌堆积。

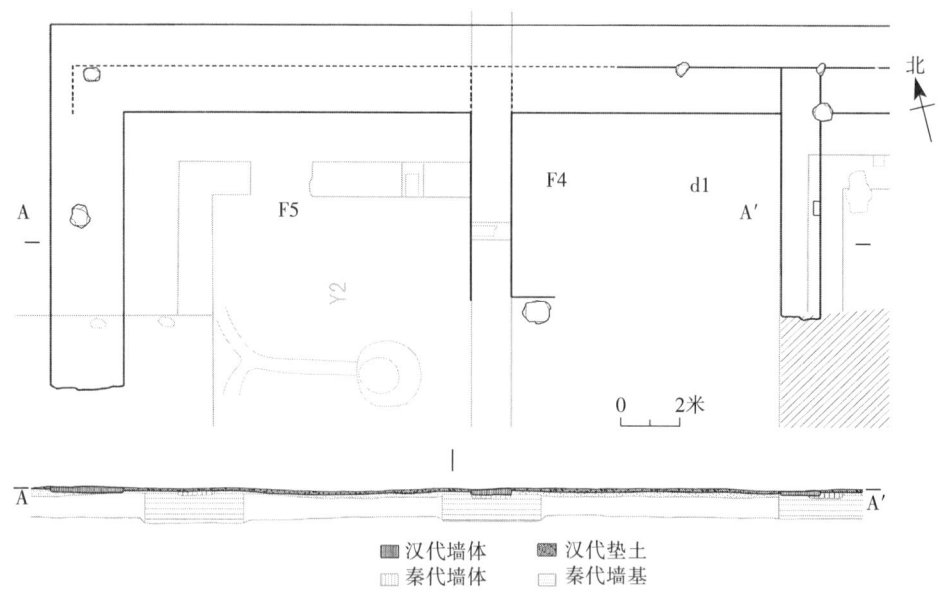

图二一四　石碑地遗址汉代第Ⅱ区 F4、F5 平、剖面图

（三）遗　物

石碑地遗址出土的汉代遗物包括各类陶制建筑构件与生活用陶器等，此外还见有少量的铁制生产工具，但皆腐蚀严重，不辨形制。

1. 建筑构件

汉代建筑构件主要有板瓦、筒瓦、瓦当、铺地砖等。此外，还有一种陶圈以及屋顶状饰件也可能属于建筑构件。

（1）板瓦

均为夹粗砂质，多数质地疏松；陶色分为灰色（又有浅灰与深灰两种，似与保存状态有关）和黄褐色两种，两者所占的比例大体相当。其凸面宽端抹光，或饰凸棱纹，窄端多为直、斜行绳纹，也有部分凸棱纹者；凹面则以大、小菱格纹（标本 94SST0805②标：5，大菱格纹，图二一五，1；标本 94SST0905②标：7，小菱格纹，图二一五，2）、方格纹（标本 94SST0904②标：1，方格纹，图二一五，3）为主，有少量饰绳纹（标本 94SST0805②标：3，绳纹，图二一五，4）、篮纹（标本 94SST0805②标：1，篮纹，图二一五，5）、麻点，素面者较少；烧制火候较低，易破碎；其制法为泥条盘筑，内侧有切口。

板瓦修复完整者较少，均呈弧形，一端宽，一端窄。

标本 94SST0906②：1，夹砂质。浅灰色。弧状，一端宽，一端窄。凸面宽端饰绳纹，窄端饰凸棱纹；凹面饰凸棱纹，一侧稍向外倾斜，推测为利于板瓦相互搭接而特制。宽端宽度为 35.8 厘米，窄端宽度为 33.8 厘米，胎厚 0.75～1.5 厘米，通长 46.8 厘米（图二一六；图版一八七，2）。

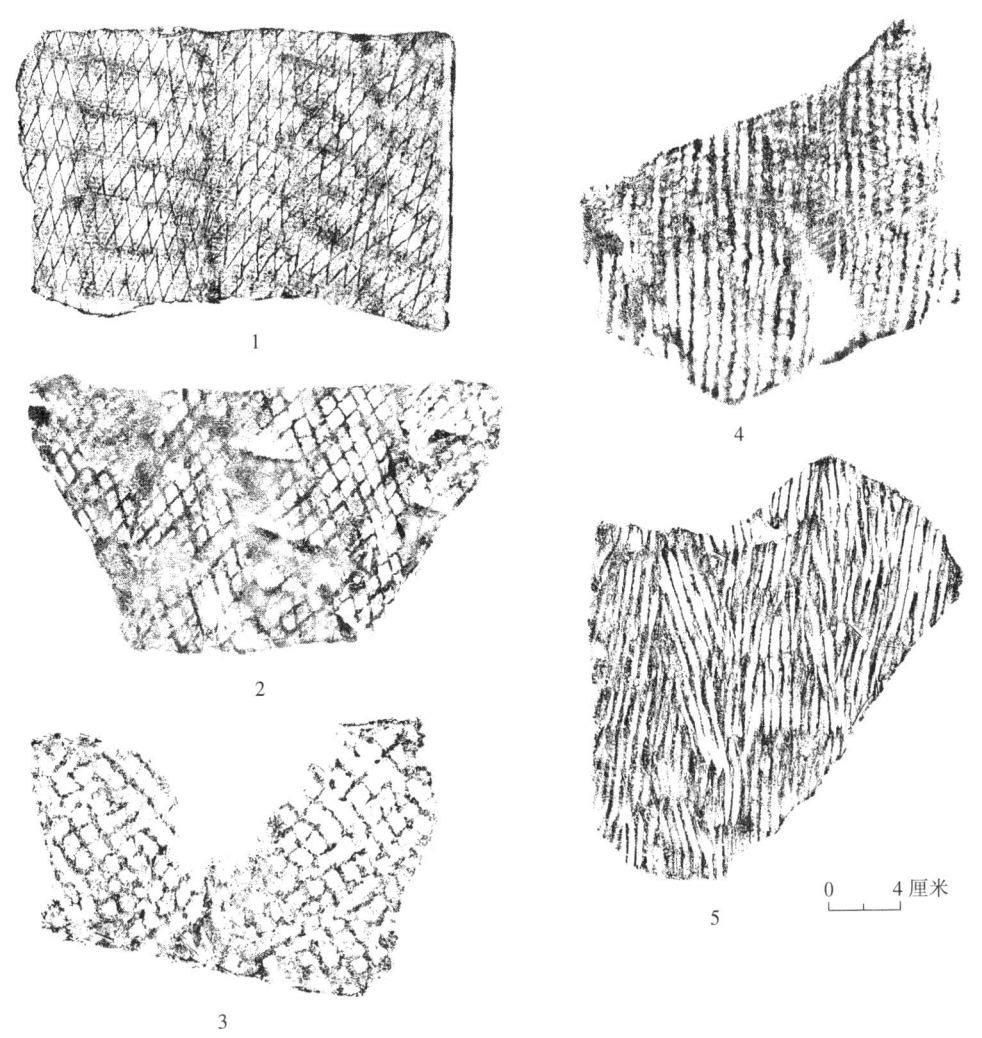

图二一五 石碑地遗址出土汉代板瓦凹面纹饰拓本

1. 94SST0805②标：5（菱格纹） 2. 94SST0905②标：7（菱格纹） 3. 94SST0904②标：1
（方格纹） 4. 94SST0805②标：3（绳纹） 5. 94SST0805②标：1（篮纹）

标本99SST 汉Ⅱ1F1：4，夹砂质。浅灰色。弧状。凸面宽端饰凸棱纹，端头微外翘；窄端饰绳纹，端头磨光，稍内敛；凹面饰菱格纹。宽端宽度为34.2厘米，窄端宽度为32.2厘米，胎厚0.7～1.7厘米，通长49厘米（图二一七）。

（2）筒瓦

筒瓦质地、颜色、烧制火候等均与板瓦相同。

瓦身纹饰较简单，凸面纹饰有绳纹（标本99SS 汉Ⅰ Y2 标：1，粗绳纹，图二一八，1）、凸棱纹以及凸棱纹与绳纹的组合纹饰（标本99SS 汉Ⅱ1F1 标：2，绳纹与凸棱纹组合纹饰，图二一八，3）；凹面以布纹为主（标本99SS 汉Ⅰ Y2 标：2，布纹，图二一八，2；标本99SS 汉Ⅱ1F1 标：2，布纹，图二一八，4），少数为素面。

制法为：首先以泥条盘筑成筒状体，而后从中部切开，分为两块。以内切为主，少数筒瓦在切割时内、外切结合。切痕较深，达胎厚的二分之一左右。筒瓦的这种切割方法与秦代筒瓦的切割方法有一定的区别。

筒瓦横剖面呈半圆形，完整者较少。从较完整的筒瓦看，规格有所不同：长度至少有 38、46、48 厘米等几种；宽 14～20 厘米不等；厚度亦不同，为 0.7～2 厘米左右。扣尾部分较秦代筒瓦短，一般长 2.5～4 厘米左右，有平直、内敛、微翘之分，其中内敛者占绝大多数。

标本 99SS Ⅰ Y2：12，夹砂质，灰色。前端接甲类 Aa 型千秋万岁瓦当，身饰直行弦断绳纹，后端有瓦钉孔，孔径 1.8 厘米，中心点距扣尾边缘 11 厘米。背面饰布纹，可见内切切口。瓦身长 48 厘米，宽 19.8 厘米，扣尾长 3.5 厘米，胎厚 1.5～2 厘米（图二一九）。

标本 99SS 汉 Ⅱ 1F1：1，夹砂质，浅灰色。前端饰弦断直行绳纹，后端饰凸棱纹。背面为素面。泥条盘筑，内切，切口外侧磨平。瓦身长 38 厘米，宽 14 厘米，扣尾长 2.5 厘米，胎厚 0.7～1 厘米（图二二〇，1；图版一八七，1）。

标本 99SS 汉 Ⅰ Y2：11，夹砂质，黄褐色。前端饰细绳纹，后端饰凸棱纹。背面与绳纹相对应处为素面，与凸棱纹相对应处为凸棱纹。瓦身长 46、宽 15 厘米，扣尾长 4 厘米，胎厚 0.7～1.3 厘米（图二二〇，2）。

（3）瓦当

均为圆瓦当。以"千秋万岁"文字瓦当为主，也有少量的卷云纹瓦当。此外，还见有"千秋万岁"和卷云纹组成复合图案的瓦当。

① "千秋万岁"文字瓦当

当面模印"千秋万岁"四个字，主要见于石碑地遗址汉代第 Ⅰ 区内，个别见于第 Ⅱ 区的东部边缘。由于汉代建筑倒塌堆积破坏严重，故出土数量不多。

该类瓦当均为圆瓦当。皆为夹砂质。颜色有黄褐色与灰色两种，个别呈红色及灰黑色，似黄

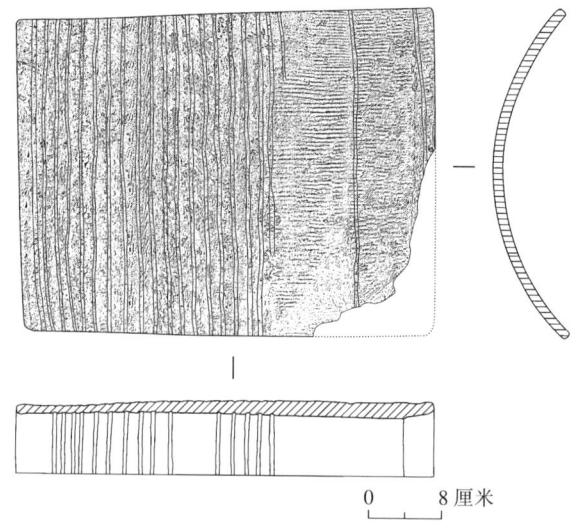

图二一六　石碑地遗址出土汉代板瓦
（94SST0906②：1）

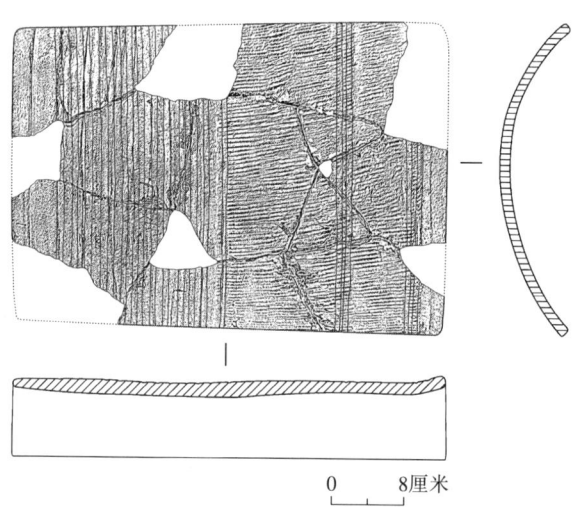

图二一七　石碑地遗址出土汉代板瓦
（99SST 汉 Ⅱ F1：4）

图二一八 石碑地遗址出土汉代筒瓦纹饰拓本

1. 94SST 汉 I Y2 标：1 2. 99SS 汉 I Y2 标：2 3. 99SS 汉 II 1F1 标：2 4. 99SS 汉 II 1F1 标：2

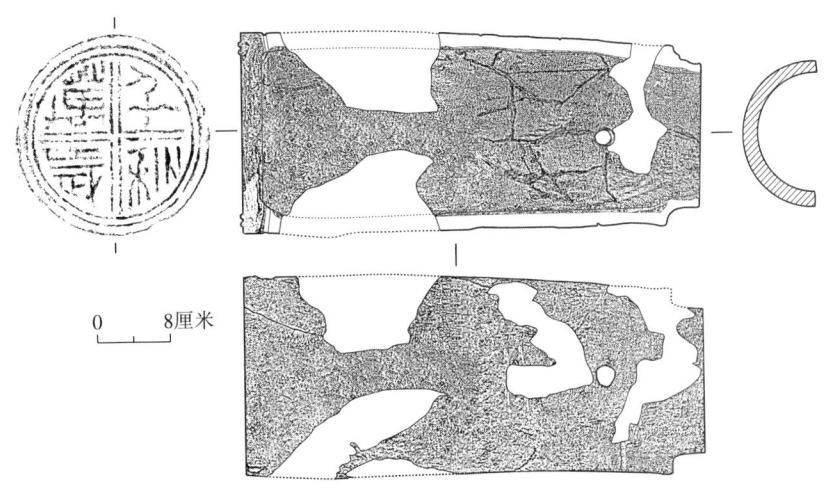

图二一九 石碑地遗址出土汉代筒瓦（99SS I Y2：12）

褐色与灰色者经二次焚烧所致。其中黄褐色、灰色者火候多不高，而灰黑色、红色者火候则较高。当面纹饰皆为模制，背面较平，有与筒瓦相连接时形成的手捏及抹平痕迹。

该类瓦当细部形态有许多不同：从边轮看，有的较宽，有的较窄，有的低于外圈线及文字，有的与外圈线及文字等高，有的则高出当心；从外圈线看，有的为两周凸棱线，有的则为一周；

从内圈看，有的有，有的则无；有内圈线者，内圈内有的有瓦纽（乳凸），有的则无；均为四界格，但也有不同。有的两道界棱线将整个瓦当分隔成四格（多为无内圈线者，包括个别有内圈线者），有的则将外区分成四格。

千秋万岁每格一字，字体在篆隶之间，均阳文。文字写法不同，有的线条较方正，有的则较曲折。文字读序也不同，有的从上至下、从右向左读，有的先从右向左、再从上至下读，还有的文字交叉排列。

当面除上述文字及图案外，有的以变形云纹等填充于文字之间。

瓦当规格不同，当面直径最小者不足16厘米，大者达20厘米左右。

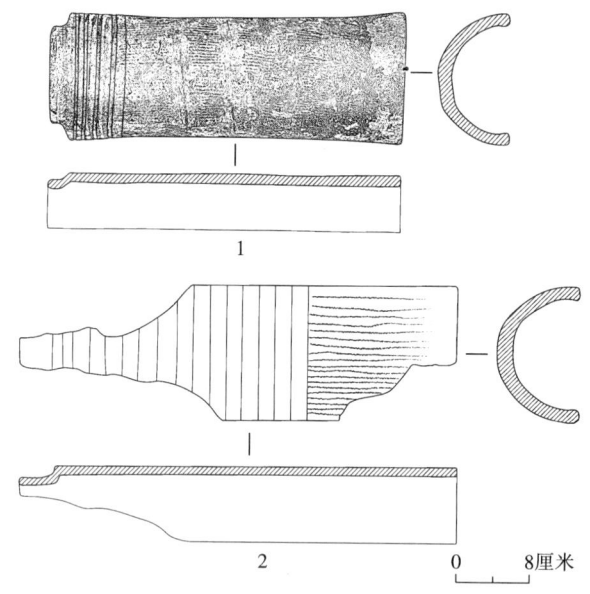

图二二〇　石碑地遗址出土汉代筒瓦
1. 99SS 汉 Ⅱ 1F1:1　2. 99SS 汉 Ⅰ Y2:11

综合考察瓦当的整体形态，可据有无内圈棱线为标准将其分为两大类。

甲类：无内圈线。据界格棱线的不同可分为两型。

A 型：界格棱线直角相交，形成完全相同的四个扇面。

这类瓦当的边轮低于外圈线及文字，宽度较窄，在 0.3 ~ 0.8 厘米之间。规格基本相同，直径在 19 ~ 20 厘米之间，外圈线以内的面径在 17.6 ~ 18.5 厘米左右。文字线条较方正，读序皆为从上至下，从右向左。依据字写法的不同可分为两亚型。

Aa 型："千秋万岁"的写法参见图二二一（图版一八七，3、4；图版一八八）、图二二二（图版一八九），相关标本参见附表一九。

Ab 型："千秋万岁"的写法参见图二二三（图版一九〇、一九一），相关标本参见附表二〇。

B 型：横向的两道界格棱线东西贯通，将整个瓦当分隔成上、下两部分，竖向的两道界格棱线上下不贯通。

这类瓦当的边轮低于外圈线及文字，但较宽，因模印不在瓦当正中所致，使得一块瓦当的四周边轮宽度不同，最窄处宽为 0.6 厘米，个别最宽者为 2.1 厘米。规格基本相同，直径在 17 ~ 18 厘米之间，外圈线以内的面径在 14.8 ~ 15.2 厘米左右。文字线条较方正，读序皆为从上至下，从右向左（参见图二二四、二二五；图版一九二 ~ 一九四）。

"千秋万岁"四字的写法与其他类型的瓦当也不同，写法参见图二二四、二二五，相关标本参见附表二一。

乙类：有内圈线。据有无纽可分为两型。

A 型：无纽。仅见 1 件。出土于汉代第 Ⅰ 区第 1 组 Y4 内，原编号 99SS Ⅰ Y2:51，夹砂质，黄

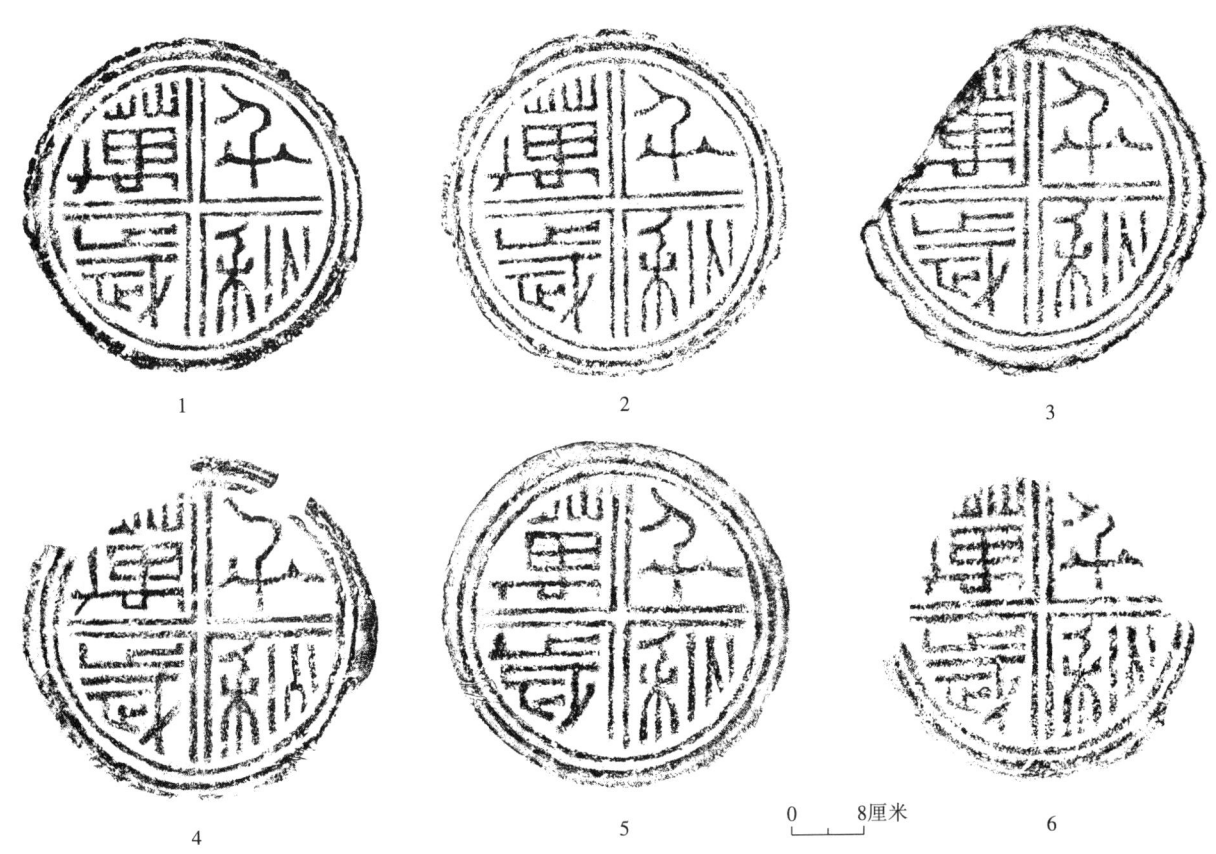

图二二一　石碑地遗址出土汉代甲类 Aa 型"千秋万岁"瓦当

1. 98SST1909②：1　2. 98SST1909②：3　3. 98SST1909②：4　4. ⅠY13：1　5. ⅠY13：5　6. ⅠY13：13

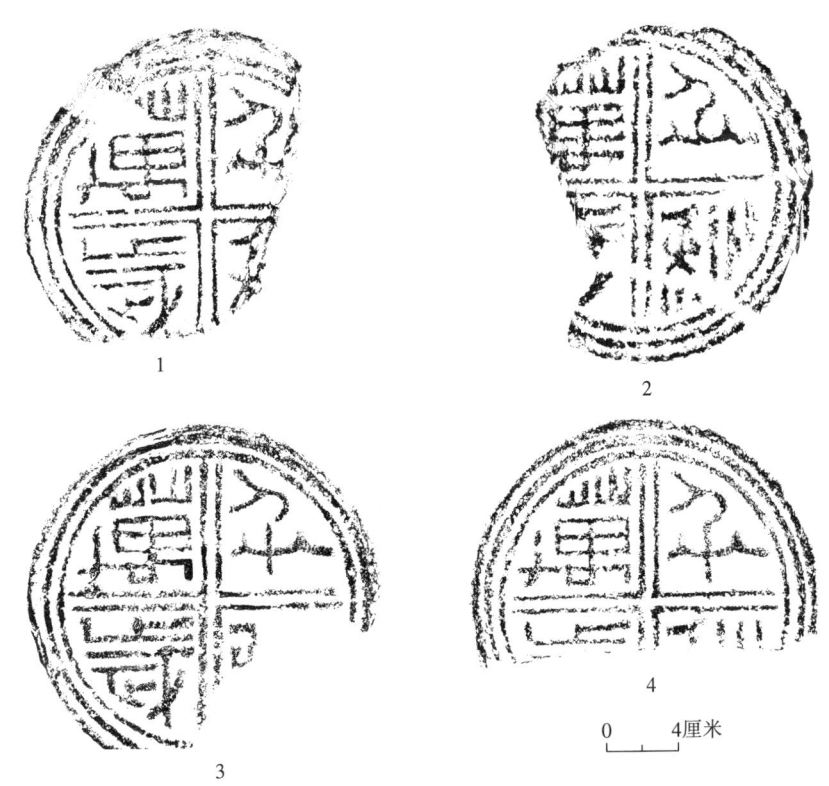

图二二二　石碑地遗址出土汉代甲类 Aa 型"千秋万岁"瓦当

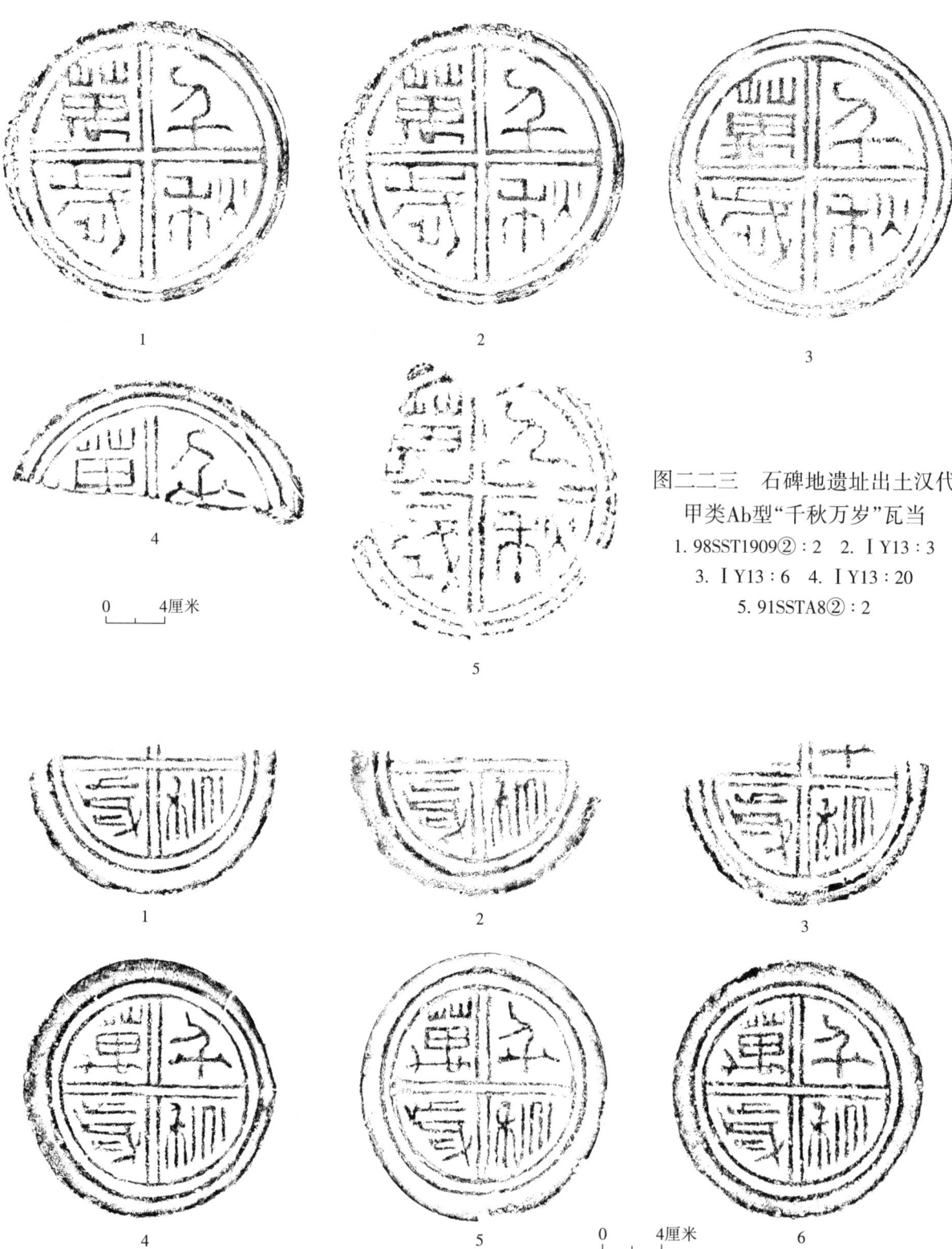

图二二三　石碑地遗址出土汉代
甲类Ab型"千秋万岁"瓦当
1. 98SST1909②：2　2. ⅠY13：3
3. ⅠY13：6　4. ⅠY13：20
5. 91SSTA8②：2

图二二四　石碑地遗址出土汉代甲类 B 型 "千秋万岁" 瓦当
1. ⅠY13：2　2. ⅠY13：4　3. ⅠY13：12　4. 99SSⅠY2：8　5. 99SSⅠY2：4　6. 99SSⅠY2：7

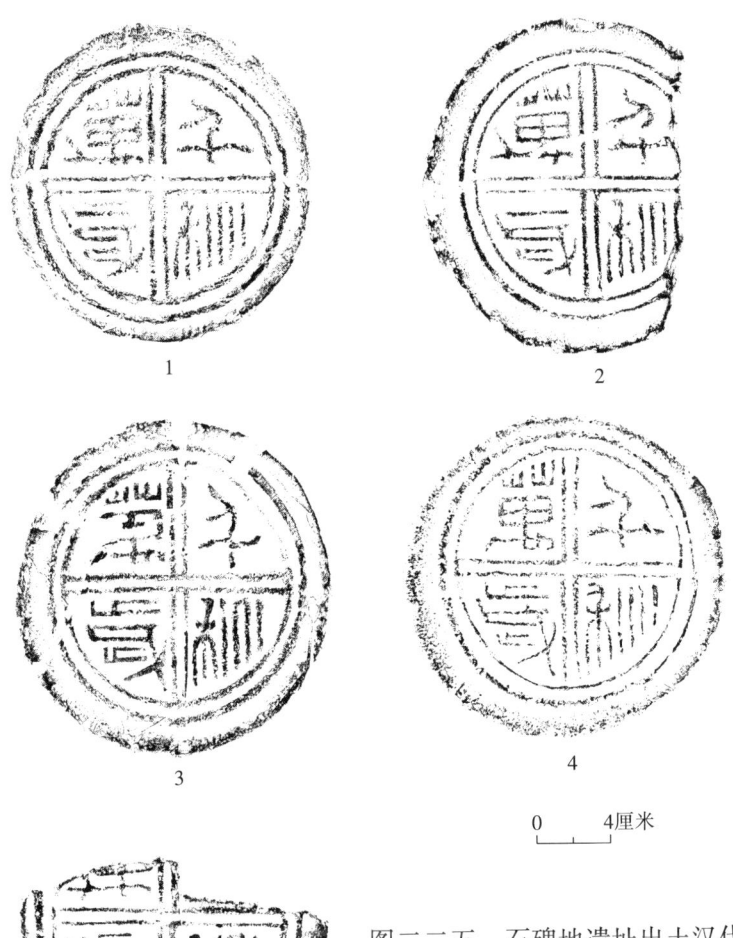

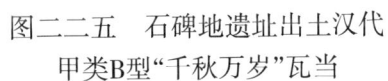

0 ___ 4厘米

5

图二二五 石碑地遗址出土汉代
甲类B型"千秋万岁"瓦当

1. 94SST0810：1 2. H1008：1
3. 97SS T2814②：8 4. 97SST2714②：1
5. 86SQ千10

0 ___ 4厘米

图二二六 石碑地遗址出土汉
代乙类A型"千秋万岁"
瓦当（99SSⅠY2：51）

褐色。高边轮，较外圈线及文字高出 0.5 厘米。边轮宽度不同，为 0.7 ~ 1.3 厘米；外圈线仅 1 道，较细，与界格棱线不相接；界格线纵横各两道，将整个瓦当分隔成四个大体相同的部分。每道界格线的外端有两道横线，内端在当心相交处有一圆形透穿孔，孔径 0.5 厘米左右。每格内有一字，读序为从上至下，从右向左，"千秋万岁"四字写法不同于其他类型的瓦当。瓦当背面不平，中心有较高的长方形凸起，似范制痕迹。该瓦当规格较小，直径为 15.8 厘米左右，外圈线以内的面径仅 12.8 厘米（图二二六；附表二二；图版一九五，3）。

B 型：有纽。据界格线、当面图案、字体等多方面的不同可分为两亚型。

Ba 型：界格线为双道，将当面分成四格，每格一字。读序为从右向左，自上至下，"千秋万岁"四字写法不同于其他类型的瓦当。从边轮的形态看，该型瓦当还可分为两种，但发现数量均较少。

第 1 种：有较宽的边轮。

标本 86SQ 千 6，采集品。夹砂质，浅灰色。边轮较宽，为 1.2 厘米左右，较外圈线及文字等略高。瓦当背面不平，保留有瓦筒与当面套接的抹平痕迹，边缘见切割孔及切割痕。瓦当直径为 20.1 厘米左右，外圈线以内的面径为 16.4 厘米左右（图二二七，2；附表二二；图版一九五，2）。

该种瓦当"千秋万岁"有不同的写法，如标本 SST1513②：1（图二二七，5；附表二二）。

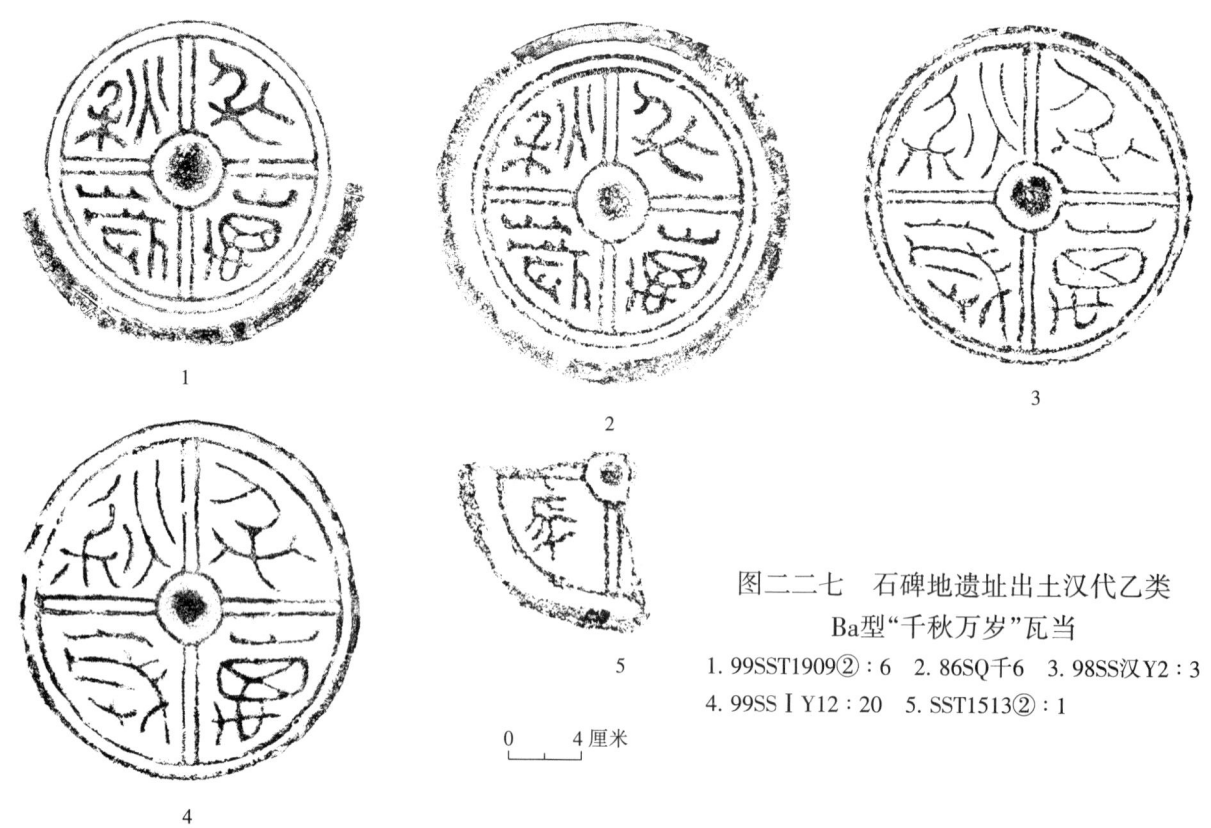

图二二七   石碑地遗址出土汉代乙类
Ba型"千秋万岁"瓦当
1. 99SST1909②: 6   2. 86SQ千6   3. 98SS汉Y2: 3
4. 99SSⅠY12: 20   5. SST1513②: 1

0   4厘米

第2种：与第1种比较，可称为无边轮。

标本98SS 汉 Y2：3，夹砂质，黄褐色。除无边轮外，其他部分包括文字写法及排列与第一种完全相同。背面不平，似瓦筒与当面对接，边缘见有切割孔及切割痕，外切。瓦当直径为18.8厘米左右（图二二七，3；附表二二；图版一九五，1）。

Bb 型：界格线为一道，将当面分成四格，每格一字，为从右上到左下，左上右下交叉读序，"千秋万岁"四字写法也不同于其他类型的瓦当。

该类瓦当共发现4件，规格、形态完全相同。为高边轮，较宽；外线圈为一道，较细，外端未与外线圈连接。在"千"、"岁"两字及"万"、"秋"两字间饰有不同的卷曲纹饰图案（参见图二二八；附表二二；图版一九六）。

②云纹瓦当

发现数量较少，构图基本相同，皆有纽，外区为四格，每格内饰一蘑菇形云纹。据界格线的不同，可分为两型。

A 型：三界格线四分蘑菇形云纹瓦当（参见附表二三）。

标本99SSⅠY13：15，完整。夹砂质，黄褐色。高边轮，较外圈线及文字等高出0.5厘米左右。边轮宽度不同，为0.7～1.8厘米；外圈线仅1道；外区分为四格，格内各饰一蘑菇形云纹，其主干与冠体相连；界格线均为三道，外与外圈线相连，内与内圈线相接；内圈较小，直径为4

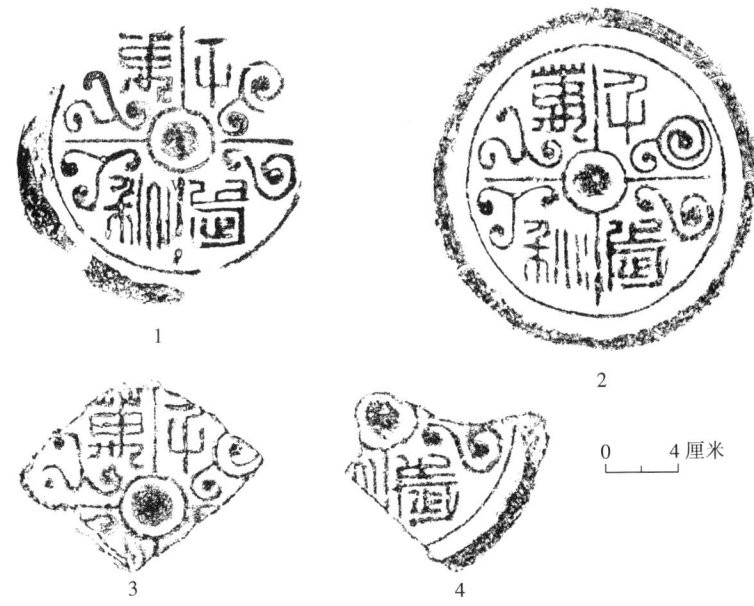

图二二八 石碑地遗址出土汉代乙类 Bb 型 "千秋万岁" 瓦当

1. SST0809②：1　2. 98SST1609②：1　3. 99SST1909②：7　4. 99SST1909②：8

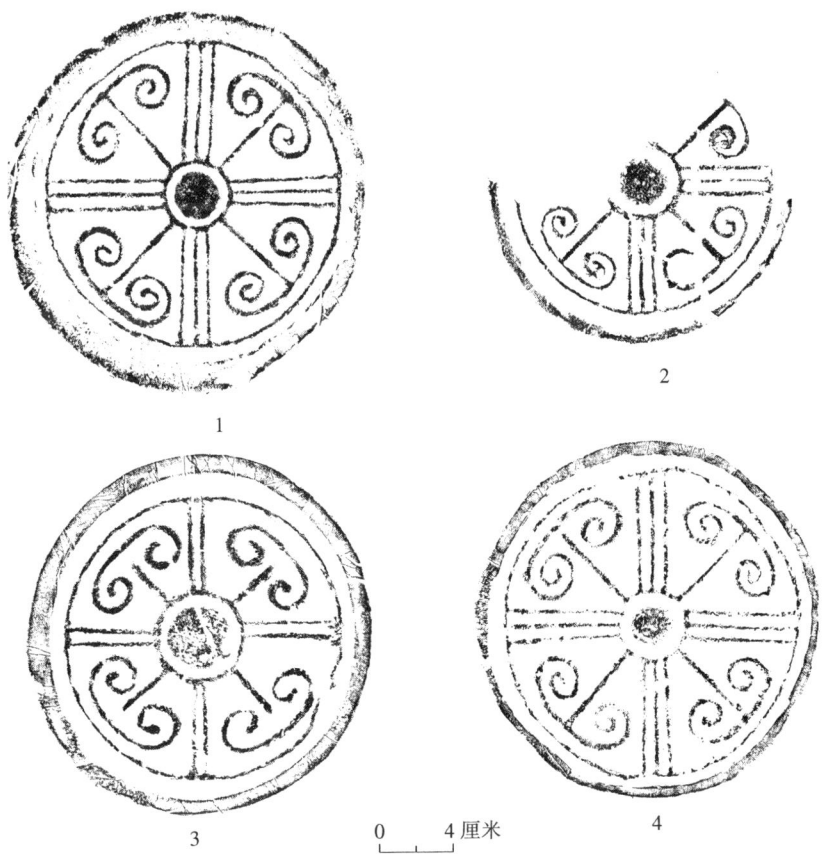

图二二九 石碑地遗址出土汉代云纹瓦当

1. 99SSⅠY13：15　2. 99SSⅠY13：17　3. 99SSⅠY2：10　4. 99SSⅠY13：16

厘米左右；纽较高。背面不平。瓦当直径为 20 厘米左右，外圈线以内的面径为 17 厘米左右（图二二九，1；图版一九七，1）。

该型瓦当有的边轮较窄，内圈相对较大，如标本 99SSⅠY13：17（图二二九，2；图版一九七，2）、标本 99SSⅠY13：16（图二二九，4）。

B 型：二界格线四分蘑菇形云纹瓦当（参见附表二三）。

标本 99SSⅠY2：10，边轮残。夹砂质，灰色。高边轮，较外圈线及文字等高出 0.6 厘米左右；外圈线仅 1 道；外区分为四格，格内各饰一蘑菇形云纹；界格线均为两道；内圈较大，直径为 5 厘米左右；纽低平。背面不平。瓦当直径为 19 厘米左右，外圈线以内的面径为 15.5 厘米左右（图二二九，3；图版一九七，3）。

（4）铺地砖

发现数量较少，无完整者。见于汉Ⅰ1 台基南部的汉代建筑倒塌堆积中。据可修复者推测，该类砖规格基本相同，但面饰纹饰有所不同。

标本 98SST1606②：2，夹砂质，黄褐色。宽 36 厘米，厚 5 厘米，残长 31 厘米。残存部分正面见有两组较完整的模印菱格纹，每组纹饰的规格为长 19.4、宽 11.4 厘米。此外，在残断的砖体出土时边缘还发现有一组菱格纹遗迹。据此可以推测，该类砖总长度应为 52 厘米左右，正面饰四组菱格纹饰，背面为素面（图二三〇，1；图版一九八，1）。

标本 98SST1606②：3，夹砂质，黄褐色。宽 36 厘米，厚 5 厘米，长 52 厘米。正面见有间断分布的菱格纹，均长 8.5、宽 6 厘米。背面为素面（图二三〇，2；图版一九八，2）。

（5）陶圈

在第Ⅱ区建筑东部中间一道围墙的外侧发现有一种特殊陶器，沿墙边呈南北向分布，极有规律，间距在 2.5 米左右。其形似陶盆，较浅，无底，规格大体相同。因其周围除建筑墙体外，无其他建筑遗迹，且形态较为特殊，推测其应为镶嵌于建筑墙体之上的一种构件，使得墙体通透（图二三一；图版一九九、二〇〇）。

标本 97SST2814②：5，夹砂质。灰色。大侈口，口部外径为 54 厘米；外折沿，向下折出 45°左右。折出部分较宽平，宽 2.3 厘米左右，较器腹宽出 1 厘米左右。器体上部外折，折出部分垂直高度为 5 厘米，下部较直，高 4 厘米。无底，底径外径为 42 厘米。器体部分厚度为 1~2 厘米。器体沿部、上腹部均饰有凹弦纹（图二三一，3；图版二〇〇，1）。

这类陶圈目前复原 4 个，形态基本相同，其规格参见附表二四。

（6）屋顶状饰件

在汉Ⅰ1 建筑台基北部偏东位置的汉代建筑倒塌堆积中还发现一种特殊的陶制饰件，形态与汉代明器中的陶楼顶部极为类似。

标本 96SST1812②：3，残存部分呈三角形，似陶楼顶部边缘的垂脊部分。其边缘平齐，底面平整。残存部分长 10.5、宽 8.5 厘米（图二三二）。

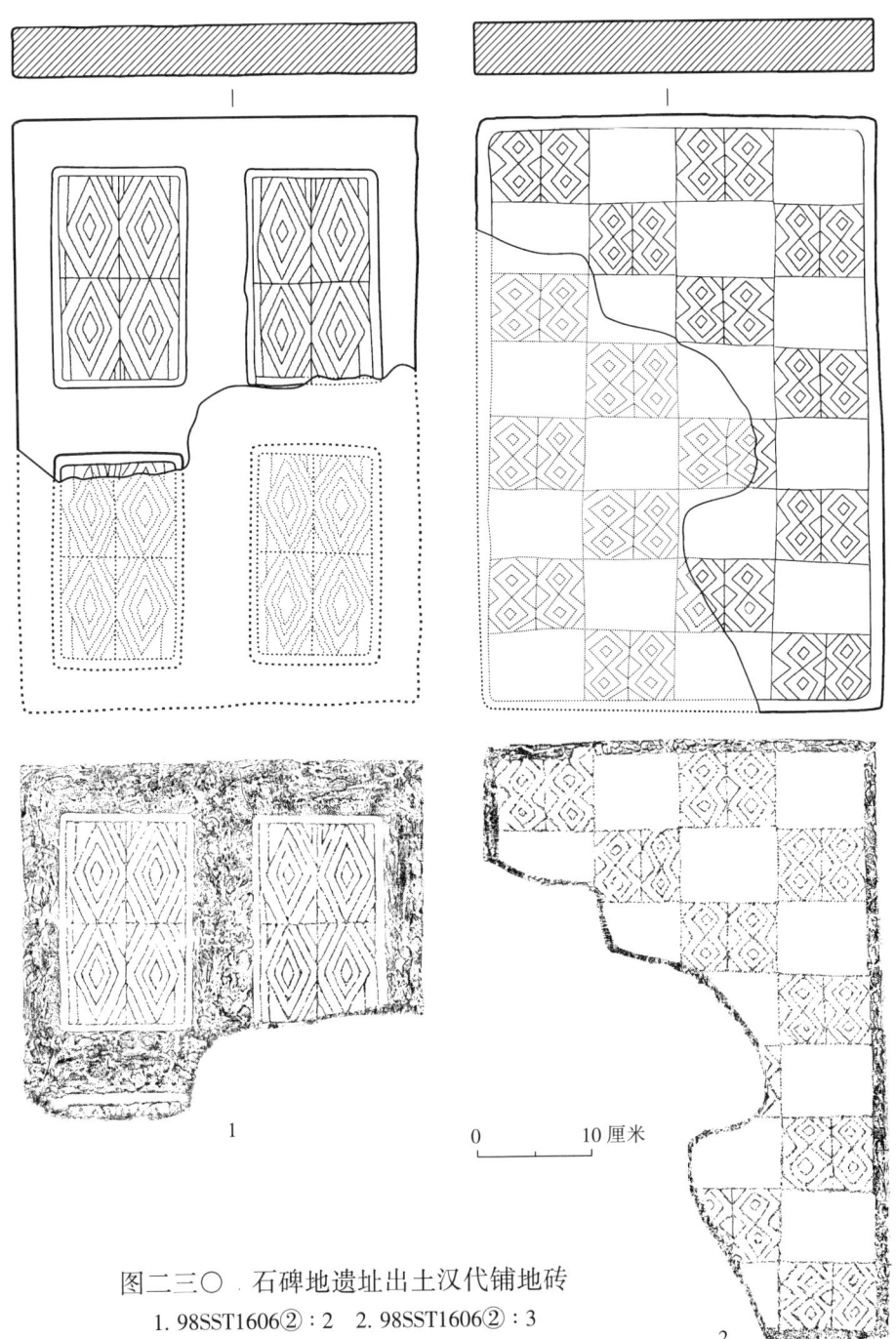

图二三〇　石碑地遗址出土汉代铺地砖
1. 98SST1606②：2　　2. 98SST1606②：3

2. 日用陶器

除建筑材料外，在汉代建筑倒塌堆积中发现了一些日用陶器残片，器类有罐（釜）、盆、豆、瓮、甑底等。

（1）罐（釜）

皆出土于汉Ⅱ1F2东北部汉代建筑倒塌堆积中。

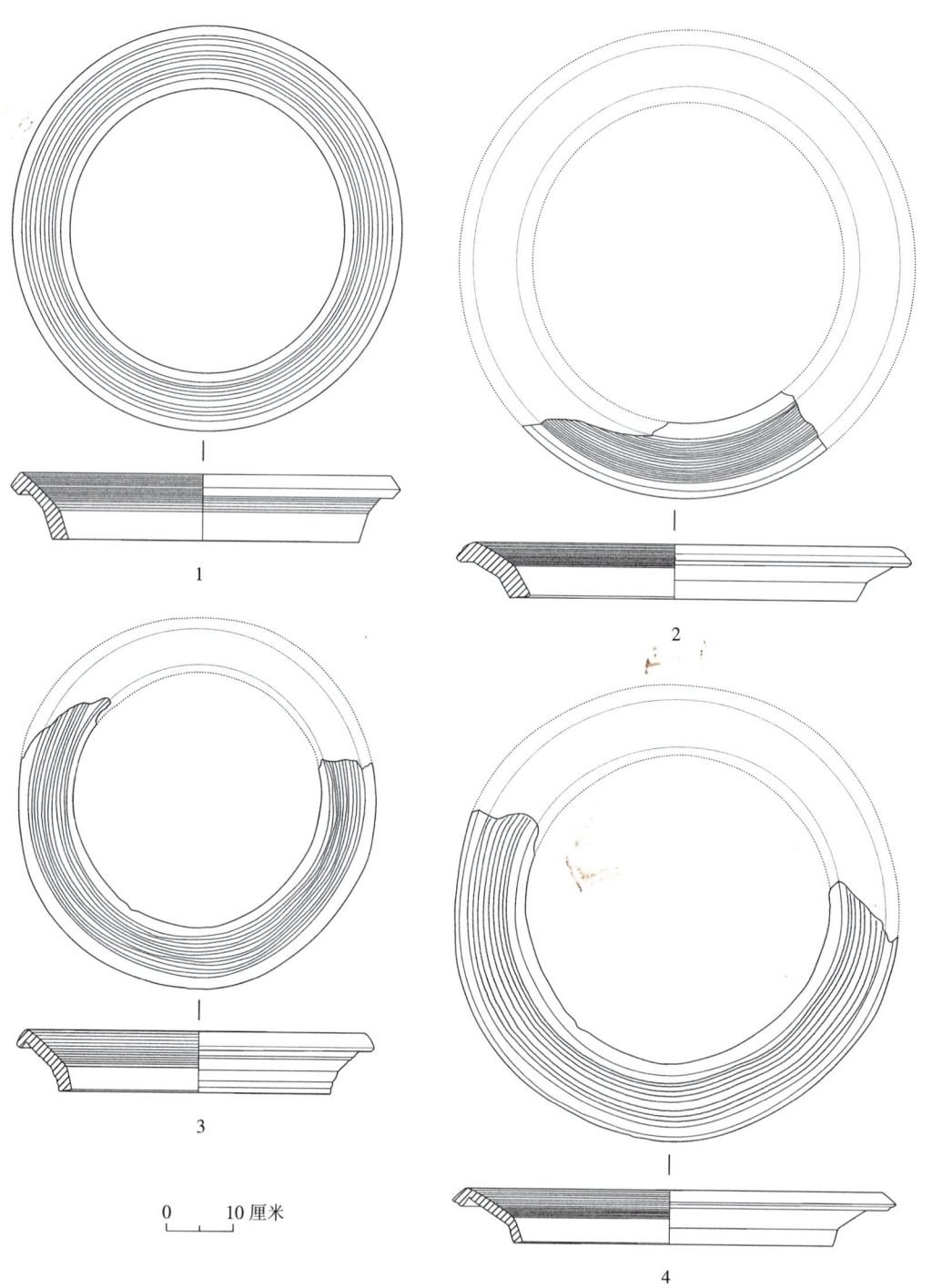

0　　　10厘米

图二三一　石碑地遗址出土汉代陶圈

1. 97SST2814②：2　　2. 97SST2814②：9　　3. 97SST2814②：5　　4. 97SST2815②：3

陶土中掺杂有蚌壳碎片，皆为红色。口沿部皆外侈，内微凹，外侧弧鼓。颈微束，鼓腹。从极少的底部残片看，为小底，微圜。口部残片较多，据厚度、颜色、纹饰等诸多差异推断，至少有 5 个不同的个体。从颈部纹饰看，多为素面，仅 1 件饰凸棱纹。从少量的腹部残片看，有的中、下腹部饰拍印的绳纹。

标本 97SST2714②：2，口径 26、高 27、胎厚 0.4～1 厘米（图二三三，1；图版二〇一，4）。

标本 97SST2715②：6，口径 22、残高 13.5、胎厚 0.3～1.2 厘米（图二三三，2；图版二〇一，2）。

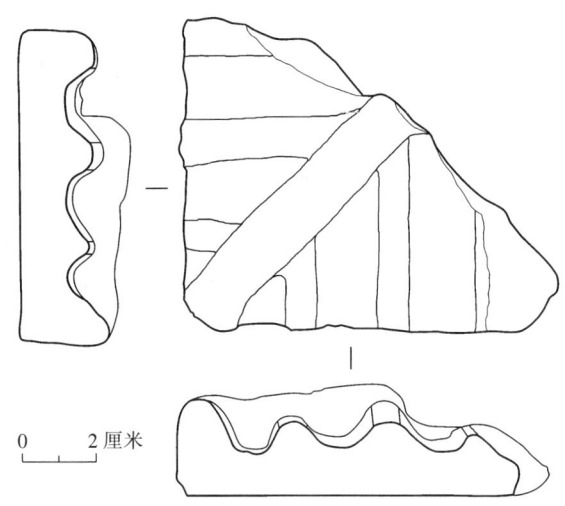

图二三二　石碑地遗址出土汉代屋顶状饰件
（96SST1812②：3）

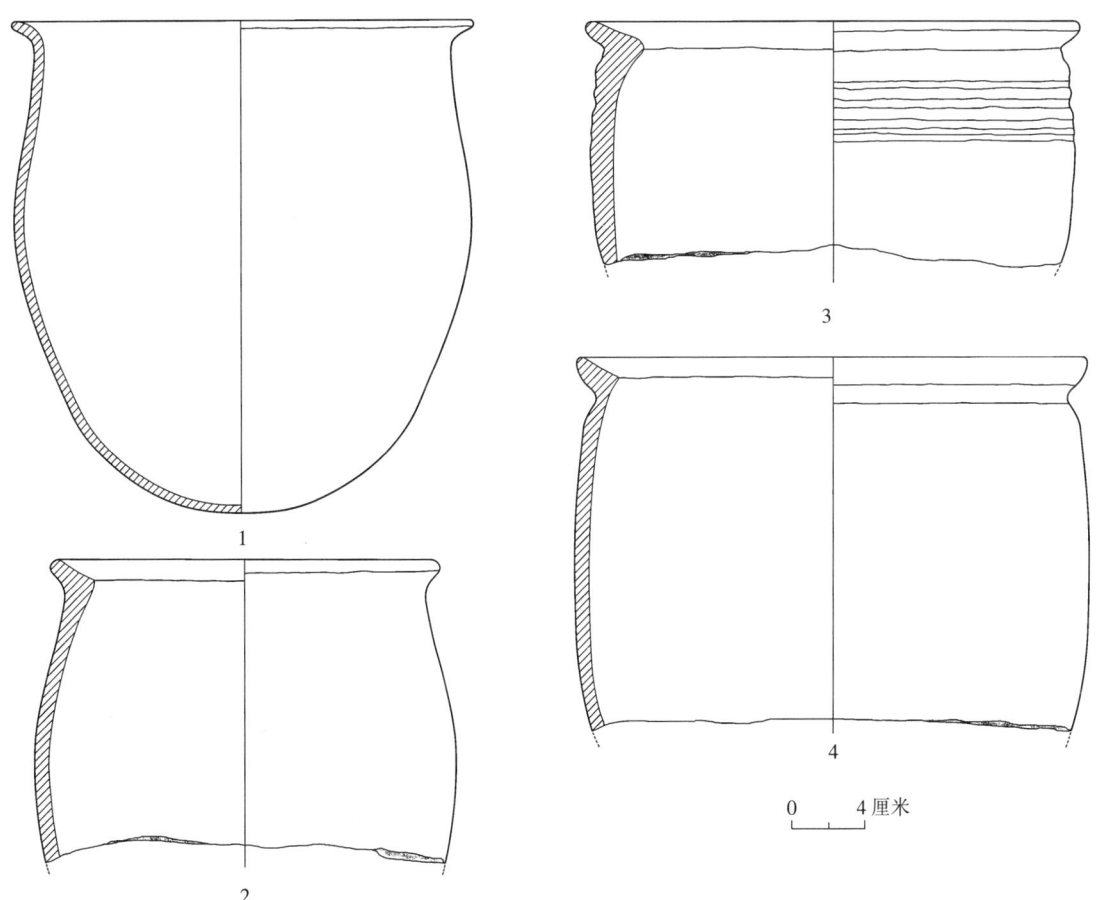

图二三三　石碑地遗址出土汉代陶釜
1. 97SST2714②：2　2. 97SST2715②：6　3. 97SST2814②：3　4. 97SST2815②：4

标本97SST2814②:3，口径28、残高20、胎厚0.8～1厘米（图二三三，3；图版二〇一，1）。

标本97SST2815②:4，口径29、残高15、胎厚0.5厘米（图二三三，4；图版二〇一，3）。

（2）盆

共发现4件。可分为深腹大盆（A型）与浅腹小盆（B型）两种。

A型：3件。皆出于汉代第Ⅱ区第1组房址东部的汉代建筑倒塌堆积中。

标本97SST2814②:1，泥质灰陶。侈口，弧腹，平底。沿上部边缘有一周弦纹，腹上部饰弦纹。口径48、底径23、高24.3、胎厚0.7～1厘米（图二三四，1）。

标本97SST2812②:16，夹砂灰陶。侈口，弧腹，平底。沿上部边缘有一周弦纹，腹上部饰一组弦纹。口径52、底径27、高24.5、胎厚0.8～1厘米（图二三四，3；图版二〇一，6）。

标本97SST2814②:7，夹砂黄褐陶。侈口，沿稍外卷，弧腹，平底。沿上部边缘有一周弦纹，腹上部饰一组弦纹。口径52、底径20、高29、胎厚0.5～1厘米（图二三四，2；图版二〇一，5）。

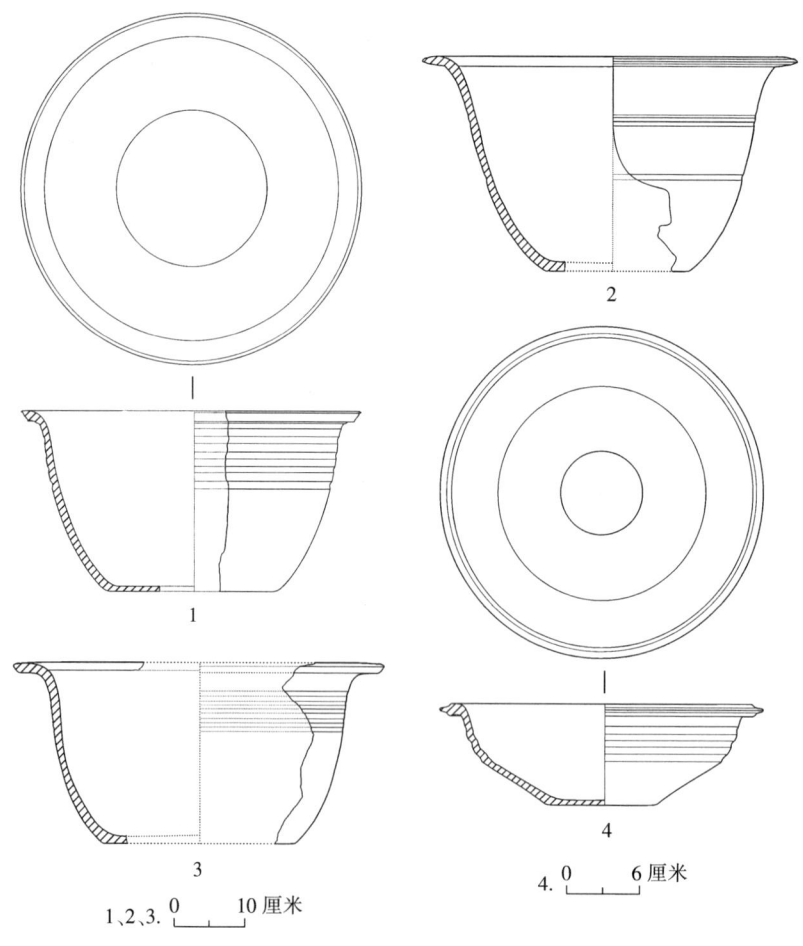

图二三四　石碑地遗址出土汉代陶盆

1. 97SST2814②:1　2. 97SST2814②:7　3. 97SST2812②:1　4. 97SST2114②:1

B 型：1 件。标本 97SST2114②：1，出土于汉Ⅰ1 北部慢道北部。泥质灰陶。侈口，微折腹，平底。沿上部边缘有一周弦纹，腹上部饰弦纹。口径 27、底径 9、高 8.3、胎厚 0.5～0.8 厘米（图二三四，4）。

（3）豆

共发现两件，均残。

标本 97SST2514②：1，出土于汉Ⅱ1F1 附近倒塌堆积中。夹砂质。黄褐色。为豆盘残片。直口，方唇。盘口外侧微凹，内侧竖直。弧腹，盘内底平。柄部以下残，从残存部分看，柄中空。素面，磨光。口径 15.7、盘深 5.4、残高 6.8、胎厚 1 厘米（图二三五，1）。

标本 97SST1811②：1，出土于汉Ⅰ1 建筑台基北部汉代建筑倒塌堆积中。夹砂质。灰色。为豆座残片。豆座底部较平，较浅。豆柄中空。素面。底径 14、盘高 2.8、柄残高 8、胎厚 1～3 厘米（图二三五，2）。

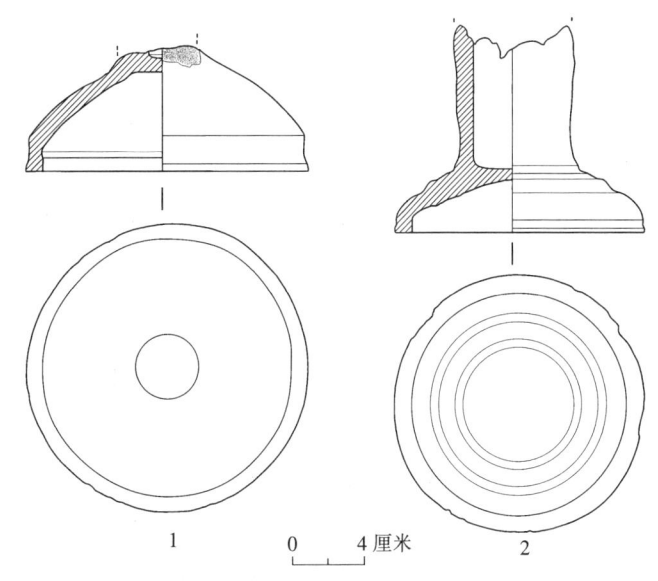

图二三五　石碑地遗址出土汉代陶豆
1. 97SST2514②：1　2. 97SST1811②：1

（4）瓮

发现 1 件，出土于汉Ⅰ1Y4 内，原暂编号 97SSY1：49。夹砂质，黄褐色。敛口，鼓腹。素面，磨光。口下部有两个穿孔。口径 23、残高 9、壁厚 0.8 厘米（图二三六，1）。

（5）甑

发现 1 件，仅存底部，出土于汉Ⅰ区 2 组建筑南墙外侧第②层中，编号 94SST0901②：1。泥质，灰色。平底，底部有扁状戳孔。底、壁皆饰细绳纹（图二三六，2）。

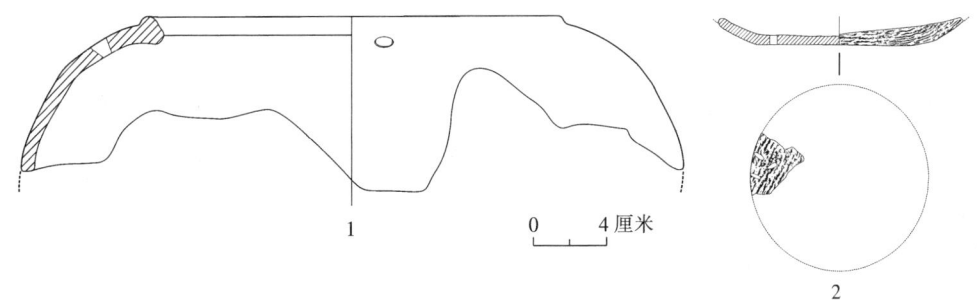

图二三六　石碑地遗址出土汉代陶瓮、甑
1. 瓮（97SSY1：49）　　2. 甑（94SST0901②：1）

二　窑　址

共发现 1 座。位于石碑地遗址第Ⅱ区秦代东部围墙外侧，其烟道贴近外墙墙基，1997 年发掘，编号 97SSY1。

窑址所在地表土下见有少量的汉代建筑倒塌堆积，其下为生土，窑系在生土上建成。该窑址与目前遗址所见汉代建筑的位置关系为：地处汉Ⅱ1F2 东北部，窑址西南角与 F2 墙基东北角之间的直线距离仅为 8 米。

（一）形制与结构

窑址平面形状似"哑铃"形，大体呈东西向，与汉代建筑的方向相同。东西总长度为 7.3 米，各部分宽度不同，深度也不同。由烟道、窑室、火膛、操作坑、储灰坑 5 部分组成。窑址保存不完整，现见各部分均系自生土下挖而成（图二三七；图版二〇二）。

1. 烟道

2 个，位于最西部，窑的末端，中心点间的距离为 1.4 米，系挖洞而成，其上应有烟囱，现已不存。

上口平面呈不规则状，其南部者近平行四边形，南、北边长 0.45 米左右，东西边长 0.4 米；北部者近梯形，北边长 0.5 米，南边长 0.45 米，东、西两侧边长 0.42 米。洞壁较竖直，深 1.4 米，洞底较窑室底部地面高 0.2 米。烟道四壁有厚 0.05～0.08 米的烧结面。

下口开于距窑室底部 0.05 米处的西壁上，形状不规则。其南部者近圆角方形，底边长 0.36 米左右，高 0.4 米，向西呈坡状与竖直部分的烟道相连，长度为 0.25 米；其北部者构造与南部者相同，唯开口形态不同，大体呈梯形，底边窄，为 0.25 米，上边较宽，为 0.3 米，高 0.38 米，开于竖直部分的南侧。两烟道下口中心点间的距离为 1.6 米。

2. 窑室

位于烟道的东部，东与火膛相连，顶部已倒塌。现存平面近梯形，角部圆弧，斜壁，口小底大。上口西壁较宽，为 2.2 米，东部较窄，为 1.7 米，中部东西长 1.7 米。底部即窑床，西壁宽 2.4 米，东部宽 2 米，中部东西长 1.9 米。窑床较平，距开口地面的深度为 1.18～1.46 米，较火膛地面高 0.7～0.4 米。窑床上未发现窑箅、火道等迹象。

窑室内壁抹泥，现见 2～3 层，每层厚 0.05 米左右。窑室四周烧结面厚度为 0.08～0.1 米，呈红色。窑床呈砖灰色。

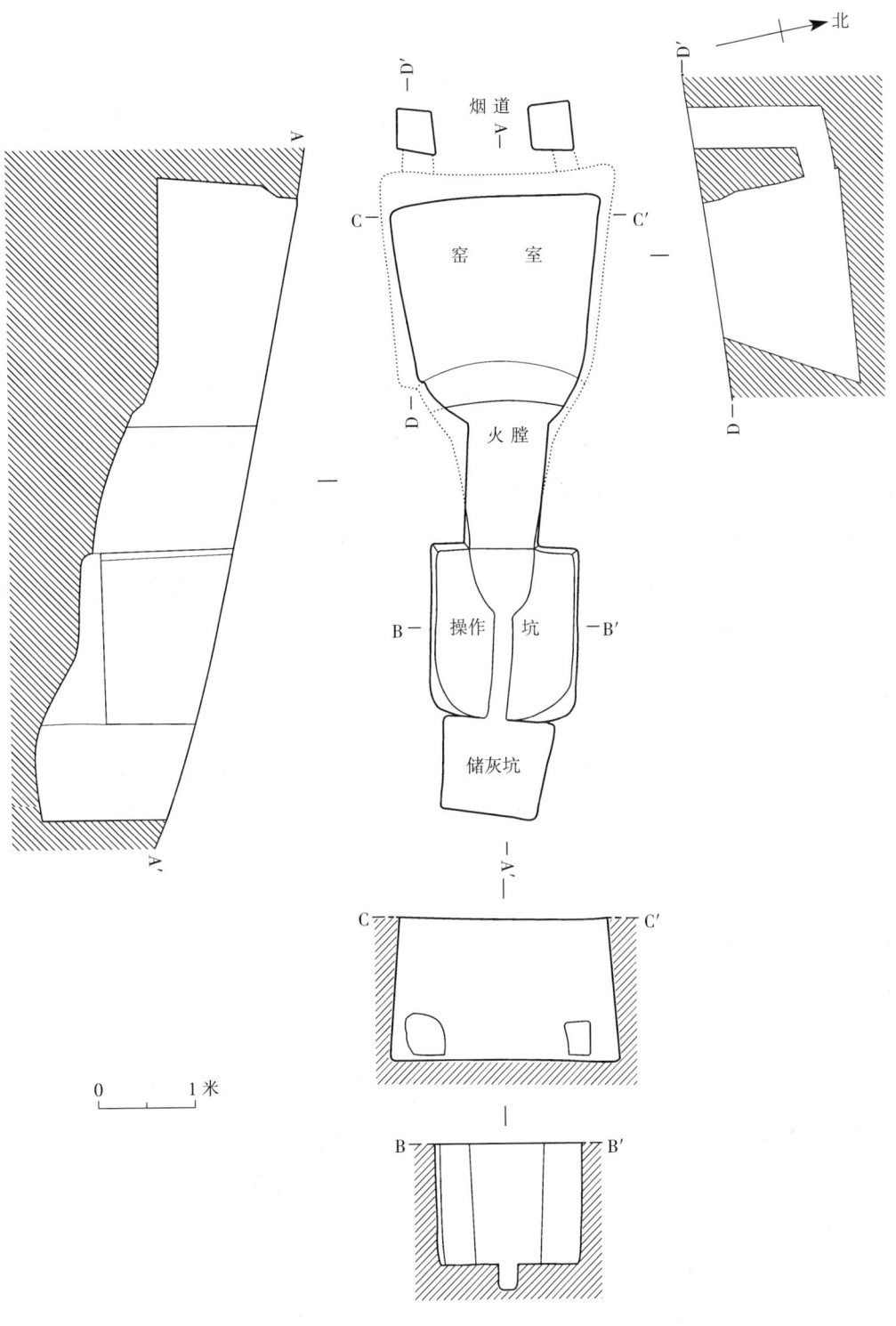

图二三七 石碑地遗址汉代窑址结构图

3. 火膛

西与窑室相通，东与操作坑相接，顶部已坍塌。现存平面近三角形，周壁圆弧，口小底大。上口西部宽 1.7 米，东部宽 0.75 米。底西部宽 2 米，东部近窑门处壁近直，宽 0.7 米。火膛地面呈坡状分布，近窑床部位较高，近窑门处地面较低，高差为 0.7 米。火膛周壁及地面烧结程度与窑床基本相同。

火膛东部为窑门，已被破坏。

4. 操作坑

位于火膛东部，东与储灰坑相连。现存平面为圆角长方形，斜直壁，口大底小。上口南北宽 1.55 米，东西长 1.8 米。底部南北宽 1.44 米，东西长 1.7 米。底部呈坡状，近储灰坑的部分较高，西部近窑门较低，高出邻近火膛地面 0.1 米。底面至现上口表面的深度 0.8~1.4 米。

操作坑地面西部近窑门处地面下凹，下凹部分呈椭圆形，与火膛相接，长度为 0.7 米左右。凹坑东部的操作坑地面挖出凹槽，宽度为 0.2 米左右，深 0.1~0.7 米，与储灰坑相通。在操作坑南部发现有供上、下的台阶。

5. 储灰坑

位于窑的最东部，西与操作坑相通。平面呈梯形，直壁，圜底。口部西边长 1.2 米，东边为 1 米，南、北边长为 1 米。底面至现上口表面的深度为 1.3 米，较邻近的操作坑地面低 0.7 米。

（二）窑内堆积

窑内堆积较厚，成因复杂。

烟道内堆积土呈灰褐色，质地疏松，包含大量的烧土块，见有少量的板瓦残片，主要为自身的倒塌堆积。

窑室内最上部倒塌堆积中出土有较多的板瓦、筒瓦残片，另见有两块"千秋万岁"瓦当，应为窑址废弃后的堆积；其下发现大量的烧土块与土坯，应为窑址倒塌堆积；在窑床上发现一层厚约 0.15 米的瓦片堆积，几乎均为板瓦，一般凸面饰绳纹，凹面饰布纹、棱格纹、麻点纹等，应为窑址的使用堆积。

火膛、操作坑内的堆积与窑室内堆积基本相同。在窑门附近发现有较多数量的土坯，有些土坯并排卧置于地面上，应为封堵窑门所用。土坯规格可分为三种，其中数量较多的为长 0.34、宽 0.17、厚 0.11 米，有少量的土坯规格为长 0.22、宽 0.18、厚 0.15 米，还有零星的土坯较薄，规格为长 0.28、宽 0.2、厚 0.065 米。

储灰坑上部堆积与窑址其他部分相同。下部有厚 0.7 米的木炭夹杂烧土颗粒的灰土，内出土有少量板瓦残片，形制与窑床上出土者相同，应为窑址使用时期的堆积。值得注意的是，在该层堆积中出土一块汉代的卷云纹瓦当。

三　小　结

石碑地遗址的汉代建筑遗迹保存不好，但仍然可解决一些学术问题。

从汉代建筑的分布范围看，其整体规模较秦代建筑小，目前所知仅局限于秦第Ⅰ、Ⅱ区的范围内，但从单体建筑尤其是位于第Ⅰ区内的主体建筑规模看，则不亚于秦代的主体建筑规模，且建筑等级较高。

汉代建筑是在秦代建筑倒塌堆积上重新建筑的，建筑布局与相关区域内的秦代建筑基本相同，并有效地利用了秦代建筑基础，据此可推知其保持了秦代建筑的功能。

据上述遗址的规模、等级、始建年代，并结合历史文献看，石碑地遗址很可能是汉武帝东巡碣石的行宫址所在，其始建年代应在秦亡以后，武帝东巡之前。

有关汉代行宫的存续时间尚不清楚，从出土遗物看不会晚于西汉末。

石碑地遗址发现的窑址由于保存较差，结构不完全清楚；因发掘面积过小，该窑址周围是否有附属设施不详。窑址内的出土瓦件与本遗址内汉代建筑的出土瓦件相同，可认定其为汉代窑址。但大规模的汉代建筑所需瓦件数量较多，需较大规模的窑场，该窑址附近是否还有其他窑址尚需进一步的工作。

第二章　止锚湾遗址

　　止锚湾位于石碑地遗址东部约 1 公里处，现为规模较大的村落，遗址位于村落中，故名。由于该遗址保存较差，且仅做过考古勘探与试掘，只能了解其概况（图二三八；图版二〇三）。

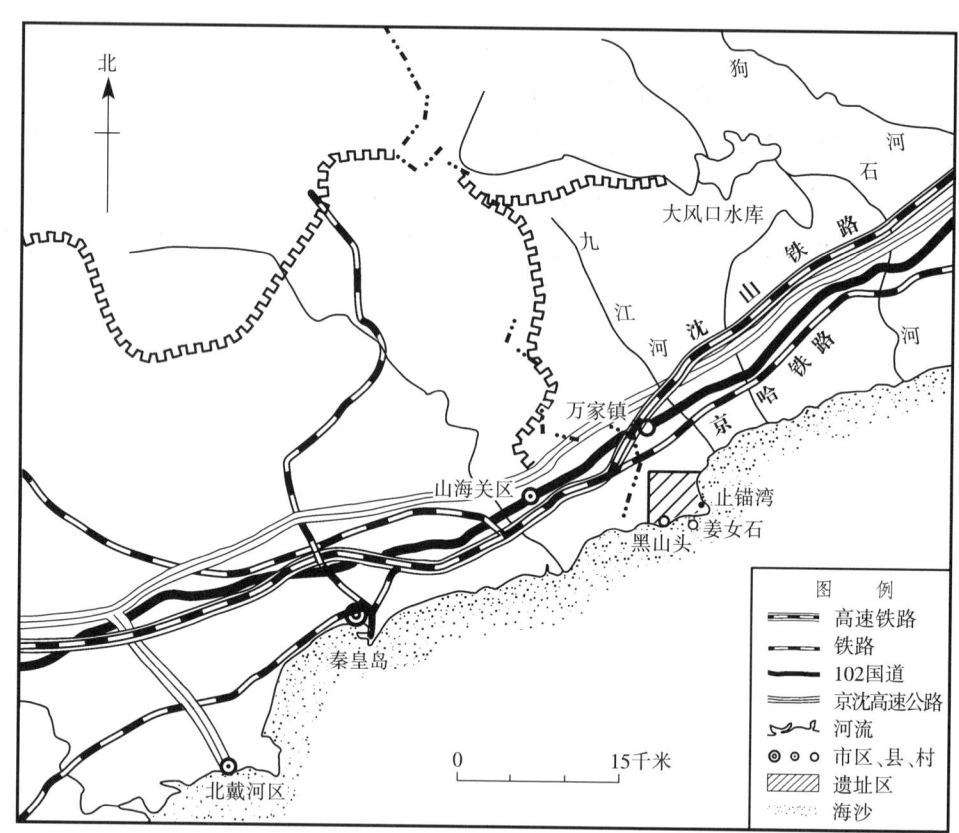

图二三八　止锚湾遗址地理位置图

第一节　遗址概况

一　分布范围

据调查，地表散布有建筑构件的区域以现水产招待所院内为中心，向四面辐射，面积达1万平方米左右。中心区域地势高阔，东、南两面临海，中心点现海岸线约300米。

为弄清该遗址的分布范围及建筑布局，1998年10月底至11月初，由杨荣昌、万雄飞、朱汝田、华正杰等对止锚湾村内的一些空地进行了考古勘探。

受地理条件的局限，勘探主要集中于两个区域：

第一区：位于面对红石砬子的海边高地上。勘探区南部为一水泥平台，北部为面积较大的耕地，东、西两侧为民居。总体地势为北高南低。勘探所见该区域地层堆积较为简单，约地表下0.5米处便为红色沙质基岩，未发现建筑遗迹及遗物，地表亦不见遗迹遗物，据此推测止锚湾位于海边的区域可能没有秦汉时期的建筑址存在。

第二区：位于止锚湾派出所与水产招待所院内及两者之间的马路两侧，共发现3座夯土台，从北向南暂依次编号为1、2、3号夯土台（图二三九）。各夯土台顶部距地表深0.4米左右，夯土结构致密、坚硬，并可见夯层。

其中1号夯土台位于水产招待所西北部的院墙两侧，大体呈曲尺形，北宽南窄，南北长为13米，东西宽为7.5～11米。夯土呈黄褐色。在台西北部外侧地表上发现一瓦片分布区，南北长4.5、东西宽3米左右。瓦片层厚约0.15米，所见瓦片均为板瓦，呈青灰色，凸面饰有绳纹。

2号夯土台位于水产招待所西南部院墙附近，北距1号夯土台约7米。平面呈长方形，东西长12、南北宽11米。夯土呈暗红色。

3号夯土台位于派出所后院内，1、2号夯土台的西南部，其东与1号夯土台的直线距离为36米左右。平面呈长方形，南北长18、东西宽7米左右。夯土呈黄褐色。

由于止锚湾遗址所在地现代建筑较多，因此难以了解其分布的确切范围。但从历年调查、勘探与试掘的结果看，可初步确定其中心建筑所在地应为水产招待所及派出所一带。

二　遗址概况

为了解该遗址的地层与遗存状况，1984年对其进行了第一次试掘，据1986年的发掘简报报道：（当年）"开了3条长5米、宽0.5米的探沟（大体位于现编号2号夯土台的位置）。这里的文化层一般厚40～60厘米，自地表1.1米以下，即见黄色生土。第三号探沟挖至30厘米深时，发现

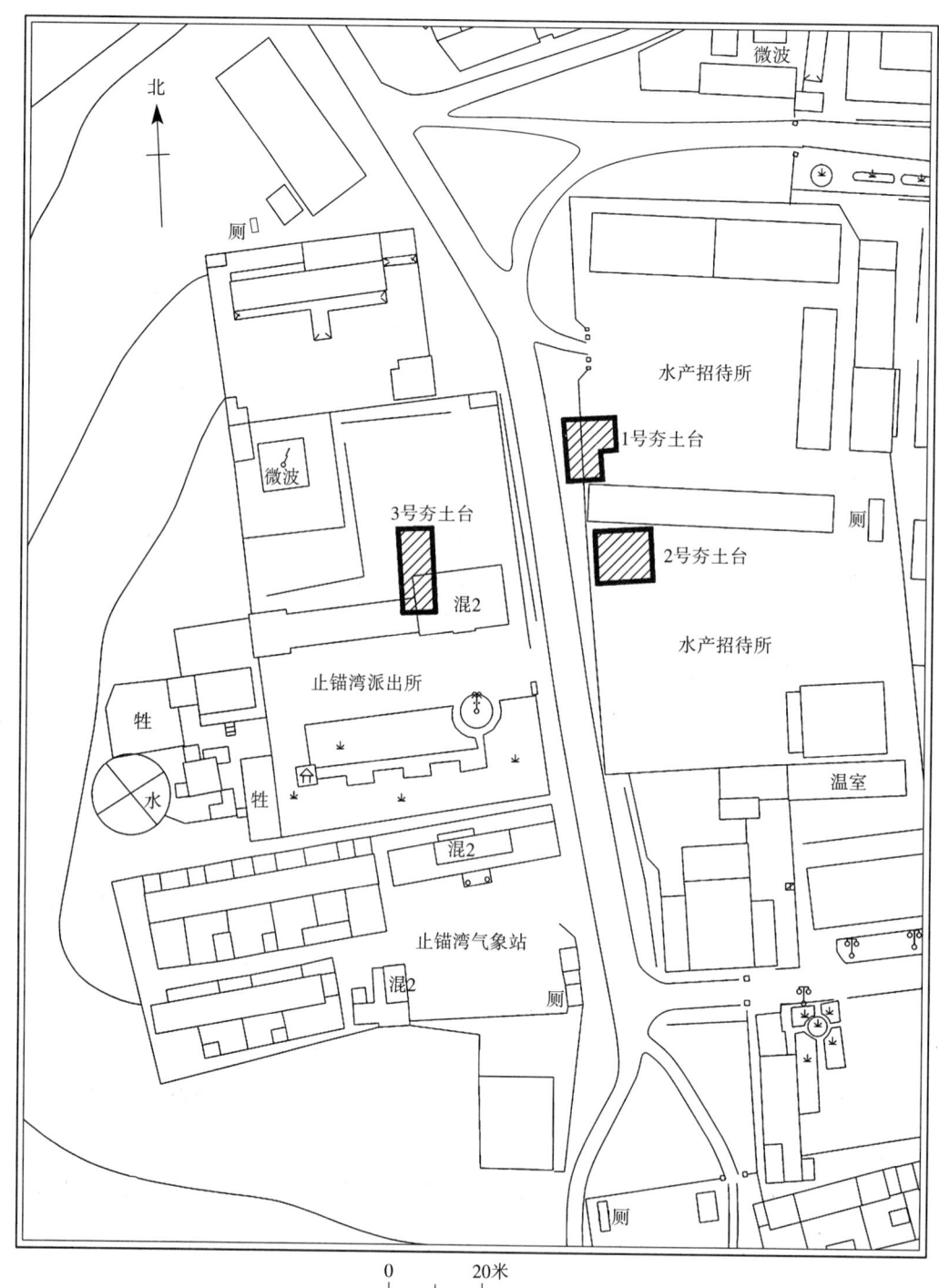

图二三九　止锚湾遗址夯土分布图

一处建筑地面，长 2 米，自西向东倾斜。地面上有两处红烧土，并叠压着碎瓦，有的瓦上尚存烟熏痕迹。还出土础石和大型空心砖的残块。第二号探沟出土一些板瓦和筒瓦，其中 1 件羊角形云纹（实为夹贝卷云纹）圆瓦当较完整。第一号探沟因打在扰坑上，仅出些碎瓦。在碎瓦中发现 3

块印有戳记，现识出的有"乐"字和"市"字。"①

1987年9～10月，曲枫等同志又对该遗址做了第二次试掘（大体位于现编号为2号夯土台的西部）："在现水产招待所西墙内开探方四个（5×5米，T4扩方为10×10米），在墙外开九个小探方。由于多年前的建筑工程，遗址遭严重破坏。表土下的文化层厚5～60厘米不等，文化层下即是红黄色生土。在8个探方中发现夯土遗迹，西部较厚，东部较薄。夯土为暗红色五花土，土质较硬，在4个探方中发现清楚成片的夯窝，夯窝圆形，直径6.5厘米。在T4、T7找到了夯土台的南部边缘，在T3、T5找到了夯土台的东部边缘。其南部边缘外侧发现一大片砾石层，北高南低，南北宽2.2、东西长10余米，东部大部分遭破坏，残存零星石块。西端较好，底部用拳头般大小的脉石英铺成，上部填指甲般大小的碎石，这里很可能是夯土台基外侧的散水。在T4西侧发现一处井窖，已残破，用陶圈砌成，残存二节，存高1.1米。陶圈直径1.3米，壁厚5厘米。窖底平整夯实。窖底出三件铁器，皆严重锈蚀，铁锤一件，筒状体，实心，中腰有一圆坑，为安柄孔，体长18厘米；斧一件；另一件较小，锈得器形不辨。遗址中出了一些碎瓦片，有板瓦、筒瓦和云纹瓦当等。"②

综合上述勘探及试掘结果可得出如下认识：

（1）遗址所在区域的层位堆积较为简单：

表土厚度为0.05～0.4米，呈浅灰色。内含秦、汉时期的瓦件碎片及现代陶、瓷片等遗物。现为路面、院落地面及耕地。

表土层下即见建筑遗存，厚度为0.4～0.6米。目前所见有建筑倒塌堆积、部分建筑地面设施、建筑基础等遗迹。

在没有建筑遗存分布的区域表土下即为生土，呈红褐色。

（2）从试掘的情况看，现存遗迹遗物均为秦代，未见汉代遗迹。

（3）在地表采集的遗物标本中见有汉代遗物。

第二节　遗　　物

在1984年及1987年的两次试掘中收集了一些遗物标本，多出土于2号夯土台东、南边缘。此外，1984年调查时亦在遗址范围内采集了一些标本。将上述遗物标本与石碑地遗址出土遗物相比较可以看出，既有秦代的也有属于汉代者，现分别予以介绍。

---

① 辽宁省文物考古研究所：《辽宁省绥中县"姜女坟"秦汉建筑群址发掘简报》，《文物》1986年第8期。

② 曲枫：《绥中县止锚湾秦汉建筑遗址》，《中国考古学年鉴（1988）》，文物出版社，1989年，140～141页。

一　秦代遗物

秦代遗物主要为陶质建筑构件，有少量的日用陶器及不明用途的铁器，现分类介绍如下。

（一）建筑构件

种类有板瓦、筒瓦、瓦当、铺地砖、排水管、井圈等。

1. 板瓦

均为残片。皆夹细砂，以灰色为主，黄褐色次之。

凸面均饰绳纹，线条有粗有细，排列有竖行、斜行、竖斜行交叉排列之分，有的间饰弦纹。标本87SZT4②：16，粗绳纹（图二四○，1）。标本87SZ采：5，弦断绳纹（图二四○，2）。标本87SZT4②：21，细绳纹（图二四○，3）。标本87SZT4②：32，交错细绳纹（图二四○，4）。标本

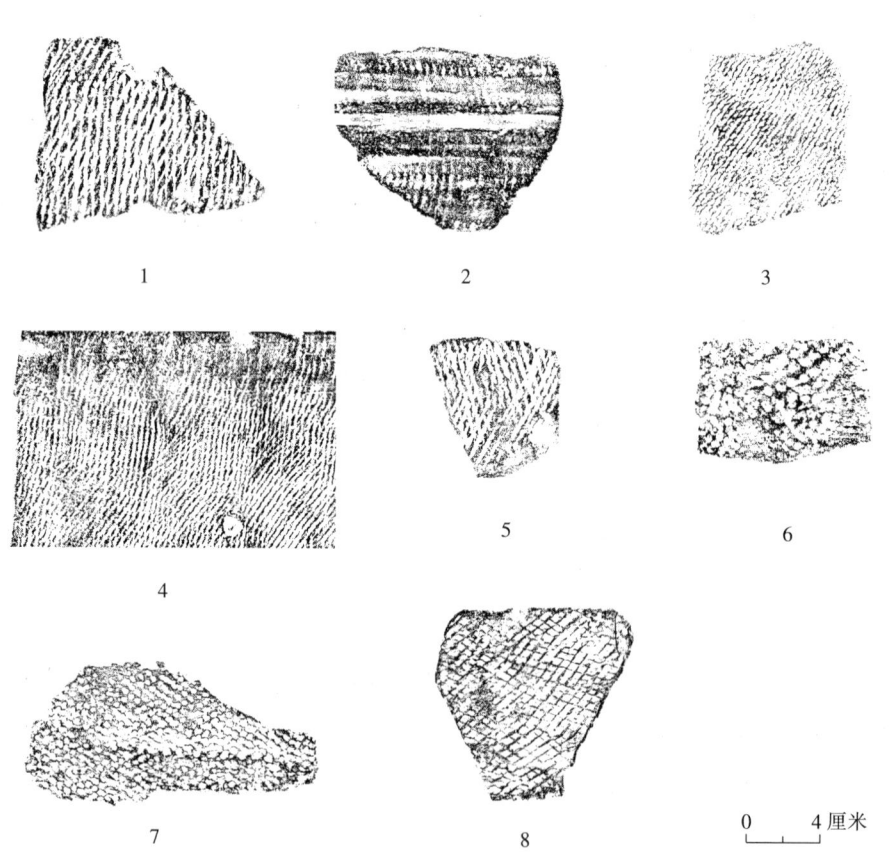

图二四○　止锚湾遗址出土板瓦纹饰拓本

1. 87SZT4②：16（凸面）　2. 87SZ采：5（凸面）　3. 87SZT4②：21（凸面）　4. 87SZT4②：32（凸面）
5. 87SZT4②：12（凸面）　6. 87SZT5②：17（凹面）　7. 87SZT5②：9（凹面）　8. 87SZT4②：21（凹面）

87SZT4②：12，交错粗绳纹（图二四〇，5）。

　　凹面多饰麻点纹或素面，麻点有粗大、细小之分，前者居多；少量见有大菱格纹。标本 87SZT5②：17，大麻点纹（图二四〇，6）。标本 87SZT5②：9，小麻点纹（图二四〇，7）。标本 87SZT4②：21，菱格纹（图二四〇，8）。

　　所有板瓦切口均在内侧。

　　在板瓦上发现戳印。标本 87SZT4②：32，印于板瓦凹面。戳印呈方形，宽 1.8 厘米，无边椁。因磨蚀严重，文字不可辨。

2. 筒瓦

　　质地、颜色、火候等均与板瓦相同。

　　凸面饰绳纹，线条、排列方式与板瓦相同，亦有少量绳纹经抹光呈断续状者。标本 87SZT4②：26，竖行粗绳纹（图二四一，1）。标本 87SZT4②：8，斜行粗绳纹（图二四一，2）。

　　凹面饰麻点纹或素面。标本 87SZT4②：8，麻点纹（图二四一，3）。

　　绝大多数为外切，个别见内切者，切口较深，有的已切透。扣尾多微翘。

　　筒瓦上亦有戳印。标本 87SZT4②：3，印于筒瓦凸面。戳印呈长方形，宽 0.9 厘米，无边椁。文字不可辨（图二四一，4）。

3. 瓦当

　　采集到 8 件标本，除 1986 年简报中已发表的 1 件外，余皆残破。

　　均为夹细砂质。以灰褐色为主，黄褐色次之。

　　按石碑地遗址瓦当的分类，所见标本均为丙类 Aa 型夹贝卷云纹圆瓦当。形状基本相同，均有

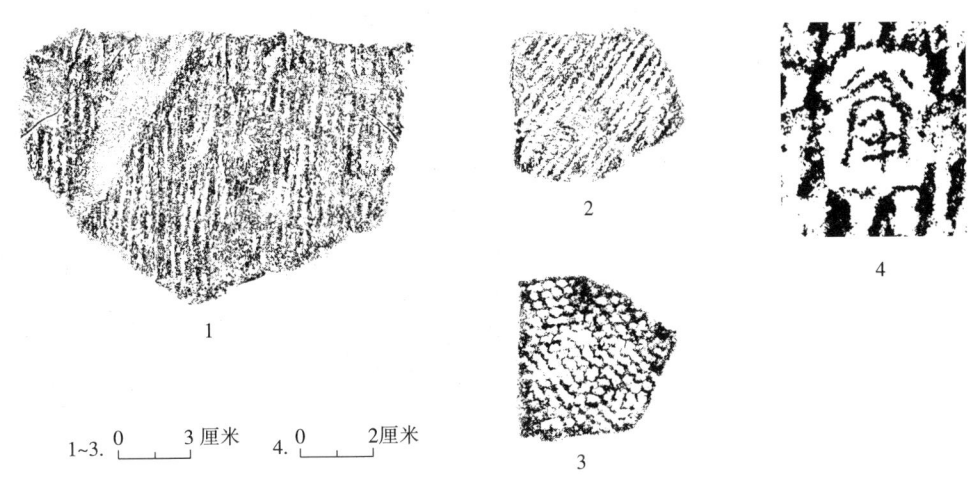

1~3. └─0──┴──3 厘米┘　　4. └─0──┴──2 厘米┘

图二四一　止锚湾遗址出土筒瓦纹饰及戳印拓本

1. 87SZT4②：26（凸面）　　2. 87SZT4②：8（凸面）　　3. 87SZT4②：8（凹面）　　4. 87SZT4②：3（戳印）

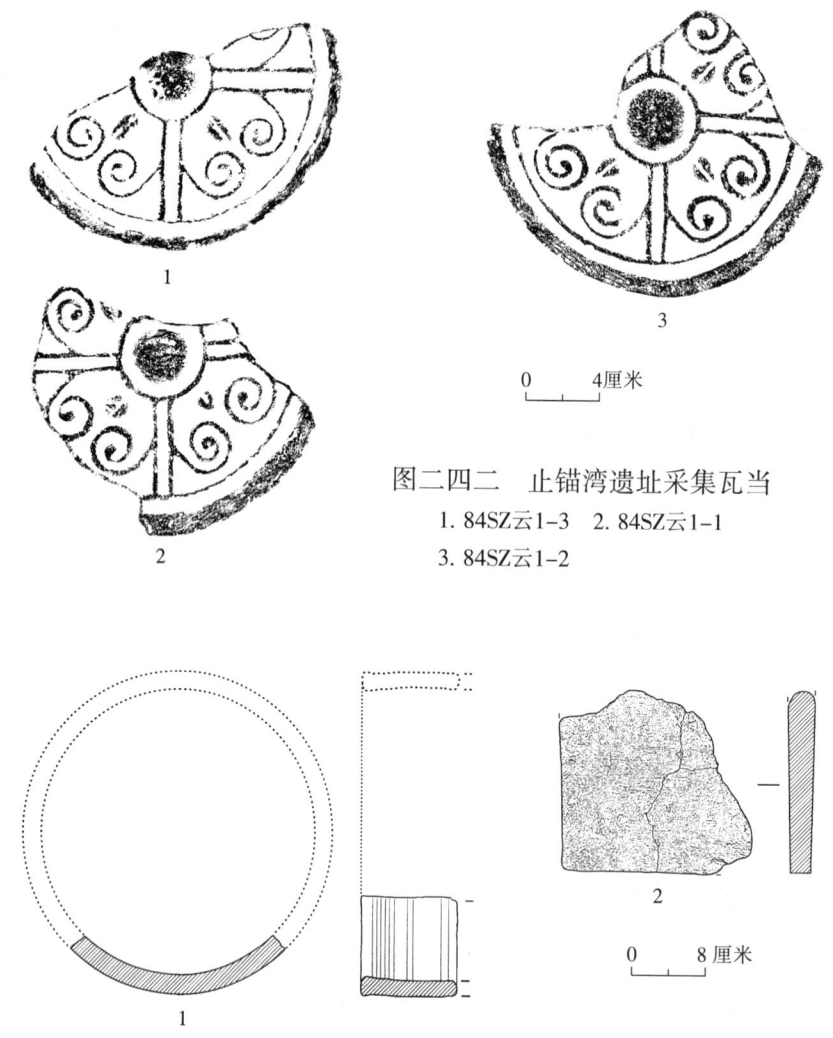

图二四二　止锚湾遗址采集瓦当
1. 84SZ云1-3　2. 84SZ云1-1
3. 84SZ云1-2

图二四三　止锚湾遗址出土建筑构件
1. 排水管（878SZT4②：13）　2. 铺地砖（87SZ 采：101 临）

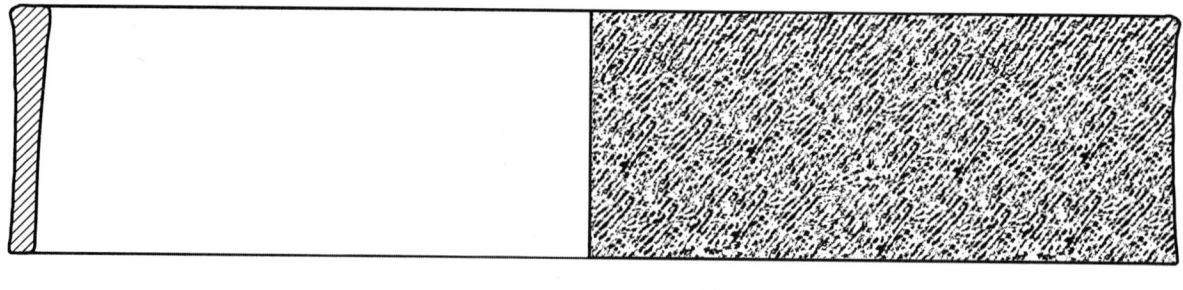

图二四四　止锚湾遗址出土井圈（87SZJ1②：1）

边轮、外圈、内圈及乳突。由上、下、左、右各两道凸棱，将当面平均分成四个对称的扇形格，格内饰卷云纹，云纹中心呈小乳凸状，中下部饰贝状纹饰。边轮略高于外圈及卷云纹。若论细微差别则边轮有宽窄之分、线条有粗细之别。

标本84SZ云1-3，线条较细。当面径19.2、边轮宽1.2、外圈径16.8、内圈径5.4厘米（图二四二，1；图版二〇四，1）；标本84SZ云1-1，线条较粗。当面径19.4、边轮宽1.6、内圈径5.4厘米（图二四二，2；图版二〇四，3）；标本84SZ云1-2，粗线较粗。当面径19.3、边轮宽1.2、外圈径16.4、内圈径5.4厘米（图二四二，3；图版二〇四，2）

4. 排水管

仅1块残片。标本87SZT4②:13，夹细砂，黄褐色，内、外面均为素面。残高10.7厘米、胎厚1.8厘米（图二四三，1）。

5. 铺地砖

仅1块残片。标本87SZ采:101临，夹粗砂并杂有细小石英颗粒，灰褐色。正、反面均为素面，残存两边切割规整。残长21.1、残宽19.4、厚2.9厘米（图二四三，2；图版二〇四，4）。

6. 井圈

残片16块，均出土于同一井窖。皆夹粗砂，多呈黄褐色。壁一端较厚，一端较薄。外面饰斜行粗绳纹，内面饰麻点纹。标本87SZJ1②:1，残片。高26.8、厚端4.3、薄端2.8、复原直径约130厘米（图二四四）。

（二）日用陶器

日用陶器较少，且破损严重，可辨器形有盆、釜、罐、豆、陶纺轮等，皆出土于2号夯土台附近。

1. 盆

3件。皆为口部残片，可分为三型。

A型：1件。方唇，卷沿，腹部近筒状。标本87SZT4②:5，夹细砂，青灰色，素面。残高2.7、残宽10.2、胎厚0.6厘米（图二四五，1）。

B型：1件。方唇，侈口，展沿，弧腹。标本87SZT4②:7，夹粗砂，黄褐色，口沿以下施竖直行粗绳纹。残高2.3、残宽6.5、胎厚0.7厘米（图二四五，2）。

C型：1件。宽平沿，斜方唇，唇上缘有一圈凹弦纹。标本87SZT4②:22，夹细砂，黄褐色，素面。

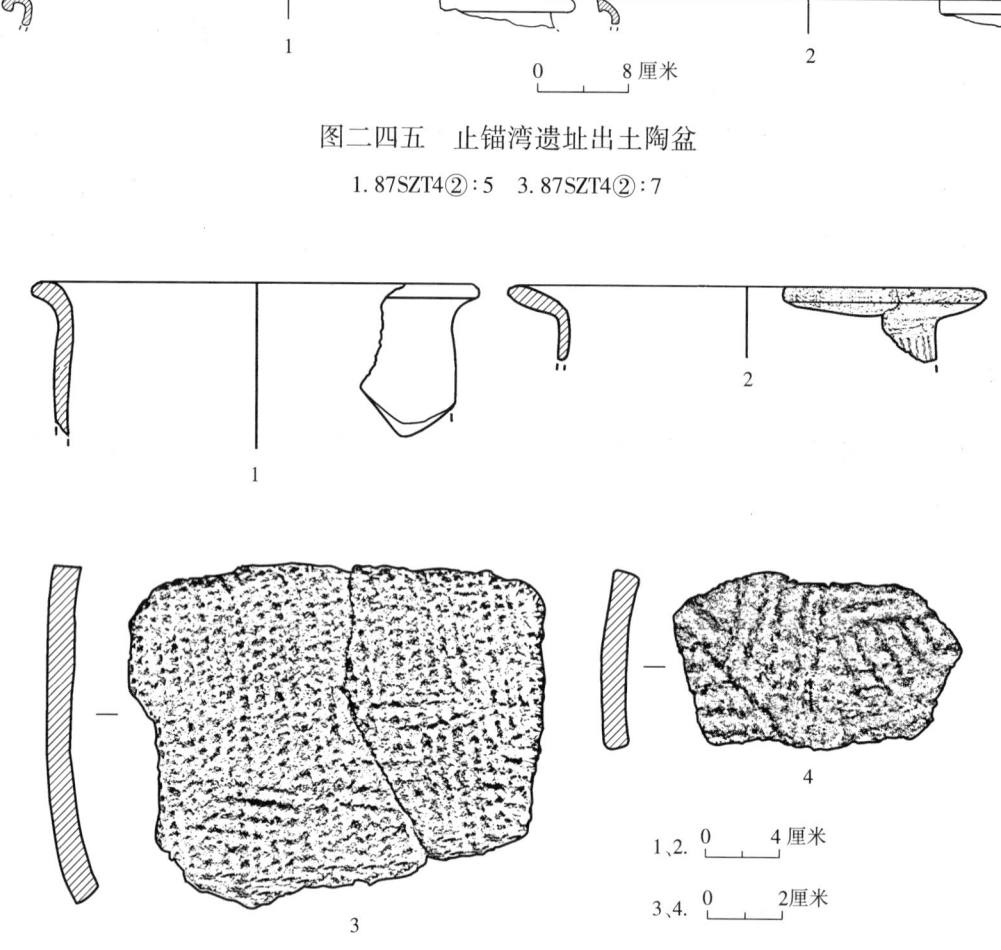

0　　　8厘米

图二四五　止锚湾遗址出土陶盆
1. 87SZT4②：5　3. 87SZT4②：7

1、2.　0　　　4厘米

3、4.　0　　　2厘米

图二四六　止锚湾遗址出土陶釜及纹饰
1. 87SZT5②：11　2. 87SZT4②：24　3. 87SZT4②：35　4. 87SZT4②：40

2. 釜

腹部残片较多，据厚度、颜色、纹饰等诸多差异推断，至少有 5 个不同个体，但皆破损严重，现据口沿特征分为两型。

A 型：尖圆唇，口沿较宽且外侈，束颈。颈部为素面，腹部施竖直行或斜行交错绳纹。标本 87SZT4②：24，夹粗砂，红褐色。残高 4、胎厚 0.6 厘米（图二四六，2）。标本 87SZT4②：35，腹部残片，饰竖、横行交错细绳纹（图二四六，3）。标本 87SZT4②：40，腹部残片，斜行交错细绳纹（图二四六，4）。

B 型：圆唇，沿较窄微侈，束颈，斜弧腹。标本 87SZT5②：11，夹粗砂并杂有细小石英颗粒，灰褐色，素面。残高 8.2、胎厚 0.6 厘米（图二四六，1；图版二〇五，2）。

3. 罐

1 件。标本 87SZT5②：3，夹细砂，黄褐色。贴塑花边口沿，直领。饰竖直行粗绳纹。残高 4.5、胎厚 0.8 厘米。

4. 豆

2 件，均残，仅存柄部。标本 87SZT5②：14，夹粗砂并杂有细小石英颗粒，黄褐色，素面。残高 4.2、豆柄径 4.3、底座胎厚 0.7 厘米（图二四七，1；图版二〇五，1）。

5. 陶纺轮

1 件，完整。标本 87SZT4（扩）采：1，夹粗砂，黄褐色，素面。外径 5.2、孔径 0.7、厚 1.6 厘米（图二四七，2；图版二〇五，4）。

（三）铁　　器

2 号夯土台附近发现铁器 2 件，均为铁钉。已残损，表面布满铁锈，尖状圆柱体，不见钉冒。其功用不详，或为瓦钉。标本 87SZJ1：4，粗端直径 1、残长 5.6 厘米（图二四七，3）。标本 87SZJ1：5，粗端直径 1.2、残长 3.3 厘米（图二四七，4；图版二〇五，3）。

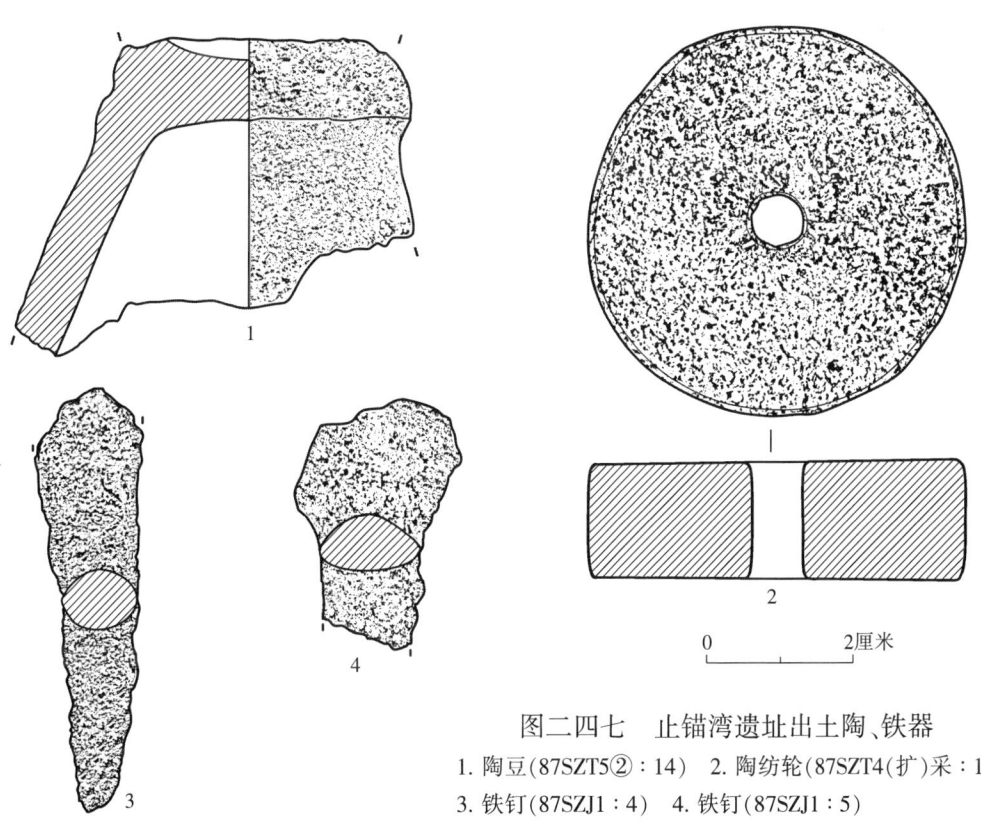

0　　　　　2厘米

图二四七　止锚湾遗址出土陶、铁器

1.陶豆(87SZT5②：14)　2.陶纺轮(87SZT4(扩)采：1)

3.铁钉(87SZJ1：4)　4.铁钉(87SZJ1：5)

二　汉代遗物

均为建筑构件，数量较少，包含板瓦、筒瓦及瓦当等，其中板瓦数量最多，瓦当和筒瓦较少，现分类介绍如下。

（一）板　　瓦

均为残片，无可复原者。皆为夹粗砂质并掺杂细小石英颗粒；以黄褐色为主，灰褐色次之；火候较低，质地疏松。

从纹饰看，凸面饰弦断绳纹或竖行、斜行粗绳纹（标本87SZT4①：1，竖行细绳纹，图二四九，5；标本87SZ采：2，竖行粗绳纹，图二四九，4；标本87SZ采：4，斜行细绳纹，图二四九，3），且一端伴有数道凸弦纹，弦纹有粗细之分（标本87SZ采：1，细凸弦纹，图二四八，1；标本87SZ采：3，粗凸弦纹，图二四八，2）；凹面饰麻点纹，大、小菱格纹（标本87SZ采：2，小菱格纹，图二四九，2；标本87SZ采：8，大菱格纹，图二四九，1），凸弦纹或素面。内侧有切口。

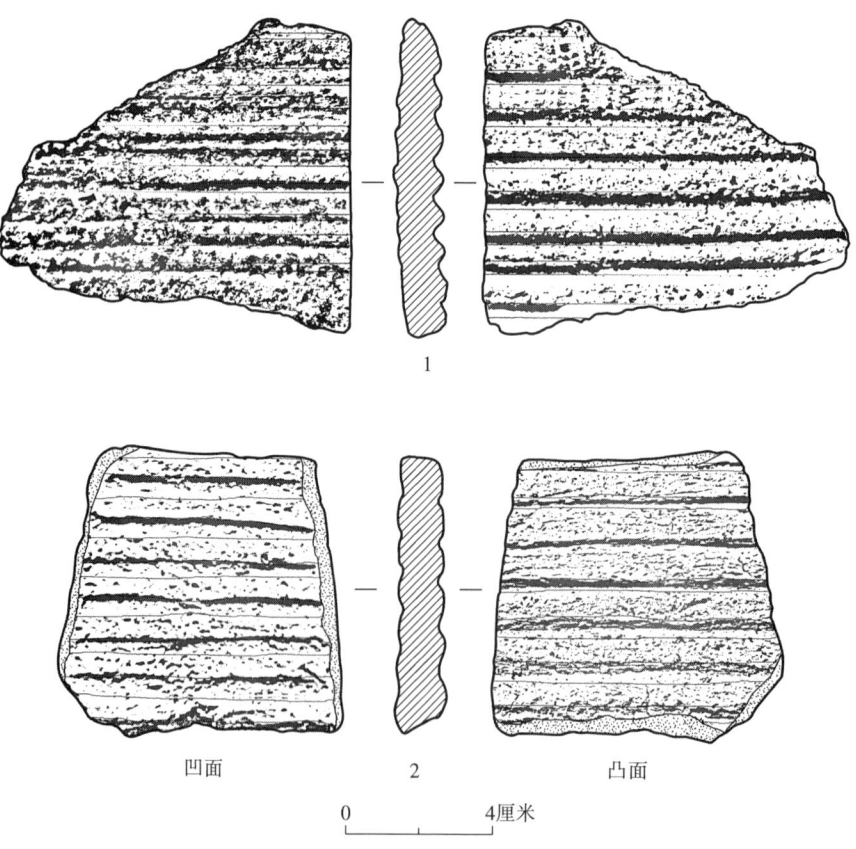

图二四八　止锚湾遗址出土汉代板瓦纹饰

1. 87SZ采:1　2. 87SZ采:3

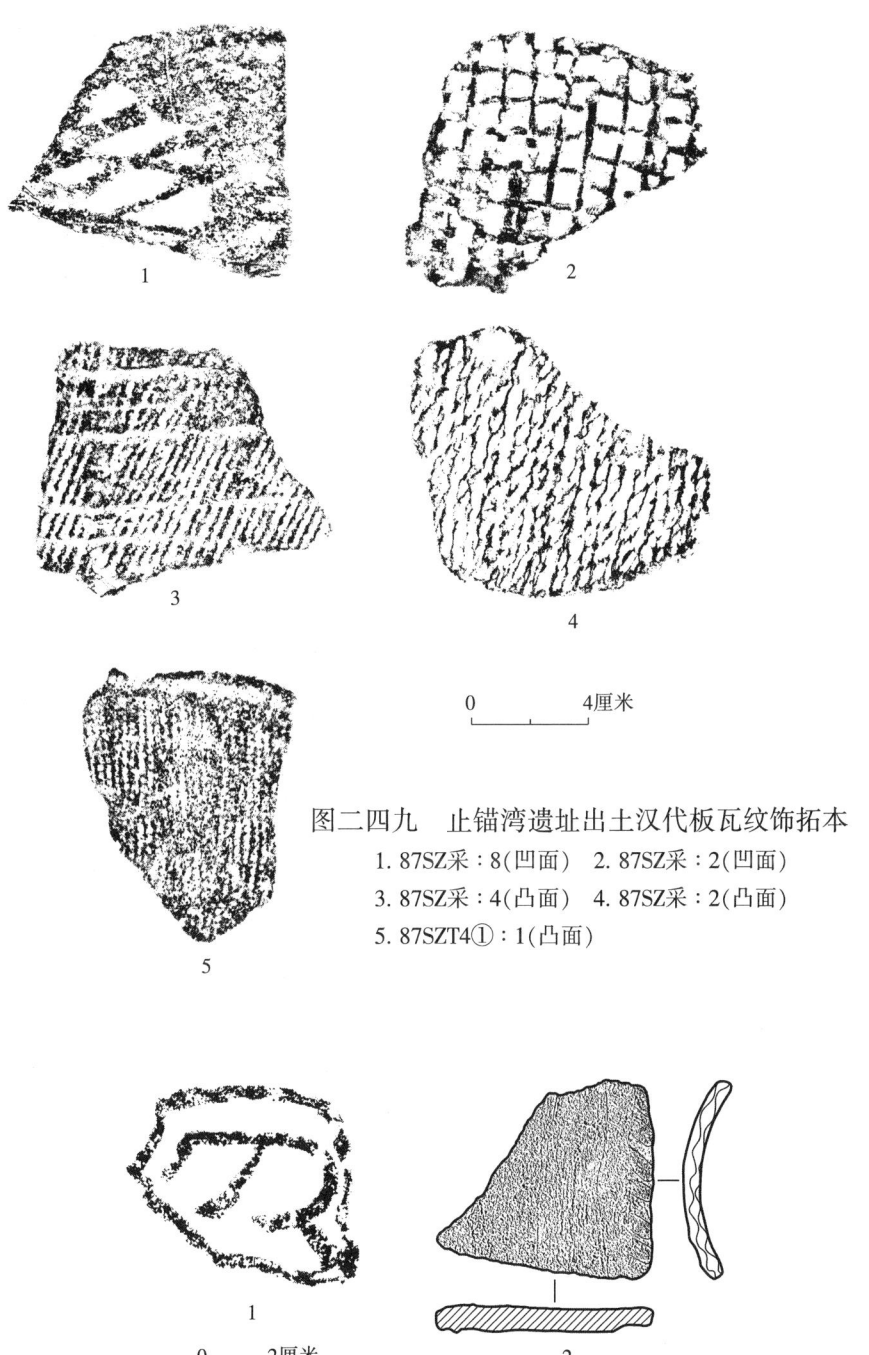

图二四九　止锚湾遗址出土汉代板瓦纹饰拓本

1. 87SZ采：8(凹面)　2. 87SZ采：2(凹面)

3. 87SZ采：4(凸面)　4. 87SZ采：2(凸面)

5. 87SZT4①：1(凸面)

图二五○　止锚湾遗址出土汉代筒瓦、瓦当

1. 瓦当（87SZ 采：7）　　2. 筒瓦（87SZ 采：6）

（二）筒　　瓦

仅 1 件，残片，不可复原。泥质夹粗砂；黄褐色；凸、凹面均为素面。标本 87SZ 采：6，边缘呈手捏花边状（图二五〇，2；图版二〇五，5）。

（三）瓦　　当

仅 1 件，不可复原。泥质夹粗砂；灰色；为乙类 Ba 型"千秋万岁"瓦当。标本 87SZ 采：7，残存"千"字（图二五〇，1；图版二〇五，6）。

第三节　小　结

通过多次调查、勘探与试掘工作，对止锚湾遗址的大体分布范围、年代等已有了初步了解，但仍有许多情况尚不清楚。

目前所知，遗址位于止锚湾村落中的高台地上，与同建于岸边的石碑地、黑山头遗址相比较，距离岸边稍远；因遗址所在区域建筑较多，工作不便，故仅在派出所及水产招待所院内勘探发现建筑遗存，而遗址的确切范围、建筑布局等均不详。

将该遗址出土遗物与石碑地遗址出土遗物相比较可发现，其中绝大多数属于秦代，也零星有汉代遗物，但该遗址秦、汉时期的建筑是延续使用还是不同时期分别建造的则不明了。

从现知遗迹看，遗址中至少有呈"品"字形分布的三座台状建筑基础，构造与黑山头遗址有显著差别，表明同作为石碑地遗址的两翼建筑，止锚湾与黑山头遗址的功能应不相同。

止锚湾遗址保存较差，且试掘面积较小，调查见有汉代遗物，但总体情况不明。据石碑地、周家南山遗址秦代建筑均已被毁，汉代又予以重建的情况推测，该遗址的汉代建筑系在秦代建筑废墟之上重建的可能性较大，亦应为汉武帝行宫的附属建筑之一。

有关该遗址的确切情况还有待进一步做工作。

第三章 黑山头遗址

　　黑山头遗址位于石碑地遗址西约 2 公里处一座突起于岸边的岬角上。岬角岩体裸露，远远望去，其颜色与黑色的山石接近，故俗称为"黑山头"。岬角顶部平坦，南北长近 100 米，东西宽60 余米。临海的南端略高，海拔高度为 19 米。在其南百余米的海面上，耸立着两块东、西对峙的礁石，间距 40 余米，称"龙门石"。北部则为开阔平坦的滩地，附近即为海军某部营地。东、西两翼为逶迤绵延的沙滩海岸。伫立山头，向南可近观"龙门石"，向东可远眺海中碣石（即"姜女坟"礁石），风光绮丽，景色宜人（图二五一；图版二〇六）。

　　该遗址于 1982 年 4 月由锦州市文物普查队在进行全省文物普查时发现。鉴于遗址发现时已遭

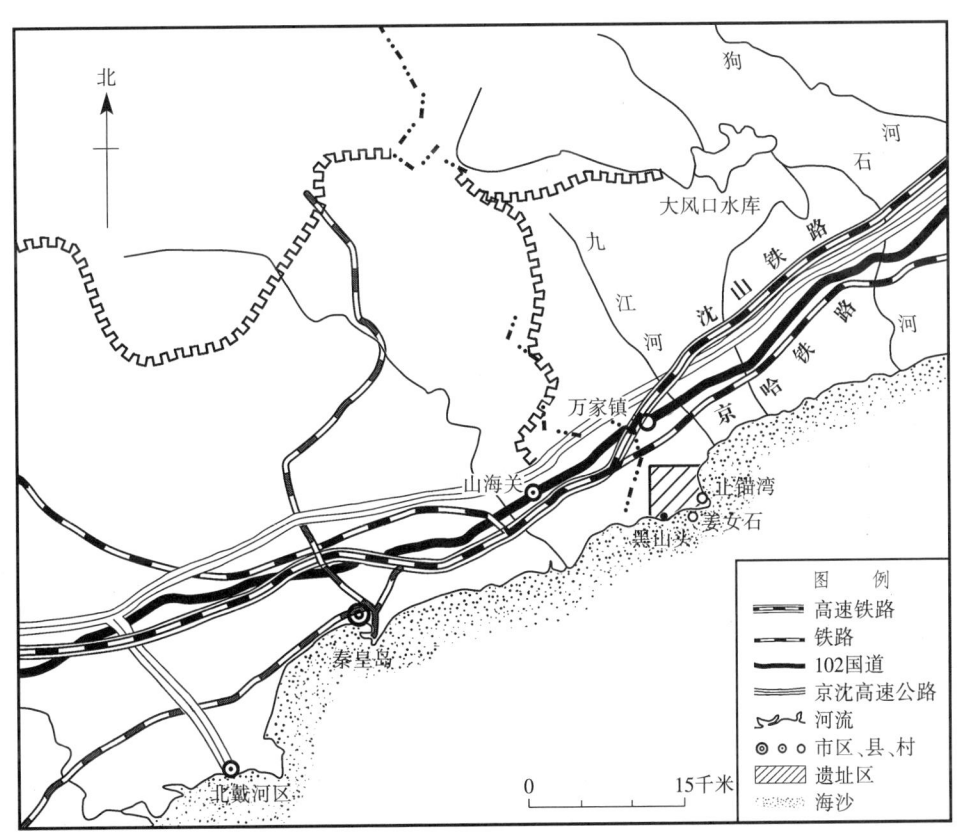

图二五一　黑山头遗址位置图

到部队施工建设严重破坏的情况，故于 1984 年 4 月，由辽宁省博物馆、锦州市文化局和绥中县文物保管所组成联合考古队，对遗址进行了第一次抢救性发掘。参加工作的人员有：孙守道、郭大顺、陈大为、刘义仲、王成生、李宇峰、辛岩等。此次发掘仅对主体建筑做了必要的清理，初步弄清了其大略布局①。

1986 年春，再次对该遗址进行清理，基本弄清了各建筑单元的形制、结构等问题。参加发掘者除上述相关人员之外，还有张克举、刘胜刚、王来柱等。

1991 年 10 月及 1992 年 6 月，又先后两次对该遗址进行局部解剖，目的是为了弄清遗址现存夯土台基的范围、各类夯土基础的构造及层位关系等。参加人员有万欣、刘胜刚、王来柱等。

1995 年以后，对遗址进行回填保护，并在其上制作了等比例模型。参加工作的人员有张克举、孙力和刘博等②。

需要指出的是，出于遗址保护的需要，历次发掘均未对黑山头遗址进行大面积的解剖，故部分遗迹的地下结构并不很清楚。对其进行的局部解剖，为了解该遗址的地下部分提供了参考。

第一节　建筑遗存

在进行第一次抢救性发掘之前，遗址已遭到极大的破坏，其上堆积被推土机推去 1～2 米，陶井圈、空心砖、陶水管、瓦砾、红烧土等暴露于地表，部分础石已失位，幸存遗迹均与建筑有关。

一　建筑单元划分

现存建筑遗迹东南、南、西三面均不同程度地遭到破坏，东西存长约 50 米，南北宽约 41.5 米，面积达 2075 余平方米。

该遗址建筑群主要由南侧的主体建筑和北侧的附属建筑组成。为了更好地对其进行描述，现对该遗址的遗迹进行组别划分。

第 1 组：主要由位于遗址南端的两座大型建筑基址 J1、J2 及二者中间的院落 Y1 组成。该组建筑是整个遗址的主体建筑部分。

第 2 组：主要由位于主体建筑北侧的一排呈东西向的院落、房址及廊道组成。该组建筑结构

---

① 辽宁省文物考古研究所：《辽宁绥中县"姜女坟"秦汉建筑遗址发掘简报》，《文物》1986 年第 8 期；另据姜女石工作站档案资料：在这次发掘中，还对黑山头遗址下层及近旁二阶台地上所见商周时代的文化遗存进行了初步试掘，曾出土夹砂绳纹红陶瓿腰、鬲足、纺轮、陶拍和石斧等遗物。

② 张克举：《谈绥中黑山头遗址的复原》，《辽宁考古文集》310 页，辽宁民族出版社，2003 年。

复杂，形制特殊，以中间的 L3 为界，又将其分为东、西两区。东区由 3 个院落（Y2、Y3、Y4）、1 个房址（F1）和 1 条廊道（L2）组成；西区形制复杂但较为规整，主要由 3 个形制完全相同的建筑单元组成，每个单元内均有 2 座房址、3 个院落。自东向西分别命名为第一、二、三单元。

　　第 3 组：由位于第 2 组建筑以北的建筑遗迹组成。由于该组建筑未进行大规模发掘，故其详细情况不明，现见地面上的瓦片堆积和断续的夯土遗迹（图二五二；图版二〇七，1）。

　　以下分组介绍相关建筑遗迹。

二　第 1 组建筑

　　位于整个遗址区的南部，由两座相连的大型建筑及周围院落组成。

　　两座建筑所在地势较高，面海，应为本遗址最为重要的建筑，可称之为主体建筑。为叙述方便，现将位于东部者编号为 J1，西部者编号为 J2。两建筑南部以院落（Y1）相隔，北部以廊道（L1）相通。此外，在 J2 南部有较大的空场，应为院落，编号为 Y14（参见图二五二）。

（一）1 号建筑（J1）

　　位于整个遗址的东南部。其东、南两面临海，因自然剥蚀致使其东南角遭到严重破坏（参见图二五三）。

　　现存建筑基础及部分台基，台基之上的建筑无存。

1. 基础

　　建筑基础掩埋于地面以下，仅东部边缘经过解剖，由此可知其基础概况。

　　解剖点位于 J1 及第 2 组 Y2 的东侧约 1 米处，为一条大体呈南北向，长 6.5、宽 1 米的探沟，编号为 TG2。

　　沟内露出一个坡角约为 30°的斜坡面，据此坡面观察，探沟南、北两部分的夯土不同：南部为 J1 基础夯土，呈黑色；北部 Y2 东墙墙基夯土，亦呈黑色，其上的墙体呈黄褐色；在两部分夯土的中间有一道生土隔棱，靠近东部边缘处隔棱较宽，为 0.4 米，向西隔棱变窄，消失不见。两部分夯土均打破生土层，深度不同：其中 J1 基础深 1.2 米，建于基岩之上；Y2 东墙基最深处为 1.6 米，系在基岩上挖槽建成，深入基岩 0.5 米左右（图二五四）。

　　此外，在 J1 东部南侧亦暴露出建筑基础，基础外缘较台基外缘宽 0.65 米左右。

　　据上述遗迹现象可知，J1 基础建于基岩上，深度达 1.2 米左右，宽于其上的建筑台基约 0.65 米左右。基础夯土呈黑色，夯层明显。

2. 台基

　　保存较差，形状不明，据其边缘走势推测应大体呈曲尺形（参见图二五三）。

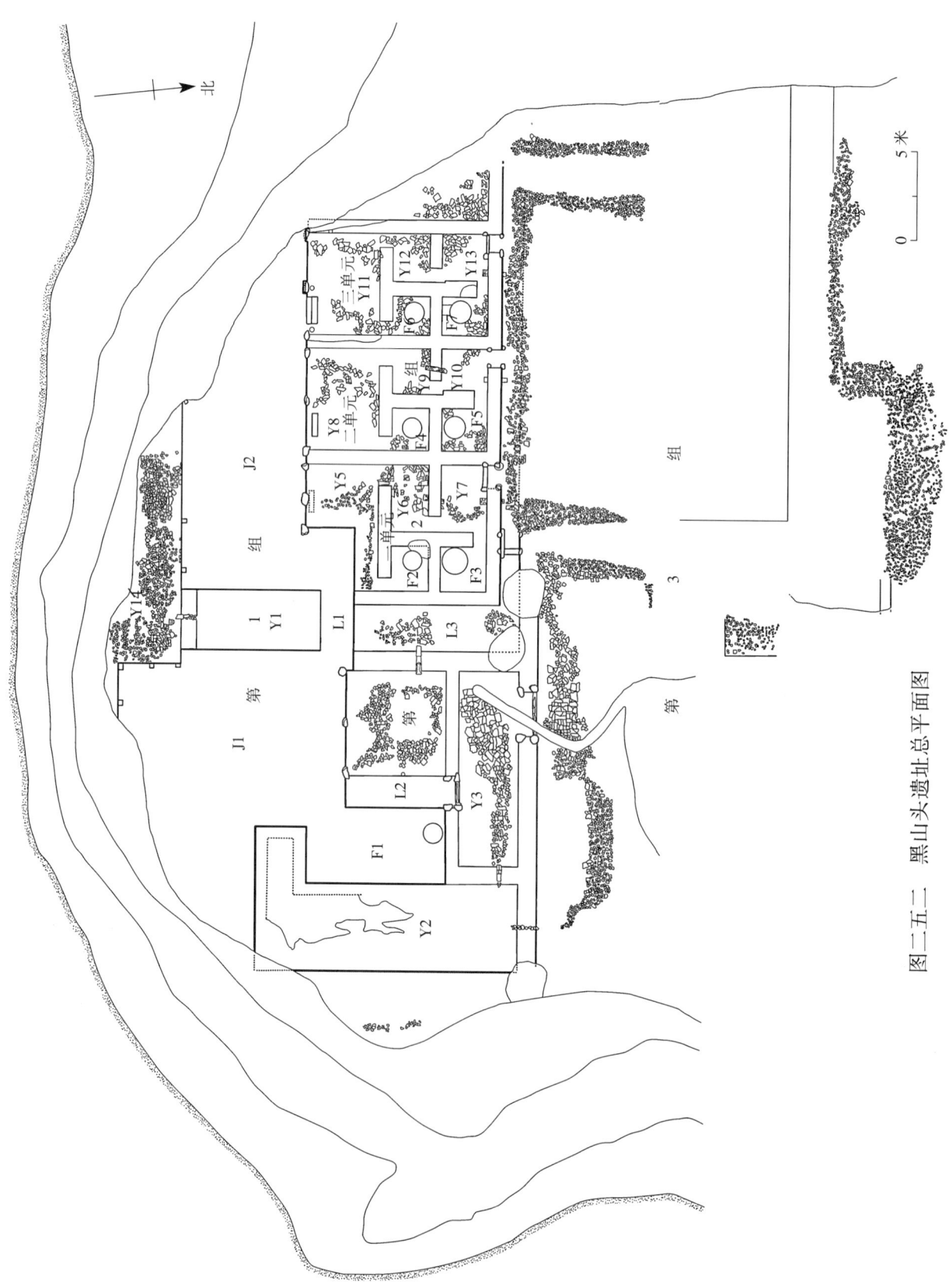

图二五二　黑山头遗址总平面图

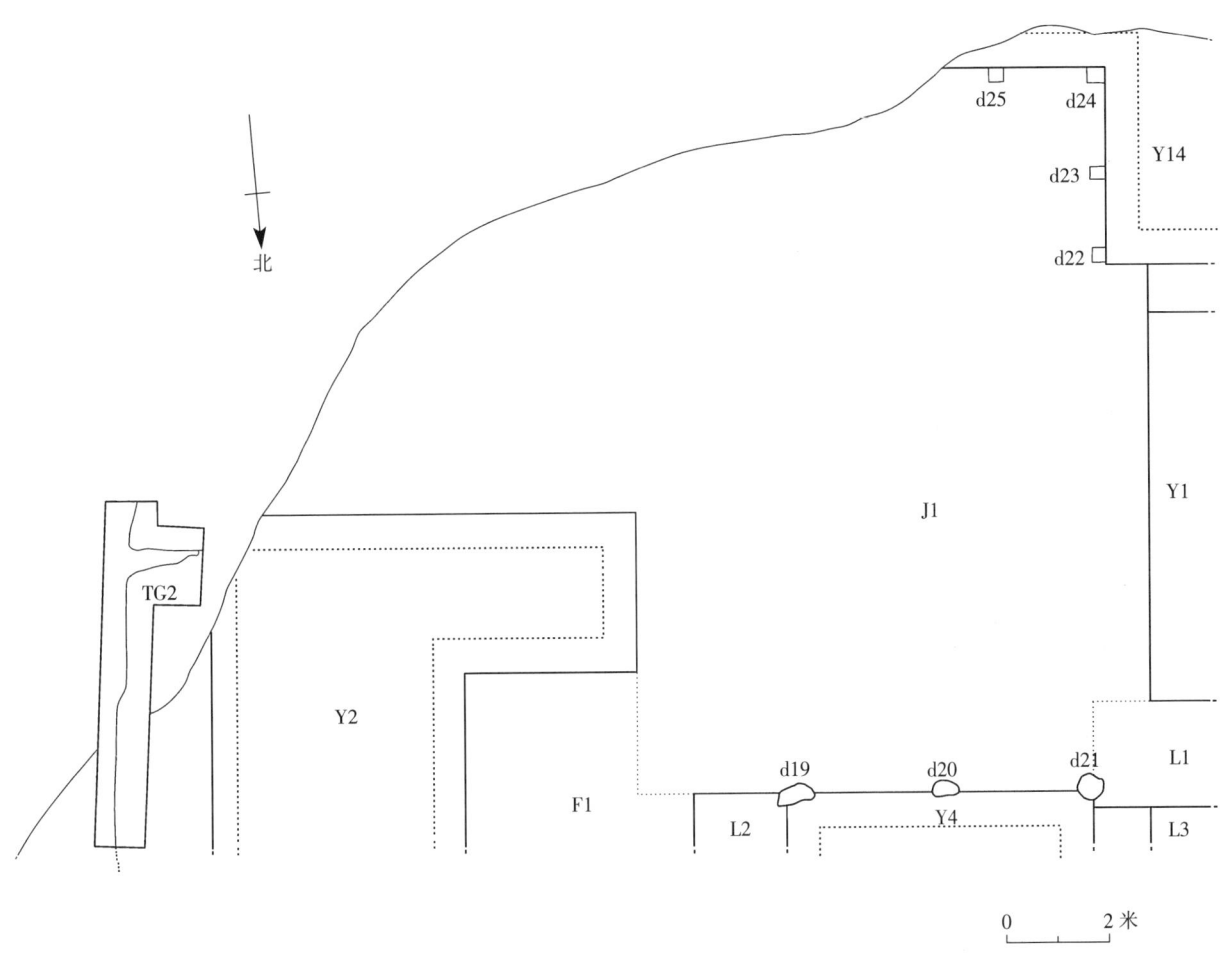

图二五三　黑山头遗址第 1 组 J1 平面图

台基南缘不在一条直线上，大体从 Y1 南墙东缘处起，向东延伸 0.8 米后，折而向南 3.7 米，然后东折 3.2 米后被破坏。按其走势推测，被破坏部分应继续向东延伸，与台基东缘直角相交。

东缘被破坏，现存南、北缘之间的直线距离为 7.5 米。

北缘亦不在同一条直线上，东端被破坏，现存边线自断崖处起，向西延伸 7.2 米处，折而向北 3 米后，不复存在，据 F2 东南部的基础构造情况推测，此处台基北缘应继续向北延伸 2.3 米后折向西 1.1 米与 Y4 南缘线相接，共同构成台基的北缘。推测其西北角应该以 Y4 的西南角为基点，向北延伸至 1.7 米处，折而向西约 1.1 米后与 Y1 北缘相交。

西缘与 Y1 东边线在同一条直线上，南北长 8.2 米。

台基夯土呈黑色，最高处约 0.5 米，其周边保存有部分壁柱遗迹。其中南缘 4 个，南北向 3 个、东西向 1 个，南北向的壁柱遗迹自北向南编号 d22～d24，东西向的壁柱遗迹编号 d25。其中 d22、d24 分别位于台基边缘拐角处。壁柱槽均呈长方形，规格不一，宽 0.2～0.3 米，深入台壁内 0.39～0.26 米。有的壁柱槽内残存有经烧成炭的木方遗迹。距柱槽现开口 0.2～0.4 米处见有础

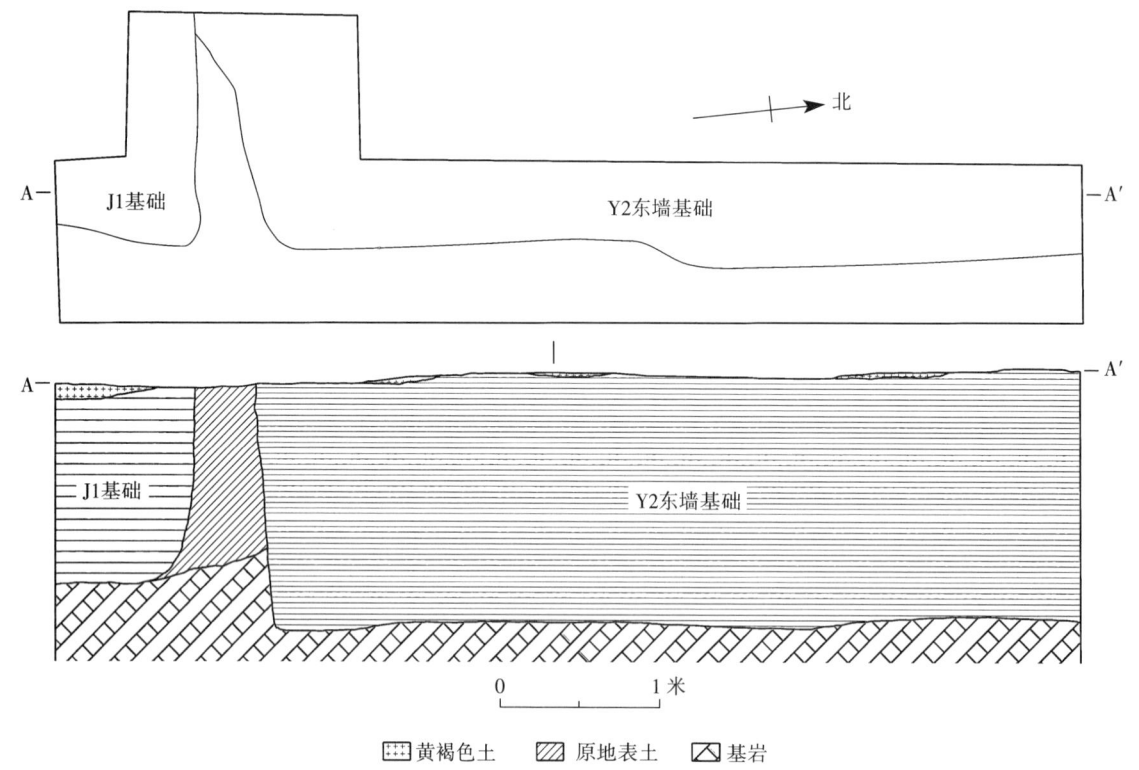

图二五四　黑山头遗址 TG2 平、剖面图

石。础石一般平面近圆形、椭圆形或圆角长方形，顶面较平，长径为 0.3～0.5、厚 0.12 米左右。d22～d24 中心点的间距分别为 1.55、1.83 米，d24、d25 中心点之间的间距为 1.85 米。其中 d24 与 d25 间的台壁上保留有敷泥贴瓦的迹象。

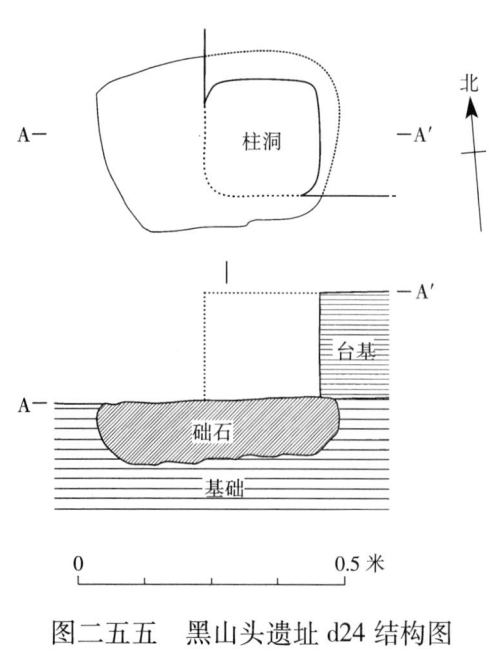

图二五五　黑山头遗址 d24 结构图

台基北缘自东向西等距离分布有 3 块础石，编号为 d19～d21，其中心点的间距为 2.9 米。础石形状不一，d19、d20 平面呈圆角长方形，长 0.55～0.76 米，宽 0.22～0.28 米，d21 平面大体呈圆形，直径为 0.5 米。

上述壁柱遗迹中 d24 经过解剖，可知其形制、结构及础石的放置方法均与石碑地建筑基址上的同类遗迹相同，即：首先在基础顶面挖坑埋置础石，础石顶面与基础顶面大体平齐，均为"暗础"，然后在基础之上夯筑台基，台基完成之后在预埋础石的中心位置沿侧壁边缘自上而下挖出放置立柱的柱槽，并在侧壁及柱槽边缘抹泥，使得壁面光滑平整，最后在槽内立柱，以使其起到加固台基侧壁的作用（图二五五）。

台基之上建筑无存。

（二）2 号建筑（J2）

位于整个遗址的西南角，西、南两面临海，西南角已被破坏至断崖，故其整体形状不明。但据台基边缘走向推测应呈长方形，南北宽 7.2 米，东西长度不明。现存建筑基础及部分台基（图二五六）。

1. 基础

建筑基础掩埋于地面以下，西部边缘经过解剖，由此可知其西部边缘基础概况。

解剖地点位于 J2 及第 2 组西区三单元西部院墙交界处，开一条大体呈南北向，长 9.2、宽 1 米的探沟，编号 TG3（图二五七）。

从 TG3 东壁剖面可以看出，现代回填土下部的堆积可分为 3 层：

第①层：废弃堆积。厚 0.1 ~ 0.5 米，土色较杂，灰色及黄、黑褐色相间，北薄南厚，夹杂一些碎瓦片及烧土块。其下即见第②层及夯土台基与墙基。

第②层：黄色土层。厚 0.1 ~ 0.5 米，有褐色土斑，质地较硬，亦夹杂破碎瓦片及烧土块、炭粒等，见于三单元墙基北部及 J2 基础中部。应为建筑废弃倒塌以后，基础遭破坏所致。三单元墙基夯土呈黑褐色，存厚 0.4 ~ 0.6 米，打破第③层；J2 基础夯土呈黑色，存厚 0.5 ~ 1.05 米，打破

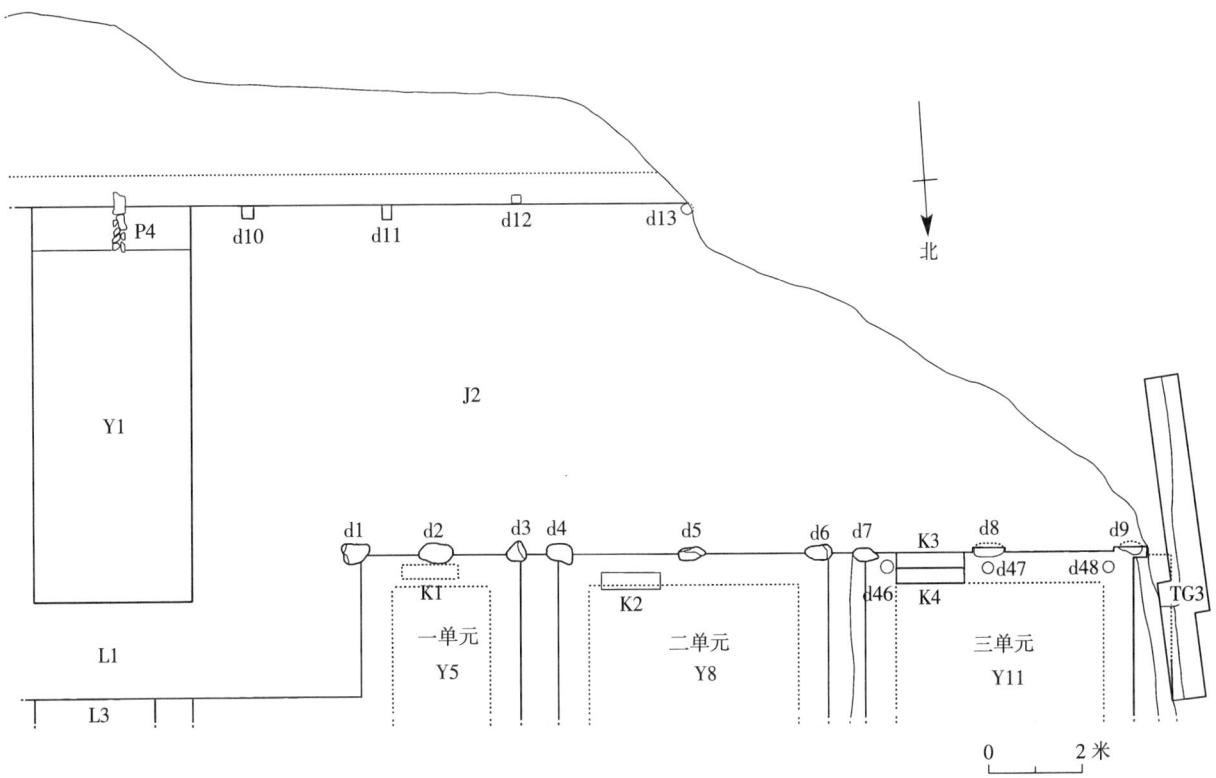

图二五六　黑山头遗址第 1 组 J2 平面图

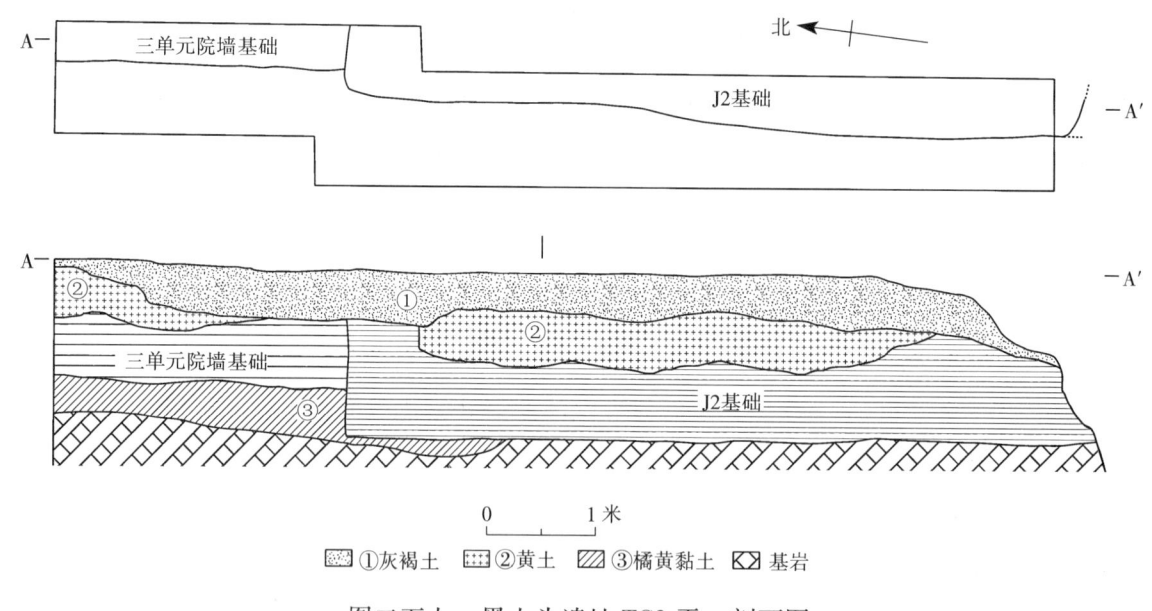

图二五七　黑山头遗址 TG3 平、剖面图

图例：①灰褐土　②黄土　③橘黄黏土　基岩

基岩。

　　第③层：原地表土层，呈橘黄色。厚 0.3~0.5 米，质地软黏，主要见于三单元墙基下部，该层下为基岩。

　　J2 其他部位未作解剖，基础情况不详。但通过该探沟的层位关系及第三单元的南北剖面可知 J2 基础较深，建于基岩之上，较其上的台基宽约 0.65 米左右。

2. 台基

　　平面呈长方形。现存高度为 0.1~0.4 米，以黑土夯筑而成。

　　北缘在一条直线上，以 d1 所在为基点，向西延长 16.9 米左右至断崖处、向东延伸 3.6 米与 Y1 相交处，东西存长约 20.5 米。

　　东缘与 Y1 共用一部分边缘线，自 Y1 南墙外缘起，南北长 7.2 米。

　　南缘与 Y1 南墙外缘在同一直线上，自二者相交处起向西延伸至断崖处，长 10.6 米。

　　西缘已遭破坏，形状不明。

　　在台基南北缘存有壁柱遗迹。

　　南侧自东向西分布有 4 个，编号为 d10~d13，其中心点间的距离分别为 2.96、2.76、3.66 米，d10 中心点距 Y1 西侧边缘为 1.22 米。d10、d11 保存完好，其中 d10 宽 0.24 米，深入台壁内 0.26 米。d11 宽 0.2 米，深入台壁内 0.3 米。d12、d13 遭到破坏仅剩础石。各壁柱构造与 J1 之上的壁柱构造相同。础石形状不规则，顶面较平。d10~d13 壁柱之间的台壁上亦见有贴瓦现象，瓦片上的敷泥局部经火烧后非常坚硬。

北侧自东向西分布有 9 个壁柱，编号为 d1～d9，其中心点间的距离分别为 1.7、1.7、0.96、2.85、2.72、1、2.82、2.94 米，d1 距 Y1 西缘的距离为 3.5 米。下部有础石，其中 d1～d7 号础石已露于台基表面，而 d8、d9 号础石则仍在地表以下 0.1～0.16 米处。础石平面均呈不规则的圆角长方形，顶面较平，长 0.44～0.7、宽 0.24～0.46 米。

需要说明的是，d8、d9 号壁柱保留有立柱的炭痕，直径为 0.21、0.24 米，且在炭痕周围留有一圈厚 0.03 米左右的烧烤痕迹。由此可知，与前述台基南缘的方形壁柱不同，立于台基北缘础石上的壁柱应为圆柱（图二五八）。

台基之上建筑无存。

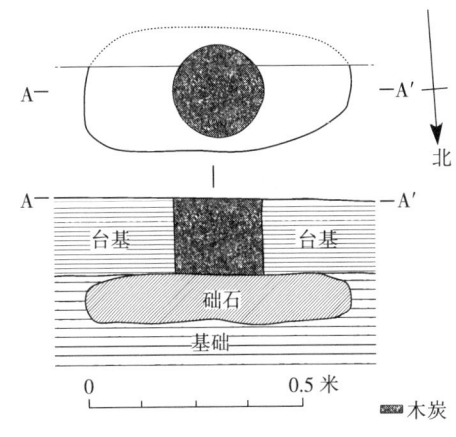

图二五八　黑山头遗址 d8 结构图

（三）1 号院落（Y1）

位于台基中心部位。平面呈长方形，南北长 7.3、东西宽 3.4 米。东、北、西三面无墙体，以 J1、J2 及 L1 边缘作为分界，南端则为一段宽 0.9 米的墙体，存高 0.2 米左右。

院落地面垫土为黄黏土。

南墙基中部有一条南北向排水管道（编号 P4），现已露出地表，大部分残破，似由 3 节排水管套接而成，总长度为 1.24 米。其粗端置于 Y1 内，细端置于 Y14 地面上，首尾高差为 0.14 米，由此可知排水南流（参见图二五二）。

（四）14 号院落（Y14）

位于 J2 及 Y1 南部。其东、南、西三面临海，因自然剥蚀，破坏严重，具体形状及规格不详（参见图二五二）。

此院地表低于北部台基面 0.2～0.25 米左右，故沿 J1 西南角、Y1 南墙及 J2 南缘形成了一道直角"乙"字形的残壁面，壁面南侧即为大片的瓦砾堆积；从院内东、西部倒塌堆积中的一些尚可复原的瓦片所保持的原位看，Y14 中的堆积系台基上的建筑倒塌时所形成的。

（五）廊道（L1）

位于 Y1 北侧、J1 与 J2 之间（参见图二五二）。

平面为曲尺形，东自 Y4 西缘起向西至 Y5 东缘止，东西总长度为 8.1 米，南北宽度不一，西侧宽 2 米，东侧宽 3 米。此廊道东西连通 J1、J2，北侧应与 L3 相交。

三 第 2 组建筑

位于整个遗址区中部、第一组建筑的北部。其西缘、西南角及东南角已被破坏。

本组建筑现存平面形状大体呈"凹"字形，由东、西两区及 L3 组成。此外在西区三单元西侧有大片的倒塌堆积，通过其基础推测，此处原应有建筑遗迹，但已遭到严重破坏。鉴于此情况亦将其划归本组。

本组建筑东西较长，东自 Y2 东缘起，西至遗址的西崖，具体长度不明。东部南北较宽，南起 Y2 南墙外缘，北至第 1 组 J1 北墙基外缘的距离为 16.6 米；中部较窄，南自 L3 南缘起，北至第 1 组 J1 台基北缘的距离为 11 米；西部略宽，南起第 1 组 J2 北部台基边缘，北至西区三单元北墙外缘的距离为 11.8 米（参见图二五二；图版二〇七，2）。

（一）东 区

位于第 2 组东部，平面近曲尺形。由 3 个院落（Y2～Y4）、1 座房址（F1）和 1 条廊道（L2）组成（图二五九）。

1. 2 号院落（Y2）

位于本区的最东侧，其南为第 1 组 J1，西为本组 F1、Y3，北为第 3 组建筑。

平面呈曲尺形。东南角被破坏。南北长 15.5 米。东西规格不一，南端较宽，东西宽 8.2 米；北端较窄，东西宽为 4.9 米（参见图二五九）。

院落北墙保存较好，宽 1.1 米，东端被一沙坑打破，中部有一贯穿南北的排水管道，编号 P1，其中线距西侧墙基边缘 2.5 米。该管道虽已残破，但仍可看出是由 3 节陶制排水管套接而成，存长 1.76 米，其粗端置于院内地面，伸出长度为 0.3 米，由此可知该管道为院内积水北排所用。为弄清墙基北缘及墙体的构造情况，1992 年采取探沟与勘探相结合的方式对院落东北角进行了解剖发掘，结果显示，北墙墙体建于墙基之上，墙基北缘较墙体北缘宽近 0.9 米（参见图二五九）。

东侧墙体保存非常差，仅局部保留。墙基为黑色夯土，系在基岩上挖深槽建成，宽 2.3 米左右，存厚 1～1.5 米左右。墙体系在墙基之上挖浅槽建成，宽 1.2 米左右，墙体颜色呈黄色，现见院落东墙界线系墙体的残留部分（参见图二五九）。

南侧无单独的墙体，系以第 1 组 J1 台基为界。

西侧墙体保存状态不一：北段与 Y3 的界墙保存较好，宽 1 米，见有排水管道（详见 Y3）；中段与 F1 的隔墙保存不好，推测应与北段墙体在一条直线上，且宽度相同，并部分见有墙体的基础，墙体较基础内缩 0.6 米左右；南段应分别利用 F1 南墙及第 1 组 J1 台基作为界墙（参见图二五九）。

院落地面垫土呈黄褐色，经过夯打，较为坚硬。东缘见有部分建筑倒塌堆积，呈南北向带状分布。

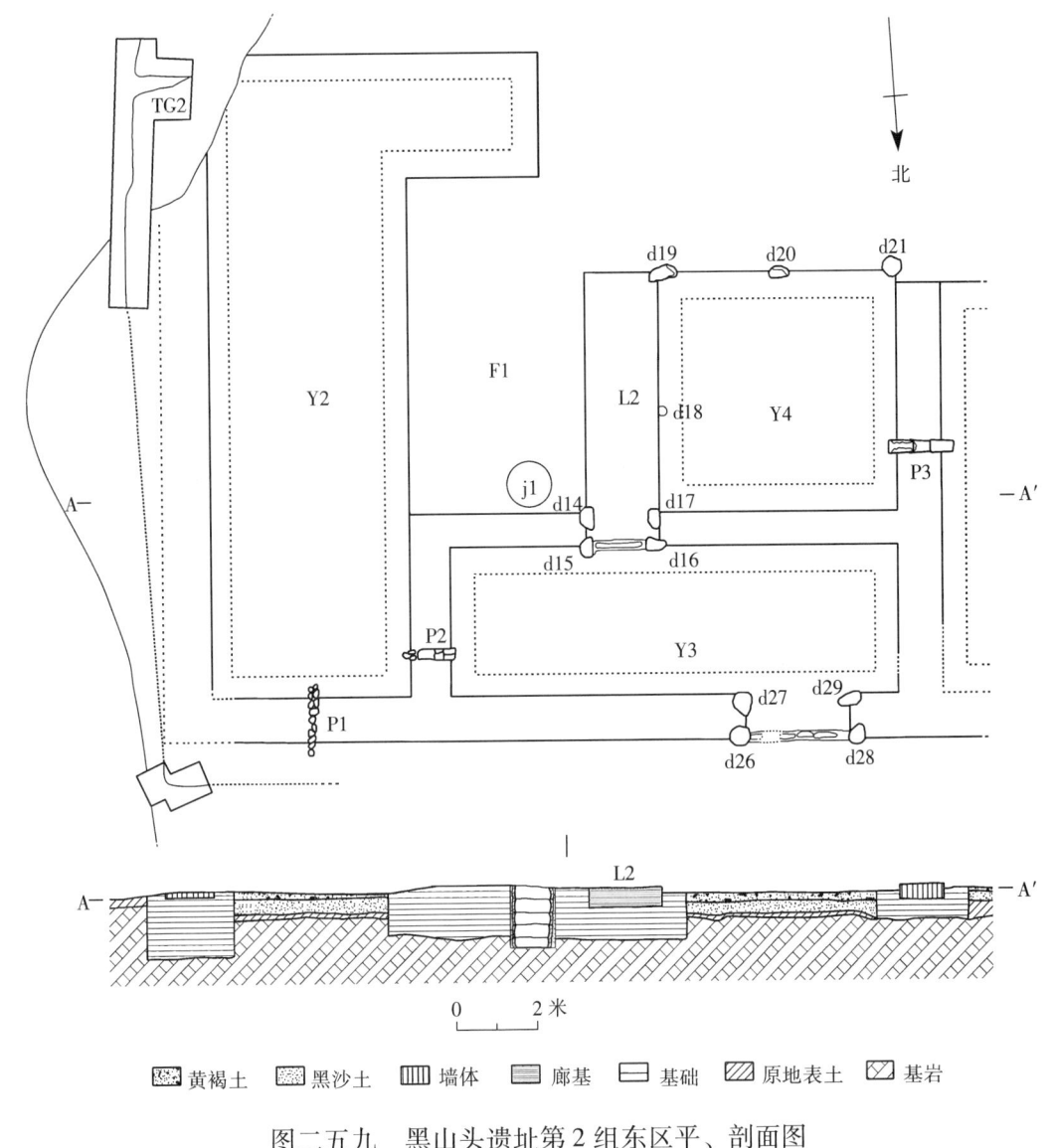

图二五九 黑山头遗址第 2 组东区平、剖面图

2. 3 号院落（Y3）

位于该区的西北部，北为第 3 组建筑，东为本区 Y2，南侧自东向西分别为 F1、L2 及 Y4。

平面呈长方形。东西长 11.2、南北宽 3.6 米。在其西北角、南部偏东的位置各有一门道，东墙北部有排水管道。

该院落四面墙体均建于墙基之上。

北墙与 Y2 北墙相连且在同一条直线上，宽 1.1 米，高出院内地面 0.1 米，其下墙基宽度不详，根据 Y2 北墙基推测，该墙基北缘较墙体亦应宽出约 0.9 米。北墙西端有一门道，应为 Y3 北门，与第 3 组建筑相通。该门道宽达 2.6 米，中线距西墙基内缘 2.5 米。门道四角各有一块础石，顶面较平，形状不规则，长 0.44 ~ 0.6、宽 0.38 ~ 0.52 米。东端两块自北向南分别编号 d26、d27，

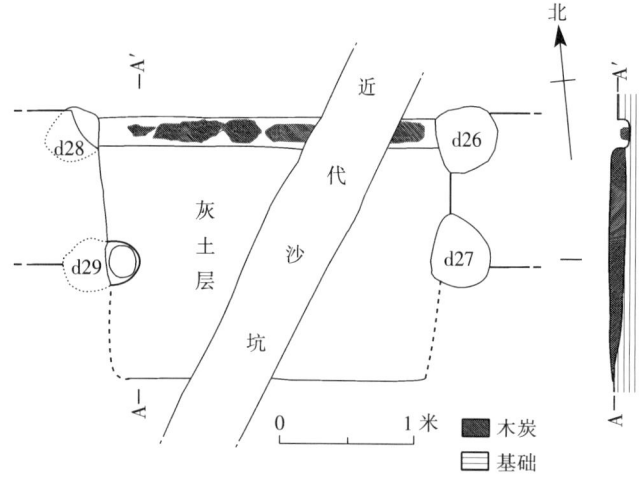

图二六〇　黑山头遗址第 2 组 Y3 北门平、剖面图

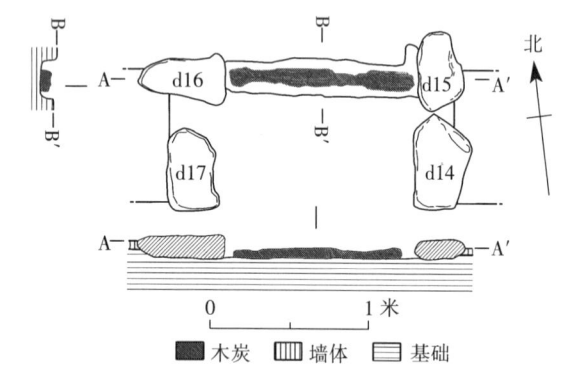

图二六一　黑山头遗址第 2 组 Y3 南门平、剖面图

中心点间距 0.9 米；西端两块自北向南分别编号 d28、d29，中心点间距 0.8 米。其中东端两块露出门道表层，西侧两块则隐于其下。从 d28、d29 柱槽壁内遗留的炭化痕迹来看，原立柱为圆形，直径为 0.25 米左右。在 d26、d28 之间有一道门槛槽，宽 0.2、深 0.08 ~ 0.12 米，槽内尚有炭化的门槛残段，存长 2.2、宽 0.04 ~ 0.17、厚 0.05 ~ 0.08 米。在门槛南侧见有一层质地细密的灰色垫土，最厚处 0.12 米。该门道在诸门道中宽度最宽，其铺置垫土的做法也有别于其他门道（图二六〇）。

东墙宽 1 米，高出院内地面约 0.1 米，墙体东缘较其下墙基内缩 0.6 米。其上近北端有一东西向的陶制排水管道，编号 P2，暴露于地表，已残破，存长 1.3 米，从残存的两节排水管可知，该管道系排水管套接而成，其粗端置于 Y3 地面上，伸出长度为 0.1 米，首尾高差为 0.1 米，由此可知排水向东流入 Y2 内。

南墙宽 0.8 米，高出院内地面 0.1 米。其下墙基的具体情况参见 F1、Y4 的介绍。墙体中部偏东的位置有一门道，可称之为 Y3 南门，南侧连接 L2。该门道宽 1.8 米，中线距东墙基内缘 4.3 米。门道四角各有一块础石，顶面较平，呈不规则的长方形，长 0.5 ~ 0.6、宽 0.28 ~ 0.38 米。东端两块自南向北分别编号 d14、d15，中心点间距为 0.6 米；西端两块自南向北分别编号 d17、d16，中心点间距亦为 0.6 米。北侧的 d15、d16 之间有一道门槛槽，宽 0.2、深 0.08 米左右，槽内尚存一段炭化的残木槛，长 1.17、厚 0.04 米（图二六一）。

西墙宽 1.1 米，高出院内地面 0.1 米左右。南与 Y4 西墙相连，二者外边缘在同一条直线上。其下墙基呈黑色，宽 2.3、深 0.7 米左右，系在基岩上起筑。墙体两侧较墙基内缩 0.6 米左右。

在该院落地面上有大量倒塌堆积，主要为建筑构件的残片，绝大多数为板瓦残块。其中东部杂乱无序，西部尚可看出 7 行，自西向东相互扣卧叠压。瓦片下部则为红、黑色的松软烧土，应为建筑被火烧毁所致。

地面垫土为细密有黏性的黄褐土，经过粗夯，较为坚硬。

3. 1 号房址（F1）

位于该区中部，北为 Y3，东南两侧为 Y2，西南角为第 1 组 J1，西侧为 L2。

该房址整体建于一条夯土基础之上，其南北长度不明，东西长度为 6.75 米。基础为黑色夯土，在基岩上挖槽起建，厚 1.3 米左右，深入基岩内 0.4~0.5 米。

本单元建筑结构未完全弄清楚。其北墙较为明确，即其与 Y3 的隔墙，北缘较基础内缩 0.65 米左右；东部仅见本房址与 Y2 之间的分界线，据现有遗迹现象推测，东墙应与 Y3 东墙在一条直线上，且宽度相同，现见界线应为 F1 东墙的外缘线，内缘已遭破坏；东墙外缘较其下基础内缩 0.65 米左右；西侧以 L2 东缘为界；西南角未闭合，应以第 1 组 J1 的台基东北角为界。

据上述分析，该房址平面呈曲尺形，其南北较长，自北墙内缘起至南墙内缘的长度约为 7.1 米；东西宽窄不一，北部较宽，自东墙内缘至 L2 东边缘宽 4.4 米，南部较窄，自东墙内缘至第 1 组 J1 台基东缘的距离为 2.3 米左右。

该房址内部结构不明，仅在北部有一井窖（编号 j1），现存井窖口径为 1.1 米，其中心点距北墙基内缘 0.67 米，距西侧 L2 东缘 1.4 米。井窖上部已遭破坏，存深 1.6 米，井底打破基岩。残留部分系用 5 节陶井圈相接而成，每节高 0.3、厚 0.03 米。井圈外面饰绳纹，里面拍印窝点纹。

4. 4 号院落（Y4）

位于本区西部，北为 Y3，东为 L2，南为第 1 组 J1，西为 L3。

平面近正方形，院落内侧南北长 5.8、东西宽 6 米。

北墙即 Y3 南墙西段，宽 0.8 米，其下墙基宽 2.1 米，墙体两侧较墙基内缩 0.65 米左右；东部以 L2 西缘为界；南部以第 1 组 J1 台基北缘为界，d19 与 d21 分别位于其东南角和西南角；西墙宽 1.1 米，高出院内地面 0.1 米，其下墙基呈黑色，宽 2.3 米，深 0.7 米左右，系在基岩上起筑。墙体两侧较墙基内缩约 0.6 米。墙体中部偏北的位置有一贯穿东西的排水管道，编号 P3。管道中线距北墙内缘 1.55 米，全长 1.6 米，由 3 节排水管套接而成，局部破损，每节长 0.66~0.72 米，口径 0.24~0.28 米，管壁厚 0.015 米。其粗端置于院内地面上，伸出长度为 0.1 米左右，首尾高差为 0.06 米，由此可知排水西流（图二六二；图版二○八，1）。

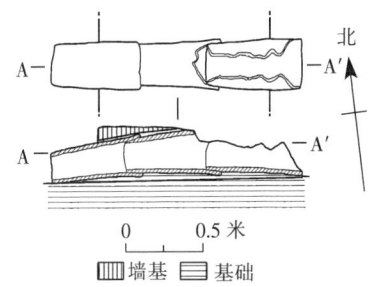

图二六二　黑山头遗址第 2 组
P3 平、剖面图

院内地面上散乱有大量的建筑倒塌堆积，沿四周边缘呈环状排列。主要为板、筒瓦碎片，内杂有黄黏土、炭灰及红、黑烧土等。其下为一层厚约 0.2 米的黄褐色土层，经过粗略夯打，应为院落地面。

5. 2 号廊道（L2）

在本区中部、F1 和 Y4 之间有一狭长的区域为黄褐色夯土带，其南接第 1 组 J1，北连 Y3 北门，从构造及其与相关遗迹的关系看，推测应为廊道，故编号为 L2（参见图二五九）。

L2 平面呈长方形，自第 1 组 J1 台基北缘起至 Y3 南门北缘之间的距离约为 6.6 米，东西宽 1.8 米。该廊道基础与 F1 建筑基础是一体的，廊体系在基础上挖槽起建，基础存深 0.5 米。现见廊道东侧地面与基础顶面平齐，西缘高出基础顶面 0.2 米左右，较基础内缩 0.65 米。

廊道西缘中部有一壁柱遗迹，编号 d18，与 d17、d19 在一条直线上。其中 d18 平面近圆形，直径 0.2 米，深 0.3 米左右，柱槽底部础石近圆角长方形，长 0.46、宽 0.22 米左右。d17～d19 三者中心点的间距分别为 2.7、3.3 米。

从现存迹象看，L2 或为慢道，或在南端有台阶以通往第 1 组 J1，惜遭破坏。

（二）通道（L3）

平面呈"L"形。南北向廊道位于本组建筑东、西两区的中部，自 L1 北缘至一单元北墙外缘一线止，长 9.9、宽 2.6 米；东西向廊道位于西区建筑的北侧，自 Y3 西墙外缘起向西延伸，西端被破坏，宽 1.1 米，具体长度不详（参见图二六三；图版二〇八，2）。

南北向廊道的西侧墙体均建于基础之上，较基础内缘缩进 0.65 米。西侧墙体宽 0.8 米，高出廊道地面 0.2 米，东侧墙体宽 1.1 米，高出廊道地面 0.24 米。南端与 L1 相连，推测此处应有台阶或者慢道，便于二者相互交通。

东西向廊道东段的北墙与 Y3 在同一条直线上，宽 1.1 米，高出廊道地面约 0.2 米，南墙即 F3、Y7 的北墙，宽 0.9 米，高出廊道地面约 0.3 米。在西部有一门道，门道上有 4 块础石，两两相对，分别置于一单元北墙外缘和廊道北墙的内缘，东侧 2 块础石自北向南编号 d30、d31，西侧 2 块础石自北向南编号 d32、d33，其中 d30、d31 中心点的连线东距 Y3 西墙外缘 5.7 米，西距 d32、d33 中心点的连线 0.74 米；d30、d32 中心点的连线距 d31、d33 中心点的连线距离为 1.1 米。础石形状不规则，顶面较平，d30 近三角形，长 0.4、宽 0.2 米；其余三块近半圆形，长 0.3、宽 0.2～0.26 米。础石原应为暗础。在位于一单元墙外侧的 d31、d33 之间与 d30、d31 之间各有一道门槛槽。前者呈东西向，长 1.52、宽 0.22、深 0.08 米；后者呈南北向长 1.06～1.14、宽 0.32～0.36、深 0.05 米。此门道西端的廊道北侧不见有廊道墙体。

廊道地面呈黑黄杂花夯土质，宽 1.1 米，厚约 0.3 米，其下为黑色的夯土基础。地面上散乱分布一些倒塌堆积，其中南北向的部分仅在南、北两端有一些堆积，东西向的部分则密布倒塌堆积。堆积为建筑构件的残片，多为板瓦碎片，且夹杂大量的红烧土、黑烧土块。

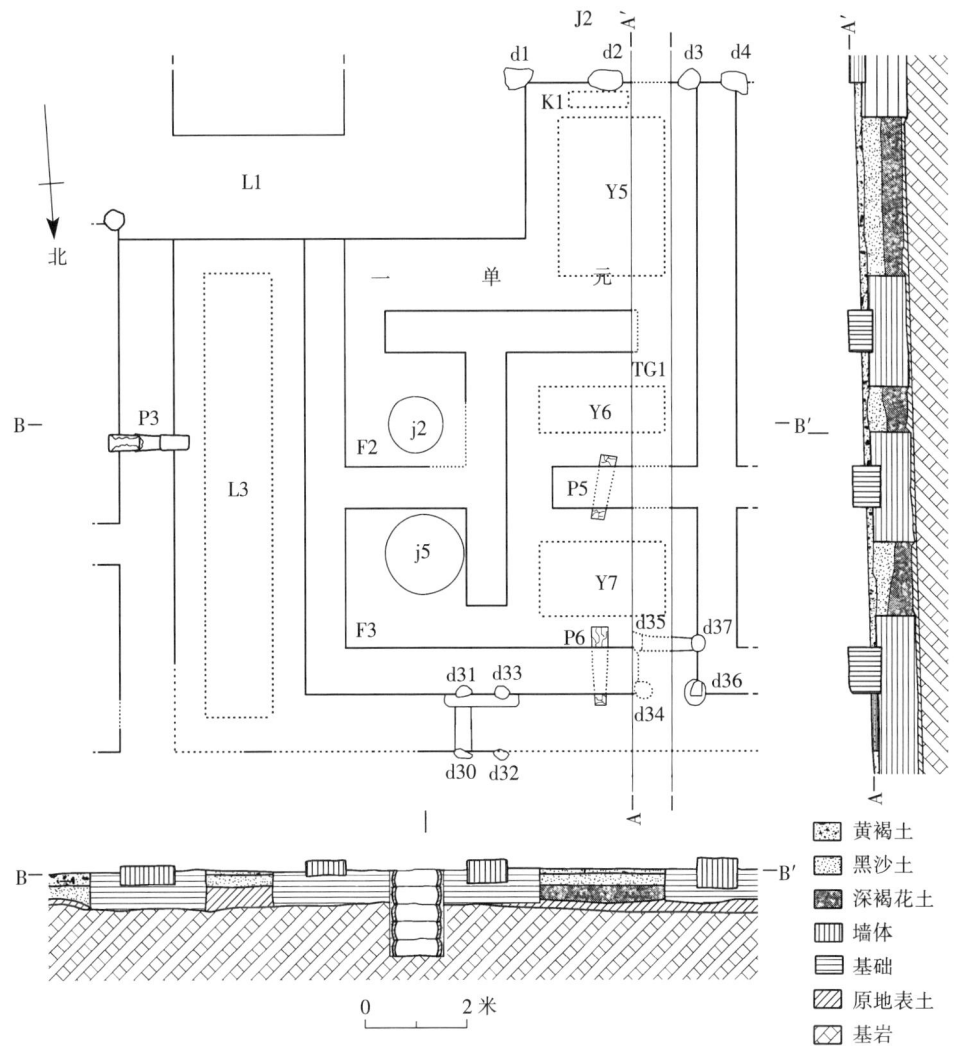

图二六三　黑山头遗址第 2 组西区一单元平、剖面图

（三）西　　区

位于第 2 组建筑的西部，平面形状呈曲尺形。现存 3 个相对独立的建筑单元，自东向西分别为一、二、三单元。此外在三单元外侧有大量的建筑倒塌堆积，推测此处原应有建筑遗迹，由于破坏严重，具体情况不明，亦将其划归本区。现见 3 个单元建筑结构、布局基本相同，均由 2 座房址、3 个院落组成。每座房址中均见有井或者窖（图版二〇九~二一一）。

1. 一单元

本单元平面呈曲尺形，东、北、西三面皆有建筑墙体，北部以第 1 组 L1 及 J2 台基北缘为界。东西宽 7 米，南北长度不一，东侧长 7.9 米，西侧长 10.9 米。本单元东侧有大体呈南北向排列的

2座房址，从南向北依次编号为F2、F3；西侧从南向北排列有3个院落，依次编号为Y5、Y6、Y7（参见图二六三；图版二一二）。

为弄清该单元建筑的基础构造情况，1991年10月，我们对本单元建筑西部进行了解剖，同时结合1987年的工作剖面，基本上掌握了其基础构造情况（参见图二六三）。

该单元东部的2座房址建于一连续的夯土基础之上。东西宽5.3米左右，南侧与L1基础相连，向北延伸至第3组建筑，长约14余米。基础呈黑色，建于基岩之上，厚度不一，南侧厚约0.75米，向北依次递减。西部3个院落墙体均建于墙基之上，墙基的具体情况有所不同，下面将在单体遗迹的介绍中给予具体的说明。

（1）2号房址（F2）

F2位于本单元东南部，其西侧为Y5、Y6（图版二一三）。

平面呈长方形，南北长2.2、东西宽2.4米。

四面墙体宽度均为0.8米，存高0.2~0.3米，其东、西、南三面墙体外缘较其下基础内缩0.65米。

房址东南角有一缺口，宽0.8米，似门道，但不见有础石、壁柱等遗迹现象，由此与Y5相通。房内西北部有一井窖坑，编号j2。坑口中心点距西、北墙的距离分别为1米和0.8米，其西北角被破坏。现见井窖坑由5节陶井圈相接而成，每节高0.4、厚0.04~0.05米。最上1节略有残破，其他4节均有裂隙。坑直径1.1、深1.7米，其内堆积自上而下分别为沙、黄黏土、杂有瓦片的红烧土及淤泥层（图二六四；图版二一四，1）。

（2）3号房址（F3）

F3位于本单元东北部，南为F2，西侧为Y7（参见图二六三）。

平面呈长方形，南北长2.7、东西宽2.4米。

东、西两面墙体均宽0.8米，存高0.2~0.3米左右，较基础内缩0.65米；南墙亦宽0.8米；北墙宽0.9米，存高0.4米左右。西墙北端有一宽0.8米的缺口，似为门道，但不见有础石、壁柱等遗迹现象。通过此缺口可进入西侧的Y7。

房内西南部有一井窖坑，编号j5。中心点距西、南墙体内缘分别为0.9、0.8米。该井窖坑为一圆形土坑，口径1.56、底径1.4米。内不见井圈（图二六五；图版二一四，2）。

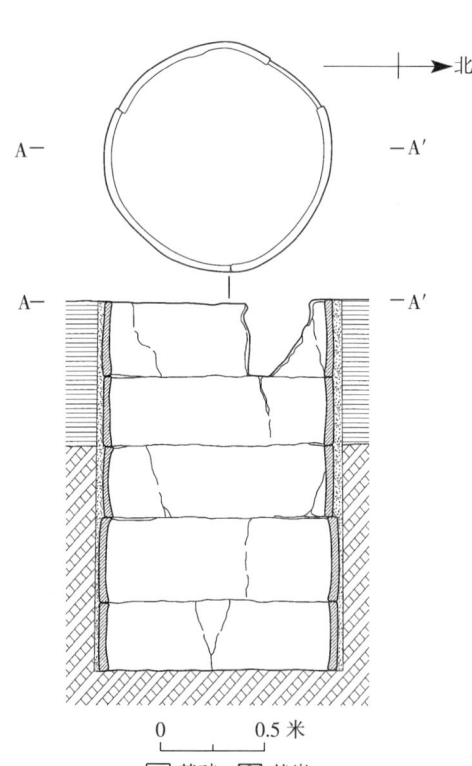

图二六四　黑山头遗址第2组一单元j2平、剖面图

（3）5 号院落（Y5）

位于本单元的最南端，南为第 1 组 J2 及 L1，西为二单元 Y8，北为 Y6 及 F2。

平面呈曲尺形，南北长度不一，东侧长 1.4 米，西侧长 4.4 米；东西宽度亦有差异，北侧宽 7 米，南侧宽 3.4 米（参见图二六三）。

北侧墙体宽 0.8 米，存高 0.2 米，长 5 米，较基础内缩 0.65 米。墙体东西两端各留有一道缺口，其中西端缺口宽 1.2 米，与 Y6 相通；东端缺口即 F2 南缺口，宽度为 0.8 米。两道缺口似为门道，但不见有柱槽础石等遗迹显现。东侧墙体即本单元东墙，宽 0.8 米，墙体边缘较基础内缩 0.65 米。南部以第 1 组 J2 及 L1 台基北缘为界。d2 正北部有一东西向放置的空心砖，编号 K1，中线距 J2 台基北缘 0.3 米，长 1.2、宽 0.3 米。由于该空心砖位置特殊，故无法判断其用途，但根据三单元的空心砖踏步推测 K1 原应位于 d1、d2 之间，亦为踏步，只是后来遭到破坏，产生了位移。西墙即本单元西墙，宽 0.8 米，存高 0.35 米，内缘较其下基础内缩 0.65 米。

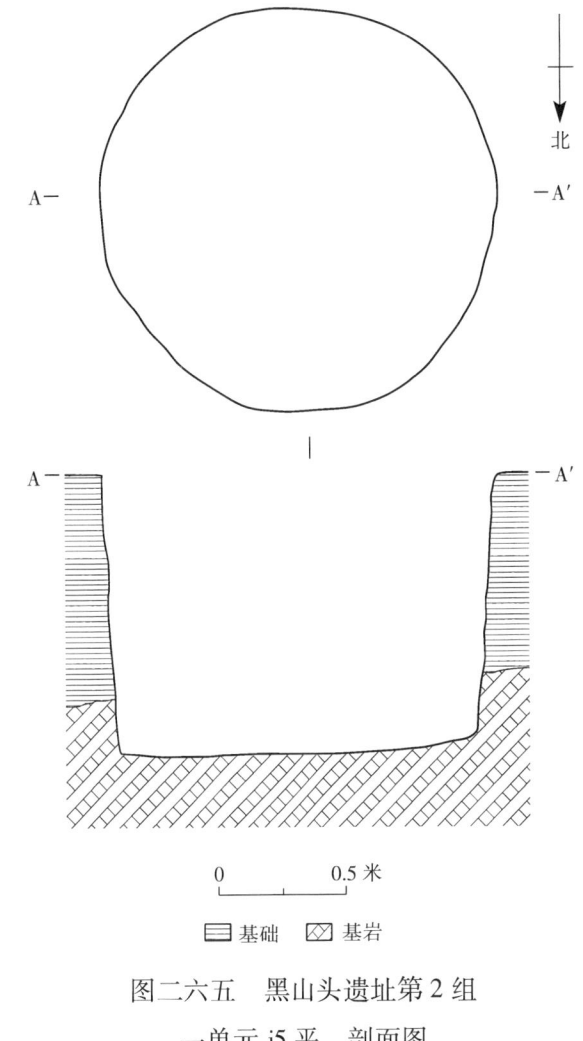

图二六五 黑山头遗址第 2 组
一单元 j5 平、剖面图

院落地面有一层厚约 0.1 米的黄褐色土层，较为坚硬。院内中部及北部地表有大量的建筑倒塌堆积，其中北部堆积呈带状分布，主要为板瓦碎片，其次为筒瓦碎片，见有少量的卷云纹瓦当。堆积中还杂有大量的红烧土和黑烧土块。

（4）6 号院落（Y6）

Y6 位于本单元西侧中部。南为 Y5，东为 F2，北为 Y7（参见图二六三；图版二一五，1）。

平面呈长方形，东西长 3.8、南北宽 2.2 米。

四面墙体均建于基础之上。北墙基宽 2.1 米，厚约 0.6 米。其上中部建有墙体，宽 0.8 米，边缘较墙基内缩 0.65 米，存高 0.24 米。东端有一宽 0.9 米的缺口，其两端均未见础石及柱槽等遗迹现象，此缺口将 Y6、Y7 贯通起来。北墙中部有一排水管道，编号 P5，方向为南偏西 7°，存长 1.26 米。粗端置于 Y6 地面上，距西墙内缘 1.6 米，细端置于 Y7 地面上，距西墙内缘 1.86 米。现见管道由 3 节陶排水管套接而成，局部破损，口径 0.26～0.24 米，壁厚 0.03 米。通过管道的放置方式可知排水北流。东侧与 F2 共用墙体，宽 0.8 米，存高 0.25 米。南墙即 Y5 北墙，通过 Y5 西北缺口与之相通。西墙宽 0.8 米，存高约 0.3 米，较其下基础内缩 0.65 米。

院落地面垫土呈黄褐色，厚约 0.07 米，较为坚硬。院内中西部及南侧缺口处分布有大量的倒塌堆积，主要为板瓦碎片，且混杂大量的红烧土和黑烧土块。

（5）7 号院落（Y7）

Y7 位于本单元的西北角。南为 Y6，东为 F3。

平面呈长方形，东西长 3.8、南北宽 2.7 米（参见图二六三）。

四面墙体均建于基础之上。北墙与 F3 北墙在同一条直线上，宽 0.9 米，存高约 0.4 米，墙体内侧较基础内缩 0.6 米。墙基建于原地表土之上，向北延伸至第 3 组建筑，宽约 6.2 米，南缘厚约 0.6 米，北侧厚度依地势递减。其西端有一门道，应为 Y7 北门，通往第 3 组建筑。在北墙东端外侧有两个圆形柱槽，自东向西编号为 d31、d33，为 L3 西延门道的组成部分（详见 L3）。东墙即 F3 西墙。南侧与 Y6 共用墙体。西墙即本单元西墙北段，宽 0.8 米，存高约 0.3 米，较其下基础内缩 0.65 米。

Y7 北门门道宽 1.2 米，其四角各有一近圆形壁柱遗迹。其中西侧两壁柱遗迹自北向南编号 d36、d37，d37 一半位于西墙内，d36 位于西墙的东北角，两柱槽中心点间距 0.9 米；东侧两壁柱遗迹位于 Y7 北墙西端头的南北两侧，自北向南编号为 d34、d35，其中心点间距 0.9 米。各柱槽直径最大者 d36 为 0.46 米，其余三者直径为 0.3 米左右，通过解剖可知各柱槽底均有础石，顶面较平，呈不规则状，长 0.32～0.36、宽 0.2～0.26 米。在南侧的 d35、d37 之间发现有一道门槛槽，宽 0.26、深 0.06 米（图二六六；图版二一五，2）。

在北门东侧有一南北向纵穿墙体的排水管道，编号 P6。中线距西墙内缘 1.95 米，粗端置于 Y7 地面上，伸出长度为 0.4 米，首尾高差为 0.04 米，由此可知排水北流。该管道保存较好，存长 1.5 米，由 3 节排水管套接而成，每节长 0.66～0.7 米，口径 0.22～0.26 米，壁厚约 0.03 米。

院落地面有一层厚约 0.08 米的黄褐色土层，较为坚硬，中部有呈南北向带状分布的建筑倒塌堆积，瓦片与红、黑烧土块相混杂。瓦片中以板瓦碎片为多，此外，还有少量卷云纹半瓦当。

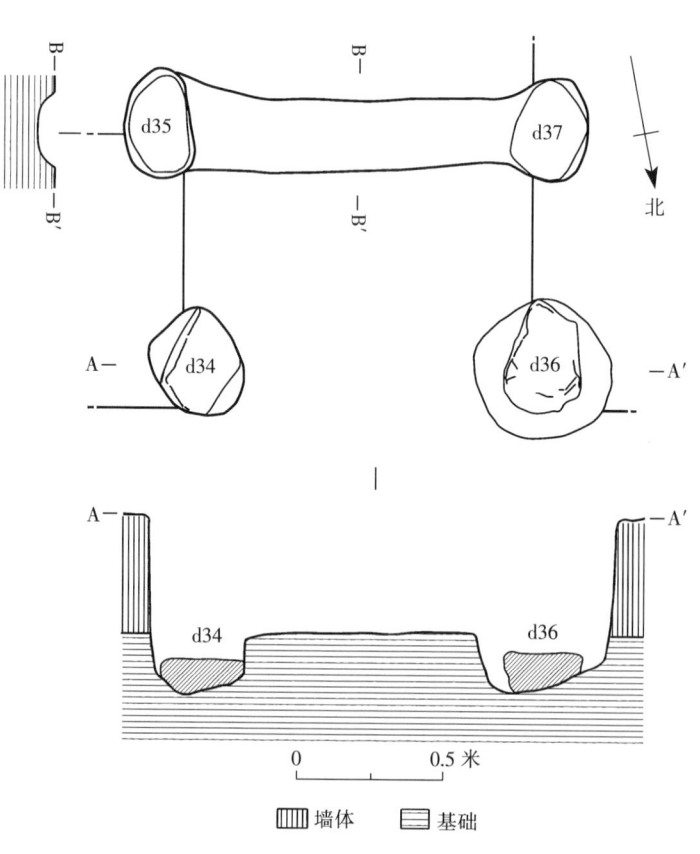

图二六六　黑山头遗址第 2 组一单元
Y7 北门平、剖面图

2. 二单元

本单元平面呈长方形，南北长 10.9、东西宽 5.8 米。东、北、西三面皆有建筑墙体，南部以第 1 组 J2 台基北缘为界（图二六七；图版二一六，1）。

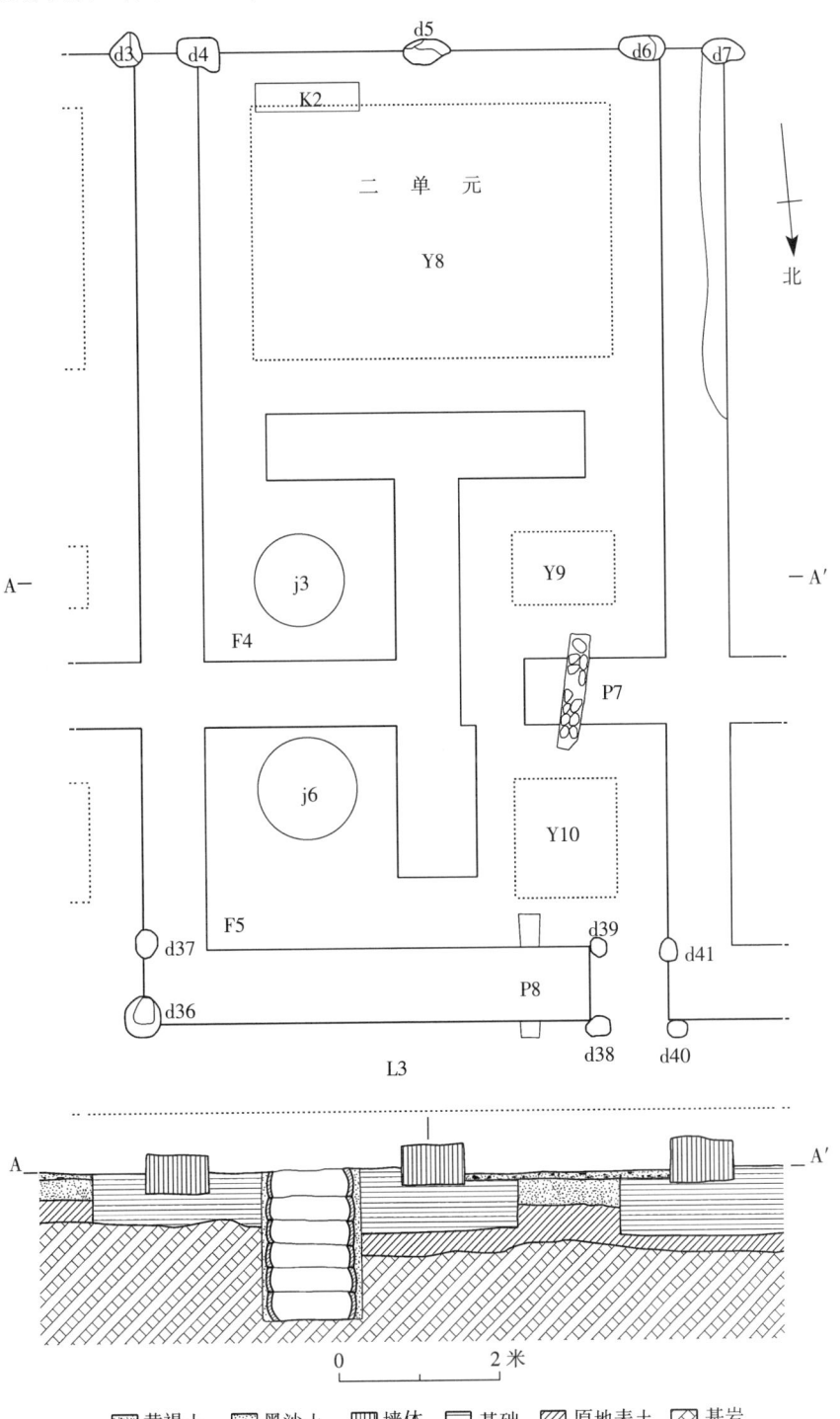

图二六七　黑山头遗址第 2 组二单元遗迹平面图

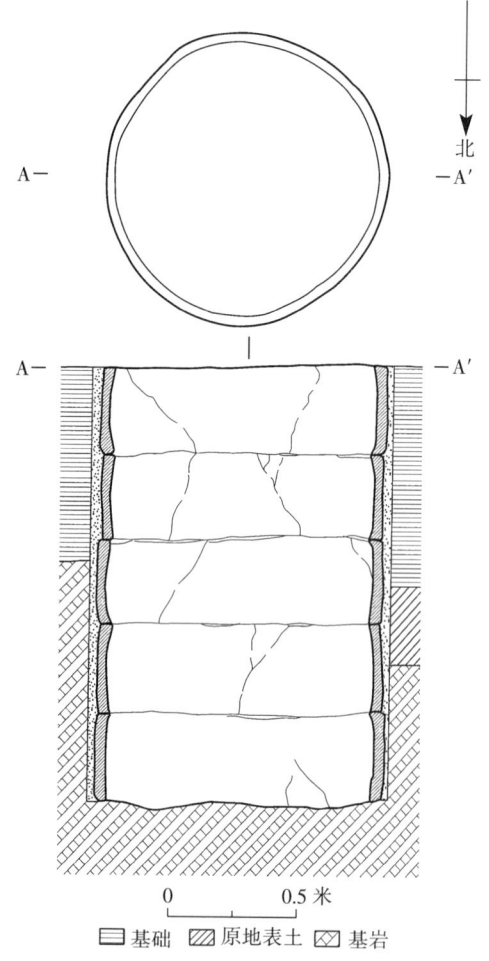

图二六八　黑山头遗址第 2 组
二单元 j3 平、剖面图

本单元东北部有大体呈南北向排列的 2 座房址，从南向北依次编号为 F4、F5；南侧为较大的院落，编号为 Y8；西侧北部从南向北排列有 2 个院落，依次编号为 Y9、Y10。

该单元内的 2 座房址建于一连续的夯土基础之上。东西宽约 5.3 米，南自 F4 南墙外 0.65 米处起，向北延伸至第 3 组建筑，长约 14 米。基础夯土呈黑色，建于原地表土之上，厚度不一，南侧厚约 0.6 米，向北依次递减；西部 3 个院落墙体亦均建于墙基之上。

（1）4 号房址（F4）

位于本单元中部偏东的位置，南为 Y8，西为 Y9，北为 F5（参见图二六七；图版二一六，2）。

平面呈长方形，南北长 2.2、东西宽 2.4 米。

四面墙体宽度均为 0.8 米，存高 0.2～0.3 米左右。南墙外缘较其下基础内缩 0.65 米，东端有一宽 0.8 米的缺口，缺口两端头平齐，不见有础石及柱槽等遗迹，通过此可进入南侧 Y8；东墙即一单元西墙，外缘较基础内缩 0.65 米；北侧与 F5 共用墙体；西墙外缘较基础内缩 0.65 米。

房内有一井窖坑，编号 j3，中心点距西、北墙内缘的距离均为 1 米左右。坑口直径 1.1 米，存深 1.7 米，打破基岩。现见井窖由 5 节陶井圈相接而成，每节井圈的形制、规格与前述井圈基本相同（图二六八；图版二一七，1）。

房内东南角、缺口北端分布有大量的建筑倒塌堆积，主要为板瓦碎片，间杂有红烧土和黑烧土块。

（2）5 号房址（F5）

位于本单元的东北角，南为 F4，西为 Y10（参见图二六七）。

平面呈长方形，南北长 2.7、东西宽 2.4 米。

北墙与 Y10 北墙在同一条直线上，宽 0.9 米，存高 0.4 米左右；东墙即一单元 Y7 西墙，外缘较其下基础内缩 0.65 米；南墙即 F4 北墙，宽 0.8 米；西墙宽 1 米，存高 0.3 米左右，墙体内缘与 F4 东墙内缘处于同一条直线上，其北端为一宽 0.8 米的缺口，似为门道，但不见有础石及柱槽等遗迹现象，通过此缺口与西侧的 Y10 相通。

房内西南部有一井窖，编号 j6，中心点距西、南墙内缘的距离分别为 1、0.75 米。该井窖坑为一圆形土坑，口径 1.3、深 1.7 米，坑底下凹，深至基岩内，井窖内无陶井圈（图二六九；图版二一七，2；图版二一八，1）。

（3）8 号院落（Y8）

位于本单元的南端，南为第 1 组 J2，西邻三单元，北为 Y9 及 F4，东侧为一单元建筑（参见图二六七；图版二一八，2）。

平面呈长方形，南北长 4.4、东西宽 5.8 米。

院落墙体均建于基础之上。北墙宽 0.8 米，内缘较基础内缩 0.65 米，长 4 米，高出院落地面约 0.2 米。其东西两端均留有缺口。西端缺口宽 1 米，缺口端头平齐，未见础石及柱槽等遗迹，通过此缺口可进入其北面的 Y9；东端即 F4 的南缺口。东墙与一单元共用一墙体，宽 0.8 米，存高 0.3 米，较墙基内缩 0.65 米。南侧以第 1 组 J2 台基边缘为界。在 J2 北缘 d4 与 d5 之间偏南的位置有一东西向放置的空心砖，编号 K2，其中线距 J2 南缘 0.55 米，该空心砖为夹砂灰陶，局部残损，正面饰有四重菱格纹，其余三面无纹，长 1.3、宽 0.34、壁厚 0.03 ~ 0.04 米。据三单元相同位置的空心砖推测，K2 亦应为踏步。西墙宽 0.8 米，墙体外缘被一沙坑打破，顶面不平齐，存高 0.2 ~ 0.3 米（图版二一九，1）。

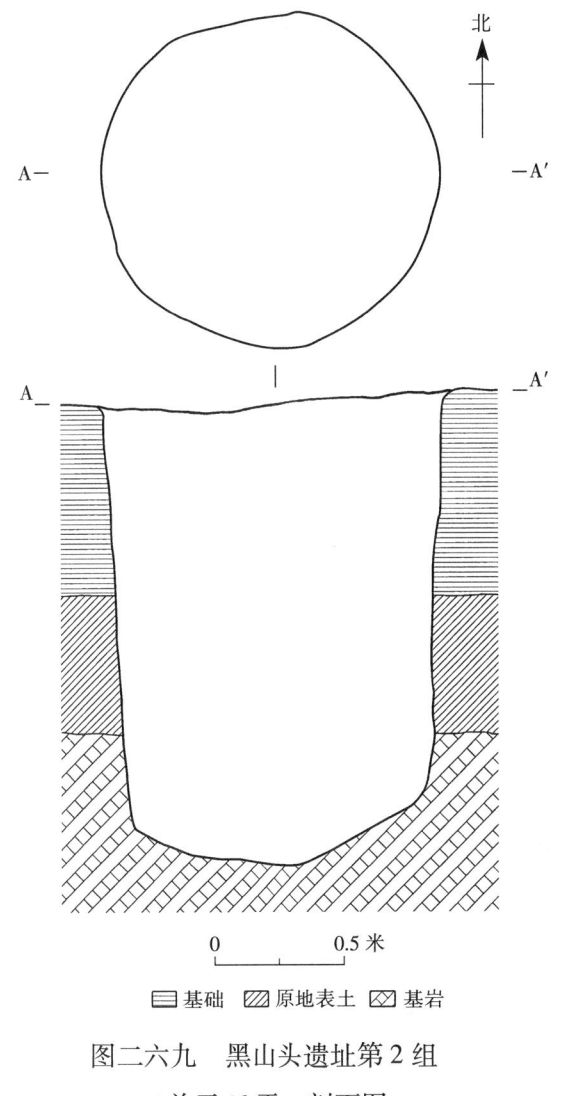

图二六九　黑山头遗址第 2 组
二单元 j6 平、剖面图

院落地面垫土呈黄褐色，较为坚硬。中部见有大量的建筑倒塌堆积，主要为板瓦碎片及少量的卷云纹半、圆瓦当，其中与瓦件混杂的是一层灰黄混杂土层，含有大量红烧土和黑烧土块。

（4）9 号院落（Y9）

位于本单元西侧中部，南为 Y8，东为 F4，北为 Y10，西为三单元建筑（参见图二六七；图版二一九，2）。

平面呈长方形，南北长 2.2、东西宽 2.6 米。

院落四面墙体均建于基础之上。北墙宽 0.8 米，其下基础宽约 2.1 米，墙体两侧较基础边缘均内缩 0.65 米。墙体顶面不平，东部约 1 米的范围内存高 0.18 米，西部存高 0.4 米。其东端有一南北宽窄不一的缺口，该缺口北侧宽 0.6 米，南侧宽 0.8 米，缺口端头处不见有础石及柱槽等遗迹，通过此缺口可由 Y9 进入 Y10。墙体中部有一纵穿墙体的排水管道，编号 P7，方向为南偏西 16°。其粗端置于 Y9 地面上，伸出长度为 0.3 米，距西墙内缘 0.96 米。该管道局部外露且残破，存长 1.4 米，由 3 节排水管套接而成，通过管道的放置方式可知排水北流（图版二二〇，1）。东墙即 F4 西墙，存高 0.35 米。南墙即 Y8 北墙西段，其西端通过 Y8 西北缺口与之相连。西墙与 Y8 西墙在同一条直线上，较其下墙基内缩 0.65 米，宽 0.8 米，存高 0.3 米左右。

院落地面有一层厚约 0.07 米的黄褐色土层，较为坚硬，西北角及东墙内缘分布有建筑倒塌堆积，主要为板瓦碎片，亦有筒瓦碎片，夹杂少量的卷云纹瓦当。

（5）10 号院落（Y10）

位于本单元西北角，北侧为 L3 的西延部分，东侧为 F5，南侧为 Y9，西侧为三单元建筑（参见图二六七；图版二二〇，2）。

平面形状呈长方形，南北长 2.7、东西宽 2.4 米。

院落四面墙体均建于基础之上。北墙宽 0.9 米，存高 0.4 米左右，墙体内侧较基础内缩 0.6 米，墙基建于原地表土之上，向北延伸至第 3 组建筑，宽度约 6.2 米，南缘厚约 0.6 米，北侧厚度依地势递减，墙体西端有一门道，可称为 Y10 北门；东墙即 F5 西墙；南墙即 Y9 北墙，东侧有缺口使两院落相通；西墙与 Y9 西墙在同一条直线上，宽 0.8 米，内缘较其下基础内缩 0.65 米，存高 0.3 米。

Y10 北门门道宽 1 米，东、西两侧各有 2 个圆形柱槽，其中东侧 2 个位于北墙西端头，自北向南分别编号 d38、d39，中心点间距为 1 米；西侧 2 个位于西墙之上，自北向南分别编号为 d40、d41，其中 d41 位于西墙内缘，与 d39 基本处于一条直线上，d40 位于北墙外缘拐角处，两者中心点之间的间距为 1 米。通过解剖可知柱槽底部均有础石，础石面低于门道表面 0.1 米左右，柱槽壁上存有木炭痕，未发现门槛遗迹（图版二二一、二二二）。

门道东侧有一南北向纵穿墙体的排水管道，编号 P8，中线距西墙内缘 1.75 米，粗端置于 Y10 地面上，伸出长度为 0.4 米，首尾高差为 0.04 米，由此可知排水北流。该管道保存较好，存长 1.5 米，由 3 节排水管套接而成，每节长 0.66～0.7 米，口径 0.22～0.26 米，壁厚约 0.03 米。

该单元仅在西部偏北处、西墙内侧见有成片的倒塌堆积，主要为建筑构件，多为板瓦碎片，夹杂大量红、黑烧土块。

3. 三单元

本单元建筑平面呈长方形，东、北、西三面皆有建筑墙体，南部以第 1 组 J2 台基北缘为界。南北长 10.9、东西宽 5.8 米（图二七〇；图版二二三；图版二二四，1）。

本单元东北部有大体呈南北向排列的 2 座房址，从南向北依次编号为 F6、F7；南侧为较大的院落编号 Y11；西侧北部从南向北排列有两个院落，依次编号为 Y12、Y13。

该单元内的 2 座房址建于一连续的夯土基础之上。东西宽约 5.1 米，南自 F6 南墙外 0.65 米处起，向北延伸至第 3 组建筑，长约 14 米。基础夯土呈黑色，建于原地表土之上，厚度不一，南侧厚约 0.6 米，向北依次递减；西部 3 个院落墙体亦均建于基础之上。

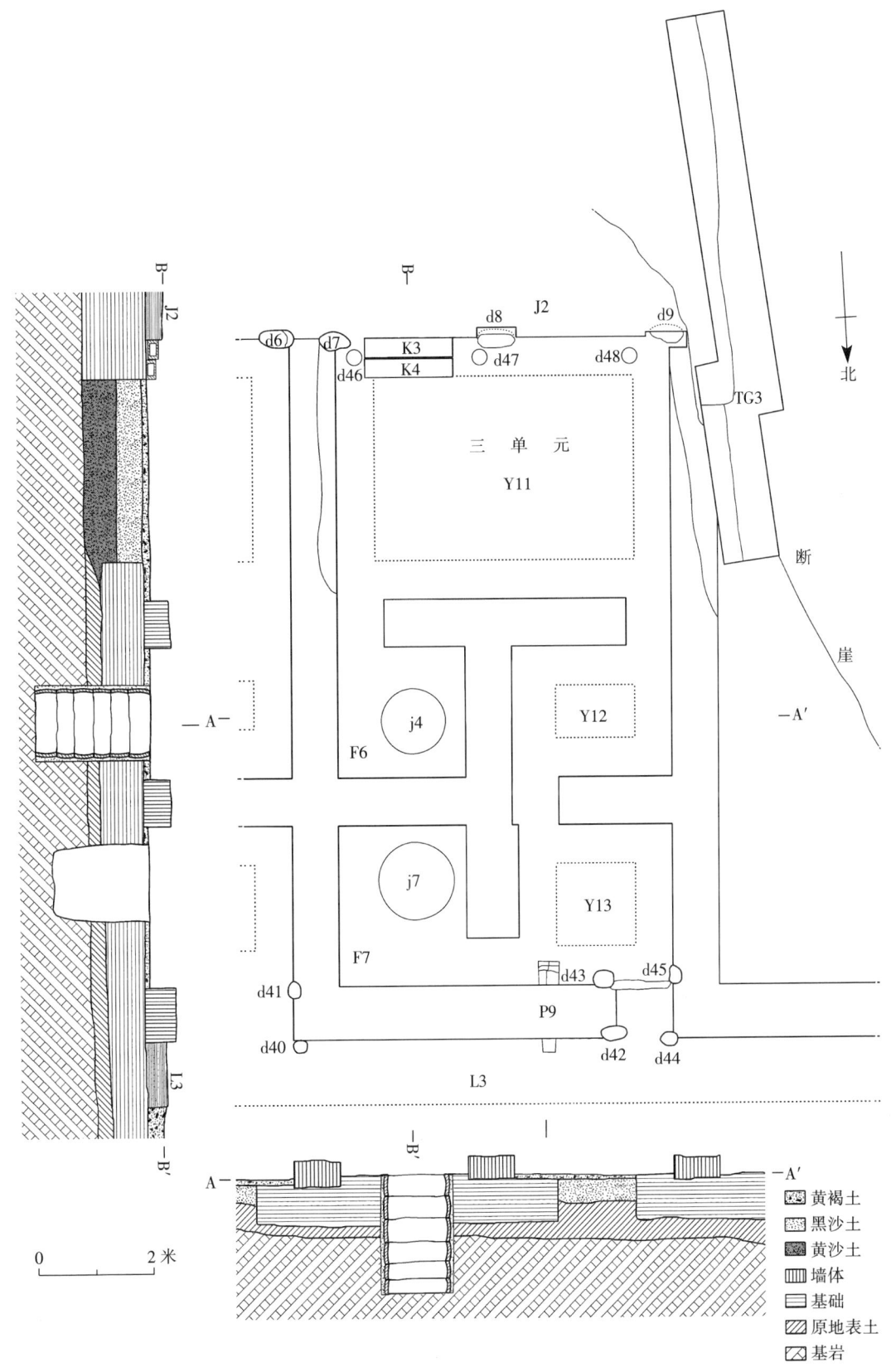

图二七○　黑山头遗址第 2 组西区三单元遗迹平面图

（1）6 号房址（F6）

位于本单元东侧中部，南为 Y11，西为 Y12，北为 F7，东为二单元建筑（参见图二七〇；图版二二四，2；图版二二五，1）。

平面呈方形，长宽均为 2.2 米。

房址四面墙体宽度均为 0.8 米，东、西、南三面墙体外侧均较基础内缩 0.65 米。东、西墙体存高 0.3 米左右，南、北墙体存高约 0.4 米。其中南墙东端有一缺口，宽 0.8 米，似为门道，但缺口两端平齐，不见有柱槽、础石等遗迹现象，由此可进入南侧的 Y11。

房内西北部有一井窖，编号 j4，中心点距西、北墙内缘分别为 0.9、0.95 米左右。井窖口径 1.63 米，深 2 米，平底，现见井窖由 6 节陶井圈相接而成，最上面的一节井圈口完整。各井圈的上、下圈口处均微敛，圈壁内侧稍外弧，其规格亦不甚一致，有的不是正圆形（图二七一；图版二二五，2）。

房内地面有一层厚约 0.08 米的黄褐土层，较为坚硬，应为地面，在西南及东北角分布有大量的建筑倒塌堆积，主要为板瓦碎片，夹杂有红烧土和黑烧土块。

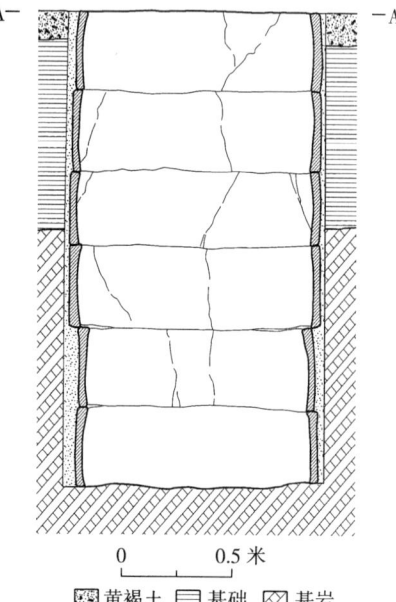

图二七一　黑山头遗址第 2 组
三单元 j4 平、剖面图

（2）7 号房址（F7）

位于本单元的东北角，南侧为 F6，西部为 Y13，东面为二单元建筑（参见图二七〇；图版二二六，1）。

平面呈长方形，南北长 2.7、东西宽 2.2 米。

北墙与 Y13 北墙在同一条直线上，宽 0.9 米，存高 0.45 米左右；东墙宽 0.8 米，存高 0.4 米，墙体外缘较其下基础内缩 0.65 米；南墙即 F6 北墙，存高约 0.4 米；西墙宽 0.9 米，存高 0.3 米，东墙外缘与 Y12 东墙外缘处于同一条直线上，其北端为一宽 0.8 米的缺口，似为门道，但不见有础石及柱槽等遗迹现象，通过此缺口可以进入其西侧的 Y13。

房内西南部有一井窖，编号 j7。中心点距西、南墙内缘分别为 0.85、0.95 米。该井窖坑为一圆形土坑，口径 1.3、深 1.7 米，坑口南部遭到破坏，井窖坑内无陶井圈（图二七二；图版二二六，2）。

房内地面有一层厚约 0.1 米的黄褐土层，较为坚硬，应为地面。房内西北部有大量的建筑倒塌堆积，主要为建筑构件残片，多为板瓦碎片，与红、黑烧土块相混杂。

（3）11 号院落（Y11）

位于该单元的最南端，南为第 1 组 J2，西为断崖，北为 Y12 及 F6，东侧为二单元（参见图二七○；图版二二七，1）。

平面呈长方形，南北长 4.4、东西宽 5.8 米。

院落墙体均建于基础之上。西墙外缘被破坏，仅存宽 0.2～0.7 米，存高 0.3 米左右，其下墙基建于原地表土上，深约 0.6 米，内缘较墙体宽出约 0.65 米。北墙宽 0.8 米，长 4.2 米，内缘较其下基础内缩 0.65 米，现高出院落地面约 0.4 米。其东西两端均有缺口。西端缺口宽 0.8 米，缺口端头平齐，未见础石及柱槽等遗迹，且北面的 Y12 贯通；东端缺口即 F6 的南缺口。东墙即二单元 Y8 西墙，内侧边缘被一沙坑打破，呈斜坡状。南部以第 1 组 J2 台基北缘为界。

在院落地面上，大体位于 d7 与 d8 之间有两级踏步，该踏步由两块东西向放置的空心砖构成，自南向北分别编号 K3、K4，第一级空心砖（K4）保存完好，第二级空心砖（K3）的北缘搭在第一级空心砖的南缘之上，下垫夯土，其形制、规格与第一级相同，而砖面已被破坏，存高 0.08 米。通过此踏步与南侧 J2 相通（图版二二八）。

在院内南侧地面发现有 3 个柱槽，自东向西编号 d46～d48。柱槽中心点在同一条直线上，距 J2 北缘 0.3 米。d46 中心点距东墙内缘 0.46 米，d48 中心点距西墙内缘 0.54 米；各柱槽中心点间距分别为 2.21、2.59 米。柱槽深 0.2～0.25 米，底部呈锅底状，不见有础石及木炭遗迹。

院内东、西缘有大量的倒塌堆积，呈带状分布，多为瓦件碎片，内含大量的红烧土、黑烧土及木炭块。其下为一层黏性黄褐土，较为坚硬，应为院落地面。

（4）12 号院落（Y12）

位于本单元西侧中部，南侧为 Y11，东部为 F6，北侧为 Y13（参见图二七○；图版二二七，2）。

平面呈长方形，东西长 2.8、南北宽 2.2 米。

院落四面墙体均建于基础之上。北墙宽 0.8 米，长 2 米，其下基础宽约 2.1 米，墙体较基础边缘均内缩 0.65 米，其东端有一南北宽窄不一的缺口，该缺口北侧宽 0.7 米，南侧宽 0.8 米，缺口端头处不见有础石及柱槽等遗迹，通过此缺口与 Y13 贯通。东墙即 F6 西墙，存高 0.3 米。南墙

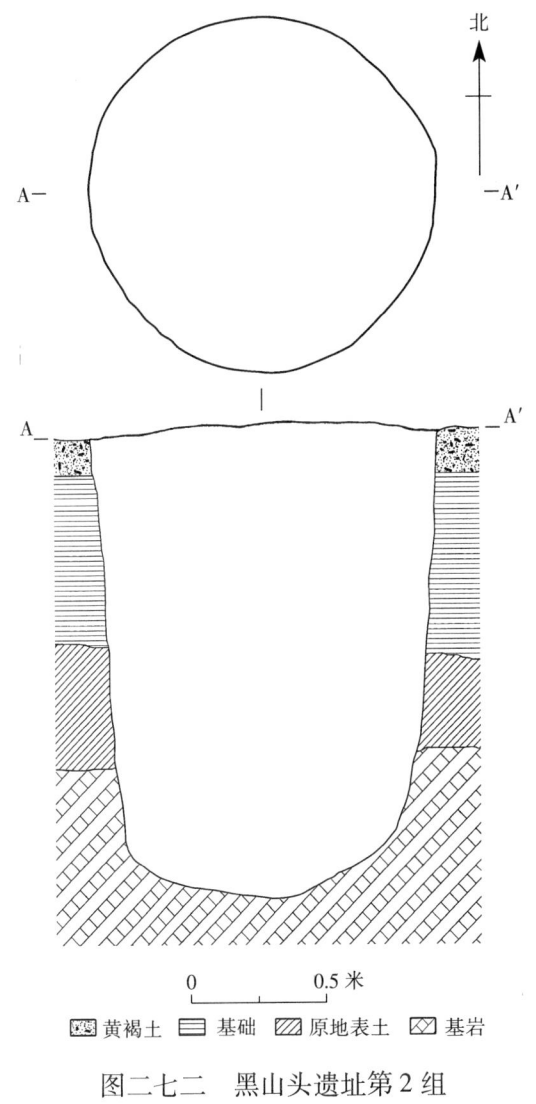

图二七二　黑山头遗址第 2 组三单元 j7 平、剖面图

黄褐土　基础　原地表土　基岩

0　　0.5 米

即 Y11 北墙，其西端通过 Y11 西北缺口与之相通。西墙与 Y11 西墙在同一条直线上，较其下墙基内缩 0.65 米，宽 0.8 米，存高 0.3 米左右。

院落地面中西部及西墙外侧分布有建筑倒塌堆积，多为板瓦、筒瓦碎片，夹杂大量的红烧土和黑烧土块。

（5）13 号院落（Y13）

位于本单元西北角，东侧为 F7，南侧为 Y12（参见图二七〇；图版二二九，1）。

平面呈正方形，长、宽均为 2.7 米。

院落四面墙体均建于基础之上。北墙宽 0.9 米，存高 0.4 米左右，墙体内侧较基础内缩 0.6 米。墙基建于原地表土之上，向北延伸至第 3 组建筑，宽度约 6.2 米，南缘厚约 0.6 米，北侧厚度依地势递减，其西端有一门道，可称为 Y13 北门。东墙即 F7 西墙。南墙即 Y12 北墙。西墙与 Y12 西墙在同一条直线上，宽 0.8 米，内缘较其下基础内缩 0.65 米，存高 0.3 米。

Y13 北门门道宽 1 米，东西两侧各有 2 圆形壁柱遗迹，其中东侧 2 个位于北墙西端头的南北角，自北向南分别编号 d42、d43，中心点间距为 0.95 米；西侧 2 个位于西墙基之上，自北向南分别编号为 d44、d45，其中 d45 位于西墙基内缘，与 d43 基本处于一条直线上，d44 位于西墙拐角处，两者中心点的间距为 1.15 米。经解剖可知柱槽底部均有础石，d45 洞壁上存有木炭痕，d43、d45 之间发现一门槛槽，宽 0.15 米，深 0.04 米（图版二二九，2）。

门道东侧有一南北向纵穿墙体的排水管道，编号 P9，中线距西墙内缘 2.2 米，粗端置于 Y13 地面上，伸出长度为 0.4 米，首尾高差为 0.06 米，由此可知排水北流。该管道保存较好，存长 1.52 米，由 3 节排水管套接而成，每节长 0.66～0.7 米，口径 0.22～0.26 米，壁厚约 0.03 米（图版二三〇，1）。

该单元在西南部偏北处及西墙外侧见有成片的倒塌堆积，主要为建筑构件，多为板瓦碎片，夹杂大量的红黑烧土块。

倒塌堆积下部有一层黏性黄褐土，应为院落地面，较为坚硬。

此外在该院落西侧有大量的倒塌堆积，其下为厚约 0.8 米的夯土基础，推测此处原应有建筑遗迹，但由于遭到严重破坏具体情况不明。

三　第 3 组建筑

该组建筑破坏严重且未进行全面发掘，仅发现一些断续的遗迹现象及大量的建筑倒塌堆积，其具体情况不明，下面予以简单介绍。

该组建筑位于第 2 组建筑遗存的北侧。东西较长，以两侧的断崖为界，长 50 余米，南自第 2 组建筑的北墙外缘起，北至该组建筑北部瓦砾堆积的最北缘，宽 23 米左右。该组建筑遗存主要为台基、院落和廊道，应属于第 2 组附属建筑的南延部分（图二七三）。

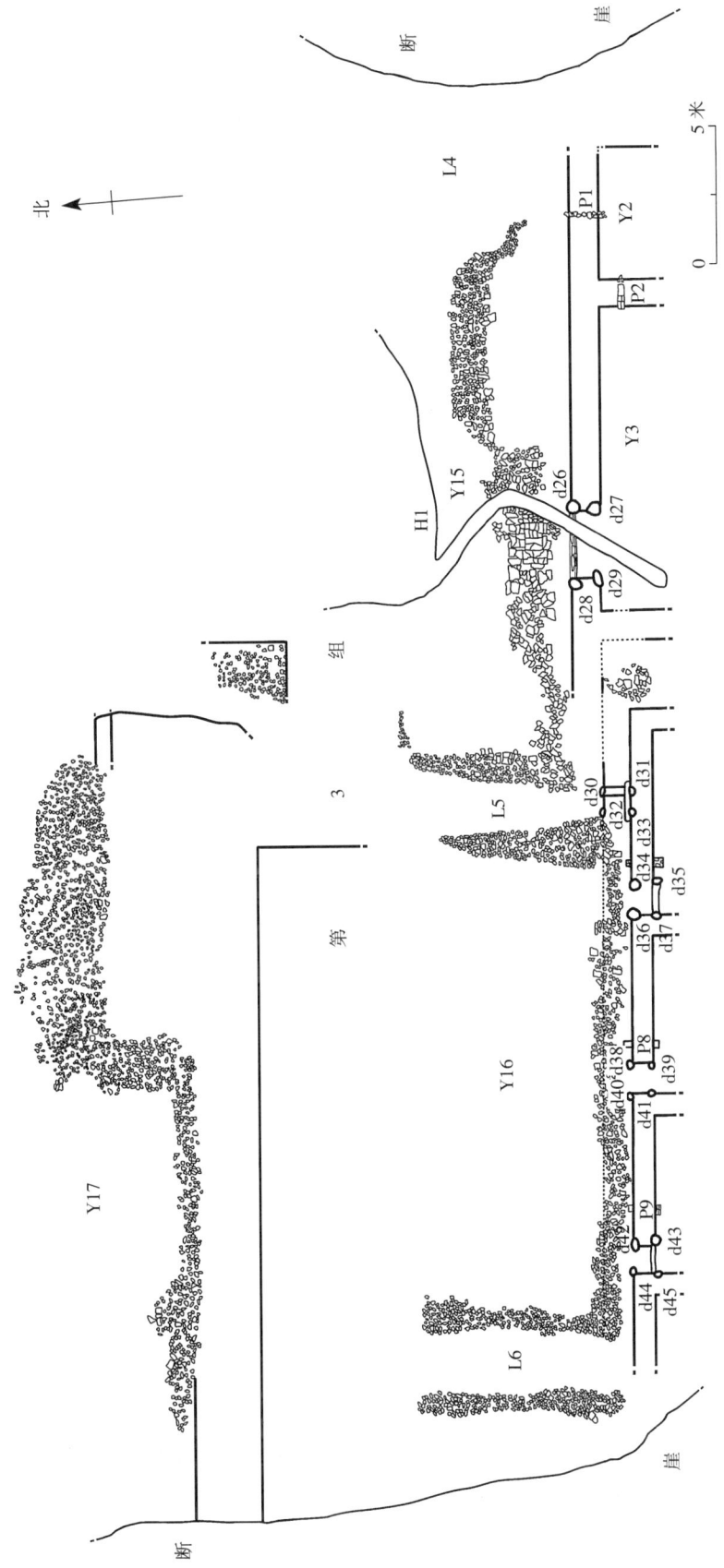

图二七三　黑山头遗址第3组建筑遗迹平面图

该组建筑南部自东向西分布 3 条土坡路（L4～L6）及 2 个院落（Y15、Y16）。土坡路分别编号 L4～L6，均南高北低。据简报介绍可知 L5、L6 比较明显，为黄花土夯筑，宽 3～4 米，长 7 米左右。L4 早年毁掉，仅见有断续残迹；L5 南与 L3 通过门道相连，向北延伸约 12.7 米后不见，最宽处约 2.6 米，高出地表 0.4 米；L6，南自 L3 北侧墙外缘起，向南延伸 11 米左右，宽 2 米，高出地面约 0.3 米。3 条廊道均南高北低。

Y15 位于本组建筑的东南角，第 2 组建筑东区北侧，L4、L5 之间，北部边缘情况不明。其内表土为黄褐色夯土，略硬（图版二三〇，2；图版二三一）。

Y16 位于本组建筑的西南角，L3 北侧 L5、L6 之间，北侧为一东西向长约 24.8、宽 2.6 米的夯土带。该院落平面呈长方形，东西长约 17.8、南北长约 14.2 米。院内表土呈黑色。

该组建筑内发现有大量的瓦片堆积，主要有三部分。第一部分，东侧 Y15 内沿 L4 西侧、L5 东侧及第 2 组 Y2、Y3 北墙外缘分布有大量的瓦片堆积，中部偏东的位置有一片较大的板瓦残片堆积基本保持塌落原貌，依稀可辨出其东西向为 6 排，南北向为 4 列，全部作扣置状。Y15 北部还有一呈长方形的瓦片堆积。第二部分，西侧 Y16 内沿 L5 西侧、L6 东侧及 Y16 南缘分布有大量的瓦片堆积，L6 西侧亦有一条南北向呈带状分布的瓦片堆积。第三部分，在 Y17 南侧有一呈直角"乙"字形东西向分布的瓦片堆积，东西长约 25、南北宽 0.6～3.5 米，其所属建筑的具体情况不明。从上述瓦片堆积的分布状态来看，其应原属于相关台、廊道及墙体的建筑构件。

第二节　遗　物

黑山头遗址所出的遗物绝大多数是板瓦、筒瓦、瓦当、空心砖踏步及井圈等陶制建筑构件。以瓦类为最多，空心砖很少。其形制、纹饰、规格和制作方法等与石碑地出土同类构件相同。这些遗物经过在出土原位拍绘之后，根据现场制作景观模型的需要，大部分已就地回填保护，现择取一些重要标本描述如下。

一　板　瓦

所见板瓦均为碎片，仅复原 3 件。

标本 91SHD5 外，总 1140，绥 810，泥质浅灰陶。手制，纵向两边内侧有切割痕。平面近长方形，瓦头圆钝，瓦尾较平齐，横截面为弧形。瓦背面较平整，上拍印斜向绳纹；里面则略凹凸不平，具斜向粗麻布纹且大部分经抹平或刮平。长 59、宽 42.5～47、厚 1.4～1.7 厘米（图二七四；图版二三二，1）。

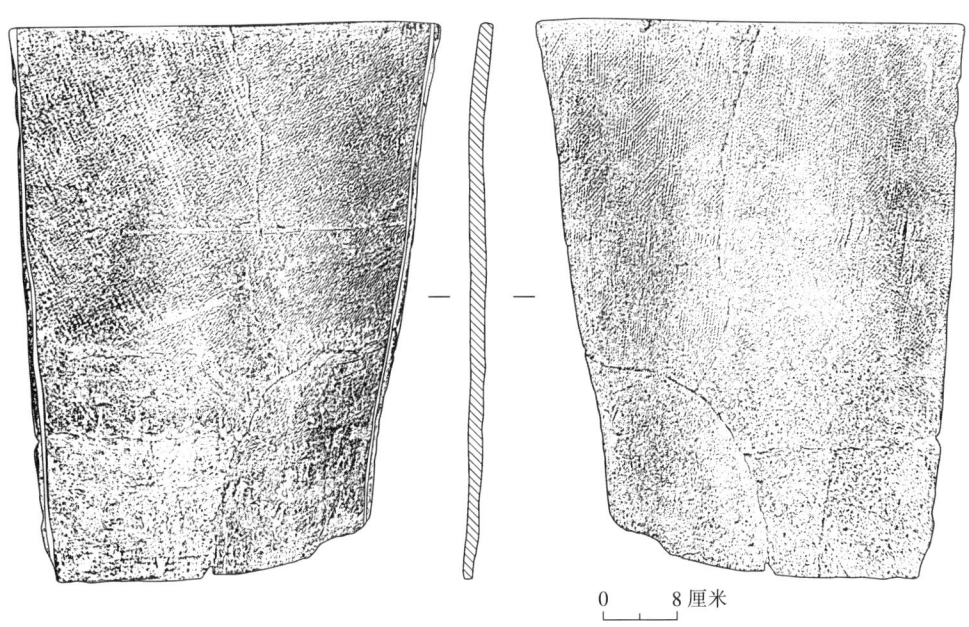

图二七四　黑山头遗址出土板瓦（91SHD5 外）

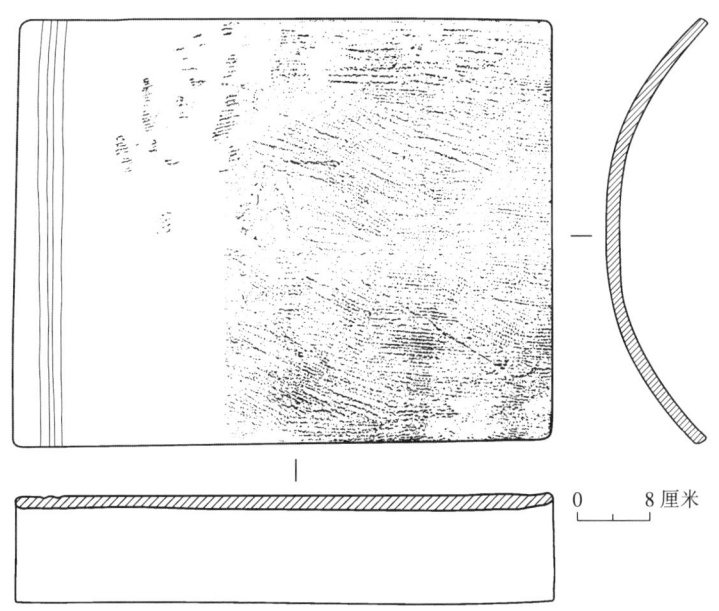

图二七五　黑山头遗址出土板瓦（87SHW7）

标本 87SHW7，近长方形，剖面呈弧形。黄褐陶。凸面饰斜、竖行交错粗绳纹，端头饰两道凹弦纹，中部绳纹抹平；凹面饰麻点纹。长 58.7、宽 45.7 ~ 46.2、厚 1.6 厘米（图二七五）。

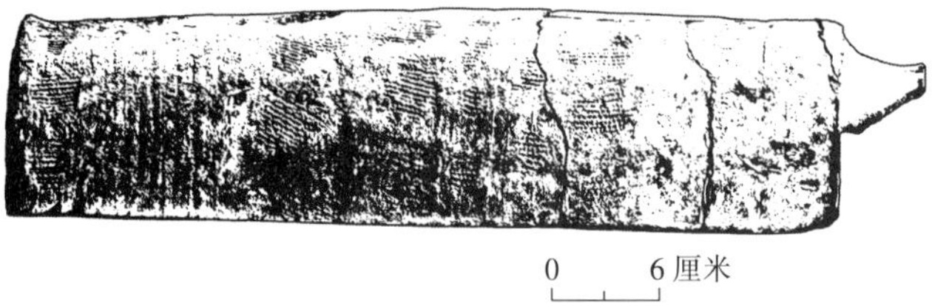

图二七六　黑山头遗址出土筒瓦（84SH5TAJ1 内）

二　筒　瓦

所见筒瓦亦均为碎片，复原者较少。

标本 84SHW5TA2J1 内，红褐陶。凸面饰竖、斜行交错细绳纹，经抹光呈零星块状；凹面为素面。扣尾微翘。身长 51.5、筒径 20.2、扣尾长 6 厘米（图二七六）。

三　瓦　当

有圆形和半圆形两种。其制法为：先模制出瓦当头，然后套接在制作筒瓦的筒体上，再切割。半瓦当系将瓦当头与筒体纵向一分为二；圆瓦当则是以绳之类的工具将筒体的另一半横切割下去。

据石碑地遗址秦代瓦当的分类标准，该遗址不见甲类瓦当，见有乙类、丙类瓦当，现分别介绍如下。

1. 乙类

为半圆形瓦当，均属乙类 B 型。

乙类 Ba 型：17 件。除少量当面基本完整外，其余均有残缺。当面纹饰基本相同，缘内一道凸弦纹半圈，下缘中间一道凸弦纹半圈，圈内有半圆形乳凸，中部两道竖向凸棱将当面分成对称的两个扇形格，格内饰反向对称的卷云纹，卷云纹中心呈乳突状，中下部饰贝状凸起纹饰。卷云纹卷曲部分为两周。

标本 85SHW7D3，黄褐陶。当面底边 18.6、缘宽 1.1、外圈 15.7、内圈 4.7 厘米。筒体凸面饰斜行粗绳纹，有抹光痕迹，前端抹光部分宽 3.6 厘米；凹面饰麻点纹（图二七七）。

标本 SHD4，总 1138，绥 798，浅灰陶。当面底边 18.2、缘宽 1.2、外圈 15、内圈 5.2 厘米。凸面饰绳纹并经抹平；凹面为拍印的窝点纹并经刮平，纵向两侧外缘有切割痕。扣尾圆钝，经轮修，长 5.3、直径 15 厘米。扣尾与瓦身衔接处折出边棱，在距边棱 19 厘米的瓦身处有一直径 1.5 厘米的钉孔。通长 58.5、宽 20 厘米左右（图二七八；图版二三二，2）。

标本 85SHW6TA3，总 112，绥 787，灰褐陶。当面底边长 18.2、缘宽 1.2、外圈 15、内圈 5.2 厘米。筒体长 51、筒径 20.2、扣尾长 4.8 厘米。凸面饰竖行细绳纹，首端抹光部分宽 13.3 厘米，有一瓦钉孔，凹面素面（图二七九，1）。

乙类 Bb 型：4 件。当面纹饰基本相同，缘内一道凸弦纹半圈，下缘中间一道凸弦纹半圈，圈

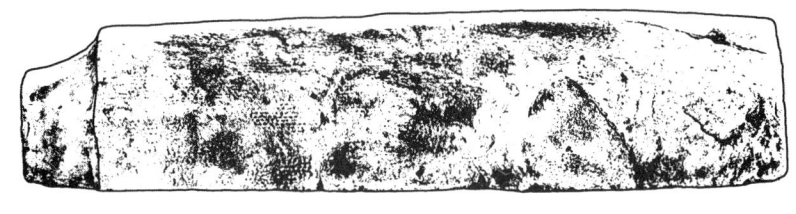

0 ____ 5 厘米

图二七七　黑山头遗址出土筒瓦及
瓦当（85SHW7D3）

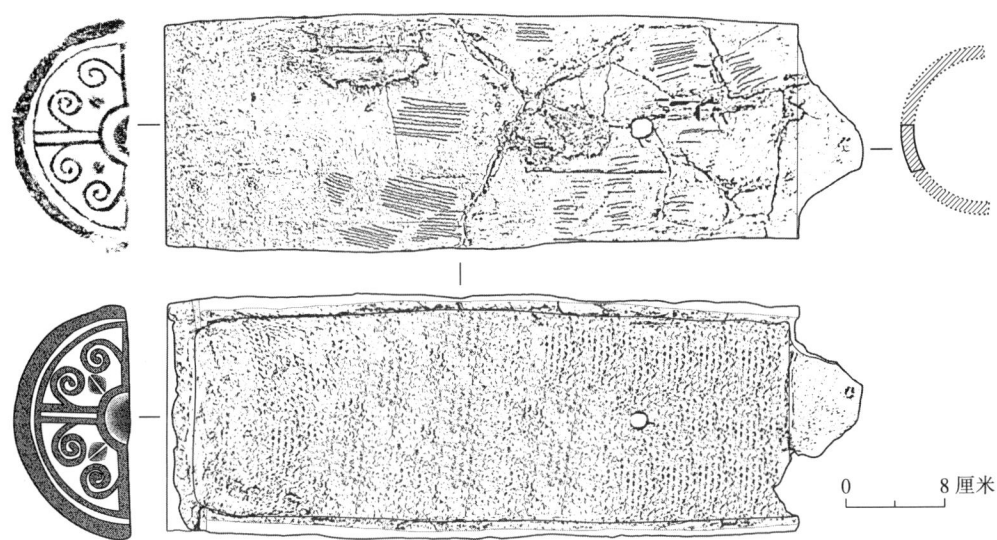

0 ____ 8 厘米

图二七八　黑山头遗址出土筒瓦及瓦当（SHD4）

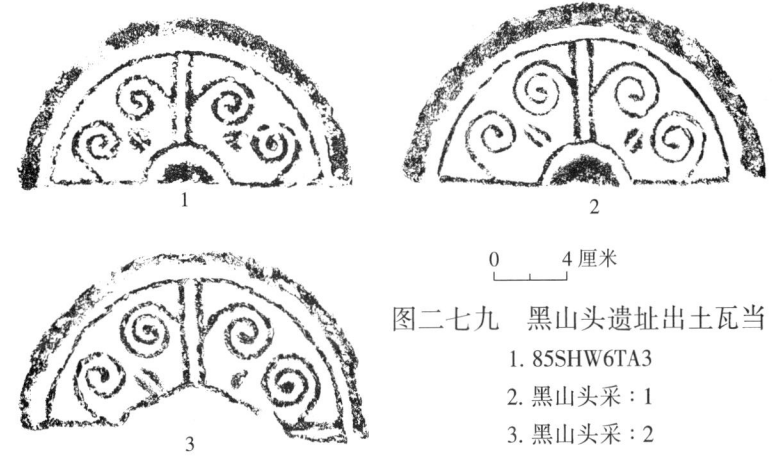

0 ____ 4 厘米

图二七九　黑山头遗址出土瓦当
1. 85SHW6TA3
2. 黑山头采：1
3. 黑山头采：2

内有半圆形乳凸，中部两道竖向凸棱将当面分成对称的两个扇形格，格内饰反向对称的卷云纹，卷云纹中心呈乳凸状，中下部饰贝状凸起纹饰，卷云纹卷曲部分为三周。

标本黑山头采:1，灰褐陶。当面底边长19.8、缘宽1.2、外圈16.3、内圈5.5厘米。图案线条较细，残留部分筒体（图二七九，2；图版二三三，2）。

标本黑山头采:2，灰褐陶。当面底边长19、缘宽1、外圈17厘米。图案线条较粗，残留部分筒体（图二七九，3；图版二三四，1）。

2. 丙类

为圆形瓦当，均属丙类A型。

丙类Aa型:5件。当面纹饰基本相同，均有外圈及内圈，内圈内有纽（乳突）。上、下、左、右各两道凸棱将当面分成对称的四个扇形格，格内饰卷云纹。卷云纹中心呈乳突状，中下部饰贝状凸起纹饰，卷云纹卷曲部分为两周。

标本黑山头井1总4，夹细砂质，黄褐陶。面径20、边轮宽1、外圈17、内圈5厘米，线条较细；当面背后一半为瓦身，存长9.7、厚1.5～2.4厘米（图二八〇，1；图版二三三，1）。

标本黑山头井1总5，黄褐陶。面径20.5、边轮宽1、外圈17.5、内圈5厘米，线条较细。背面距扣尾折棱7.5和32.2厘米处分别有戳印和钉孔各1个，戳印印文不详，扣尾残失。瓦身存长56.4、宽19.5、厚1.7～3.2厘米（图二八〇，2；图版二三三，3）。

丙类Ab型:5件。均为残块。当面纹饰基本相同，均有外圈及内圈，内圈内有纽（乳突），上、下、左、右各两道凸棱将当面分成对称的四个扇形格，格内饰卷云纹，卷云纹中心呈乳突状，中下部饰贝状凸起纹饰，卷云纹卷曲部分为三周。标本黑山头采:17，红褐陶。残缺部分边轮宽1.2、内圈5.8厘米（图版二三四，2）。

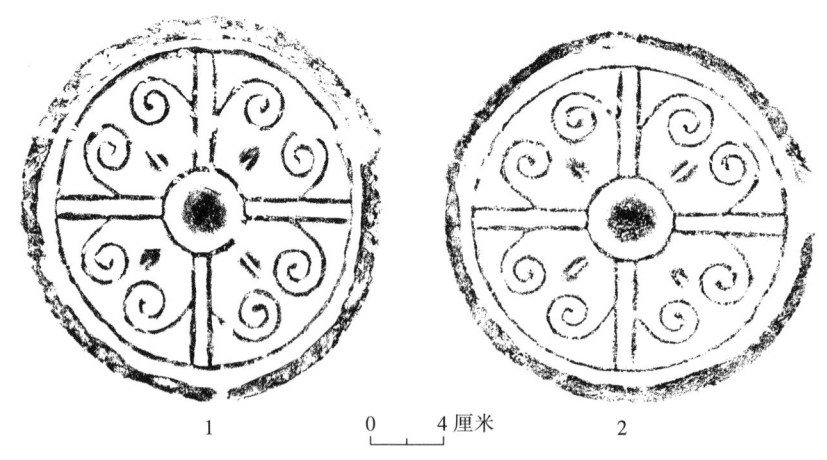

图二八〇　黑山头遗址出土丙类Aa型瓦当

1. 黑山头井1总4　2. 黑山头井1总5

四　空心砖踏步

完整与复原者均为 1 件。其他为碎片。

标本 SHD7j1，灰褐陶。形制和石碑地出土的踏步相同。平面为长方形，长 155、宽 33、高 17.5、厚 4 厘米，正面饰四重菱格纹，其他三面无纹饰，中间空心（图二八一，1）。

标本总 3－84SHTC2，灰褐陶。长 128、宽 31、高 17、壁厚 3 厘米，正面饰连续菱格纹，其他三面无纹饰，中部空心（图二八一，2）。

五　井　圈

复原 3 件，其他为碎片。均为夹砂质，大量为灰褐陶，其次为黄褐陶。外面大部分饰绳纹，内面饰麻点或素面。制作不规整，有的略似椭圆形，直径、高和厚度也略有差别。整体烧制，未见接口。圈口微敛且较圈壁略厚，平沿或沿面略凹。

标本 SHj2①，灰褐陶。直径 115～118、高 33.5、厚 4.2～4.8 厘米，内饰麻点纹，外饰斜向绳纹，局部抹平，平沿（图二八二，1）。

标本 SHj3②，灰褐陶。直径 114.5～120、高 36、厚 4 厘米，内饰麻点纹，外饰纵向绳纹沿面略凹（图二八二，2）。

六　排水管

复原 3 件，属于同一组管道。2 件完整，1 件残半，形制、纹饰相同。

标本 SHD7①，灰褐陶。长 64.4、底径 20.3～26.5、壁厚 1～1.2 厘米，两端开口一粗一细，圆唇。外侧自细端口约 13 厘米以下通体饰纵和斜向绳纹，并有 15 道横向抹平痕迹；粗口处带有 5 周凹弦纹（图二八三，1；图版二三五，3）。

标本 SHD7②，灰褐陶。长 64.4、底径 20.5～26.4、壁厚 1～1.2 厘米，两端开口一粗一细，圆唇。外侧自细端口 14 厘米以下通体饰纵和斜向绳纹，并有 15 道横向抹平痕迹；粗口处还带有 5 周凹弦纹（图二八三，2；图版二三五，1）。

标本 SHD7③，灰褐陶。残长 34、底径 23～27.4、壁厚 1.5～1.6 厘米，外侧饰纵和斜向绳纹，带有横向抹平痕迹，粗口处带有 5 周凹弦纹（图二八三，3；图版二三五，2）。

七　铺地砖

均为碎片，泥质灰、褐陶，背面饰有菱格纹或素面。

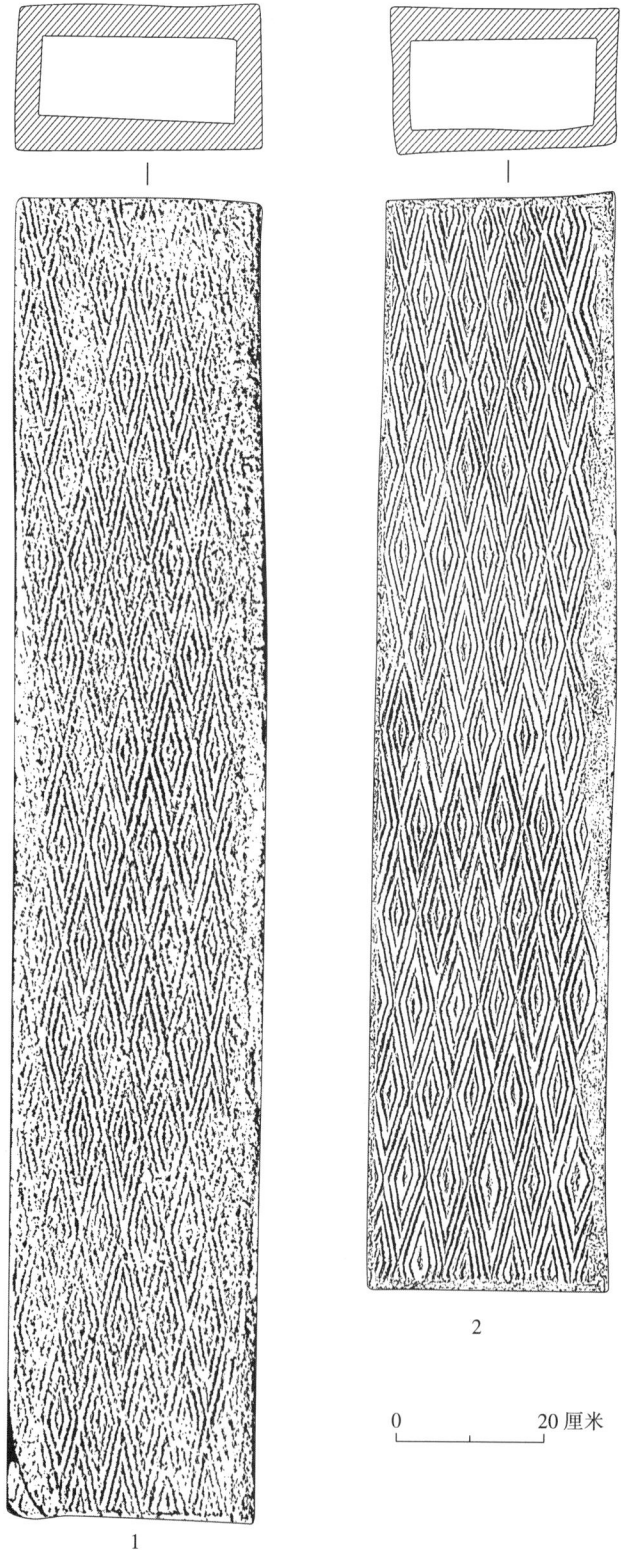

图二八一　黑山头遗址出土空心砖踏步

1. SHD7j1　2. 总 3 – 84SHTC2

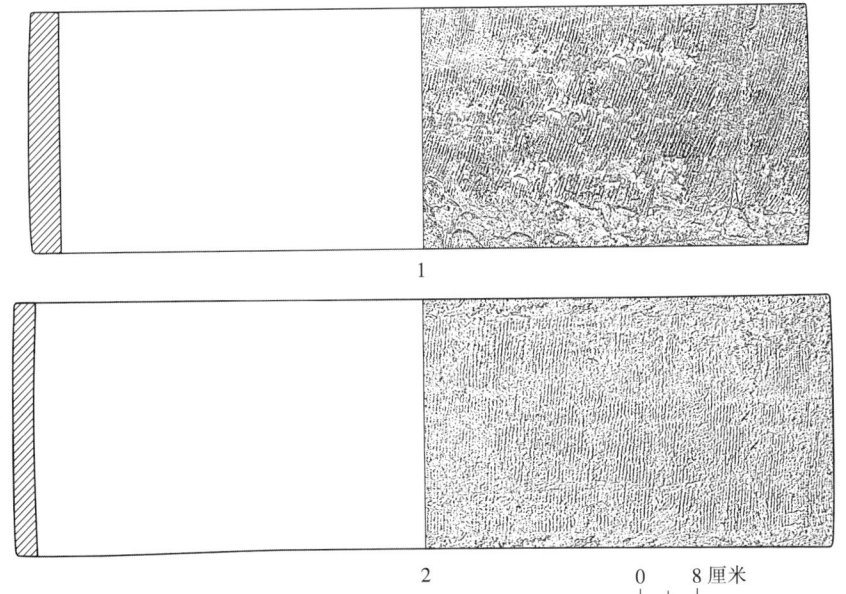

图二八二　黑山头遗址出土井圈

1. SHj2① 　　2. SHj3②

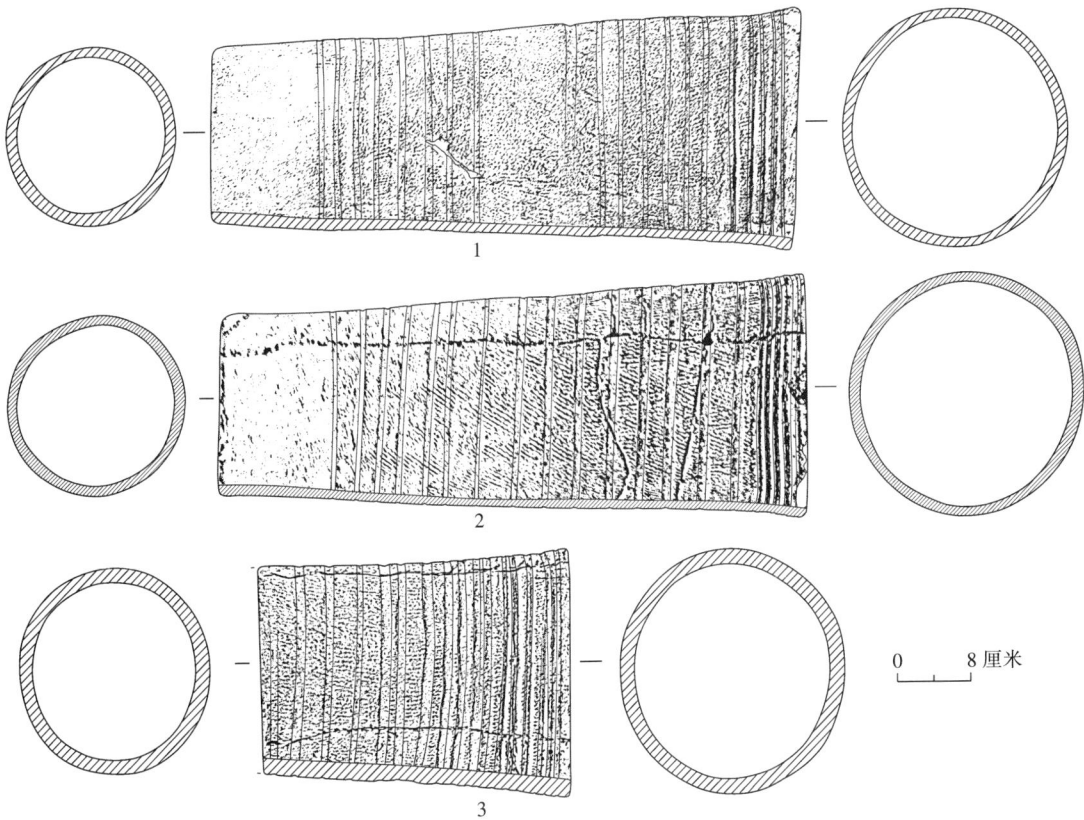

图二八三　黑山头遗址出土排水管

1. SHD7① 　　2. SHD7② 　　3. SHD7③

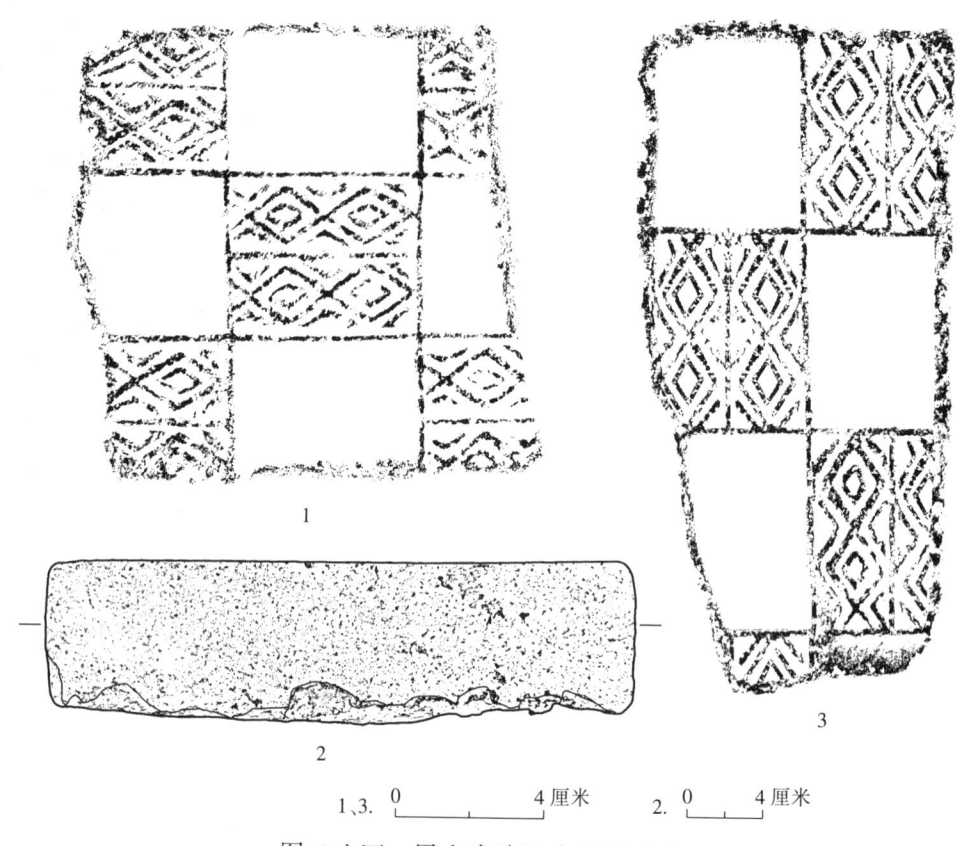

图二八四　黑山头遗址出土铺地砖

1. 黑山头 J1：临 1　　2. 黑山头 J1：临 5　　3. 黑山头 J1：临 2

　　标本黑山头 J1：临 1，泥质陶。青灰色，残长 12、宽 13、厚 3 厘米，表面饰有菱格纹（图二八四，1；图版二三四，3）。

　　标本黑山头 J1：临 5，泥质陶。灰褐色，残长 31.5、宽 10、厚 3.4 厘米，素面。宽度经过后期加工，有打磨的痕迹（图二八四，2；图版二三五，4）。

　　标本黑山头 J1：临 2，泥质陶。青灰色，残长 18、宽 10、厚 3 厘米，表面饰有菱格纹（图二八四，3；图版二三五，5）。

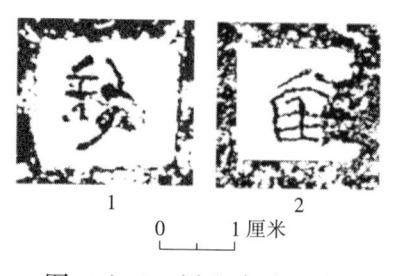

图二八五　黑山头遗址出土板
瓦、筒瓦戳印拓本

1. 黑山头：临 6　　2. 黑山头：临 2

八　戳　印

　　5 块，均为采集。印在板瓦上有 3 件，筒瓦和空心砖上各 1 件。2 件印文较为清晰，另外 3 件字迹已经无法辨认。

　　标本黑山头：临 6，印于板瓦之上，长方形，长 1.6、宽 1.3 厘米。字体不识（图二八五，1）。

　　标本黑山头：临 2，印在筒瓦凸面。长方形，长 1.4、宽 1.1 厘米。字体不识（图二八五，2）。

第三节　小　结

通过对黑山头遗址全面揭露，结合局部解剖与勘探，现已基本弄清其总体建筑布局、单体建筑构造等情况。尽管其规模不及石碑地遗址，但从主体建筑的体量及整体布局看，规格也很高。除未见夔纹大瓦当外，其他建筑构件与石碑地遗址完全相同。

遗址平面大体由三部分组成：南端面海部分为主体建筑，台基较高，庄重宏伟；中部的附属建筑由多组房屋与院落组成，为了保持建筑的协调，特在第 2 组建筑的中部设计出一条南北向的坡状通道。以通道为中线，附属建筑分为东、西两区，尽管各区建筑形式不同，但占地面积大体相同，保存了建筑的对称性；北部的第 3 组建筑尽管具体情况不明，但从已揭露出的遗迹现象来看，其南部的三条土坡路、两个院落亦以中间的 L5 为中线，东西两侧对称分布。

从立体构造看，遗址由北向南建筑地面依次抬高，呈"三步阶梯"状：第 1 组建筑中的大型夯土台基 J1、J2 占据遗址南端的最高点，北侧的第 2 组建筑地面要低于第 1 组建筑，通过踏步、台阶或者慢道与第 1 组建筑相通，而最北端的第 3 组建筑地面更低，通过坡路 L4、L5、L6 与第 2 组建筑相连。三组建筑主次分明，错落有致。

遗址内的建筑基础虽未全部解剖，但据勘探结果可知，该遗址的建筑技法与石碑地遗址完全相同，表现出了相当程度的成熟性与规范性，诸如各类建筑基础均建于生土之上，宽于各类建筑墙体或建筑台基；大型建筑的台基侧面贴瓦后抹泥，同时设有壁柱等；排水管道均由形制规格基本相同的 3 节陶制排水管首尾套接而成等。由于黑山头遗址已回填保护，故遗物标本多未收取。从采集的遗物标本看，其所有建筑构件如板瓦、筒瓦、瓦当、空心砖、铺地砖、井圈等无论形制还是纹饰均与石碑地遗址中出土的秦代同类器物特征一致，不过种类较少，如瓦当仅有夹贝卷云纹半瓦当和圆瓦当，不见有其他图案。

黑山头遗址所揭露出来的各个建筑遗迹之间没有叠压打破的现象，亦没有发现后来修补的痕迹，整个建筑布局整齐规整，出土遗物的特征较为一致。应该是一处营建之前经过精心设计一次性完成的大型建筑群体。从其设计理念、建筑布局、技法以及建筑材料来看，与石碑地遗址秦代遗存具有明显的同一性，因此可断定该遗址与石碑地秦代遗存同属一时代。它与止锚湾遗址分列于石碑地遗址的东西两侧，同属于秦行宫遗址的重要组成部分。

第四章　瓦子地遗址

　　瓦子地遗址位于墙子里屯北部，与石碑地遗址仅一村之隔，该地隶属于万家镇杨家村杨家屯，因碎瓦多，故被称为"瓦子地"（图二八六；图版二三七）。

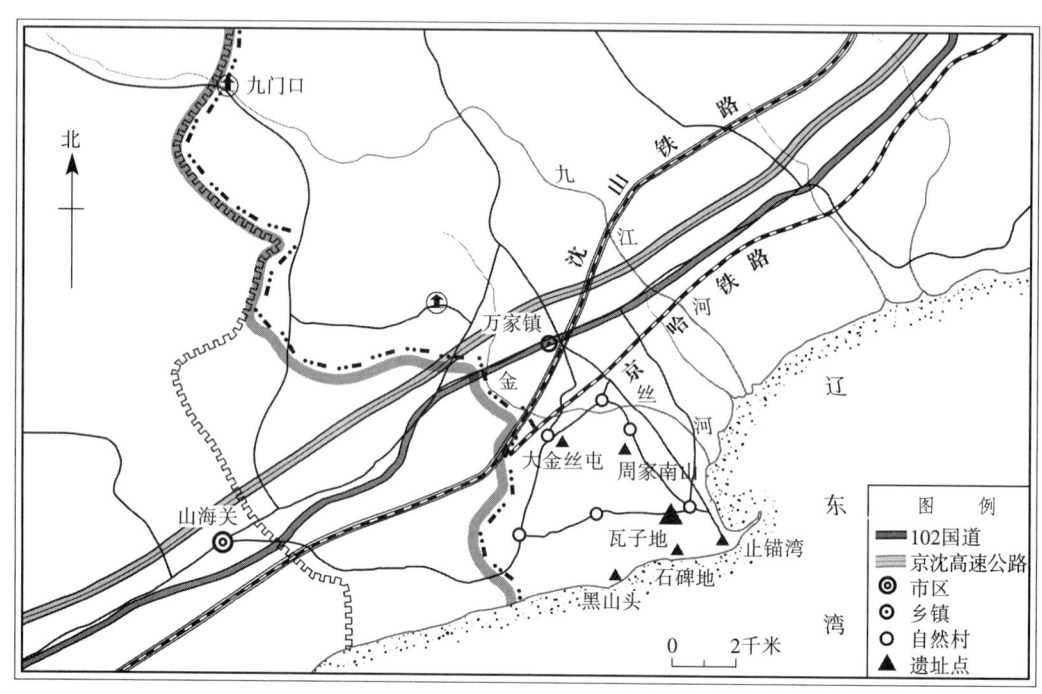

图二八六　瓦子地遗址地理位置图

第一节　工作简况

　　石碑地遗址北部有一村落，称墙子里屯，村北有一片耕地，被当地村民称为一百垄地、胡月娴地，再向北有一片果园，称为赵家坟茔地、营盘地，果园西部的耕地称为瓦子地，北部的则称为萝卜菜地。瓦子地、萝卜菜地路北的耕地称为长垄地、西山地。

以上地域内均发现有秦汉时期的遗迹、遗物。1982 年进行文物普查时，曾在瓦子地发现有秦代的建筑遗物，遂认定其为一处遗址，名之为瓦子地遗址；1984 年以后，随着对姜女石遗址考古复查及试掘工作的逐步开展，对瓦子地遗址范围的认识也不断深入："遗址主要分布在果园内（即赵家坟茔地一带，笔者注）。从地表散布的绳纹瓦砾范围看，面积约十余万平方米（长、宽均 300 米有余）。据村民介绍，果园西北角曾出土过陶井圈，形制与黑山头出土的相同。为了解遗址情况，在果园北边开了 5×5 米的探方 1 个。耕土层厚 20 厘米，耕土层下即见瓦片堆积、红烧土、础石等。因发现遗迹，未再下掘。采集到陶罐口沿 1 件，泥质灰陶，颈和肩部饰绳纹。采集到带戳的瓦片 3 块，印有'登'、'乐'、'同'字。'登'字与大金丝屯出土的略同"①。不仅如此，从杨家村通往刘台子村路北边的地层断面看，在果园北部长垄地的南缘也有大量的瓦片分布。

上述遗迹、遗物的分布范围较广，南北长近 800 米。

1986 年 9 月，再次对瓦子地遗址进行试掘，发掘面积为 100 平方米，初步断定遗址为一处建筑址，其中发现较多的日用陶器②。

为了切实弄清瓦子地遗址的分布范围、性质等基本情况，1994 年我们对上述地区进行了较为全面的考古勘探，结果仅在瓦子地与赵家坟茔地之间发现一组夯土基础，规模相对较小。截至目前，有关该遗址的确切情况仍不清楚，有待进一步开展工作。

此外，在勘探过程中，在萝卜菜地的断崖上发现了一座陶窑，随即进行了清理。

现将截至目前有关瓦子地遗址的遗存情况分别介绍如下。

第二节　建筑遗存

一　遗　迹

据考古勘探，有大面积夯土分布的区域主要集中于瓦子地与赵家坟茔地之间，即墙子里屯北至杨家村西果园南部的范围内。从 1985 年考古试掘的结果看，果园至长垄地之间亦应有建筑遗迹存在，但没有发现较为规整、深厚的夯土迹象，这或许意味着整个瓦子地遗址南、北部建筑规模、结构、性质有所不同，确切情况有待考古发掘澄清。

夯土区域南北最长为 125 米左右，东西最宽为 123 米左右。从现已探明的夯土布局看，该区

---

① 辽宁省文物考古研究所：《辽宁省绥中县"姜女坟"秦汉建筑群址发掘简报》，《文物》1986 年第 8 期。
② 王德柱：《绥中县瓦子地秦汉遗址》，《中国考古学年鉴（1987）》，文物出版社，1988 年。

域仅为夯土分布区的一部分,并未至边缘区域。

夯土区域层位堆积较为简单,表土下即见遗迹现象。

表土层呈黄褐色,深度为 0.3～0.5 米,为现代耕土,其内见有筒瓦、板瓦等建筑构件残片。

表土下即见有夯土。夯土的质地、颜色有所不同,未经严格筛选,这与石碑地遗址夯土质地、颜色完全相同的情况有显著区别;夯土多建于生土或基岩上,厚度有所不同,这种情况既与原地势高低不平有关(生土或基岩较高处夯土较薄,反之则厚),又与建筑物的规格有关(出于防止基础下沉的考虑,规模大者基础较厚,建于基岩上,反之则薄,建于生土之上)。

夯土周围均见有黄褐土、烧土块及各类建筑构件残片混杂在一起的建筑倒塌堆积,厚度达 0.4～0.5 米。

勘探所见建筑地面迹象不明显,多数区域倒塌堆积下即见生土或基岩。

从目前发现的夯土基础布局看,形状不规则,大体可分为 3 组,总体近曲尺形(图二八七)。

第 1 组:

位于夯土分布区的东南部,由直角相交的两道长条形夯土带组成,似一组回廊建筑。

其南北向的夯土带较长,长约 38、宽约 5.6 米,系以红黏土夯筑而成。夯土表面距现地表的深度为 0.4 米,厚度为 0.5 米左右,从夯土带的宽度看,其应为廊道建筑基础。

东西向的夯土带长 20、宽 2.4 米左右,偏西部向南、西端向北各伸出一段较短的夯土基础。从该夯土带的宽度看,应为墙基。上述夯土均呈黄褐色,土质较纯净。

第 2 组:

位于夯土分布区的西南部,由东、西、北三部分组成。

东部由一道东西向夯土带连接两道南北向的夯土带组成。其东部的南北向夯土带宽 2.4 米,长度为 15 米,似院落围墙或廊道围墙之类的建筑基础;西部的南北向夯土带较窄,宽仅 1.2 米,似建筑墙体,长度为 6.5 米;连接上述两道夯土带的东西向夯土带长度为 32 米左右,宽度为 1.6 米,亦似建筑墙体基础。该夯土带有几处小的曲折。上述夯土均呈黄褐色,土质较纯净。

西部为一南北长 28、东西宽 14.5 米的夯土基础,推测其上应有较大规模的建筑存在,该基础建于生土之上,存深 0.5 米左右,以红黏土夯筑而成,顶部距现地表深 0.4 米左右,周围见大量的建筑倒塌堆积。

北部有一条东西向的夯土条带,恰位于东、西部夯土之间的空白地带以北,长度为 31.5 米,宽度为 1～1.2 米,中间有小的曲折,似为围墙墙体。东西向夯土条带的中部略偏东的部位向南伸出一道南北向的夯土条带,宽度为 1.6～2.4 米,长 4 米左右。

第 3 组:

位于第二组夯土区域的北部,从布局看,似南北狭长的院落。南北最长处为 58 米,东西最宽

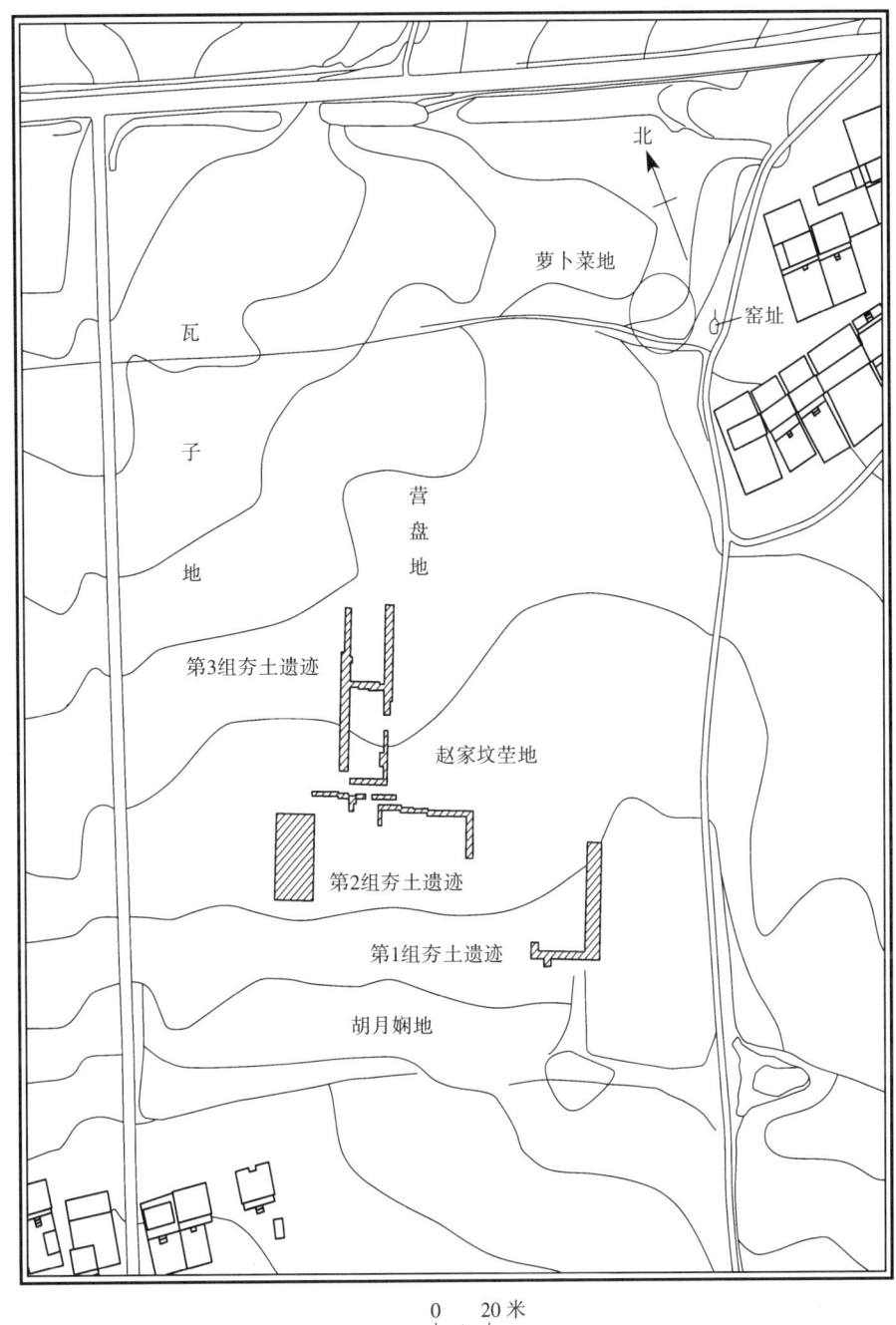

图二八七 瓦子地遗址夯土遗迹分布图

为19米。其东部南北走向的条形夯土带宽1.2~2.8米，推测其部分为墙体，部分为墙体基础；西部南北走向的条形夯土带宽2~3.2米，亦应为墙体基础；南部东西走向的条形夯土带宽1.6米左右。中部还有一道东西向的条形夯土带，将狭长的院落分隔成南、北两部分。上述夯土均呈黄褐色，顶部距现地表0.4~0.5米不等，在杂石块的红黏生土上挖槽起筑，存深1~1.1米。

夯土带周围均有建筑倒塌堆积，厚0.3~0.5米。

二　遗　物

1985、1986 年两次小面积试掘采集了一些遗物标本，有建筑构件及日用陶器等，从特征看均为秦代遗物。

（一）建筑构件

种类较少，仅有板瓦、筒瓦两种。

1. 板瓦

均为残片，无可复原者。皆夹细砂，有灰褐色和黄褐色两种。凸面均饰绳纹，线条有粗细之分，拍印手法较为随意，标本 86SW 总 136，斜向粗绳纹（图二八八，1）；标本 86SW 总 145，斜、竖向交错细绳纹（图二八八，2）。有的在一端饰凹弦纹，标本 86SW 总 33（图二八八，3）。凹面饰麻点纹或素面，标本 86SW 总 146，麻点纹（图二八八，4）。均为内切。

个别板瓦凹面有戳印，除 1986 年简报发表的以外，还有 4 件标本。均为阳文，篆体，呈方形或近方形。标本 86SW 总 145，识读为"强"字，有边棹，宽 2.4 厘米（图二八九，1）。标本 86SW 总 135，识读为"强"字，有边棹，宽 2.4 厘米（图二八九，2）。标本 86SW 总 45，识读为

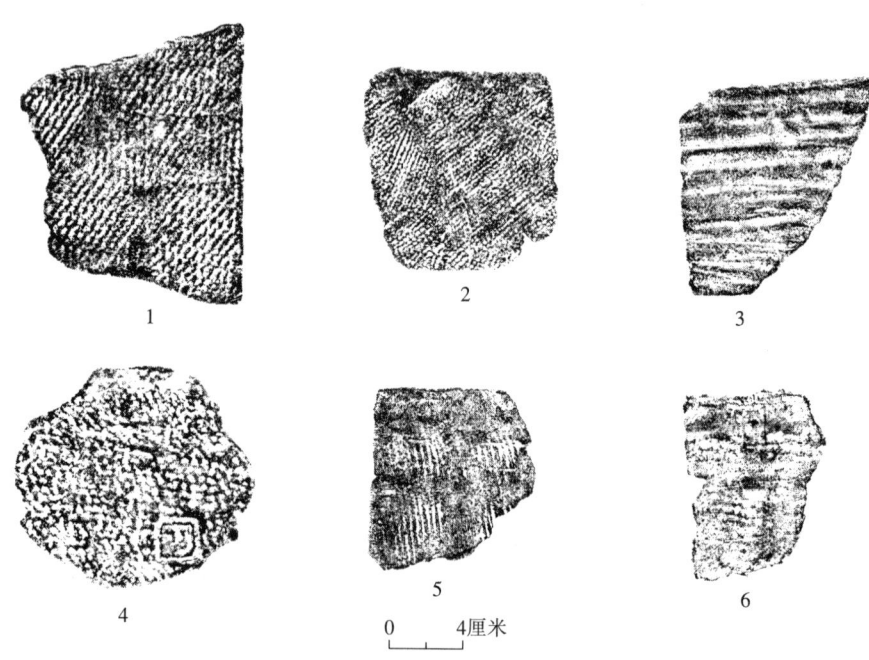

0　　　　4厘米

图二八八　瓦子地遗址出土筒瓦、板瓦纹饰拓本

1. 86SW 总 136（凸面）　2. 86SW 总 145（凸面）　3. 86SW 总 33（凸面）

4. 86SW 总 146（凹面）　5. 86SW 总 127（凸面）　6. 86SW 总 127（凹面）

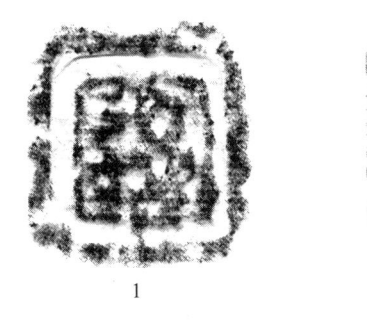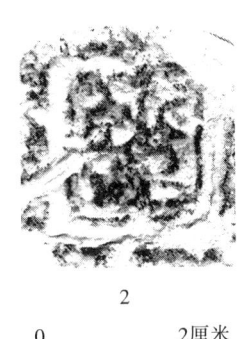

0　　　　　　2厘米

图二八九　瓦子地遗址出土板瓦戳印拓本

1. 86SW 总 145　2. 86SW 总 135　3. 86SW 总 45

"書"字，有边樗，宽2.4×2.3厘米（图二八九，3）；标本86SW总146，磨蚀严重，不可辨，宽2.6厘米。

2. 筒瓦

皆残片。均夹细砂，多灰褐色。凸面均饰绳纹，有抹光痕迹，标本86SW总127，细绳纹抹光（图二八八，5）。凹面饰麻点纹或素面，标本86SW总127，麻点纹（图二八八，6）。

（二）日用陶器

日用陶器较少，且破损严重，可辨器形仅见有罐、盆等陶器残片。

1. 盆

均为残片。多夹粗砂，少量夹细砂，且部分杂有零星细小石英颗粒。以黄褐色为主，灰褐色次之，少量呈红褐色。

纹饰多见于腹部，有凸弦纹、凹弦纹、竖行或斜行粗绳纹等。有的近底部边缘施一周宽约2厘米的竖行细绳纹。标本86SWF2∶12，凸弦纹（图二九〇，1）。标本86SW总137，凹弦纹（图二九〇，3）。标本86SWF1∶3，竖行粗绳纹（图二九〇，4）。标本86SWF1∶7，斜行粗绳纹（图二九〇，2）。

从器形看，均上腹近直，下腹折收，小平底。据口、腹部特征的不同可分为5型：

A型：方唇，平折沿，腹稍外凸。标本86SWF1∶12，复原口径61、残高12、胎厚1.1厘米（图二九一，1；图版二三六，4）。标本86SWF2∶4，复原口径56、残高11.1、胎厚1.4厘米（图二九一，2；图版二三六，2）。

B型：尖圆唇，平折沿，腹壁较直。标本86SWF1∶6，复原口径60、残高9.7、胎厚1.4厘米（图二九一，3；图版二三六，8）。标本86SWF2∶9，唇部边缘施一道细凹弦纹。复原口径53.3、

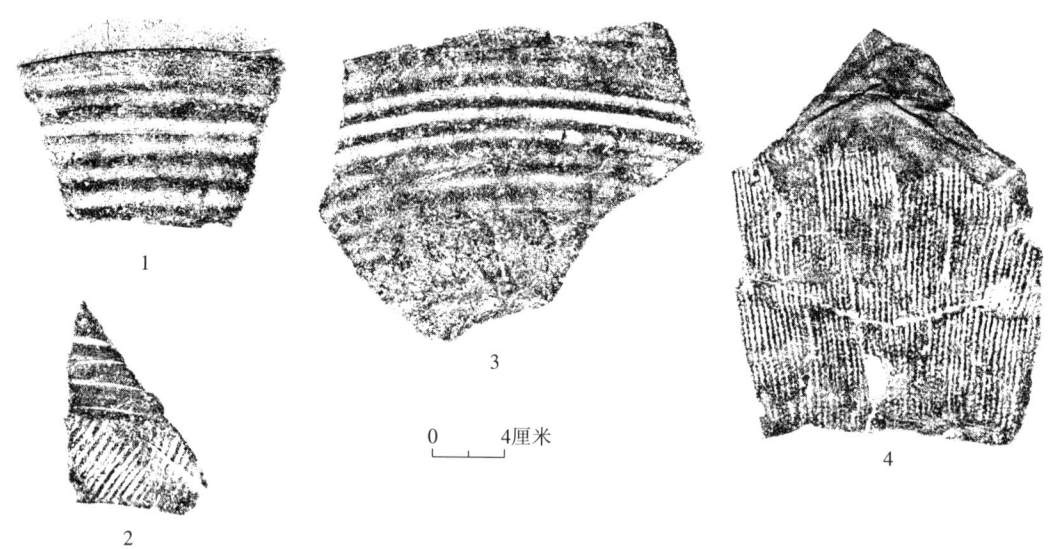

图二九〇　瓦子地遗址出土陶盆纹饰拓本

1. 86SWF2：12　2. 86SWF1：7　3. 86SW 总 137　4. 86SWF1：3

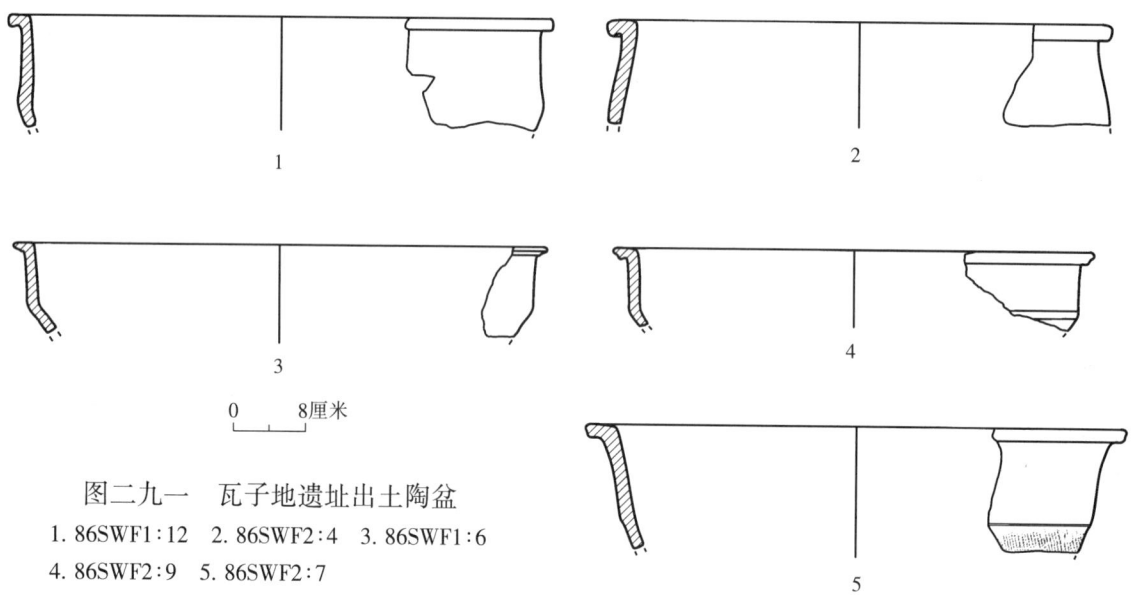

图二九一　瓦子地遗址出土陶盆

1. 86SWF1：12　2. 86SWF2：4　3. 86SWF1：6
4. 86SWF2：9　5. 86SWF2：7

残高 10、胎厚 1.3 厘米（图二九一，4；图版二三六，1）。

C 型：口沿略外侈，腹下内收。标本 86SWF2：7，上腹为素面，下腹饰竖行粗绳纹。复原口径 60、残高 13.3、胎厚 1.4 厘米（图二九一，5；图版二三六，5）。

2. 罐

均为残片。多夹粗砂，有的杂有细小石英颗粒。以黄褐陶为主，灰褐陶次之。

纹饰以绳纹为主，多交错拍印，较杂乱（标本 86SWF2：6，图二九二，2），有的上腹饰竖行

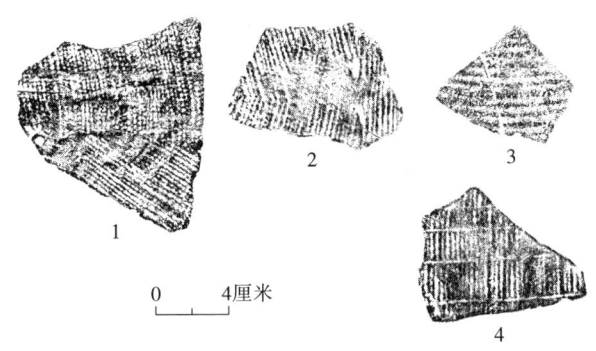

细绳纹、下腹饰斜行细绳纹（标本 86SW 总 122，图二九二，1），少量饰较规整的弦断绳纹（标本 86SWF1：23，图二九二，4）。也有上腹饰弦纹、下腹饰横向细绳纹（标本 86SWF1：31，图二九二，3）者。素面者较少。

从器身残片看，可辨有广肩斜弧腹罐、溜肩斜弧腹罐等。据口部特征的不同可分为 3 型：

A 型：尖圆唇，短领，鼓肩。标本 86SWF1：18，复原口径 23.2、残高 8、胎厚 0.8 厘米（图二九三，1；图版二三六，3）。标本 86SW 总 68，复原口径 13.6、残高 5、胎厚 0.7 厘米（图二九三，2；图版二三六，7）。

0 　　4厘米

图二九二　瓦子地遗址出土陶罐纹饰拓本

1. 86SW 总 122　2. 86SWF2：6　3. 86SWF1：31
4. 86SWF1：23

B 型：圆唇外卷，短颈，溜肩。标本 86SW 总 59，复原口径 19、残高 5、胎厚 1.1 厘米（图二九三，3；图版二三六，10）。标本 86SW 总 76，复原口径 15、残高 6.8、胎厚 1.1 厘米（图二九三，4；图版二三六，9）。

C 型：方唇，平折沿，有的唇边施一道细凹弦纹。标本 86SWF2：17，复原口径 14.7、残高 3.4、胎厚 0.7 厘米（图二九三，5）；标本 86SW 总 17，复原口径 14、残高 4.8、胎厚 0.7 厘米

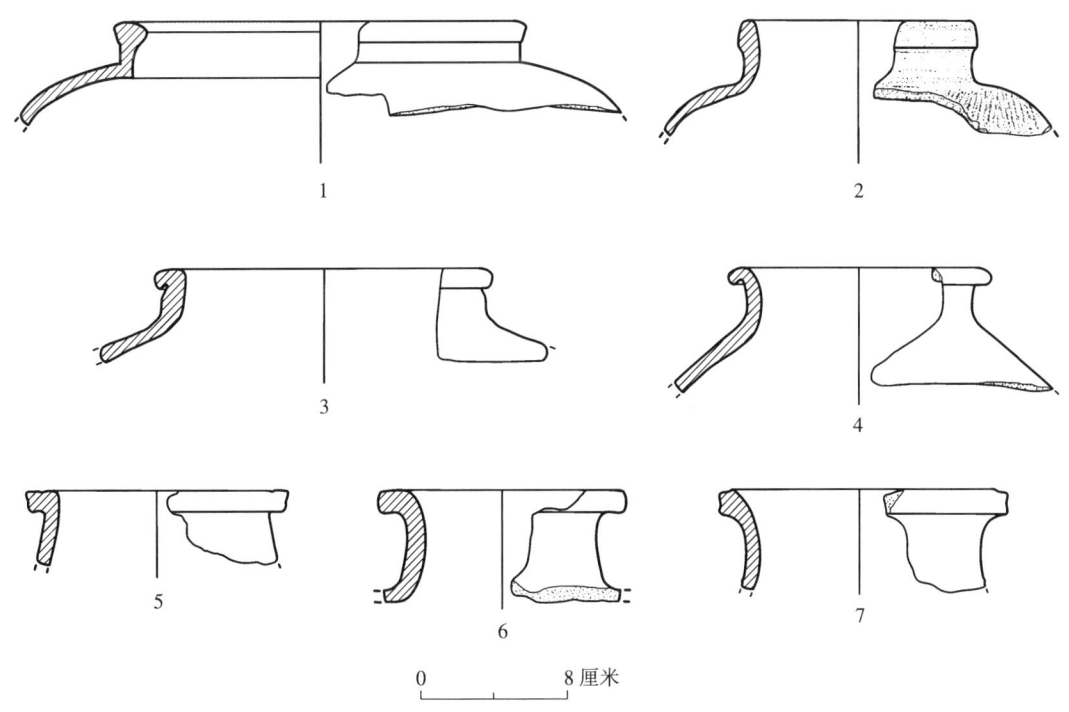

0 　　　　8厘米

图二九三　瓦子地遗址出土陶罐

1. 86SWF1：18　2. 86SW 总 68　3. 86SW 总 59　4. 86SW 总 76　5. 86SWF2：17　6. 86SW 总 17　7. 86SWF1：14

（图二九三，6；图版二三六，6）。标本86SWF1∶14，复原口径16.5、残高5.4、胎厚0.6厘米
（图二九三，7）。

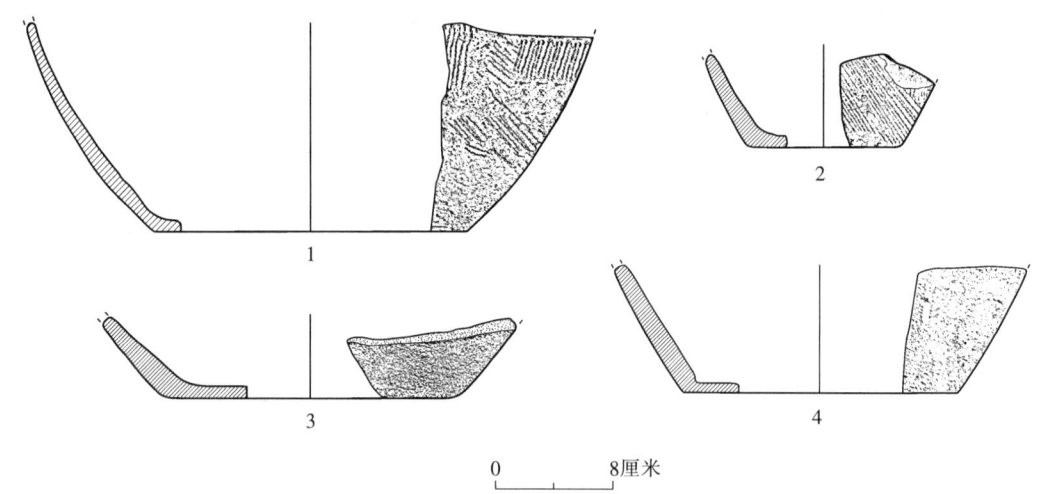

图二九四　瓦子地遗址出土陶器底

1. 86SW 总 29　　2. 86SW 总 94　　3. 86SWF1∶27　　86SW 总 44

此外，还发现若干器底残片，皆平底，可大致分为两种：

一种腹部弧度较大，胎壁较厚，疑为罐类器物底部。标本86SW 总 29，夹细砂，灰褐色，斜
弧腹，腹壁略厚于底部。残高14、复原底径22厘米（图二九四，1）。标本86SW 总 94，夹细砂，
且杂有细小石英颗粒，灰褐色，斜弧腹，腹部与底部交界处较厚。残高6.3、复原底径10.5厘米
（图二九四，2）。

另一种腹部弧度较小，胎壁较薄，疑为盆类器物底部。标本86SWF1∶27，夹细砂，黄褐色，
腹部及底部均为素面。斜弧腹，腹底交界处较厚。残高4.9、复原底径19.5厘米（图二九四，3）。
标本86SW 总 44，夹细砂，黄褐色。腹部及底部均为素面。斜弧腹，壁略厚于底部。残高8.6、复
原底径19厘米（图二九四，4）。

第三节　窑　址

一　遗　迹

窑址位于夯土区域的东北部、杨家村西边的萝卜菜地断崖上（参见图二八七；图版二三八）。
1994 年 10 月进行抢救性发掘，编号为94SWy1（即绥中县瓦子地遗址 1 号窑址）。

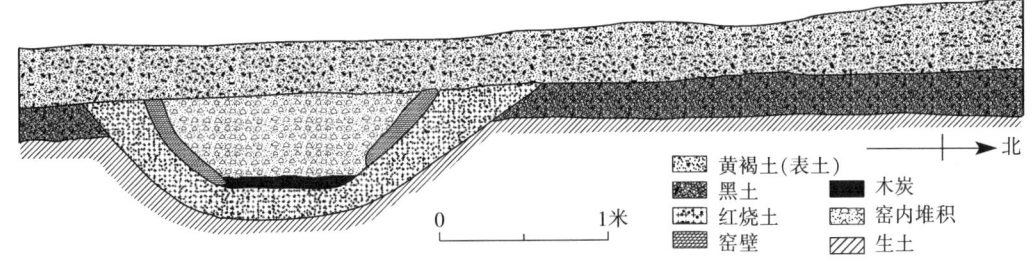

图二九五　瓦子地遗址窑址层位堆积图

图例：
- 黄褐土（表土）
- 黑土
- 红烧土
- 窑壁
- 木炭
- 窑内堆积
- 生土

0　　1米

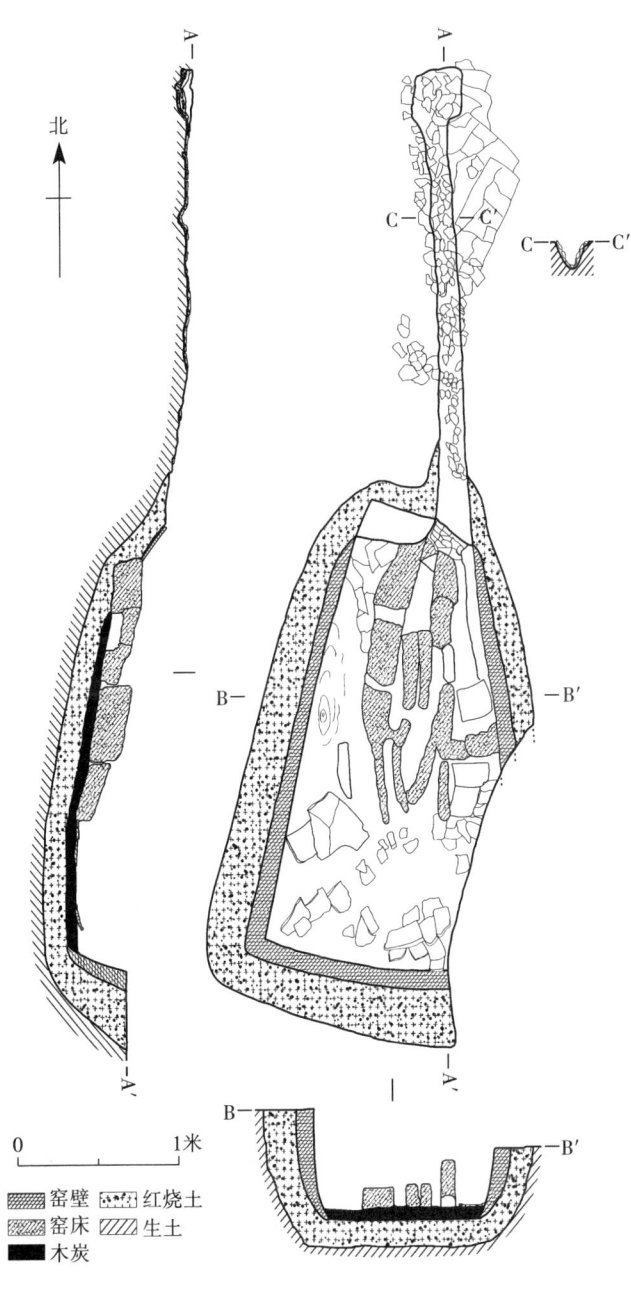

北

0　　1米

图例：
- 窑壁
- 窑床
- 木炭
- 红烧土
- 生土

图二九六　瓦子地遗址窑址平、剖面图

（一）地层堆积

窑址所在区域地层堆积较为简单，可分为三层（图二三九，2）。

第①层：现代耕土层，黄色，厚0.36～0.4米。该层下即见窑址的顶部，并在窑址西北部发现厚0.1米左右的黑灰土，内夹杂大量的炭粒及破碎的瓦片，推测该区域原为瓦件出窑后的堆放处，废弃后形成了一层堆积。

第②层：黑土层，内夹杂大量的破碎瓦片，厚0.16～0.2米。

第③层：生土层，颜色为黄色。

从层位堆积及相关遗迹的情况看，建窑前的原地表即应在现耕土层下的第②层表面，窑址位于①层下，打破第②层及生土。现窑内堆积较厚，主要为窑顶倒塌所形成，内含烧土块、土坯、瓦片及大量的炭灰等。

（二）形制与结构

窑址平面似"琵琶"形，大体呈南北向，南北总长度为4.95米。各部分宽度不同，最宽处为1.3米。由窑门、窑室、烟道等几部分组成。窑门向东，已遭破坏，其他部分保存较好。火膛呈斜坡状连接窑床，向北、向上斜延，紧接烟道（图二九六）。

（1）窑门

应在窑室东南部，因邻近断崖而遭破坏，结构已不详。

（2）窑室

位于整个窑址的南部，其平面近梯形，角部圆弧（图版二三九，1）。

其西壁较竖直，南壁与东壁向下内收。壁面抹泥，厚约 0.11 米，由于长期烧烤而呈青色。

窑壁以外的生土因烧烤而形成一层厚 0.15～0.25 米的红色硬壳。在窑室北部，发现一段塌落在窑室内废弃堆积之上的窑顶，为半圆拱形，保存较好，系以土坯抹泥叠砌而成，厚约 0.1 米，距离窑床中部的高度为 0.4～0.5 米（图二九七；图版二三九，3）。

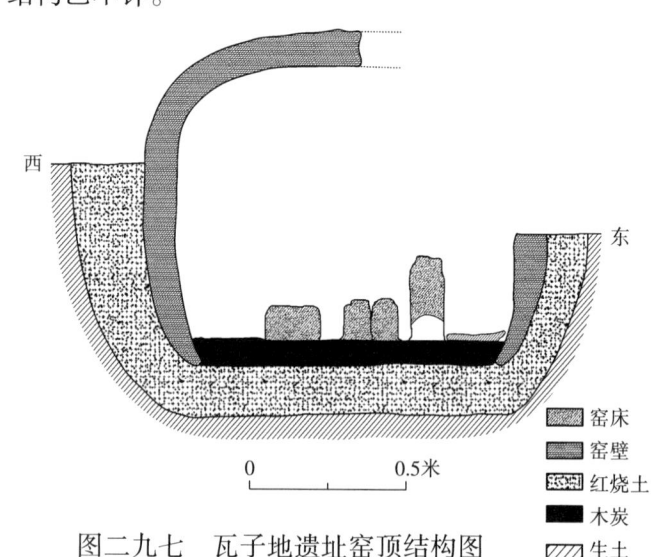

图二九七　瓦子地遗址窑顶结构图

窑室内见有火膛及窑床（图版二四一，1）。

火膛位于窑室南部，东西残长 1.15 米，南北宽 0.8 米，存深 0.3 米。底部平铺木板，现已炭化，原厚度为 0.06 米左右。木板上有一层较大的板瓦片，在四壁近底部呈弧形分布，起围火作用。火膛底部存有大量的木炭灰，据此可知烧窑的主要燃料是木材。

窑床位于窑室的北部，南北长 1.45 米，东西宽 0.65～1.2 米，南宽北窄，南低北高，倾斜度为 15°（图版二四〇）。在窑床底部发现有铺置木板的迹象，木板之上铺瓦，瓦上设回火墙，现见有一块筒瓦被压在回火墙下面，这种做法与增加窑室温度有关。

回火墙以土坯间隔而成，南北纵向伸展。各回火墙间有通火道，东西贯通，形成一受火面均匀的空间，有利于窑室温度均衡。回火墙厚 0.06～0.2 米，近火膛处较窄，近烟道处厚；间隔在 0.06 米至 0.2 米之间，近火膛处宽，近烟道处窄；从平面看，回火墙近似张开平放的五指，高度 0.1～0.2 米。

瓦的坯件放置于回火墙之上。

（3）烟道

烟道位于窑室北端东侧，总长度为 2.35 米。南端较宽，为 0.15 米，中间较窄，为 0.1 米。北部残存有烟囱的迹象，似以土坯砌成，呈方形，边长为 0.3 米。整个烟道逐渐升高，近窑室处略低，近烟囱处较高，保存深度为 0.1 米左右，地面以上部分被破坏，现见为烟道底部，底部横断面为三角形（图版二四一，2）。

二 遗 物

被窑址所打破的第②层（编号 SWT1②层）、窑址内部（编号 y1）、窑底（编号 y1 垫瓦）均出土了少量的建筑瓦件残片。此外，在窑址中还发现 1 件陶壶的口沿残片。现扼要介绍如下。

1. 窑址底部出土遗物

窑址底部出土遗物主要为有意铺设的瓦件，共发现 18 片，多为板瓦，筒瓦残片仅 1 片。均为青灰色，其中凸面饰凸棱纹者 7 片，余皆饰绳纹，凹面均为麻点纹。

标本 y1 垫瓦：1，为板瓦宽端残部。青灰色，残长 18、残宽 14、厚 2 厘米，凸面上部为凸棱纹，下部为绳纹，凹面为麻点纹（图二九八，5）。

标本 y1 垫瓦：2，板瓦宽端残部。青灰色，残长 14、残宽 20.8、厚 2 厘米，凸面为绳纹，凹面为麻点纹，内切（图二九八，4）。

2. 窑址内部出土遗物

共发现建筑瓦片 93 片，绝大多数为板瓦残部。青灰色者居多，为 57 片，其中 10 片凸面饰凸棱纹，余皆饰绳纹，凹面皆麻点纹；黄褐色者较少，纹饰与青灰色者相同。此外，还发现 1 件陶壶口沿。

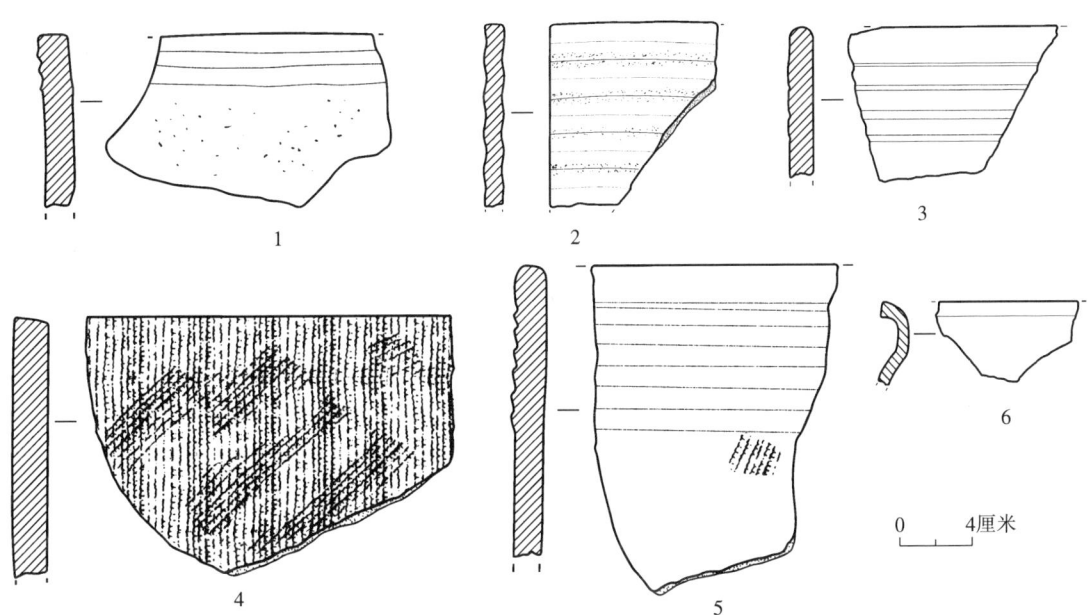

图二九八 瓦子地遗址窑址出土遗物

1. SWT1②：1 2. SWT1②：2 3. y1：1 4. y1 垫瓦：2 5. y1 垫瓦：1 6. y1：3

y1：1，板瓦宽端残部。青灰色，残长 8.6、残宽 12、厚 1.4 厘米，凸面为凸棱纹，凹面为麻点纹（图二九八，3）。

y1：3，陶壶口沿残片。夹细砂红褐陶，侈口、方唇、矮领、鼓腹，残存部分素面（图二九八，6）。

3. 第②层出土遗物

共发现建筑瓦片 130 片，其中筒瓦仅 16 片，余皆为板瓦。板瓦中青灰色者居多，为 61 片，余为黄褐色。各类纹饰特征及所占比例与窑内出土遗物相同。

SWT1②：1，板瓦宽端残部。黄褐色，残长 10、残宽 9.4、厚 1 厘米，凸面为凸棱纹，凹面为麻点纹（图二九八，1）。

SWT1②：2，板瓦宽端残部。黄褐色，残长 5、残宽 6、厚 1 厘米，凸面上部为凸棱纹，下部素面，凹面为麻点纹（图二九八，2）。

第四节　小　结

一　关于建筑址

从地表调查的情况看，该遗址的分布面积较大，自墙子里屯北部起，直至杨家村南均有建筑瓦件分布。勘探发现，在瓦子地与赵家坟茔地之间有建筑基础存在，推测这一区域应该是遗址的中心区。局部试掘发现两座房址（未发掘完），出土了一些建筑构件及日用陶器。

从该遗址出土的建筑瓦件特征看，与石碑地遗址秦代建筑瓦件完全一致，且有相同的戳印，表明其在秦代与石碑地遗址是统一的整体。

尽管试掘面积较小，却出土了较多的日用陶器（多为盆和罐，与大金丝屯窑址、周家南山遗址出土者相同），这不仅表明该地区的一些秦代建筑已投入使用，也暗示了其功能似与石碑地等遗址不同。

因未进行系统发掘，该遗址在整个行宫建筑群址中的确切功能尚不清楚。

二　关于窑址

该窑址规模较小，形制较为特殊，即：在原地表上挖出一平面近梯形的土坑形成窑室，除西壁较竖直外，其余三壁皆向下内收。南壁、东壁室内侧贴砌土坯，并抹有草拌泥。北壁、西壁则利用原地层土，在内侧夯打后抹泥。在窑室底部铺木板，木板上铺瓦，四壁下部的铺瓦呈锅底状。

窑床部分有南北纵贯的回火墙，墙上有东西向的回火洞。在窑室前端近窑门处立有一块板瓦，避免火焰直接进入回火墙内，使火焰能够横向深入，而后再纵向延展，保持窑室受热均匀。烟道的做法也较特别，其地下部分的筑法为：先在地面上挖出沟槽，而后在上部铺瓦，并砸实，形成一横断面呈三角形的沟槽。烟道的北端有竖立于地面之上的烟囱。

该窑址的构造特点既不同于大金丝屯遗址发现的秦代窑址，也不同于石碑地遗址发现的汉代窑址，现据窑址的层位关系及出土遗物对其年代进行简要推测如下：

（1）从窑址打破的第②层、窑内及窑底出土的遗物看，几乎均为建筑构件，以板瓦居多，筒瓦极少。各遗迹单位出土瓦件质地、颜色、形制、纹饰基本相同。其中板瓦多夹细砂，有青灰色、黄褐色两种。凸面宽端多饰凸棱纹，窄端饰绳纹；凹面皆饰麻点纹。上述特征与石碑地遗址出土的秦代板瓦特征基本一致。此外，在窑内发现的陶壶口沿特征与秦代流行的茧形壶口沿较为类似。据此可知，窑址的使用年代不早于秦代。然而，从窑址内部及周围调查的情况看，并未发现其他时期的遗物，据此可大体将该窑址的年代定为秦代。

（2）从窑址内部的出土遗物看，窑址应以烧制建筑构件为主。考虑到现已发现专门为秦行宫遗址提供建筑构件的大规模窑场的实际情况，推测该窑址应为对遗址进行维修所设立的临时烧瓦场所，窑址的层位关系也可作为这种推测的佐证。当然，据出土的陶壶口沿推测，也不排除其有烧制生活用陶器的可能性。

第五章　周家南山遗址

第一节　遗址内涵

周家南山遗址位于石碑地遗址以北约 4 公里的周家屯，隶属于万家镇周家村。

距周家屯东南约 250 米处有一块高台地，俗称"南山"，其中部隆起，当地村民称其为"古庙台"。台地东、西两侧各有一条冲沟。冲沟以外的东、南两侧有乡间小路。台地周围为低矮的土岗，越往南越低，视野开阔，晴日在台上可远望至海中的"姜女石"。

遗址即位于台地的最高处——"古庙台"上，地表遗物散布于南北长约 250 米，东西宽约 100 米，面积约为 2.5 万平方米的范围内。遗址所在地中心地理坐标为：北纬 40°01.772′、东经 119°52.786′，地表海拔高度为 24 米（图二九九；图版二四四）。

一　工作简况

该遗址是在 1982 年全省文物普查时由锦州市文物普查队发现的。因遗址破坏较严重，所在区域残碎瓦片俯拾皆是，采集到云纹瓦当一块。后经研究认为，其属于秦、汉时期的建筑遗址，与姜女石其他遗址为同一整体。

1996 年 9 月，辽宁省文物考古研究所姜女石工作站对其进行了全面的考古勘探，在遗址上发现了夯土台及相关的建筑遗迹。

其中位于遗址最高处的夯土台颜色为紫红色，距地表 0.2～0.4 米，呈曲尺形，南北长 22、东西宽 12～20、存深 0.1～0.35 米，北端较宽。此外，在其西南部还发现有黄褐色的夯土，土质坚硬，内含有大量的烧土颗粒，形状近圆形，经发掘确定其为汉代的夯土台基（坑）。

在台基北部 13 米处勘探时发现一条灰沟，开口距地表 0.3～0.4 米，东西长 18、南北宽 2.5 米左右，沟底距现地表的深度为 0.8～1.8 米，沟边不规整，底部凸、凹不平。其内填土颜色斑驳，结构疏松。

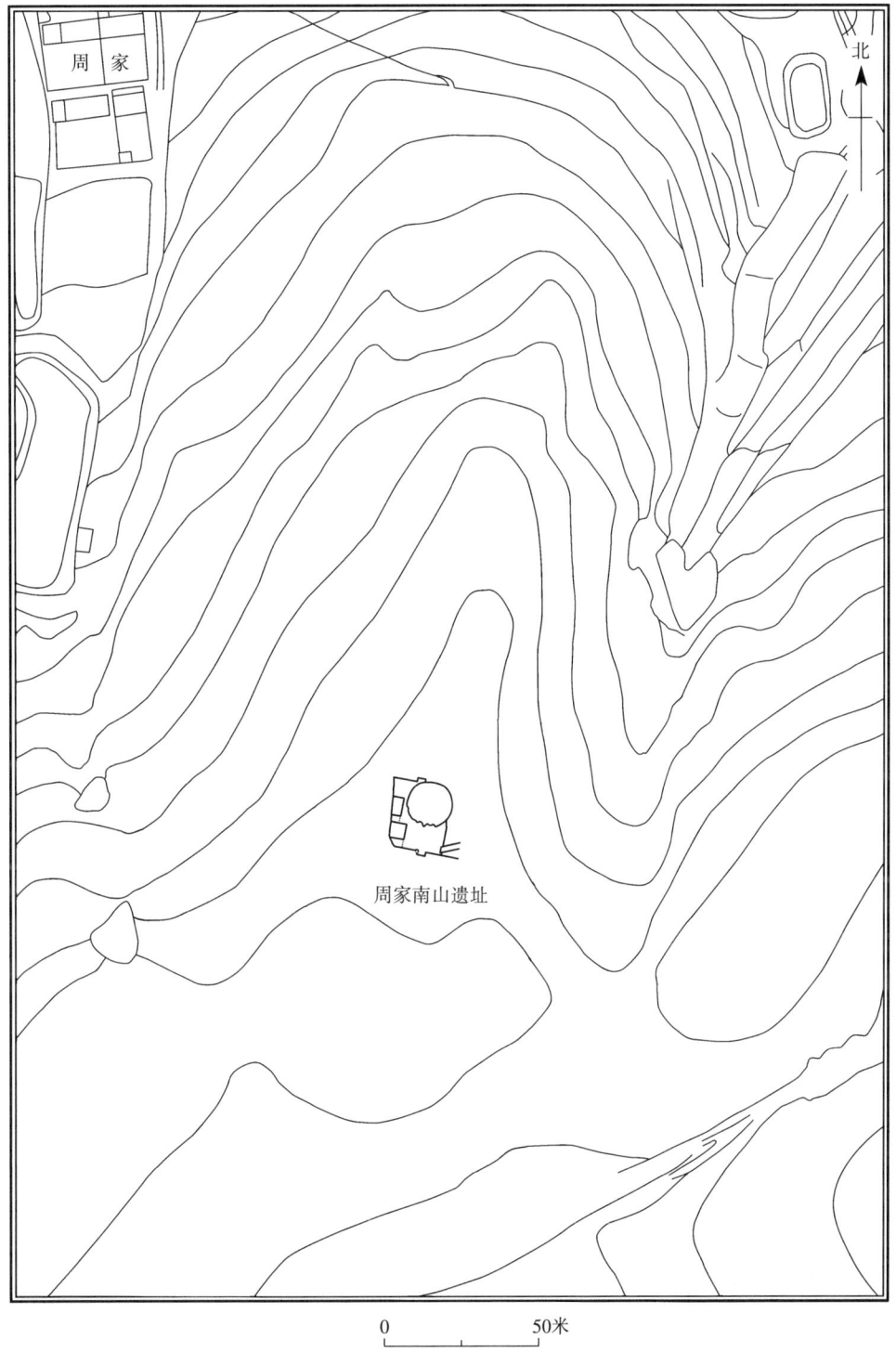

图二九九　周家南山遗址位置图

　　尽管勘探取得了一定的成果，但遗址的确切情况仍不详。为此，1999 年我们在勘探的基础上对遗址进行了全面揭露，初步搞清了遗址的范围、分期及年代、不同时期建筑的基本构造和性质等问题。

此次发掘自1999年5月上旬开始，至9月上旬结束，历时4个月。

参照1996年的勘探结果，我们在遗址的西南角设了布方基点，用象限法进行布方，所有探方均在第Ⅰ象限内，采用磁北方向。探方编号取横轴、纵轴各两位数字，每个探方均由四位数组成。共布10×10米的探方8个，加上扩方部分，发掘总面积近1千平方米。

发现了属于秦、汉两个时期的建筑遗存，清理出秦代建筑基址1座，汉代夯土台基1处、灰沟1条、墙基1处等遗迹。

二 遗址内涵

因遗址所在地势较高，且范围较小，周围地势较低，故破坏极为严重，现存文化层最厚处为0.6米。

（一）地层堆积

遗址地层堆积较为简单，遗迹现象却颇为复杂。

本遗址的地层堆积统一划分为5层，现结合探方T0102北壁剖面加以说明（图三〇〇）。

第①层：表土层，分两个小层。

①a层：灰黄色。厚0.2~0.3米。土质疏松。出土有秦、汉时期的建筑瓦件碎片和现代陶、瓷片等。

该层分布于整个遗址地表，系现代农耕层。

①b层：红褐色沙质土，厚0.15~0.2米。出土有少量的秦、汉时期瓦件残片。该层薄而均匀地分布于整个发掘区，为近代农耕层。其下发现灰坑8座（H1~H8），灶坑（Z1~Z3）3座，均打破第②层。

第②层：灰黑色沙质土。最厚处为0.3米。结构较疏松。出土有少量秦、汉时期的瓦件残片。该层分布在遗址低洼处，叠压在第二期建筑的倒塌堆积上。为第二期建筑废弃后形成的堆积。该

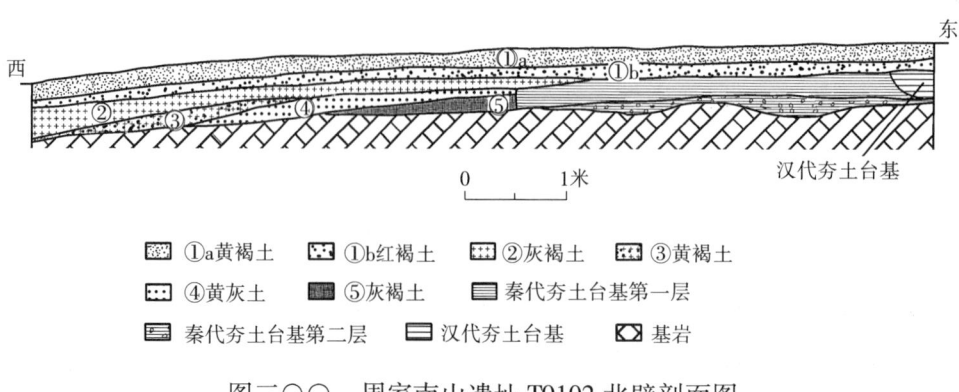

图三〇〇　周家南山遗址T0102北壁剖面图

层下发现有第二期建筑基础及第一期建筑台基。

第③层：黄灰土。最厚处为 0.17 米。结构疏松，含有少许烧土颗粒。出土有板瓦、筒瓦残片，其凹面饰有麻点纹、布纹、菱格纹等多种纹饰，瓦胎较薄。此外还出土有较多的陶器残片。该层分布于第二期建筑基础外侧垫土层上，为第二期建筑倒塌堆积。

第④层：黄褐土。厚 0.1～0.25 米。土质结构致密，出土较多的瓦件碎片。该层分布于第一期建筑台基上及倒塌堆积之上，系第二期建筑的垫土层。

第⑤层：灰褐土。最厚处 0.3 米。结构疏松，含有烧土颗粒，出土有大量板瓦、筒瓦和瓦当等建筑构件残片，及少量陶片，此外还有少量的兽骨。该层分布于第一期建筑台基外侧，系第一期建筑的倒塌堆积。其下为基岩。

（二）遗址分期

据地层堆积可将该遗址分为三期：

第一期：分布于遗址的中心部位。现存遗迹为建筑于基岩之上的夯土台。其周围见有同期的建筑倒塌堆积，即第⑤层。从该期建筑倒塌堆积及废弃堆积中的出土遗物看，其建筑及使用年代应为秦代。

第二期：遍布于遗址发掘区内。现存遗迹有建筑地面，利用早期建筑废弃堆积经平整铺垫而成，即第④层；建筑基础，在地面上向下挖穴夯筑而成；环沟，在地面上下挖而成；墙基，在地面上挖槽夯筑而成。地面上建筑遗迹周围见有该期建筑的倒塌堆积，即第③层。据该期建筑倒塌堆积中的出土遗物看，其建筑及使用年代为汉代（西汉）。

第三期：分布于遗址发掘区内。现存遗迹有灰坑 8 个，灶址 3 个。从灰坑内出土遗物看，除秦、西汉时期的建筑遗物外，不见更晚时期的遗物，其年代不详，从层位关系上看，晚于第二期。

鉴于该遗址第三期遗存出土遗物较少，且均为第一、二期遗物，考虑到本报告的体例，故将第三期遗存略去。以下分别介绍第一、二期遗存。

第二节　秦代遗存

一　遗　迹

属秦代的遗迹现存夯土台及周围院落等，各建筑基址的方向均为北偏东 10 度（图三〇一；图版二四二、二四三）。

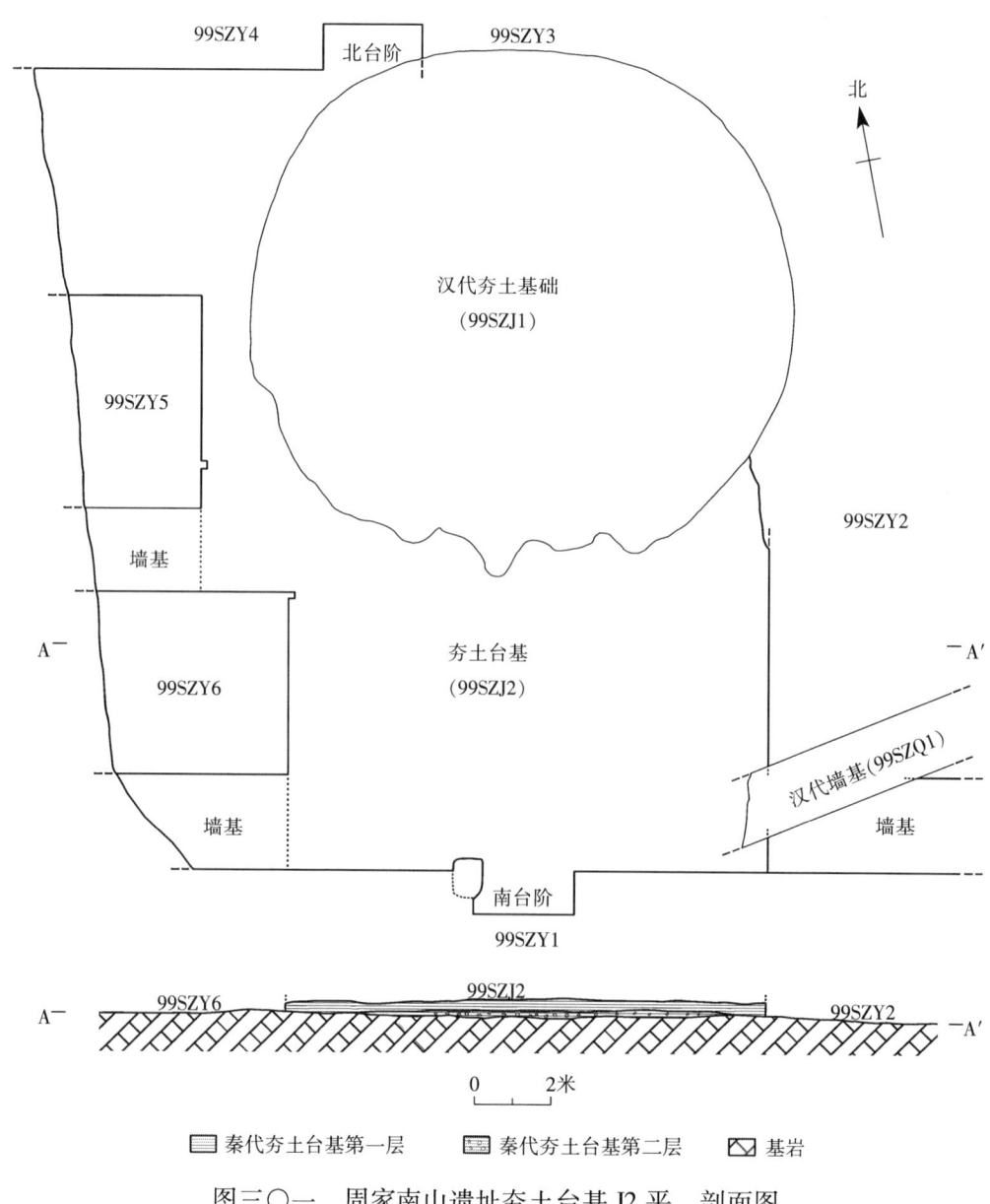

图三〇一　周家南山遗址夯土台基 J2 平、剖面图

1. 夯土台基

1 处。编号为 99SZJ2。位于遗址的中部，其东北部被汉代建筑基础打破。

（1）形状与结构

台基平面呈曲尺形。其西北、东北部保存较差，表土下已见基岩（参见图三〇一）。其南部边缘相对完整，较平齐，长 12 米。东部边缘残存长度为 8.5 米，北面大部分已遭破坏或被汉代夯土建筑基础打破，从现存遗迹看，亦应较平齐，推测原长度为 21 米。北部边缘的东端、西端均遭破坏，原长度不详，现存边缘平齐，存长 19 米。西部边缘有三处转折，自夯土台基的西南角始向北

7.3 米后折向西 2.2 米，而后北折 7.8 米后再向西折 3.5 米（残存）。台基现残存高度 0.05～0.4 米。

夯土呈紫红色，质地纯净，结构紧密，无明显夯层。其建筑方法为：首先清理地表土至基岩，而后在基岩上铺筑一层掺有小石块的黄褐土，最厚处为 0.2 米，再以紫红色黏土夯筑。

（2）台基外侧的台阶

台基南、北两侧各有一台阶，均呈横长方形，存长 1.2、宽 2.6 米。

南侧台阶位于夯土台基南部边缘的中部，残高 0.08～0.2 米。台阶西侧发现础坑一个，近长方形，长 1、宽 0.65、深 0.15 米（参见图三〇一；图版二四七，1）。

北侧台阶位于夯土台基北部边缘偏西处，残高 0.05～0.25 米。假使该台阶亦位于台基北部边缘中部的话，推测台基北部边缘的长度应为 20.4 米。

东部边缘是否存有台阶不详。

（3）与台基相连的墙基

台基南部东、西两侧各有一条墙基与台基相连，宽均为 2.5 米，残存高度为 0.2～0.3 米，东侧墙基残长 5 米，西侧墙基残长 4.5 米（参见图三〇一）。

此外，在台基西侧中南部还有一东西向的墙基，宽 2.2 米，残长 2.5 米。

2. 院落

台基周围均为空场，有些空场被墙基分隔开来，共计 6 处，推测均为院落，为记录与叙述方便，现以院落称之，分别编号为 99SZY1～Y6。多数院落保存不好，底部已至基岩。院内出土的建筑构件以板瓦最多，筒瓦次之，瓦当最少，有的院落内只有少量散乱的瓦片，现分别予以介绍。

（1）1 号院落（99SZY1）

即夯土台基以南的部分。清理宽度为 1～4 米，较台基低 0.05～0.25 米，地面已至生土，南侧较低，瓦件堆积厚。瓦片堆积主要分布在院落西端，有夹贝卷云纹半瓦当和夹心卷云纹圆瓦当（参见图三〇一；图版二四五）。

（2）2 号院落（99SZY2）

即夯土台基以东的部分，其南侧有一条墙基与夯土台基相连，并被汉代墙基（99SZQ1）打破。院落残存宽度为 1.5～3 米，地面较台基低 0.25 米，破坏严重，北部已至基岩。在院落南部有少量的瓦片堆积，较破碎，出土有夹贝卷云纹半瓦当和夹心卷云纹圆瓦当残片（参见图三〇一）。

（3）3 号院落（99SZY3）

即夯土台基以北、北侧台阶以东的部分。破坏严重，多数地面已至基岩，有少量散乱的瓦片堆积（参见图三〇一）。

（4）4 号院落（99SZY4）

即夯土台基以北、北侧台阶以西的部分。东西残长 7.6、南北残宽 2.5 米，地面较台基低 0.1～0.2 米。靠近台基边缘有散乱的瓦片堆积（参见图三〇一）。

（5）5号院落（99SZY5）

即夯土台基西侧以北的部分。院落东西残长3.5、南北残宽5.6米，较台基低0.1~0.3米，西高东低。出土有夹贝卷云纹圆瓦当残块。在院落的东壁发现柱础石一块，长25、宽20厘米（参见图三〇一）。

（6）6号院落（99SZY6）

即Y5南部两道墙基中间的部分。东西残长5米，南北宽4.8米，地面较台基低0.1~0.35米，西高东低。院内瓦片堆积情况与Y5基本相同，但在该院内出土有夹心卷云纹圆瓦当残块。在院落的东北角发现础坑一处，下有础石（参见图三〇一；图版二四六）。

二　遗　物

该遗址出土的秦代遗物主要为建筑构件，生产、生活用具极少。

1. 建筑构件

有板瓦、筒瓦及瓦当等。大多数夹有少量的细砂或粗砂石，极少为泥质陶。颜色以青灰色为主，质地坚硬，火候较高，色泽表里一致，少数呈黄褐色和红黄色。以板瓦碎片最多，筒瓦次之，瓦当极少。

为说明问题，我们对99SZY2出土的1677片瓦件进行了统计，结果如下：

种类：板瓦占74.8%，筒瓦占25%，瓦当占0.2%。

质地：夹细砂陶占73%，泥质陶占18%，夹粗砂者占9%。

颜色：青灰陶占87%，黄褐陶占12%，红黄陶占1%。

（1）板瓦

均为残片，无可复原者。

凸面均饰绳纹，有粗细之分，细绳纹多抹光（标本99SZY2：18，图三〇二，1），直行、斜行或交叉排列（标本99SZY5：10，图三〇二，2；标本99SZY1：17，图三〇二，3；标本99SZY1：19，图三〇二，4）。

凹面均饰麻点纹，大多数为细麻点纹

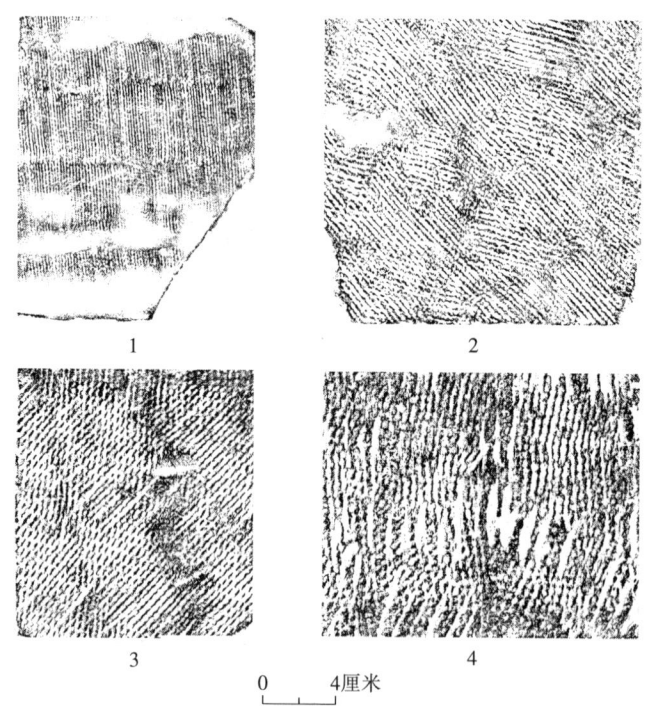

图三〇二　周家南山遗址出土板瓦凸面纹饰拓本

1. 绳纹略有抹光（99SZY2：18）　　2. 交叉绳纹（99SZY5：10）

3. 交叉绳纹（99SZY1：17）　　4. 粗绳纹（99SZY1：19）

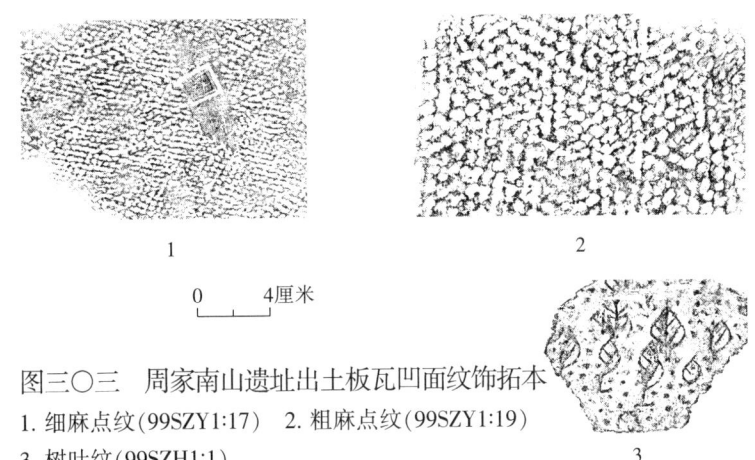

图三〇三　周家南山遗址出土板瓦凹面纹饰拓本

1. 细麻点纹(99SZY1:17)　2. 粗麻点纹(99SZY1:19)

3. 树叶纹(99SZH1:1)

（标本 99SZY1:17，图三〇三，1），少数为粗麻点纹（标本 99SZY1:19，图三〇三，2），仅一件凹面饰有树叶纹（标本 99SZH1:1，图三〇三，3）。

其制法为：以泥条盘筑成筒状，经过拍打整修后，从里向外切割，每块板瓦均占筒状体的四分之一。切割痕有的深达胎厚的一半左右，有的较浅，分割后未切到的一侧边缘不平齐，略有凸凹痕。

有的板瓦在凹面有戳印，详见下文。

（2）筒瓦

多为残片，仅复原一件。

凸面均饰绳纹，多数饰抹光细绳纹（标本 99SZY1:5，图三〇四，1），有的饰粗绳纹加凹弦纹（标本 99SZY4:10，图三〇四，2），绳纹大多数呈纵向直行和斜向排列，少部分为直、斜交叉排列（标本 99SZY2:24，图三〇四，3；标本 99SZY5:1，图三〇四，4）。

凹面大部分饰麻点纹（标本 99SZY1:11，图三〇五，1；标本 99SZY1:1，图三〇五，2），少量饰布纹（标本 99SZY2:24，图三〇五，3；标本 99SZY4:114，图三〇五，4）。

其制法与板瓦基本相同，先制成筒状体，然后在圆筒外侧向里切割，将圆筒一分为二成两块筒瓦，切口较深，有的已把胎切透。

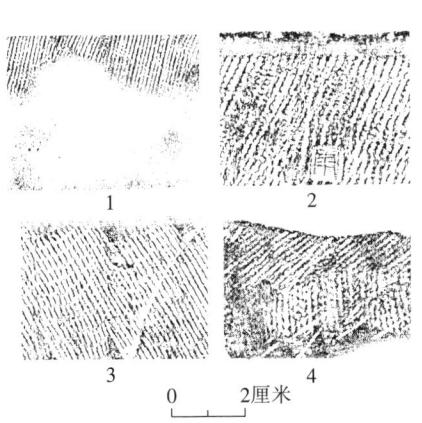

图三〇四　周家南山遗址出土筒瓦凸面纹饰拓本

1. 细绳纹有抹光（99SZY1:5）　2. 粗绳纹加凹弦纹（99SZY4:10）　3. 斜行细绳纹（99SZY2:24）　4. 交叉粗绳纹（99SZY5:1）

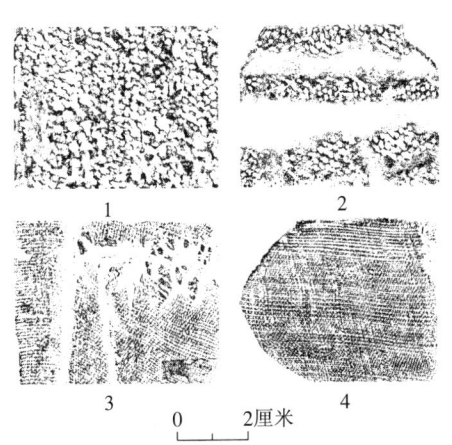

图三〇五　周家南山遗址出土筒瓦凹面纹饰拓本

1. 粗麻点纹（标本 99SZY1:11）　2. 细麻点纹（99SZY1:1）　3. 细布纹（99SZY2:24）　4. 粗布纹（99SZY4:114）

某些筒瓦的外面发现有戳印，详见下文。

筒瓦扣尾的长度一般为 5~6 厘米，有平直、上翘、内敛三种形态，唇部有方、圆、尖圆三种。

标本 99SZY1：4，可复原。相当于石碑地秦代筒瓦中的甲类 B 型。夹砂质，青灰色。火候较高。内面饰粗布纹；外面饰斜向绳纹，扣尾端被抹光部分宽度为 3.5 厘米，并饰有一周凹弦纹。扣尾平直，平唇，长 5 厘米。外切，近胎厚的一半。通长 56.5、宽 20~21.7、厚 1.6 厘米（图三〇六，1；图版二四八，6）。

标本 99SZY5：1，夹少量细砂，青灰色。扣尾上翘，近圆形扣唇，长 5 厘米。凹面饰粗绳纹；凸面饰直行和斜行交叉绳纹。扣尾端有 1.5 厘米宽的部分抹光。外切，切口较深。残长 19、宽 17.5、厚 1.5 厘米（图三〇六，2）。

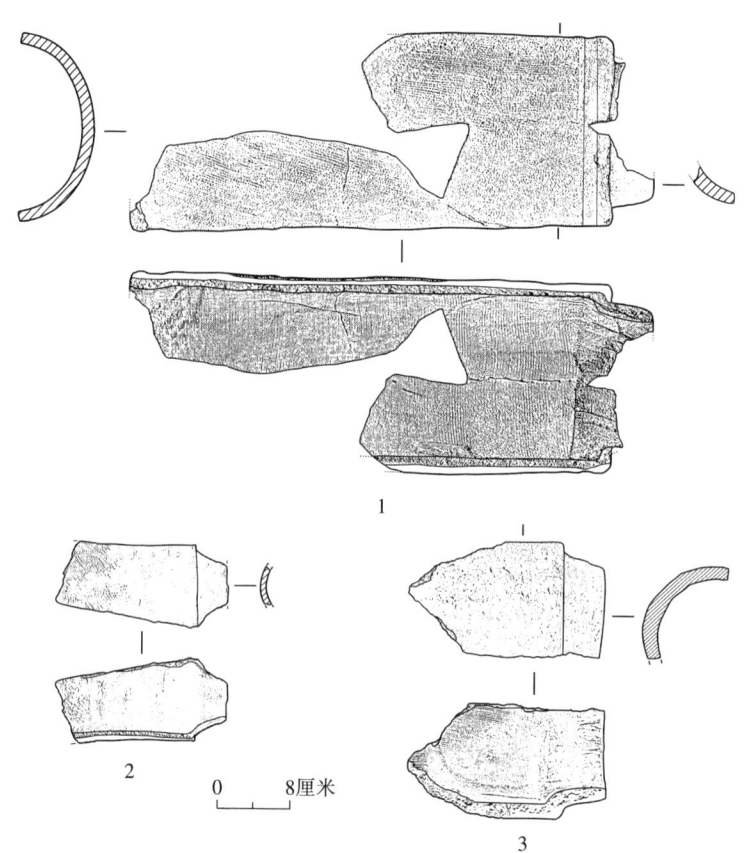

图三〇六　周家南山遗址出土筒瓦
1.99SZY1：4　2.99SZY5：1　3.99SZY4：14

标本 99SZY4：14，夹少量的粗砂石，青灰色。扣尾内敛，方形扣唇较厚，长 5 厘米。内面饰布纹；外面饰绳纹，抹光后而成块状。外切，切口较深。残长 21.5、宽 22、胎厚 1.6 厘米（图三〇六，3）。

（3）瓦当

有圆形和半圆形两种。其制法为：先模制出瓦当头，然后套接在制作筒瓦的筒体上，再后切割。半瓦当系将瓦当头与筒体一分为二；圆瓦当则是以绳之类的工具将筒体的另一半切割下去。

在筒体上发现 2 种不同文字的戳印，详见下文。

据石碑地遗址秦代瓦当的分类标准，该遗址不见甲类瓦当，见有乙类、丙类瓦当，现分别介绍如下：

乙类：半圆形瓦当

12 件。除少量当面基本完整外，其余均有残缺。属乙类 B 型夹贝卷云纹半瓦当（该型瓦当出土数量及相关情况参见附表二五）。

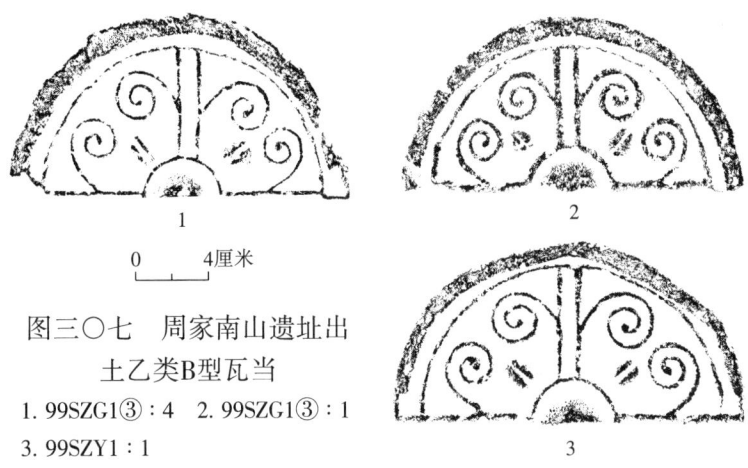

图三〇七　周家南山遗址出
土乙类B型瓦当
1. 99SZG1③：4　2. 99SZG1③：1
3. 99SZY1：1

当面纹饰基本相同：当面缘内一道凸弦纹半圈。下缘中间一道凸弦纹半圈，圈内有半圆形乳凸。中部两道竖向凸棱将当面分成对称的两个扇形格，格内饰反向对称的云纹。云纹中心呈乳凸状，中下部饰贝状凸起纹饰。卷云纹卷曲部分为两周，属于 Ba 亚型。不见石碑地秦代瓦当 Bb 亚型，即卷云纹卷曲三周的瓦当。

标本99SZG1③：4，底边长 19.3、筒体残长 15 厘米（图三〇七，1；附表二五；图版二四八，4）；标本99SZG1③：1，底边长 18.7、筒体残长 12 厘米（图三〇七，2；附表二五）；标本99SZY1：1，底边长 19.6、筒体残长 21 厘米（图三〇七，3；附表二五；图版二四八，2）。

丙类：圆形瓦当。

5 件，均残。分属于石碑地遗址秦代瓦当中的丙类 A 型和丙 D 型。

丙类 A 型：夹贝卷云纹瓦当，1 件。标本 99SZY5：11，残缺。当面复原直径 19.8 厘米（图三〇八，1；附表二五；图版二四八，1）。

丙类 D 型：夹心卷云纹瓦当，4 件，均残（该型瓦当出土数量、位置及相关情况参见附表二五）。均夹有细砂，黄褐色，胎薄，质松，易碎。由边轮、外线圈、对称的卷云纹、心形纹、双重菱格纹、内环及中心乳突组成。边轮较窄而高，纹线较细。标本 99SZY1：22，残存有对称的卷云纹、心形纹、双重菱格纹、内环及中心乳突，当面复原直径 16.8 厘米（图三〇八，2；附表二五）；标本 99SZY2：30，残存对称的卷云纹。当面复原直径约 17.3 厘米（图三〇八，3；附表二五）。

（4）不明建筑构件

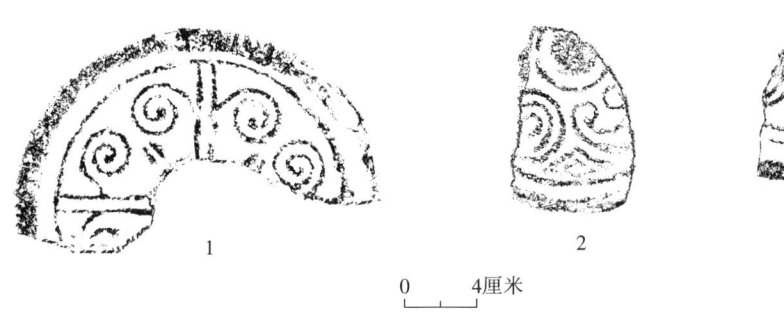

图三〇八　周家南山遗址出土丙类瓦当
1. 99SZY5：11　2. 99SZY1：22　3. 99SZY2：30

1 件。标本 99SZY6：8，泥质，青灰色。形如板瓦，其弧度小于板瓦。凹面饰细麻点纹；凸面饰直行粗绳纹加横向宽凹弦纹。残长 25、宽 23、厚 1.5 厘米（图三〇九；图版二四八，5）。

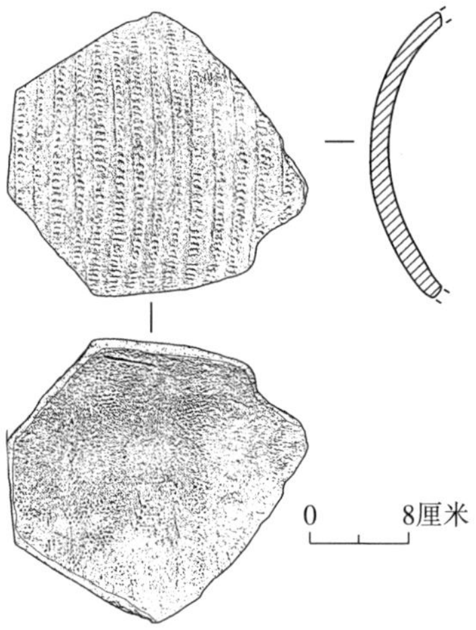

2. 生活用具

仅发现有陶盆口沿，共 2 件。标本 99SZY2：46，夹砂质，青灰色。口微敞，平沿，斜方唇，上腹斜直。上腹部饰有细弦纹一周。残高 7.5、宽 15 厘米，胎厚 1.5 厘米，复原口径 56 厘米（图三一〇，1；图版二四八，3）。

3. 其他

铜钱 1 枚。标本 99SZY1：23，残。"半两"钱。直径 2.2、厚 0.16、穿宽 0.8 厘米（图三一〇，2）。

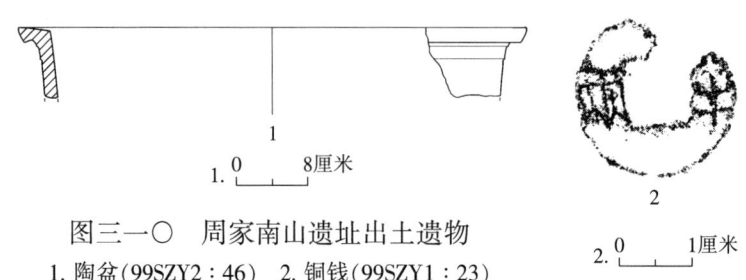

图三〇九　周家南山遗址出土不明
建筑构件（99SZY6：8）

三　戳　印

考虑到瓦件上戳印较多，且较零散，为便于比较，特单独予以介绍。

共发现带戳印的瓦件标本 23 件，分属于 21 个不同戳印。以板瓦和筒瓦上戳印的数量及字形最多，瓦当最少。戳印有长方形、近方形、方形及圆角方形四种，最小的戳印边长为 1 厘米，最大的戳印边长为 2.4 厘米，有的戳印有边檩。有 20 个不同的文字，多数字迹较清晰，均是阳文，篆体。在板瓦、筒瓦及瓦当筒体未发现相同的戳印或文字。

1. 板瓦戳印

均印在凹面，多见于板瓦的前端，偏向一侧。发现标本 10 例，分属于 10 个不同戳印，有 9 种不同的文字。

图三一〇　周家南山遗址出土遗物
1. 陶盆（99SZY2：46）　2. 铜钱（99SZY1：23）

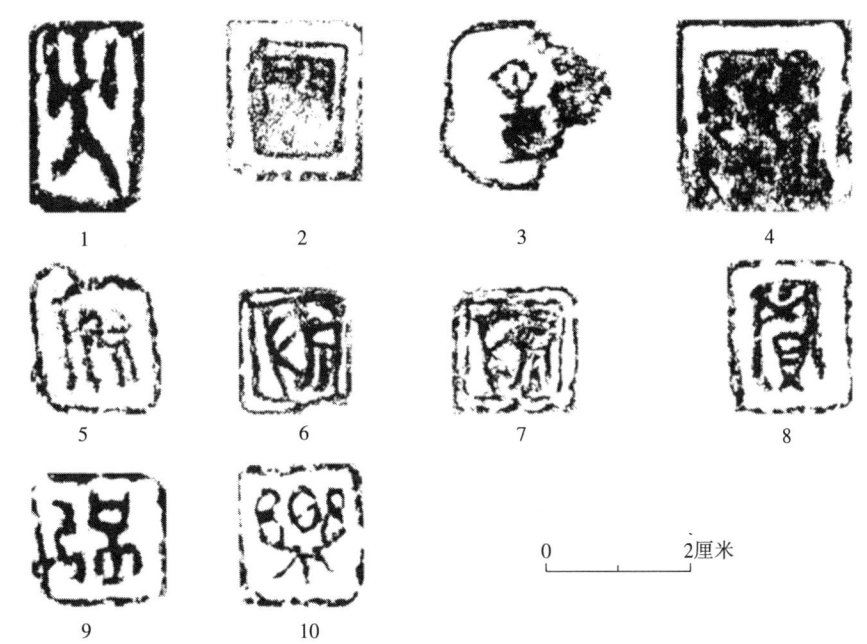

图三一一　周家南山遗址出土板瓦戳印拓本

1. 99SZY2∶8　2. 99SZY1∶17　3. 99SZY1∶16　4. 99SZY1∶20　5. 99SZY1∶19　6. 99SZY5∶10
7. 99SZY2∶15　8. 99SZY2∶11　9. 22SZY1∶18　10. 99SZY2∶10

以印文不同分别介绍板瓦上的戳印。

1. "尢"字戳印：1件（图三一一，1；附表二六）。

2. "門"字戳印：1件（图三一一，2；附表二六）。

3. "□"字戳印：1件（图三一一，3；附表二六）。

4. "□"字戳印：1件（图三一一，4；附表二六）。

5. "□"字戳印：1件（图三一一，5；附表二六）。

6. "□"字戳印：2件，分属于两个不同的戳印（图三一一，6、7；附表二六）。

7. "買"字戳印：1件（图三一一，8；附表二六）。

8. "強"字戳印：1件（图三一一，9；附表二六）。

9. "樂"字戳印：1件（图三一一，10；附表二六）。

2. 筒瓦及瓦当体戳印

发现带有戳印的筒瓦标本13例，均印在凸面，分属于11个不同戳印，有11种不同的文字。

以印文不同分别介绍筒瓦上的戳印（参见附表二七）。

1. "弗"字戳印：1件，印在瓦当体凸面（图三一二，1；附表二七）。

2. "最（最）"字戳印：1件（图三一二，2；附表二七）。

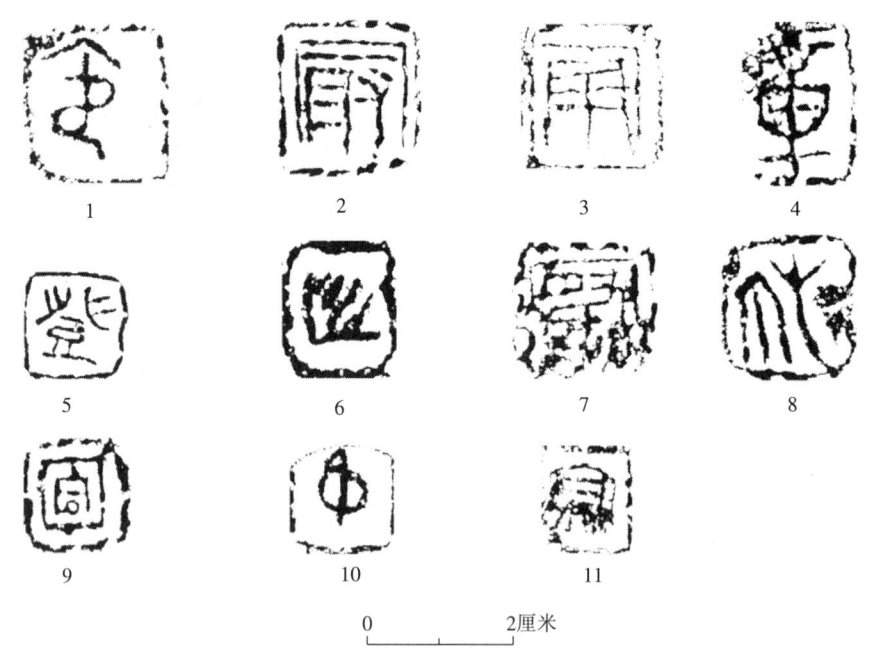

图三一二　周家南山遗址出土筒瓦及瓦当戳印拓本

1. 99SZY1：13　2. 99SZY1：11　3. 99SZY4：10　4. 99SZY1：21　5. 99SZY2：39　6. 99SZY3：1
7. 99SZY4：5　8. 99SZY1：12　9. 99SZY2：44　10. 99SZY1：9　11. 99SZY1：14

3．"用"字戳印：1件（图三一二，3；附表二七）。

4．"章"字戳印：1件（图三一二，4；附表二七）。

5．"登"字戳印：1件（图三一二，5；附表二七）

6．"之"字戳印：2件，为同一戳印，均印在瓦当体凸面（图三一二，6；附表二七）。

7．"□"字戳印：1件（图三一二，7；附表二七）。

8．"有尔（鉨）"字戳印：2件，为同一戳印，均印在瓦当体凸面（图三一二，8；附表二七）。

9．"合"字戳印：1件（图三一二，9；附表二七）

10．"中"字戳印：1件（图三一二，10；附表二七）

11．"□"字戳印：1件（图三一二，11；附表二七）

四　小　结

　　该遗址的秦代建筑遗存中出土的板瓦、筒瓦及瓦当等建筑构件，与石碑地遗址秦代建筑遗存中出土的同类瓦件特征相同，瓦件上的戳印文字也同样见于石碑地秦代建筑址。从遗物的诸多相同特征看，上述两遗址中的建筑构件均来源于大金丝屯秦代窑址，据此可推定该遗址与石碑地遗址是同时建造的建筑址。

该遗址所处的位置较高，视野开阔，位于整个姜女石秦代建筑遗址群南北轴线的最北端，向南可俯视其他遗址，表明其在秦代建筑群中具有非常重要的地位。然而，从规模上看，该遗址又是五处秦代建筑之中规模最小的；从建筑形态上看，亦较为特殊，仅有一个主体建筑址；从主体建筑的建筑质量、规格上看，均较特殊，建于一曲尺形夯土台基之上，该台基用纯净的紫红色黏土筑成。

鉴于上述特征，我们认为该遗址不似宫殿、民居或驻军保卫场所，系特殊的礼制建筑或纪念建筑的可能性较大。

第三节　汉代遗存

周家南山汉代遗存保存较差，现残存部分建筑遗迹及遗物。

一　遗　迹

属汉代的建筑遗迹包括夯土基础 1 处，灰沟 1 条，墙基 1 段，方向为北偏西 20°，与秦代建筑方向有差别（图三一三；图版二四七，2）。

（一）夯土基础

编号 99SZJ1。

1. 形状与结构

平面呈圆形，现存上口直径 14 米，存深 0.3 ~ 0.6 米，打破秦代夯土台基。

其建筑方法为：首先将秦代建筑倒塌堆积加以平整，粗夯后使得地面较为坚硬。地面垫土中含有大量的烧土颗粒及炭粒，出土有较多的瓦件碎片，以秦代瓦件最多。

而后自地面向下挖出一圆形基坑（南部边缘不规整），坑壁向下斜收，口大底小，至基岩为止。

最后在坑内以黄褐色土夯筑，形成汉代建筑基础（图三一四）。

2. 基础之上的建筑遗迹（遗物）

基础顶面已遭破坏，其上建筑已无存。现存基础表面及周边发现一些石块，共 7 块，集中分布于西南部，推测应为础石，编号 1 ~ 7 号础石。

础石均不规整，大小不一，推测原应为暗础。

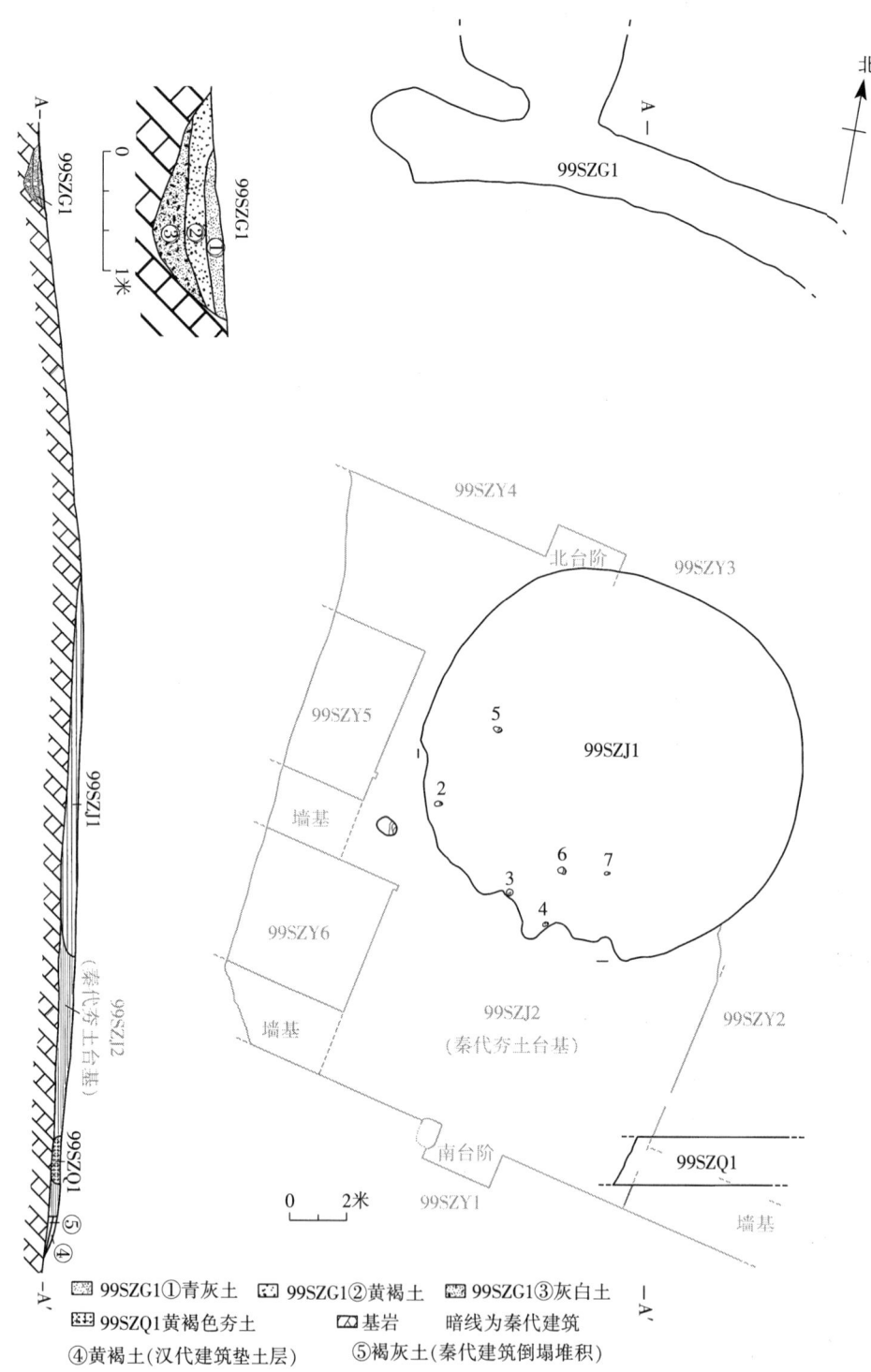

图三一三　周家南山遗址汉代遗迹平、剖面图

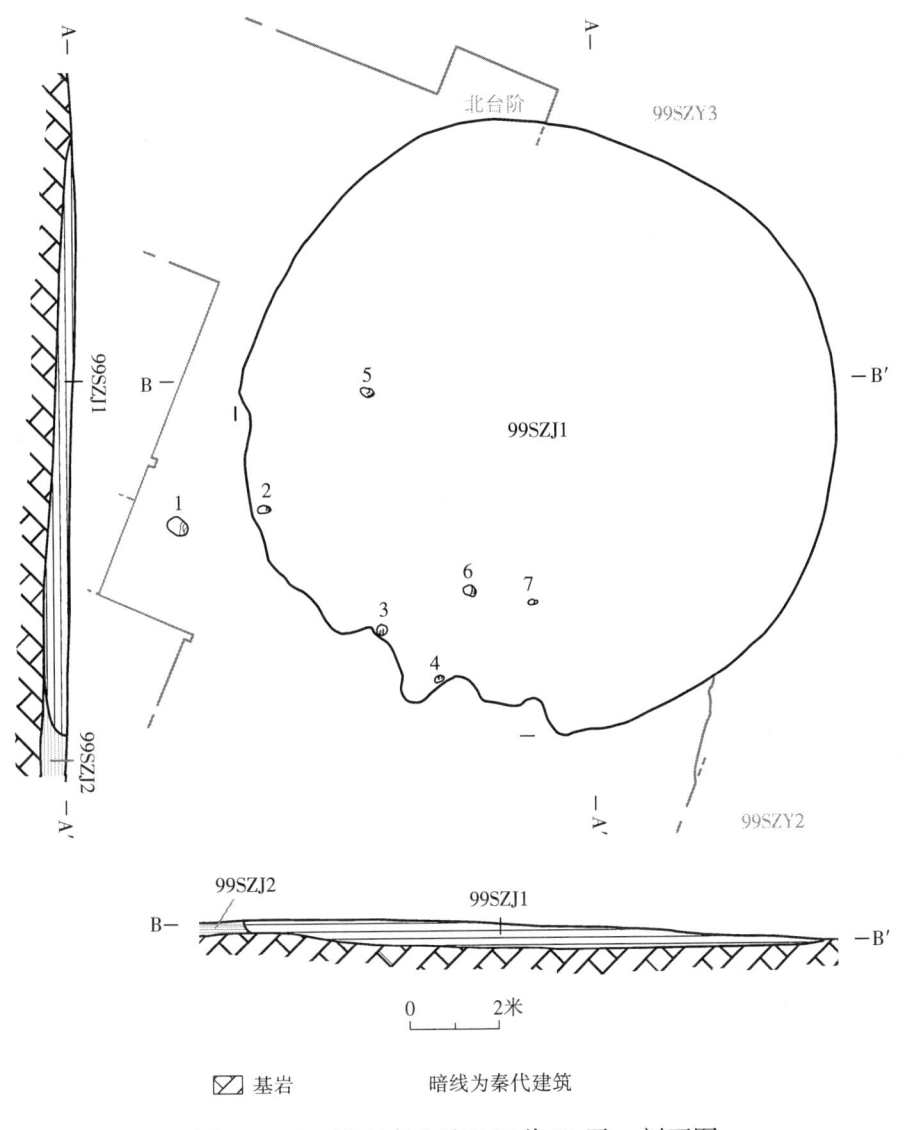

图三—四　周家南山遗址汉代 J1 平、剖面图

　　其中 1 号础石最大，位于基础西侧外部，东距基础边缘 1.57 米。规格较大，大体呈长方形，长 0.75、宽 0.55 米。

　　2～4 号础石位于基础内部边缘，近环形分布，其中 2 号础石距 1 号础石 2 米，2～4 号础石中心点间的距离分别为 4、1.8 米。

　　5～7 号础石位于基础中部，其中 5 号础石偏东侧，6、7 号础石偏南侧。5～7 号础石距基础边缘的距离分别为 2.9、2、2.4 米（6、7 号础石距基础边的距离是现存的距离，如果复原圆形台基，其间距也是 2.9 米左右），各础石中心点间的距离分别为 5.3、1.6 米。

　　上述础石规格为长 20～75、宽 17～55、厚 15～25 厘米，顶面较平整（参见图三—四）。

（二）灰沟

编号99SZG1，仅保存一段。位于汉代建筑基础以北13米处，开口于③层下。

其平面形状呈弧状，大体与建筑基础外缘平行，圜底。发掘长度为17米，沟口宽2～2.6米，存深0.3～0.6米。据钻探结果可知，沟东端尚继续延伸1.6米。

沟西端北侧连接一方形坑，坑宽5.5米，底深0.6米。底部不平。该沟直接打破基岩，沟内堆积分三层（参见图三一三；图版二四九）：

第①层：青灰土。最厚处0.2米。土质松软。出土有大量的板瓦、筒瓦残片，凸面多饰粗绳纹。

第②层：黄褐土。最厚处为0.4米。土质结构较疏松，包含物较少。出土有少量的瓦片。

第③层：灰白土。厚0.15～0.2米。质地致密。出土有大量秦汉时期的板瓦、筒瓦残片及数块秦代的夹贝卷云纹半瓦当，同时还出土有日用陶器残片，主要器形有盆、釜、甑、罐及瓮等。

（三）墙基

编号99SZQ1，仅保存一段（参见图三一三；图版二五〇）。位于汉代建筑基础南6.5米处，打破秦代夯土台基（99SZJ2）。

大体呈东西向。墙基宽1.8、残长6、深0.2～0.3米。夯土为黄褐色，土质结构致密。夹杂有沙石和少量的碎瓦片。

二　遗　物

遗址出土的汉代遗物包括建筑构件、日用陶器、生产工具等。

（一）建筑构件

建筑构件主要包括板瓦、筒瓦，不见瓦当。破损严重，绝大部分不能复原。

陶胎较薄，以夹砂黄褐陶最多，质地疏松；泥质青灰陶较少，火候较高。其制作方法与秦代瓦件基本相同，不同的是筒瓦绝大部分为内切，内切线较浅，有的仅为一条浅浅的划痕。

1. 板瓦

多为残片，仅复原两件。

其凹面纹饰种类较多，有麻点纹，标本99SZT0103③：22（图三一五，1）；布纹，标本99SZH1：2（图三一五，7）；大菱格纹，标本99SZT0103③：12（图三一五，5）、标本99SZT0201③：1（图三一五，6）、标本99SZT0102③：3（图三一五，11）；小菱格纹，标本99SZT0101③：7（图三一五，3）、标本99SZT0201③：7（图三一五，4）、标本99SZT0102③：4（图三一五，9）；近方格纹，标本99SZT0103③：6（图三一五，8）；乳钉纹，标本99SZT0201③：13（图三一五，2）；绳纹，标本99SZT0101③：1（图三一五，10）等。

凸面均饰绳纹，其中粗绳纹较多，或直或斜或直斜相交，部分一端饰有宽凹弦纹，有的在其一端有指捏痕。标本99SZT0201③：13，交叉绳纹（图三一六，1）；标本99SZT0101③：3，交叉粗绳纹，瓦端饰有手捏遗痕（图三一六，2）；标本99SZT0201③：6，弦断细绳纹（图三一六，3）；标本99SZT0201③：17，交叉粗绳纹加凹弦纹（图三一六，4）。

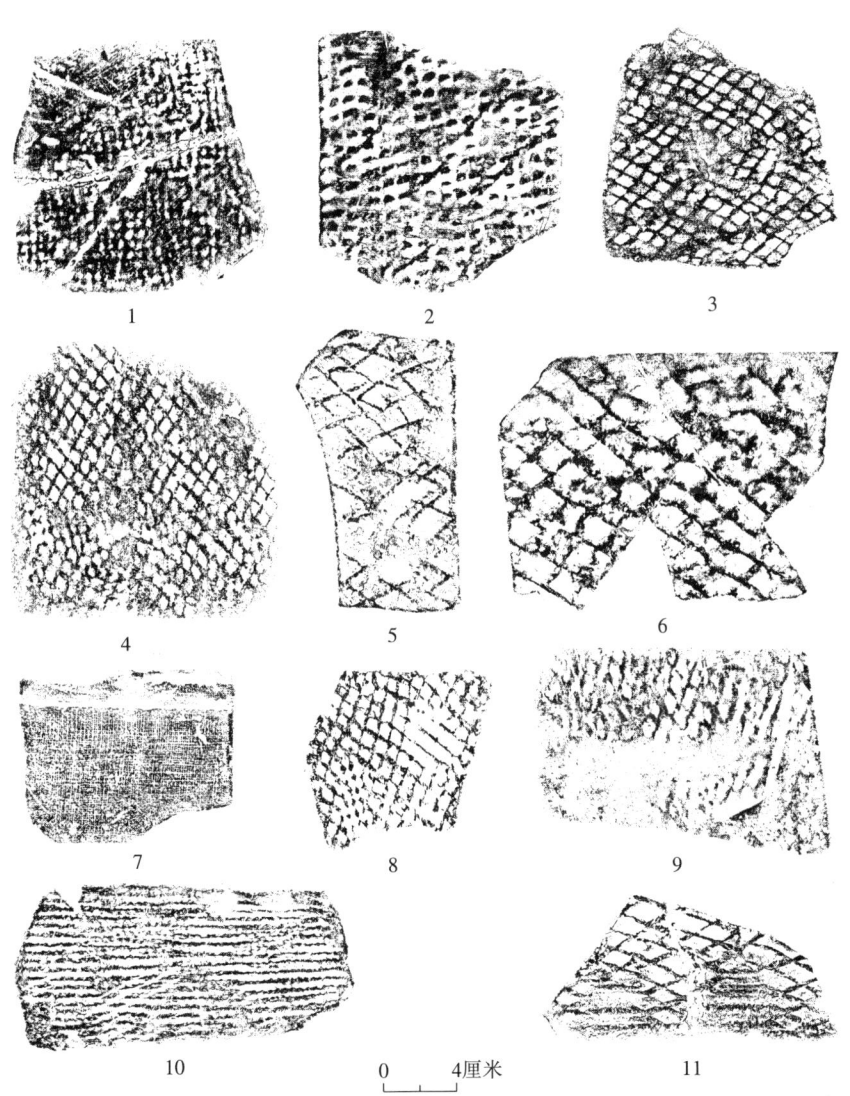

图三一五　周家南山遗址出土汉代板瓦凹面纹饰拓本

1. 麻点纹（99SZT0103③：22）　　2. 乳钉纹（99SZT0201③：13）　　3. 小菱格纹（99SZT0101③：7）

4. 小菱格纹（99SZT0201③：7）　　5. 大菱格纹（99SZT0103③：12）　　6. 大菱格纹（99SZT0201③：1）

7. 布纹（99SZH1：2）　　8. 近方格纹（99SZT0103③：6）　　9. 小菱格纹（99SZT0102③：4）

10. 绳纹（99SZT0101③：1）　　11. 大菱格纹（99SZT0102③：3）

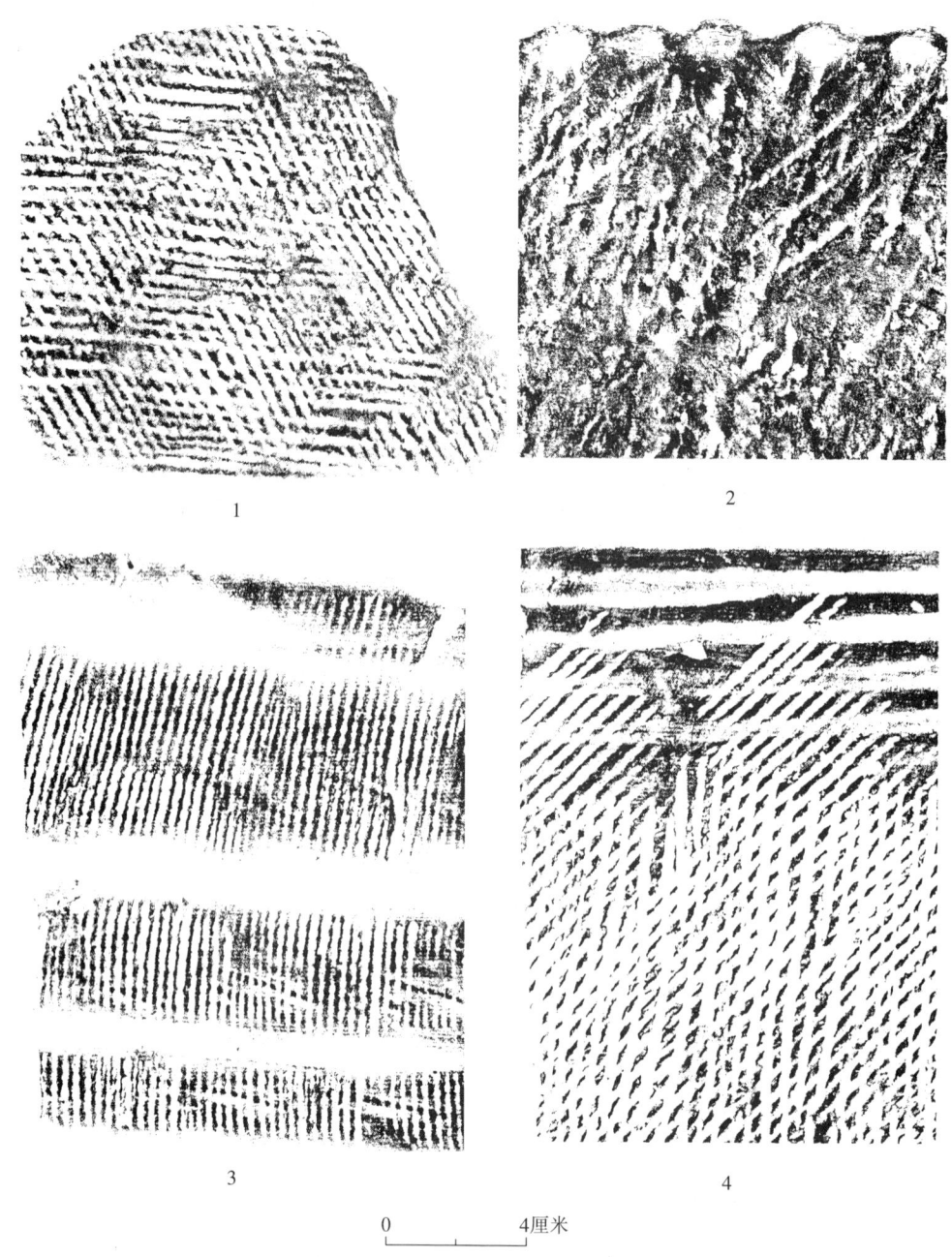

0 _____ 4厘米

图三一六　周家南山遗址出土汉代板瓦凸面纹饰拓本

1. 交叉绳纹（99SZT0201③：13）　　2. 交叉粗绳纹、瓦端饰有手捏痕迹（99SZT0101③：3）

3. 弦断细绳纹（99SZT0201③：6）　　4. 交叉组绳纹加凹弦纹（99SZT0201③：17）

从复原的板瓦规格看，均相对较小。

标本99SZT0201③：6，夹少量细砂，浅灰色。凹面饰细麻点纹，经抹光；凸面饰直行绳纹，间饰凹弦纹。长42、宽34～37、胎厚1.2～2厘米（图三一七，1；图版二五一，1）。

标本99SZT0201③：17，夹少量细砂，浅灰色。宽端为圆唇，窄端平齐，中部略厚。凹面饰有

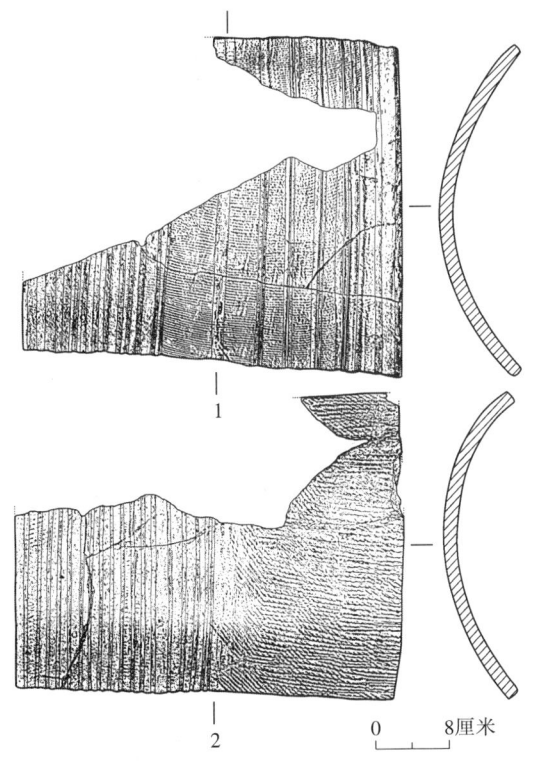

图三一七　周家南山遗址出土汉代板瓦

1. 99SZT0201③：6　　2. 99SZT0201③：17

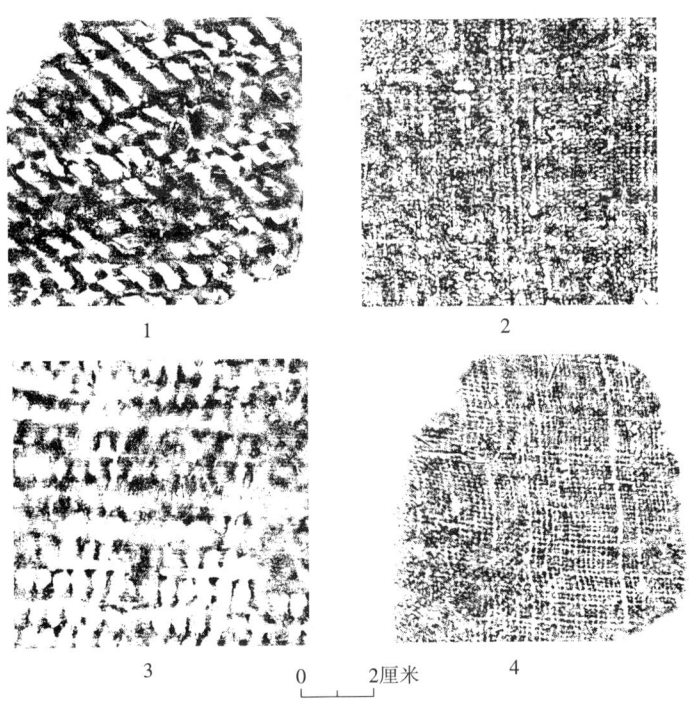

图三一八　周家南山遗址出土汉代筒瓦凹面纹饰拓本

1. 小菱格纹（99SZT0201③：41）　　2. 细布纹（99SZT0201③：21）

3. 粗麻点纹（99SZT0201③：26）　　4. 粗布纹（99SZT0103③：17）

乳突，经抹光；凸面上部饰凸、凹相间的宽弦纹，下部饰交叉粗绳纹。长43、宽30～33、胎厚1～1.9厘米（图三一七，2；图版二五一，2）。

2. 筒瓦

仅复原1件，余皆为残片。

其形状较小，胎薄。扣尾较短，长2.7～4.3厘米，形状有平直和内敛两种，扣唇为方形或圆形。

凹面大部分饰布纹，标本99SZT0201③：21（图三一八，2）、标本99SZT0103③：17（图三一八，4）；少数饰麻点纹，标本99SZT0201③：26（图三一八，3）；极少数饰小菱格纹，标本99SZT0201③：41（图三一八，1）。

凸面均饰绳纹，以粗绳纹较多，或直或斜。有的在扣尾端饰有宽凹弦纹，有的在口部有指捏痕。标本99SZT0101③：5，直行粗绳纹，一端有用手指捏出的痕迹（图三一九，1）。标本99SZT0201③：21，细绳纹加凹弦纹（图三一九，2）。标本99SZT0201③：26，斜行粗绳纹有抹光（图三一九，3）；标本99SZT0201③：22，绳纹有抹光（图三一九，4）。

从可复原的筒瓦看，其规格亦较小。

标本99SZT0201③：23，可复原。夹少量细砂，青灰色。扣尾平直，圆唇，长4厘米。前端较宽，尖圆唇，中部胎较厚。凹面饰布纹多已抹光；凸面饰斜行绳纹，近扣尾端饰宽凹弦

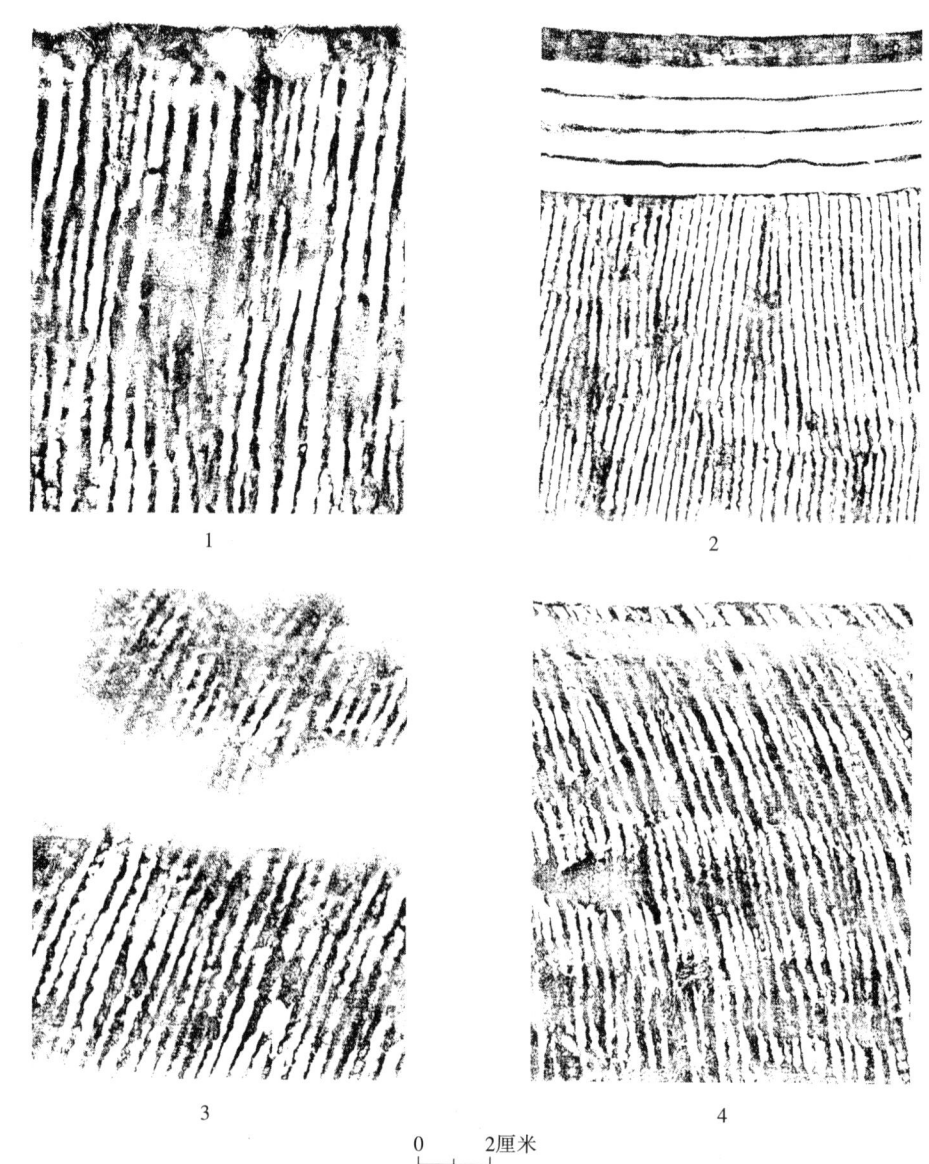

图三一九　周家南山遗址出土汉代筒瓦凸面纹饰拓本

1. 直行粗绳纹（99SZT0101③:5）　2. 细绳纹加凹弦纹（99SZT0201③:21）　3. 斜行粗绳纹有抹
光（99SZT0201③:26）　4. 绳纹有抹光（99SZT0201③:22）

纹。内切较浅。长37.8、宽14～15、胎厚1～1.6厘米（图三二〇，1；图版二五一，4）。

　　标本99SZT0201③:21，残段。夹少量细砂，青灰色。扣尾内敛，方唇，长2.7厘米。内面饰
布纹多已抹光；外面饰斜行绳纹，近扣尾端饰宽凹弦纹。内切较浅。残长26、宽14、胎厚1.3厘
米（图三二〇，2；图版二五一，3）。

　　标本99SZT0201③:22，残片。夹细砂，黄褐色。胎薄。扣尾内敛，尖圆唇，唇外有凸棱，扣
尾长2.8厘米。内面纹饰已抹光；外面饰斜行绳纹。外切较深。残长22、宽15、胎厚0.9厘米
（图三二〇，3）。

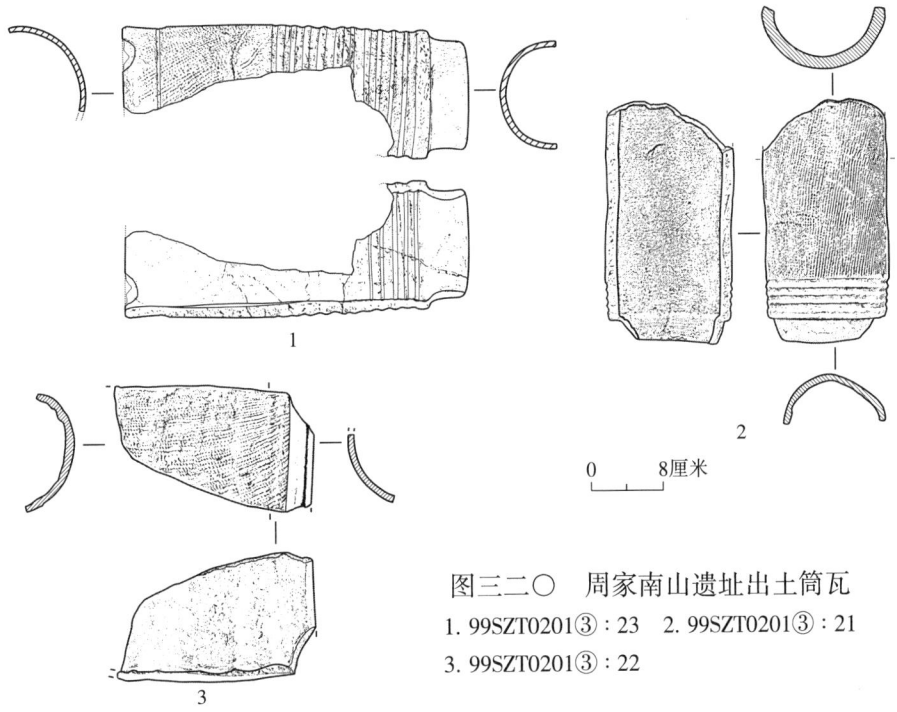

图三二〇　周家南山遗址出土筒瓦
1. 99SZT0201③：23　2. 99SZT0201③：21
3. 99SZT0201③：22

（二）日用陶器

器形有瓮、罐、盆、釜、甑等。

1. 瓮

4件。均为口部残片，据整体形态不同可分为两型。

A型：1件。小口，折肩。标本99SZT0101③：7，泥质，青灰色。小口，凸圆唇，矮直领，领下部外折，领部饰一周凸棱纹。残高5.5、复原口径23.6厘米（图三二一，2）。

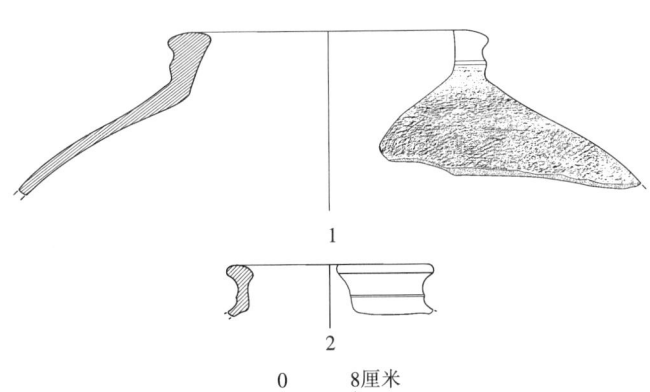

图三二一　周家南山遗址出土汉代陶瓮
1. 99SZG1③：11　2. 99SZT0101③：7

B型：3件。大口，溜肩。标本99SZG1③：11。夹砂质，黄褐色。敛口，尖圆唇，短领，溜肩，领饰一周凸棱纹，肩部饰菱格纹。残高11.5、复原口径36.6厘米（图三二一，1；图版二五二，7）。

2. 罐

5件。据有无领分为两型。

A型：3件。直口，有短领，广肩。标本99SZT0102③：7，泥质，青灰色。平沿，方

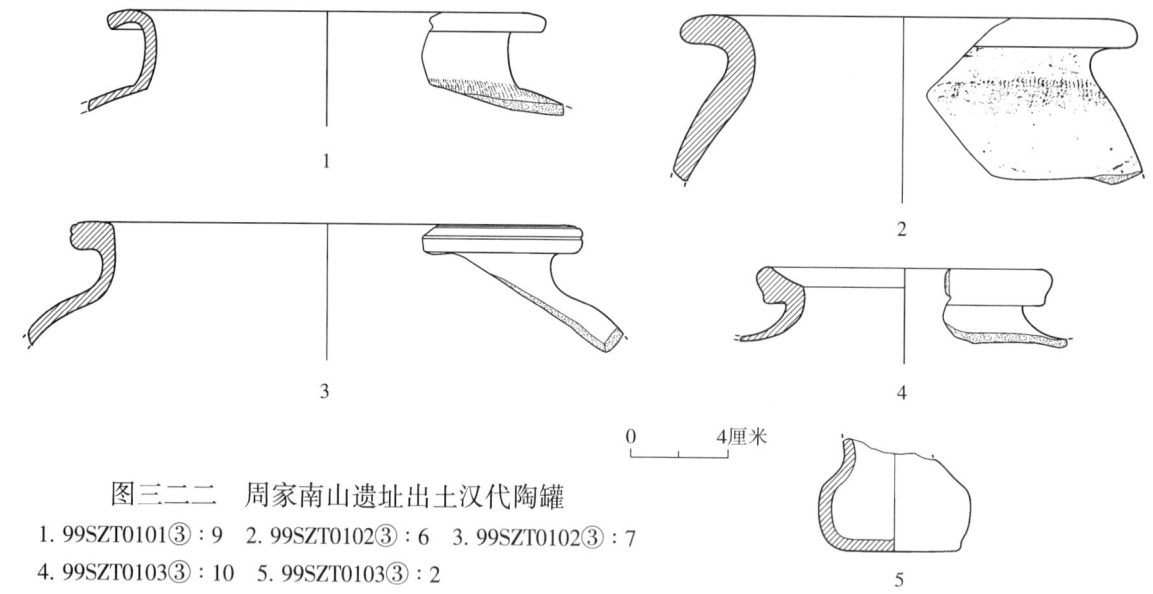

0　　　　4厘米

图三二二　　周家南山遗址出土汉代陶罐

1. 99SZT0101③：9　2. 99SZT0102③：6　3. 99SZT0102③：7
4. 99SZT0103③：10　5. 99SZT0103③：2

唇，唇面饰一周凹槽。素面。残高 5、复原口径 21 厘米（图三二二，3；图版二五二，1）。标本 99SZT0101③：9，泥质，黄褐色。卷沿，方唇，肩部饰细绳纹。残高 4、复原口径 18 厘米（图三二二，1）。

B 型：2 件。侈口，无领，溜肩。标本 99SZT0102③：6，泥质，青灰色。卷沿，圆唇，肩部饰细绳纹。残高 6.5、复原口径 18.5 厘米（图三二二，2；图版二五二，5）。标本 99SZT0103③：10。夹砂质，掺有较多的贝壳碎片，紫红色。近折沿，沿面略凹，斜方唇，素面。残高 3.3、复原口径 12 厘米（图三二二，4；图版二五二，4）。

3. 小罐

1 件。标本 99SZT0103③：2，口部残。泥质，青灰色。束颈，斜肩略折，腹略外弧，大平底。腹径 5.3、底径 4.6、残高 4.4 厘米（图三二二，5；图版二五二，6）。

4. 盆

12 件。均为敞口，卷沿，方唇，据腹部特征的不同分为两型。

A 型：7 件。深弧腹。标本 99SZT0102③：37，泥质，青灰色。上腹部饰数周宽凹弦纹。残高 22、复原口径 43.2 厘米（图三二三，1；图版二五二，2）。标本 99SZG1③：10，夹细砂，青灰色，素面。残高 9、复原口径 46.5 厘米（图三二三，2）。标本 99SZG1③：1，夹砂质，黄褐色。上腹部饰数周宽凹弦纹。残高 5.7、复原口径 40.5 厘米（图三二三，3）。

B 型：5 件。斜直腹。标本 99SZG1③：8，夹砂质，青灰色。腹部饰数周宽凹弦纹。残高 11.5、复原口径 35.6 厘米（图三二三，4；图版二五二，3）。标本 99SZG1③：15，夹砂质，黄褐色。腹部饰宽凹弦纹。残高 14、复原口径 34 厘米（图三二三，5）。标本 99SZT0102③：33。泥质，黄褐色。腹部饰有细凹弦纹，沿面饰一周细凹弦纹。残高 7、复原口径 31.5 厘米（图三二三，6；图版二五二，8）。

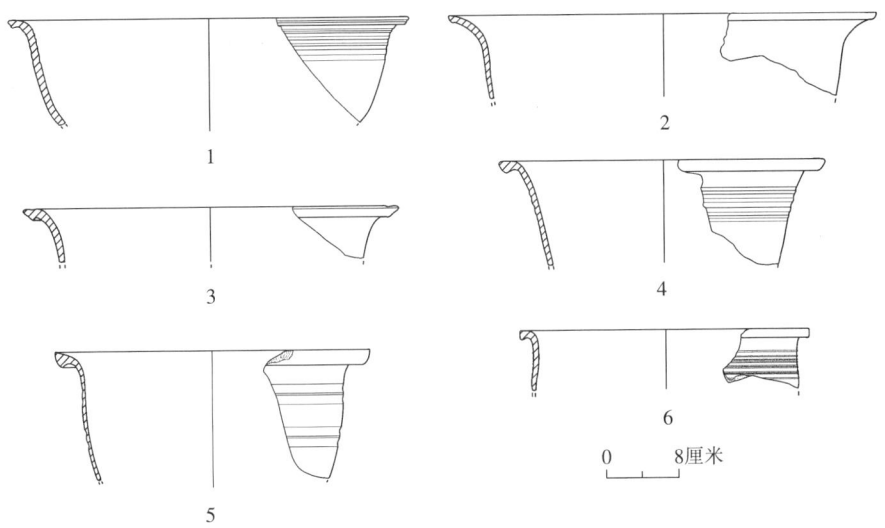

图三二三　周家南山遗址出土汉代陶盆

1. 99SZT0102③:37　2. 99SZG1③:10　3. 99SZG1③:1　4. 99SZG1③:8　5. 99SZG1③:15

6. 99SZT0102③:33

5. 釜

9件。皆口部残片。夹砂质，紫红色，胎掺大量贝壳碎片。据沿部特征的不同分为两型。

A型：8件。折沿。圆唇或尖圆唇，深弧腹。胎较厚。上腹饰数周凹弦纹。标本99SZT0102③:34，残高14、复原口径32.7厘米（图三二四，1；图版二五三，1）。标本99SZG1③:9，残高13.8、复原口径26.4厘米（图三二四，2；图版二五三，2）。标本99SZT0101③:10，残高7.5、复原口径24厘米（图三二四，3）。

B型：1件。弧沿。标本99SZH1:6，夹细砂，红褐色。器表有烟炱痕迹。胎薄。敞口，方唇，束颈，唇外缘饰一鸟喙錾（图中未表现）。素面。残高5.3、复原口径13厘米（图三二四，4；图版二五三，3）。

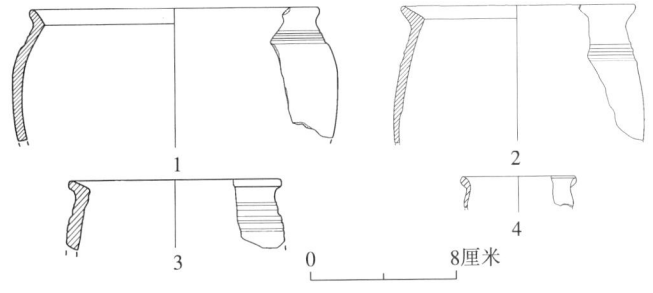

图三二四　周家南山遗址出土汉代陶釜

1. 99SZT0102③:34　2. 99SZG1③:9　3. 99SZT0101③:10

4. 99SZH1③:6

6. 甑

4件。皆底部残片。均泥质，青灰色。胎薄。底部近平，外壁饰细绳纹。据算孔不同分为两型。

A型：2件。长条形算孔。标本99SZT0201③:38，残高3.7厘米，复原底径21.5厘米，算孔保留自外向里穿孔痕迹，孔长2厘米（图三二五，1）。标本

99SZT0101③：23，箅孔长1.5、残高2.5、复原底径24厘米（图三二五，2；图版二五三，5）。

B 型：2件。圆形箅孔。标本99SZT0101③：22，孔径0.5厘米，复原底径16.4厘米（图三二五，3）。

此外，还发现器底3件。

标本99SZT0102③：35，泥质，青灰色，薄胎。弧腹，底略内凹。腹及底均饰细绳纹，应为罐底。残高10厘米，底径21厘米（图三二六，1）。

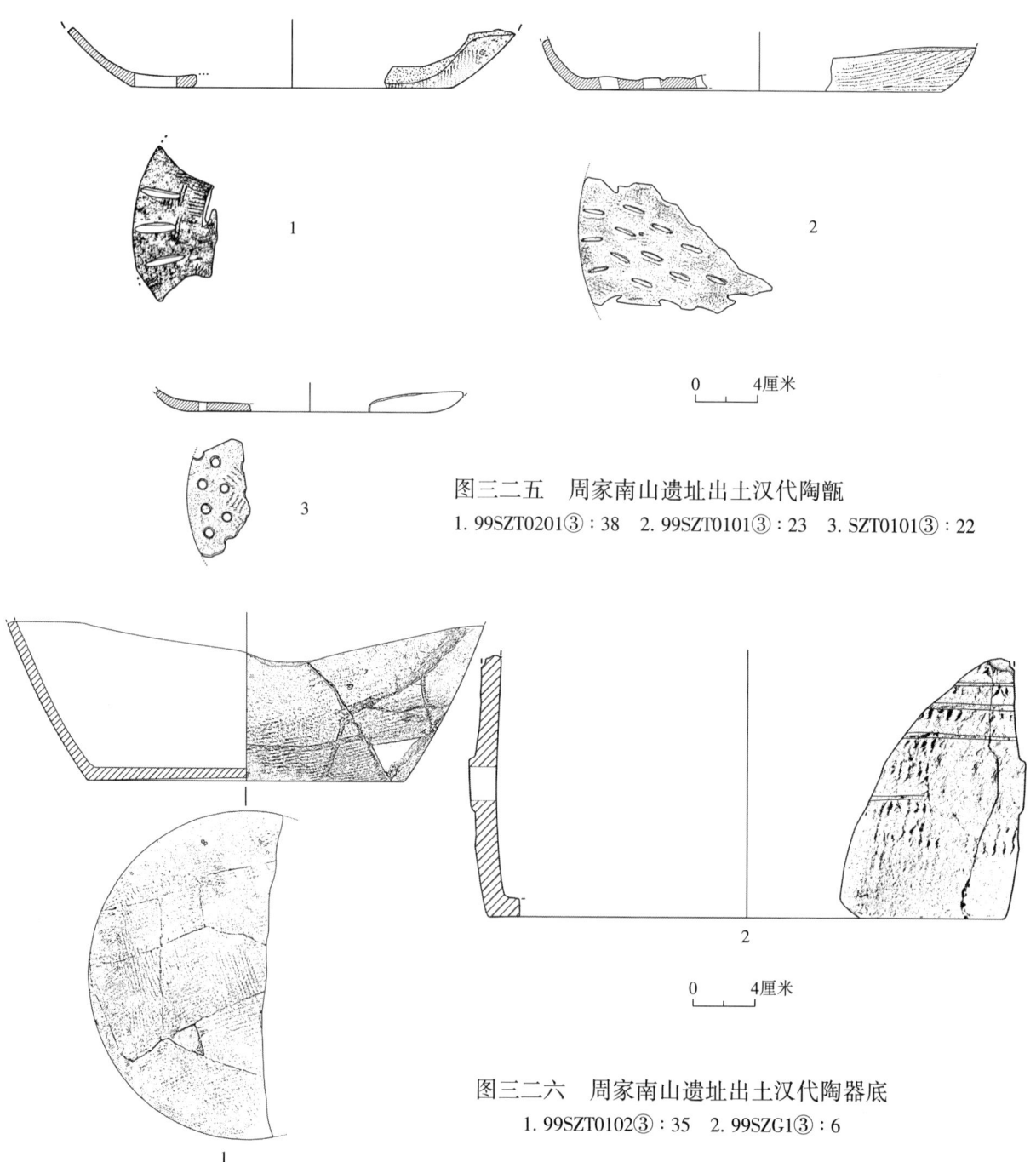

图三二五　周家南山遗址出土汉代陶甑
1. 99SZT0201③：38　2. 99SZT0101③：23　3. SZT0101③：22

0　　　4厘米

图三二六　周家南山遗址出土汉代陶器底
1. 99SZT0102③：35　2. 99SZG1③：6

0　　　4厘米

标本99SZG1③：6，泥质，青灰色。近直腹，平底。内壁饰细麻点纹，经抹光。外壁饰直行粗绳纹加细凹弦纹。距器底9.5厘米处有一直径2厘米的圆形穿孔，穿孔的外壁开口有0.7厘米的凸起。残高17厘米，复原底径34厘米（图三二六，2；图版二五三，4）。

另发现两块带穿孔的陶片。均为泥质，青灰色，孔径外大里小。

标本99SZT0101③：12，似罐腹部残片，残长6、宽4.5厘米。器表饰细绳纹。孔径0.4～0.7厘米。标本99SZT0101③：13，陶盆上腹部残片，残长11、宽8.8厘米。器表饰有细凹弦纹。孔径0.5～1厘米。

（三）生产工具

遗址出土的生产工具有陶纺轮、铁镬、铁刀等，数量较少。

1. 陶纺轮

1件。标本99SZG1③：30，残半。泥质，青灰色。一面平，另一面的边缘外斜而成薄沿。中心有直径1.2厘米的穿孔。直径7.6、厚0.8～1.4厘米（图三二七，4；图版二五三，6）。

2. 铁镬

1件。标本99SZT0103③：1，完整。布满铁锈，平面近长方形，双面刃。銎孔为长方形。通长12.5、宽6.4、最厚处3.4厘米（图三二七，1；图版二五三，8）。

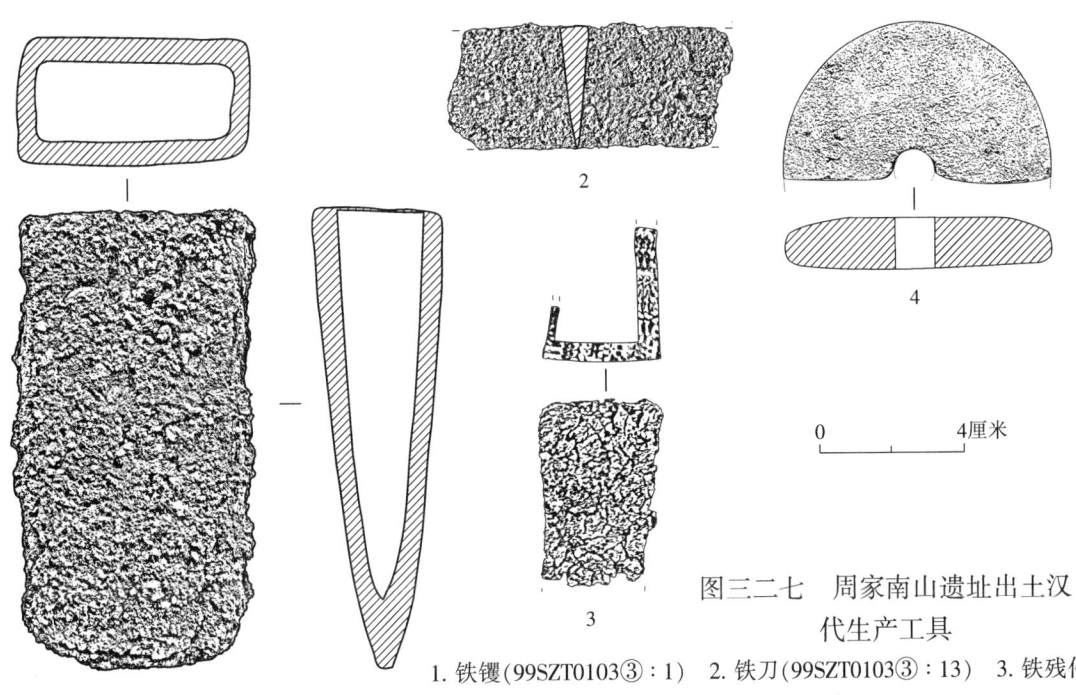

0　　　　　4厘米

图三二七　周家南山遗址出土汉
代生产工具

1. 铁镬（99SZT0103③：1）　2. 铁刀（99SZT0103③：13）　3. 铁残件
（99SZT0103③：16）　4. 陶纺轮（99SZG1③：30）

3. 铁刀

1 件。标本 99SZT0103③:13，残段。布满铁锈，近长方形，双面刃，刀背近平直。残长 8 厘米，宽 3.4、厚 0.8 厘米（图三二七，2；图版二五三，9）。

4. 残铁件

1 件。标本 99SZT0103③:16，残段。布满铁锈。残存三面均直角方折，横断面呈"凹"形。残长 5 厘米，宽 2.9 ~ 3.5 厘米（图三二七，3；图版二五三，7）。

三　小　结

本遗址的汉代建筑保存不好，仅存有主体建筑基础、环沟及墙基一段。

主体建筑基础系在秦代建筑的倒塌堆积上重新建筑的，形态亦与秦代主体建筑有别。其平面呈圆形，且规模较小，建筑年代、性质、功能等均有待讨论。

从建筑年代看，周家南山遗址汉代建筑址出土的建筑瓦件与石碑地遗址汉代建筑基址出土者从陶质、陶色、形态、规格、纹饰到制法等诸多方面均相同，只是未发现"千秋万岁"瓦当。出土的陶釜等生活用具亦与石碑地遗址汉代遗存中出土者完全一致，表明其与石碑地等遗址的汉代建筑基本同时。

从建筑性质看，石碑地等遗址的汉代建筑均具有皇家建筑性质，与汉武帝东巡碣石有关，其周围尚未发现其他性质的建筑，该建筑址亦应属皇家建筑的组成部分。

但作为汉代皇家建筑址，从其单体建筑规模、形态及总体建筑布局看，均与石碑地等遗址的汉代建筑不同，应具有特殊功能。考虑到其建于秦代特殊礼制或纪念建筑基址之上的实际情况，推测其也具有与秦代建筑同样的功能。

从目前的考古发现看，汉代及其以后的礼制或宗教性的主体建筑平面布局亦不乏与之类似者，如发现在西安西郊西汉末年所建的明堂遗址[1]、属汉魏时期河南洛阳的明堂遗址等均为圆形基础[2]，不过该遗址的规模较上述遗址要小。

需要说明的是，周家南山遗址汉代主体建筑基础周围及其上部的础石对复原该类建筑的形制具有重要的价值。

---

[1]　唐金裕《西安西郊汉代建筑遗址发掘报告》，《考古学报》1959 年第 2 期。

[2]　据杜金鹏，钱国祥主编的《汉魏洛阳城城遗址研究》一书介绍，该报告待出版。

第六章 大金丝屯遗址

姜女石遗址秦代建筑群规模宏大，所用建筑构件众多。这些建筑构件来源于何处，是必须要解决的问题。经过多年工作确认，原认定为建筑址的大金丝屯遗址即为秦代主要为石碑地等建筑遗址烧制建筑瓦件的窑场。

窑址位于石碑地遗址西北约 4.5 公里处，隶属于绥中县万家镇金丝村大金丝屯。

第一节 工作简况

大金丝屯南部地势稍低，屯内及屯北部地势较高，且较平坦，属台地。台地南北长约 400 米，东西宽约 150 米，现地表海拔高度为 19 米，中心地理坐标为东经 119°51.384′、北纬 40°01.592′。台地西缘为断崖，东缘地势渐低，呈斜坡状。台地以东约 50 米处，地势较高，现为果园。

1982 年进行全省文物普查时，锦州市文物普查队在大金丝屯屯内、屯北台地上发现有秦代建筑瓦件，经研究确认其属于建筑址，与石碑地、黑山头及止锚湾等其他诸遗址有密切的关系。

此后，经多次调查，在大金丝屯村民猪圈内、院落中发现有多处大体呈圆形的烧土遗迹，另据村民介绍，台地以东的果园内亦发现有该类遗存。据此推测，该遗址的分布范围较大，总面积约 10 余万平方米，同时推测其可能为窑场（图三二八）。

为了确定该遗址的范围及其性质，1997 年，我们对大金丝屯屯北台地进行了勘探（限于种种原因，台地东部果园未能勘探），在台地东部，即村民朱星洲家承包的土地及住宅院落内发现了 4 组窑址，从北向南分别编号为第Ⅰ～Ⅳ组窑址（参见图三二八）。

为弄清每组窑址的布局及单体窑址的结构，1999 年，我们对大金丝屯第Ⅱ、Ⅲ组窑址进行了全面揭露。其中在第Ⅱ组窑址的分布范围内布方 1 个，编号为 T1，东西长 17 米，南北宽 10 米；在第Ⅲ组窑址的分布范围内布方 1 个，编号为 T2，东西长 18 米，南北宽 13.5 米。后又分别向东扩方 9×4 米，向北扩方 9.5×7 米；并在第Ⅱ、Ⅲ组窑址之间开探沟 2 条，呈"十"字形，东西探沟长 22 米，宽 4 米；南北探沟长 30.5 米，宽 2 米。探方（沟）均为南北方向。发掘总面积为 664.5 平方米。共清理窑址 8 座，房基 3 座，灰坑 1 处，解剖围沟 2 条。

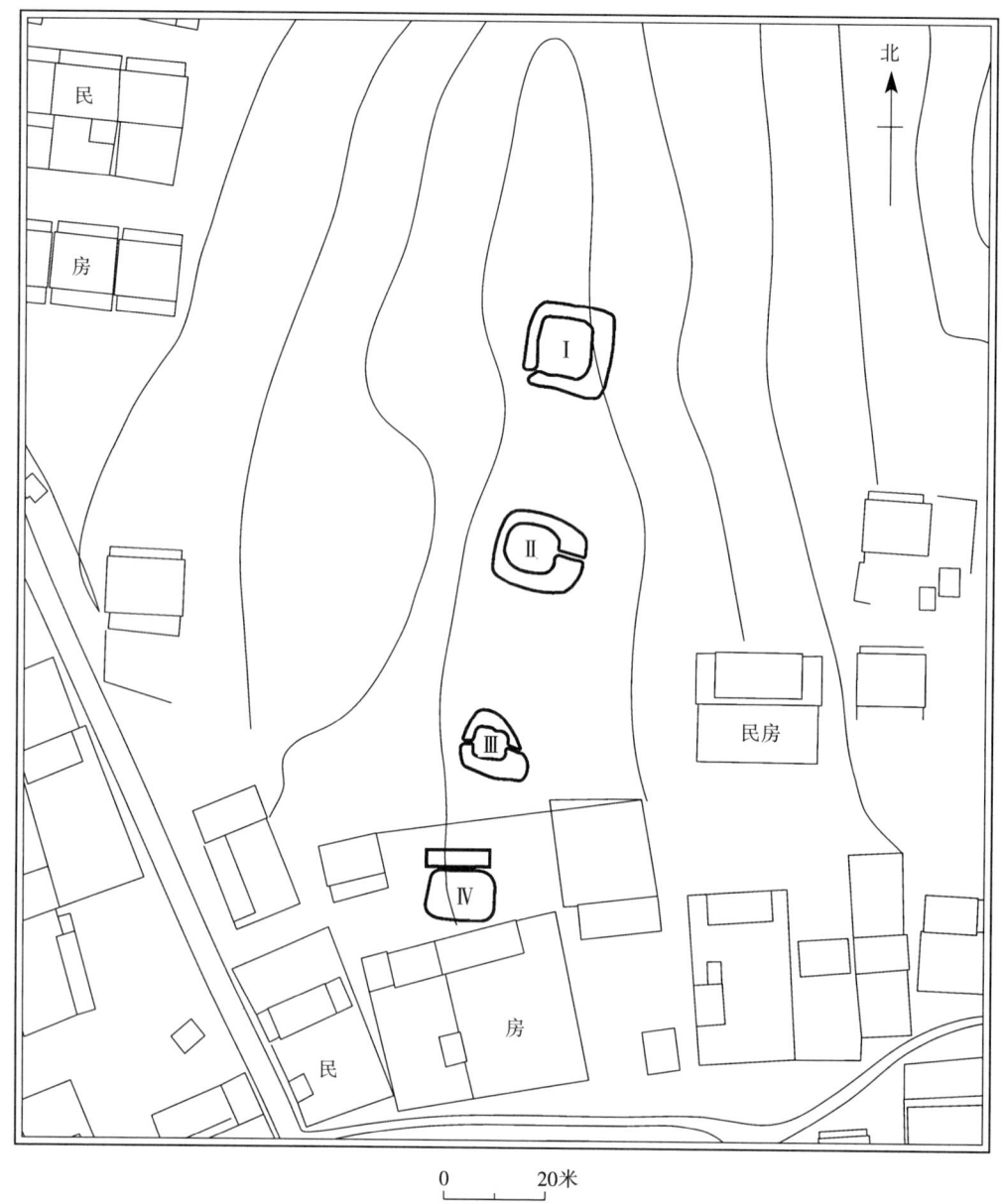

图三二八　大金丝屯遗址位置图

通过上述工作确定了遗址的性质及其使用年代，初步弄清了勘探范围内窑址的总体布局及个体窑址的结构，但整个窑场的范围还有待进一步工作。

第二节　遗　迹

勘探所见，四组窑址均位于大金丝屯北台地东部，大体呈南北向（北偏东7°，与石碑地遗址的方向相同），其间距在24～30米之间（参见图三二八）。

每组窑址内有陶窑 1 ~ 4 座不等，共发现窑址 11 座（图版二五四）。

在第 I 至 III 组窑址的周围都有围沟，宽度在 4 ~ 15 米之间。其内填土为灰土，夹杂有大量的草木灰及较多的烧土颗粒，土质疏松。

经勘探及发掘确认，各组窑址之间均为空地，无其他遗迹现象。

现从北向南分别介绍各组窑址的勘探与发掘情况。

一　第 I 组窑址

位于台地的最北端，编号为 SJ I （即绥中金丝屯第 I 组窑址，下同），未发掘，所见遗迹均为勘探结果，可能略有误差。

该组窑址由 1 条围沟（编号为 SJ I G1）及 2 座窑址（从西向东分别编号为 SJ I y1、SJ I y2）组成（图三二九）。

1. 围沟（SJ I G1）

经勘探可知，围沟宽 4 ~ 8 米，深 0.6 ~ 1.1 米。呈长方形环绕在窑址周围，沟的北、西、南部较窄，宽度为 4 ~ 5 米；东部较宽，为 8 米。在围沟的西南角有一出口，宽度为 1.5 米。

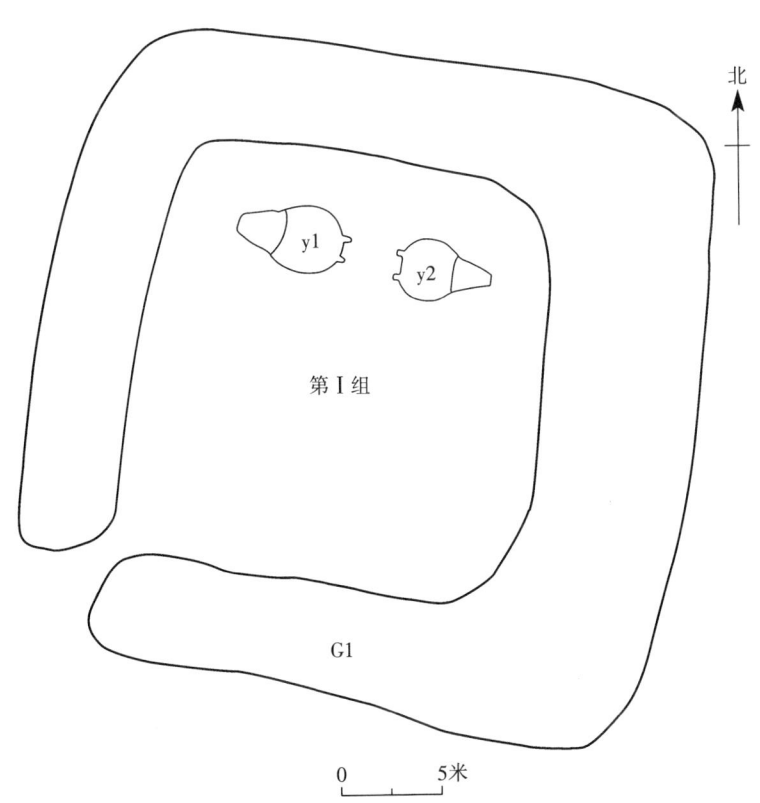

图三二九　大金丝屯遗址第 I 组窑址平面图

围沟平面大体呈长方形，东西长 33.6、南北宽 31 米。围沟内边缘以内的空间（简称为围沟范围内，下同）亦大体呈长方形，南北长 21、东西宽 20 米，地面较平，其内见有两座窑址。

2. 窑址（SJ I y1、y2）

共 2 座，均位于围沟范围内。

其中 y1 地处西北部，y2 地处东北部；形制相同，平面均呈"葫芦"状；反向相对，相距 3 米；窑内均发现大量的红烧土块，其下为红色的烧结硬面，应为窑的火膛和窑床所在；两窑的规格略有不同，其中 y1 东西长 5.4、南北宽 3.3、深 0.35～0.6 米；y2 东西长 4.5、南北宽 3、深 0.4～0.8 米（参见图三二九）。

二　第 II 组窑址

位于第 I 组窑址南部 24 米处，编号为 SJ II，其南部为第 III 组窑址。

勘探所知，该组窑址的布局及单体窑址结构与第 I 组基本相同，唯围沟范围内的窑址数量有别，并在围沟的东侧发现一条 1.4 米宽的通道（图三三〇：A；图版二五五，1）。

窑址所在区域地层堆积极为简单，耕土层下即为生土或窑址遗迹。

经考古发掘发现，其内的遗迹现象较勘探结果复杂得多，包括围沟（编号 SJ II G1）1 条；围沟范围内的窑址 4 座（编号 SJ II y1～y4）、房基 1 处（编号 SJ II F1）、围沟底部灰坑 1 处（编号 SJ II H1）（图三三〇：B）。

现据遗迹类别的不同分别予以介绍。

1. 围沟（SJ II G1）

勘探所知，围沟宽 4～11 米，深 0.6～0.8 米，环绕于窑址的外围。外缘平面近圆角长方形，东西长 35.6、南北宽 29.3 米，内缘平面亦呈圆角长方形，东西长 20.6、南北宽 18 米（参见图三三〇：A；图版二五五，2）。

此次发掘仅见围沟内缘的局部。为弄清其构造，特在发掘区的南部开了一条长 13、宽 2 米的探沟，初步弄清了围沟的形态及其内部的堆积情况。

（1）形态

发掘部分的围沟宽 7.1 米，弧壁，底不平，内缘较深，外缘渐浅，深 0.6～0.8 米（图三三一）。

（2）沟内堆积

据土质、土色及包含物的差异，可将沟内堆积划分为 6 层，各层堆积的厚度、分布范围亦不同，可知形成的时间早晚有别。由于发掘范围较小，这种堆积状态尚不能完全反映出沟内堆积的

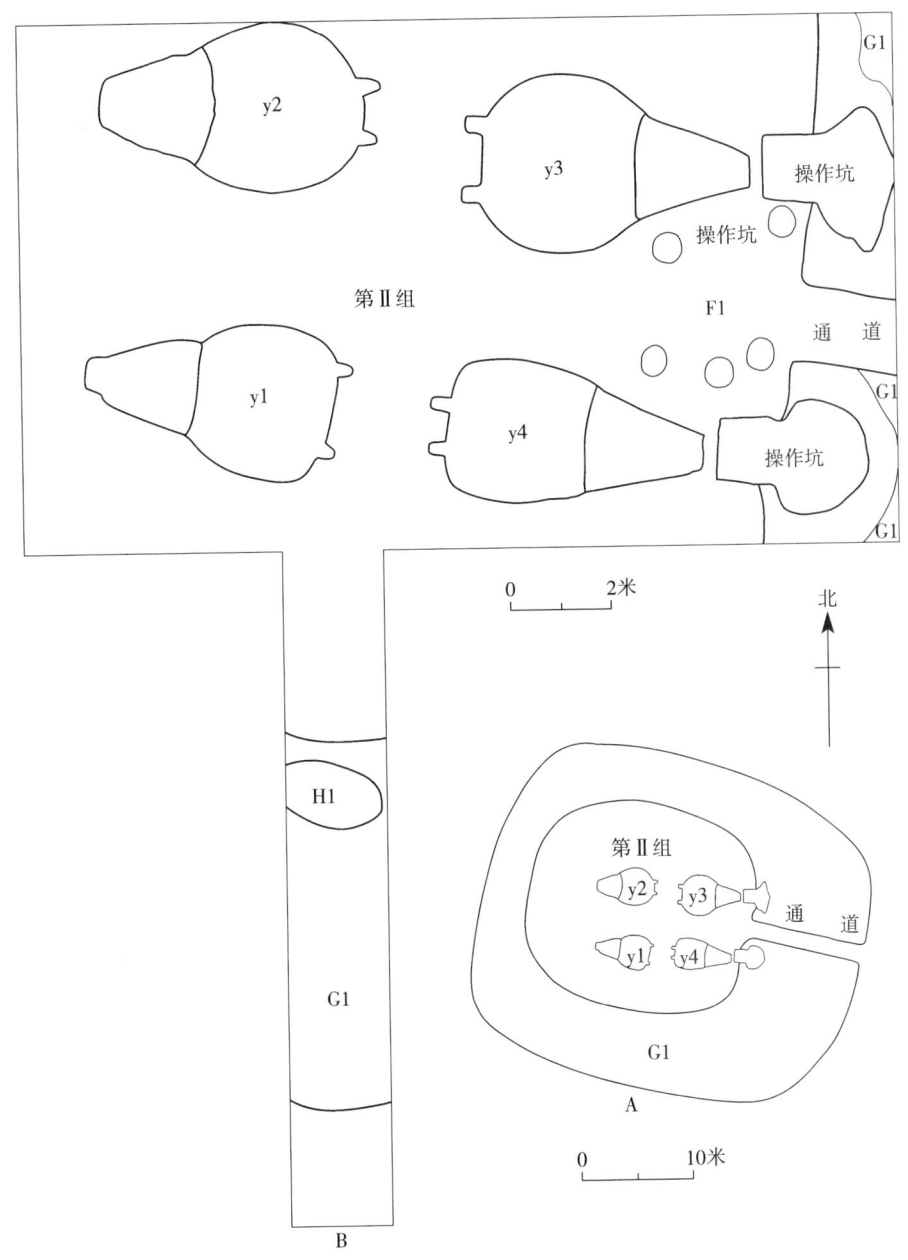

图三三〇 大金丝屯遗址第Ⅱ组窑址平面图

A. 第Ⅱ组窑址钻探平面图 B. 第Ⅱ组窑址遗迹平面图

形成过程。

第①层：黄褐土。见于沟中部，最厚为 0.2 米，土质结构紧密。出土有少许板瓦、筒瓦残片。

第②层：浅黄土。分布于沟外侧边缘。最厚为 0.25 米。土质较紧密。出土有少量板瓦、筒瓦残片。

第③层：灰土。分布于沟中部。最厚为 0.25 米。土质疏松。出土有少量的板瓦、筒瓦残片。

第④层：褐黄土。分布在沟内侧边缘。最厚为 0.35 米。结构紧密，含有较多的烧土颗粒。出

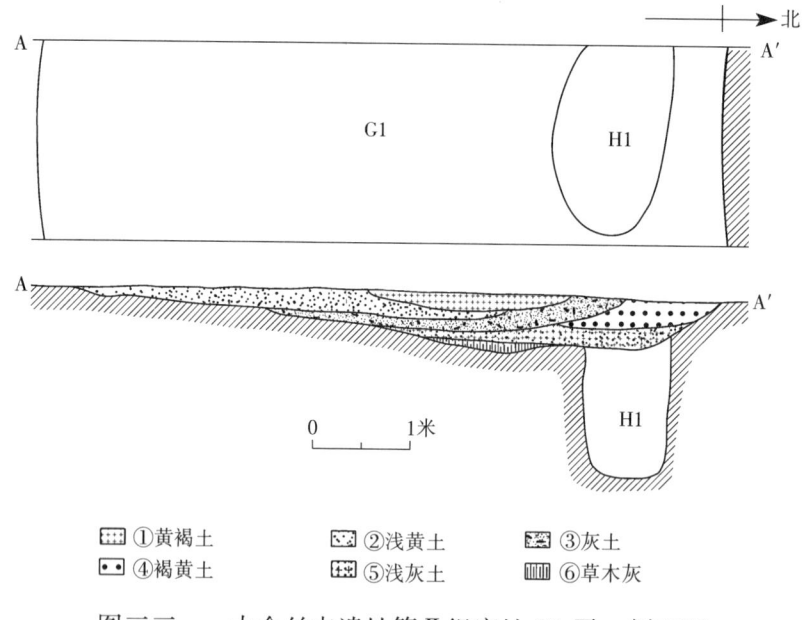

图三三一　大金丝屯遗址第Ⅱ组窑址 G1 平、剖面图

土有少许板瓦、筒瓦残片。

第⑤层：浅灰土。分布在沟内侧边缘。最厚为 0.2 米。土质疏松。出土有大量的板瓦、筒瓦残片，也有少许夹贝卷云纹瓦当、土坯残块及陶罐残片。

第⑥层：草木灰。分布在沟底及内侧边缘。最厚为 0.15 米。较松软。出土有板瓦、筒瓦残片，并有残铺地砖、井圈残块、陶罐残片及陶盆残片出土。

据土质、土层分布及各层包含物推测，第①、②、③、④层应为窑址废弃以后形成的堆积，第⑤、⑥层是窑址使用时期的堆积。

从该沟使用时期的堆积状态看，或许其具有临时存放出窑废弃物的作用，与石碑地遗址汉代窑址的"储灰室"相类。当然，其实际作用还有待进一步工作确认。

2. 窑址（SJⅡy1～y4）

共 4 座，均位于围沟范围内：其中 y1 位于西南部，y2 位于西北部，y3 位于东北部，y4 位于东南部（参见图三三〇）。

各窑两两反向相对，距离大体相等，布局极为合理。其中 y1 与 y4 东西间距为 2.3 米，y2 与 y3 的东西间距为 2.4 米，y1、y2 的南北间距为 2.6 米，y3、y4 的南北间距为 2.2 米（图版二五六）。

各窑形状、结构基本相同，平面均呈"葫芦"状，由烟道、窑室和火膛等部分组成，有的保留有操作坑。

烟道均位于窑室的一端，即窑床的后侧，与窑床相通，平面近长方形，有的后边外弧；均为 2

个，对称分布，但间距有所不同，规格也略有差异。

窑室南北两壁略外弧，内面抹有2~4厘米厚的草拌泥，其外的生土烧烤成红黄色，从内向外颜色逐渐变淡，厚度达15~30厘米。窑床平面呈圆形、近圆角方形和圆角长方形三种，底部平坦，有较厚的烧结硬面，呈青灰色，厚度为4~6厘米。有的窑床经过多次修补，底部用烧土碎块和碎瓦片铺垫，上部抹一层草拌泥。据此推测这些窑并非一次使用。

火膛平面均呈梯形，与窑床相接处的壁面较宽并外弧呈斜坡状与窑床相接；两侧壁亦略外弧，壁下部内收；底呈斜坡状，略低于窑床面。现见壁面抹2~4厘米厚的草拌泥。一般下半部壁面保存较好，上半部壁面由于烧烤严重，多有脱落，从脱落的遗痕看，有的壁面用土坯或草拌泥经过多次修补。草拌泥被烧烤成青灰色。外侧的生土也被烤成红黄色，厚度达15~20厘米，从内向外颜色逐渐变淡。底部均被烧结成4~8厘米厚的青灰色硬面。其内堆积一般可分两层：上层为倒塌堆积，土质结构疏松，出土有大量的板瓦、筒瓦残片，夹杂有土坯残块和烧土块；下层为草木灰烬，厚5~10厘米。

操作坑多呈"凸"字形，前部（靠近火膛端）呈长方形，底浅近平；而后部多呈坑状，大圜底较深。其堆积多为黄褐土，结构较紧密，含有较多的烧土颗粒和少量的烧土块。出土有少许板瓦、筒瓦残片。

尽管如此，各窑址的形态、结构、规格、保存状况仍有一定的差异，现分别介绍如下。

（1）1号窑址（SJⅡy1）

方向278°（图三三二）。

烟道位于最东端，后壁外弧。烟道间距为1.3米。北烟道进烟口处宽0.3米，进深0.4米；南烟道进烟口处宽0.4米，进深0.35米。

窑床呈圆角方形，直径3米。窑床中部修补最厚处达20厘米，草拌泥厚2~4厘米。

火膛西端宽0.9、东端宽1.8米，东西长1.9米。底面低于窑床0.5~0.58米，壁面经过修补。西壁用筒瓦和土坯接砌，下层扣一排筒瓦（两块），然后用土坯单排砌筑两层，壁宽0.4米，由下往上呈倾斜状。所用土坯宽24、厚8厘米。

火膛内出土一陶瓮的圈足和一铁铲。

（2）2号窑址（SJⅡy2）

方向276°（图三三三）。

烟道位于最东端，后壁外弧。烟道间距为0.64米。进烟口处宽0.35米，进深0.4米。

窑床近圆形，直径3.3米。底部经修补，草拌泥厚2~4厘米。挡火墙仅残存一块土坯。

火膛西端宽0.9、东端宽2.28米，东西长2.1米。底面低于窑床面0.58米。壁面用草拌泥多次修补。

（3）3号窑址（SJⅡy3）

方向92°（图三三四；图版二五七）。

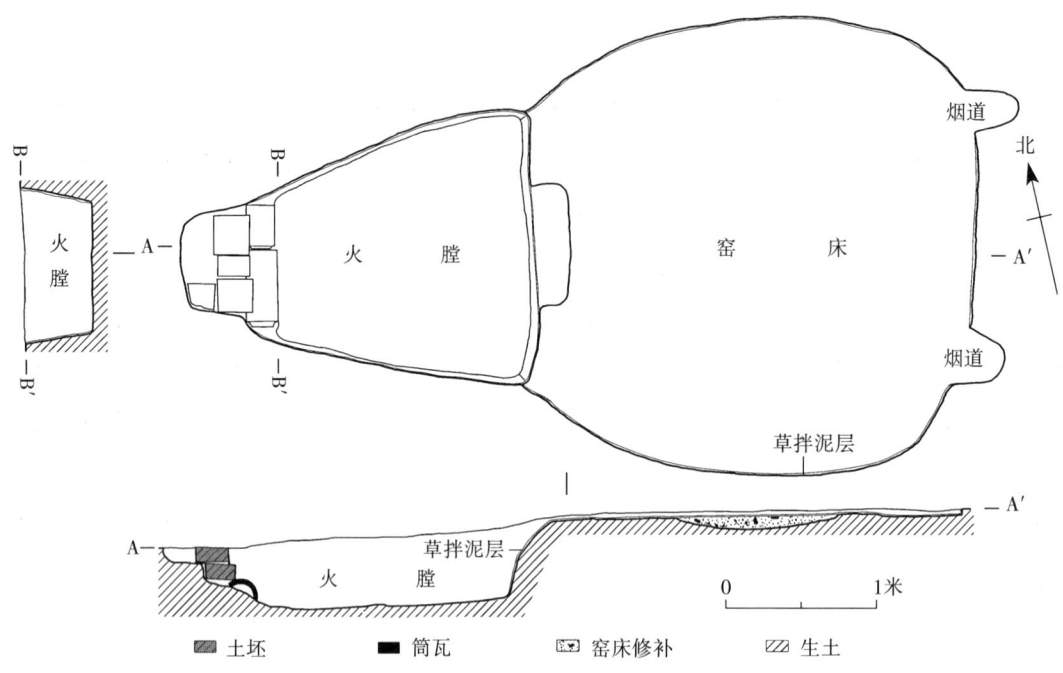

图三三二　大金丝屯遗址第Ⅱ组 y1 平、剖面图

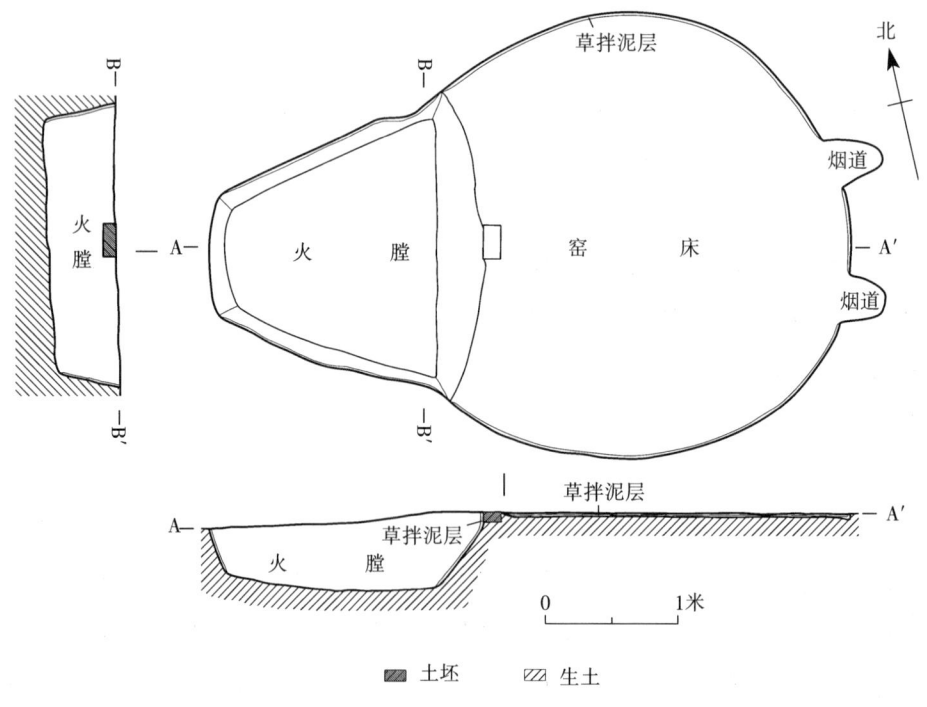

图三三三　大金丝屯遗址第Ⅱ组 y2 平、剖面图

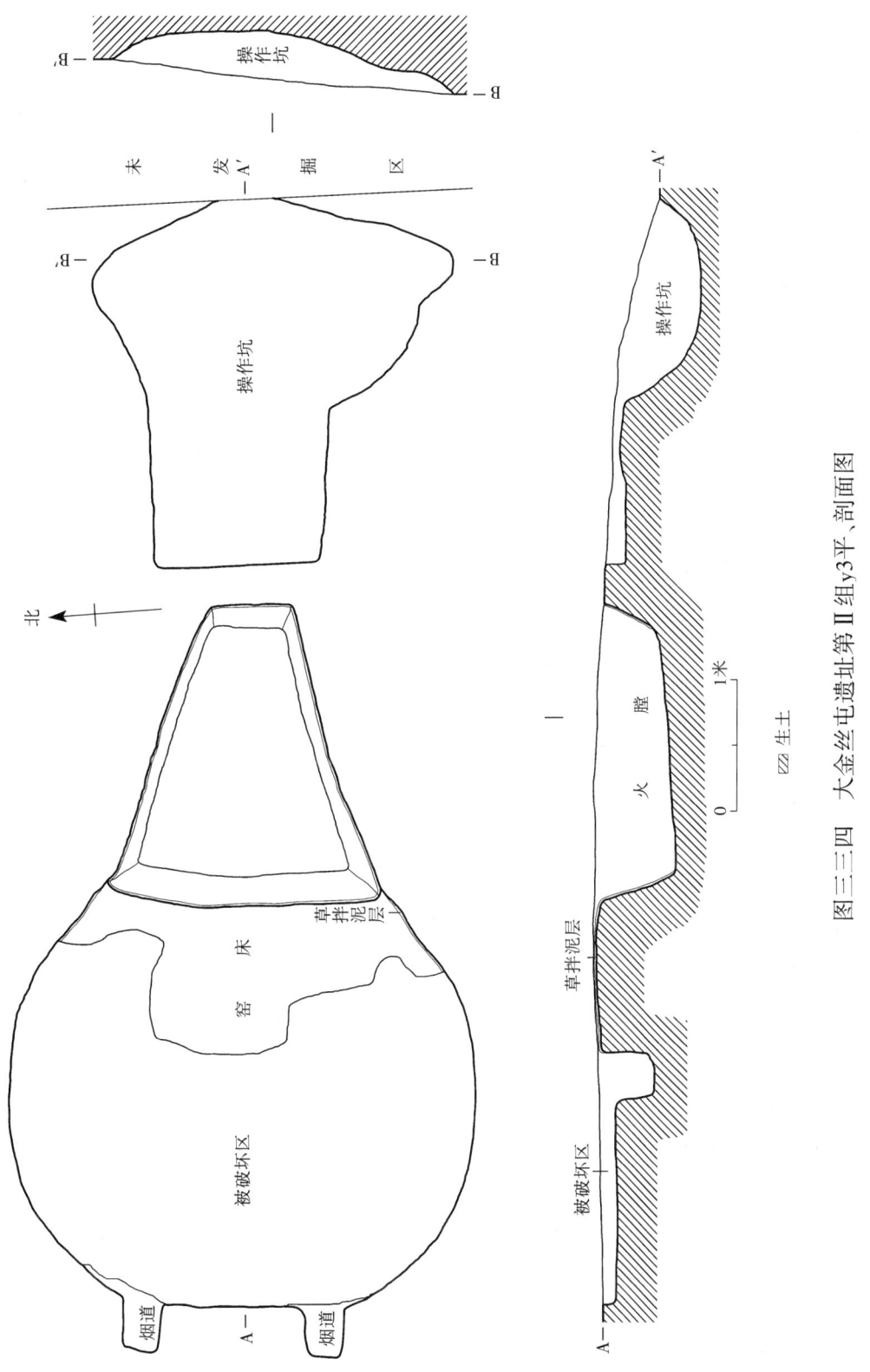

图三三四　大金丝屯遗址第Ⅱ组y3平、剖面图

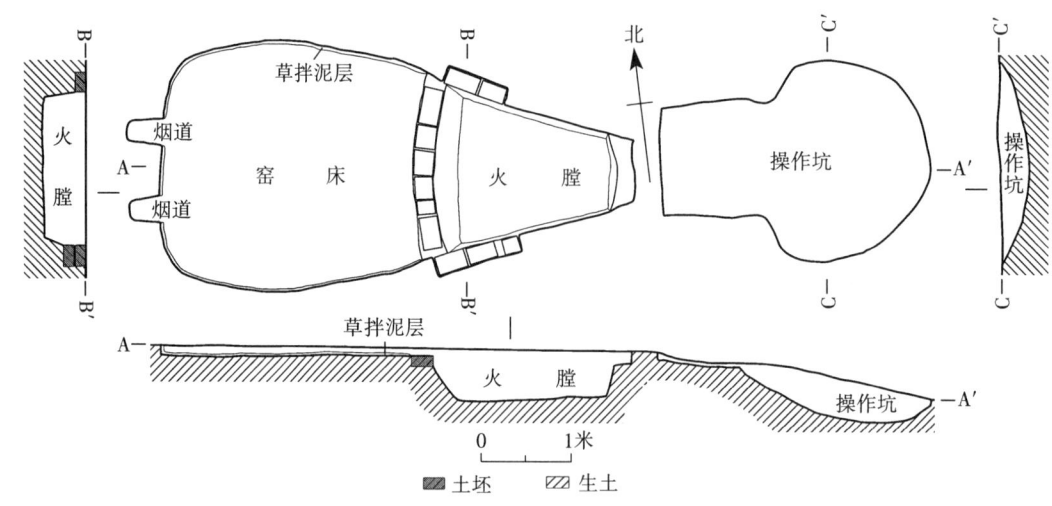

图三三五　大金丝屯遗址第Ⅱ组 y4 平、剖面图

烟道位于最西端，间距为 1.08 米。北烟道进烟口宽 0.33 米，进深 0.36 米；南烟道进烟口宽 0.33 米，进深 0.37 米。

窑床近圆形，直径 3.6 米。窑床面遭到破坏，略显高低不平。

火膛位于窑床东端，与操作坑间距 0.3 米，此距离应为窑门的进深。东端宽 0.64、西端宽 2.1 米，东西长 2.26 米。底面低于窑床面 0.62 米。东壁用砖修补。

操作坑位于窑东部。前部东西长 1.15、宽 1.28、深 0.12 米，底部近平；后部呈椭圆形，南北长径 2.8 米，东西短径 1.6 米，深 0.6 米。其南侧有缓坡与 SJⅡF1 门道相连。

（4）4 号窑址（SJⅡy4）

方向 94°（图三三五）。

烟道位于最西端，间距为 1.04 米。北烟道进烟口宽 0.26 米，进深 0.3 米；南烟道进烟口宽 0.28 米，进深 0.32 米。

窑床近圆角长方形，东西长 3.1、南北宽 2.86 米。窑床面遭到破坏。东端用 6 块土坯砌成挡火墙，顶面与窑床面平齐。

火膛位于窑床东端。东距操作坑 0.5 米，此距离应为窑门的进深。东端宽 0.86、西端宽 1.84 米，东西长 2.24 米。火膛底面低于窑床面 0.5 米。南、北两侧壁的西端都用土坯平砌 2 层。所用土坯长 38、宽 21、厚 12 厘米。

操作坑位于窑址东部。前部东西长 1.14、宽 1.26、残深 0.08 米；后部呈圆形，直径 2.1、深 0.7 米。

3. 房基（SJⅡF1）

位于围沟范围之内，SSⅡy3 与 SSⅡy4 的操作坑之间。现存 1 条门道和 5 个柱槽。其中门道位

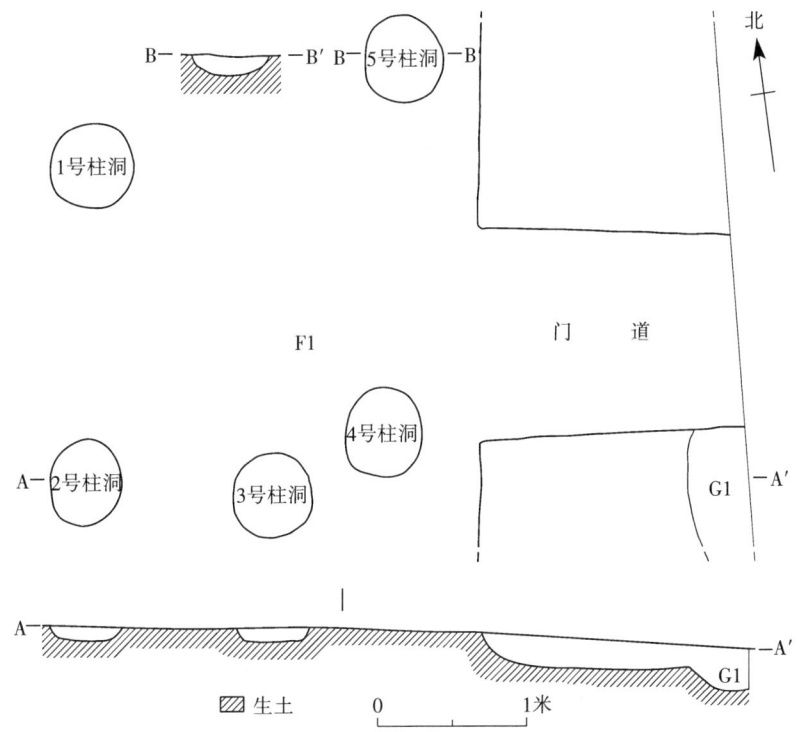

图三三六 大金丝屯遗址第Ⅱ组 F1 平、剖面图

于房基的东侧中部，宽1.4米，清理长度为1.8米，方向为98°。门道两侧为围沟，该门道也为通往围沟外的通道（图三三六）。

5个柱槽大体呈平行四边形分布，其中1、2号，2、4号，4、5号，5、1号柱槽中心点间的距离依次为2.1、2、2.5、2.2米。3号柱槽位于2、4号柱槽间，2、3、4号柱槽中心点的距离依次为1.3、0.9米。上述柱槽均大体呈圆形，直径52～58厘米，存深8～10厘米。其中1、2号柱槽内填土为黄褐土，土质结构紧密。3～5号柱槽内填土呈灰色，土质结构疏松。

从柱槽、门道的分布范围及所在位置看，该房址可能为临时住所。

4. 灰坑（SJⅡH1）

开口于SSⅡG1底部，距现地表深0.7米。其北距围沟内（北）缘0.5米。西部压在探沟壁下未全部清理。已露出的开口平面呈椭圆形，现露出部分东西长径为1.9、南北短径为1.2、底深1.4米。坑壁向内斜收。底部近椭圆形，呈东高西低倾斜状，已清理出的部分长径1.7、短径0.64米（参见图三三一）。

坑内堆积为黄褐土，结构疏松，出土有大量的板瓦、筒瓦残片及少许井圈残块。

从灰坑开口于沟底部的情况推测，其应为在围沟使用时期人为挖出的，具体功能不详。

三　第Ⅲ组窑址

位于第Ⅱ组窑址南部，两组窑址的距离为25米，编号为SJⅢ，其南部为第Ⅳ组窑址（图版二五八，1）。

窑址所在区域地层堆积极为简单，耕土层下即为生土或窑址遗迹。

该组窑址的布局及窑址结构与第Ⅱ组基本相同，包括外侧围沟（SJⅢG1）一道，围沟范围之内的窑址4座（SJⅢy1～y4），房基2处（SJⅢF1、F2）。稍有不同的是在围沟的东、西两侧各发现一条通道，较第Ⅱ组窑址结构更加完善（图三三七）。

现据遗迹类别的不同分别予以介绍。

1. 围沟（SJⅢG1）

勘探所知，围沟宽5～15米，深0.6～0.8米。沟的西侧较窄，宽度为4.6米；东侧较宽，宽度为15米（参见图三三七：A；图版二五九）。环绕于窑址的外围，外缘平面近圆角三角形，东西长40.4、南北宽33米；内缘平面近圆角长方形，东西长20.4、南北宽17米。此次发掘区内仅见该沟的内缘局部。

为弄清其构造，特在发掘区的北部开了一条长9.5、宽7米的探沟，初步了解了围沟的形态及其内部的堆积情况。

（1）形态

发掘部分的沟宽为6.7～9米。弧壁，底不平，内边较深坡陡；外缘渐浅坡缓；沟底中部最深；底深0.6～0.75米（图三三八）。

（2）沟内堆积

据土质、土色及包含物的差异，可将沟内堆积划分为7层。由于发掘范围较小，目前所见的堆积状态尚不能完全反映沟内堆积的形成过程。

第①层：黄褐土。分布在沟外侧边缘。最厚0.1米。土质较疏松，含有少许烧土颗粒。出土有少量的板瓦、筒瓦残片。

第②层：浅黄土。分布在沟外侧边缘。最厚0.25米。结构疏松，含有少量的烧土颗粒。出土有板瓦、筒瓦残片。

第③层：灰土。分布在沟中部及外侧边缘。厚0.1～0.3米。结构较疏松。出土有少量的板瓦、筒瓦残片。

第④层：深灰土。分布在沟的中部。最厚0.4米。土质紧密，含有烧土颗粒。出土有少量的板瓦、筒瓦残片。

第⑤层：黄褐土。分布在沟内侧边缘。最厚0.4米。结构紧密，含有烧土颗粒。出土大量的

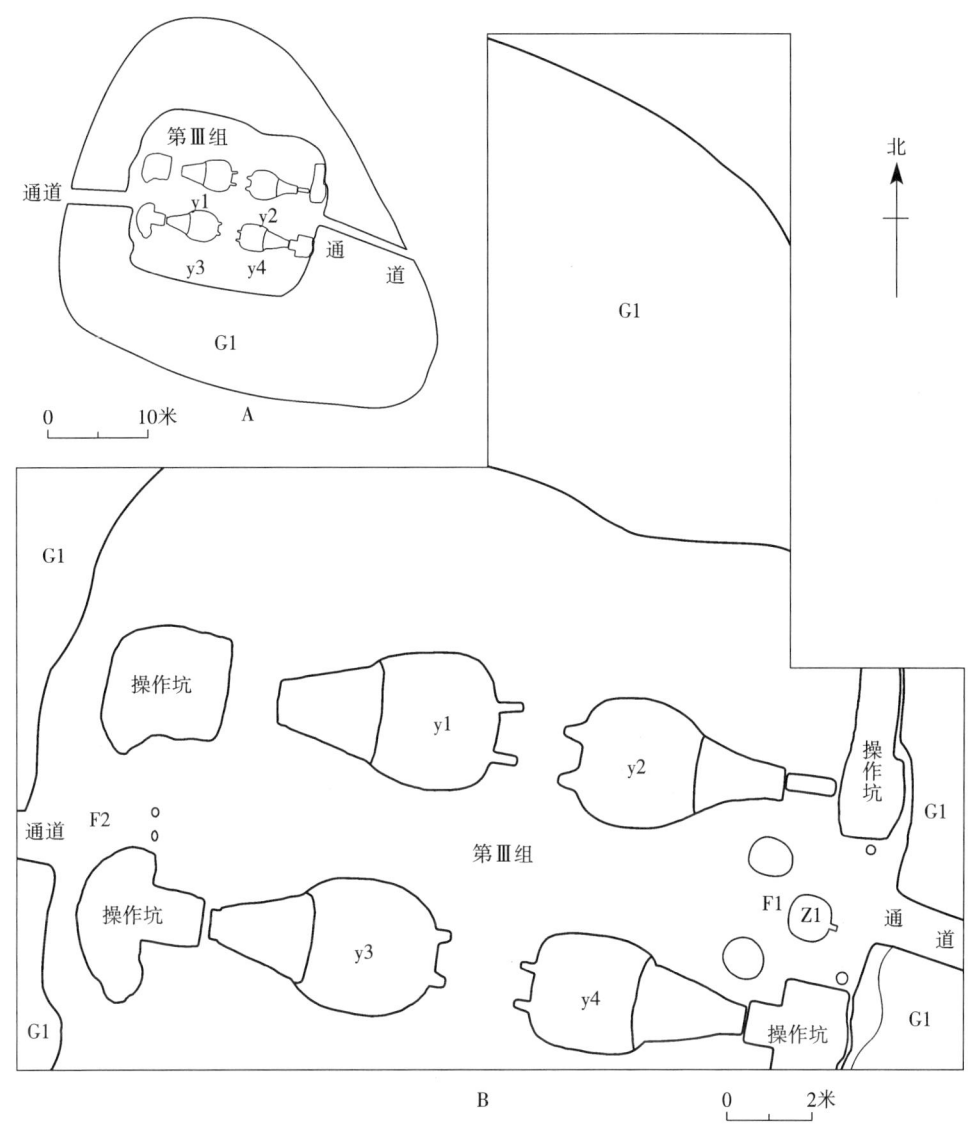

图三三七　大金丝屯遗址第Ⅲ组窑址平面图

A. 第Ⅲ组窑址钻探平面图　B. 第Ⅲ组遗迹平面图

板瓦、筒瓦残片，同时还出土有卷云纹瓦当、几何纹（俗称变形夔纹）瓦当、陶盆和陶罐残片。

第⑥层：灰褐土。分布在沟的内侧边缘。最厚 0.15 米。土质疏松，含有少量的烧土颗粒。出土有大量的板瓦、筒瓦残片，并见有少量的瓦当和制陶工具陶拍。

第⑦层：草木灰。分布在沟内侧边缘及底部。最厚 0.15 米。结构松软。出土有板瓦、筒片残片，多已变形。

据土质、土层分布及各层包含物推测，第①、②、③、④层应为窑址废弃以后形成的堆积，第⑤、⑥、⑦层是窑址使用时期的堆积。

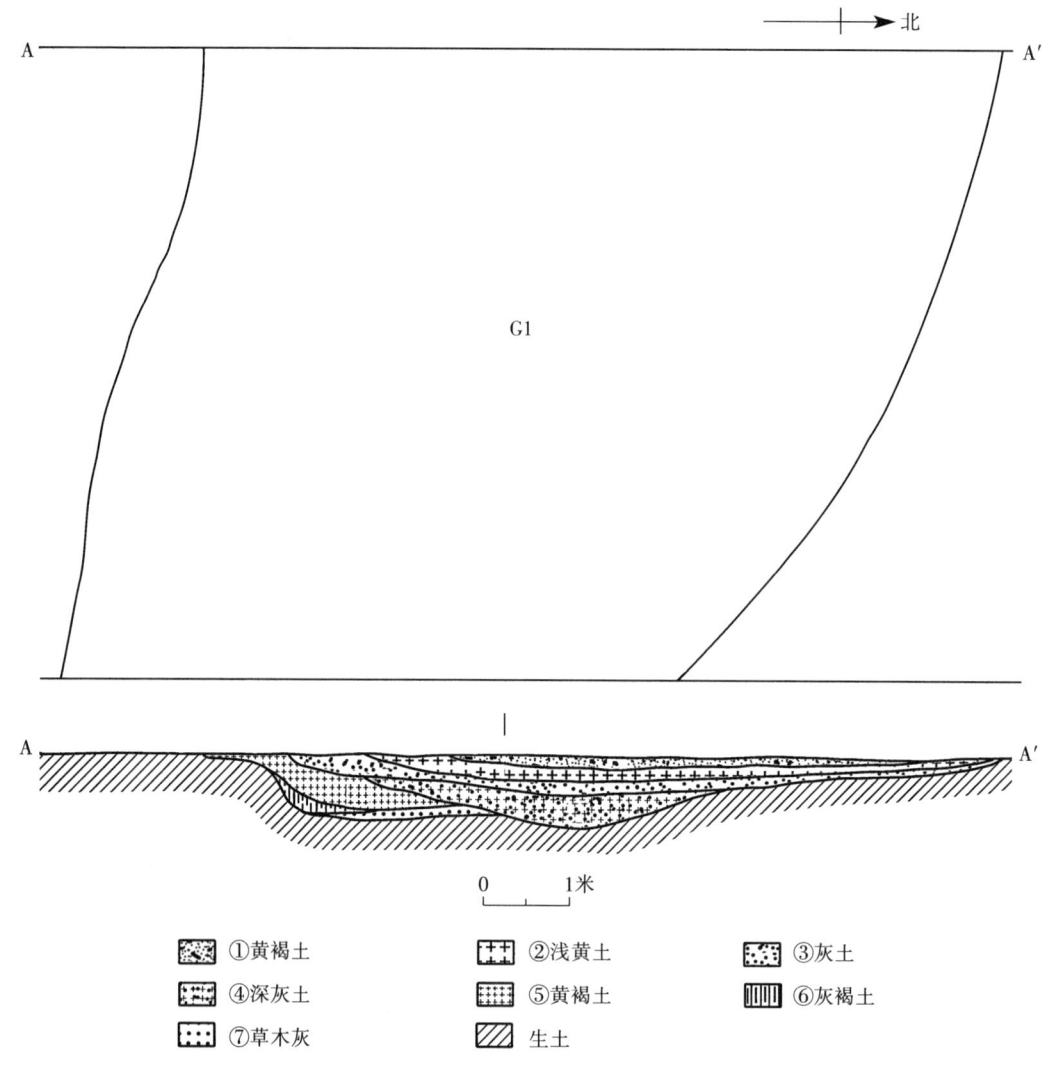

图三三八　大金丝屯遗址第Ⅲ组窑址 G1 平、剖面图

图例：①黄褐土　②浅黄土　③灰土　④深灰土　⑤黄褐土　⑥灰褐土　⑦草木灰　生土

2. 窑址（SJⅢy1～y4）

共 4 座，均位于围沟范围内，其中 y1 位于西北部，y2 位于东北部，y3 位于西南部，y4 位于东南部（图三三七：B）。

各窑两两反向相对，间距大体相等，其中 y1 与 y2 东西间距为 2 米，y3 与 y4 的东西间距为 2.3 米，y1 与 y3 的南北间距为 2.3 米，y2 与 y4 的南北间距为 2.5 米。

平面均呈"葫芦"状，由火膛、窑床、烟道及操作坑等部分组成。

其基本情况与第Ⅱ组窑址基本相同，详见前文。但各窑形态、规格、保存状态亦有一定的差别，现分别介绍如下。

（1）1 号窑址（SJⅢy1）

方向 275°（图三三九；图版二六○）。

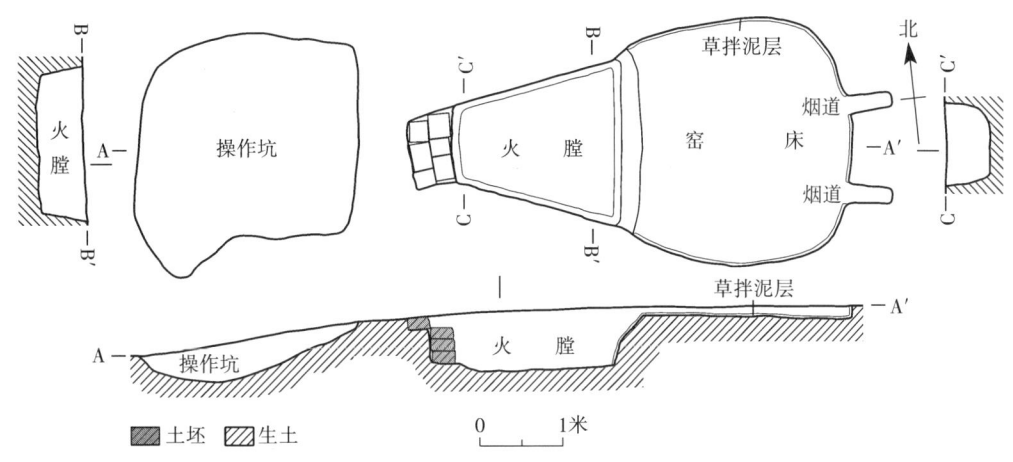

图三三九　大金丝屯遗址第Ⅲ组 y1 平、剖面图

烟道位于最东（后）端。烟道间距为 0.82 米。进烟口处宽 0.2 米，进深 0.54 米。

窑床西接火膛。平面近圆角长方形，南北长 2.9、东西宽 2.5 米。

火膛位于窑床的西端。西距操作坑 1.1 米。底面低于窑床面 0.68 米，西端宽 1、东端宽 2 米，东西长 2 米。西壁用单排土坯砌筑，共 3 层。所用土坯宽 28、厚 14、残长 30 厘米。底部近平。

操作坑位于窑的西端。平面近圆角长方形，东西长 2.6、南北宽 2.4、底深 0.6 米。其西壁外弧；东侧壁坡缓；大圜底。西南角有略缓的坡道与 SJⅢF2 相连。

（2）2 号窑址（SJⅢy2）

方向 95°（图三四〇；图版二六一）。

烟道位于最西（后）端。后壁外弧。烟道间距为 0.5 米。其平面近长方形，进烟口宽 0.5 米，进深 0.5 米。

窑床东接火膛。平面近圆形，直径 3 米。底部抹有 2~4 厘米厚的草拌泥。窑床的西部严重损坏，损坏范围长 2.8、宽 1.6、深 0.4 米。从损坏的断面上可看出，现存窑床草拌泥下面还有 3 层烧结面，每层厚度为 3~4 厘米。这些烧结面应是多次使用后的残留。窑床东壁上部用 5 块土坯平砌成挡火墙，顶面与窑床平齐，中间两块土坯内弧 0.1 米，使挡火墙外侧呈倾斜状与火膛相接。

火膛位于窑床的东端。南、北两侧壁略内弧。东距操作坑 0.5 米，此距离应为窑门的进深。底面低于窑床面 0.76 米。东端宽 0.8、西端宽 1.8 米，东西长 1.8 米。东壁（窑门下部）用土坯修补，共 3 层，下面一层为单排土坯卧砌，中间一层为 3 排土坯卧砌，上面单排平砌一层。底呈西低东高倾斜状。所用土坯掺有杂草。所用土坯有两种规格，一种长 35、宽 20、厚 14 厘米，另一种长 36、宽 22、厚 12 厘米。火膛内出土有大量的板瓦、筒瓦残片。

操作坑位于窑址的最东端。前部分（靠近火膛端）只残存一浅槽，长 1.1、宽 0.3、深 0.2 米，底部呈西低东高的斜坡状，推测是清理窑灰或膛内的堆积物所致；后部分近圆角长方形，南

北长 2、东西宽 1.6、底深 0.64 米；东、西两边外弧；圜底。在后部分操作坑的北边有一条宽 0.9
米的坡道，清理长度为 1.4 米。

（3）3 号窑址（SJⅢy3）

方向 280°（图三四一；图版二六二）。

烟道位于最东（后）端。烟道间距为 0.7 米。北烟道进烟口宽 0.3 米，进深 0.28 米；南烟道
进烟口宽 0.24 米，进深 0.32 米。

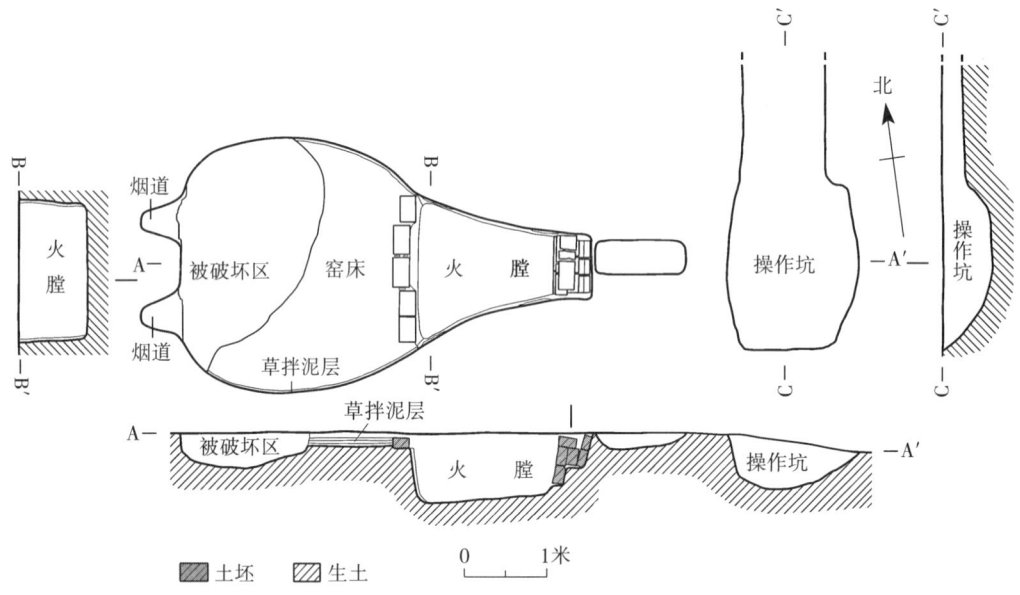

图三四〇　大金丝屯遗址第Ⅲ组 y2 平、剖面图

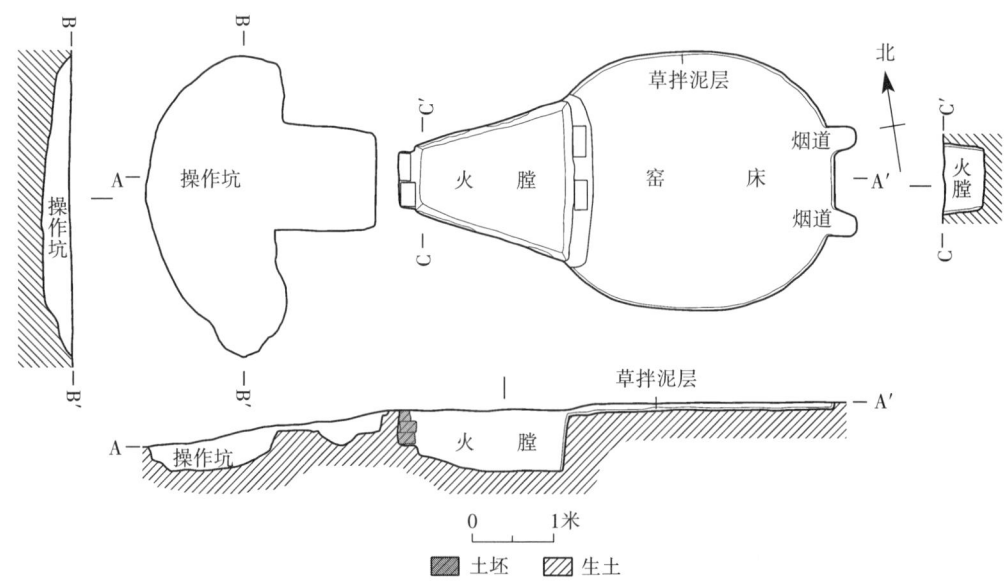

图三四一　大金丝屯遗址第Ⅲ组 y3 平、剖面图

窑床西接火膛。平面近椭圆形，东西长3.19、南北宽2.8米。底部平坦，抹有2~4厘米厚的草拌泥。西壁挡火墙残存2块土坯，间距为28厘米。

火膛位于窑床的西端，西距操作坑0.4米。火膛底面低于窑床面0.7米。西端宽0.8、东端宽1.7米，东西长1.8米。西壁砌有土坯，共3层，为单排平砌。所用土坯长38、宽21、厚13厘米。底呈东高西低的倾斜状。其内出土铁铲及残铁器各1件。

操作坑位于窑的西端。前部分（靠近火膛端）呈长方形，东西长1.3、南北宽1.2、底深0.1~0.24米，底部高低不平；后部分呈半圆弧形，南北长3.5、东西宽1.6、底深0.7米，底部东高西低与前部分底相连。

（4）4号窑址（SJⅢy4）

方向101°（图三四二；图版二六三）。

烟道位于最西（后）端。烟道间距为0.7米。进烟口宽0.22米，进深0.4米。

窑床东接火膛。平面近圆角方形，宽2.8米。底部平坦，抹有2~4厘米厚的草拌泥面。东壁略内弧，其上部用2层土坯砌成挡火墙，顶面与窑床面平齐，中部有一缺口，宽0.7米。所用土坯宽20、厚10、残长27厘米。

火膛位于窑床的东端，东距操作坑0.48米，即窑门的进深。火膛底面低于窑床面0.7米。东端宽0.8、西端宽1.84、东西长2.1米。东壁（窑门下部）上部用土坯修补，残存有3块土坯。底呈西低东高倾斜状。

操作坑位于窑的最东端。前部分（靠近火膛端）呈长方形，长0.74、宽1、深0.18米，底近平；后部分近长方形，南北残长2、东西宽1.6、深0.58米，东边外弧。底呈西高东低斜坡状。

3. 房基（SJⅢF1、F2）

共2座。均位于围沟的范围内。

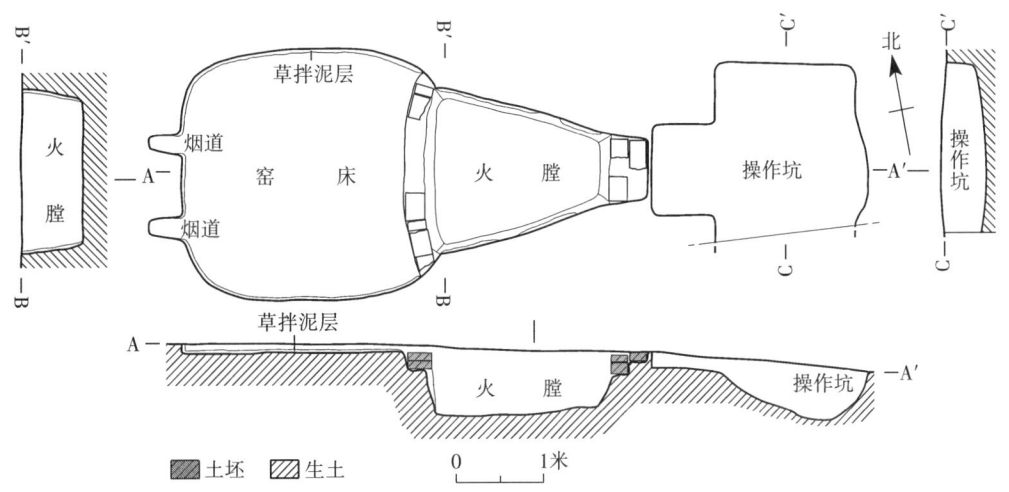

图三四二　大金丝屯遗址第Ⅲ组y4平、剖面图

（1）1号房基（SJⅢF1）

位于SJⅢy2与SJⅢy4的操作坑之间（图三四三；图版二五八，2）。现存门道、柱槽、灶址等遗迹。

门道位于房基的东侧，宽1.1米，清理长度1.5米。门道两侧为围沟，该门道也是通往围沟外的通道。

柱槽共发现4个，均位于门道西侧，大体呈平行四边形分布，1、2号，2、3号，3、4号，4、1号柱槽中心点间的距离分别为2.3、2.3、2.9、2.3米。其中1、2号柱槽较大，平面近圆形，直径90～100厘米。1号柱槽存深20厘米，内见有石块，大者长50厘米，小者长18厘米；2号柱槽残深10厘米，填土为黄褐色，土质结构紧密。3、4号柱槽较小，均为圆形。直径20～26厘米，残深14厘米。填土为灰土，较疏松。

灶址（SJⅢZ1）位于柱槽的中间部位，平面呈圆形，直径100厘米。圜底，残深7厘米。灶口位于灶坑东侧，残长16、宽12厘米，由灶坑底向外呈斜坡状。坑壁被烧烤呈红黄色，厚10厘米，由里向外烧烤的红色渐淡。灶坑内堆满了草木灰烬，出土有少许板瓦、筒瓦残片（参见图三

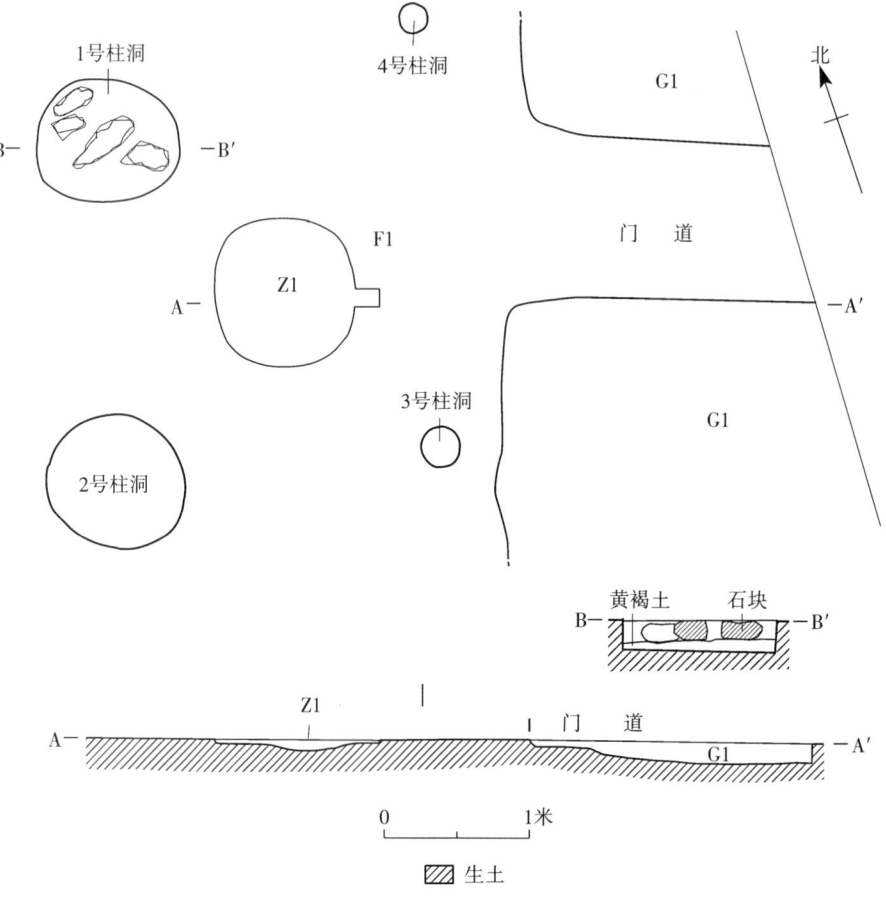

图三四三　大金丝屯遗址第Ⅲ组F1平、剖面图

四三）。

（2）2 号房基（SJⅢF2）

位于 SJⅢy1 与 SJⅢy3 的操作坑之间（参见图三三七）。破坏严重，残存门道及 2 个柱槽。

门道位于西端中部，宽 1.4、清理长度为 0.7 米，门道两侧是围沟。

柱槽位于房基的东部，间距为 0.7 米，西距门道 2.2 米。均呈长方形。1 号柱槽长 26、宽 24、深 23 厘米；2 号柱槽长 28、宽 24、深 20 厘米。其内填土均呈灰褐色，土质疏松。

四　第Ⅳ组窑址

北距第Ⅲ组 30 米，位于村民朱星洲家前院。

其前院路面上见有被烧烤呈红黄色的窑床，近圆形，直径约 3 米（参见图三二八）。

前院东西两侧建有猪圈，在清理东侧猪圈时，出有大量的板瓦、筒瓦残片，据此推侧第Ⅳ组窑址也有围沟存在。

第三节　遗　物

遗物主要见于围沟内，窑址内出土者较少；主要为建筑构件，此外还有少量的日用陶器及生产工具。现分类予以介绍。

一　建筑构件

均为陶质，种类有板瓦、筒瓦、瓦当、铺地砖、空心砖、井圈等。各类建筑构件绝大多数均夹少量的细砂或颗粒较大的粗砂石，极少为泥质；颜色以青灰色为主，色泽表里一致，火候较高，质地坚硬。少数呈黄褐色或红色。目前所见建筑构件中板瓦、筒瓦数量最多，瓦当次之，井圈、铺地砖较少。

1. 板瓦

均为残片，无可复原者。最大者长 26、宽 33、厚 1.7～2 厘米。

板瓦凸面均饰绳纹，有粗细之分。直行、斜行，或直斜行交叉排列，有的加凹弦纹。标本 SJ Ⅱ G1⑤:130，交错细绳纹（图三四四，1）；标本 SJ Ⅱ G1⑤:133，交叉粗绳纹（图三四四，2）；标本 SJⅢ G1⑥:96，交叉粗绳纹（图三四四，4）；标本 SJ Ⅱ G1⑤:135，斜行弦断绳纹（图三四四，3）；标本 SJⅢ G1⑥:74，直行弦断绳纹（图三四四，5）；标本 SJ Ⅱ G1⑤:129，块状细绳纹

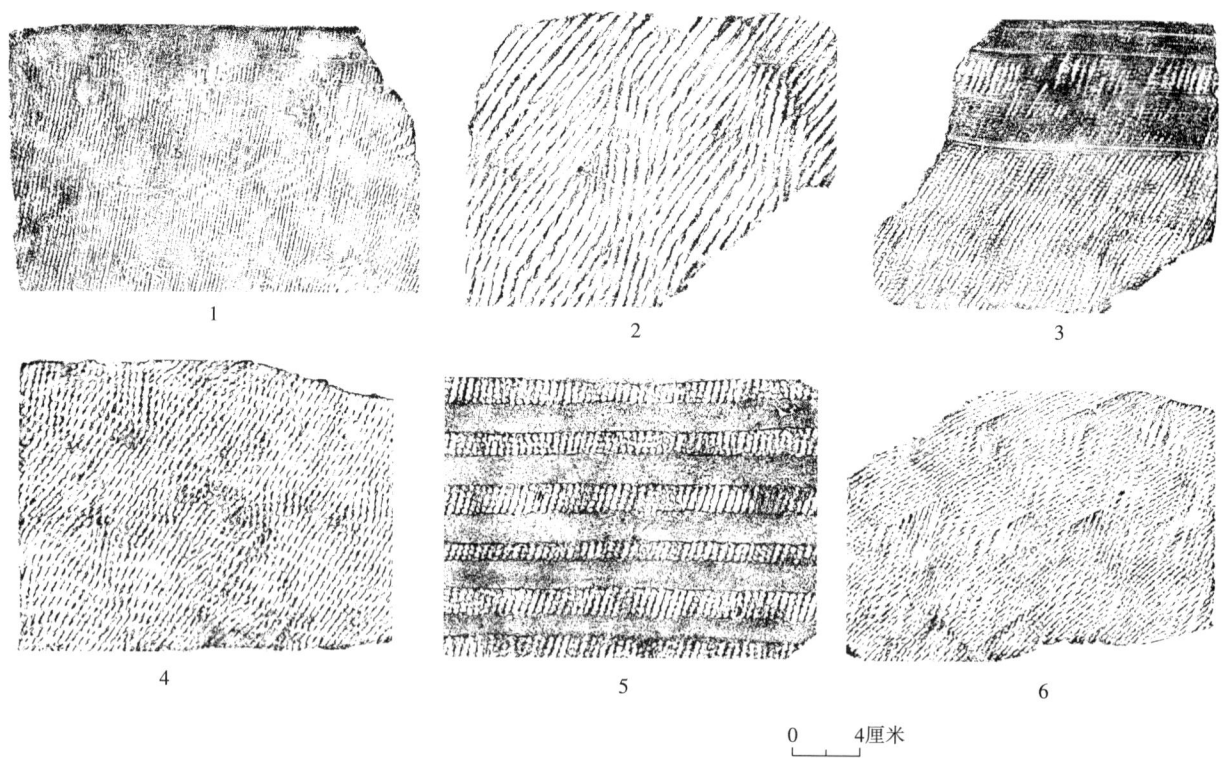

图三四四　大金丝屯遗址出土板瓦凸面纹饰拓本

1. 交错细绳纹（SJ Ⅱ G1⑤：130）　2. 交叉粗绳纹（SJ Ⅱ G1⑤：133）　3. 斜行弦断绳纹（SJ Ⅱ G1⑤：135）　4. 交叉粗绳纹（SJ Ⅲ G1⑥：96）　5. 直行弦断绳纹（SJ Ⅲ G1⑥：74）　6. 块状细绳纹（SJ Ⅱ G1⑤：129）

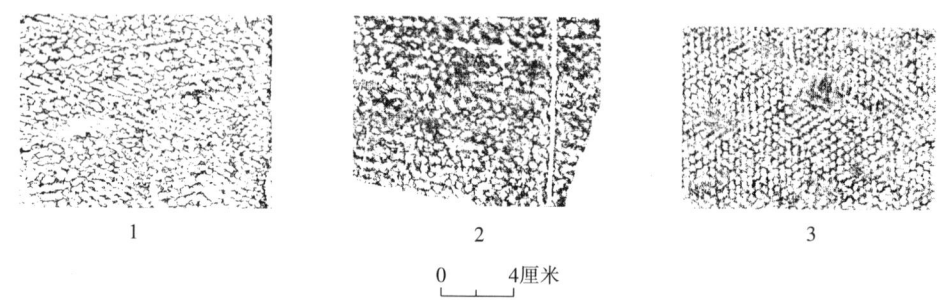

图三四五　大金丝屯遗址出土板瓦凹面纹饰拓本

1. 麻点纹（SJ Ⅱ G1⑤：129）　2. 粗麻点纹（SJ Ⅲ G1⑥：88）　3. 细麻点纹（SJ Ⅱ G1⑤：115）

（图三四四，6）。

　　凹面均饰麻点纹，标本 SJ Ⅱ G1⑤：129（图三四五，1），多数较粗，标本 SJ Ⅲ G1⑥：88（图三四五，2），少数较细小，标本 SJ Ⅱ G1⑤：115（图三四五，3），饰细麻点纹者多经抹平。

　　制法为：以泥条盘筑成筒状体，经拍打整修后，从里向外切割，每块板瓦均占筒状体的四分之一。切割痕有的深达胎厚的一半左右，有的较浅，分割后未切到的一侧边缘不平齐，略有凸凹痕。有的板瓦的凹面上还能看到切错的遗痕（参见图三四五，2）。

在板瓦上发现有 18 种不同文字的戳印，详见下文。

2. 筒瓦

可复原者较少，仅有 2 块，其余皆为残段或残片，大部分已变形。

凸面均饰绳纹，多数为细绳纹，标本 SJ Ⅱ G1⑤：83（图三四六，1），标本 SJ Ⅱ G1⑤：87（图三四六，2）。绳纹多纵向直行排列，少数为斜向排列，部分绳纹经过抹平呈弦断或块状。弦断细绳纹，标本 SJ Ⅱ G1⑤：48（图三四六，3）；块状细绳纹，标本 SJ Ⅱ G1⑤：30（图三四六，4）。

凹面绝大部分饰麻点纹，标本 SJ Ⅱ G1⑤：87（图三四七，3）、标本 SJ Ⅱ G1⑤：39（图三四七，4）；仅少数饰布纹，有粗、细之分，细布纹标本 SJ Ⅱ G1⑤：86（图三四七，1），粗布纹标本 SJ Ⅲ G1⑥：102（图三四七，2）。

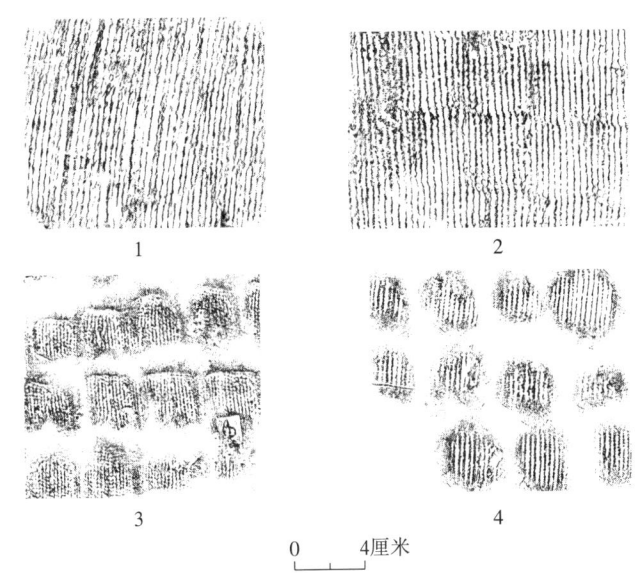

图三四六　大金丝屯遗址出土筒瓦凸面纹饰拓本

1. 细绳纹（SJ Ⅱ G1⑤：83）　2. 细绳纹（SJ Ⅱ G1⑤：87）

3. 弦断细绳纹（SJ Ⅱ G1⑤：48）　4. 块状细绳纹（SJ Ⅱ G1⑤：30）

制法为：先制成筒状体，然后在圆筒外侧向里切割，均匀地分割为两块。切口较深，有的已切透。

从复原者看，其瓦身总长度为 55～55.5 厘米，宽 19～22 厘米，与石碑地遗址甲类 B 型筒瓦规格相近。扣尾部现存较多，长度为 5～6 厘米，有平直、内敛、上翘之分。唇部有平、圆、尖圆三种。

在筒瓦上发现有 5 种不同文字的戳印，详见下文。

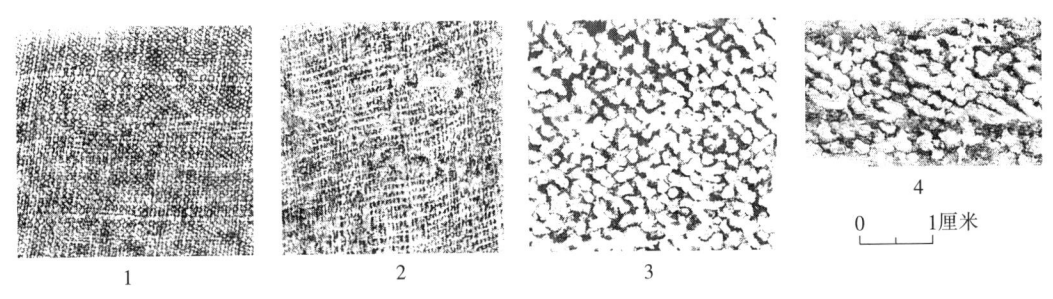

图三四七　大金丝屯遗址出土筒瓦凹面纹饰拓本

1. 细布纹（SJ Ⅱ G1⑤：86）　2. 粗布纹（SJ Ⅲ G1⑥：102）

3. 麻点纹（SJ Ⅱ G1⑤：87）　4. 麻点纹（SJ Ⅱ G1⑤：39）

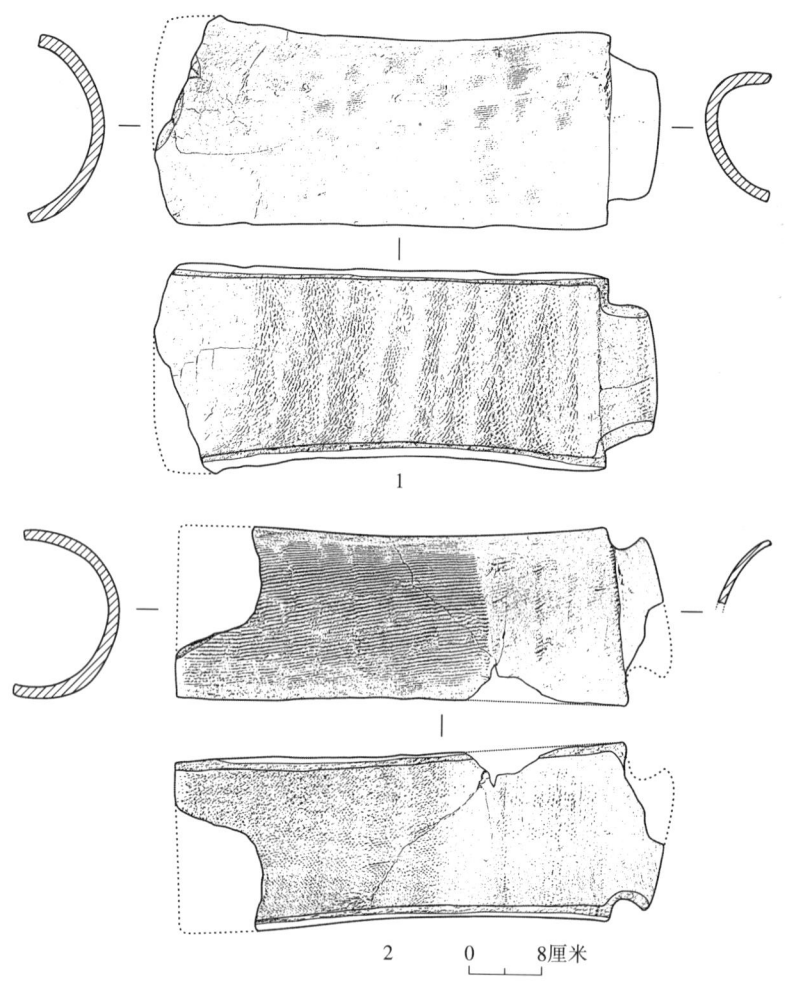

图三四八　大金丝屯遗址出土筒瓦

1. SJ Ⅱ G1⑤：85　2. SJ Ⅱ G1⑤：87

　　标本 SJ Ⅱ G1⑤：85，可复原。扣尾及筒体变形（图三四八，1；图版二六四，3）。青灰色，夹有少量的粗砂石颗粒，火候较高。内面饰麻点纹，有的地方被抹光；外面饰纵向直行细绳纹，经抹光后而成块状。瓦体近扣尾端略窄。扣尾内敛、平唇，长 5.5 厘米。外切，切口较深。通长 55.5、宽 21.3~22、厚 1.7 厘米。

　　标本 SJ Ⅱ G1⑤：87，可复原。扣尾及筒体变形（图三四八，2；图版二六四，1）。青灰色，夹有少量的粗砂石颗粒，火候较高。内面饰麻点纹，外面饰纵向直行细绳纹。瓦体近扣尾端略窄。扣尾上翘、平唇，长 5.1 厘米。外切，切口较深。通长 53.8、宽 18.3~19、厚 1.4 厘米。

3. 瓦当

　　有圆形和半圆形两种。制法为：先模制出瓦当，然后套接瓦筒，再后切割。半瓦当系将瓦当及筒体一分为二；圆瓦当则是以绳之类的工具将筒体的另一半切割下去，切下的部分还可作筒瓦坯。有的瓦体上还保留有圆形的瓦钉穿孔，直径为 1.5 厘米。

在瓦当筒体上发现有 2 种不同文字的戳印，详见下文。

据石碑地秦代遗址瓦当的分类标准，大金丝屯遗址所见瓦当分属于乙类和丙类，不见甲类瓦当。

（1）乙类：半瓦当

据当面纹饰的不同分为两型：

A 型：几何纹（又称变形夔纹）瓦当

该类瓦当数量较少，仅见 3 块。均为夹砂质。当面纹饰是由夔纹高度变形而抽象出的几何纹图案。外边廓及图案线条基本相同，图案线条高为 0.5～0.9 厘米。从制法看，当背与瓦筒相接处向外削薄，使得当背边缘部分被瓦筒包裹，内面与瓦筒交接处抹泥使之结合紧密。

该类瓦当图案基本相同，纹饰左右对称，线条或直或斜折棱分明。表面有一层黑灰色土锈。从图案线条的细微差别看，有的较粗，有的较细，明显由不同的范模所制成，还可分为两个亚型（相关情况参见附表二八）。

Aa 型：1 件。标本 SJⅢG1⑥∶91，当面完整。青灰色。纹饰线条略细。图案线条高 0.7 厘米。瓦筒保存长度为 4.5 厘米，凸面抹光，凹面抹平（图三四九，1；附表二八）。

Ab 型：2 件。标本 SJⅢG1⑥∶92，当面完整。青灰色，纹饰线条略粗。图案线条高 0.7 厘米（图三四九，2；附表二八）。标本 SJⅢG1⑥∶93，边廓略残。黄褐色。纹饰线条略粗。图案线条高 0.6 厘米。瓦筒保存长度为 10 厘米，凸面饰斜行绳纹，凹面饰细麻点纹，经抹平（图三四九，3；附表二八；图版二六四，2）。

B 型：夹贝卷云纹瓦当

相对较多。均为夹砂质，灰色。

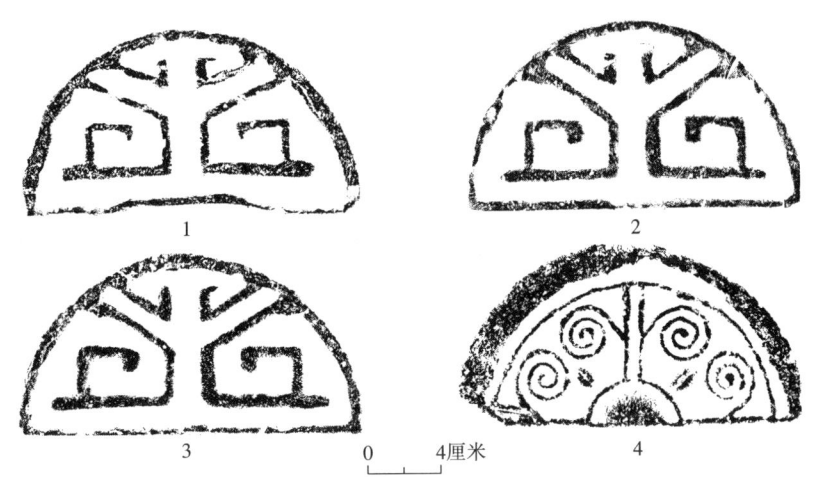

图三四九　大金丝屯遗址出土乙类瓦当

1. SJⅢG1⑥∶91　2. SJⅢG1⑥∶92　3. SJⅢG1⑥∶93　4. SJⅡG1⑤∶26

当面纹饰基本相同：外缘内有一道凸弦纹半圈；底边中间有一道凸弦纹半圈，圈内有半圆形乳突；中部两道竖向凸棱将当面分成对称的两个扇形格，格内饰反向对称的云纹。云纹中心呈乳突状，中下部饰贝状凸起纹饰；从云纹看，有的卷曲部分为三周，有的则为两周。线条有的较粗，有的较细。中间乳突有的较大，有的较小，这些差别应为不同当模所致。

据石碑地遗址瓦当的分类标准，可将该型瓦当分为两个亚型（相关情况参见附表二八）：

Ba 型：5 件。卷云卷曲部分为二周。外缘（边轮）较高、窄。卷云纹略低于外圈线（参见附表二八）。

Bb 型：2 件。卷云卷曲部分为三周。外缘（边轮）较矮。标本 SJ Ⅱ G1⑤：26，当面完整。瓦筒凸面饰直行绳纹，经抹光；凹面饰麻点纹（图三四九，4；附表二八；图版二六五，2）。

（2）丙类：圆瓦当

据石碑地遗址瓦当的分类标准，大金丝屯遗址仅见有丙类 A 型夹贝卷云纹圆瓦当（相关情况参见附表二八）。

5 件，均为夹砂质。有青灰色与灰褐色两种，前者的火候较高，后者的火候较低。

当面纹饰基本相同，均有外圈及内圈，内圈内有纽（乳突）。上、下、左、右各两道凸棱将当面分成对称的四个扇形格，格内饰云纹。云纹中心呈乳突状，中下部饰贝状凸起纹饰。

该型瓦当还有一些细微差别，如：边轮有的略宽，有的略窄，有的略高出外圈线及当面纹饰，有的则与之平齐，推测上述差别与模制不规范有关。从当面卷云纹饰看，卷云纹卷曲部分为均为两周（属丙类 Aa 型），不见卷云纹卷曲三周的丙类 Ab 型瓦当。线条有的较粗，有的较细。中间乳突有的较大，有的较小。这些差别应为不同当模所致。

标本 SJ Ⅱ G1⑤：15，灰褐色。面径 19.2 厘米（图三五〇，1；附表二八）。标本 SJ Ⅲ G1⑥：90，青灰色。外缘（边轮）较宽，中心乳突较高。面径 19.4 厘米（图三五〇，2；附表二八；图版二六五，4）。

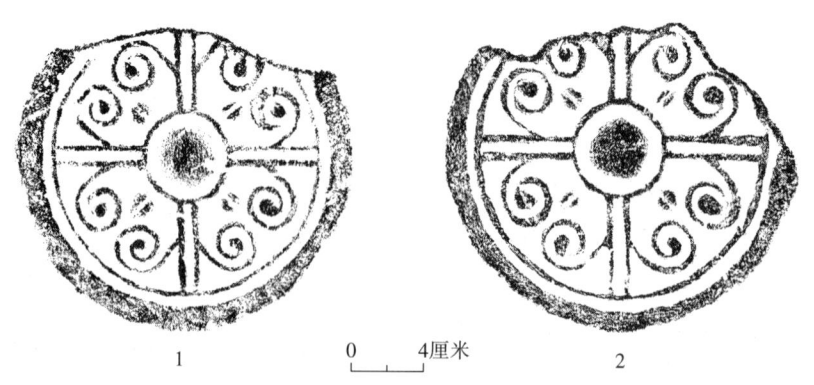

1　　　　　0　　4厘米　　　　　2

图三五〇　大金丝屯遗址出土丙类瓦当

1. SJ Ⅱ G1⑤：15　2. SJ Ⅲ G1⑥：90

4. 铺地砖

5 块，均残，据砖面纹饰的不同，可分两型。

A 型：3 件。两面均为素面，胎较薄。标本 SJⅡG1⑤：12，残。夹砂质，黄褐色。残宽 16、厚 3.7 厘米（图三五一，1）。

B 型：2 件。其中一面饰有一条凸棱，另一面素面，胎较厚。标本 SJⅡG1⑤：14，残。夹砂质，青灰色。宽 24.5、厚 4.5 厘米（图三五一，2）。

5. 空心砖

残片 3 块。标本 SJⅡG1⑤：32，夹砂质，青灰色。正面饰三重菱格纹。残长 15、宽 11、厚 3 厘米（图三五一，3）。

6. 井圈

残片 13 块。均夹砂，多呈褐黄色，少量为青灰色，推测并非一件个体。壁两端较厚，中间略薄。内壁饰双凹环纹，外环直径 7 厘米；外壁饰斜行粗绳纹。标本 SJⅡG1⑤：29，黄褐色。沿面平。残高 18.5、宽 25、厚 2～3.4 厘米（图三五二，1）。标本 SJⅡG1⑤：27，黄褐陶。沿面饰有四周细凹弦纹。残高 16、宽 13、厚 2～4.3 厘米（图三五二，2）。

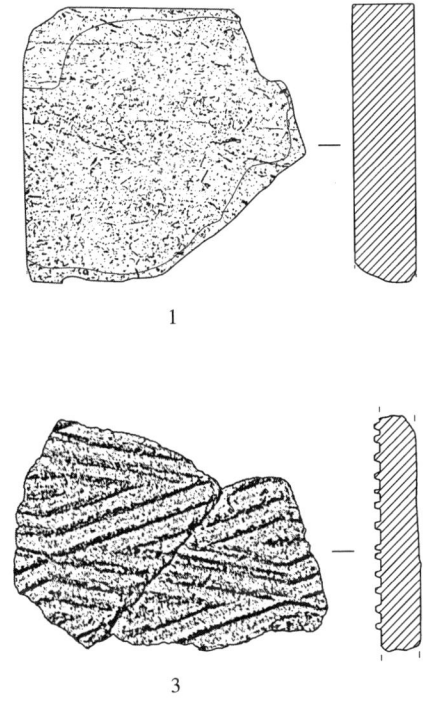

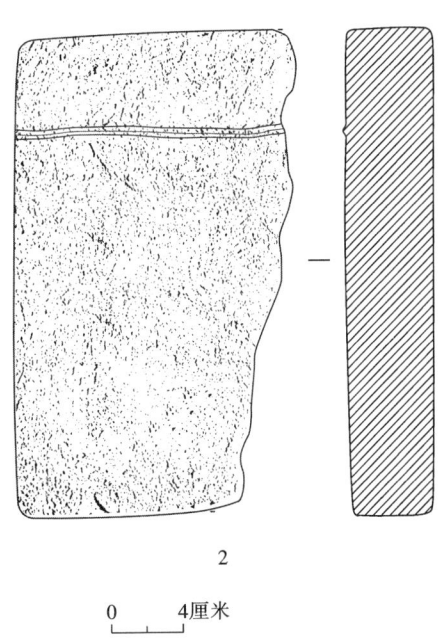

0　　4厘米

图三五一　大金丝屯遗址出土铺地砖、空心砖
1. 铺地砖(SJⅡG1⑤：12)　2. 铺地砖(SJⅡG1⑤：14)
3. 空心砖(SJⅡG1⑤：32)

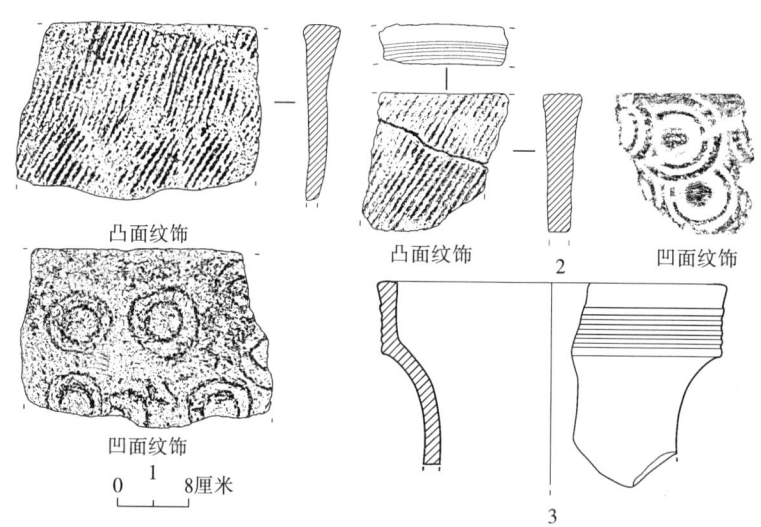

凸面纹饰　　　　　凸面纹饰　　　2　　　凹面纹饰

凹面纹饰
1
0　　　1　　　8厘米

3

图三五二　　大金丝屯遗址出土建筑构件

1. 井圈（SJⅡG1⑤：29）　2. 井圈（SJⅡG1⑤：27）　3. 不明建筑构件（SJⅢy1：1）

7. 不明建筑构件

1件。标本SJⅢy1：1，圆筒状器物口部残片。出土于火膛堆积中。泥质，黄褐色。直口，平唇，在距口部8厘米处向内折收。直口外壁饰四周粗凸弦纹。残长22、宽21、胎厚2、复原口径39.8厘米（图三五二，3；图版二六五，3）。

二　日　用　陶　器

生活用具仅见有瓮、罐、盆等陶器残片。

1. 瓮

5件。皆为口部残片，据口部特征的不同可分为两型。

A型：4件。短领，直口。标本SJⅡG1⑤：2，泥质，黄褐色。平唇，广肩，素面。复原口径22.4、残高4.6厘米（图三五三，1；图版二六五，6）。标本SJⅢG1⑥：13，泥质，青灰色。斜肩。复原口径22.4、残高6厘米（图三五三，2）。

B型：1件。敛口。标本SJⅡG1⑤：3，夹砂质，灰色。外缘凸起，溜肩，素面。复原口径23.6、残高7.5厘米（图三五三，3；图版二六五，1）。

2. 罐

均为口、腹部残片。

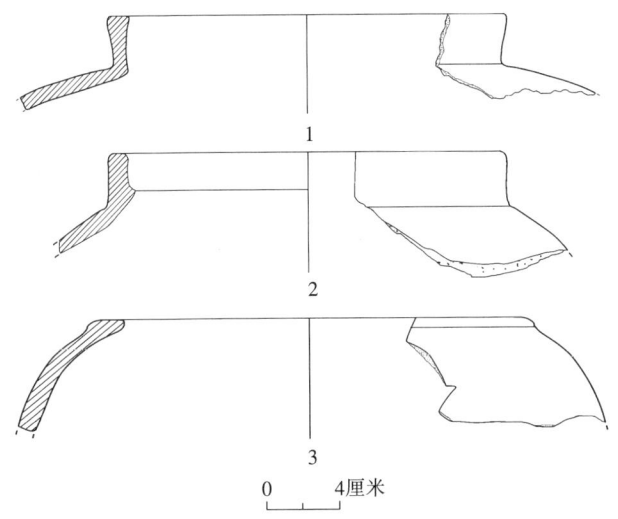

图三五三　大金丝屯遗址出土陶瓮

1. SJⅡG1⑤:2　2. SJⅢG1⑥:13　3. SJⅡG1⑤:3

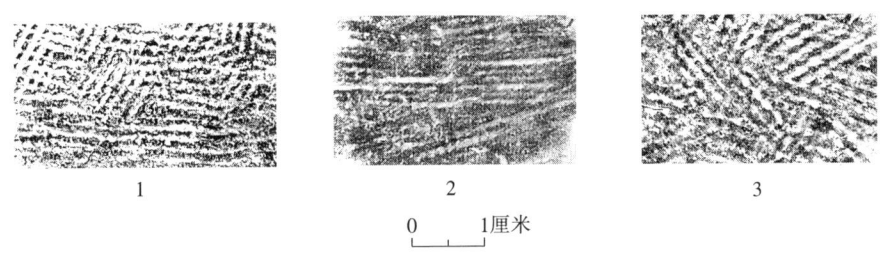

图三五四　大金丝屯遗址出土陶罐纹饰拓本

1. 交叉绳纹（SJⅡG1⑤:7）　2. 细绳纹（SJⅡG1⑤:5）　3. 交叉粗绳纹（SJⅡG1⑤:6）

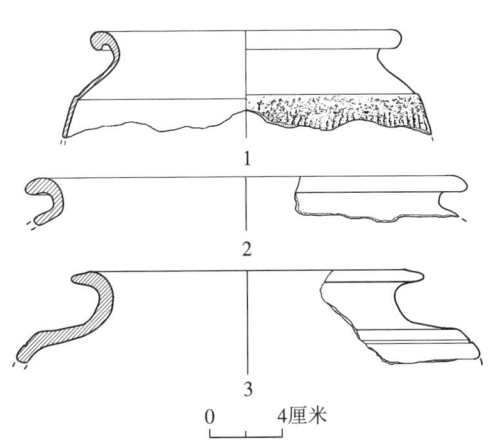

图三五五　大金丝屯遗址出土陶罐

1. SJⅢG1⑥:6　2. SJⅢG1⑥:8　3. SJⅢG1⑥:11

多为泥质灰陶，少量为夹砂黑灰陶。腹部多饰绳纹，标本SJⅡG1⑤:7（图三五四，1），标本SJⅡG1⑤:5（图三五四，2），标本SJⅡG1⑤:6，（图三五四，3）；少量饰凹弦纹，也有素面者。

依口部形态不同可分为三型。

A型：1件。圆唇外卷，束颈，折肩，弧腹。标本SJⅢG1⑥:6，泥质，黄褐色。肩部以下饰绳纹。复原口径17.5、残高6厘米（图三五五，1；图版二六五，5）。

B型：2件。尖圆唇外卷，略有束颈。标本SJⅢG1⑥:8，泥质，灰陶。复原口径24.8、残高3厘米（图三五五，2）。

C型：2件。尖唇外卷，束颈，弧腹。腹部饰有细凹纹。标本SJⅢG1⑥:11，夹细砂，黄褐色。复原口径19.9、残高4厘米（图三五五，3）。

3. 盆

皆残片。据口部形态不同可分为四型。

A型：5件。口微敛，宽平沿，斜方唇，唇上缘凸起，残存腹部近筒状。标本SJⅡG1⑤:1，泥质，青灰色。内壁饰麻点纹，经抹光；外腹下部饰纵向直行绳纹。复原口径71.6、残高19、腹部胎厚1.8厘米（图三五六，1；图版二六六，1）。

B 型：2 件。直口，宽平沿，尖唇，上腹近直，下腹折收。标本 SJⅢG1⑥：5，夹细砂，黄褐色。内外腹壁饰有凸凹相间的宽弦纹。复原口径 52、残高 16 厘米（图三五六，2）。

C 型：1 件。近直口，卷沿，方唇，弧腹。标本 SJⅢG1⑥：17，夹细砂，黄褐色。素面。复原口径 35、残高 3.6、腹部胎厚 0.5 厘米（图三五六，3）。

4. 折肩罐

1 件。标本 SJⅡG1⑤：9，残片，夹砂质，黑灰色。斜肩下折，弧腹。器表有旋痕，为泥条盘筑，薄胎。残高 26、腹径 36 厘米（图三五七；图版二六六，2）。

此外，还发现 2 件器底，形态有所不同。标本 SJⅢG1⑥：95，泥质，灰褐色。底部近平，下附矮圈足。圈足直径 19.7、残高 2.5 厘米，推测系瓮底。标本 SJⅡG1⑤：8，泥质，青灰色。底内凹。底径 11.8、残高 2.5、底部胎厚 1.2 厘米。似为罐底。

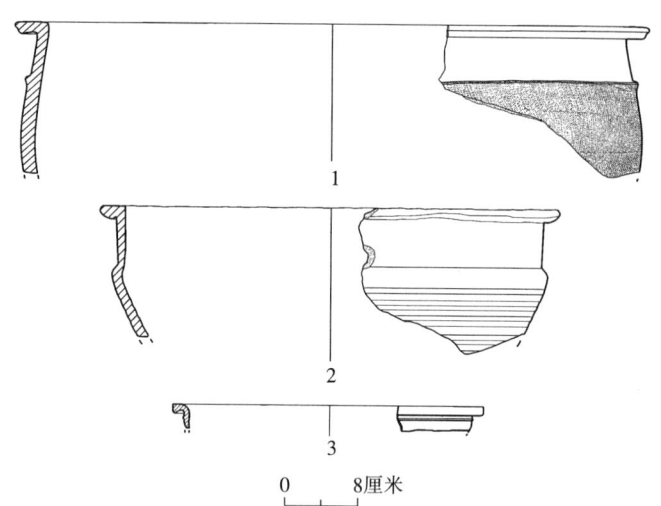

图三五六　大金丝屯遗址出土陶盆
1. SJⅡG1⑤：1　2. SJⅢG1⑥：5　3. SJⅢG1⑥：17

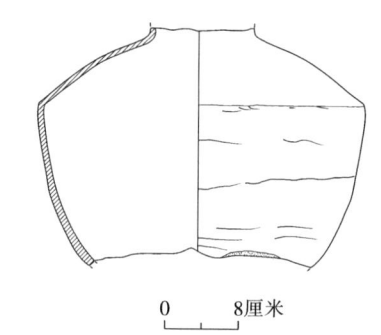

图三五七　大金丝屯遗址出土陶折肩罐
（SJⅡG1⑤：9）

三　生　产　工　具

数量较少，种类有陶拍、铁铲等。

1. 陶拍

3 件。均夹砂质，灰色。标本 SJⅢG1⑥：1，完整。蘑菇状。拍面圆凸，握手近圆柱状，平顶。拍面直径 10、握手顶部直径 5.6、通高 10 厘米（图三五八，1；图版二六六，3）。标本 SJⅢG1⑥：2，拍面略残。蘑菇状。拍面凸起，握手中间稍细。拍面残径 3.2、握手顶部直径 3.6、通高 6.4 厘米，拍面复原直径 6.7 厘米（图三五八，2）。标本 SJ 采：1，残存拍面。制陶井圈的陶拍。拍面

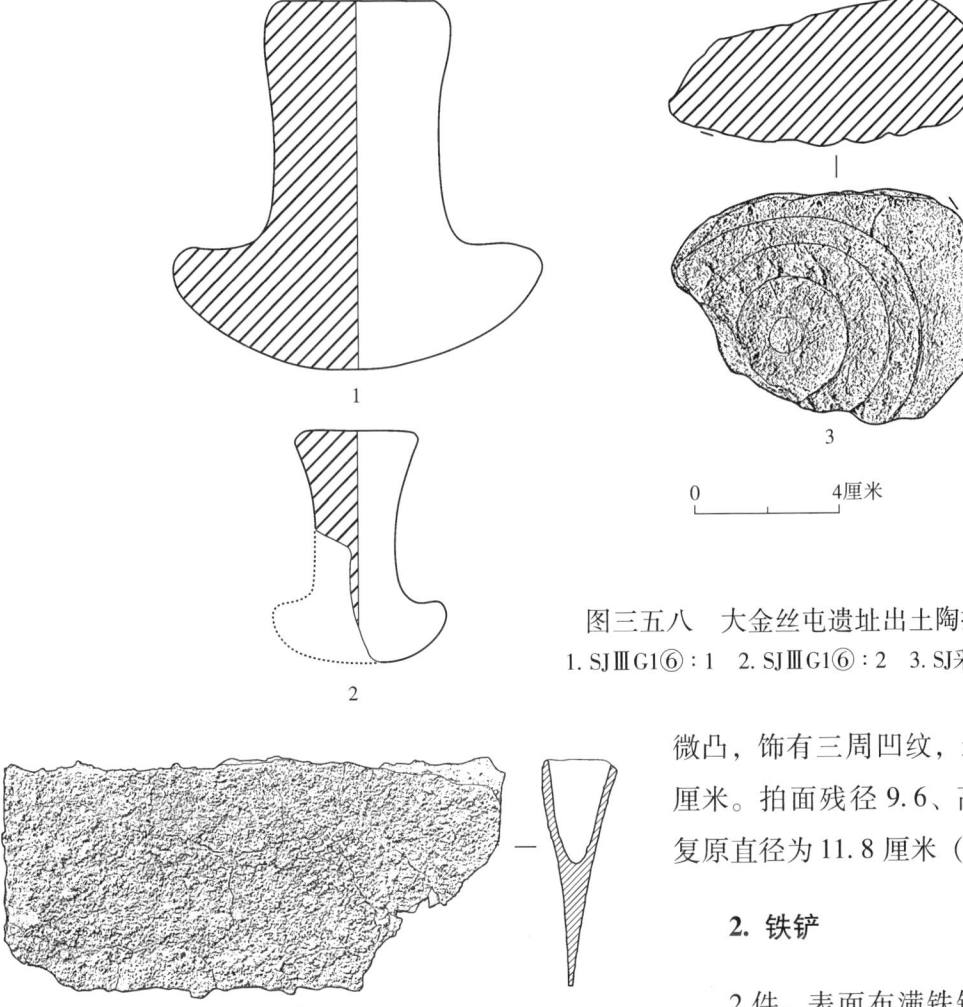

图三五八　大金丝屯遗址出土陶拍
1. SJⅢG1⑥:1　2. SJⅢG1⑥:2　3. SJ采:1

图三五九　大金丝屯遗址出土铁器
1. 铁铲（SJⅡy1:1）　2. 铁铲（SJⅢy3:1）
3. 残铁器（SJⅢy3:2）

微凸，饰有三周凹纹，最外一周直径为 7 厘米。拍面残径 9.6、高 3.9 厘米，拍面复原直径为 11.8 厘米（图三五八，3）。

2. 铁铲

2 件，表面布满铁锈。平面呈横长方形。单面刃。顶部有长方形的銎孔，用于插入柄（把）。标本 SJⅡy1:1，刃部一角残。出于火膛内。平刃，其中一面略外弧。横宽 14.3、高 6.3、銎孔宽 3 厘米（图三五九，1；图版二六六，6）。标本 SJⅢy3:1，銎孔略残。出于火膛内。刃部略弧。横宽 14.1、高 5.5、銎孔宽 1.6 厘米（图三五九，2；图版二六六，4）。

3. 残铁器

1 件。标本 SJⅢy3:2，表面布满铁锈。呈四棱锥状。残顶平面近呈长方形，长 2.6、宽 1.7、残长 15 厘米（图三五九，

3；图版二六六，5）。

第四节　戳　　印

在窑址出土的一些板瓦、筒瓦及瓦当的筒体上发现有戳印。

共发现瓦件标本110件，分属于30个不同戳印。戳印有长方形、近方形和方形三种，最小者宽为1厘米，最大者宽2.2厘米，有的戳印有边椁。计有22个不同的文字，均为阳文、篆体。

一　板瓦戳印

均印在凹面，多见于板瓦的前端，偏向一侧。发现标本52例，分属于23个不同戳印，有18种不同的文字（图三六〇、三六一；附表二九）。

现以印文不同分别予以介绍。

1. "安"字戳印：2件，分属于两个不同的戳印，（图三六〇，1、2；附表二九）。

2. "㒼"字戳印：1件，（图三六〇，3；附表二九）。

3. "何"字戳印：1件，（图三六〇，4；附表二九）。

4. "强"字戳印：2件，为同一戳印，（图三六〇，5；附表二九）。

5. "閣"字戳印：1件，（图三六〇，6；附表二九）。

6. "興"字戳印：1件，（图三六〇，7；附表二九）。

7. "章"字戳印：1件，（图三六〇，8；附表二九）。

8. "書"字戳印：3件，分属于两个不同的戳印，（图三六〇，9、10；附表二九）。

9. "真"字戳印：1件，（图三六〇，11；附表二九）。

10. "□"字戳印：1件，（图三六〇，12；附表二九）。

11. "胡"字戳印：11件，分属于两个不同的戳印，（图三六〇，13、14；附表二九）。

12. "買"字戳印：15件，分属于两个不同的戳印，（图三六〇，15、16；附表二九）。

13. "俗"字戳印：1件，（图三六一，1；附表二九）。

14. "裔"字戳印：2件，分属于两个不同的戳印，（图三六一，2；附表二九）。

15. "赤"字戳印：2件，为同一戳印，（图三六一，3；附表二九）。

16. "□"字戳印：1件，（图三六一，4；附表二九）。

17. "□"字戳印：1件，（图三六一，5；附表二九）。

18. "食"字戳印：5件，分属于两个不同的戳印，（图三六一，6、7；附表二九）。

图三六〇　大金丝屯遗址出土板瓦戳印拓本

1. SJⅢG1⑥:55　2. SJⅢG1⑥:47　3. SJⅢG1⑥:46　4. SJⅡG1⑤:90　5. SJⅡG1⑤:117　6. SJⅢG1⑥:53

7. SJⅢG1⑤:118　8. SJⅢG1⑥:57　9. SJⅢG1⑥:51　10. SJⅢG1⑥:52　11. SJⅢG1⑥:111　12. SJⅢG1⑥:68

13. SJⅢG1⑥:92　14. SJⅢG1⑥:54　15. SJⅢG1⑥:22　16. SJⅡG1⑤:105

二　筒瓦及瓦当戳印

均印在筒瓦的凸面，发现戳印标本 58 例，分属于 7 个不同戳印，有 5 种不同的文字（图三六二；附表三〇）。

现以印文不同分别介绍筒瓦上的戳印。

1. "宏"字戳印：1 件，（图三六二，1；附表三〇）。

2. "□"字戳印：1 件，（图三六二，2；附表三〇）。

3. "□"字戳印：1 件，（图三六二，3；附表三〇）。

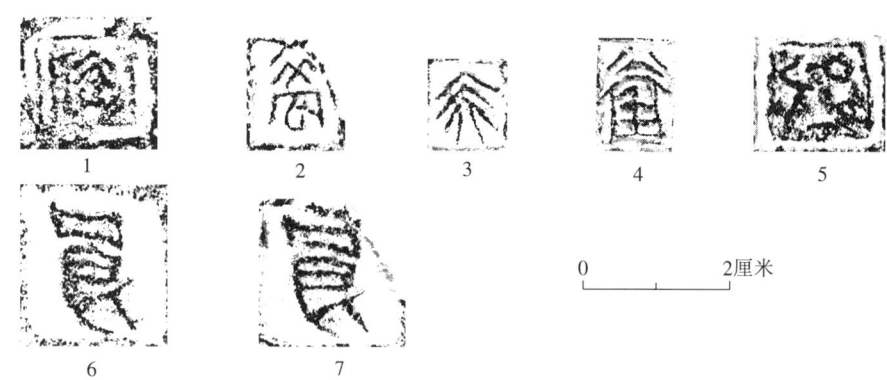

图三六一　大金丝屯遗址出土板瓦戳印拓本

1. SJ Ⅱ G1⑤：110　2. SJ Ⅲ G1⑥：50　3. SJ Ⅲ G1⑥：49　4. SJ Ⅱ G1⑤：107　5. SJ Ⅲ G1⑥：72

6. SJ Ⅱ G1⑤：94　7. SJ Ⅱ G1⑤：96

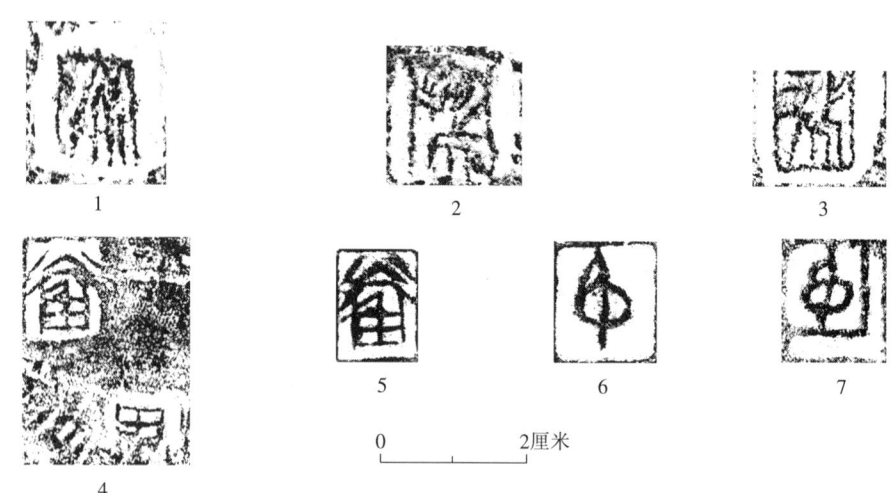

图三六二　大金丝屯遗址出土筒瓦及瓦当戳印拓本

1. SJ Ⅲ G1⑥：40　2. SJ Ⅲ G1⑥：37　3. SJ Ⅲ G1⑥：38　4. SJ Ⅲ G1⑥：29　5. SJ Ⅲ G1⑥：28

6. SJ Ⅲ G1⑥：39　7. SJ Ⅲ G1⑥：31

　　4.“□”字戳印：13件，分属于两个不同的戳印，其中 A 型 3 件，多印在瓦当筒体上（图三六二，4；附表三○）；B 型 10 件，多印在筒瓦上（图三六二，5；附表三○）。

　　5.“中”字戳印：40件。分属于两个不同的戳印，其中 A 型 35 件，均印在筒瓦上（图三六二，6；附表三○）；B 型 5 件，均印在瓦当体上（图三六二，7；附表三○）。

第五节　小　结

　　据调查、勘探及试掘结果对该遗址相关的问题得出如下认识。

一　关于遗址的范围、年代及功能

1. 范围

调查所知，在大金丝屯屯内、屯北台地、台地东部果园均有建筑遗物，据村民介绍，苹果园内栽种果树时，也发现有烧土遗迹及大量的瓦片堆积，遗迹构造与勘探、发掘所见的窑址相同。据此可推测该遗址应为大规模的窑场，目前勘探发现者仅为整个窑场的一部分，即其中的一排或一列。

2. 年代

该窑址出土的遗物绝大多数为建筑构件，包括板瓦、筒瓦、瓦当、空心砖、铺地砖等，其器物种类、形态以及瓦件上的戳印均与石碑地遗址、周家南山遗址等秦代建筑基址所出者相同，不见早期或晚期的遗物，表明其使用年代应为秦代。

3. 功能

该窑场规模巨大，分布有序，布局规整，绝非普通的民窑，无疑与该区域大规模的秦代皇家建筑有关。但问题是，这批窑场都烧制哪些产品，是否是该地区唯一的窑场？

从出土遗物看，秦代建筑的大部分建筑构件均见于该窑场，考虑到该区域无秦代建筑存在，可以推测该窑场以烧制各类建筑构件为主，但秦代一些大型建筑构件，如水井井圈（直径达1.4米）及大型陶缸等以目前发现的窑址规模看，烧制还有些困难。要解决这些问题，还有待更大规模的窑址被发现。

该窑址还出土一些生活用具残片，器形均较大，如A型陶盆，其复原口径为71.6厘米，与石碑地遗址、秦代建筑址中第Ⅲ区第1组一单元F2东侧出土的陶盆形状相同、尺寸接近，非当地窑工日常所用的生活用品，可推测为该窑场的烧制品。这些生活用品在瓦子地、止锚湾等遗址内也有零星的发现。

从目前的考古发现看，瓦子地遗址亦发现有秦代窑址，据此可知，此窑场是该地区秦代最大规模的窑场，却并非唯一的。

二　关于窑址的构造

大金丝屯窑场目前已探明的四组窑址方向一致，间距大体相等，排列有序；每组窑址外侧都有围沟环绕，已发掘的两组内均发现四座窑，两两反向排列，烟道居于中间，操作坑位于围沟一侧，两窑址中间发现有柱槽等，组内各类遗迹布局合理。

上述布局与构造特点应具有较强实用性。

1. 关于窑场

作为窑场，应有制作、晾坯、暂存建筑构件的场所，该窑场各组窑址之间具有一定的距离，或许与此有关。在第Ⅲ组窑址的围沟内出土有制陶工具陶拍，还在工地采集到一件制作陶井圈的陶拍，这些都说明坯件的制作场地就在窑址附近。惜在第Ⅱ、Ⅲ组窑址之间发掘的"十"字探沟中均未发现相关遗迹迹象，推测已遭到破坏。

同时，还要有土质资源及水源。窑址所在地为台地，生土为紫红色黏土，其内几乎不含有机物杂质，适合做陶质建筑构件，可以就地取材。在已探明的三组窑址外均有围沟，且在第Ⅱ组南侧围沟的底部清理出灰坑（SJⅡH1）一处，或许与窑场生产用水有关。

2. 关于窑址成组布置的意义及合理性

一组窑址由多个窑室以及其他遗迹组成，在早期或秦代窑场中均属首次发现。较晚时期，见有与之类似的窑址布局，如河南洛阳汉魏故城北魏西郭城内发现的唐代窑址为四个窑室共享一个操作坑的组窑[①]。此外，在隋唐时期皇家或官方大型的建筑区域也有所发现[②]。从这个意义上说，该窑场开创了组窑之先河。

但这一发现的价值则远不至此，从实用的角度看，这一布局的合理性在于：

首先，一组中的两个或四个窑址聚于一起，节省占地面积，减少窑外封土量，窑室上部砌券更方便。

其次，操作坑均位于围沟一侧，亦有很强的科学性，至少可以节省空间、利于操作。与之相关的是围沟的用途。从已清理的沟边和解剖的情况看，沟边曲折不整，沟底凸凹不平。从钻探的情况看，围沟宽窄不一，最宽处为15米，最窄处只有4米。尽管如此，从现存遗迹看，围沟还是人工有意挖成的。从沟底的堆积看，内有较多的灰烬及破损或烧制变形的建筑构件，参照石碑地遗址汉代窑址的构造考虑（其操作坑外有较深的储灰坑），推测围沟的主要作用应为临时堆放出窑后的废弃物，有的窑址的操作坑位于围沟的内侧边缘内，也方便窑内废弃物的堆放，同时也不排除用于窑址的排水、储水。

3. 关于个体窑址的构造

这批窑址破坏严重，只残存有操作坑、火膛的下半部分。窑床残存仅有 3～4 厘米高，为窑的

---

① 中国社会科学院考古研究所洛阳汉魏故城队：《河南洛阳市白马寺唐代窑址发掘简报》，《考古》2005 年第 3 期。

② 中国社会科学院考古研究所西安唐城工作队：《唐大明宫含元殿遗址 1995—1996 年发掘报告》，《考古学报》1997年第 3 期。

复原增加了难度。从残存的遗迹看，这类窑的操作坑、火膛、窑床均下挖在生土中，下挖部分的壁面及边角均呈弧形，其中火膛底低于窑床面 0.7 米左右，在火膛的前部与窑床的等高处向前挖出窑门，窑门与同样在生土中下挖的操作坑相通。在窑床的后壁掏出两个烟道，呈对称分布。就窑床部分来讲，至少有一半位于地表下，形成"半地穴式"。窑的上半部分或掏挖在生土中或用土坯砌券，其中后者的可能性较大，理由是：

首先，这批窑址的火膛比窑床低 0.6 米左右，平面呈梯形，靠近操作坑端较窄，宽度为 0.6 ~ 1 米。距操作坑的距离是 0.5 米左右，也就是说窑门最宽也只能是 0.6 ~ 1 米，进深 0.5 米左右。若建于地下，则窑室顶部不能敞开，坯件装窑及产品出窑皆从窑门进出，极为不便。

其次，从瓦子地秦代窑址的窑顶形态看，当时已掌握了砌券技术。

4. 其他

在发掘的窑址火膛底部及围沟中皆出土有大量的草木灰烬，表明该窑场使用木材或杂草作燃料。

结　语

　　姜女石遗址所属的 6 处遗址点中以石碑地遗址保存最好，且经过全面勘探与大面积的考古发掘。依据层位关系我们将该遗址的建筑分为两期（详见第一章），依据出土遗物将第一期的年代定为秦代，第二期的年代定为西汉。据石碑地遗址的研究成果，我们对其他各遗址的年代均做了推断，由此可以得出如下认识：

　　第一，姜女石遗址各遗址点均始建于秦代。

　　第二，个别遗址点西汉时进行了重建。

　　以下分别对秦、汉两期遗存就相关问题进行探讨。

一　秦代遗存

　　秦代建筑从规模，现存遗迹、遗物看，应属皇家级建筑。姜女石遗址所属 5 处建筑址分布面积达 20 余平方公里，规模宏大。面海的 3 处以石碑地为中心，止锚湾、黑山头为两翼，均建于海边高台地上，俯瞰大海；利用遗址前方海中矗立着的自然礁石作为门阙，使遗址与海洋融为一体，充分利用自然地势，有极强的象征意义。其主体建筑址——石碑地遗址建筑地面整体高出周围地表，高出部分皆填沙及红板沙土，工程量巨大；建筑夯土基础宽而厚，一般墙基均宽 2.6 ~ 2.8 米，建于生土上，所用夯土经过仔细筛选，有严格的施工规范；而第 I 区 1 组主体建筑基础长宽均为 40 余米，厚达 3.6 米，其上主体建筑台基高达 2 米余，有"东阶"、"西阶"，及东、西"侧阶"，各阶均以空心砖为踏步，外侧以地面砖铺墁，建于台上的 1 号房址还做了"防潮"处理，具有皇家气魄；本遗址普遍使用的大型建筑构件"夔纹大瓦当"目前仅见于始皇陵等秦代皇家建筑中，也可见其建筑性质。

　　结合历史文献看，姜女石遗址应系始皇东巡碣石的行宫遗址。据《史记·秦始皇本纪》记载："三十二年（公元前 215 年），始皇之碣石，使燕人卢生求羡门高誓，刻碣石门。坏城郭，决通堤防"。但是碣石何在，其现状如何众说纷纭①。胡渭据《水经注·濡水》② 条对碣石的描述，以为碣石已沉沦于海，踪迹皆无。20 世纪 70 年代后，碣石考证再掀高潮。随着谭其骧先生《碣石考》③ 一文的发表，今河北昌黎大碣石山即古之碣石山几乎已成定论。姜女石秦汉皇家级建筑遗址的发现，不仅使碣石地所在更加明了，而且证实了文献记载的始皇东巡碣石所言不虚。

从目前的考古发掘成果看，秦代遗址始建于秦初，应毁于秦末。各遗址均未发现早期建筑的迹象，表明其建筑应建于燕国灭亡秦统一（公元前221 年）以后，至始皇到碣石（公元前215 年）之前。从石碑地遗址现存的迹象看，秦代建筑毁于大火，着火点为多处，与人为纵火有关。结合史实推断，该建筑群的废弃与秦亡有关，其延续时间应较为短暂。至西汉在遗址上重新建筑时，石碑地秦Ⅰ区第1组主体建筑的台基已遭严重破坏的情况推测，从其被废弃到西汉重新建筑之间的间隔时间则较长。

从姜女石遗址所辖5 处遗址所在位置、规模及遗迹遗物看，各遗址点的功能有所不同：其中石碑地遗址规模最大，在南部面海的3 处遗址中居于中间位置，其主体建筑高大宏伟，附属建筑错落有致，不同建筑功用有别，各类建筑设施齐全，应系整个行宫址中等级最高者。其西侧的黑山头遗址已全部揭露，南部为面海的高台建筑，中部由几组带有井、窖的房间及院落组成，整体规模较小，内部建筑设施较为单一，出土建筑构件中不见夔纹大瓦当；东侧的止锚湾遗址保存较差，所见面积亦较小。上述两个遗址应为次级的建筑址；石碑地遗址北部的瓦子地遗址分布面积较大，但建筑规模均不大，且出土了较多的生活用具，或为随始皇出巡人员的临时居住址，还有待进一步的工作。距离上述4 处遗址点北部约4 公里处的周家南山遗址规模较小，仅有一处用纯净的紫红色黏土筑成主体建筑基址（有别于其他遗址的黄褐色的夯土）。遗址处于遗址群南北轴线的最北端，地势较高，视野开阔，向南可俯瞰其他遗址。从这些迹象推测该遗址应为具有祭祀功能的建筑址。上述遗址共同组成了一个规格有别、功能齐全、布局合理有序的建筑群体。

行宫亦即皇宫，从姜女石遗址的选址到建筑布局，无疑融入了许多理念。诚如苏秉琦先生所

---

① 主要说法有：A. 汉右北平郡郦城县说：《汉书·地理志》右北平郡骊城下："大揭石山在县西南"。《水经注》、《舆地广记》、《寰宁记》等认同；B. 汉辽西郡絫县说：源于东汉文颖为《汉书·武帝记》碣石下所作的注。胡渭《禹贡锥指》、王鸣盛《尚书后案》均认为"小碣石"在此；C. 汉乐浪郡遂城县说：王应麟《通鉴地理通释》引《通典》执此说。陈大猷《书集传或问》引王炎《尚书小传》指出左碣石在此；D. 北魏以后的营州柳城说：如程思泽《国策地名考》等；E. 汉常山郡九门县说：依据《史记索隐》、《续汉志》刘昭注提出；F. 汉幽州蓟县说：以燕昭王碣石宫所在地而来；G. 谷口御河入海处说：王充耘《读书管见》言《禹贡》碣石所在；H. 海丰马谷山说：刘世伟首创、顾炎武《肇域志》相承。清代学者胡渭在《禹贡锥指》中对诸说均有评价，其中前两说最为流行。
② 《水经注》卷十四，濡水："濡水又东南，至絫县碣石山，文颖曰：碣石在辽西絫县，王莽之选武也。"《地理志》曰：大碣石山在右北平骊成县西南，王莽改曰碣石也。汉武帝亦尝登之以望巨海，而勒其石于此，今枕海有石如埇（宋本作甬）道，数十里，当山顶有大石，如柱形，往往而见，立于巨海之中，潮水大至则隐，及潮波退，不动不没，不知深浅，世名之天桥柱也，状若人造，要亦非人力所就，韦昭亦指此以为碣石也。
③ 谭其骧：《碣石考》，《学习与批判》1976 年第 1 期。

言：这种选址暗含着将辽东半岛与山东半岛作为屏风，将渤海湾作为其庭院。刘庆柱先生在对我们谈到姜女石遗址发现的意义时特别指出：有一点是可以肯定的，始皇应该具有拥有海洋、管理海洋的观念，后世皇帝将"海洋"搬入皇宫，究其源头无疑应从始皇开始的。

总之，姜女石秦行宫遗址的发现，对研究秦代建筑技术与规范，皇家建筑礼制，乃至后世皇家宫城建筑制度都有重要的意义。

二　汉代遗存

目前明确发现有汉代建筑遗迹的遗址有两处，一处为石碑地，另一处为周家南山，另外在止锚湾遗址内采集到了一些汉代建筑构件。瓦子地遗址工作较少，黑山头遗址破坏严重，是否存在汉代遗迹遗物不详。

石碑地遗址的汉代建筑是在秦代建筑的废弃堆积上进行重建的，各建筑均利用了秦代的建筑基础。目前所见分布范围限于秦代建筑的第Ⅰ、Ⅱ区内，在第Ⅲ区南部亦有零星汉代遗物发现，总体建筑布局与秦代类似，单体建筑形式与秦代建筑有别。尽管范围较小，但单体建筑的规模却很大，如建于秦第Ⅰ区第1组建筑之上的高台建筑台基规模及高度均超出秦代建筑，可见其等级较高。

据现存建筑遗存及上述文献记载可以推测，石碑地遗址所见的汉代建筑很可能是汉代的"望海台"，即《新唐书·太宗本纪》中提到的"汉武台"，亦具行宫性质。

周家南山遗址的汉代建筑是在秦代建筑废弃堆积之上重建的，未利用秦代建筑基础。其主体建筑基础呈圆形，规模亦较小。据其所在位置及其与秦代建筑的关系推测，其功能应与秦代相同。

据《史记·封禅书》记载，汉武帝元鼎六年（公元前111年），武帝曾命令各郡国开辟道路，修缮整治原有的宫观、名山、神祠。第二年便到了碣石，推测汉代建筑当在这一时期修建。其下限年代不详，从出土遗物及建筑构件看，均不晚于西汉晚期。据曹操《观沧海》的描述，曹魏时遗址所在地区已是"树木丛生，百草丰茂"了。

在石碑地遗址汉代建筑区域的东侧发现有汉代窑址，仅1座，远不能满足整个汉代建筑址的需要，有关大型汉代窑场的位置尚不清楚。

附表一 石碑地遗址测绘控制点坐标成果表

点号	X (M)	Y (M)	H (M)	备 注
K1	4429 545·65	40 491 048·68	5·693	水泥桩
K2	719·66	071·59	6·563	水泥桩
K3	883·15	139·54	7·413	水泥桩
K4	859·51	275·78	7·313	水泥桩
K5	680·77	246·17	6·963	水泥桩
K6	551·69	275·86	6·833	花岗岩桩
K7	417·32	274·40	6·273	水泥桩
K8	450·00	200·00	12·20	水泥圆柱有钢筋
K9	356·58	019·28	6·343	水泥桩

附表二 石碑地遗址出土板瓦登记表

类型①	新编号② （原编号）	颜色	简要描述	规格（厘米）		备 注
				长	宽③	
A 型	SS Ⅰ 2J1 东 AB：1 （ⅠJ2 东侧：13）	青灰	凸面：斜行交错粗绳纹，后端抹光宽32厘米，边缘饰细凹弦纹。凹面：麻点纹，后端抹光部分宽29厘米。	73.8	残	
	SS Ⅰ 2J1 东 AB：2 （ⅠJ2 东侧：34）	青灰	凸面：斜行粗绳纹，后端抹光宽21厘米，边缘施弦纹。凹面：麻点纹，有戳印。	70.5	43.5～48	图八一；图版八一，1
	SS Ⅰ 2J1 东 AB：3 （ⅠJ2 东侧：35）	青灰	凸面：斜、竖行交错粗绳纹，后端抹光宽24厘米。凹面：麻点纹，有戳印。	72.3	46～48	图八二；图版八一，2
	SS Ⅰ 2J1 东 AB：4 （ⅠJ2 东侧：36）	青灰	凸面：斜、竖行交错粗绳纹，后端抹光宽21厘米，前端抹光宽1.3厘米。凹面：麻点纹，有戳印。	70	残	
	SS Ⅰ 2J1 东 AB：5 （ⅠJ2 东侧：37）	黄褐	凸面：斜、竖行交错粗绳纹，后端抹光宽31厘米。凹面：麻点纹。	74	46～48	
	SS Ⅰ 2J1 东 AB：6 （ⅠJ2 东侧：38）	黄褐	凸面：斜行细绳纹，后端抹光宽27.6厘米，边缘一道凹弦纹。凹面：麻点纹。	73.5	45～49.5	
	SS Ⅰ 2J1 东 AB：7 （ⅠJ2 东侧：39）	青灰	凸面：斜行粗绳纹，后端抹光宽13～22厘米，边缘凹弦纹。凹面：素面，刮修痕迹明显。	72	46～48	图一一，1；图版七，1
	SS Ⅰ 2J1 东 AB：8 （ⅠJ2 东侧：40）	黄褐	凸面：斜行粗绳纹，后端抹光宽12厘米。凹面：麻点纹。	72.3	43～51.8	
	SS Ⅰ 2J1 东 AB：9 （ⅠJ2 东侧：41）	青灰	凸面：斜行细绳纹，后端抹光宽22.5厘米，施数道凹弦纹。凹面：麻点纹。	70.6	45.5～46	
	SS Ⅰ 2J1 东 AB：10 （ⅠJ2 东：42）	青灰	凸面：斜行交错粗绳纹，后端抹光宽3厘米。凹面：麻点纹。	73	41～47	
	SS Ⅰ 2J1 东 AB：11 （ⅠJ2 东：43）	青灰	凸面：斜行粗绳纹，后端抹光宽20.5厘米。凹面：麻点纹。	72	48.5	
	SS Ⅰ 2J1 东 AB：12 （ⅠJ2 东：44）	青灰	凸面：斜行交错细绳纹，后端抹光宽19厘米。凹面：麻点纹，有戳印。	71	49	
	SS Ⅰ 2J1 东 AB：13 （ⅠJ2 东：46）	青灰	凸面：斜、竖行交错粗绳纹，前端抹光宽24厘米，后端抹光33。凹面：麻点，有戳印。	74	47.6～50	

① A 型规格较大，长70～74、宽41～50厘米，整体呈长方形；B 型规格较小，长58～60、宽44～60厘米，近方形。T 型形状较为特殊，较短。

② 为反映遗物标本所在位置及类型，整理时重新进行了编号（下同）。新编号由遗址名称、位置、遗物类型及序列号等组成，如：SS Ⅰ 2J1 东 AB：1，表示绥中石碑地遗址（SS）第Ⅰ区第2组J1东侧1号A型板瓦标本。同时，为保证资料的原始性，保留有原编号。

③ 宽度"残"，表示板瓦宽度不详；板瓦均为梯形，一端完整或局部完整者仅录入现存数据。

类型	新编号（原编号）	颜色	简要描述	规格（厘米）		备　注
				长	宽	
A 型	SS Ⅰ 2J1 东 AB：14（Ⅰ J2 东：47）	黄褐	凸面：斜行粗绳纹，后端抹光宽 24～28 厘米，边缘数道凹弦纹。凹面：素面。	72.6	44～50.5	
	SS Ⅰ 2J1 东 AB：15（Ⅰ J2 东：48）	青灰	凸面：斜行交错粗绳纹，后端抹光宽 18 厘米，施数道细凹弦纹。凹面：麻点纹。	70	残	
	SS Ⅰ 2J1 东 AB：16（Ⅰ J2 东：33）	黄褐	凸面：竖、斜行交错粗绳纹，后端抹光宽 19 厘米。凹面：麻点纹。	68.5	44.3～50	
	SS Ⅱ 2 三 Y1AB：1（Ⅱ DY3：100）	青灰	凸面：斜行粗绳纹，窄端抹光宽 22 厘米。凹面：麻点纹。	71.2	40～43.2	
B 型	SS Ⅱ 1 东墙 BB：1（T2813③：47）	黄褐	凸面：斜行交错粗绳纹，后端抹光宽 13～14 厘米。凹面：大菱格纹，后端抹光宽 13 厘米。	59	47	图九八；图版九八，4
	SS Ⅱ 1 三 F1BB：1（Ⅱ BF1：1）	红褐	凸面：斜、竖行交错粗绳纹，前端抹光宽 2.5 厘米，后端抹光宽 11.3 厘米。凹面：麻点纹。	58	44	图一一，2；图版七，2
	SS Ⅱ 2 三 Y1BB：1（Ⅱ DY3：96）	青灰	凸面：斜、竖行交错细绳纹，因磨蚀严重，抹光部分不辨。凹面：麻点纹。	残 53	48	
	SS Ⅱ 2 三 Y1BB：2（Ⅱ DY3：13）	青灰	凸面：竖、斜行交错粗绳纹，窄端抹光宽 23 厘米，施数道凹弦纹。凹面：麻点纹。	60.4	46.9	图一四二；图版一四〇，2
	SS Ⅲ 1 二 Y1BB：1（T1111③：1）	红褐	凸面：斜、竖行交错粗绳纹，前端抹光宽 5 厘米，后端抹光宽 4 厘米。凹面：麻点纹。	残 55	残	图一七〇；图版一六三，3
	SS Ⅲ 1 二 Y2 BB：1（T0912③）	黄褐	凸面：斜、竖行交错粗绳纹。凹面：麻点纹。	58.5	39.5～43	图一七六
	SS Ⅲ 1 二 Y2BB：2（SST0911③：3）	黄褐	凸面：竖、斜行交错粗绳纹，后端抹光宽 19 厘米，前端抹光宽 3.8 厘米。凹面：麻点纹。	56.4	42.5～48.2	
	SS Ⅲ 1 二 F2BB：1（SST1112ⅢF2 井内）	青灰	凸面：斜行交错粗绳纹，后端抹光部分宽 28 厘米。凹面：麻点纹。	65	39.1～41.5	
	SSBB 采：1（采：11）	黄褐	凸面：斜行交错粗绳纹。凹面：麻点纹。	60	43	
T 型	SS Ⅰ 1Y1TB：1（T1608③：100）	青灰	凸面：竖行粗绳纹，一端施四道凸弦纹。凹面：叶脉纹。	28.5	35.7	图一二；图版七，3

附表三　石碑地遗址出土筒瓦登记表

类型①	新编号②（原编号）	颜色	简要描述	扣尾	规格（厘米） 身长③	规格（厘米） 扣尾长	规格（厘米） 筒径④	备注⑤
甲A型	SSⅡ2三Y1甲AT：1（ⅡDY3：50）	黄褐	凸面：间断竖行粗绳纹，带戳印。凹面：麻点纹。	微翘	63	5	20.5	图一三，1；图版八，1
甲A型	SSⅡ2三Y1甲AT：2（绥789）	黄褐	凸面：弦断竖行细绳纹。凹面：首端抹光宽7厘米，中部麻点，扣尾端竖行细绳纹。泥条盘筑痕迹明显。有戳印。	微翘	65.2	6.7	21.9	
甲B型	SSⅠ1J3丙AW：1（ⅠY1：6）	灰褐	凸面：斜行细绳纹，前端抹光宽20.5厘米，带戳印。凹面：麻点纹。瓦钉孔径2、距扣尾端21.5厘米。		54.7	残长2.3	18.7	⊙；图五六；图版四七，1
甲B型	SSⅠ2J1北甲BT：2（ⅠJ2北：2）	青灰	凸面：斜行交错细绳纹，前端抹光宽8厘米。凹面：布纹。	微翘	51.5	5	21.2	
甲B型	SSⅠ2J1东丙AW：10（ⅠJ2：31）	黄色	凸面：抹光呈块状竖行粗绳纹，带戳印。凹面：麻点纹。瓦钉孔径2、距扣尾端20厘米。	微翘	52.8	4.8	18.9	⊙
甲B型	SSⅠ2J1北甲BT：1（ⅠJ2北：1）	青灰	凸面：斜行细绳纹，扣尾端凹弦纹宽8厘米。凹面：麻点纹。	平直	54.2	5.8	19.3	图一三，2；图版八，2
甲B型	SSⅠ2J1东甲BT：1（ⅠJ2东：50）	青灰	凸面：竖行粗绳纹，前端抹光宽2.8、尾端抹光宽23厘米。凹面：麻点纹。	微翘	54.1	4.5	19.8	图八四，1；图版八二，1
甲B型	SSⅠ2J1东甲BT：2（ⅠJ2东：51）	青灰	凸面：间断竖行细绳纹。凹面：麻点纹。	微翘	55.8	残长3.8	20.8	
甲B型	SSⅠ2J1东丙AW：31（ⅠJ2东：30）	灰褐	凸面：经抹光呈间断状细绳纹，前端抹光。凹面：素面。瓦钉孔径1.3、距扣尾端22厘米。		55	5	21	图八三
甲B型	SSⅠ2J1东丙AW：32（SSⅠJ2东侧：29）	黄褐	凸面：竖、斜行交错细绳纹。凹面：麻点纹。	微翘	51.8	残	20.2	⊙
甲B型	SSⅠ2门东丙AW：1（ⅠJ2m：1）	青灰	凸面：抹光呈块状斜行细绳纹，前端抹光宽15厘米。凹面：素面。瓦钉孔径1.5、距扣尾端21.3厘米。	微翘	54	5.5	19.8	⊙；图八七；图版八五，2

① 甲类：用于屋顶坡面上与板瓦搭配使用者，分三型：A型：瓦身较长，通长68厘米；B型：通长54～62厘米；C型：瓦身较短，通长49～52厘米。乙类：通长近90厘米，或许用于屋脊之上。

② 新编号中筒瓦以符号"T"表示。

③ 身长不包括扣尾部分的长度。

④ 筒瓦瓦身不规则，该项数据为筒身的前端数据。

⑤ 为避免一物双号，瓦当筒身仍用瓦当编号。备注中"⌒"表示半瓦当、"⊙"表示圆瓦当。

类型	新编号 （原编号）	颜色	简要描述	扣尾	规格（厘米）			备　注
					身长	扣尾长	筒径	
甲B型	SS I 2 门东丙 AW：2 （I J2m：4）	青灰	凸面：斜行粗绳纹，扣尾端数道凸弦纹。凹面：麻点纹。瓦钉孔径1.6、距扣尾端12.2厘米。	内敛	50.8	残	18.7	⊙
	SS II 1 甲 BT：1 （T2813③：16）	青灰	凸面：抹光呈零星块状斜、竖行细绳纹，扣尾端抹光宽6厘米。凹面：麻点纹，扣尾端数道细凹弦纹。	微翘	55.5	4.5	19.9	
	SS II 1 甲 BT：2 （T2813③：18）	青灰	凸面：斜、竖行交错粗绳纹，扣尾端抹光宽20厘米。凹面：菱格纹，扣尾端抹光15.5厘米。	微翘	53.8	5.2	19.9	
	SS II 1 乙 BW：1 （T2813③：5）	青灰	凸面：竖行细绳纹，扣尾端数道凹弦纹。凹面：素面。瓦钉孔径2、距扣尾端15.5厘米。	微翘	52.3	5	18.9	⌒；图一〇〇，2；图版九八，1
	SS II 1 乙 BW：3 （T2813③：10）	黄褐	凸面：斜行交错粗绳纹，前端抹光5厘米。凹面：麻点纹。瓦钉孔径1.5、距扣尾端18.2厘米。	微翘	51.8	5	19	⌒
	SS II 1 乙 BW：27 （T2813③：11）	青灰	凸面：竖行细绳纹，前端抹光宽11厘米，尾端凹弦纹，带戳印。凹面：麻点。瓦钉孔径1.5、距扣尾端14厘米。	平直	49.6	4.8	17.3	⌒；图二〇；图版一四，1
	SS II 1 甲 BT：3 （T2814③：40）	青灰	凸面：间断斜行细绳纹。凹面：麻点纹。	平直	53	4	18.9	
	SS II 1 乙 BW：7 （T2814③：18）	黄褐	凸面：斜行交错粗绳纹，前端抹光宽3.5厘米。凹面：麻点纹。瓦钉孔径1.3、距扣尾端20.5厘米。	微翘	53.8	4.8	19	⌒
	SS II 1 甲 BT：4 （T2815③：57）	青灰	凸面：抹光呈零星块状斜、竖行粗绳纹。凹面：布纹。	内敛	52.6	6	18.6	
	SS II 1 乙 BW：11 （T2815③：43）	红褐	凸面：斜行粗绳纹，前端抹光宽15厘米。凹面：麻点纹。瓦钉孔径1.5、距扣尾端19.5厘米。	微翘	52.6	5.1	18.9	⌒
	SS II 1 乙 BW：13 （T2815③：35）	青灰	凸面：斜行交错细绳纹，扣尾端数道凹弦纹。凹面：麻点纹。	微翘	53.5	3.8	18.9	⌒
	SS II 1 甲 BT：5 （T2816③：31）	青灰	凸面：竖行细绳纹，前端抹光宽5、尾端抹光宽3厘米。凹面：布纹，扣尾部两道凸弦纹。	内敛	53.2	5	18.8	

类型	新编号（原编号）	颜色	简要描述	扣尾	规格（厘米）			备　注
					身长	扣尾长	筒径	
甲B型	SSⅡ1甲BT：6（T2816③：37）	青灰	凸面：斜行细绳纹，扣尾端抹光宽4厘米。凹面：麻点纹。	内敛	49.2	5	17.2	
	SSⅡ1甲BT：7（T2816③：38）	青灰	凸面：斜行粗绳纹，扣尾端抹光宽25厘米，块状绳纹。凹面：麻点纹。	微翘	51.8	5.2	18.7	图九九，1；图版九七，1
	SSⅡ1甲BT：8（T2816③：39）	青灰	凸面：斜行细绳纹，扣尾端两道凹弦纹；凹面：布纹。	内敛	52.2	4.8	17.1	
	SSⅡ1乙BW：15（T2816③：14）	青灰	凸面：间断竖行粗绳纹，扣尾端凹弦纹。凹面：麻点纹。瓦钉孔径1.5、距扣尾端14.8厘米。		51.8	残	18	⌒
	SSⅡ1乙BW：19（T2816③：5）	青灰	凸面：斜行细绳纹，前端抹光宽13厘米。凹面：麻点纹。瓦钉孔径1.3、距扣尾端16.6厘米。	微翘	49.3	5.3	18.9	⌒；图一〇〇，1；图版九七，3
	SSⅡ1乙BW：20（T2816③：7）	黄褐	凸面：斜行粗绳纹，前端抹光宽7厘米。凹面：麻点纹。瓦钉孔径1.6、距扣尾端21厘米。	微翘	52.6	5.4	19.6	⌒
	SSⅡ1乙BW：23（T2816③：13）	黄褐	凸面：斜行粗绳纹。凹面：麻点纹。瓦钉孔径1.6、距扣尾端20厘米。	微翘	53	4.8	18.8	⌒
	SSⅡ1乙BW：25（T2816③：36）	黄褐	凸面：斜行粗绳纹，前端抹光宽5厘米，凹面：麻点纹。钉孔1.5、距扣尾端20厘米。	微翘	53.5	4.5	19.1	⌒
	SSⅡ1乙BW：33（T2814③：3）	黄褐	凸面：斜行粗绳纹，扣尾端抹光宽14.3、前端抹光宽4.3厘米。有一瓦钉孔。凹面：麻点纹。	微翘	52.5	5.1	18.7	⌒
	SSⅡ1乙BW：34（T2816③：6）	青灰	凸面：竖、斜行交错细绳纹，经抹光呈零星块状。有一瓦钉孔。凹面：麻点纹。	内敛	52.5	5.1	18.4	⌒
	SSⅡ1乙BW：35（T2816③：9）	黄褐	凸面：斜行细绳纹，扣尾端抹光宽16.5、首端抹光宽9厘米。有一瓦钉孔。凹面：麻点纹。	微翘	53.6	残	17.8	⌒
	SSⅡ1三Y4甲BT：1（ⅡBY1：1）	青灰	凸面：竖行粗绳纹，尾端抹光宽5厘米。凹面：磨蚀严重，似素面。扣尾	微翘	52.5	3.5	18.8	图一〇五；图版一〇九，2

类型	新编号 （原编号）	颜色	简要描述	扣尾	规格（厘米）			备　注
					身长	扣尾长	筒径	
甲B型	SSⅡ1 三 Y4 甲 BT：2 （SSⅡBY1：2）	青灰	凸面：竖、斜行交错细绳纹，扣尾端施数道 1 厘米宽的凹弦纹。凹面：布纹。	内敛	52	5.5	20.5	
	SSⅡ1 三 Y4 乙 BW：1 （ⅡBY1：4）	青灰	凸面：间断竖行粗绳纹，扣尾端凹弦纹，带戳印。凹面：麻点。瓦钉孔径 2、距扣尾端 16 厘米。	微翘	54.5	5.5	19.7	⌒
	SSⅡ2 二 J1 甲 BT：1 （T2114 井：14）	青灰	凸面：斜行细绳纹，前端抹光 2 厘米，扣尾端间断竖行细绳纹 9.5、边缘抹光 3 厘米。凹面：布纹。	内敛	51.8	4.2	18.6	图一二二；图版一二一，1
	SSⅡ2 二 J1 甲 BT：2 （SSⅡCJ1 南侧：3）	青灰	凸面：竖行细绳纹，首端抹光部分宽 5.5 厘米。凹面：布纹。	内敛	51	5.6	17.6	
	SSⅡ2 二 J1 乙 BW：3 （ⅡCJ1：5）	青灰	凸面：竖行粗绳纹，前端抹光宽 10 厘米，尾端凹弦纹，带戳印。凹面：麻点纹，扣尾端凹弦纹。瓦钉孔 2、距扣尾端 14.4 厘米。	微翘	52.6	5.2	19.8	⌒
	SSⅡ2 二 Y1 甲 BT：1 （ⅡCJ1 南：1）	青灰	凸面：抹光呈块状斜行粗绳纹。凹面：布纹。	内敛	53.7	4.8	17.4	
	SSⅡ2 二 Y1 甲 B T：2 （ⅡCJ1 南：2）	青灰	凸面：斜行交错细绳纹，前端抹光宽 8 厘米。凹面：布纹。	微翘	51.5	5	17.4	图一二四；图版一二一，2
	SSⅡ2 二 Y1 甲 B T：3 （ⅡCJ1 南：4）	青灰	凸面：竖行细绳纹，扣尾端抹光宽 2.5 厘米。凹面：布纹。	内敛	50.7	5.5	18.8	
	SSⅡ2 二 Y1 丙 AW：1 （ⅡCJ1 南：6）	青灰	凸面：抹光呈块状竖行细绳纹，扣尾端凹弦纹。凹面：素面。瓦钉孔径 1.8、距尾端 13.7 厘米。	微翘	51	5	17.6	⊙
	SSⅡ2 二 Y1 丙 AW：2 （ⅡCJ1 南：7）	青灰	凸面：斜行细绳纹。凹面：麻点纹，扣尾端两道凹弦纹。瓦钉孔径 2、距扣尾端 22.2 厘米。	微翘	56.4	5.8	17.5	⊙
	SSⅡ2 二 Y1 丙 AW：3 （ⅡCJ1 南：8）	青灰	凸面：斜行粗绳纹。凹面：麻点纹。瓦钉孔径 2、距扣尾端 21 厘米。	微翘	55	5.5	18.8	⊙；图一二五，1；图版一二二，2
	SSⅡ2 二 Y1 丙 AW：4 （ⅡCJ1 南：9）	青灰	凸面：斜行细绳纹，前端抹光 5 厘米。凹面：麻点纹。瓦钉孔径 1.8、距扣尾端 18.8 厘米。		53	残	18.4	⊙
	SSⅡ2 三 J1 南井甲BT：1（T2014 南井：11）	青灰	凸面：间断竖行细绳纹。凹面：麻点纹。	内敛	55.5	6	20.9	

类型	新编号 （原编号）	颜色	简要描述	扣尾	规格（厘米）			备　注
					身长	扣尾长	筒径	
甲B型	SSⅡ2三J1甲BT：2 （ⅡDJ2：3）	青灰	凸面：斜行交错粗绳纹，带戳印。 凹面：布纹，扣尾端施两道粗凸弦纹。	内敛	53	5	17.9	
	SSⅡ2三J1甲BT：3 （ⅡDJ3：8）	青灰	凸面：斜行交错细绳纹，带戳印。 凹面：布纹。	平直	53.3	4.2	17.8	图一三八，1；图版一三七，3
	SSⅡ2三J1甲BT：4 （96SSⅡDJ2）	黄褐	凸面：细绳纹抹光。凹面：布纹。	内敛	51	6	17.5	图一三八，2
	SSⅡ2三Y1甲BT：1 （ⅡDY3：41）	青灰	凸面：竖、斜行交错粗绳纹，前端抹光宽3、尾端抹光宽17厘米。凹面：素面。	微翘	49.3	5.2	18.8	图一四三；图版一四〇，1
	SSⅡ2三Y1甲BT：2 （ⅡDY3：58）	青灰	凸面：斜行粗绳纹，前端抹光11、尾端抹光5。凹面：布纹。内切。	内敛	50.3	5.5	16.3	
	SSⅡ2三Y1甲BT：3 （ⅡDY3：59）	青灰	凸面：斜行交错细绳纹，前端抹光宽7、尾端抹光宽6厘米，带戳印。凹面：布纹。	平直	50	6.2	19.3	
	SSⅡ2三Y1甲BT：4 （ⅡDY3：61）	青灰	凸面：斜行粗绳纹，尾端抹光宽5厘米，前端外侈，带戳印。凹面：布纹。	微翘	49.7	4.5	17.2	
	SSⅡ2三Y1甲BT：5 （ⅡDY3：64）	青灰	凸面：饰斜行粗绳纹，扣尾端抹光宽5厘米。凹面：布纹。	内敛	50.8	5	18.5	
	SSⅡ2三Y1甲BT：6 （ⅡDY3：65）	黄色	凸面：间断竖行细绳纹。凹面：素面。	内敛	49	5.2	17.5	
	SSⅡ2三Y1丙AW：1 （ⅡDY3：8）	黄褐	凸面：竖、斜行交错粗绳纹，前端抹光宽6厘米。凹面：麻点纹。瓦钉孔径1.7、距扣尾端20.2厘米。	微翘	54.5	5.5	17.5	⊙；图版二七〇，2
	SSⅡ2三Y1乙BW：8 （ⅡDY3：14）	青灰	凸面：经抹光呈块状斜行细绳纹，带戳印。凹面：麻点纹。瓦钉孔径1.8、距扣尾端19.2厘米。	微翘	51.7	4.5	19.3	⌒；图一八，1、2；图版一二，1
	SSⅡ2三Y1丙AW：22 （ⅡDY3：16）	青灰	凸面：竖行细绳纹。凹面：麻点纹，带戳印。瓦钉孔径2、距扣尾端20厘米。	微翘	52.5	5.5	18.3	⊙；图版二七〇，3

类型	新编号 （原编号）	颜色	简要描述	扣尾	规格（厘米）			备 注
					身长	扣尾长	筒径	
甲 B 型	SSⅡ2三Y1丙AW：7 （ⅡDY3：18）	青灰	凸面：竖行细绳纹，尾端数道凹弦纹，带戳印。凹面：素面。瓦钉孔径1.8、距扣尾端14厘米。	微翘	51.6	4.4	17.2	⊙
	SSⅡ2三Y1丙AW：25 （ⅡDY3：19）	黄褐	凸面：斜行细绳纹。凹面：麻点纹。瓦钉孔径2.3、距扣尾端20厘米。	微翘	54.5	4.5	18.4	⊙；图版二七一，2
	SSⅡ2三Y1丙AW：10 （ⅡDY3：29）	青灰	凸面：斜行粗绳纹，前端抹光宽19、尾端抹光4厘米。凹面：麻点纹。瓦钉孔径2、距扣尾端21厘米。	微翘	53.7	5.5	17	⊙
	SSⅡ2三Y1丙AW：21 （ⅡDY3：4）	青灰	凸面：竖行细绳纹，前端抹光宽15厘米，尾端数道凹弦纹。凹面：麻点纹。瓦钉孔径1.5、距尾端13厘米。	微翘	49.4	5.4	17.4	⊙
	SSⅡ2三Y1丙AW：32 （ⅡDY3：1）	青灰	凸面：零星块状竖行细绳纹，尾端凹弦纹。凹面：麻点纹。瓦钉孔径2、距扣尾端13.2厘米。	微翘	51.1	5.5	18.5	⊙
	SSⅡ2三Y4甲BT：1 （ⅡDY2：30）	青灰	凸面：竖行粗绳纹，扣尾端抹光宽10.5厘米。凹面：麻点纹。	内敛	50	残3	18.7	
	SSⅡ2三Y4甲BT：2 （ⅡDY2：41）	青灰	凸面：竖、斜行交错粗绳纹，前端抹光宽17厘米。凹面：素面。		54	残	19.7	
	SSⅡ2三Y4甲BT：3 （ⅡDY2：43）	青灰	凸面：间断竖行细绳纹，带戳印。凹面：麻点纹。	内敛	51.6	5.6	19.9	
	SSⅡ2三Y4甲BT：4 （ⅡDY2：84）	青灰	凸面：竖行粗绳纹，前端抹光宽4、尾端抹光宽9厘米，带戳印。凹面：麻点纹。	微翘	51.8	5.8	19.5	
	SSⅡ2三Y4甲BT：5 （ⅡDY2：92）	青灰	凸面：斜、竖行交错粗绳纹，扣尾端抹光宽8厘米。凹面：麻点纹。	微翘	54.5	5.5	20	图一四五，3；图版一四〇，4
	SSⅡ2三Y4甲BT：6 （ⅡDY2：93）	青灰	凸面：斜、竖行交错粗绳纹，扣尾端抹光宽18～23厘米，数道凹弦纹。凹面：麻点纹，带戳印。	平直	54.5	5.5	20.4	
	SSⅡ2三Y4甲BT：7 （ⅡDY2：94）	青灰	凸面：斜、竖行交错粗绳纹，扣尾端抹光宽16厘米。凹面：麻点纹，扣尾端抹光11.5厘米。	微翘	53.3	5.2	18.4	

类型	新编号 （原编号）	颜色	简要描述	扣尾	身长	扣尾长	筒径	备　注
甲B型	SSⅡ2 三 Y4 丙 AW：1（ⅡDY2：1）	黄褐	凸面：抹光呈块状竖行细绳纹，带戳印。凹面：麻点纹。瓦钉孔径2、距扣尾端20.5厘米。	微翘	51.5	6	17.8	⊙
	SSⅡ2 三 Y4 丙 AW：3（ⅡDY2：4）	青灰	凸面：斜行粗绳纹。凹面：麻点纹。瓦钉孔径1.5、距扣尾端20厘米。	微翘	53.2	4.8	19.7	⊙；图版二七一，3
	SSⅢ1 一 Y1 甲 BT：1（ⅢY1门：1）	青灰	凸面：竖行粗绳纹。凹面：麻点纹，泥条盘筑痕迹明显。	内敛	52	2	19.4	图一六一；图版一五三，2
	SSⅢ1 二 F2 甲 BT：1（T1112ⅢF2：4）	青灰	凸面：斜行粗绳纹，扣尾端抹光宽9.5厘米，带戳印。凹面：麻点纹。	微翘	51.2	5	16.8	图一六七；图版一六〇，2
	SSⅢ1 二 Y1 乙 BW：2（T1111③：3）	青灰	凸面：抹光呈零星块状斜行细绳纹，带戳印。凹面：麻点纹。瓦钉孔径1.8、距扣尾端16.5厘米。	微翘	50	5.5	19.7	⌒；图一七一；图版一六三，4
	SSⅢ2 一 J1 甲 BT：1（T1213③：1）	青灰	凸面：斜行粗绳纹，扣尾端抹光宽17~24厘米，存零星块状绳纹。凹面：麻点纹。	平直	50	5	17.4	图一七九；图版一六七，1
	SSⅢ3 二 Y1 甲 BT：1（T1116③：100）	青灰	凸面：竖行粗绳纹，扣尾端抹光部分宽2.7厘米。凹面：布纹。	微翘	51.3	4	17.7	图一九二；图版一七四，1
	SSⅤ西南门甲 BT：1（BⅠJ2：9）	黄褐	凸面：经抹光呈零星块状斜行细绳纹。凹面：素面。	内敛	52.6	5.4	19	图二〇二；图版一七七，1
	SSBB 采：1（采：14）	黄褐	凸面：绳纹，扣尾端抹光部分宽5厘米。凹面：布纹。	微翘	52.5	5.5	20	
甲C型	SSⅠ1Y2 甲 CT：1（SSⅠY2：1）	青灰	凸面：竖行细绳纹，前端抹光宽9.7、扣尾端抹光部分宽7.3厘米。凹面：布纹。	内敛	42.4	2.6	14.2	图七一，1；图版六三，2
	SSⅠ1Y2 甲 CT：2（SSⅠY2：11）	黄褐	凸面：绳纹，近扣尾端26厘米处施数道弦纹。凹面：素面。	微翘	43.8	2.6	15.2	图七一，2
	SSⅠ2J1 甲 CT：1（93SSTQ6H1003）	黄褐	凸面：素面。凹面：布纹。	微翘	47.8	3.7	16.6	图八四，2；图版八一，3
	SSⅡ1 甲 CT：1（T2813③：17）	青灰	凸面：竖行粗绳纹，扣尾端数道凸弦纹，扣尾绳纹；凹面：麻点。	微翘	46.2	6	18.7	图九九，2；图版九七，2

类型	新编号（原编号）	颜色	简要描述	扣尾	规格（厘米）			备　注
					身长	扣尾长	筒径	
甲 C 型	SSⅡ2 三 Y1 甲 CT：1（ⅡDY3：68）	青灰	凸面：竖行粗绳纹，扣尾端抹光宽 6.2 厘米。凹面：布纹。	平直	44.3	5.2	16.6	图一三，3；图版九，1
	SSⅡ2 三 Y4 甲 CT：1（ⅡDY2：110 临）	青灰	凸面：饰绳纹经抹光，仅见零星呈块状绳纹。凹面：麻点纹。	微翘	46.6	5	20.2	
乙类	SSⅠ1Y3 乙 T：1（ⅠY5DT：14）	黄褐	凸面：抹光呈块状斜行细绳纹；前端略外侈，带戳印。有两个瓦钉孔。凹面：素面。	微翘	83.3	5.5	19.3	图一四，1；图版九，2
	SSⅡ2 三 Y4 丙 AW：25（SQTF13）	灰褐	凸面：抹光呈零星块状竖行细绳纹。有两个瓦钉孔。凹面：素面。	微翘	90	6	19	⊙；图一四，2

附表四　石碑地遗址出土甲类瓦当登记表

位置类型编号① （原编号）	颜色	当面规格（厘米）	备　注②
SSⅠ1Y10 甲 AW：1 （T1409③：1）	红褐	面厚1.9；边廓宽2.1。	线条圆润，残； 图五〇，2；图版四〇，2
SSⅡ1 甲 AW：1 （T2813③：26）	红褐	面厚1.6；边廓宽1.9；底边宽1.9。	线条圆润，残； 图一〇一；图版九七，4
SSⅡ2 二J1 甲 AW：1 （Ⅱ2 二J1 东侧中部：1）	灰色	直径54；高41；面厚2.7；边廓宽1.8，底边宽2.3。	⊙； 图一二六；图版一二四，2
SSⅡ2 二J1 南井甲 AW：1 （T2114 南井：1）	红褐	直径52；高40.5；面厚2.8；边廓宽1.5，底边宽1.8。	⊙；线条圆润； 图一二三；图版一二二，1
SSⅡ2 三J1 甲 AW：1 （Ⅱ2 三J1 西侧：13）	红褐	面厚2.7；边廓宽1.7；底边宽1.8。	线条方正； 图一三七，2；图版一三七，2
SSⅡ2 三J1 甲 AW：2 （Ⅱ2 三J1 东）	灰色	直径52；高39；面厚2.5；边廓宽2.1，底边宽1.9。	线条方正； 图一三七，1；图版一三八，1
SSⅡ2 三J1 甲 AW：3 （ⅡDJ2：34）	黄褐	面厚1.9；边廓宽1.8。	线条圆润，残
SSⅡ2 三J1 北井甲 AW：1 （T2014 北井：1）	红褐	面厚2.1；边廓宽1.8。	线条圆润，残
SSⅡ2 三Y2 甲 AW：1 （86SQTE13J1）	灰褐	直径53；高42；面厚2.4；边廓1.5；底边宽2；身长67.5。	⊙，线条方正
SSⅡ2 三Y4 甲 AW：1 （ⅡDY2：1）	黄褐	面厚1.8；边廓宽1.5。	线条圆润，残
SSⅡ2 三Y4 甲 AW：2 （ⅡDY2：11）	黄褐	面厚1.8；底边宽1.9。	线条圆润，残
SSⅡ2 三Y4 甲 AW：3 （TF15）	灰色	直径53；高37.8；面厚2；边廓宽2.4；底边宽2.2；身长：69.9。	线条圆润
SSⅡ2 五甲 AW：1 （ⅡHY1：100 临）	黄褐	面厚1.7；边廓宽1.8；底边宽2.1；残高35.5。	残； 图一四八；图版一四四，2
SSⅢ1—F2 甲 AW：1 （ⅠBF2：2）	灰色		线条圆润； 图一五四，1；图版一五一，2
SSⅢ1—Y1 甲 AW：1 （T1411③：1）	黄褐	厚2.3。	线条圆润； 图一六二，1；图版一五三，3
SSⅢ1—Y1 甲 AW：2 （T1411③：2）	灰色	厚2.5。	线条圆润； 图一六二，2；图版一五四，2
SSⅢ1—Y1 甲 AW：3 （T1411③：100 临）	红褐	面厚1.6。	线条圆润，残。

① 新编号中瓦当以符号"W"表示。甲类：大半圆形瓦当。A 型：夔纹；B 型：简化夔纹。

② "⊙"表示当面完整或可复原；"■"表示瓦身完整。

位置类型编号（原编号）	颜色	当面规格（厘米）	备　注
SSⅢ1 二 Y1 甲 AW：1（Ⅲ1 二 Y1 西南：1）	灰色	直径 52；高 38.4；面厚 2.8～3；边廓宽 1.8～2；底边宽 2.3。	⊙，线条圆润；■，瓦筒长 69.1 厘米；图一七三，1；图版一六二，1、5
SSⅢ1 二 Y1 甲 AW：2（T1111③：6）	黄褐	厚 3；边廓宽 1.4；底边宽 2。	线条圆润；图一七三，2；图版一六二，3
SSⅢ1 二 Y1 甲 AW：3（T1111③：2）	灰色	厚 2.2；底边宽 2。	线条圆润；图一七三，3；图版一六二，2
SSⅢ1 二 Y2 甲 AW：1（T1012③：2）	红褐	厚 2.6；底边 2。	线条方正；图一七七，1；图版一六二，4
SSⅢ1 二 Y2 南门甲 AW：1（T0911③：2）	青灰	直径 52；高 38.6；面厚 3.2；边廓宽 1.7～2.2；底边宽 2.2。	⊙，线条圆润；■，瓦筒长 68 厘米；图一五；图版一〇，1
SSⅢ1 二 Y2 西部外侧甲 AW：1（94SST0711）	灰褐	直径 51.3；高 39；面厚 2.4；边廓宽 2；底边宽 1.6。	⊙，线条圆润
SSⅤ1（T0916）甲 AW：1（86SQK7TQ16）	黄褐	面厚 1.6；边廓宽 2.1；底边宽 2.2。	线条圆润，残
SSⅤ西南角门甲 AW：1（T0312③：1）	灰色	面厚 2.5～3.2；边廓宽 1.8～2；底边 2.2。	线条圆润；图二〇三，1；图版一七七，3
SSⅤ西南角门甲 AW：2（T0212③：1）	灰色	面厚 2.8；边廓宽 1.9；底边宽 2。	线条方正；图二〇三，2；图版一七七，2
87SQK13 甲 AW	黄褐	面厚 2.3；边廓宽 2.3。	残
SS 甲 AW 采：1	灰色	面厚 2.5；边廓宽 1.5～1.8。	残
SS 甲 AW 采：2	灰色	厚 2.3。	残
SS 甲 AW 采：3	灰色	面厚 1.5；边廓宽 1.6。	残
SS 甲 AW 采：4	灰色	面厚 3；边廓宽 1.5。	残
SS 甲 AW 采：5	灰	面厚 2.2；边廓宽 1.3。	残
SS 甲 AW 采：6	灰色	底边宽 1.5。	残
SS 甲 AW 采：7	黄褐	面厚 2.5；底边宽 2。	残
SS 甲 AW 采：8	黄褐	面厚 2.8：底边宽 2。	残
SS 甲 AW 采：9	黄褐	面厚 2。	残
SS 甲 AW 采：10	灰色	面厚 2.5；边廓宽 1.5。	残
SS 甲 AW 采：11	黄褐	面厚 2.5。	残
SS 甲 AW 采：12	黄褐	面厚 2.5。	残

位置类型编号（原编号）	颜色	当面规格（厘米）	备　注
SS 甲 AW 采：13	黄褐	面厚 2。	残
SS 甲 AW 采：14	黄褐	面厚 2。	残
SS 甲 AW 采：15	黄褐	面厚 2；边廓宽 2；底边宽 2.2。	残
SS 甲 AW 采：16	灰色	面厚 2.4；底边宽 1.5。	残
SS 甲 AW 采：17	灰色	面厚 2.4。	残
SS 甲 AW 采：18	灰色	面厚 2.4。	残
SS 甲 AW 采：19	灰色	面厚 2。	残
SS 甲 AW 采：20	灰色	面厚 2.5。	残
SS 甲 AW 采：21	灰褐	面厚 2.4；底边宽 2.1。	残
SS 甲 AW 采：22	灰褐	面厚 1.9。	残
SS 甲 AW 采：23	灰褐	身长 70.5；直径 52；高 37；面厚 2.5；边廓宽 2；底边宽 2。	⊙
SS Ⅰ1Y2 甲 BW：1 （Ⅰ1Y11：42）	红褐	直径 57；高 44；面厚 2.8～3.8；边廓宽 2～2.2；底边宽 2。	⊙；图一六；图版一〇，2
SS Ⅰ1Y5 甲 BW：1 （T1812③：1）	灰色	厚 2.7。	卷尾残片；图七六，3；图版七一，4
SS Ⅰ1Y8 甲 BW：1 （T1909③：6）	灰色	厚 2.5。	卷尾残片；图五〇，1；图版四〇，1
SS Ⅰ1Y10 甲 BW：1 （T1509③：1）	红褐	面厚 1.8。	残；图五〇，3；图版四〇，3
SS Ⅱ2 — Y1 甲 BW：1 （T2010③：1）	灰褐	面厚 1.9。	残；图一一〇；图版一一三，4

附表五 石碑地遗址出土乙类 A 型瓦当登记表

位置类型编号① （原编号）	亚型	颜色	规格（厘米）			备 注②
			底边	外廓宽	线高	
SS Ⅰ 1Y2 乙 AW：1（Ⅰ Y11：10）	Aa	灰色		0.7～1	0.9	残
SS Ⅰ 1Y2 乙 AW：2（Ⅰ Y11：1）	Aa	灰色	20	0.7～1.3	0.8	⊙；图七二，3；图版六四，1
SS Ⅰ 1Y6 乙 AW：1（T1510③：4）	Aa	灰色	19	0.6～1.1	0.9	⊙；图一七，2；图版一一，2
SS Ⅰ 1Y6 乙 AW：2（T1510③：100）	Ab	灰色	20.7	1.1		⊙
SS Ⅱ 2 一 Y1 乙 AW：1（Ⅰ Y15：8）	Aa	灰色	19.6	0.6～1.3	0.8	⊙；图一一一，4；图版一一三，1
SS Ⅱ 2 二 Y1 乙 AW：1（TD13：100 临）	Ab	灰色		0.8～1.4	0.7	残
SS Ⅱ 2 三 Y1 乙 AW：1（Ⅱ DY3：2）	Ab	灰色	18	0.6～1	0.7	⊙；图一七，1；图版一一，1
SS Ⅱ 2 三 Y1 乙 AW：2（Ⅱ DY3：7）	Aa	红褐	19.5	0.5～1.1	0.7	⊙
SS Ⅱ 2 三 Y2 乙 AW：1（86SQTE13J2）	Aa	灰色	20.8	0.5～0.9	0.3	⊙
SS Ⅱ 2 三 Y4 乙 AW：1（Ⅱ DY2：139）	Aa	灰色	20	0.6～1.2	0.8	⊙；图版二七八，2
SS Ⅲ 1 一 F2 乙 AW：1（Ⅰ BF2：11）	Aa	灰色	18.8	0.6～1.2	0.8	⊙；图一五四，2；图版一五三，1
SS Ⅲ 1 一 Y1 乙 AW：1（T1411③：18）	Aa	灰色	19	0.6～1.1	0.6	⊙；图一六二，3；图版一五三，4
SS Ⅲ 1 一 Y1 乙 AW：2（T1411③：19）	Ab	灰色		0.6～0.8	0.5	残
SS Ⅲ 1 二 Y1 乙 AW：1（T1111③：8）	Aa	灰色	19	0.5～1.1	0.8	残
SS Ⅲ 1 二 Y1 乙 AW：2（T1111③：9）	Ab	灰色		0.6～1	0.7	残；图一七二，2；图版一六三，1
SS Ⅲ 1 二 Y2 乙 AW：1（T1013③：1）	Aa	灰色		0.5～1.1	0.8	残；图一七七，3；图版一六三，2
SS Ⅲ 2 一 J1 乙 AW：1（94SS Ⅲ F3：4）	Ab	灰色		0.7	0.5	残
SS Ⅴ 西南角门 乙 AW：1（B Ⅰ J28）	Ab	灰色		0.6～1	0.7	残
SS Ⅴ 西南门 乙 AW：2（B Ⅰ T3）	Aa	灰色	19.3	0.8	0.5	⊙
SS 乙 AW 采：1	Aa	灰色		0.4～1.1	0.7	残
SS 乙 AW 采：2	Ab	灰色		0.7	0.5	残

① 新编号中瓦当以符号"W"表示。乙类：半瓦当。A 型：几何纹。Aa：粗线条；Ab：细线条。

② "⊙"表示当面完整或可复原。

附表六 石碑地遗址出土乙类 B 型瓦当登记表

位置类型编号① （原编号）	亚型	线条	颜色	规格（厘米）				备 注②
				底边	缘宽	外圈	内圈	
SSⅠ1Y2乙BW：1（ⅠY11：7）	Ba	粗	红褐	18.2	1.2	15.4	5	⊙□；图七二，4；图版六四，2
SSⅠ1Y2乙BW：2（ⅠY11：8）	Ba	粗	青灰	19		15.5	5.2	⊙；图版二六七，3
SSⅠ1Y2乙BW：3（ⅠY11：11）	Ba	粗	红褐	19.5	1.2	15.8	5.2	⊙□
SSⅠ1Y2乙BW：4（ⅠY11：9）	Ba	细	浅灰	18.5	1	15.5	5.2	⊙
SSⅠ1Y2乙BW：5（ⅠY11：12）	Ba	细	红褐	19.5	1.2	16	5.2	⊙□
SSⅠ1Y2乙BW：6（ⅠY11）	Ba	细	黄褐		0.9			残
SSⅠ1Y7乙BW：1（ⅠY14：2）	Ba	粗	灰褐		1.5		5.5	□■；图七七，1；图版七三，2
SSⅠ2J1乙BW：1（ⅠJ2：28）	Ba	细	黄褐	19.5	1	16.5	5.2	⊙□；图八五，1；图版八三，1
SSⅠ3北乙BW：1（T2408）	Bb	粗	灰褐	18.3	1.2	15.5	5.6	⊙；图九二；图版八九，1
SSⅠ3北乙BW：2（91TA8）	Ba	粗	灰褐		1.6			残
SSⅠ南墙外乙BW：1（T1101③：1）	Ba	细	灰	19.2	1.4	16.5	5.5	⊙；图三九，2；图版三二，2
SSⅡ1乙BW：1（T2813③：5）	Ba	粗	灰	19	1	16.2	4.6	⊙；图一〇〇，2；图版九八，1
SSⅡ1乙BW：2（T2813③：6）	Ba	粗	灰		0.7			残
SSⅡ1乙BW：3（T2813③：10）	Ba	粗	黄褐	19	1.5	15		⊙■
SSⅡ1乙BW：4（T2813③：35）	Ba	粗	黄褐	19	1.5	15.5		⊙
SSⅡ1乙BW：5（T2813③：37）	Ba	粗	灰	18.8	1.5	15.4	5	⊙
SSⅡ1乙BW：6（T2813③：39）	Ba	粗	红褐	18.6	1.2	15.6	5	⊙
SSⅡ1乙BW：7（T2814③：18）	Ba	粗	灰褐	18.6	1.2			■
SSⅡ1乙BW：8（T2814③：21）	Ba	细	灰	19.4	1.2	16.4		⊙□；图一八，3；图版一二，2
SSⅡ1乙BW：9（T2814③：24）	Ba	细	黄褐	19.2	1	16.8	4.6	⊙
SSⅡ1乙BW：10（T2815③：40）	Ba	细	灰	19.2	1.2	16.5	4.5	⊙；图一〇〇，3；图版九八，2
SSⅡ1乙BW：11（T2815③：43）	Ba	细	灰		1.2			■
SSⅡ1乙BW：12（T2815③：44）	Ba	细	红褐	17.6	0.8	15.4		⊙
SSⅡ1乙BW：13（T2815③：31）	Ba	粗	黄褐	19	1	15		■
SSⅡ1乙BW：14（T2816③：4）	Ba	粗	黄褐	19.5	1.5			■
SSⅡ1乙BW：15（T2816③：14）	Ba	粗	黄褐	19	1.2	15.5	5.2	■
SSⅡ1乙BW：16（T2816③：11）	Ba	粗	黄褐	19	1.5	15.5	5.2	⊙
SSⅡ1乙BW：17（T2816③：18）	Ba	粗	黄褐	18.5	1.2	15		⊙
SSⅡ1乙BW：18（T2816③：1）	Ba	细	灰	19	1.2	15.8	4.8	⊙；图一〇〇，4；图版九八，3

① 新编号中瓦当以符号"W"表示。乙类：半瓦当。B型：夹贝卷云纹。Ba：卷云卷曲部分为两周；Bb：卷云卷曲部分为三周。

② "⊙"表示当面完整或可复原；"□"表示瓦身带戳印；"■"表示瓦身完整。

位置类型编号（原编号）	亚型	线条	颜色	规格（厘米）				备　注
				底边	缘宽	外圈	内圈	
SSⅡ1乙BW：19（T2816③：5）	Ba	细	灰	17.8	0.8	15.4		⊙□■；图一〇〇，1；图版九七，3
SSⅡ1乙BW：20（T2816③：7）	Ba	细	黄褐	19.4	1.2	16		⊙■
SSⅡ1乙BW：21（T2816③：10）	Ba	细	灰	17.8	1	15	5.5	⊙■
SSⅡ1乙BW：22（T2816③：12）	Ba	细	灰	17.8	1	15.4	5.2	⊙□
SSⅡ1乙BW：23（T2816③：13）	Ba	细	黄褐	18.6	1.2	15		⊙
SSⅡ1乙BW：24（T2816③：15）	Ba	细	灰	17.6	0.8		5.5	⊙■
SSⅡ1乙BW：25（T2816③：36）	Ba	粗	黄褐	19	1.2	15.5	5.5	⊙□■
SSⅡ1乙BW：26（T2816③：19）	Bb	细	灰	17.5	1			⊙■
SSⅡ1乙BW：27（T2813③：11）	特	细	灰	17.5	1	15.2	5.5	⊙□■；图二〇；图版一四，1
SSⅡ1乙BW：28（T2815③：42）	Aa	细	灰褐		1			残□；图版二七〇，1
SSⅡ1乙BW：29（T2814③：28）	Ba	细	黄褐		1.1	16.6	4.8	残
SSⅡ1乙BW：30（T2815③：38）	Ba	粗	黄褐	19	1.1	15.5	5.1	⊙
SSⅡ1乙BW：31（T2816③：28）	Bb	粗	黄褐		1.1		5.6	残
SSⅡ1乙BW：32（T2816③：100）	Ba	粗	黄褐		1.5			残
SSⅡ1乙BW：33（T2814③：3）	Ba	粗	黄褐	18.8	1.3	15.3	4.9	⊙
SSⅡ1乙BW：34（T2816③：6）	Ba	粗	灰褐	18.7	1.2	15.2	5.1	⊙
SSⅡ1乙BW：35（T2816③：9）	Ba	粗	黄褐	18.8	1.3	15.1	5	⊙
SSⅡ1二Y3乙BW：1（ⅡAY1：2）	Ba	细	红褐	19.5	1	17.5		⊙□；图一〇三，1；图版一〇二，1
SSⅡ1二Y3乙BW：2（ⅡAY1：9）	Ba	细	灰褐	19.2	0.9	16	4.7	⊙
SSⅡ1三Y4乙BW：1（ⅡBY1：4）	Ba	细	灰	19.8	1.2			⊙□
SSⅡ2二J1乙BW：1（ⅡCJ1北：1）	Ba	细	灰褐		1.2		5.5	残；图一二五，3；图版一二四，1
SSⅡ2二J1乙BW：2（ⅡCJ1北：2）	Ba	细	灰		1		5.5	残
SSⅡ2二J1乙BW：3（ⅡCJ1北：5）	Ba	细	黄褐		1.2			残
SSⅡ2三J1乙BW：1（ⅡDJ2东①：4）	Ba	粗	灰	19.5	0.8	17.5	5.5	残■；图一三九，1；图版一三八，3
SSⅡ2三J1乙BW：2（ⅡDJ2东：17）	Ba	粗	灰	18.5	1	17	5.5	⊙
SSⅡ2三J1乙BW：3（ⅡDJ3东100）	Ba	粗	灰	19.4	1.6	16	5.1	⊙□；图一三九，2

① 原将Ⅱ2三J1分为两部分："ⅡDJ2"为Ⅱ2三J1南部较平直的部分；"ⅡDJ3"为Ⅱ2三J1北侧曲尺凸出部分。"ⅡDJ2东"大体相当于Ⅱ2三Y2，"ⅡDJ3东"大体相当于Ⅱ2三Y3。下同。

位置类型编号（原编号）	亚型	线条	颜色	规格（厘米）				备　注
				底边	缘宽	外圈	内圈	
SSⅡ2 三 Y1 乙 BW：1（T1913③：1）	Ba	粗	灰	19.5	0.7	17	5.5	⊙；图一四四，1；图版一四〇，3
SSⅡ2 三 Y1 乙 BW：2（T1913③：2）	Ba	粗	黄褐	19	1.2	15.5	5	⊙
SSⅡ2 三 Y1 乙 BW：3（T1913③：3）	Ba	粗	灰褐	15.2	1.2		5	⊙
SSⅡ2 三 Y1 乙 BW：4（T1913③：100）	Ba	粗	黄褐		1.2			⊙
SSⅡ2 三 Y1 乙 BW：5（T1913③：101）	Ba	粗	灰		1.2			残
SSⅡ2 三 Y1 乙 BW：6（T1913③：102）	Ba	粗	黄褐		1			残
SSⅡ2 三 Y1 乙 BW：7（ⅡDY3：5）	Ba	粗	灰褐	19.5	1.2	16	5.4	残
SSⅡ2 三 Y1 乙 BW：8（ⅡDY3：14）	Ba	粗	灰褐	19.5	1.2	16	5.2	⊙■；图一八，1、2；图版一二，1
SSⅡ2 三 Y1 乙 BW：9（ⅡDY3：21）	Ba	细	灰	19.5	0.8	17	5.5	⊙□
SSⅡ2 三 Y5 乙 BW：1（ⅡDY1：9）	Ba	粗	浅灰	19.6	0.8	17	5.5	⊙□
SSⅡ2 三 Y5 乙 BW：2（ⅡDY1：11）	Ba	粗	浅灰	19.5	1	17	5.2	⊙
SSⅡ2 三 Y5 乙 BW：3（ⅡDY1：12）	Ba	粗	浅灰	19.4	0.8	17	5.2	⊙
SSⅡ2 三 Y5 乙 BW：4（ⅡDY1：10）	Ba	细	青灰	19.5	1	17.2	5.5	⊙□；图一四七，1；图版一四四，4
SSⅡ2 三 Y5 乙 BW：2（ⅡDY2：24）	Ba	粗	灰褐		1.1			残
SSⅢ1 一 F1 乙 BW：1（ⅠBF1：1）	Ba	粗	红褐	17.2	0.8	15.5		⊙□
SSⅢ1 一 F1 乙 BW：2（ⅠBF1：26）	Ba	粗	灰		0.7			残
SSⅢ1 一 F1 乙 BW：3（ⅠBF1：30）	Ba	粗	灰	19	0.8	17	5	⊙
SSⅢ1 一 F1 乙 BW：4（ⅠBF1：31）	Ba	粗	黄褐	19.5	1	17	5	⊙；图一五三，2；图版一五〇，3
SSⅢ1 一 F1 乙 BW：5（ⅠBF1：32）	Ba	粗	灰		1.2			残
SSⅢ1 一 F1 乙 BW：6（ⅠBF1：33）	Ba	粗	灰	19.2	1	16.5	5	⊙
SSⅢ1 一 F1 乙 BW：7（ⅠBF1：35）	Ba	粗	灰		0.8		5.2	残
SSⅢ1 一 F1 乙 BW：8（ⅠBF1：36）	Ba	粗	灰		1		5.5	残
SSⅢ1 一 F1 乙 BW：9（ⅠBF1：100）	Ba	粗	黄褐		0.6			残
SSⅢ1 一 F1 乙 BW：10（ⅠBF1：3）	Ba	细	灰	20	1.5	15.5	5.2	⊙
SSⅢ1 一 F1 乙 BW：11（ⅠBF1：32）	Ba	细	灰					残
SSⅢ1 一 F1 乙 BW：12（ⅠBF1：38）	Ba	细	黄褐			15.5	5.2	⊙
SSⅢ1 一 F1 乙 BW：13（ⅠBF1：37）	Ba	细	黄褐		1.2		5	残
SSⅢ1 一 F1 乙 BW：14（ⅠBF1：39）	Ba	细	黄褐		1.5		5.2	残
SSⅢ1 一 F1 乙 BW：15（ⅠBF1：40）	Ba	细	灰		1			残

位置类型编号（原编号）	亚型	线条	颜色	规格（厘米）				备 注
				底边	缘宽	外圈	内圈	
SSⅢ1—F1乙BW：16（ⅠBF1：34）	Bb	细	黄褐		1.6			残；图版二七四，3
SSⅢ1—F2乙BW：1（ⅠBF2：3）	Ba	粗	灰	19.2	1	17.2	5.2	⊙
SSⅢ1—F2乙BW：2（ⅠBF2：5）	Ba	粗	黄褐	19.5	1	16	5.2	⊙
SSⅢ1—F2乙BW：3（ⅠBF2：6）	Ba	粗	灰褐		1.5			残
SSⅢ1—F2乙BW：4（ⅠBF2：12）	Ba	粗	黄褐		1		5.5	残
SSⅢ1—F2乙BW：5（ⅠBF2：14）	Ba	粗	灰	19.5	0.7	17	5.2	⊙；图版二七六，1
SSⅢ1—F2乙BW：6（ⅠBF2：4）	Ba	细	灰	19.2	1.2	16.2	5	残
SSⅢ1—F2乙BW：7（ⅠBF2：10）	Ba	细	灰褐		1		5	残
SSⅢ1—F2乙BW：8（ⅠBF2：15）	Ba	细	黄褐	19.2	1	16.5	5	⊙
SSⅢ1—F2乙BW：9（ⅠBF2：20）	Ba	细	黄褐	19.7	1	17	5.2	⊙□
SSⅢ1—F2乙BW：10（ⅠBF2：21）	Ba	细	灰褐	19.2	1	16.2	4.5	⊙
SSⅢ1—F2乙BW：11（ⅠBF2：22）	Ba	细	灰	19.2	1.2	16.5	4.5	⊙
SSⅢ1—F2乙BW：12（ⅠBF2：23）	Ba	细	灰褐	19.5	1	16.6	6.2	残
SSⅢ1—F2乙BW：13（ⅠBF2：24）	Ba	细	黄褐		1.2		5	⊙；图一五四，3；图版一五一，4
SSⅢ1—F2乙BW：14（ⅠBF2：25）	Ba	细	灰褐	19.5	1	16.2	4.6	⊙
SSⅢ1—F2乙BW：15（ⅠBF2：26）	Ba	细	灰褐	19.2	1	16.6	5	⊙
SSⅢ1—F2乙BW：16（ⅠBF2：27）	Ba	细	黄褐		1			残
SSⅢ1—F2乙BW：17（ⅠBF2：28）	Ba	细	灰褐	19.5	1	16.6	5	⊙
SSⅢ1—F2乙BW：18（ⅠBF2：29）	Ba	细	黄褐	19.6	1.2	15.7	5.5	⊙
SSⅢ1—F2乙BW：19（ⅠBF2：103）	Ba	细	红褐					残
SSⅢ1—F2乙BW：20（ⅠBF2：1）	Bb	粗	灰	19.6	1	17	5.5	⊙；图一九，1；图版一三，1
SSⅢ1—F2乙BW：21（ⅠBF2：19）	Bb	粗	灰			17.2	5.5	残
SSⅢ1—Y1乙BW：1（ⅢY1：8）	Ba	粗	灰	19	0.8	17	5.5	⊙□；图一六二，4；图版一五四，1
SSⅢ1二F2乙BW：1（T1112ⅢF2：2）	Ba	粗	黄褐	20	1.5	16	5.5	⊙；图版二七七，2
SSⅢ1二Y1乙BW：1（T1111③：2）	Ba	粗	灰褐	19.5	1.2	16	5.2	⊙
SSⅢ1二Y1乙BW：2（T1111③：3）	Ba	粗	灰	19.7	0.8	17.2	5.4	⊙□；图一七一；图版一六三，4
SSⅢ1二Y1乙BW：3（T1211③：2）	Ba	粗	灰褐	19	1.2	16	5.5	⊙□■；图版二七七，3
SSⅢ1二Y1乙BW：4（T1211③：100）	Ba	粗	灰褐		1.2			残
SSⅢ1二Y2乙BW：1（T0911③：4）	Ba	粗	黄褐	19.2	1.5	15.6	5	⊙；图一七七，2；图版一六九，2
SSⅢ1二Y2乙BW：2（T0911③：5）	Ba	粗	灰	19	0.5	16.8	5.2	⊙
SSⅢ1二Y2乙BW：3（T1014③：2）	Ba	细	灰		1.2		4.8	残

位置类型编号（原编号）	亚型	线条	颜色	规格（厘米）				备　注
				底边	缘宽	外圈	内圈	
SSⅢ1 二 Y2 乙 BW：4（T1014③：1）	Ba	粗	灰褐	19.6	1.1	17.3	5.6	⊙
SSⅢ2 一 Y1 乙 BW：1（ⅢB 北门：1）	Ba	粗	灰	19	1	17	5.2	⊙；图一八一，1；图版一六七，2
SSⅢ2 二 Y2 乙 BW：1（Ⅲ2 北墙外：1）	Ba	粗	黄褐	19.8	1.4	16.5	5.5	⊙；图一八四，2；图版一六八，1
SSⅢ2 三 Y1 乙 BW：1（T1114③：1）	Ba	细	黄褐	19.8	0.8	17.2	5.5	⊙
SSⅢ2 三 Y1 乙 BW：2（T1114③：2）	Ba	细	灰	19.5	1	16.5	4.5	⊙；图一八七；图版一六八，3
SSⅤ 西南门乙 BW：1（BⅠJ2：2）	Bb	细	灰	18.8	1.2	15.8	5.5	⊙；图一九，2；图版一三，2
SSⅤ 西南门乙 BW：2（BⅠJ2：4）	Bb	细	灰	19.4	1.5	15.8	5.4	⊙；图二〇三，4；图版一七七，4
SSⅤ 西南门乙 BW：3（BⅠJ2：5）	Bb	细	灰	19	1.2	15.5	5.5	⊙
SS 乙 BW 采：1	Ba	粗	灰	19.5	0.8	17	5.5	⊙
SS 乙 BW 采：2	Ba	粗	灰	18.8	0.8	17	5.5	⊙
SS 乙 BW 采：3	Ba	粗	黄褐	18.6	1.2	15.4	5	⊙
SS 乙 BW 采：4	Ba	细	灰褐	18.6	1		5.2	⊙
SS 乙 BW 采：5	Ba	细	红褐	19.5	1	16.5	4.8	⊙
SS 乙 BW 采：6	Ba	细	灰				5	残
SS 乙 BW 采：7	Ba	细	黄褐	18.7	0.8	15.5	5	⊙
SS 乙 BW 采：8	Bb	粗	灰	18.8	1	16	5.4	⊙
SS 乙 B 采：9（采：117）	Ba	细	灰褐	17.9	1.2	15.7	5.7	残
SS 乙 B 采：10（采：118）	Ba	粗	灰褐		1		5.4	残
SS 乙 B 采：11（采：119）	Ba	粗	灰褐		1.2			残

附表七　石碑地遗址出土丙类 A 型瓦当登记表

位置类型编号①　（原编号）	亚型	线条	颜色	规格（厘米）				备　注②
				面径	边轮	外圈	内圈	
SSⅠ1J3 丙 AW：1（ⅠY1：6）	Aa	细	灰褐	18.2	1.3	15.6	5.3	⊙□；图五六；图版四七，1
SSⅠ1J3 丙 AW：2（ⅠY1：W1）	Aa	细	黄褐	17	1.2	14.2	4.6	⊙
SSⅠ1Y2 丙 AW：1（Ⅰ1Y11：1）	Aa	细	红褐	18.2	1.4	15	5.4	⊙
SSⅠ1Y2 丙 AW：2（Ⅰ1Y11：3）	Aa	细	红褐	19	1	15.7	5.4	⊙
SSⅠ1Y2 丙 AW：3（Ⅰ1Y11：W1）	Aa	细	红褐	17.5	0.8	14.8	5.4	⊙；图七二，2；图版六五，1
SSⅠ1Y2 丙 AW：4（Ⅰ1Y11：W2）	Aa	细	灰褐	18.2	1	15.4	5.7	⊙
SSⅠ1Y2 丙 AW：5（Ⅰ1Y11：2）	Aa	粗	灰褐	18		14.6	4.8	⊙
SSⅠ1Y2 丙 AW：6（Ⅰ1Y11：4）	Aa	粗	红褐	17.2	1	14.2	4.8	⊙
SSⅠ1Y2 丙 AW：7（Ⅰ1Y11：5）	Aa	粗	黄褐	17.5	0.8～1	14.5	4.8	⊙；图二一，1；图版一四，2
SSⅠ1Y2 丙 AW：8（Ⅰ1Y11：6）	Aa	粗	红褐		1.2			残
SSⅠ1Y2 丙 AW：9（Ⅰ1Y11：31）	Ab	细	黄褐	19.8	1.6	16	5.5	⊙
SSⅠ1Y2 丙 AW：10（Ⅰ1Y11：W3）	Aa	细	灰褐	17.8	1.3			残
SSⅠ1Y2 丙 AW：11（Ⅰ1Y11：W4）	Aa	细	黄褐		0.9			残
SSⅠ1Y2 丙 AW：12（Ⅰ1Y11：W5）	Aa	细	黄褐		1.3			残
SSⅠ1Y2 丙 AW：13（Ⅰ1Y11：W6）	Aa	粗	黄褐		0.9			残
SSⅠ1Y2 丙 AW：14（Ⅰ1Y11：W7）	Aa	细	灰褐	17.9	0.9		4.9	残
SSⅠ1Y2 丙 AW：15（Ⅰ1Y11：W8）	Aa	细	黄褐		1.4			残
SSⅠ1Y3 丙 AW：1（ⅠY5：2）	Aa	细	黄褐	18	1.2	15	5.5	⊙
SSⅠ1Y3 丙 AW：2（ⅠY5：3）	Aa	细	黄褐	18.2	1.3	15.1	5.2	⊙；图七四，1；图版七一，1
SSⅠ1Y3 丙 AW：3（ⅠY5：5）	Aa	细	红褐	19.4	1	16.2	5.5	⊙
SSⅠ1Y3 丙 AW：4（ⅠY5：11）	Aa	细	灰褐		1.1		5	残
SSⅠ1Y3 丙 AW：5（ⅠY5：13）	Ab	细	黄褐	17.8	1	14.6	4.8	⊙
SSⅠ1Y3 丙 AW：6（ⅠY5：31）	Ab	细	黄褐	19.8	1.6	16	5.5	⊙
SSⅠ1Y5 丙 AW：1（ⅠY12：1）	Aa	细	灰褐	18	0.7	15.2	5.4	⊙
SSⅠ1Y5 丙 AW：2（ⅠY12：5）	Aa	细	灰褐	18.5	1	15.6	5.2	⊙；图七六，1；图版七一，3
SSⅠ1Y5 丙 AW：3（T1811③：2）	Aa	粗	灰褐	19.5	1	16.6	5.5	⊙□
SSⅠ1Y6 丙 AW：1（T1510③：1）	Aa	细	灰褐	17.6	0.8～1	15	5.5	⊙；图二一，2；图版一五，1
SSⅠ1Y6 丙 AW：2（T1510③：2）	Aa	细	灰褐	18	1	15.2	5.5	⊙□；图版二六八，3
SSⅠ1Y6 丙 AW：3（T1510③：3）	Aa	细	黄褐		0.8			残□
SSⅠ1Y6 丙 AW：4（T1510③：7）	Aa	细	灰褐		1		5	残
SSⅠ1Y7 丙 AW：1（ⅠY14：1）	Aa	细	灰褐	17.6	1.2	14.4	4.8	⊙；图七七，2；图版七四，1

①　新编号中瓦当以符号"W"表示。丙类：圆瓦当。A 型：夹贝卷云纹。Aa：卷云卷曲部分为两周；Ab：卷云卷曲部分为三周。

②　"⊙"表示当面完整或可复原；"□"表示瓦身带戳印；"■"表示瓦身完整。

位置类型编号（原编号）	亚型	线条	颜色	规格（厘米）				备　注
				面径	边轮	外圈	内圈	
SSⅠ1Y7丙AW：2（ⅠY14：3）	Aa	细	灰褐		1			残
SSⅠ1Y7丙AW：3（ⅠY14：4）	Aa	细	灰	19.5	1	16.5	5	⊙
SSⅠ1Y7丙AW：4（ⅠY14：5）	Aa	细	红褐	19.2	1	16.7	4.8	⊙
SSⅠ1Y7丙AW：5（ⅠY14：6）	Aa	粗	红褐	19.2	1.4	15.8	5.5	⊙
SSⅠ1L1丙AW：1（T1709③：W1）	Aa	细	红褐	17.6	1	15.2	5.6	⊙；图七八；图版七四，2
SSⅠ2J1东丙AW：1（ⅠJ2：2）	Aa	细	黄褐	20.2	1.1	16.2	5.6	⊙
SSⅠ2J1东丙AW：2（ⅠJ2：3）	Aa	细	灰褐	19.5	1	16.3	4.9	⊙
SSⅠ2J1东丙AW：3（ⅠJ2：8）	Aa	细	灰褐	19.2	1.1	16.2	5.5	⊙
SSⅠ2J1东丙AW：4（ⅠJ2：10）	Aa	细	黄褐	19	1.2	16.6	5.4	⊙
SSⅠ2J1东丙AW：5（ⅠJ2：16）	Aa	细	红褐	18.2	0.8	15.2	6	⊙
SSⅠ2J1东丙AW：6（ⅠJ2：19）	Aa	细	灰褐		1.5			残
SSⅠ2J1东丙AW：7（ⅠJ2：22）	Aa	细	灰褐	19.4	1	16.8	5	⊙
SSⅠ2J1东丙AW：8（ⅠJ2：25）	Aa	细	黄褐	18.8	1	14.6	5.6	⊙
SSⅠ2J1东丙AW：9（ⅠJ2：27）	Aa	细	黄褐	17.5	1.4	14.2	4.8	⊙；图八五，4；图版八二，3
SSⅠ2J1东丙AW：10（ⅠJ2：31）	Aa	细	黄褐	19.2	1	15.8	5.4	⊙■；图八五，2；图版八二，2
SSⅠ2J1东丙AW：11（ⅠJ2：32）	Aa	细	灰褐	18	0.7			残
SSⅠ2J1东丙AW：12（ⅠJ2：4）	Aa	粗	灰		1.2	16	5.5	⊙
SSⅠ2J1东丙AW：13（9ⅠJ2：6）	Aa	粗	灰		1.2			残
SSⅠ2J1东丙AW：14（ⅠJ2：9）	Aa	粗	灰褐	19.8	1.2	16.5	5.5	⊙
SSⅠ2J1东丙AW：15（ⅠJ2：1）	Aa	粗	红褐		0.8			残
SSⅠ2J1东丙AW：16（ⅠJ2：12）	Aa	粗	灰褐		1			残
SSⅠ2J1东丙AW：17（ⅠJ2：14）	Aa	粗	灰褐		1.3			残
SSⅠ2J1东丙AW：18（ⅠJ2：15）	Aa	粗	黄褐	18.5	1	15.8	5.5	⊙
SSⅠ2J1东丙AW：19（ⅠJ2：17）	Aa	粗	黄褐	18.2	0.8～1	15.5	5	⊙
SSⅠ2J1东丙AW：20（ⅠJ2：18）	Aa	粗	灰褐	18.6	1	15.6	5	⊙
SSⅠ2J1东丙AW：21（ⅠJ2：20）	Aa	粗	黄褐	18	1	15.5	5.5	⊙
SSⅠ2J1东丙AW：22（ⅠJ2：21）	Aa	粗	灰褐		1.2			残
SSⅠ2J1东丙AW：23（ⅠJ2：23）	Aa	粗	黄褐	18.2	1	15.4	5	残
SSⅠ2J1东丙AW：24（ⅠJ2：24）	Aa	粗	灰褐	19.4	1.2	16.2	5.5	⊙
SSⅠ2J1东丙AW：31（ⅠJ2：30）	Aa	粗	灰褐	20	1.3	16.5	5.2	⊙■；图八三
SSⅠ2J1东丙AW：32（ⅠJ2东：29）	Aa	粗	黄褐	17.9	1.2	15	5.2	⊙
SSⅠ2J1东丙AW：25（ⅠJ2：1）	Ab	细	灰		1			■

位置类型编号（原编号）	亚型	线条	颜色	规格（厘米）				备　注
				面径	边轮	外圈	内圈	
SS Ⅰ 2J1 东丙 AW：26（Ⅰ J2：5）	Ab	细	灰褐	19	0.8	16.4	5	⊙
SS Ⅰ 2J1 东丙 AW：27（Ⅰ J2：7）	Ab	细	黄褐		1			残
SS Ⅰ 2J1 东丙 AW：28（Ⅰ J2：13）	Ab	细	灰		1			残
SS Ⅰ 2J1 东丙 AW：29（Ⅰ J2：11）	Ab	粗	灰	19.2	1	16.2	5.5	⊙
SS Ⅰ 2J1 东丙 AW：30（Ⅰ J2 东：26）	Ac	细	灰	19.8	1.5	15.6	5	⊙□；图二二，3；图版一六，2
SS Ⅰ 2 门东丙 AW：1（Ⅰ J2m：1）	Aa	细	灰褐	19.8	1.4			图八七；图版八五，2
SS Ⅰ 2 门东丙 AW：2（Ⅰ J2m：4）	Aa	细	灰褐	18.2	1.2	15.5	5.6	⊙
SS Ⅰ 2 门东丙 AW：3（Ⅰ J2m：3）	Aa	细	黄褐		1			残
SS Ⅰ 2 门东丙 AW：4（Ⅰ J2m：2）	Aa	细	灰褐	20.5	0.9	17.2	5.6	⊙
SS Ⅰ 2 北廊丙 AW：1（Ⅰ北廊：5）	Aa	细	灰褐	17.8	1.1	15	5	⊙；图八九，2；图版八七，1
SS Ⅰ 2 北廊丙 AW：2（Ⅰ北廊：4）	Aa	粗	灰褐	19.8	1.2	16.2	5.5	⊙；图八九，1；图版八七，2
SS Ⅰ 2 北廊丙 AW：3（Ⅰ北廊：1）	Ab	细	灰褐	18.4	1.4	14.8	4.8	⊙
SS Ⅰ 2 北廊丙 AW：4（Ⅰ北廊：2）	Ab	粗	灰褐	19.2	1.2	16.2	5.5	⊙
SS Ⅰ 2 北廊丙 AW：5（Ⅰ北廊：3）	Ab	粗	灰褐	18.6	1	15.8	5.5	⊙
SS Ⅰ 3 北部丙 AW：1（91SSTA8③）丙 AW：1）	Aa	粗	灰褐	20	1.1	17.2	5.3	⊙
SS Ⅱ 1 丙 AW：1（T2814③）：23）	Aa	细	灰褐		1			残
SS Ⅱ 1 二 Y3 丙 AW：1（Ⅱ AY1：5）	Aa	细	黄褐	18.2	1.1	15.6	5	⊙；图一〇三，2；图版一〇二，2
SS Ⅱ 1 二 Y3 丙 AW：2（Ⅱ AY1：6）	Aa	细	灰褐	18.2	1.1	15.2	5.6	⊙
SS Ⅱ 1 二 Y3 丙 AW：3（Ⅱ AY1：1）	Aa	粗	红褐	19	1	15.8	5	⊙
SS Ⅱ 1 二 Y3 丙 AW：4（Ⅱ AY1：3）	Ab	细	灰	17.4	1	14.6	5.4	⊙
SS Ⅱ 1 二 Y3 丙 AW：5（Ⅱ AY1：4）	Ab	细	灰	18.2	1	15.2	5.5	⊙；图二二，2；图版一六，1
SS Ⅱ 1 二 Y3 丙 AW：6（Ⅱ AY1：7）	Ab	细	灰褐	18.2	1.4	14.8	5.2	⊙
SS Ⅱ 1 三 Y4 丙 AW：1（Ⅱ BY1：5）	Aa	细	灰褐	18.5	1.3	15.4	5.6	⊙
SS Ⅱ 1 三 Y4 丙 AW：2（Ⅱ BY1：8）	Aa	细	黄褐	17.6	1	14.6	4.6	⊙
SS Ⅱ 1 三 Y4 丙 AW：3（Ⅱ BY1：9）	Aa	细	灰褐	17.6	1	14.8	4.8	⊙；图一〇六；图版一〇九，1
SS Ⅱ 1 三 Y4 丙 AW：4（Ⅱ BY1：7）	Aa	粗	黄褐		1.2			残
SS Ⅱ 2 一 Y2 丙 AW：1（Ⅰ Y15：1）	Aa	细	黄褐	17	1	14.6	4.5	⊙；图一一一，1；图版一一三，2
SS Ⅱ 2 一 Y1 丙 AW：2（Ⅰ Y15：3）	Aa	细	灰褐	17.8	1.2	15	5.2	⊙
SS Ⅱ 2 一 Y1 丙 AW：3（Ⅰ Y15：4）	Aa	细	灰	16.6	1	14.3	4.8	⊙
SS Ⅱ 2 一 Y1 丙 AW：4（Ⅰ Y15：6）	Aa	细	黄褐	17.5	1.1	15.4	5	⊙

位置类型编号（原编号）	亚型	线条	颜色	规格（厘米）				备　注
				面径	边轮	外圈	内圈	
SSⅡ2一Y1丙AW：5（ⅠY15：7）	Aa	细	灰褐	17.2	0.9	15.2	4.9	⊙
SSⅡ2一Y1丙AW：6（ⅠY15：15）	Aa	细	红褐	18.2	1	15.3	5.4	⊙□
SSⅡ2一Y1丙AW：7（ⅠY15：71）	Aa	细	灰黑	18.4	1.1	15.5	5	⊙
SSⅡ2一Y1丙AW：8（ⅠY15：10）	Ab	细	灰		1			残
SSⅡ2一Y1丙AW：9（ⅠY15：18）	Ab	细	灰褐	18.5	1	15.5	5.2	⊙
SSⅡ2一Y1丙AW：10（ⅠY15：5）	Ab	粗	黄褐	18.2	1	15.2	5.6	⊙
SSⅡ2一Y1丙AW：11（ⅠY15：14）	Ab	粗	灰褐	18.2	1	15.6	5.6	⊙
SSⅡ2一Y2丙AW：1（T2012：1）	Aa	细	灰褐	20	1	17.2	5.2	⊙；图一一三；图版一一四，2
SSⅡ2二J1丙AW：1（T2114③北井：2）	Aa	粗	红褐	19.2	1	16	5.2	⊙
SSⅡ2二Y1丙AW：1（ⅡCJ1南6）	Aa	细	灰褐	17.8	0.9	15.4	5	⊙□■
SSⅡ2二Y1丙AW：2（ⅡCJ1南7）	Aa	细	黄褐	17.5	0.9	15	5	⊙□■
SSⅡ2二Y1丙AW：3（ⅡCJ1南8）	Aa	细	灰褐	18	1	15.5	5	⊙■；图一二五，1；图版一二二，2
SSⅡ2二Y1丙AW：4（ⅡCJ1南9）	Aa	细	黄褐	18	0.7	15.2	4.8	⊙■
SSⅡ2二Y4丙AW：1（ⅡCJ1北4）	Aa	细	黄褐	17.8	0.8	15	4.9	⊙；图一二五，2；图版一二三，1
SSⅡ2二Y4丙AW：2（ⅡCJ1北3）	Aa	粗	灰	17.5	1	14.6	5	⊙
SSⅡ2三J1丙AW：3（ⅡDJ2：5）	Aa	细	黄褐	18.4	1.3	15.2	4.9	⊙
SSⅡ2三J1丙AW：4（ⅡDJ2：6）	Aa	细	黄褐	17	0.9	14.8	5.1	⊙；图一三九，3；图版一三八，4
SSⅡ2三J1丙AW：5（ⅡDJ2：9）	Aa	细	灰褐	19.6	1.2	16.6	4.8	⊙
SSⅡ2三J1丙AW：6（ⅡDJ2：10）	Aa	细	灰褐	18.5	1	15.4	5.4	⊙
SSⅡ2三J1丙AW：7（ⅡDJ2：11）	Aa	细	黄褐				5.2	残
SSⅡ2三J1丙AW：8（ⅡDJ2：12）	Aa	细	灰褐		1	14.8	5.4	⊙
SSⅡ2三J1丙AW：9（ⅡDJ2：13）	Aa	细	黄褐	19	1.6	15.6	5.2	⊙
SSⅡ2三J1丙AW：10（ⅡDJ2：16）	Aa	细	黄褐	18	1	14.8	5.2	⊙
SSⅡ2三J1丙AW：11（ⅡDJ2：23）	Aa	细	黄褐	19.8	1.2	15.8	5.2	⊙
SSⅡ2三J1丙AW：12（ⅡDJ2）	Aa	细	灰褐		0.8			残
SSⅡ2三J1丙AW：13（ⅡDJ2）	Aa	细	灰褐	17.6	1	14.8		⊙
SSⅡ2三J1丙AW：14（ⅡDJ2）	Aa	细	灰褐		1			残
SSⅡ2三J1丙AW：15（ⅡDJ2）	Aa	细	灰褐		1.2			残
SSⅡ2三J1丙AW：16（ⅡDJ2）	Aa	细	黄褐		1			残
SSⅡ2三J1丙AW：17（ⅡDJ2）	Aa	细	灰褐		0.8			残

位置类型编号（原编号）	亚型	线条	颜色	规格（厘米）				备　注
				面径	边轮	外圈	内圈	
SS Ⅱ2 三 J1 丙 AW：18（ⅡDJ2）	Aa	细	灰褐		1.2			残
SS Ⅱ2 三 J1 丙 AW：19（ⅡDJ2）	Aa	细	黄褐	18.6	1	15.5	5.2	⊙
SS Ⅱ2 三 J1 丙 AW：20（ⅡDJ2：8）	Aa	粗	灰	19.4	1.4	15.6	5.5	⊙
SS Ⅱ2 三 J1 丙 AW：21（ⅡDJ2：22）	Aa	粗	灰褐	19	1.2	15.4	5.5	⊙
SS Ⅱ2 三 J1 丙 AW：22（ⅡDJ2：36）	Aa	粗	灰	17.6	1	15	5	⊙
SS Ⅱ2 三 J1 丙 AW：23（ⅡDJ2：7）	Ab	细	灰	18.4	1	14.8	5	⊙
SS Ⅱ2 三 J1 丙 AW：24（ⅡDJ2：35）	Ab	细	灰褐	18.4	1	15.5	5.5	⊙；图版二七一，1
SS Ⅱ2 三 J1 丙 AW：25（ⅡDJ2）	Ab	细	灰褐		0.8			残。
SS Ⅱ2 三 J1 丙 AW：26（ⅡDJ2：14）	Ab	粗	灰褐	19.8	1.5	16	5.5	⊙
SS Ⅱ2 三 J1 丙 AW：1（ⅡDJ3：3）	Aa	细	灰褐	18.4	1.4	15.5	5	⊙；图一三九，4；图版一三八，2
SS Ⅱ2 三 J1 丙 AW：2（ⅡDJ3：4）	Aa	细	黄褐	17.6	0.9	14.4	4.9	⊙
SS Ⅱ2 三 Y1 丙 AW：1（T1913③：4）	Aa	细	灰褐	20	0.5	17	5	⊙□；图一四四，3；图版一四一，1
SS Ⅱ2 三 Y1 丙 AW：2（T1913③：5）	Aa	细	黄褐	17	1	14.2	5	⊙；图版二六九，3
SS Ⅱ2 三 Y1 丙 AW：3（T1913③：6）	Aa	细	灰褐	18.2	1.2	15	5	⊙
SS Ⅱ2 三 Y1 丙 AW：4（T1913③：7）	Aa	细	黄褐		1	16.5	5	残
SS Ⅱ2 三 Y1 丙 AW：5（T1913③：8）	Aa	细	灰褐		1			残
SS Ⅱ2 三 Y1 丙 AW：6（T1913③：13）	Aa	细	黄褐		0.9			残
SS Ⅱ2 三 Y1 丙 AW：7（T1913③：15）	Aa	细	灰褐		1			残
SS Ⅱ2 三 Y1 丙 AW：8（T1913③：16）	Aa	细	灰褐		1			残
SS Ⅱ2 三 Y1 丙 AW：9（T1913③：17）	Aa	细	灰褐		1			残
SS Ⅱ2 三 Y1 丙 AW：10（T1913③：18）	Aa	细	红褐		1			残
SS Ⅱ2 三 Y1 丙 AW：11（T1913③：19）	Aa	细	灰褐		1			残
SS Ⅱ2 三 Y1 丙 AW：12（T1913③：20）	Aa	细	灰褐		0.8			残
SS Ⅱ2 三 Y1 丙 AW：13（T1913③：21）	Aa	细	灰褐		0.8			残
SS Ⅱ2 三 Y1 丙 AW：14（T1913③：22）	Aa	细	灰褐		1			残
SS Ⅱ2 三 Y1 丙 AW：15（T1913③：23）	Aa	细	黄褐		1			残
SS Ⅱ2 三 Y1 丙 AW：16（T1913③：24）	Aa	细	灰褐					残
SS Ⅱ2 三 Y1 丙 AW：17（T1913③：25）	Aa	细	灰褐					残
SS Ⅱ2 三 Y1 丙 AW：18（ⅡDY3：8）	Aa	细	黄褐	17	1	14.6	5	⊙▬
SS Ⅱ2 三 Y1 丙 AW：19（ⅡDY3：13）	Aa	细	灰黑	18.2	1.3	15.2	4.8	⊙□
SS Ⅱ2 三 Y1 丙 AW：20（ⅡDY3：14）	Aa	细	灰褐	18.2	0.9	15.5	5.6	⊙□

位置类型编号（原编号）	亚型	线条	颜色	规格（厘米）				备 注
				面径	边轮	外圈	内圈	
SS Ⅱ 2 三 Y1 丙 AW：21（Ⅱ DY3：15）	Aa	细	黄褐	18.4	0.9	15.6		⊙□
SS Ⅱ 2 三 Y1 丙 AW：22（Ⅱ DY3：16）	Aa	细	灰黑	18	1	15.4	5	⊙▰；图版二七〇，3
SS Ⅱ 2 三 Y1 丙 AW：23（Ⅱ DY3：17）	Aa	细	黄褐	18.6	1.1	15.6	5	⊙
SS Ⅱ 2 三 Y1 丙 AW：24（Ⅱ DY3：18）	Aa	细	灰黑		1			残▰
SS Ⅱ 2 三 Y1 丙 AW：25（Ⅱ DY3：19）	Aa	细	黄褐	18.6	1	15.4	4.9	⊙
SS Ⅱ 2 三 Y1 丙 AW：26（Ⅱ DY3：27）	Aa	细	灰黑		0.8			残
SS Ⅱ 2 三 Y1 丙 AW：27（Ⅱ DY3：29）	Aa	细	灰黑	17.4	1	14.6	4.8	⊙▬
SS Ⅱ 2 三 Y1 丙 AW：28（Ⅱ DY3：30）	Aa	细	黄褐		0.7			残□
SS Ⅱ 2 三 Y1 丙 AW：29（Ⅱ DY3：31）	Aa	细	黄褐	17.2	0.8			残
SS Ⅱ 2 三 Y1 丙 AW：30（Ⅱ DY3）	Aa	细	黄褐	19	1.4	15.8	5.2	⊙
SS Ⅱ 2 三 Y1 丙 AW：31（Ⅱ DY3：9）	Aa	粗	黄褐	17.8	1	14.8	4.8	⊙
SS Ⅱ 2 三 Y1 丙 AW：32（Ⅱ DY3：1）	Ab	粗	灰褐	18.5	1	15.5	5.5	⊙
SS Ⅱ 2 三 Y1 丙 AW：33（Ⅱ DY3：12）	Ab	粗	灰	18	0.8	15.6	5.6	⊙；图二二，1；图版一五，2
SS Ⅱ 2 三 Y1 丙 AW：34（Ⅱ DY3：20）	Ab	粗	灰	18	0.8	15.6	5.6	⊙
SS Ⅱ 2 三 Y1 丙 AW：35（Ⅱ DY3：10）	Ab	粗	灰褐	17.8	1	15.4	5.6	⊙□
SS Ⅱ 2 三 Y1 丙 AW：36（Ⅱ DY3：3）	Ab	粗	灰	18.2	1	15.5	5.6	⊙
SS Ⅱ 2 三 Y1 丙 AW：37（Ⅱ DY3：24）	Ab	粗	灰	18.6	1	15.6	5.6	⊙
SS Ⅱ 2 三 Y1 丙 AW：38（Ⅱ DY3：4）	Ab	粗	灰	18	1	15.2	5.6	⊙
SS Ⅱ 2 三 Y2 丙 AW：1（T2013③：2）	Aa	细	黄褐	20	1.1	17	5.2	⊙；图版二七三，2
SS Ⅱ 2 三 Y2 丙 AW：2（T2013③：3）	Aa	细	灰		1		5	残
SS Ⅱ 2 三 Y2 丙 AW：3（T2013③：5）	Aa	细	灰褐		1			残
SS Ⅱ 2 三 Y2 丙 AW：4（T2013③）	Aa	细	灰褐		1.2			残
SS Ⅱ 2 三 Y2 丙 AW：5（T2013③）	Aa	细	黄褐		1			残
SS Ⅱ 2 三 Y2 丙 AW：6（T2013③：4）	Ab	细	灰	18.8	1.2	15.5	5	⊙
SS Ⅱ 2 三 Y3 丙 AW：1（T2014③北井：11）	Aa	细	红褐	18.2	1	15.5	5.5	⊙；图版二七三，3
SS Ⅱ 2 三 Y4 丙 AW：1（Ⅱ DY2：1）	Aa	细	灰黑	17.6	0.9	15.2	5.4	⊙
SS Ⅱ 2 三 Y4 丙 AW：2（Ⅱ DY2：3）	Aa	细	灰	18.8	1	16	5	⊙
SS Ⅱ 2 三 Y4 丙 AW：3（Ⅱ DY2：4）	Aa	细	灰褐	20	1.5	16.4	6	⊙▬
SS Ⅱ 2 三 Y4 丙 AW：4（Ⅱ DY2：6）	Aa	细	灰褐	19.6	1.7	16.6		⊙
SS Ⅱ 2 三 Y4 丙 AW：5（Ⅱ DY2：7）	Aa	细	黄褐	20.6	1.2	17.2	5.6	⊙
SS Ⅱ 2 三 Y4 丙 AW：6（Ⅱ DY2：8）	Aa	细	灰褐	19	1.1	15.8	4.6	⊙□

位置类型编号（原编号）	亚型	线条	颜色	规格（厘米）				备 注
				面径	边轮	外圈	内圈	
SS Ⅱ 2 三 Y4 丙 AW：7（ⅡDY2：9）	Aa	细	灰褐		1.1		5.2	残
SS Ⅱ 2 三 Y4 丙 AW：8（ⅡDY2：10）	Aa	细	灰褐		1.1			残
SS Ⅱ 2 三 Y4 丙 AW：9（ⅡDY2：14）	Aa	细	灰褐	19.4	1.1	16.6	5.2	⊙□；图一四五，1；图版一四二，1
SS Ⅱ 2 三 Y4 丙 AW：10（ⅡDY2：16）	Aa	细	黄褐	19.8	1.2	17.2	5.5	⊙
SS Ⅱ 2 三 Y4 丙 AW：11（ⅡDY2：21）	Aa	细	灰褐		1			残
SS Ⅱ 2 三 Y4 丙 AW：12（ⅡDY2：22）	Aa	细	灰黑		0.8			残
SS Ⅱ 2 三 Y4 丙 AW：13（ⅡDY2：23）	Aa	细	灰褐				5.4	残
SS Ⅱ 2 三 Y4 丙 AW：14（ⅡDY2）	Aa	细	灰褐		1.1			残
SS Ⅱ 2 三 Y4 丙 AW：15（ⅡDY2）	Aa	细	灰褐		0.8			残
SS Ⅱ 2 三 Y4 丙 AW：16（ⅡDY2）	Aa	细	灰褐		1.1			残
SS Ⅱ 2 三 Y4 丙 AW：17（ⅡDY2）	Aa	细	黄褐		1.2			残
SS Ⅱ 2 三 Y4 丙 AW：18（ⅡDY2）	Aa	细	灰褐				5.6	残
SS Ⅱ 2 三 Y4 丙 AW：19（ⅡDY2）	Aa	细	灰褐		1			残
SS Ⅱ 2 三 Y4 丙 AW：20（ⅡDY2：5）	Aa	粗	黄褐	20.2	1	17.2	5.5	⊙
SS Ⅱ 2 三 Y4 丙 AW：21（ⅡDY2：3）	Ab	细	灰	17.4	1	14.6	5.4	⊙
SS Ⅱ 2 三 Y4 丙 AW：22（ⅡDY2：4）	Ab	细	灰	18.2	1	15.2	5.5	⊙□
SS Ⅱ 2 三 Y4 丙 AW：23（ⅡDY2：7）	Ab	细	灰	18.2	1.4	14.8	5.2	⊙□
SS Ⅱ 2 三 Y4 丙 AW：24（ⅡDY2：15）	Ab	细	灰	19	1	16.8	5	⊙
SS Ⅱ 2 三 Y4 丙 AW：25（SQTF13）	Aa	细	灰褐	19.5	1.2	16	5	⊙■
SS Ⅱ 2 三 Y5 丙 AW：1（ⅡDY1：1）	Aa	细	灰褐	20.3	1.2	16.8	5.4	⊙□；图一四七，2；图版一四四，1
SS Ⅱ 2 三 Y5 丙 AW：2（ⅡDY1：3）	Aa	细	黄褐	16.6	0.8	14.4	4.9	⊙
SS Ⅱ 2 三 Y5 丙 AW：3（ⅡDY1：4）	Aa	细	黄褐	17.8	1	15	5	⊙
SS Ⅱ 2 三 Y5 丙 AW：4（ⅡDY1：41）	Aa	细	灰褐	17.8	1	14.8	5.4	⊙
SS Ⅱ 2 三 Y5 丙 AW：5（ⅡDY1：5）	Aa	细	灰褐	19.5	1	16.7	5.2	残□
SS Ⅱ 2 三 Y5 丙 AW：6（ⅡDY1：20）	Aa	细	灰褐					残□
SS Ⅱ 2 三 Y5 丙 AW：7（ⅡDY1：2）	Aa	细	灰褐	19.2	1	16.8	4	⊙
SS Ⅱ 采 1（Ⅱ探沟1：1）	Aa	细	黄褐	18.2	0.8	15.5	5.2	⊙；图版二七四，2
SS Ⅱ 采 2（Ⅱ探沟1：2）	Ab	粗	灰		1.5			残；图版二七四，1
SS Ⅱ 采 3（86总68）	Aa	细	灰褐	18.2	1	15.2	5.2	⊙；图版二七三，2
SS Ⅱ 采 4（86E13中）	Ab	细	黄褐	18.2	1	15.2	5.5	⊙；图版二七三，1
SS Ⅲ 1 — F1 丙 AW：1（ⅠBF1：2）	Aa	细	黄褐	17.9	1.3	15	5.2	⊙

位置类型编号（原编号）	亚型	线条	颜色	规格（厘米）				备　注
				面径	边轮	外圈	内圈	
SSⅢ1—F1丙AW：2（ⅠBF1：7）	Aa	细	灰褐		1.5			残
SSⅢ1—F1丙AW：3（ⅠBF1：8）	Aa	细	灰褐		1.2			残
SSⅢ1—F1丙AW：4（ⅠBF1：12）	Aa	细	灰褐		1.4			残
SSⅢ1—F1丙AW：5（ⅠBF1：16）	Aa	细	灰褐	17.4	1.4	14.5		⊙
SSⅢ1—F1丙AW：6（ⅠBF1：25）	Aa	细	灰褐	18.3	1.3	15.6	5	⊙；图一五三，1；图版一五〇，1
SSⅢ1—F1丙AW：7（ⅠBF1：27）	Aa	细	灰褐	17.6	1.1	14.8	5.8	⊙；图版二七五，1
SSⅢ1—F1丙AW：8（ⅠBF1：28）	Aa	细	灰褐	19.8	1.4	15.8	5.4	⊙
SSⅢ1—F1丙AW：9（ⅠBF1：29）	Aa	细	灰褐		1.8	14.2	5.5	⊙
SSⅢ1—F1丙AW：10（ⅠBF1：26）	Ac	细	灰	19.2	1.5	15.5	5.2	⊙
SSⅢ1—F2丙AW：1（ⅠBF2：3）	Aa	细	灰褐	17.8	1	14.8	5.4	⊙；图一五四，4；图版一五一，3
SSⅢ1—F2丙AW：2（ⅠBF2：13）	Aa	细	灰褐	20.3	1.2	16.8	5.4	⊙
SSⅢ1—Y1丙AW：1（T1411③：1）	Aa	细	黄褐					残；图版二七六，2
SSⅢ1—Y1丙AW：2（T1411③：2）	Aa	细	红褐		1.2	15.6	5.6	⊙
SSⅢ1—Y1丙AW：3（T1411③：3）	Aa	细	灰褐	18	1	15	5	⊙
SSⅢ1—Y1丙AW：4（T1411③：4）	Aa	细	黄褐	17.5	1	14.5	5	⊙；图一六二，5；图版一五四，4
SSⅢ1—Y1丙AW：5（T1411③：6）	Aa	细	黄褐	17	0.8	14.6	5	⊙
SSⅢ1—Y1丙AW：6（T1411③：7）	Aa	细	黄褐	20.4	1	17.6	5.69	⊙；图版二七五，2
SSⅢ1—Y1丙AW：7（T1411③：9）	Aa	细	灰褐		1			残
SSⅢ1—Y1丙AW：8（T1411③：13）	Aa	细	灰褐		1		5.5	残
SSⅢ1—Y1丙AW：9（T1411③：21）	Aa	细	灰褐		1	14	5.6	⊙
SSⅢ1—Y1丙AW：10（T1411③：22）	Aa	细	灰褐		1.2			残
SSⅢ1—Y1丙AW：11（T1411③）	Aa	细	黄褐		1	15.5	5	⊙
SSⅢ1—Y1丙AW：12（T1411③）	Aa	细	灰褐		1		4.5	残
SSⅢ1—Y1丙AW：13（T1411③）	Aa	细	灰褐		1.2			残
SSⅢ1—Y1丙AW：14（T1411③）	Aa	细	灰褐		1.2			残
SSⅢ1—Y1丙AW：15（T1411③）	Aa	细	灰褐		1.2			残
SSⅢ1—Y1丙AW：16（T1411③）	Aa	细	灰褐		1			残
SSⅢ1—Y1丙AW：17（T1411③）	Aa	细	灰褐		1			残
SSⅢ1—Y1丙AW：18（T1411③）	Aa	细	灰褐		1			残
SSⅢ1—Y1丙AW：19（T1411③）	Aa	细	灰褐		1.2			残

位置类型编号（原编号）	亚型	线条	颜色	规格（厘米）				备　注
				面径	边轮	外圈	内圈	
SSⅢ1－Y1丙AW：20（T1411③）	Aa	细	灰褐		1.2			残
SSⅢ1－Y1丙AW：21（T1411③：5）	Aa	粗	黄褐	18.2	1	15.2	5	⊙
SSⅢ1－Y1丙AW：22（T1411③：8）	Aa	粗	黄褐	20.5	1	17.5	5.5	⊙
SSⅢ1－Y1丙AW：23（T1411③：10）	Aa	粗	红褐	19.2	1.2	15.2	5	⊙
SSⅢ1－Y1丙AW：24（T1411③：11）	Aa	粗	黄褐	20.2	1	17.2	5.5	⊙
SSⅢ1－Y1丙AW：25（T1411③：20）	Aa	粗	黄褐	19.6	1	17	5	⊙
SSⅢ1－Y1丙AW：26（T1411③：12）	Ab	细	灰褐		1			残
SSⅢ1－Y1丙AW：27（T1211③：3）	Aa	细	灰褐	19.5	1.2	16.2	5.5	⊙
SSⅢ1－Y1丙AW：28（T1211③：4）	Aa	细	黄褐	17.4	1	14.6	5	⊙；图版二七五，3
SSⅢ1－Y1丙AW：29（T1211③：6）	Aa	细	红褐		1		5.5	残
SSⅢ1－Y1丙AW：30（T1211③：7）	Aa	细	灰褐	19.2	1	16	5	⊙□
SSⅢ1－Y1丙AW：31（T1211③：8）	Aa	细	黄褐		1.2			残
SSⅢ1－Y1丙AW：32（T1211③）	Aa	细	黄褐		1			残
SSⅢ1－Y1丙AW：33（T1211③）	Aa	细	红褐		0.9			残
SSⅢ1－Y1丙AW：34（T1211③）	Aa	细	灰褐		0.5～1			残
SSⅢ1－Y1丙AW：35（T1211③）	Aa	细	灰褐		1			残
SSⅢ1－Y1丙AW：36（T1211③）	Aa	细	灰褐		1			残
SSⅢ1－Y1丙AW：37（T1211③：5）	Aa	粗	灰褐		1.2		5.6	残
SSⅢ1－Y1丙AW：38（T1211③：105）	Aa	粗	黄褐		0.6			残□；图版二七六，3
SSⅢ1－Y1丙AW：39（T1411③：3）	Aa	细	灰褐	17.4	1.1	14.2	4.7	⊙
SSⅢ1二Y1丙AW：1（T1111③）	Aa	细	黄褐	19.2	0.9	16.5	5.2	⊙；图一七二，1；
SSⅢ1二Y1丙AW：2（T1111③：4）	Aa	细	灰褐		1.3			残
SSⅢ1二Y1丙AW：3（T1111③：6）	Aa	细	黄褐	19.5	1.4	15.7	5.2	残
SSⅢ1二Y2丙AW：1（T0911③：1）	Aa	细	黄褐	19.6	1	17	5	⊙；图一七七，4；图版一六九，3
SSⅢ1二Y2丙AW：2（T0911③：2）	Aa	粗	灰	18.8	1	15.4	5.5	⊙
SSⅢ1二Y2丙AW：3（T1012③：1）	Aa	粗	黄褐	18.4	0.8	15.5	5.5	⊙
SSⅢ2－Y1丙AW：1（T1312③：1）	Ac	细	黄褐	19.4	1.2	16	5.4	⊙；图一八一，2；图版一六七，3
SSⅢ2二Y1丙AW：1（T1212Ⅲ：1）	Aa	细	黄褐	19.8	1～1.2	06	5.2	⊙
SSⅢ2二Y1丙AW：2（T1212Ⅲ：3）	Aa	细	灰褐		1			残
SSⅢ2二Y1丙AW：3（T1212Ⅲ：13）	Aa	细	黄褐	18	0.8	15.2	5.2	⊙；图一八四，1；图版一六八，2

位置类型编号（原编号）	亚型	线条	颜色	规格（厘米）				备　注
				面径	边轮	外圈	内圈	
SSⅢ采1（93STR2H1007）	Aa	细	灰褐	19.8	1	17	5.5	⊙；图版二七八，1
SSⅤ西南门丙 AW：1（BⅠJ2：1）	Aa	细	灰褐	19.4	1.1	16.4	5	⊙；图二〇三，3；图版一七八，1
SSⅤ西南门丙 AW：2（BⅠJ2：3）	Aa	细	灰褐	20.2	1.6	16.6	5.6	⊙
SS 丙 AW 采：1	Aa	细	黄褐	17.7	1	15	5	⊙；图版二七九，2
SS 丙 AW 采：2	Aa	细	灰褐	19	1	16.2	4.8	⊙
SS 丙 AW 采：3	Aa	细	黄褐	20	1	17	5	⊙
SS 丙 AW 采：4	Aa	细	黄褐	17	1	14	5	⊙
SS 丙 AW 采：5	Aa	细	灰褐	18.5	1	15.8	5.4	⊙
SS 丙 AW 采：6	Aa	细	红褐	17.5	1.5	14.5	4.8	⊙
SS 丙 AW 采：7	Aa	细	灰褐		1.2		5	残
SS 丙 AW 采：8	Aa	细	灰褐		1			残
SS 丙 AW 采：9	Aa	细	灰	18.8	1	16	4.5	⊙
SS 丙 AW 采：10	Aa	细	红褐	18.2	1.2	15	5	⊙
SS 丙 AW 采：11	Aa	细	红褐		0.8			残
SS 丙 AW 采：12	Aa	细	黄褐	16.8	0.7	14.5	5	⊙
SS 丙 Aw 采：13	Aa	细	红褐		1			残
SS 丙 Aw 采：14	Aa	细	红褐		0.7			残
SS 丙 AW 采：15	Aa	细	黄褐	17	0.7	14.5	5	⊙
SS 丙 AW 采：16	Aa	细	黄褐	17.5	1	15	5	⊙
SS 丙 AW 采：17	Aa	粗	黄褐	16.8	1	13.8	4.8	⊙
SS 丙 AW 采：18	Aa	粗	灰褐	19.2	1	15.8	5.4	⊙
SS 丙 AW 采：19	Aa	粗	黄褐	17.2	1.1	14	4.2	⊙；图版二七九，1
SS 丙 AW 采：20（采：116）	Aa	细	灰褐	18.2	1.6	15.3	5.7	残
SS 丙 AW 采：21（采：119）	Aa	粗	黄褐	16.8	1	14.5	5.2	⊙
SS 丙 AW 采：22（采：120）	Aa	细	黄褐	17.5	1	15.5	5	残□
SS 丙 AW 采：23（采：121）	Aa	细	黄褐	17.2	1	14.8	5.2	残
SS 丙 AW 采：24（采：122）	Aa	细	黄褐	20.3	1.1	17.6	5.2	残
SS 丙 AW 采：25（采：123）	Aa	细	黄褐	17.3	1	14.6	残	残
SS 丙 AW 采：26（采：124）	Aa	细	黄褐		1.1			残
SS 丙 AW 采：27（采：125）	Aa	粗	灰褐		1.2			残
SS 丙 AW 采：28（采：126）	Aa	细	灰褐		1.1			残
SS 丙 AW 采：29（采：127）	Aa	细	黄褐		1.2			残

附表八　石碑地遗址出土丙类 B 型瓦当登记表

位置类型编号① （原编号）	亚型	颜色	规格（厘米）				备　注②
			面径	边轮	外圈	内圈	
SSⅠ1Y2 丙 BW：1（ⅠY11：13）	Ba	黄褐	22	1.1	18.6	4.6	⊙
SSⅠ1Y2 丙 BW：2（ⅠY11：14）	Ba	灰褐	21.6	1.2			残
SSⅠ1Y2 丙 BW：3（ⅠY11：15）	Ba	黄褐	21.8	1	18.4	4.7	⊙
SSⅠ1Y2 丙 BW：4（ⅠY11：16）	Ba	灰褐	21.4	0.9	18.5	4.6	⊙
SSⅠ1Y2 丙 BW：5（ⅠY11：17）	Ba	红褐	21	0.8	18.6	4.6	⊙
SSⅠ1Y2 丙 BW：6（ⅠY11：18）	Ba	灰褐		1.1			残
SSⅠ1Y2 丙 BW：7（ⅠY11：19）	Ba	灰褐	22	1.2	18.4	4.6	⊙
SSⅠ1Y2 丙 BW：8（ⅠY11：20）	Ba	红褐	22.2	1.2	18.8	4.4	⊙
SSⅠ1Y2 丙 BW：9（ⅠY11：21）	Ba	灰褐	22	1.1	18.4	4.4	⊙
SSⅠ1Y2 丙 BW：10（ⅠY11：23）	Ba	灰褐	22	1.2	18.6	4.5	⊙
SSⅠ1Y2 丙 BW：11（ⅠY11：24）	Ba	灰	22	1	18.4	4.6	⊙
SSⅠ1Y2 丙 BW：12（ⅠY11：25）	Ba	灰				4.6	残
SSⅠ1Y2 丙 BW：13（ⅠY11：27）	Ba	灰褐	22.2	1.3	19	5	⊙
SSⅠ1Y2 丙 BW：14（ⅠY11：28）	Ba	灰褐		1		4.6	残
SSⅠ1Y2 丙 BW：15（ⅠY11：30）	Ba	灰褐	22	1.1	18.6	4.6	⊙；图版二六八，2
SSⅠ1Y2 丙 BW：16（ⅠY11：32）	Ba	红褐	21.8	1	18.6	4.6	⊙
SSⅠ1Y2 丙 BW：17（ⅠY11：33）	Ba	灰褐	22	0.8	19	4.6	⊙；图七二，1；图版六五，2
SSⅠ1Y2 丙 BW：18（ⅠY11：34）	Ba	灰褐	21.8	1.1	18.8	4.6	⊙
SSⅠ1Y2 丙 BW：19（ⅠY11：35）	Ba	红褐	22	1.1	18.6	4.6	⊙
SSⅠ1Y2 丙 BW：20（ⅠY11：36）	Ba	灰		0.9		4.6	残
SSⅠ1Y2 丙 BW：21（ⅠY11：37）	Ba	红褐	21.8	1.2	18.4	4.6	⊙
SSⅠ1Y2 丙 BW：22（ⅠY11：38）	Ba	红褐	22	1.2	18.6	4.5	⊙
SSⅠ1Y2 丙 BW：23（ⅠY11：22）	Bb	灰		1	19	4.5	残
SSⅠ1Y2 丙 BW：24（ⅠY11：26）	Bb	灰褐	21.4	1.1	18.6	4.6	⊙
SSⅠ1Y2 丙 BW：25（ⅠY11：29）	Bb	灰褐	21.8	1.2	18.9	4.4	⊙；图版二六八，1
SSⅠ1Y2 丙 BW：26（ⅠY11：丙 BW1）	Ba	红褐		1.5			残
SSⅠ1Y3 丙 BW：1（ⅠY5：1）	Ba	红褐	22	1.2	18.4	4.5	⊙
SSⅠ1Y3 丙 BW：2（ⅠY5：6）	Ba	灰		0.8		4.5	残
SSⅠ1Y3 丙 BW：3（ⅠY5：7）	Ba	灰褐		1.1			残

① 新编号中瓦当以符号"W"表示。丙类：圆瓦当。B 型：羊角形卷云纹。Ba 型：边轮宽，与当面纹饰及纽等高；
　 Bb 型：边轮窄，高出当面纹饰，与纽（乳凸）等高。

② "⊙"表示当面完整或可复原；"□"表示瓦身带戳印；"■"表示瓦身完整。

位置类型编号（原编号）	亚型	颜色	规格（厘米）				备　注
			面径	边轮	外圈	内圈	
SSⅠ1Y3 丙 BW：4（ⅠY5：8）	Ba	灰褐	22	1.1	18.6	4.8	⊙；图二三，1；图版一七，1
SSⅠ1Y3 丙 BW：5（ⅠY5：9）	Ba	红褐	21.5	1.2	18.6	4.6	⊙
SSⅠ1Y3 丙 BW：6（ⅠY5：10）	Ba	灰	22.2	1.2	19	4.6	⊙
SSⅠ1Y3 丙 BW：7（ⅠY5：11）	Ba	红褐	21.8	1	18.6	4.6	⊙
SSⅠ1Y3 丙 BW：8（ⅠY5：12）	Ba	灰	22	1	19		⊙
SSⅠ1Y3 丙 BW：9（ⅠY5：4）	Bb	红褐	22.2	1.2	19	4.4	⊙；图七四，2；图版七一，2
SSⅠ1Y5 丙 BW：1（ⅠY12：2）	Ba	灰褐	21.8	1.1	18.4	4.6	残
SSⅠ1Y5 丙 BW：2（ⅠY12：3）	Bb	灰褐	21.6	1	18.6	4.2	⊙
SSⅠ1Y5 丙 BW：3（ⅠY12：4）	Bb	灰褐		0.7			残
SSⅠ2J1 丙 BW：1（T0804③：1）	Ba	黄褐	22.2	1.1	18.6	4.8	⊙；图八五，3；图版八三，2
SSⅠ2J1 丙 BW：2（T0804③：2）	Ba	黄褐	21.8	1.2	18.6	4.5	⊙
SSⅠ2J1 丙 BW：3（ⅠJ2 西侧：1）	Bb	黄褐	21.6	1.1	18.9	4.2	⊙；图二三，2；图版一七，2
SSⅠ2J1 丙 BW：4（ⅠJ2 西侧：2）	Bb	灰		1.1		4.4	残
SSⅠ3 北部丙 BW：1（TA8③丙 BW：1）	Ba	黄褐		1.2		4.9	残；图版二六九，1
SSⅡ2 一 Y1 丙 BW：1（ⅠY15：13）	Ba	灰褐	21.6	1.1	18.4	4.5	⊙
SSⅡ2 一 Y1 丙 BW：2（ⅠY15：15）	Ba	黄褐	21.5	1.2	18.4	4.5	⊙
SSⅡ2 一 Y1 丙 BW：3（ⅠY15：17）	Ba	灰褐	21.5	1	18.2		⊙；图一一一，2；图版一一三，3
SSⅡ2 一 Y1 丙 BW：4（ⅠY15：100）	Ba	灰褐	21.2	1	18		残
SSⅡ2 一 Y1 丙 BW：5（ⅠY15：11）	Bb	红褐		0.9		4.2	残
SSⅡ2 一 Y1 丙 BW：6（ⅠY15：12）	Bb	灰		1.2			残
SSⅡ2 三 J1 丙 BW：1（ⅡDJ2：19）	Ba	黄褐		1.2		4.6	残
SSⅡ2 三 Y1 丙 BW：1（T1913③：10）	Ba	灰褐		1			残
SSⅡ2 三 Y1 丙 BW：2（T1913③：11）	Ba	灰褐		0.8		4.5	残
SSⅡ2 三 Y1 丙 BW：3（T1913③：12）	Ba	灰褐				4.5	残
SSⅡ2 三 Y1 丙 BW：4（T1913③：103）	Ba	灰褐		0.8			残
SSⅡ2 三 Y1 丙 BW：5（T1913③：104）	Ba	灰褐		1.5			残
SSⅡ2 三 Y1 丙 BW：6（T1913③：105）	Ba	灰褐		0.8			残
SSⅡ2 三 Y1 丙 BW：7（T1913③：9）	Bb	灰褐	21.5	0.9	18.6	4.5	⊙；图一四四，2；图版一四一，2
SSⅡ2 三 Y1 丙 BW：8（ⅡDY3：4）	Bb	灰褐		1.1			残
SSⅡ2 三 Y1 丙 BW：9（ⅡDY3：103）	Ba	黄褐		1			残
SSⅡ2 三 Y2 丙 BW：1（T2013：6）	Ba	灰褐		1			残
SSⅡ2 三 Y2 丙 BW：2（T2013③：1）	Bb	灰褐	20.5	1.2	17.5	4	残

位置类型编号（原编号）	亚型	颜色	规格（厘米）				备　注
			面径	边轮	外圈	内圈	
SSⅡ2 三 Y4 丙 BW：1（ⅡDY2：27）	Ba	黄褐		1			残
SSⅡ2Y5 丙 BW：1（ⅡDY1：7）	Ba	灰褐		1.2			残
SSⅡ2Y5 丙 BW：2（ⅡDY1：8）	Ba	灰褐		1.1			残
SSⅢ1 一 F1 丙 BW：1（ⅠBF1：6）	Ba	黄褐	21.5	1.5	18.5	4.5	⊙；图一五三，4；图版一五〇，2
SSⅢ1 一 Y1 丙 BW：1（T1410③：2）	Ba	灰褐		1			残
SSⅢ1 一 Y1 丙 BW：2（T1410③：3）	Ba	灰褐		1.2			残
SSⅢ1 一 Y1 丙 BW：3（T1410③：4）	Ba	灰褐		1			残
SSⅤ西南门丙 BW：1（BⅠJ2：7）	Bb	灰褐	Bb	0.6		4.6	⊙；图二〇三，5；图版一七八，2
SS 丙 BW 采：1（采集总35）	Ba	黄褐		1.1		4.6	残

附表九　石碑地遗址出土丙类 C 型瓦当登记表

位置类型编号① （原编号）	颜色	规格（厘米）			备　注②
		面径	边轮	外圈	
SS Ⅰ 1Y6 丙 CW：1（T1510③：5）	灰色	17.6	0.6	15	⊙；图二四；图版一八，1
SS Ⅰ 南墙外丙 CW：1（T1301：1）	灰色	18	0.6	15	⊙；图三九，1；图版三二，1
SS Ⅱ 2 一 Y1 丙 CW：1（Ⅰ Y15：9）	灰色	18.2	0.7～1.1	14.6	⊙；图一一一，3；图版一一四，1
SS Ⅱ 2 二 J1 丙 CW：1（Ⅱ CJ1 东：2）	灰色	18.5	0.8	15.2	⊙；图一二五，4
SS Ⅱ 2 三 J1 丙 CW：1（Ⅱ DJ2：18）	灰色		0.5		残
SS Ⅱ 2 三 J1 丙 CW：2（Ⅱ DJ3：2）	黄色	17	1.1	14.5	⊙；图一四〇，1
SS Ⅱ 2 三 J1 丙 CW：3（96SS Ⅱ DJ3：1）	灰色	18.3	1	15.2	⊙
SS Ⅱ 2 三 Y4 丙 CW：1（Ⅱ DY2：140）	灰色	18	0.8	15	⊙；图一四五，2；图版一四二，2
SS Ⅱ 2 三 Y4 丙 CW：2（Ⅱ DY2：141）	灰色	18	0.6～1.2	15	⊙
SS Ⅱ 2 三 Y5 丙 CW：1（Ⅱ DY1：6）	灰色	18	0.8	15.2	⊙；图一四七，3；图版一四四，3
SS Ⅲ 2 一 Y1 丙 CW：1（T1212③：6）	灰色		0.8		图一八一，3；图版一六九，1

① 新编号中瓦当以符号"W"表示。丙类：圆瓦当。C 型：串状蘑菇形卷云纹。
② "⊙"表示当面完整或可复原；"□"表示瓦身带戳印；"■"表示瓦身完整。

附表一〇　石碑地遗址出土丙类 **D** 型瓦当登记表

位置类型编号①（原编号）	颜色	规格（厘米）				备　注②
		面径	边轮	外圈	内圈	
SS Ⅰ 1Y5 丙 DW：1（T1812③：3）	灰色	17	0.6	14.4	4	⊙；图七六，2；图版七三，1
SS Ⅱ 2 三 J1 丙 DW：1（ⅡDJ3：6）	灰色		0.9		4	残；图版二六九，2
SS Ⅱ 2 三 J1 丙 DW：2（ⅡDJ3：15）	黄色	17.3	0.6	14.4	4	⊙；图一四〇，2
SS Ⅱ 2 三 J1 丙 DW：3（ⅡDJ3：100）	黄色		0.8			残
SS Ⅱ 2 三 Y1 丙 DW：1（ⅡDY3：28）	灰色		0.6			残；图版二七二，1
SS Ⅱ 2 三 Y1 丙 DW：2（ⅡDY3：22）	黄褐	16.8	0.8	14.8	4.8	⊙
SS Ⅲ 1 — F1 丙 DW：1（ⅠBF1：100）	黄色		0.7		4	残；图一五三，3；图版一五一，1
SS Ⅲ 1 — F2 丙 DW：1（T1112③：100）	黄色	17.6	0.6	15.1	4.2	⊙；图一五四，5
SS Ⅲ 1 — Y1 丙 DW：1（T1211③：1）	黄褐	18	0.8~1.1	14.8	4	⊙；图二五；图版一八，2
SS Ⅲ 1 — Y1 丙 DW：2（T1410③：5）	黄褐		0.8		4	残
SS Ⅲ 1 — Y1 丙 DW：3（T1410③：6）	灰色		0.8		4	残
SS Ⅲ 1 — Y1 丙 DW：4（T1411③：15）	黄褐	17	0.9	14.8	4.6	⊙；图版二七七，1
SS Ⅲ 1 — Y1 丙 DW：5（T1411③：16）	黄褐		0.9		4	残
SS Ⅲ 1 — Y1 丙 DW：6（T1411③：17）	灰色		0.6	14.8	4.2	⊙；图一六二，6；图版一五四，3
SS Ⅲ 1 — Y1 丙 DW：7（T1211③：100）	红褐		0.9			残
SS 丙 DW 采：1（采集总116 绥776）	灰色	17.4	0.9	14.2	4.2	⊙
SS 丙 DW 采：2	灰色		0.8		4	残
SS 丙 DW 采：3	灰色	17.7	0.8	14.4		⊙
SS 丙 DW 采：4	灰色		0.6			残
SS 丙 DW 采：5	灰色		1.2		4.2	残

---

① 新编号中瓦当以符号"W"表示。丙类：圆瓦当。D 型：夹心卷云纹。
② "⊙"表示当面完整或可复原；"□"表示瓦身带戳印；"■"表示瓦身完整。

附表一一　石碑地遗址出土丙类 E 型瓦当登记表

位置类型编号① （原编号）	颜色	规格（厘米）				备　注
		面径	边轮	外圈	内圈	
SSⅢ1—Y1 丙 EW：1（T1411③：1）	浅灰	17.2	0.9			⊙；图二六
SSⅣ丙 EW：1（TY3）	灰褐		1			残；图一九五，2；图版一七四，3
SSⅣ丙 EW：2（TW 采1）	黄褐		1			残；图一九五，1；图版一七四，2

---

① 　新编号中瓦当以符号"W"表示。丙类：圆瓦当。E 型：树纹。

附表一二　石碑地遗址出土空心砖登记表

位置类型编号① （原编号）	颜色	简要描述	规格（厘米）				备　注
			长	宽	高	胎厚	
SSⅠ1Y1K：1（99SSBDⅠY4：2）	红褐	正面施四重菱格纹，反面为素面。	127.9	33.3	18.5	3~3.6	
SSⅠ1Y1K：2（99SSBDⅠY4：3）	红褐	正面施四重菱格纹，反面为素面。	129	33.6	18.5	3~3.4	
SSⅠ1Y1K：3（99SSBDⅠY4：4）	红褐	正面施四重菱格纹，反面为素面。	128	34	18.2	3~3.2	
SSⅠ1Y2K：1（99SSBDⅠY11：43）	红褐	正面施四重菱格纹，反面为素面。	112	33.5	16.9~17.8	2.6~3.6	图版二六七，1
SSⅠ1Y2K：2（99SSⅠY11：44）	红褐	正面施四重菱格纹，反面为素面。	126.3	33.5	16.8~18.6	3.2~3.5	图版六三，1
SSⅠ1Y2K：3（99SSⅠY11：45）	红褐	正面施四重菱格纹，反面为素面。	128	32	18.5	3~3.5	
SSⅠ1Y2K：4（99SSⅠY11：46）	红褐	正面施四重菱格纹，反面为素面。	127.9	33~35.7	19.4	2.5~4	图二七，1；图版一九，1
SSⅡ2三Y3K：1（99SSⅡDY2：100临）	红褐	正面施四重菱格纹，反面为素面。	126	37.7	21	4.4~5.4	
SSⅡ2三Y3K：2（99SSⅡDY2：101临）	黄褐	正面施四重菱格纹，反面为素面。	126	34	17	3.5~4.2	
SSⅡ2三J1北侧BK：1（93SSTF14：101临）	黄褐	正面施四重菱格纹，反面为素面。	126.2	32.9	18	3.7~4.2	
总1122，绥7821	红褐	正面施四重菱格纹，反面为素面。	128.4	33	17.2	3.1~3.9	

---

①　新编号中空心砖以符号"K"表示。

附表一三　石碑地遗址出土塞砖登记表

位置类型编号①（原编号）	颜色	简要描述	规格②（厘米）			备　注
			长	宽	厚	
SSⅠ1Y1S：1（99SSBDⅠY4：5）	红褐	正面施数组间隔三重菱格纹，反面为素面。	26.4	11.4	3.4	
SSⅠ1Y2S：1（99SSⅠY11：102 临）	红褐	正面施数组间隔三重菱格纹，反面为素面。	27.2	10	3.2	
SSⅠ1Y2K4S：1（99SSⅠY11：46）	砖红	正面施数组间隔三重菱格纹，反面为素面。	28.3	11.5	3.4	图二七，2；图版一九，2
SSⅠ1Y5S：1（99SSⅠY12：6）	红褐	正、反面均为素面。	26.1	10.6	3.4	
SSⅠ1Y5S：2（99SSⅠY12：7）	红褐	正、反面均为素面。	25.6	10.5	3.2	
SSⅠ1Y5S：3（99SSⅠY12：8）	红褐	正面施数组间隔三重菱格纹，反面为素面。	26.6	9.9	3.2	
SSⅡ2 三 J1S：1（96SSⅡDJ2 北门道：25）	青灰	正面施数组间隔三重菱格纹，反面为素面。	25	10.3	3.5	
SSⅡ2 三 J1S：2（96SSⅡDJ2 北门道：26）	青灰	正面施数组间隔三重菱格纹，反面为素面。	26.2	10.8	3.4	
SSⅡ2 三 J1S：3（96SSⅡDJ2 北门道：29）	青灰	正面施数组间隔三重菱格纹，反面为素面。	26.5	10.7	3.4	
绥 7831	黄褐	正面施数组间隔三重菱格纹，反面为素面。	26.2	9.9	3.4	
绥 7832	红褐	正面施数组间隔三重菱格纹，反面为素面。	25	10.6	3.2	
SSS 采：1（采集：100 临）	黄褐	正、反面均为素面。	24.5	9.2	3.2	
SSS 采：2（采集：101 临）	黄褐	正、反面均为素面。	25.5	9.8	3.2	
SSS 采：3（采集：102 临）	黄褐	正、反面均为素面。	25.2	10.6	3.4	
SSS 采：4（采集：104 临）	黄褐	正面施数组间隔三重菱格纹，反面为素面。	27.5	10.4	3.3	
SSS 采：5（采集：106 临）	红褐	正面施数组间隔三重菱格纹，反面为素面。	27.2	10	3.2	
SSS 采：6（采集：105 临）	红褐	正面施数组间隔三重菱格纹，反面为素面。	26.4	11.4	3.4	

① 新编号中塞砖以符号"S"表示。
② 塞砖呈梯形，上窄下宽，测量数据均以宽面为准。

附表一四　石碑地遗址出土铺地砖登记表

类型	位置类型编号①（原编号）	颜色	简要描述	规格（厘米）			备注
				长	宽	厚	
A	SSⅡ2三Y1AP：1（96SSⅡDY3：35）	黄褐	正、反面均为素面。	残47.5	35.3	3	
	SSⅡ2三J1AP：1（97SST2014③北井：4）	青灰	正、反面均为素面。	残44.5	35.7	3.9	
	SSⅡ2三J1AP：2（97SST2014③南井：2）	青灰	正、反面均为素面。	61.2	35.5	3.3	图二八，1；图版一九，3
	SSAP采：1（采集：100临）	红褐	正面近2/3处施一道凹弦纹，反面为素面。	49.3	31.5	3.5	图二八，2；图版一九，4
B	SSⅠ1Y1BP：1（99SSBDⅠY4：5）	红褐	正、反面均为素面。	33.2	26.8	2.8	
	SSⅠ1Y1BP：2（99SSBDⅠY4：6）	红褐	正、反面均为素面。	33.5	27	3	
	SSⅠ1Y1BP：3（99SSBDⅠY4：7）	青灰	正、反面均为素面。	32.7	26.6	3.4	图版二〇，1
	SSⅠ1Y1BP：4（99SSBDⅠY4：8）	青灰	正、反面均为素面。	31.1	25	3.4	
	SSⅠ1Y1BP：5（99SSBDⅠY4：9）	红褐	正、反面均为素面。	33.8	26.8	3.1	
	SSⅠ1Y2BP：1（99SSBDⅠY11：40）	红褐	正面施数组间隔三重菱格纹，反面为素面。	31.6	25.7	3.7	
	SSⅠ1Y2BP：2（99SSBDⅠY11：47）	黄褐	正、反面均为素面。	33.8	26.2	3.1	
	SSⅠ1Y2BP：3（99SSBDⅠY11：48）	黄褐	正、反面均为素面。	33.4	26.4	3.1	
	SSⅠ1Y2BP：4（99SSBDⅠY11：49）	青灰	正、反面均为素面。	34	26.7	3.2	
	SSⅠ1Y2BP：5（99SSBDⅠY11：50）	青灰	正、反面均为素面。	33	26.5	3.1	
	SSⅠ1Y2BP：6（99SSBDⅠY11：51）	青灰	正、反面均为素面。	33.4	26.5	3.2	
	SSⅠ1Y2BP：7（99SSBDⅠY11：39）	黄褐	正面施数组间隔三重菱格纹，反面为素面。	32	26	2.8	图七〇
	SSⅠ1Y6BP：1（96SST1512③：4）	青灰	正面施数组间隔三重菱格纹，反面为素面。	残	残	3.3	

① 新编号中铺地砖以符号"P"表示。A：大型；B：中型；C：小型；T：特型。Ta：三角形；Tb：长条形。

类型	位置类型编号 （原编号）	颜色	简要描述	规格（厘米）			备　注
				长	宽	厚	
B	SSⅡ2 二 J1 北井 BP：1 （97SST2114③北井：100 临）	红褐	正、反面均为素面。	31.1	残 16.7	3.2	
	SSⅡ2 二 J1 北井 BP：2 （97SST2114③北井：101 临）	青灰	正、反面均为素面。	31.9	残 25.4	2.8	
	SSⅡ2 三 J1BP：1 （97SST2014③北井：3）	青灰	正、反面均为素面。	34.2	33	3.3	图二八，4；图版 二〇，4
	SSⅡ2 三 J1 北井 BP：3 （97SST2014③北井：7）	红褐	正面施数组间隔三重菱格 纹，反面为素面。	32.9	26.2	3.4	
	SSⅡ2 三 Y1BP：1 （96SSⅡDY3：32）	黄褐	正、反面均为素面。	33.2	26.1	3.1	
	SSⅡ2 三 Y1BP：2 （96SSⅡ DY3：33）	青灰	正、反面均为素面。	32.8	26.7	3	
	SSⅡ2 三 Y1BP：3 （96SSⅡ DY3：34）	黄褐	正、反面均为素面。	33.3	26.7	2.8	
	SSⅡ2 三 Y2BP：1 （TE14）	青灰	正面施数组间隔三重菱格 纹，反面为素面。	32.4	26.2	3.1	
	SSⅡ2 三 Y2BP：2 （TE13）	黄褐	正面施数组间隔三重菱格 纹，反面为素面。	32.2	26.5	3.3	
	SSⅡ2 三 Y3 井 BP：1 （96SSⅡDJ3 东侧井：9）	黄褐	正面施数组间隔三重菱格 纹，反面为素面。	32.4	25.8	4	
	SSⅡ2 三 Y3 井 BP：2 （96SS ⅡDJ3 东侧井：10）	黄褐	正面施数组间隔三重菱格 纹，反面为素面。	残 19.3	26.6	3.7	
	SSⅢ1 一 F1BP：1 （96SSⅠBF1：100 临）	黄褐	正面施数组间隔三重菱格 纹，反面为素面。	残 22.4	25.8	3.7	
	SSⅢ1 二 F2BP：1 （94SST1112③ⅢF2：6）	青灰	正、反面均为素面。	残 31.9	24.8	2.9	
	SSⅢ1 二 F2BP：2 （94SST1112③ⅢF2：9）	黄褐	正、反面均为素面。	残 28	26.6	3.2	
	SSⅢ1 二 F2BP：3 （94SST1112③ⅢF2：14）	黄褐	正、反面均为素面。	33.3	26.4	2.7	
	SSⅢ1 二 Y2BP：1 （94SST1011G1：4）	黄褐	正面施数组间隔三重菱格 纹，反面为素面。	残 13.2	26.6	3.2	
	SSⅢ1 二 Y2BP：2 （94SST1012H1：1）	青灰	正面施数组间隔三重菱格 纹，反面为素面。	残	残	3.4	
	G2：1	黄褐	正、反面均为素面。	残	残	3.4	
	总 97	红褐	正面施数组间隔三重菱格 纹，反面为素面。	残	25.8	3.2	

类型	位置类型编号（原编号）	颜色	简要描述	规格（厘米）			备 注
				长	宽	厚	
B	总1124，绥7842	红褐	正面施数组间隔三重菱格纹，反面为素面。	32.9	26.2	3.4	图二八，3；图版二〇，2
	SSBP采:1（采集:101临）	黄褐	正、反面均为素面。	残28.8	33.6	3.6	
	SSBP采:2（采集:18临）	红褐	正、反面均为素面。	33.6	25.8	2.8	
	SSBP采:3（采集:102临）	黄褐	正、反面均为素面。	33.9	27	3.2	
	SSBP采:4（采集:103临）	黄褐	正、反面均为素面。	33.4	26.4	3.1	
	SSBP采:5（采集:104临）	黄褐	正、反面均为素面。	残25.2	26.2	2.8	
	SSBP采:6（采集:105临）	黄褐	正面施数组间隔三重菱格纹，反面为素面。	31.8	25.7	3.5	
	SSBP采:7（采集:107临）	青灰	正面施数组间隔三重菱格纹，反面为素面。	残	残	3.2	
	SSBP采:8（采集:108临）	青灰	正面施数组间隔三重菱格纹，反面为素面。	32	25.6	3.4	
C	SSⅢ1—F1CP:1（96SSⅠBF1:5）	青灰	正、反面均为素面。	26	24.7	3.2	
	SSⅢ1二F2CP:1（94SST1112③ⅢF2:5）	黄褐	正、反面均为素面。	26	24.5	3.1	
	SSⅢ1二F2CP:2（94SST1112③ⅢF2:8）	黄褐	正、反面均为素面。	27.6	25.3	3	图二八，5；图版二〇，3
	SSⅢ1二F2CP:3（94SST1112③ⅢF2:16）	黄褐	正、反面均为素面。	25.5	21.3	2.8	图二八，7；图版二一，4
	SSⅢ1二F2CP:4（94SST1112③ⅢF2:101临）	青灰	正、反面均为素面。	残	残	3	
	SSⅢ1二F2CP:5（94SST1112③ⅢF2:7）	青灰	正、反面均为素面，一端被削成斜面。	26.8	20.4	3	图二八，6；图版二一，5
	SSCP采:1（采集:108临）	黄褐	正、反面均为素面。	26.7	25.8	3.1	
	SSCP采:2（采集:17）	黄褐	正、反面均为素面。	25.6	22.4	3.1	
Ta	SSⅡ2三J1TP:1（97SST2014③北井:8）	青灰	正面施数组间隔三重菱格纹，反面为素面。斜边呈弧形。	长边28.6	短边13.2	3.4	
	SSⅡ2三Y2TP:1（J1总96TE13）	青灰	正面施数组间隔三重菱格纹，反面为素面。斜边呈弧形。	长边25.8	短边15.2	3.4	图二九，6；图版二一，1
	SSⅢ1二F2TP:1（94SST1112③ⅢF2:10）	青灰	正、反面均为素面。	长边30.1	短边14	3.1	

类型	位置类型编号（原编号）	颜色	简要描述	规格（厘米）			备注
				长	宽	厚	
Tb	SSⅠ1Y7TP：1（99SSⅠY14：7）	青灰	正面施数组间隔三重菱格纹，反面为素面。	32.4	13	3.4	图二九，5；图版二一，3
	SSⅠ1Y7TP：2（99SSⅠY14：8）	青灰	正面施数组间隔三重菱格纹，反面为素面。	32	12.9	3.2	
	SSⅠ1Y7TP：3（99SSⅠY14：9）	黄褐	正面施数组间隔三重菱格纹，反面为素面。	34.2	13.5	3.5	
	SSⅠ1Y7TP：4（99SSⅠY14：10）	青灰	正面施数组间隔三重菱格纹，反面为素面。	32.4	13	3.4	
	SSⅡ2二J1TP：1（97SST2114③北井：10）	青灰	正面施数组间隔三重菱格纹，反面为素面。	32.4	12.9	3.4	
	SSⅡ2三J1TP：2（96SSⅡDJ3：7）	红褐	正、反面均为素面。	38.5	14.7	3.3	图二九，1；图版二一，2
	SSⅡ2三J1TP：3（97SST2014③北井：9）	黄褐	正、反面均为素面。	21.3	7	3.3	图二九，4；图版二二，3
	SSⅢ1二F2TP：2（94SST1112③ⅢF2：20）	青灰	正、反面均为素面。	残13.3	7.3	2.8	
	G2：2	黄褐	正面施数组间隔三重菱格纹，反面为素面。	残	13.1	3.4	
	总40，84SQZ2采集	青灰	正面施数组间隔三重菱格纹，反面为素面。	32.2	12.9	3.2	
	绥7771	黄褐	正面施数组间隔三重菱格纹，反面为素面。	32	13.2	3.5	
	绥7772	青灰	正面施数组间隔三重菱格纹，反面为素面。	32	13	2.9	
	总29，84SQZ1	青灰	正面施数组间隔三重菱格纹，反面为素面。	32.5	12.6	3.1	
	总98，TE14	青灰	正、反面均为素面。	19.7	7.1	3.2	
	SSTP采：1（采集：106临）	青灰	正面施数组间隔三重菱格纹，反面为素面。	残	残	3.4	
	SSTP采：2（采集：109临）	青灰	正面施数组间隔三重菱格纹，反面为素面。	残19.3	13	3.1	
	SSTP采：3（采集：110临）	青灰	正面施数组间隔三重菱格纹，反面为素面。	残17	12.7	3.1	
	SSTP采：4（采集：111临）	黄褐	正、反面均为素面。	28.1	15.8	3.5	图二九，2；图版二二，1
	SSTP采：5（采集：112临）	黄褐	正、反面均为素面。	25.2	9.3	3.2	图二九，3；图版二二，2
	SSTP采：6（采集：113临）	黄褐	正、反面均为素面。	26.2	9.3	3.2	

附表一五　石碑地遗址出土排水管登记表

位置类型编号① （原编号）	颜色	简要描述	规格（厘米）			备　注
			长	首端径	尾端径	
SSⅠ1Y4g：1（99SSⅠY10：1）	灰褐	外饰绳纹，近首端施弦断绳纹部分宽12，内饰麻点纹。	62	28	23	图六〇，1
SSⅠ1Y4g：2（99SSⅠY10：2）	灰褐	外饰绳纹，经抹光呈块状分布，内饰麻点纹。	65	26	22.5	图六〇，2；图版五〇，1
SSⅠ1Y4g：3（SSⅠY10：3）	灰褐	外饰绳纹，经抹光呈块状分布，内饰麻点纹。	65	28	22.5	
SSg采：1（散：19）	黄褐	外饰竖行粗绳纹，经抹光呈断续状，内为素面。	残45.5	27		

① 新编号中排水管以符号"g"表示。

附表一六　石碑地遗址出土井圈登记表

位置类型编号（原编号）	颜色	简要描述	规格（厘米）			备　注
			直径	高	胎厚	
99SSⅢ2 三 F3J∶1	黄褐	外饰斜行斜行粗绳纹，内饰拍印双重环纹。	142	35.5	4.4～？	
99SSⅢ2 三 F3J∶2		外饰斜行斜行粗绳纹，内饰拍印双重环纹。	146	35	4.4～？	
94SSTm2F1	黄褐	外饰斜行粗绳纹，内饰麻点纹。	144	26.6	3.2～4.5	

附表一七　石碑地遗址出土板瓦戳印登记表

序号	印文	字体	戳印形制（厘米）	标本编号及戳印位置	标本出土位置	图号
1	安		A：方形；边长2.1	96SSⅡDY3：80 凹面	Ⅱ2 三 Y1	图三〇，1；图版二三，1
			B：方形，有边棹；边长2.3	97SST2825③：8 凹面	Ⅱ1 东部外墙	图三〇，2
				97SST2825③：7 凹面		
2	宏？		方形；边长2	94SST1110③：3 凹面	SSⅢ1 二 Y1	图三〇，3；图版二三，2
3	强		方形圆角；边长1.7	97SST2416③：1 凹面	SSⅡ1 五	图三〇，4；图版二三，3
4	间		长方形；长2.2、宽1.7	98SST2114 北井：23 凹面	SSⅡ2 二 J1	图三〇，5
5	閆		阴文；方形；边长2.4	96SSⅠBF1：20 凹面	SSⅢ1 一 F1	图三〇，6
6	尚？		阴文；长方形；长2.4、宽1.8	94SST1312③：3 凹面	SSⅢ2 一 Y1	图三〇，7
7	□		A：近方形；边长2.1	94SST1110③：1 凹面	SSⅢ1 二 Y1	图三〇，8；图版二三，4
			B：近方形，有边棹；边长2	97SST2516③：3 凹面	SSⅡ1 五	图三〇，9
8	□		长方形；长1.6、宽1.4	94SST1115③：1 凹面	SSⅢ2 三 Y3	图三〇，10；图版二三，5
9	盱		方形圆角；边长1.9	98SSⅠY11：3 凹面	SSⅠ1Y2	图三〇，11
10	同		长方形；长1.9、宽1.4	97SST2416③：2 凹面	SSⅡ1 五	图三〇，12；图版二三，6
				94SST1010③：1 凹面	SSⅢ1 二 Y1	
11	買		A：长方形；长2.1、宽1.8	97SST2416③：4 凹面	SSⅡ1 五	图三〇，13
			B：长方形；长2.1、宽1.8	96SSⅡDY3：84 凹面	SSⅡ2 三 Y1	图三〇，14；图版二三，7
			C：长方形；长2.2、宽1.7	97SST2815③：19 凹面	SSⅡ1	图三〇，15
				96SSⅠBF1：12 凹面	SSⅢ1 一 F1	

序号	印文	字体	戳印形制（厘米）	标本编号及戳印位置	标本出土位置	图号
12	滑		长方形；长1.5、宽1.1	97SST2416③：8 凹面	SSⅡ1 五	图三〇，16
				94SST1111③：10 凹面	SSⅢ1 二 Y1	
13	枯		方形，有边桿；边长2.2	97SST2315③：2 凹面	SSⅡ2 二 Y4	图三一，1；图版二三，8
14	衛		A：长方形，有边桿；长2.2、宽1.9	96SSⅡDY2：101 凸面	SSⅡ2 三 Y4	图三一，2
			B：长方形，有边桿；长2.2、宽1.9	96SST1510③：8 凸面	SSⅠ1Y6	图三一，3；图版二三，9
15	顺		方形；边长2	94SST1111③：12 凹面	SSⅢ1 二 Y1	图三一，4
16	市		A：近长方形；长2.6、宽1.5	97SST2816③：42 印在板瓦的唇缘	SSⅡ1	图三一，5
			B：近长方形；长2.7、宽1.6	96SSⅡDY3：82 印在板瓦的唇缘	SSⅡ2 三 Y1	图三一，6
17	截？		A：长方形；长3、宽2.1	96SST2012③：3 凹面	SSⅡ2 一 J1	图三一，7；图版二四，1
				97SST2416③：5 凹面	SSⅡ1 五	
				96SST1411③：26 凹面	SSⅢ1 一 Y1	
			B：长方形；长2.8、宽1.9	94SST0904③：2 凹面	SSⅠ2J1 东侧	图三一，8
18	□		不规整；长2.7、宽2.3	96SSⅡDY2：102 凹面	SSⅡ2 三 Y4	图三一，9
19	甫		长方形；长2.3、宽2	97SST2816③：47 凹面	SSⅡ1	图三一，10；图版60
20	青		B：长方形，有边桿；长2.2、宽2	96SSⅡDY2：103 凹面	SSⅡ2 三 Y4	图三一，11
			A：长方形；长2.2、宽2	97SST2315③：1 凹面	SSⅡ2 二 Y4	图三一，12；图版二四，3
				97SST2114③：27 凹面	SSⅡ2 二 J1	

序号	印文	字体	戳印形制（厘米）	标本编号及戳印位置	标本出土位置	图号
21	㠯		A：近方形；边长 2	98SSⅠY11：4 凹面	SSⅠ1Y2	图三一，13
				96SST1411③：28 凹面	SSⅢ1 — Y1	
				96SST1913③：19 凹面	SSⅡ2 三 Y1	
			B：近方形；边长 1.8	97SST2516③：2 凹面	SSⅡ1 五	图三一，14
				94SST1111③：13 凹面	SSⅢ1 二 Y1	
22	□		长方形，有边桳；长 1.7、宽1.6	95SST1215③：2 凹面	SSⅢ2 — J1	图三一，15
23	樂		近方形；边长 1.7	94SST1010③：4 凹面	SSⅢ1 二 Y1	图三一，16；图版二四，4
				96SST1913③：18 凹面	SSⅡ2 三 Y1	
24	□		长方形，有边桳；长 3、宽2.5	94SST1010③：5 凹面	SSⅢ1 二 Y1	图三二，1
25	□		方形，有边桳；边长 3	96SST1512③：3 凹面	SSⅠ1 Y6	图三二，2；图版二四，5
26	□		方形，有边桳；边长 28	97SST2416③：7 凹面	SSⅡ1 五	图三二，3
27	□		方形，有边桳；边长 2.5	97SST2615③：1 凹面	SSⅡ1 二 Y1	图三二，4；图版二四，6
28	□		方形；边长 2.3	96SSⅡDJ2：30 凹面	SSⅡ2 三 J1	图三二，5
29	□		近方形；边长 2.3	94SST1111③：15 凹面	SSⅢ1 二 Y1	图三二，6
30	□		长方形；长 2.4、宽 2	95SST1215③：3 凹面	SSⅢ2 — J1	图三二，7
31	□		长方形；长 2.3、宽 2.1	96SSⅠBF1：19 凹面	SSⅢ1 — F1	图三二，8
32	□		凹面近方形，有边桳；边长 2.4	96SSⅡDY3：77	SSⅡ2 三 Y1	图三二，9
33	□		近方形，有边桳；边长 2.5	94SST1111③：5 凹面	SSⅢ1 二 Y1	图三二，10
34	□		方形；边长 1.9	97SST2114 南井：32 凹面	SSⅡ2 二 J1	图三二，11；图版二四，7

序号	印文	字体	戳印形制（厘米）	标本编号及戳印位置	标本出土位置	图号
35	□		方形，有边椁；边长1.9	96SSⅡDY2：105 凹面	SSⅡ2 三 Y4	图三二，12；图版二四，8
36	高		不规整；长1.5、宽1.2	97SST2114 南井：31 凹面	SSⅡ2 二 J1	图三二，13
37	□		阴文；方形；边长1.5	94SST1111③：14 凹面	SSⅢ1 二 Y1	图三二，14
38	□		近方形；边长1.7	94SST1115③：1 凹面	SSⅢ2 三 Y3	图三二，15
39	□		长方形；长2.1、宽1.9	96SSⅡDY2：20 凹面	SSⅡ2 三 Y4	图三三，1；图版二四，9
40	書		A：长方形，有边椁；长2.2、宽1.8	97SST2516③：1 凹面	SSⅡ1 五	图三三，2
				97SST2416③：3 凹面		
				96SSⅡDY3：76 凹面	SSⅡ2 三 Y1	
			B：长方形，有边椁；长2.2、宽1.9	97SST2114 北井：24 凹面	SSⅡ2 二 J1	图三三，3；图版二五，1
41	慶		A：长方形；长1.8、宽1.4	94SST1111③：11 凹面	SSⅢ1 二 Y1	图三三，4
				95SST1215③：4 凹面	SSⅢ2 一 J1	
	□		B：长方形；长1.9、宽1.4	97SST2815③：18 凹面	SSⅡ1	图三三，5
				96SST1913③：20 凹面	SSⅡ2 三 Y1	
				97SST2114 南井：44 凹面	SSⅡ2 二 J1	
42	倉		近长方形；长1.2、宽1	96SSⅡDJ3：13 凹面	SSⅡ2 三 J1	图三三，6
43	潒?		方形，有边椁；边长1.7	98SST1806③：1 凹面	SSⅠ1 南侧	图三三，7
44	淵?		A：近方形；边长1.5	97SST2615③：2 凹面	Ⅱ1 二 Y1	图三三，8；图版二五，2
				94SST1011③：3 凹面	SSⅢ1 二 Y2	
			B：长方形；长1.6、宽1.5	96SSⅡDY2：104 凹面	SSⅡ2 三 Y4	图三三，9

序号	印文	字体	戳印形制（厘米）	标本编号及戳印位置	标本出土位置	图号
45	絲		长方形；长1.5、边长1.4	94SST1110③：2 凹面	SSⅢ1 二 Y1	图三三，10；图版二五，3
				96SSⅡDJ2：29 凹面	Ⅱ2 三 J1	
				96SSⅡDJ2：31 凹面		
46	赤		长方形；长1.2、宽1	96SSⅡDY3：78 凹面	SSⅡ2 三 Y1	图三三，11；图版二五，4
47	□		长方形；长1.4、宽1.2	97SST2114 南井：38 凹面	SSⅡ2 二 J1	图三三，12
48	臣		方形；边长1.4	95SST1210③：1 背面	SSⅢ1 一 Y1	图三三，13
49	□		阴文；近长方形，边略弧；长1.7、宽1.3	97SST2114 南井：33 凹面	SSⅡ2 二 J1	图三三，14
50	眾		长方形；长1.5、宽1.3	97SST2816③：50 凹面；有两个相同的戳印	SSⅡ1	图三三，15
51	□		阴文；残爿；长1.8、宽1.4	96SSⅡDJ2：21 凹面	SSⅡ2 三 J1	图三三，16
52	□		B：方形，有边椁；边长1.2	96SSⅠBF1：21 凹面	SSⅢ1 一 F1	图三三，17
			A：方形，有边椁；边长1.2	96SSⅡDY2：106 凹面	SSⅡ2 三 Y4	图三三，18；图版二五，5
53	□		不规整；长1、宽0.8	97SST2416③：6 凹面	SSⅡ1 五	图三三，19
54	楊安		方形，有边椁；边长0.9	96SSⅡDJ2：27 凹面	SSⅡ2 三 J1	图三三，20；图版二五，6

附表一八　石碑地遗址出土筒瓦戳印登记表

序号	印文	字体	戳印形制（厘米）	标本编号及戳印位置	标本出土位置	图号
1	登		A：长方形；长1.4、宽1.3	94SST1116③：2凸面	SSⅢ3二Y1	图三四，1；图版二五，7
			B：长方形；长1.4、宽1.3	94SSⅢF2：17凸面	SSⅢ1二F2	图三四，2；图版二五，8
			C：长方形；长1.4、宽1.3	94SST1513③：2凸面	SSⅠ1Y6	图三四，3；图版二五，9
				94SSⅢF2：4凸面	SSⅢ1二F2	
2	筶		近方形；边长1.6	96SST2013③：7凸面	SSⅡ2三Y2	图三四，4；图版二六，1
				96SSⅡDY3：72凸面	SSⅡ2三Y1	
3	弗		A：方形；边长2	96SST1512③：2凸面	SSⅠ1Y6	图三四，5；图版二六，2
				98SST2114北井：12凸面	SSⅡ2二J1	
				94SST1111③：17凸面	SSⅢ1二Y1	
			B：长方形；长1.8、宽1.5	96SSⅡDY2：25凸面	SSⅡ2三Y4	图三四，6
			C：椭圆形；长径2.2、短径1.5	96SSⅠBF1：16凸面	SSⅢ1一F1	图三四，7
				96SSⅠBF1：10凸面		
			D：圆形；直径2	96SSⅡDY2：18凸面	SSⅡ2三Y4	图三四，8；图版二六，3
				96SSⅡDY2：19凸面	SSⅡ2三Y1	
				96SSⅡDY3：10凸面		
4	筍		A：近方形；边长1.7	96SSⅡDJ2：33凸面	SSⅡ2三J1	图三四，9；图版二六，4
				96SST1411③：25凸面	SSⅢ1一Y1	
				96SSⅡDJ2：32凸面	SSⅡ2三J1	
			B：长方形；长1.8、宽1.5	94SST1111③：6凸面	SSⅢ1二Y1	图三四，10
			C：近方形；边长1.7	94SST1110③：1凸面	SSⅢ1二Y1	图三四，11；图版二六，5
				96SST1411③：23凸面	SSⅢ1一Y1	
5	中		A：长方形；长1.6、宽15	96SSⅡDY2：43凸面	SSⅡ2三Y4	图三四，12；图版二六，6
				94SST1111③：4凸面	SSⅢ1二Y1	
				97SST2114南井：9凸面	SSⅡ2二J1	
			B：长方形；有边椁；长1.9、宽1.6	96SSⅡDY3：50凸面	SSⅡ2三Y1	图三四，13

序号	印文	字体	戳印形制（厘米）	标本编号及戳印位置	标本出土位置	图号
5	中		C：长方形；有边框；长1.9、宽1.6	96SST1410③：1 凸面	SSⅢ1－Y1	图三四，14；图版二六，7
6	同		A：长方形；长1.8、宽1.4	94SST1315③：3 凸面	SSⅢ2二Y3	图三四，15；图版二六，8
			B：长方形；长1.8、宽1.3	96SSⅡDY2：37 凸面	SSⅡ2三Y4	图三四，16；图版二六，9
				94SST1114③：3 凸面	SSⅢ2三Y1	
			C：长方形，下端略外弧；长1.9、宽1.4	96SSⅡDY3：70 凸面	SSⅡ2三Y1	图三五，1
				95SST1214③：3 凸面	SSⅢ2－J1	
				94SST1010③：1 凸面	SSⅢ1二Y1	
7	有尔（鉨）		A：方形；边长1.8	94SST1111③：2 凸面	SSⅢ1二Y1	图三五，2
			B：方形；边长1.8	97SST2813③：11 凸面	SSⅡ1	图三五，3；图版二七，4
				94SST1111③：1 凸面	SSⅢ1二Y1	
				98SSⅠY11：30 凸面	SSⅠ1Y2	
				97SST2816③：15 凸面	SSⅡ1	
			C：长方形；长1.8、宽1.6	96SSⅡDY3：14 凸面	SSⅡ2三Y1	图三五，4；图版二七，5
				94SST1211③：7 凸面	SSⅢ1二Y1	
				96SST1510③：2 凸面	SSⅠ1Y6	
				96SSⅡDJ2：9 凸面	SSⅡ2三J1	
8	章		A：长方形；长2.5、宽1.9	96SSⅡDY2：30 凸面	SSⅡ2三Y4	图三五，5
				96SSⅡDY2：32 凸面		
			B：长方形；长2.2、宽1.8	94SST1111③：7 凸面	SSⅢ1二Y1	图三五，6；图版二七，6
				96SSⅡDY2：31 凸面	SSⅡ2三Y4	
				96SST1214③：2 凸面	SSⅢ2－J1	
9	简		A：长方形；长1.8、宽1.5	94SST1010③：6 凸面	SSⅢ1二Y1	图三五，7
			B：长方形；长2.3、宽1.6	96SSⅡDY2：35 凸面	SSⅡ2三Y4	图三五，8；图版二七，1

序号	印文	字体	戳印形制（厘米）	标本编号及戳印位置	标本出土位置	图号
10	□		A：长方形；长 1.4、宽 1.1	96SST1510③：6 凸面	SS Ⅰ 1Y6	图三五，9；图版二七，2
			B：长方形；长 1.4、宽 1.1	94SST1112③：3 凸面	SS Ⅲ 1 一 F2	图三五，10；图版二七，3
				97SST2114 南井：7 凸面	SS Ⅱ 2 二 J1	
				94SST1113③：1 凸面	SS Ⅲ 3 三 Y1	
11	裔		A：长方形；长 1.6、宽 1.2	94SST1111③：9 凸面	SS Ⅲ 1 二 Y1	图三五，11
			B：长方形；长 1.8、宽 1.3	96SS Ⅱ DY2：38 凸面	SS Ⅱ 2 三 Y4	图三五，12；图版二七，7
12	之		阴文；方形；边长 1.5	94SST1010③：2 凸面	SS Ⅲ 1 二 Y1	图三五，13
13	□		A：方形，有边椁；边长 1.4	94SST1111③：3 凸面	SS Ⅲ 1 二 Y1	图三五，14
				96SS Ⅱ DY3：61 凸面	SS Ⅱ 2 三 Y1	
			B：方形，有边椁；边长 1.4	96SS Ⅱ DY3：8 凸面	SS Ⅱ 2 三 Y1	图三五，15；图版二七，8
14	悁		阴文；方形；边长 1.6	94SST1316③：2 凸面	Ⅲ3 一 Y1	图三五，16；图版二七，9
				96SS Ⅱ DY3：59	SS Ⅱ 2 三 Y1	
15	敝		方形；边长 1.7	96SS Ⅱ DJ2：1 凸面	SS Ⅱ 2 三 J1	图三六，1；图版二八，1
				96SS Ⅱ DJ2：3 凸面		
16	歇		方形；边长 1.6	94SST1111③：16 凸面	SS Ⅲ 1 二 Y1	图三六，2
				94SST1010③：3 凸面	SS Ⅰ 1Y6	
				96SST1510③：7 凸面		
17	最（最）		A：方形；有边椁；边长 1.9	95SST1215③：1 凸面	SS Ⅲ 2 一 J1	图三六，3；图版二八，2
				96SS Ⅰ BF1：14 凸面	SS Ⅲ 1 一 F1	
				96SS Ⅰ BF1：17 凸面		
				96SS Ⅱ DJ2：46 凹面	SS Ⅱ 2 三 J1	
			B：方形，有边椁；边长 1.9	94SST1111③：8 凸面	SS Ⅲ 1 二 Y1	图三六，4
				97SST2216③：4 凹面	SS Ⅱ 2 二 Y1	
				97SST2614③：1 凸面		
				96SS Ⅱ DJ2：93 凹面	SS Ⅱ 2 三 J1	

序号	印文	字体	戳印形制（厘米）	标本编号及戳印位置	标本出土位置	图号
18	處		长方形；长2、宽1.4	96SSⅠBF1∶18 凹面	SSⅢ1—F1	图三六，5
19	間		方形；边长1.8	96SSⅡDY2∶12 凸面	SSⅡ2三Y4	图三六，6
20	器?		A：方形，有边樟；边长1.9	96SST1913③∶16 凸面	SSⅡ2三Y1	图三六，7
			B：方形，有边樟；边长1.9	96SST1914③∶4 凸面	SSⅡ2三Y1	图三六，8；图版二八，3
				96SSⅠBF1∶11 凸面	SSⅢ1—F1	
21	童年		方形，有边樟；边长1.8	97SST2114 南井∶24 凸面	SSⅡ2二J1	图三六，9；图版二八，4
				97SST2216③∶3 凸面	SSⅡ2二Y1	
22	□		长方形；长1.7、宽、1.5	96SSⅡDJ3∶12 凸面	SSⅡ2二J1	图三六，10
23	□		近方形；边长1.2	94SST1114③∶2 凸面	SSⅢ3三Y1	图三六，11
				95SST1214③∶1 凸面	SSⅢ2—J1	
24	□		方形；边长1.4	96SSⅡDY2∶40 凸面	SSⅡ2三Y4	图三六，12；图版二八，5
25	高		A：近方形；边长1.3	96SSⅡDY2∶99 凹面	SSⅡ2三Y4	图三六，13；图版二八，6
			B：近方形，边缘略内弧；边长1.2	96SST1913③∶21 凸面	SSⅡ2三Y1	图三六，14；图版二八，7
			C：近方形；边长1.3	96SSⅡDY2∶84 凸面	SSⅡ2三Y4	图三六，15
26	公孙申		方形；边长0.9	98SST1810③∶1 凸面	SSⅠ1Y3	图三六，16
27	□		长方形，有边樟；长2.6、宽2.4	97SST2216③∶2 凸面	SSⅡ2二Y1	图三七，1
28	□		椭圆形；长径2.1、短径1.8	94SSⅢF1∶1 凸面	SSⅢ1—F2	图三七，2

序号	印文	字体	戳印形制（厘米）	标本编号及戳印位置	标本出土位置	图号
29	□		近方形；边长 1.8	97SST2114 南井：3 凸面	SS Ⅱ 2 二 J1	图三七，3
30	□		长方形；长 2.2、宽 1.3	94SST1112③：2 凸面	SS Ⅲ 1 一 F2	图三七，4
31	□		方形，有边樟；边长 1.9	94SST1315③：1 凸面	SS Ⅲ 2 二 Y3	图三七，5
32	□		近方形，有边樟；边长 1.9	96SST1811③：2 凸面	SS Ⅰ 1Y5	图三七，6
33	□		方形，有边樟；边长 1.8	94SST1316③：1 凸面	SS Ⅲ 3 一 Y1	图三七，7
34	□		长方形，有边樟；长 2、宽 1.5	97SST2216③：5 凸面	SS Ⅱ 2 二 Y1	图三七，8
35	□		近方形；边长 1.8	96SS Ⅱ DY3：15 凸面	SS Ⅱ 2 三 Y1	图三七，9
36	□		方形；边长 1.5	96SS Ⅰ BF2：6 凸面	SS Ⅲ 1 一 F2	图三七，10
37	□		方形；边长 1.4	96SS Ⅱ DY3：14 凸面	SS Ⅱ 2 三 Y1	图三七，11
38	□		方形；边长 1.5	96SS Ⅱ DY2：24 凸面	SS Ⅱ 2 三 Y4	图三七，12；图版二八，8
39	□		方形，有边樟；边长 1.5	96SS Ⅱ DY3：71 凸面	SS Ⅱ 2 三 Y1	图三七，13
40	□		阴文；方形；边长 1.4	96SS Ⅱ DY3：73 凸面	SS Ⅱ 2 三 Y1	图三七，14

附表一九　石碑地遗址出土汉代甲类 Aa 型"千秋万岁"瓦当登记表

出土位置	原编号	颜色	规格（厘米）			备　注
			当面径	边轮宽	外圈径	
汉Ⅰ1台基东南部边缘	98SST1909②:1	浅灰	19~19.2	0.4	17.6~18	图二二一，1；图版一八七，3
	98SST1909②:3		19	0.5	18	图二二一，2
	98SST1909②:4	黄褐	19.5~19.7	0.5	18	图二二一，3；图版一八七，4
	98SST1909②:5	黄褐		0.5		残
汉Ⅰ1Y3内	99SSⅠY2:12	灰黑	19.6	1.3	16.6	
	99SSY2:6	青灰	19.7	0.8	18.2	
汉Ⅰ1台基东北部慢道附近	ⅠY13:1	浅灰	19~20	0.3~0.7	18	图二二一，4；图版一八八，1
	ⅠY13:5	红褐	19~19.5	0.5	17.6~18	图二二一，5；图版一八八，2
	ⅠY13:13	黄褐	19	0.3-0.6	17.6	图二二一，6；图版一八八，3
	ⅠY13:7	灰黑	19.5	0.6		残
	ⅠY13:9	黄褐	19.5	0.6		残
	ⅠY13:14	灰黑	19.6	0.8		残
汉Ⅰ1Y4内	97SSY1①:1	黄褐	19.6	0.5		图二二二，1；图版一八九，1
	99SSⅠ区院2:3	黄褐	19.4	0.7		残
	99SSⅠ区院2:5	灰色	19.6	0.6		残
汉西门	汉Ⅰ区2组西门:1	黄褐	19.4	0.5		残
汉Ⅰ3①	91SSTA8②:1	黄褐	19.4	0.6	18	图二二二，2；图版一八九，4
汉Ⅱ区	97SST2812②:1	黄褐				残
采集品	SS采:1	黄褐	19.2~19.5	0.5	18	图二二二，3；图版一八九，3
	88SS采:12	黄褐	19.5	0.6	18	图二二二，4；图版一八九，2

① 出土于秦第Ⅰ区第3组建筑附近，推测该地有汉代建筑，但保存不好，故编号为Ⅰ3。

附表二〇　石碑地遗址出土汉代甲类 **Ab** 型"千秋万岁"瓦当登记表

出土位置	原编号	颜色	规格（厘米）			备　注
			当面径	边轮宽	外圈径	
汉 I 1 台基东南	98SST1909②：2	灰黑	19.5	0.3	18.5	布纹内切轮修； 图二二三，1；图版一九〇，1
汉 I 1 台基东北部慢道附近	I Y13：3	灰黑	19.4～19.8	0.3	18.2	背有窄沿内切剖面； 图二二三，2；图版一九〇，2
	I Y13：6	灰黑	19.4～19.6	0.5	18.5	图二二三，3；图版一九〇，3
	I Y13：20	灰黑		0.5	18	图二二三，4；图版一九一，2
汉 I 3	91SSTA8②：2	黄褐	19.4	0.3	18.2	图二二三，5；图版一九一，3
采集	SS 采：1	青灰	19.3	1.1	16.7	

附表二一　石碑地遗址出土汉代甲类 B 型"千秋万岁"瓦当登记表

出土位置	原编号	颜色	规格（厘米）			备　注
			当面径	边轮宽	外圈径	
汉 Ⅰ 1 台基东侧慢道附近	Ⅰ Y13：2	灰色	17.5	1.2～1.6	15.2	图二二四，1；图版一九二，2
	Ⅰ Y13：4	灰色	17.7	1.4	14.8	图二二四，2；图版一九二，1
	Ⅰ Y13：12	灰色	17.3	1～1.4	15	图二二四，3；图版一九二，3
	Ⅰ Y13：8	黄褐		0.8～1.5		残
	Ⅰ Y13：10	灰色		1.5		残
	Ⅰ Y13：11	灰色		1.3		残
汉 Ⅰ 1Y3 附近	99SSⅠY2：1	浅灰	17.9	1.3	15	图版一九一，1
	99SSⅠY2：4	灰色	17.5	1.2～1.4	15	图二二四，5；图版一九三，1
	99SSⅠY2：7	灰色	17	1.2	14.8	图二二四，6
	99SSⅠY2：8	灰色	17	1.2	14	图二二四，4
	99SSⅠY2：9	黄褐	17.6	1.2～1.6	15	
	99SSⅠY2：51	灰色		1.4～2.1		残
	99SSⅠY2：2	灰色		1.2		残
	99SSⅠY2：50	黄褐		1		残
汉 Ⅰ 2 北部廊道	94SST0810：1	黄褐	17～17.4	0.7～1.7	14.8	背面宽平沿，切开成两筒瓦；图二二五，1；图版一九三，2
	H1008：1	浅灰	18	1.5	15	背宽平沿，切成两筒瓦，孔，内切；图二二五，2；图版一九三，3
汉 Ⅱ 区东部边缘	97SST2814②：8	黄褐	17.7	1.1～1.7	15	图二二五，3；图版一九四，3
	97SST2714②：1	黄褐	17.5	1～2	15	图二二五，4；图版一九四，1
采集品	86SQ 千 10	灰色	17.2	0.6～1.3	15	图二二五，5；图版一九四，2
	86SQ 千 11－1	灰黑		0.6		残
	86SQ 千 11－2	灰黑		0.8		残
	86SQ 千 6	黄褐	17	1.1		残

附表二二　石碑地遗址出土汉代乙类"千秋万岁"瓦当登记表

类型		出土位置	原编号	颜色	规格（厘米）			备　注
					当面径	边轮宽	外圈径	
乙A		汉Ⅰ1Y4附近	99SSⅠY2：51	黄褐	15.8	0.7～1.3	12.8	图二二六，图版一九五，3
乙Ba	第1种	汉Ⅰ1台基东侧	99SST1909②：6	灰色	20	1.2	16.2	图二二七，1
		采集品	86SQ千6	灰色	20	1.2	16.2	图二二七，2；图版一九五，2
		汉Ⅰ1台基北部	SST1513②：1	黄褐		1		图二二七，5
	第2种	汉Ⅰ1Y2	98SS汉Y2：3	黄褐	18.8	无		图二二七；3；图版一九五，1
		汉Ⅰ1台基东北	99SSⅠY13：20	黄褐	19	无		图二二七，4
		汉Ⅰ1台基东侧	99SST1909②：9	黄褐				残存"岁"字
乙Bb		汉Ⅰ2北部廊道	SST0809②：1	黄褐	18.5	1	14.5	图二二八，1；图版一九六，3
		汉Ⅰ1Y4	98SST1609②：1	黄褐	18.5	1	14.5	图二二八，2
		汉Ⅰ1台基东侧	99SST1909②：7	黄褐				图二二八，3；图版一九六，2
			99SST1909②：8	黄褐		1		图二二八，4；图版一九六，1
			98SST1909②：5	青灰	19.9	1.3	16.3	
		SSⅡ1F2北侧	T2816②：1	青灰	18.2	0.9	14	

附表二三　石碑地遗址出土汉代云纹瓦当登记表

类型	出土位置	原编号	颜色	规格（厘米）			备　注
				当面径	边轮宽	外圈径	
A 型	汉Ⅰ1 台基东北部慢道附近	99SSⅠY13：15	黄褐	20	0.7 ~ 1.8	17	图二二九，1；图版一九七，1
		99SSⅠY13：16	灰色	19	0.5	16.4	图二二九，4
		99SSⅠY13：17	灰色	17.5	0.5 ~ 0.7	14.7	图二二九，2；图版一九七，2
		99SSⅠY13：18	黄褐	17	0.5		残
		99SSⅠY13：19	黄褐	17	0.5		残
B 型	汉Ⅰ1Y4 附近	99SSⅠY2：10	灰色	19		15.5	图二二九，3；图版一九七，3
	汉Ⅰ1 台基东侧	99SST1909②：4	灰色	19			残

附表二四　石碑地遗址复原陶圈统计表　　　　　　　　（单位：厘米）

标本号	质地	颜色	口径	上部高	下部高	底径	备　注
97SST2814②：2	夹砂	灰色	61	5.5	4.5	48	图二三一，1；图版一九九，1
97SST2814②：5	夹砂	灰色	54	5	4	42	图二三一，3；图版二〇〇，1
97SST2814②：9	夹砂	灰色	68	4.2	4	53	图二三一，2；图版一九九，2、3
97SST2815②：3	夹砂	灰色	63	5	3	50	图二三一，4；图版二〇〇，2、3

附表二五　周家南山遗址出土瓦当登记表

类型①		编号	线条	颜色	规格（厘米）				备　注②
					直径	缘宽	外圈	内圈	
乙类半瓦当	Ba	99SZG1③∶4	细	青灰	19.3	1.4	16	4.8	⊙；图三〇七，1；图版二四八，4
	Ba	99SZG1③∶1	粗	青灰	18.7	1	15.3	5.2	⊙；图三〇七，2
	Ba	99SZY1∶1	细	灰褐	19.6	1.2	16.9	5.1	⊙□；图三〇七，3；图版二四八，2
	Ba	99SZG1③∶5	粗	青灰	19.3	1.5	15.5	残	□
	Ba	99SZY2∶28	细	青灰	残9.5	1.3	残6	残	
	Ba	99SZY3∶4	细	青灰	残8	1	残6.6	残	
	Ba	99SZY1∶3	细	黄褐	残7.8	1.2	残6.7	残	
	Ba	99SZG1③∶2	细	灰褐	残9.6	残	残	5.3	
	Ba	99SZY1∶12	粗	灰褐	残13	1	残3	残	□
	Ba	99SZY1∶13	粗	灰褐	残11.2	1.3	残1.4	残	□
	Ba	99SZY3∶1	细	青灰	残7.5	1.3	残1.5	残	□
	Ba	99SZY3∶3	粗	黄褐	残3	1.4	残4	残	
丙类圆瓦当	A	99SZY5∶11	粗	灰褐	残8.6	1.5	残16.6	残	图三〇八，1；图版二四八，1
	D	99SZY1∶22	细	黄褐	残10	0.7	残8.8	4.3	图三〇八，2
	D	99SZY2∶30	细	黄褐	残8	0.9	残6	残	图三〇八，3
	D	99SZY6∶17	细	灰褐	残5.2	0.8	残6	残	
	D	99SZY2∶42	细	灰褐	残5.4	0.5	残3.7	残	

① 乙类：半瓦当，B型，夹贝卷云纹（Ba型：卷云卷曲部分为两周，Bb型：卷云卷曲部分为三周）。丙类：圆瓦当，A型，夹贝卷云纹，D型，夹心卷云纹。
② "⊙"表示当面完整或可复原；"□"表示瓦身带戳印。

附表二六　周家南山遗址出土板瓦戳印登记表

序号	印文	字体①	戳印形制（厘米）	戳印位置	标本编号	图号
1	冗	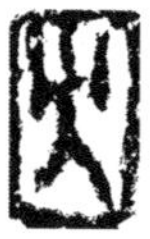	长方形；长2.4、宽1.4	凹面	99SZY2:8	图三一一，1
2	門	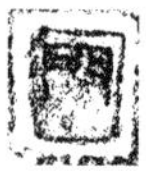	长方形，有边椁；长2.2、宽1.9	凹面	99SZY1:17	图三一一，2
3		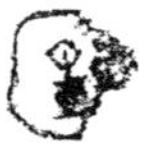	圆角方形；边长2.2厘米	凹面	99SZY1:16	图三一一，3
4		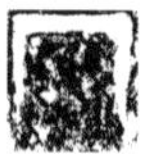	方形，有边椁；边长2. 3	凹面	99SZY1:20	图三一一，4
5		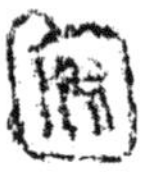	近方形；边长1.4	凹面	99SZY1:19	图三一一，5
6	□	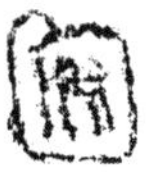 s	A；方形，有边椁；边长1.5	凹面	99SZY5:10	图三一一，6
		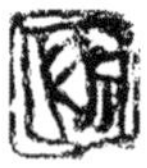	B：方形，有边椁；边长1.45	凹面	99SZY2:15	图三一一，7
7	買	j 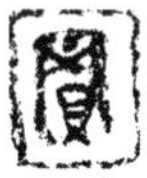 s	长方形；长2、宽1.6	凹面	99SZY2:11	图三一一、8
8	強	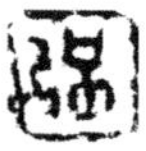	近方形；边长1.7	凹面	99SZY1:18	图三一一，9
9	樂	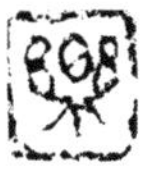 s	长方形；长1.9、宽1.7	凹面	99SZY2:10	图三一一，10

① 戳印的右下角带有“s”的表示在石碑地秦代建筑基址中发现有相同的戳印；戳印的左下角带有“j”的表示在大金丝屯秦代窑址中出土有相同的戳印。下同。

附表二七　周家南山遗址出土筒瓦及瓦当筒体戳印登记表

序号	印文	字体	戳印形制（厘米）	戳印位置	标本编号	图号
1	弔		近方形；边长 1.9	凸面	99SZY1：13	图三一二，1
2	最（最）		近方形，有边椁；边长 1.9	凸面	99SZY1：11	图三一二，2
3	用		近方形，有边椁；边长 1.8	凸面	99SZY4：10	图三一二，3
4	章		长方形；长 2、宽 1.5	凸面	99SZY1：21	图三一二，4
5	登		近方形，无边椁；边长 1.5	凸面	99SZY2：39	图三一二，5
6	之		长方形，无边椁；长 1.6、宽 1.4	凸面	99SZY3：1 / 99SZG1③：5	图三一二，6
7	□		近方形，有边椁；边长 1.7	凸面	99SZY4：5	图三一二，7
8	有尔（鈢）		方形；边长 1.7	凸面	99SZY1：12 / 99SZY1：1	图三一二，8
9	合		近方形，有边椁；边长 1.3	凸面	99SZY2：44	图三一二，9
10	中		近方形；边长 1.4	凸面	99SZY1：9	图三一二，10
11	□		长方形；长 1.3、宽 1	凸面	99SZY1：14	图三一二，11

附表二八　大金丝屯遗址出土瓦当登记表

类型①		编号	线条	颜色	规格（厘米）				备　注②
					直径	缘宽	外圈	内圈	
乙类	Aa	SJⅢG1⑥：91		青灰	18.8	0.6~0.9			⊙；图三四九，1
	Ab	SJⅢG1⑥：92		青灰	18.7	0.6~0.9			⊙；图三四九，2
	Ab	SJⅢG1⑥：93		黄褐	18.8	0.7~0.9			⊙；图三四九，3；图版二六四，2
	Ba	SJⅡG1⑤：22	细	青灰	残9.5	0.8	残8.1	残2.4	
	Ba	SJⅡG1⑤：20	细	青灰	残10	0.9	残6.2	残	
	Ba	SJⅡG1⑤：21	细	青灰	5.5	1	残6.4	残	
	Ba	SJⅡG1⑤：23	细	青灰	残3.8	0.9	残3.8	残	
	Ba	SJⅡG1⑤：24	细	青灰	残3.6	1	残3.4	残	
	Bb	SJⅡG1⑤：26	粗	青灰	19	1.4	15.5	5.5	⊙；图三四九，4；图版二六五，2
	Bb	SJⅡG1⑤：139	粗	灰褐	19.5	1.7	15.6	残	
丙类	Aa	SJⅡG1⑤：15	粗	灰褐	19.2	1.4	15.7	5.4	⊙；图三五〇，1
	Aa	SJⅢG1⑥：90	粗	青灰	19.4	1.4	16.2	5.5	⊙；图三五〇，2；图版二六五，4
	Aa	SJⅡG1⑤：18	细	灰褐	残6.8	0.9	残5.5	残	
	Aa	SJⅡG1⑤：16	细	灰褐	残7.8	1	残6	残	
	Aa	SJⅡG1⑤：17	粗	黄褐	残7.5	1.2	残5.7	残	

① 乙类：半瓦当。A型，几何纹（Aa型，细线条。Ab型，粗线条）。B型，夹贝卷云纹（Ba型：卷云卷曲部分为两周。Bb型，卷云卷曲部分为三周）。丙类：圆瓦当。A型，夹贝卷云纹。Aa型卷云卷曲部分为两周。

② "⊙"表示当面完整或可复原。

附表二九　大金丝屯遗址出土板瓦戳印登记表

序号	印文	字体①	戳印形制（厘米）	戳印位置	标本编号	图号
1	安		A：方形，有边椁；边长 2.2	凹面	SJ Ⅲ G1⑥：55	图三六〇，1
			B：方形；边长 2	凹面	SJ Ⅲ G1⑥：47	图三六〇，2
2	粥		方形，有边椁；边长 1.9	凹面	SJ Ⅲ G1⑥：46，	图二六〇，3
3	何		长方形；边长 2.2	凹面	SJ Ⅱ G1⑤：90	图三六〇，4
4	强		长方形；长 2.1、宽1.7	凹面	SJ Ⅱ G1⑤：117	图三六〇，5
					SJ Ⅱ G1⑤：90	
5	閻		长方形，有边椁；长 2.1、宽1.7	凹面	SJ Ⅲ G1⑥：53	图三六〇，6
6	興		方形，有边椁；边长2.2	凹面	SJ Ⅱ G1⑤：118	图三六〇，7
7	章		长方形；长 2、宽1.6	凹面	SJ Ⅲ G1⑥：57	图三六〇，8
8	書		A：长方形，有边椁；长 2.1、宽1.9	凹面	SJ Ⅲ G1⑥：51	图三六〇，9
					SJ Ⅱ G1⑤：120	
			B：长方形，有边椁；长 2.2、宽1.9	凹面	SJ Ⅲ G1⑥：52，	图三六〇，10
9	真		长方形，有边椁。长 2.1、宽1.3	凹面	SJ Ⅱ G1⑤：111	图三六〇，11
10	□		方形，有边椁；边长2.1	凹面	SJ Ⅲ G1⑥：68	图三六〇，12
11	胡		A：近方形，有边椁；边长 2.2	凹面	SJ Ⅲ G1⑥：92、56	图三六〇，13
					SJ Ⅲ G1⑥：101、54	
					SJ Ⅲ G1⑥：60、63	
					SJ Ⅲ G1⑥：48、67	

① 戳印的右下角带有 "s"、左下角带有 "z" 的分别表示在石碑地遗址、周家南山遗址秦代建筑基址中发现有相同的戳印，下同。

序号	印文	字体	戳印形制（厘米）	戳印位置	标本编号	图号
11	胡		B；近方形，有边椁；边长2.2	凹面	SJ Ⅲ G1⑥：54、60	图三六〇，14
					SJ Ⅲ G1⑥：63	
12	買		A：长方形；长1.9、宽1.6	凹面	SJ Ⅲ G1⑥：22	图三六〇，15
					SJ Ⅲ G1⑥：62、77	
					SJ Ⅱ G1⑤：89、91	
					SJ Ⅱ G1⑤：95、97	
					SJ Ⅱ G1⑤：98、113	
			B；长方形；长1.9、宽1.6	凹面	SJ Ⅱ G1⑤：104、105	图三六〇，16
					SJ Ⅱ G1⑤：106、113	
					SJ Ⅱ G1⑤：123、124	
13	俗		方形；有边椁，边长1.8	凹面	SJ Ⅱ G1⑤：110	图三六一，1
14	裔		长方形；长1.4、宽1.2	凹面	SJ Ⅲ G1⑥：50	图三六一，2
					SJ Ⅲ G1⑥：60	
15	赤		近方形；边长1.1	凹面	SJ Ⅲ G1⑥：49	图三六一，3
					SJ Ⅱ G1⑤：104	
16	□		长方形；长1.5、1	凹面	SJ Ⅱ G1⑤：107	图三六一，4
17	□		近方形，有边椁；边长1.8	凹面	SJ Ⅲ G1⑥：72	图三六一，5
18	食		A：近方形；边长1.9	凹面	SJ Ⅱ G1⑤：94	图三六一，6
					SJ Ⅲ G1⑥：93	
					SJ Ⅲ G1⑥：61	
			B：近方形；边长1.9	凹面	SJ Ⅱ G1⑤：96	图三六一，7
					SJ Ⅱ G1⑤：88	

附表三〇　大金丝屯遗迹出土筒瓦及瓦当筒体戳印登记表

序号	印文	字体①	戳印形制（厘米）	戳印位置	标本编号	图号
1	宏		长方形，无边椁；长1.9、宽1.7	凸面	SJⅢG1⑥：40	图三六二，1
2	□		近方形，有边椁；边长1.7	凸面	SJⅢG1⑥：37	图三六二，2
3	□		近方形，有边椁；边长1.6	凸面	SJⅢG1⑥：38	图三六二，3
4	□		A：长方形；长1.4、宽1	瓦当体凸面	SJⅢG1⑥：29、42 SJⅡG1⑤：66	图三六二，4
			B：长方形；长1.4、宽1.1	凸面	SJⅢG1⑥：28、30、34、35 SJⅢG1⑥：74 SJⅡG1⑤：67、69、70、71、72	图三六二，5
5	中		A：长方形；长1.6、宽1.4	凸面	SJⅢG1⑥：20、21、22、23、24、28、39 SJⅡG1⑤：25、26、33、34、35、36、38、40、41、42、43、44、45、46、47、48、50、51、52、53、54、56、61、62、64、65、68、72	图三六二，6
			B：长方形，有边椁；长1.6、宽1.3	瓦当体凸面	SJⅢG1⑥：23、31、32、33 SJⅡG1⑤：49	图三六二，7

① 戳印的右下角带有"s"表示在石碑地秦代建筑基址中发现有相同的戳印；戳印的左下角带有"z"的表示在周家南山遗址秦代建筑基础中发现有相同的戳印。

后 记

自 1986 年始，在辛占山先生的主持下，我们便陆续编写遗址发掘简报，为报告编写确立了基本框架。2000 年以后，陆续对遗址发掘资料进行系统整理，为报告编写奠定了坚实的基础。2008年 7 月始，由华玉冰、杨荣昌（现在深圳市龙岗区文管办工作）主持，省考古所派出李霞、实习学生王银平、考古学员华正杰、王晓磊组成报告编写组，全力投入报告编写工作，至 2009 年初形成第一稿。

由辛占山先生提议，曾参加本遗址工作的郭大顺、王成生、万欣、万雄飞、李宇峰、辛岩、王来柱、刘胜刚、梁振晶、傅兴胜、孙立学等同志对第一稿进行了讨论，据讨论意见，我们对报告做了调整、补充与修改，并于 2009 年 6 月完成初稿。

初稿经傅熹年、刘庆柱、郭大顺、辛占山等专家审定，根据专家提出的宝贵建议，由李霞组织华正杰、王晓磊对初稿再次进行修改，于 2009 年 9 月底最后定稿。

本报告是集体劳动的成果，具体分工如下：

华玉冰、杨荣昌承担石碑地遗址的编写工作（戳印文字部分初稿由朱汝田编写）。

万欣、李霞、刘胜刚承担黑山头遗址的编写工作（辛岩同志提供了基础资料与照片）。

王银平（重庆师范大学在读研究生）、孙建军承担了止锚湾、瓦子地遗址的初稿编写工作。

朱汝田（现在广州市考古所工作）、万雄飞承担了周家南山、大金丝屯遗址的编写工作。

初稿文字由华玉冰、杨荣昌、李霞、王银平统稿改定；戳印文字部分均由吉林大学古籍所的冯胜君先生修改审定；线图由华正杰、李霞、王银平、王爽等同志绘制；拓片由华正杰、王晓磊、李军等同志制作；照片由穆启文、杨荣昌、辛岩、万欣等同志摄制。

文物出版社的编辑于炳文、李媛媛对本报告的出版付出了很多心血。

谨对参与本遗址发掘（人员名单参见前言部分）及支持本报告编写的所有同志表示感谢。

本书出版得到

国家重点文物保护专项补助经费资助

姜 女 石

——秦行宫遗址发掘报告

（下册）

辽宁省文物考古研究所　编著

主编　华玉冰　杨荣昌

文物出版社

北京·2010年

姜女石近景（北—南）

图版二

1. 姜女石遗址保护标志

2. 海中远眺石碑地遗址（南—北）

姜女石遗址风貌

1. 全景（西南—东北）

2. 局部（南—北）

石碑地遗址第Ⅰ区T0909北壁剖面图

石碑地遗址发掘区域鸟瞰

石碑地遗址发掘区域全景（北—南）

1.A型（SSⅠ2J1东AB：7）

2.B型（SSⅡ1三F1BB：1）

3.T型（SSⅠ1Y1TB：1）

石碑地遗址出土板瓦

1. A型（SSⅡ2三Y1甲AT：1）

2. B型（SSⅠ2J1北甲BT：1）

石碑地遗址出土甲类筒瓦

1. 甲类（SSⅡ2三Y1甲CT：1）

2. 乙类（SSⅠ1Y3乙T：1）

石碑地遗址出土筒瓦

1. A型（SSⅢ1二Y2南门甲AW：1）

2. B型（SSⅠ1Y2甲BW：1）

石碑地遗址出土甲类瓦当

1. SSⅡ2三Y1乙AW：1

2. SSⅠ1Y6乙AW：1

石碑地遗址出土乙类A型瓦当

1. SSⅡ2三Y1乙BW：8

2. SSⅡ1乙BW：8

石碑地遗址出土乙类Ba型瓦当

1. SSⅢ1—F2乙BW：20

2. SSV西南门乙BW：1

石碑地遗址出土乙类Bb型瓦当

1. 乙类（SSⅡ1乙BW：27）

2. 丙类（SSⅠ1Y2丙AW：7）

石碑地遗址出土瓦当

1. Aa型（SSⅠ1Y6丙AW：1）

2. Ab型（SSⅡ2三Y1丙AW：33）

石碑地遗址出土丙类瓦当

1. Ab型（SSⅡ1二Y3丙AW：5）

2. Ac型（SSⅠ2J1东丙AW：30）

石碑地遗址出土丙类瓦当

1. Ba型（SSⅠ1Y3丙BW：4）

2. Bb型（SSⅠ2J1丙BW：3）

石碑地遗址出土丙类瓦当

1. C型（SSⅠ1Y6丙CW：1）

2. D型（SSⅢ1Y1丙DW：1）

石碑地遗址出土丙类瓦当

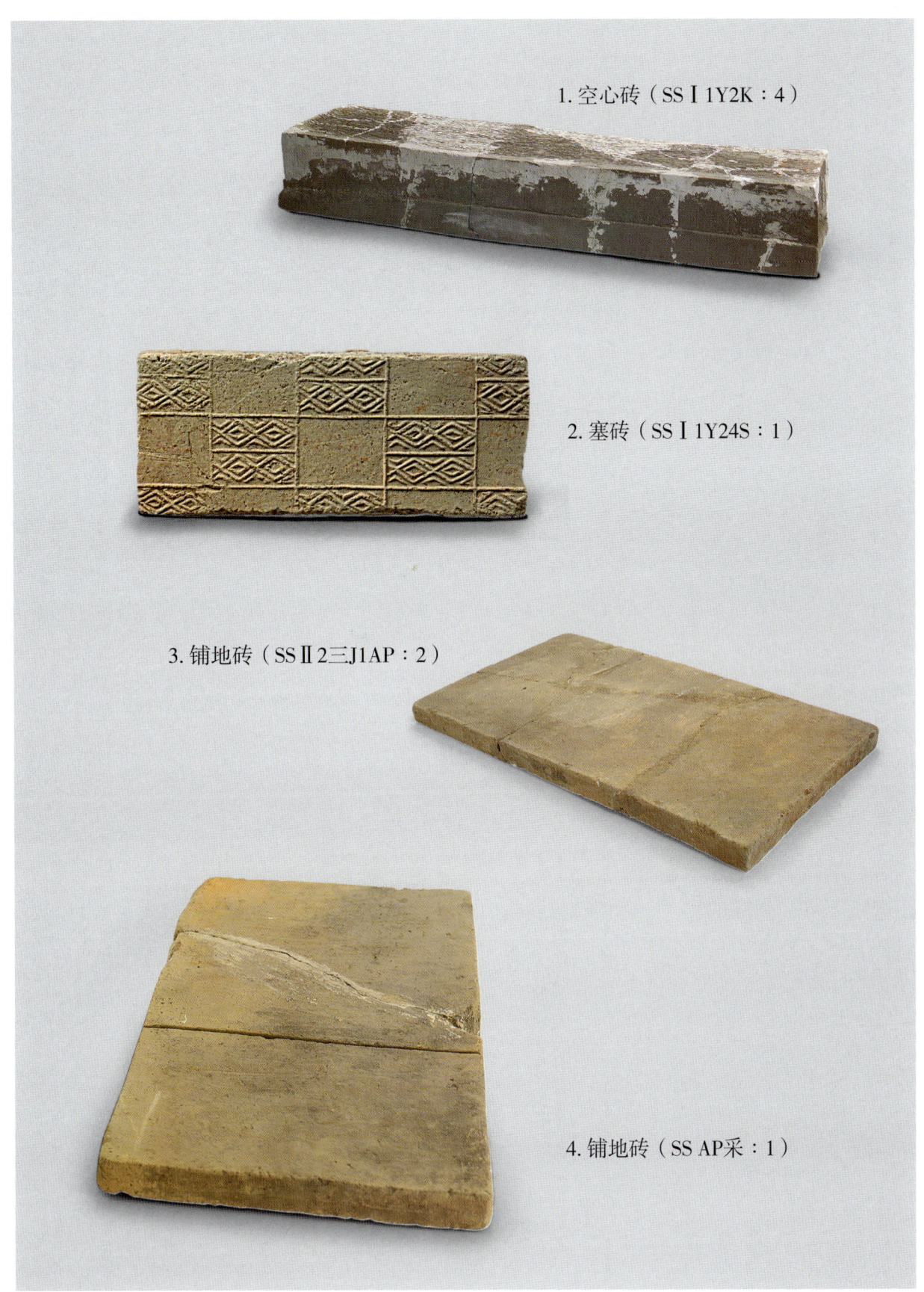

1. 空心砖（SS Ⅰ 1Y2K：4）

2. 塞砖（SS Ⅰ 1Y24S：1）

3. 铺地砖（SS Ⅱ 2三J1AP：2）

4. 铺地砖（SS AP采：1）

石碑地遗址出土建筑构件

1. B型（SS Ⅰ 1Y1BP：3）

2. B型（总1124，绥7842）

3. C型（SS Ⅲ 1二F2CP：2）

4. B型（SS Ⅱ 2三J1BP：1）

石碑地遗址出土铺地砖

1. Ta型（SSⅡ2三Y2TP：1）

2. Tb型（SSⅡ2三J1TP：2）

3. Tb型（SSⅠ1Y7TP：1）

4. C型（SSⅢ1二F2CP：3）

5. C型（SSⅢ1二F2CP：5）

石碑地遗址出土铺地砖

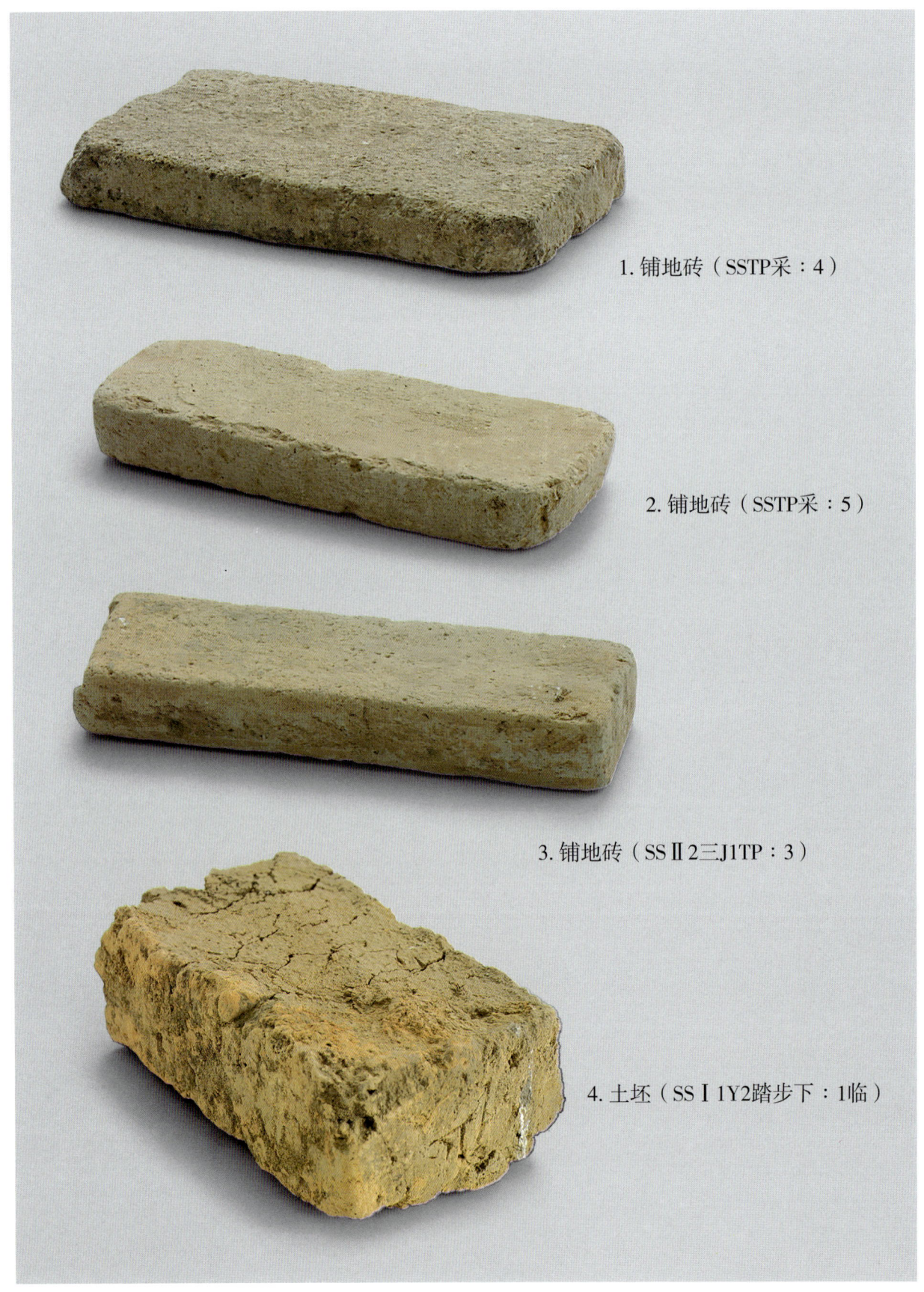

1. 铺地砖（SSTP采：4）

2. 铺地砖（SSTP采：5）

3. 铺地砖（SSⅡ2三J1TP：3）

4. 土坯（SSⅠ1Y2踏步下：1临）

石碑地遗址出土建筑构件

1. 96SSⅡDY3：80   2. 94SST1110③：3   3. 97SST2416③：1

4. 94SST1110③：1   5. 94SST1115③：1   6. 97SST2416③：2

7. 96SSⅡDY3：84   8. 97SST2315③：2   9. 96SST1510③：8

石碑地遗址出土板瓦戳印

1. 96SST2012③：3 2. 97SST2816③：47 3. 97SST2315③：1

4. 94SST1010③：4 5. 96SST1512③：3 6. 97SST2615③：1

7. 97SST2114南井：32 8. 96SSⅡDY2：105 9. 96SSⅡDY2：20

石碑地遗址出土板瓦戳印

1. 板瓦戳印（97SST21
14北井：24）

2. 板瓦戳印（97SST26
15③：2）

3. 板瓦戳印（94SST11
10③：2）

4. 板瓦戳印（96SSⅡD
Y3：78）

5. 板瓦戳印（96SSⅡD
Y2：106）

6. 板瓦戳印（96SSⅡD
J2：27）

7. 筒瓦戳印（94SST11
16③：2）

8. 筒瓦戳印（94SSⅢ
F2：17）

9. 筒瓦戳印（94SST15
13③：2）

石碑地遗址出土板瓦、筒瓦戳印

1. 96SST2013③：7　　　2. 96SST1512③：2　　　3. 96SSⅡDY2：18

4. 96SSⅡDJ2：33　　　5. 94SST1110③：1　　　6. 96SSⅡDY2：43

7. 96SST1410③：1　　　8. 94SST1315③：3　　　9. 96SSⅡDY2：37

石碑地遗址出土筒瓦戳印

1. 96SSⅡDY2：35　　　2. 96SST1510③：6　　　3. 94SST1112③：3

4. 97SST2813③：11　　　5. 96SSⅡDY3：14　　　6. 94SST1111③：7

7. 96SSⅡDY2：38　　　8. 96SSⅡDY3：8　　　9. 94SST1316③：2

石碑地遗址出土筒瓦戳印

1. 96SSⅡDJ2：1　　　2. 95SST1215③：1　　　3. 96SST1913③：4

4. 97SST2114南井：24　　　5. 96SSⅡDY2：40　　　6. 96SSⅡDY2：99

7. 96SST1913③：21　　　8. 96SSⅡDY2：24

石碑地遗址出土筒瓦戳印

石碑地遗址第Ⅰ区第1组建筑（西南—东北）

石碑地遗址第Ⅰ区第1组建筑鸟瞰

1. 丙类（SSⅠ南墙外丙CW：1）

2. 乙类（SSⅠ南墙外乙BW：1）

石碑地遗址第Ⅰ区建筑南墙外路面出土瓦当

石碑地遗址第Ⅰ区第1组建筑台基西侧近景（西—东）

1. 北—南

2. 西—东

石碑地遗址第Ⅰ区第1组西侧廊道北端

1. 西侧廊道（南—北）

2. 西缘柱槽（西—东）

石碑地遗址第Ⅰ区第1组西侧廊道及西缘柱槽

1. 全景（西—东）

2. 东端（南—北）

石碑地遗址第 I 区第1组南侧廊道

1. 南侧廊道西端（东南—西北）

2. 东侧廊道北端（南—北）

石碑地遗址第Ⅰ区第1组南侧、东侧廊道

1. 西南—东北

2. 南—北

石碑地遗址第Ⅰ区第1组东阶

1. 全景（西—东）

2. 北壁（北—南）

石碑地遗址第Ⅰ区第1组西侧阶

1. B型（SSⅠ1Y8甲BW：1）

2. A型（SSⅠ1Y10甲AW：1）

3. B型（SSⅠ1Y10甲BW：1）

石碑地遗址第Ⅰ区第1组台基周围出土甲类瓦当

1. 北壁侧视（南—北）

2. 西壁剖面（西—东）

石碑地遗址第Ⅰ区第1组F1

1. F1室内地面解剖（南—北）

2. J3（北—南）

石碑地遗址第Ⅰ区第1组F1、J3

1. 南—北

2. 东—西

石碑地遗址第Ⅰ区第1组F2

1. 全景（东—西）

2. 西门（西—东）

石碑地遗址第Ⅰ区第1组F3

1. 全景（东—西）

2. 西南角壁柱槽（北—南）

石碑地遗址第Ⅰ区第1组F4

1. 南—北

2. 北—南

石碑地遗址第Ⅰ区第1组J2

1. 瓦当（SS Ⅰ 1J3丙AW：1）

2. J4P1（南—北）

石碑地遗址第Ⅰ区第1组J3出土瓦当及J4P1

1. 井底（东—西）

2. "豆盘状"器

石碑地遗址第Ⅰ区第1组J4P1j1井底及"豆盘状"器

石碑地遗址第Ⅰ区第1组J4P1排水管道局部（北—南）

1. 排水管（SS Ⅰ 1Y4g：2）

2. J4P1局部近景（北—南）

3. J4P1 B点正视（北—南）

4. Y4j3（东—西）

石碑地遗址第Ⅰ区第1组J4P1细部及排水管

石碑地遗址第Ⅰ区第1组Y1（西—东）

石碑地遗址第Ⅰ区第1组Y1北墙（西北—东南）

1. 西北—东南

2. 北—南

石碑地遗址第Ⅰ区第1组Y1南缘东侧壁柱槽

1. 正视（北—南）

2. 侧视（东—西）

石碑地遗址第Ⅰ区第1组Y1踏步

1. 厕所（西—东）

2. 空心砖（SSⅠ1Y1厕：1）

3. 空心砖（SSⅠ1Y1厕：2）

石碑地遗址第Ⅰ区第1组Y1厕所及空心砖

1. 全景（西—东）

2. 南部迎水口（南—北）

石碑地遗址第Ⅰ区第1组Y1排水设施

石碑地遗址第Ⅰ区第1组Y2（东南—西北）

1. 全景（北—南）

2. 东缘壁柱槽
（西—东）

石碑地遗址第Ⅰ区第1组Y2

石碑地遗址第Ⅰ区第1组Y2北壁（南—北）

1. 北侧散水（西—东）

2. 南侧散水（西南—东北）

石碑地遗址第Ⅰ区第1组Y2散水

1. 正视（西—东）

2. 侧视（北—南）

石碑地遗址第Ⅰ区第1组Y2台阶

1. 东北角排水管道（西南—东北）

2. 南部散水口（北—南）

石碑地遗址第Ⅰ区第1组Y2排水设施

1. 空心砖（SSⅠ1Y2K：2）

2. 筒瓦（SSⅠ1Y2甲CT：1）

石碑地遗址第Ⅰ区第1组Y2出土建筑构件

1. A型（SSⅠ1Y2乙AW：2）

2. B型（SSⅠ1Y2乙BW：1）

石碑地遗址第Ⅰ区第1组Y2出土乙类瓦当

1. A型（SSⅠ1Y2丙AW：3）

2. B型（SSⅠ1Y2丙BW：17）

石碑地遗址第Ⅰ区第1组Y2出土丙类瓦当

1. 全景（东—西）

2. 东壁（西北—东南）

石碑地遗址第Ⅰ区第1组L3

1. 南—北

2. 东北—西南

石碑地遗址第Ⅰ区第1组Y3

石碑地遗址第Ⅰ区第1组Y3南部散水（东—西）

1. 东南角散水（北—南）

2. 西侧散水（北—南）

石碑地遗址第Ⅰ区第1组Y3散水

石碑地遗址第Ⅰ区第1组Y3西南角排水设施近景（东北—西南）

1. 丙类（SSⅠ1Y3丙AW：2）

2. 丙类（SSⅠ1Y3丙BW：9）

3. 丙类（SSⅠ1Y5丙AW：2）

4. 甲类（SSⅠ1Y5甲BW：1）

石碑地遗址第Ⅰ区第1组Y3、Y5出土瓦当

石碑地遗址第Ⅰ区第1组Y5排水设施（北—南）

1. 丙类（SS Ⅰ 1Y5丙DW：1）

2. 乙类（SS Ⅰ 1Y7乙BW：1）

石碑地遗址第Ⅰ区第1组Y5、Y7出土瓦当

1. SSⅠ1Y7丙AW：1

2. SSⅠ1L1丙AW：1

石碑地遗址第Ⅰ区第1组Y7、L1出土丙类A型瓦当

1. 全景（南—北）

2. 南壁局部（南—北）

石碑地遗址第Ⅰ区第1组建筑西侧慢道

石碑地遗址第Ⅰ区第2组建筑局部鸟瞰

1. 第Ⅰ区第2组建筑局部（北—南）

2. J1（东北—西南）

石碑地遗址第Ⅰ区第2组建筑局部及J1

石碑地遗址第Ⅰ区第2组J1（南—北）

石碑地遗址第Ⅰ区第2组建筑南部（西北—东南）

1. 东南角柱槽（南—北）

2. J1地槽及板痕近景（北—南）

石碑地遗址第Ⅰ区第2组建筑细部

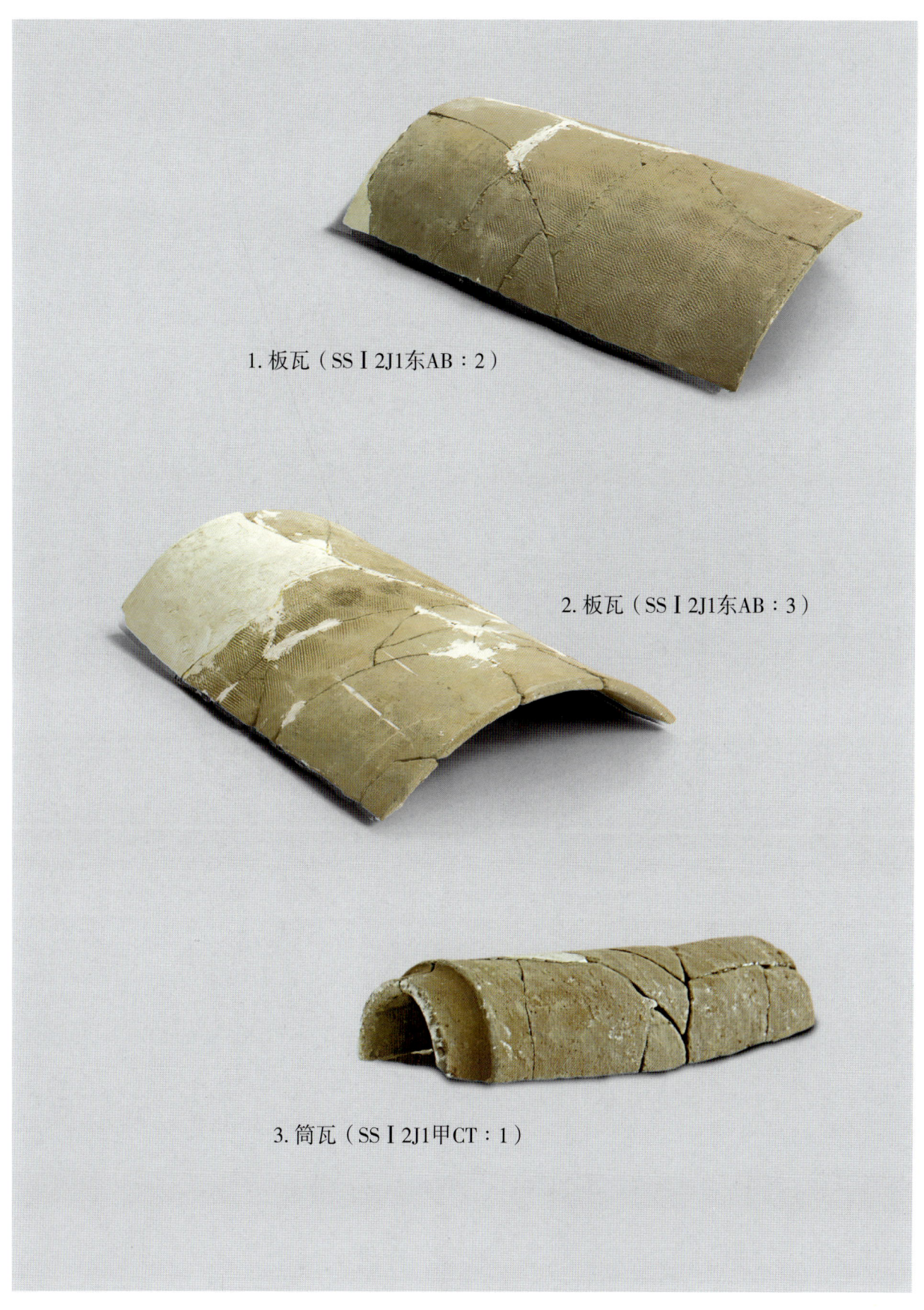

1. 板瓦（SSⅠ2J1东AB：2）

2. 板瓦（SSⅠ2J1东AB：3）

3. 筒瓦（SSⅠ2J1甲CT：1）

石碑地遗址第Ⅰ区第2组J1出土建筑构件

1. 筒瓦（SSⅠ2J1东甲BT：1）

2. 瓦当（SSⅠ2J1东丙AW：9）

3. 瓦当（SSⅠ2J1东丙AW：10）

石碑地遗址第Ⅰ区第2组J1出土建筑构件

1. 乙类（SSⅠ2J1乙BW：1）

2. 丙类（SSⅠ2J1丙BW：1）

石碑地遗址第Ⅰ区第2组J1出土瓦当

1.门道（东—西）

2.南端近景（北—南）

石碑地遗址第Ⅰ区第2组西门

1. 础石（东—西）

2. 筒瓦（SSⅠ2门东丙AW：1）

石碑地遗址第Ⅰ区第2组西门北端础石及筒瓦

石碑地遗址第Ⅰ区第2组廊道（北—南）

1. SSⅠ2北廊丙AW：1

2. SSⅠ2北廊丙AW：2

石碑地遗址第Ⅰ区第2组廊道出土丙类A型瓦当

1. 南一北

2. 北一南

石碑地遗址第Ⅰ区第2组P1

1. P1（西—东）

2. 瓦当（SS I 3北乙BW：1）

石碑地遗址第 I 区第2组P1及第3组建筑出土瓦当

石碑地遗址第Ⅰ区第3组建筑局部（西北—东南）

1. K9（南—北）

2. K10（西—东）

3. K13（南—北）

石碑地遗址第Ⅰ区第3组圆坑

石碑地遗址第Ⅱ区建筑全景（东—西）

石碑地遗址第Ⅱ区建筑鸟瞰

石碑地遗址第Ⅱ区第1组建筑东部围墙近景（北—南）

1. 筒瓦（SSⅡ1甲BT：7）

2. 筒瓦（SSⅡ1甲CT：1）

3. 瓦当（SSⅡ1乙BW：19）

4. 瓦当（SSⅡ1甲AW：1）

石碑地遗址第Ⅱ区第1组建筑出土建筑构件

1. 瓦当（SS Ⅱ 1乙BW：1）

2. 瓦当（SS Ⅱ 1乙BW：10）

3. 瓦当（SS Ⅱ 1乙BW：18）

4. 板瓦（SS Ⅱ 1东墙BB：1）

石碑地遗址第 Ⅱ 区第1组建筑出土建筑构件

1. 全景（北—南）

2．Y 3北门道
（南—北）

石碑地遗址第Ⅱ区第1组二单元建筑

石碑地遗址第Ⅱ区第1组二单元建筑鸟瞰

1. 乙类（SSⅡ1二Y3乙BW：1）

2. 丙类（SSⅡ1二Y3丙AW：1）

石碑地遗址第Ⅱ区第1组二单元Y3出土瓦当

石碑地遗址第Ⅱ区第1组三、五单元建筑鸟瞰

石碑地遗址第Ⅱ区第1组三、五单元建筑全景（北—南）

1. 北部鸟瞰

2. F1（东—西）

石碑地遗址第Ⅱ区第1组三单元建筑

1. F2（东—西）

2. Y4北门道（南—北）

石碑地遗址第Ⅱ区第1组三单元建筑

1. 污水井（东—西）

2. "Y"字形排水管（东—西）

石碑地遗址第Ⅱ区第1组三单元Y2排污设施

1. 瓦当（SSⅡ1三Y4丙AW：3）

2. 筒瓦（SSⅡ1三Y4甲BT：1）

石碑地遗址第Ⅱ区第1组三单元Y4出土建筑构件

石碑地遗址第Ⅱ区第2组建筑鸟瞰

石碑地遗址第Ⅱ区第2组一单元J1（西南—东北）

1. 南侧台阶（西—东）

2. 南缘西侧（北—南）

石碑地遗址第Ⅱ区第2组一单元J1

1. 乙类（SSⅡ2—Y1乙AW：1）

2. 丙类（SSⅡ2—Y1丙AW：1）

3. 丙类（SSⅡ2—Y1丙BW：3）

4. 甲类（SSⅡ2—Y1甲BW：1）

石碑地遗址第Ⅱ区第2组一单元Y1出土瓦当

1. C型（SSⅡ2—Y1丙CW：1）

2. A型（SSⅡ2—Y2丙AW：1）

石碑地遗址第Ⅱ区第2组一单元建筑出土丙类瓦当

石碑地遗址第Ⅱ区第2组二单元建筑鸟瞰

石碑地遗址第Ⅱ区第2组二单元J1鸟瞰

石碑地遗址第Ⅱ区第2组二单元J1（西—东）

1. 侧视（东—西）

2. 正视（南—北）

石碑地遗址第Ⅱ区第2组二单元J1南侧台阶

石碑地遗址第Ⅱ区第2组二单元J1掺石地面（北—南）

1. J1j1（南—北）

2. J1j2（北—南）

石碑地遗址第Ⅱ区第2组二单元J1内井窖

1. SSⅡ2二J1北井甲BT：1

2. SSⅡ2二Y1甲BT：2

石碑地遗址第Ⅱ区第2组二单元建筑出土甲类B型筒瓦

1.甲类（SSⅡ2二J1南井甲AW：1）

2.丙类（SSⅡ2二Y1丙AW：3）

石碑地遗址第Ⅱ区第2组二单元建筑出土瓦当

1. A型（SSⅡ2二Y4丙AW：1）

2. C型（SSⅡ2二J1丙CW：1）

石碑地遗址第Ⅱ区第2组二单元建筑出土丙类瓦当

1. 乙类（SSⅡ2二J1乙BW：1）

2. 甲类（SSⅡ2二J1甲AW：1）

石碑地遗址第Ⅱ区第2组二单元J1出土瓦当

1. 北—南

2. 西—东

石碑地遗址第 II 区第2组二单元F1、F2

石碑地遗址第Ⅱ区第2组建筑二单元F3（西—东）

1. 石碑地遗址第Ⅱ区第2组建筑二单元过道北门道（西—东）

2. 石碑地遗址第Ⅱ区第2组建筑二单元Y2北部迎水口（南—北）

石碑地遗址第Ⅱ区第2组二单元建筑

1. 全景（西—东）

2. 近景（东—西）

石碑地遗址第Ⅱ区第2组二单元Y3

1．Y3南部散水口
（北—南）

2．Y5北部排水设施（南—北）

石碑地遗址第Ⅱ区第2组二单元建筑部分排水设施

石碑地遗址第Ⅱ区第2组三单元建筑鸟瞰

石碑地遗址第Ⅱ区第2组三单元建筑鸟瞰

1. 全景（东—西）

2. 局部（东—西）

石碑地遗址第Ⅱ区第2组三单元J1

石碑地遗址第Ⅱ区第2组三单元J1北侧散水（西—东）

石碑地遗址第Ⅱ区第2组三单元J1局部（北—南）

1. J1j1（北—南）

2. J1j2（北—南）

石碑地遗址第Ⅱ区第2组三单元J1内井窖

1. J1j3及通风孔（西—东）

2. J1j3封口空心砖（西—东）

石碑地遗址第Ⅱ区第2组三单元J1j3及相关设施

1. J1j3排水管道
（东—西）

3. 筒瓦（SSⅡ2三J1甲BT：3）

2. 瓦当（SSⅡ2三J1甲AW：1）

石碑地遗址第Ⅱ区第2组三单元J1排水设施局部及出土建筑构件

1. 甲类（SSⅡ2三J1甲AW：2）

2. 丙类（SSⅡ2三J1丙AW：1）

3. 乙类（SSⅡ2三J1乙BW：1）

4. 丙类（SSⅡ2三J1丙AW：4）

石碑地遗址第Ⅱ区第2组三单元J1出土瓦当

石碑地遗址第Ⅱ区第2组三单元F1、F2（东—西）

1. 筒瓦（SSⅡ2三Y1甲BT：1）

2. 板瓦（SSⅡ2三Y1BB：2）

3. 瓦当（SSⅡ2三Y1乙BW：1）

4. 筒瓦（SSⅡ2三Y4甲BT：5）

石碑地遗址第Ⅱ区第2组三单元Y1、Y4出土建筑构件

1. A型（SSⅡ2三Y1丙AW：1）

2. B型（SSⅡ2三Y1丙BW：7）

石碑地遗址第Ⅱ区第2组三单元Y1出土丙类瓦当

1. A型（SSⅡ2三Y4丙AW：9）

2. C型（SSⅡ2三Y4丙CW：1）

石碑地遗址第Ⅱ区第2组三单元Y4出土丙类瓦当

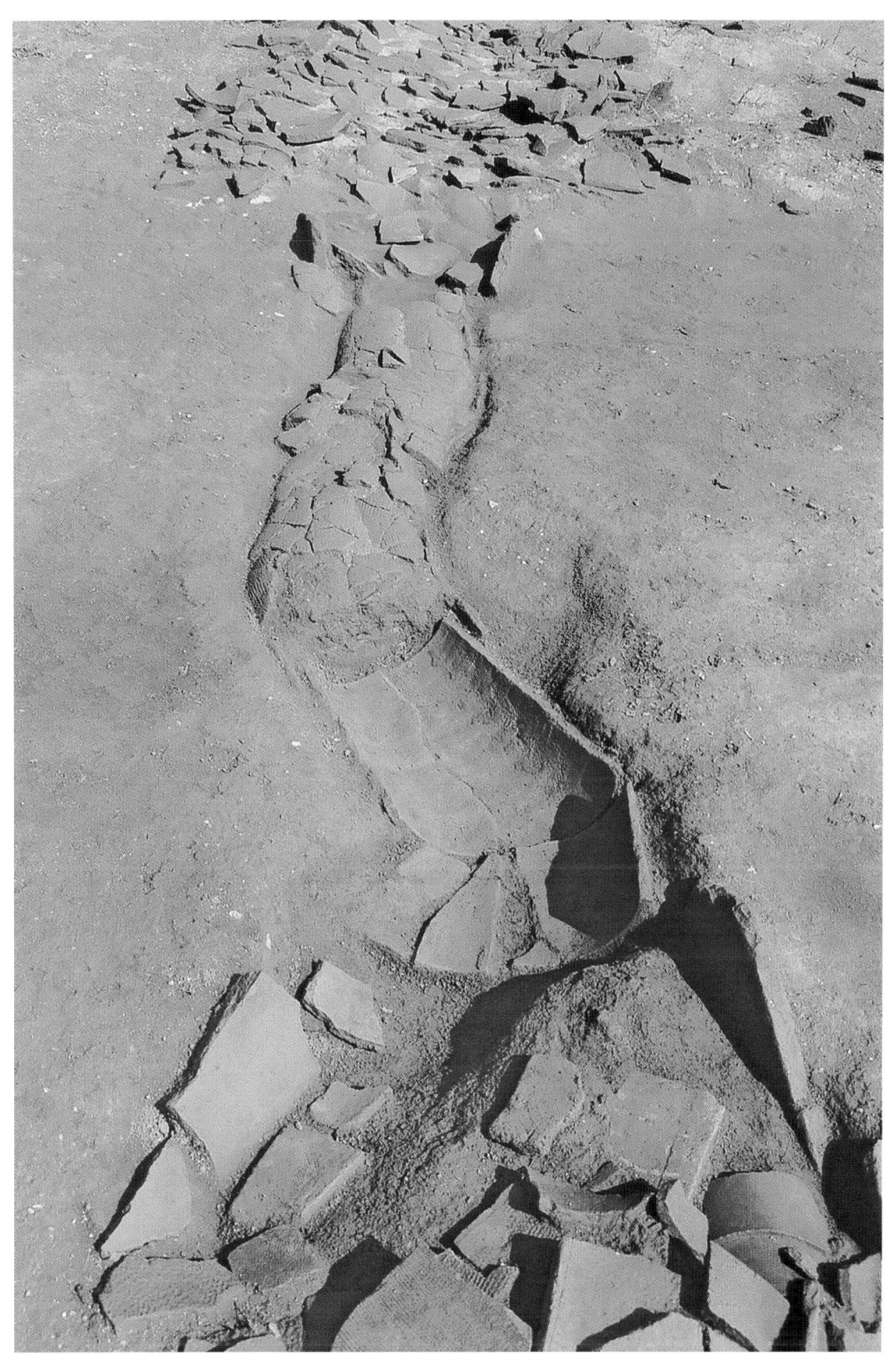

石碑地遗址第Ⅱ区第2组三单元Y5北部排水设施（南—北）

1. 丙类（SSⅡ2三Y5丙AW：1）

2. 甲类（SSⅡ2五甲AW：1）

3. 丙类（SSⅡ2三Y5丙CW：1）

4. 乙类（SSⅡ2三Y5乙BW：4）

石碑地遗址第Ⅱ区第2组三、五单元出土瓦当

石碑地遗址第Ⅲ区建筑全景（西北—东南）

石碑地遗址第Ⅲ区建筑鸟瞰

石碑地遗址第Ⅲ区第1组一单元建筑鸟瞰

1. 北—南

2. 南—北

石碑地遗址第Ⅲ区第1组一单元F1沐浴设施

1. F1东墙外排水管及陶盆（东—西）

2. Y1北门（东—西）

石碑地遗址第Ⅲ区第1组一单元F1及Y1

1. 丙类（SSⅢ1—F1丙AW：6）

2. 丙类（SSⅢ1—F1丙BW：1）

3. 乙类（SSⅢ1—F1乙BW：4）

石碑地遗址第Ⅲ区第1组一单元F1出土瓦当

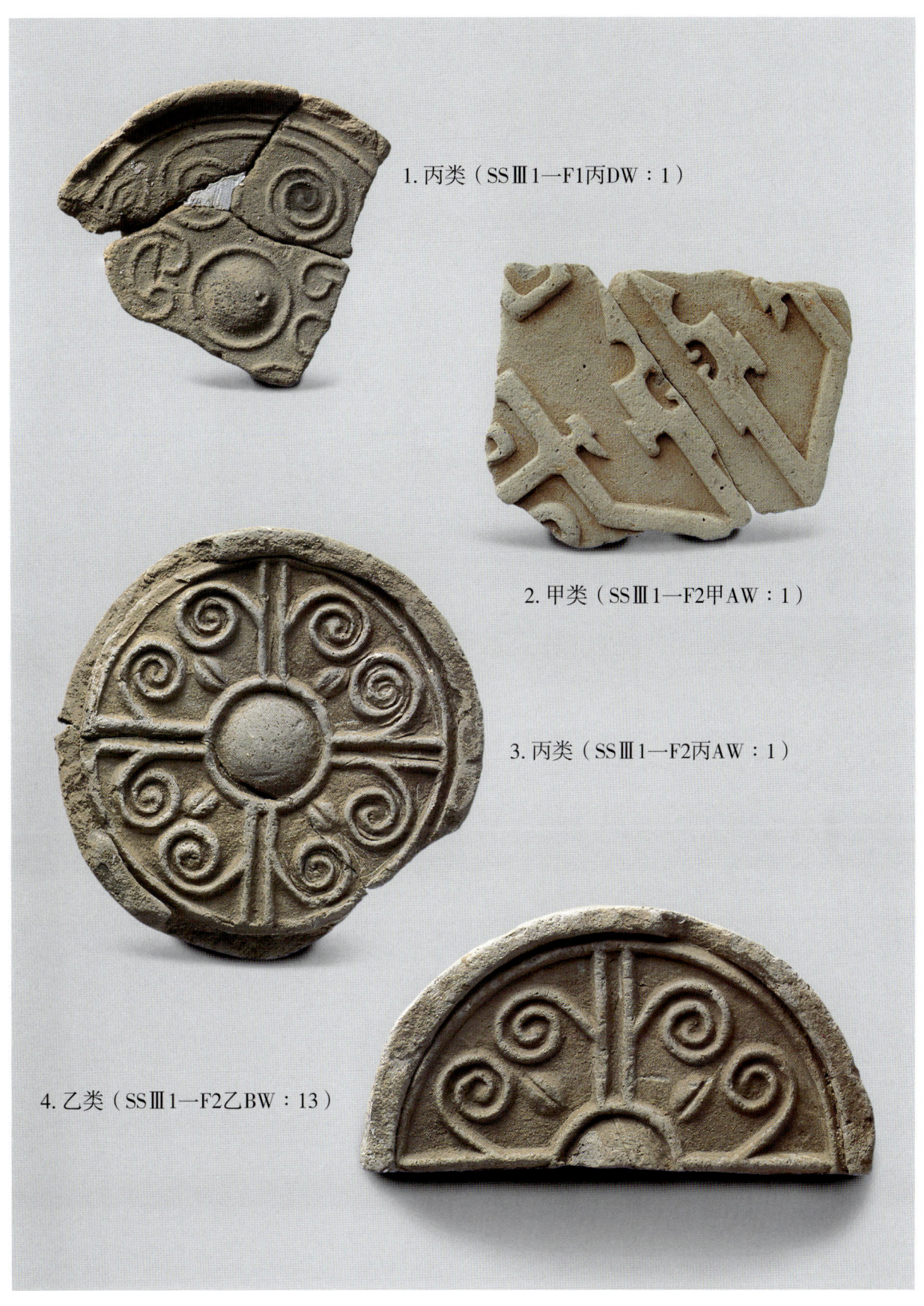

1. 丙类（SSⅢ1—F1丙DW：1）

2. 甲类（SSⅢ1—F2甲AW：1）

3. 丙类（SSⅢ1—F2丙AW：1）

4. 乙类（SSⅢ1—F2乙BW：13）

石碑地遗址第Ⅲ区第1组一单元建筑出土瓦当

1. 南—北

2. 北—南

石碑地遗址第Ⅲ区第1组一单元F2渗水井

1.瓦当（SSⅢ1—F2乙AW：1）

2.筒瓦（SSⅢ1—Y1甲BT：1）

3.瓦当（SSⅢ1—Y1甲AW：1）　　　4.瓦当（SSⅢ1—Y1乙AW：1）

石碑地遗址第Ⅲ区第1组一单元建筑出土建筑构件

1. 乙类（SSⅢ1—Y1乙BW：1）

2. 甲类（SSⅢ1—Y1甲AW：2）

3. 丙类（SSⅢ1—Y1丙DW：6）

4. 丙类（SSⅢ1—Y1丙AW：4）

石碑地遗址第Ⅲ区第1组一单元Y1出土瓦当

石碑地遗址第Ⅲ区第1组二单元建筑鸟瞰

石碑地遗址第Ⅲ区第1组二单元F1、F2（南—北）

1.局部（东—西）

2.全景（东—西）

石碑地遗址第Ⅲ区第1组二单元F1沐浴设施

1. 全景（南—北）

2. F2内渗水井（东—西）

石碑地遗址第Ⅲ区第1组二单元F2

1. 南部排水管
道（南—北）

2. 西部排水管道（南—北）

石碑地遗址第Ⅲ区第1组二单元F2内排水管道

1. 西门门道（东—西）

2. 筒瓦（SSⅢ1二F2甲BT：1）

石碑地遗址第Ⅲ区第1组二单元F2西门门道及出土筒瓦

1. 门道（南—北）

2. 门外倒塌堆积（南—北）

石碑地遗址第Ⅲ区第1组二单元Y1西门

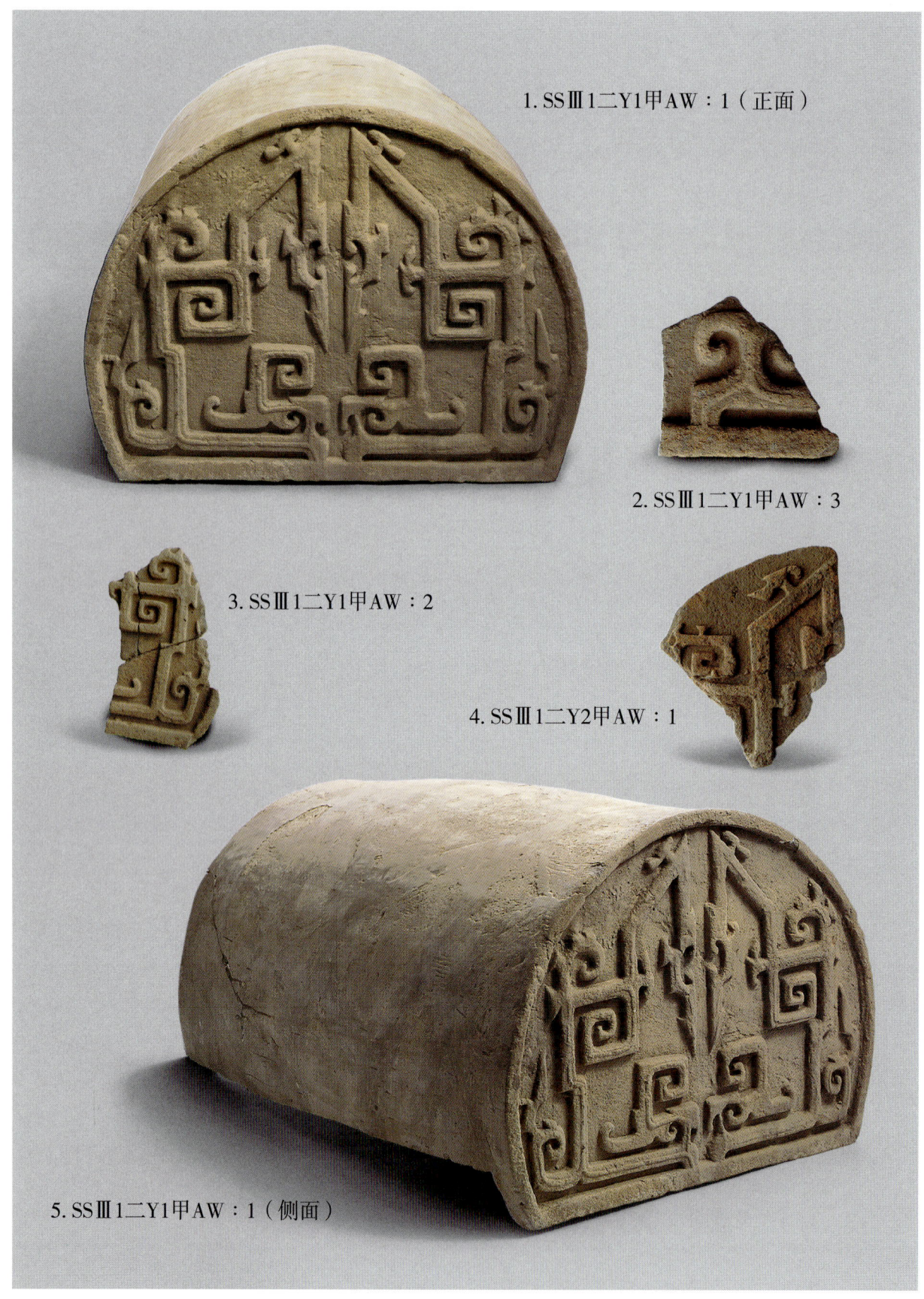

1. SSⅢ1二Y1甲AW：1（正面）

2. SSⅢ1二Y1甲AW：3

3. SSⅢ1二Y1甲AW：2

4. SSⅢ1二Y2甲AW：1

5. SSⅢ1二Y1甲AW：1（侧面）

石碑地遗址第Ⅲ区第1组二单元Y1、Y2出土甲类A型瓦当

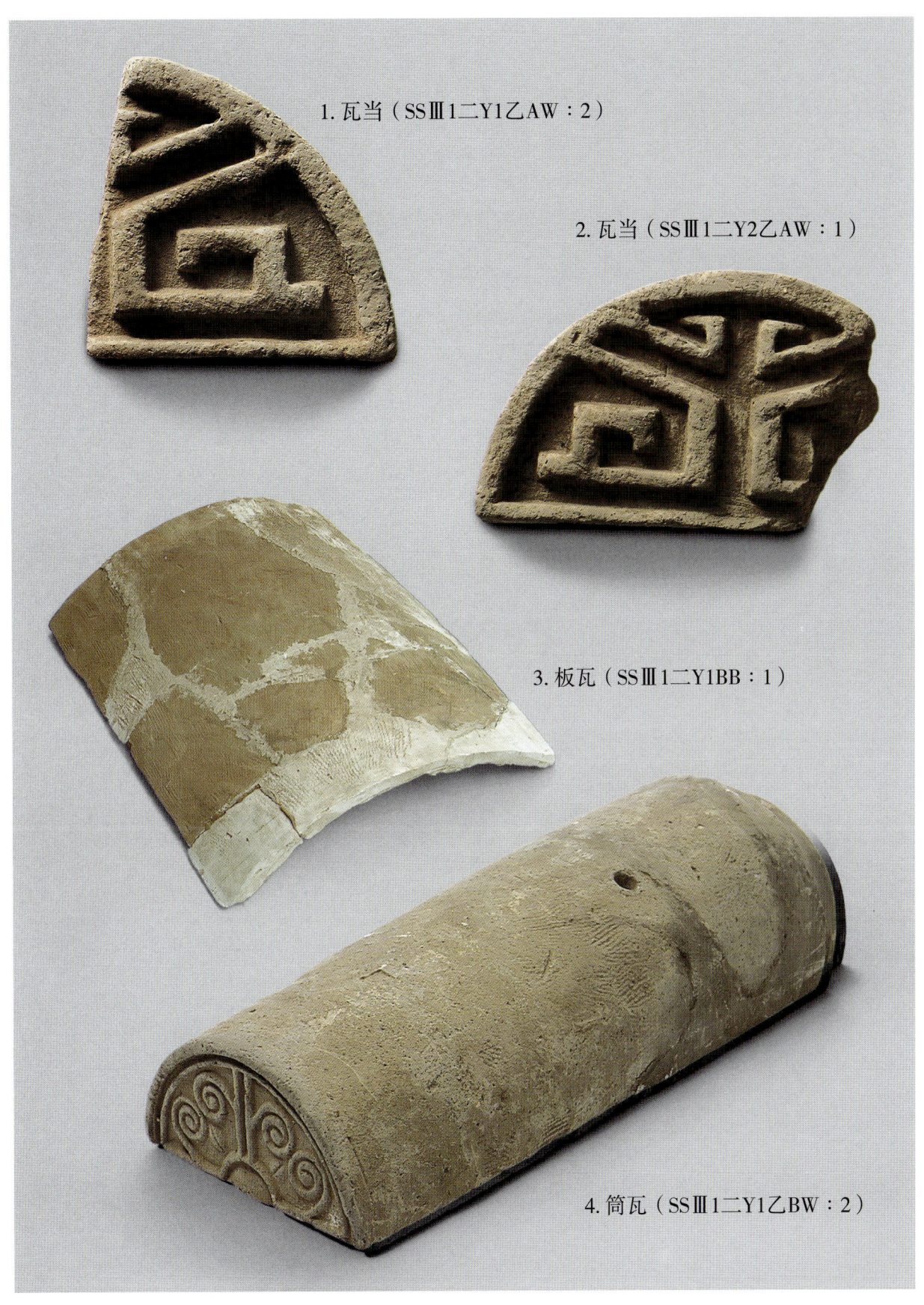

1. 瓦当（SSⅢ1二Y1乙AW：2）

2. 瓦当（SSⅢ1二Y2乙AW：1）

3. 板瓦（SSⅢ1二Y1BB：1）

4. 筒瓦（SSⅢ1二Y1乙BW：2）

石碑地遗址第Ⅲ区第1组二单元Y1、Y2出土建筑构件

石碑地遗址第Ⅲ区第1组二单元Y2南部（北—南）

1. 全景（北—南）

2. 一单元J1（北—南）

石碑地遗址第Ⅲ区第2组建筑

1. 西—东

2. 北—南

石碑地遗址第Ⅲ区第2组二单元建筑

1. 筒瓦（SSⅢ2—J1甲BT：1）

2. 瓦当（SSⅢ2—Y1乙BW：1）

3. 瓦当（SSⅢ2—Y1丙AW：1）

石碑地遗址第Ⅲ区第2组一单元建筑出土建筑构件

1. 乙类（SSⅢ2二Y2乙BW：1）

2. 丙类（SSⅢ2二Y1丙AW：3）

3. 乙类（SSⅢ2三Y1乙BW：2）

石碑地遗址第Ⅲ区第2组建筑出土瓦当

1. 丙类（SSⅢ2—Y1丙CW：1）

2. 乙类（SSⅢ1二Y2乙BW：1）

3. 丙类（SSⅢ1二Y2丙AW：1）

石碑地遗址第Ⅲ区各组院落出土瓦当

1. 鸟瞰

2. F3内井穴
（南—北）

石碑地遗址第Ⅲ区第2组三单元建筑

石碑地遗址第Ⅲ区第3组建筑全景（西北—东南）

1. 一单元全景（北—南）

2. 二单元Y1（北—南）

石碑地遗址第Ⅲ区第3组建筑

1. 局部鸟瞰

2. 南部门道（北—南）

石碑地遗址第Ⅲ区第3组一单元Y1

1. 筒瓦（SSⅢ3二Y1甲BT：1）

2. 瓦当（SSⅣ丙EW：2）

3. 瓦当（SSⅣ丙EW：1）

石碑地遗址第Ⅲ、Ⅳ区采集建筑构件

1. 散水区（西—东）

2. 入水口（东—西）

石碑地遗址第Ⅳ区西南角排水管道

1. 入水口（西—东）

2. 散水区（西—东）

石碑地遗址第 V 区西南角排水管道

1. 筒瓦（SSⅤ西南门甲BT：1）

2. 瓦当（SSⅤ西南角门甲AW：2）

3. 瓦当（SSⅤ西南角门甲AW：1）

4. 瓦当（SSⅤ西南门乙BW：2）

石碑地遗址第Ⅴ区西南角门出土建筑构件

1. A型（SSⅤ西南门丙AW：1）

2. B型（SSⅤ西南门丙BW：1）

石碑地遗址第Ⅴ区西南角门出土丙类瓦当

石碑地遗址汉代第Ⅰ区第1组主体建筑局部（南—北）

1. L1及Y1、Y2（南—北）

2. L1及Y1、Y2（南—北）

石碑地遗址汉代第Ⅰ区第1组主体建筑南部廊道及院落

1. L2及Y3、Y4局部（东—西）

2. L2及Y3、Y4全景（东北—西南）

石碑地遗址汉代第Ⅰ区第1组主体建筑北部廊道及院落

1. L2及Y3、Y4近景（东—西）

2. Y4地面（东—西）

石碑地遗址汉代第Ⅰ区第1组主体建筑北部廊道及院落

1. 第Ⅰ区第1组东侧廊道（西—东）

2. 第Ⅰ区第2组西门（北—南）

石碑地遗址汉代第Ⅰ区建筑

石碑地遗址汉代第 Ⅱ 区建筑全景（南—北）

1. 全景（南—北）

2. 局部（北—南）

石碑地遗址汉代第Ⅱ区F1

1. F1内灶址（东—西）

2. F4、F5（北—南）

石碑地遗址汉代第Ⅱ区建筑

1. 筒瓦（99SS汉Ⅱ1F1：1）

2. 板瓦（94SST0906②：1）

3. 瓦当（98SST1909②：1）

4. 瓦当（98SST1909②：4）

石碑地遗址出土汉代建筑构件

1. ⅠY13：1

2. ⅠY13：5

3. ⅠY13：13

石碑地遗址出土汉代甲类Aa型"千秋万岁"瓦当

1. 97SSY1①：1

2. 88SS采：12

3. SS采：1

4. 91SSTA8②：1

石碑地遗址出土汉代甲类Aa型"千秋万岁"瓦当

1. 98SST1909②：2

2. ⅠY13：3

3. ⅠY13：6

石碑地遗址出土汉代甲类Ab型"千秋万岁"瓦当

1. 99SSⅠY2：1

2. ⅠY13：20

3. 91SSTA8②：2

石碑地遗址出土汉代甲类Ab型"千秋万岁"瓦当

1. I Y13∶4

2. I Y13∶2

3. I Y13∶12

石碑地遗址出土汉代甲类B型"千秋万岁"瓦当

1. 99SSⅠY2：4

2. 94SST0810：1

3. H1008：1

石碑地遗址出土汉代甲类B型"千秋万岁"瓦当

1. 97SST2714②：1

2. 86SQ千10

3. 97SST2814②：8

石碑地遗址出土汉代甲类B型"千秋万岁"瓦当

1. Ba型（98SS汉 Y2：3）

2. Ba型（86SQ千6）

3. A型（99SSⅠY2：51）

石碑地遗址出土汉代乙类"千秋万岁"瓦当

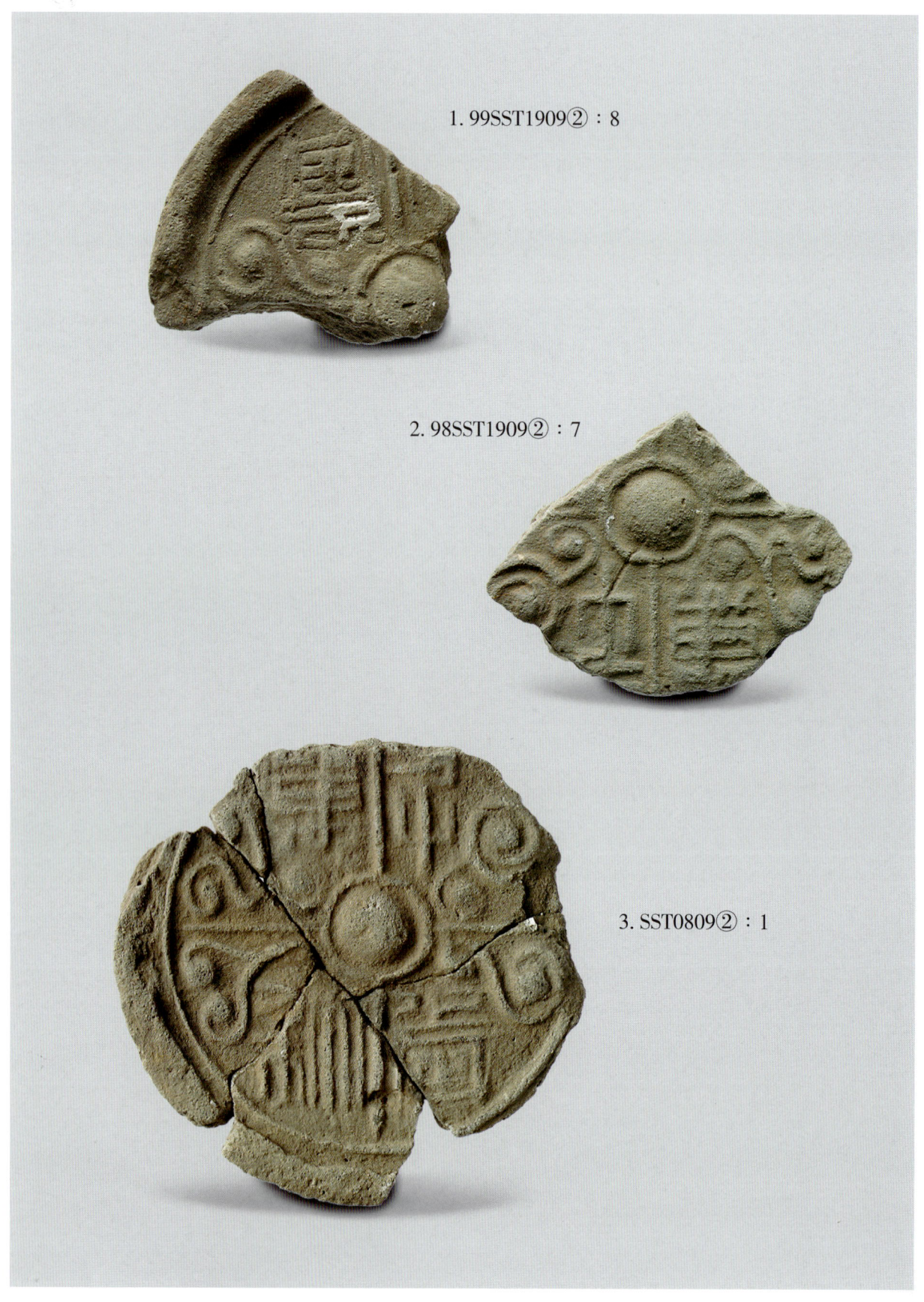

1. 99SST1909②：8

2. 98SST1909②：7

3. SST0809②：1

石碑地遗址出土汉代乙类Bb型"千秋万岁"瓦当

1. A型（99SSⅠY13：15）

2. A型（99SSⅠY13：17）

3. B型（99SSⅠY2：10）

石碑地遗址出土汉代云纹瓦当

1. 98SST1606②：2

2. 98SST1606②：3

石碑地遗址出土汉代铺地砖

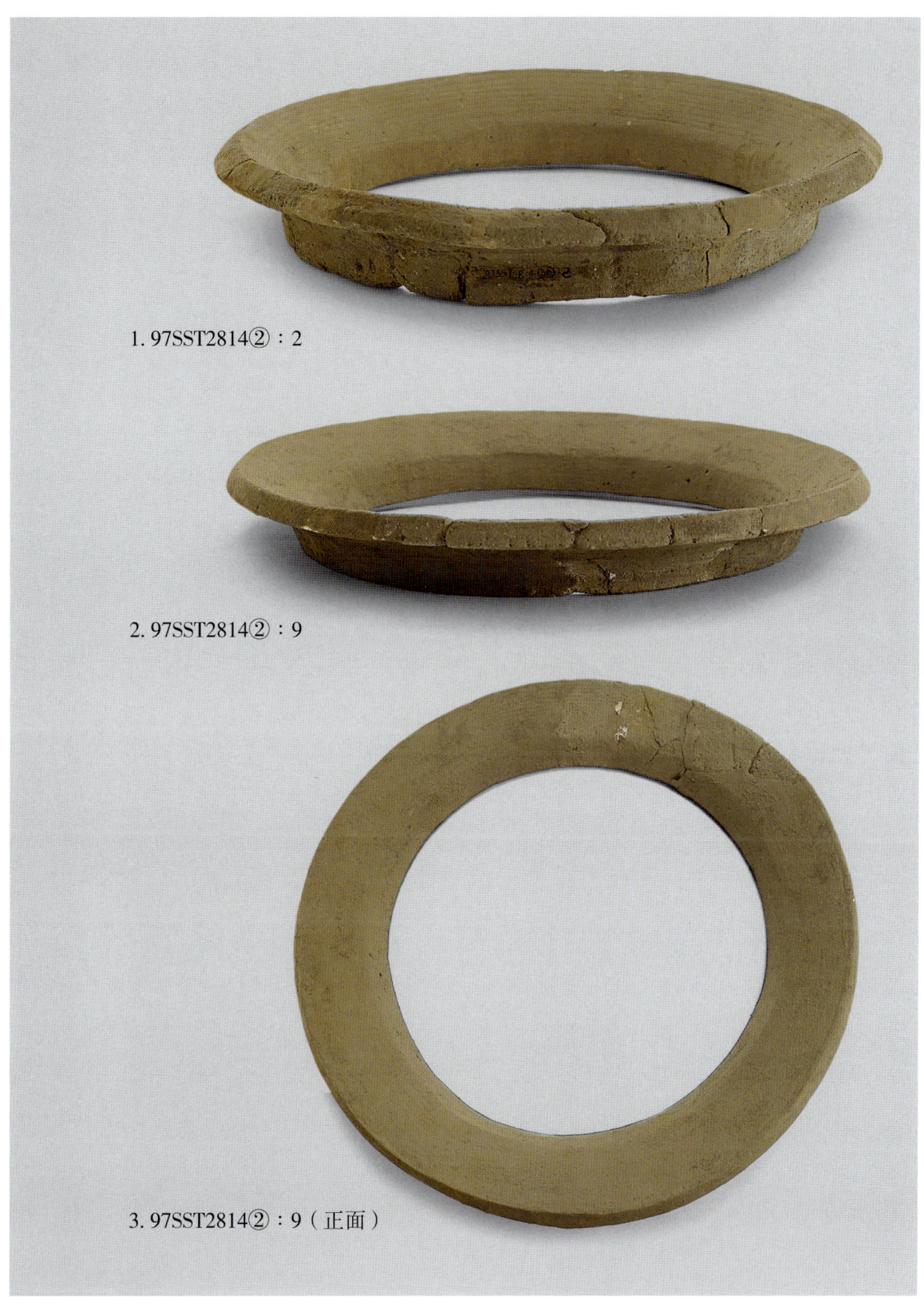

1. 97SST2814②：2

2. 97SST2814②：9

3. 97SST2814②：9（正面）

石碑地遗址出土汉代陶圈

1. 97SST2814②：5

2. 97SST2815②：3

3. 7SST2815②：3（正面）

石碑地遗址出土汉代陶圈

1. 釜（97SST2814②：3）

4. 釜（97SST2714②：2）

2. 釜（97SST2715②：6）

5. 盆（97SST2814②：7）

3. 釜（97SST2815②：4）

6. 盆（97SST2812②：16）

石碑地遗址出土汉代日用陶器

1. 全景（南—北）

2. 局部（东—西）

石碑地遗址汉代窑址

止锚湾遗址地貌（南—北）

1. 瓦当（84SZ云1-3）

2. 瓦当（84SZ云1-2）

3. 瓦当（84SZ云1-1）

4. 铺地砖（87SZ采：101临）

止锚湾遗址采集建筑构件

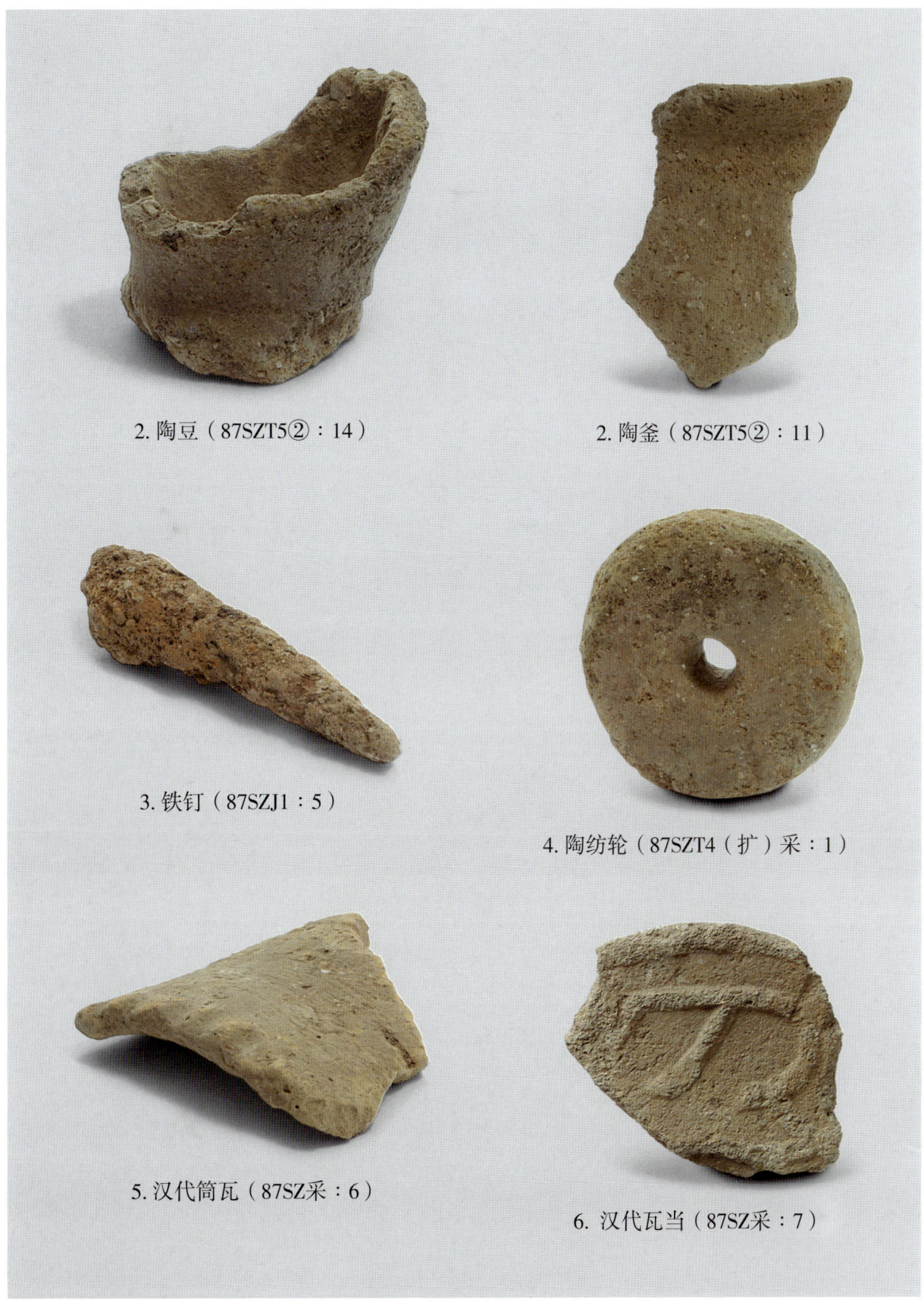

2. 陶豆（87SZT5②：14）

2. 陶釜（87SZT5②：11）

3. 铁钉（87SZJ1：5）

4. 陶纺轮（87SZT4（扩）采：1）

5. 汉代筒瓦（87SZ采：6）

6. 汉代瓦当（87SZ采：7）

止锚湾遗址出土遗物

黑山头遗址地貌（西—东）

1. 原状模型（东—西）

2. 第2组建筑局部
（东—西）

黑山头遗址模型及局部遗迹

1. P3近景（南—北）

2. L3（西—北）

黑山头遗址第2组建筑局部

1. 全景（北—南）

2. 局部（北—南）

黑山头遗址第2组西区建筑

黑山头遗址第2组西部建筑（东—西）

黑山头遗址第2组西部建筑（东南—西北）

黑山头遗址第2组一单元西部院落（南—北）

黑山头遗址第2组一单元F2、F3（南一北）

1. j2（北—南）

2. j5（北—南）

黑山头遗址第2组一单元井窖

1. Y6（东—西）

2. Y7北门门道（北—南）

黑山头遗址第2组一单元院落

1. 二单元西部院落
（北—南）

2. F4（北—南）

黑山头遗址第2组二单元建筑

1. j3（南—北）

2. j6（东—西）

黑山头遗址第2组二单元井窖

1. j3、j6（北—南）

2. Y8（北—南）

黑山头遗址第2组二单元井窖及院落

1. Y8南部踏步（北—南）

2. Y9（北—南）

黑山头遗址第2组二单元院落

1. P7（北—南）

2. Y10（西—东）

黑山头遗址第2组二单元院落

1. 北门门道（北—南）

2. 北门d40（北—南）

黑山头遗址第2组二单元Y10

黑山头遗址第2组二单元Y10北门（北—南）

黑山头遗址第2组三单元建筑（北—南）

1. 全景（北—南）

2. F6、F7（西—东）

黑山头遗址第2组三单元建筑

1. 全景（西—东）

2. j4（西—东）

黑山头遗址第2组三单元F6

1. 全景（西—东）

2. j7（西—东）

黑山头遗址第2组三单元F7

1. Y11（北—南）

2. Y12（西—东）

黑山头遗址第2组三单元院落

1. 西北—东南

2. 北—南

黑山头遗址第2组三单元Y11南部踏步

1. 全景（西南—东北）

2. 北门（北—南）

黑山头遗址第2组三单元Y13

1. 第2组三单元P9
（南—北）

2. 第3组Y15西部倒塌
堆积（北—南）

黑山头遗址第2、3组建筑

黑山头遗址第3组Y15西部（北—南）

1. 板瓦（91SHD5外）

2. 瓦当（SHD4）

黑山头遗址出土建筑构件

1. 丙类（黑山头井1总4）

2. 乙类（黑山头采：1）

3. 丙类（黑山头井1总5）

黑山头遗址出土瓦当

1. 瓦当（黑山头采：2）

2. 瓦当（黑山头采：17）

3. 铺地砖（黑山头J1：临1）

黑山头遗址出土建筑构件

3. 排水管（SHD7①）

4. 铺地砖（黑山头J1：临5）

1. 排水管（SHD7②）

5. 铺地砖（黑山头J1：临2）

2. 排水管（SHD7③）

黑山头遗址出土建筑构件

瓦子地遗址地貌（南—北）

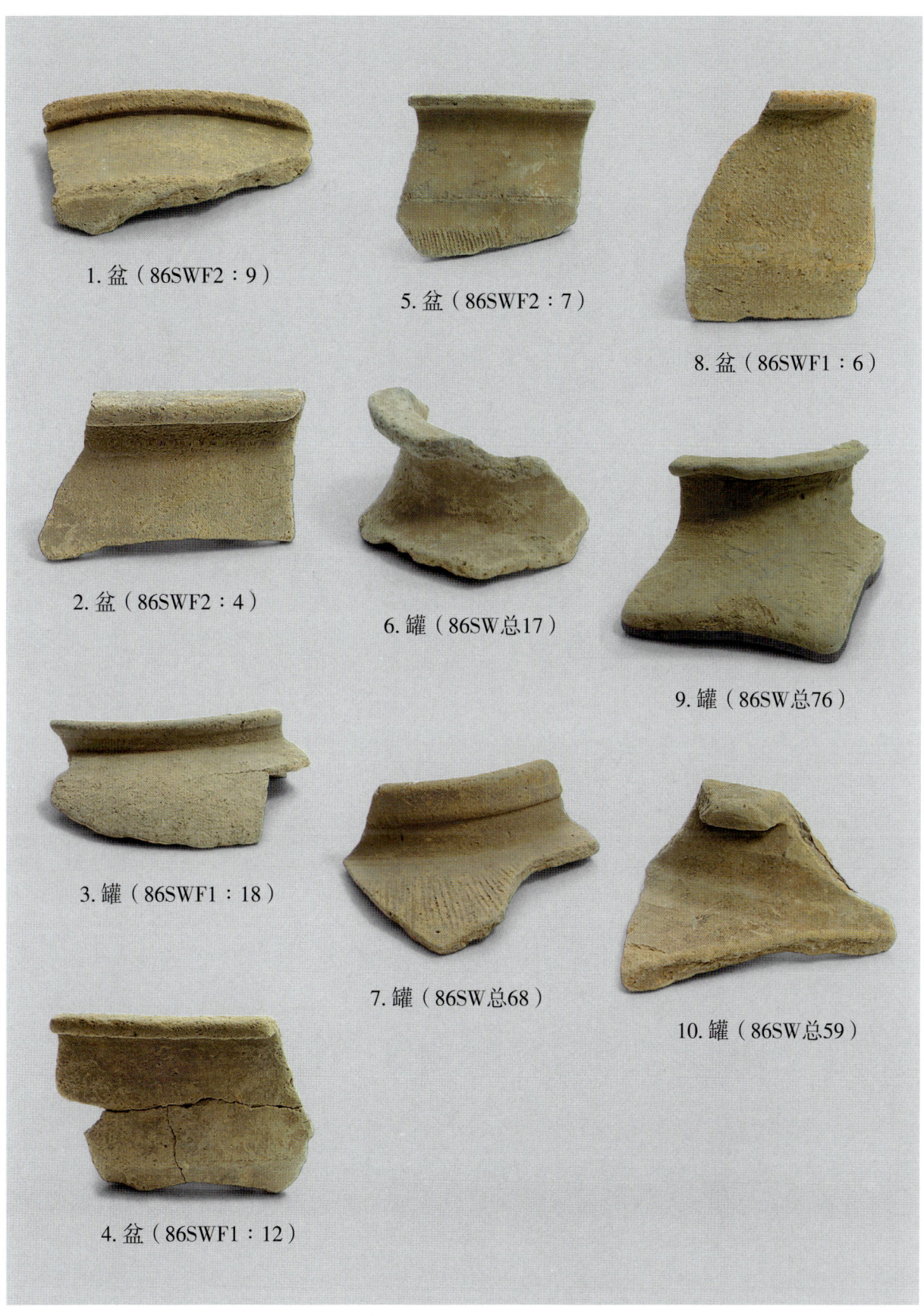

1. 盆（86SWF2：9）

5. 盆（86SWF2：7）

8. 盆（86SWF1：6）

2. 盆（86SWF2：4）

6. 罐（86SW总17）

9. 罐（86SW总76）

3. 罐（86SWF1：18）

7. 罐（86SW总68）

10. 罐（86SW总59）

4. 盆（86SWF1：12）

瓦子地遗址出土日用陶器残片

瓦子地窑址全景（南—北）

1. 窑室（东南—西北）

2. 窑址剖面（东—西）

3. 窑顶（北—南）

瓦子地窑址

1. 窑床东部（东南—西北）

2. 窑床中部（西—东）

瓦子地窑址

1. 火膛（东南—西北）

2. 烟道（西—东）

瓦子地窑址

周家南山遗址发掘区鸟瞰

周家南山遗址现状（南—北）

1. 西—东

2. 南—北

周家南山遗址Y1

1. 西—东

2. 北—南

周家南山遗址Y6

1. J2南台阶（东—西）

2. 汉代建筑基础（南—北）

周家南山遗址建筑遗迹

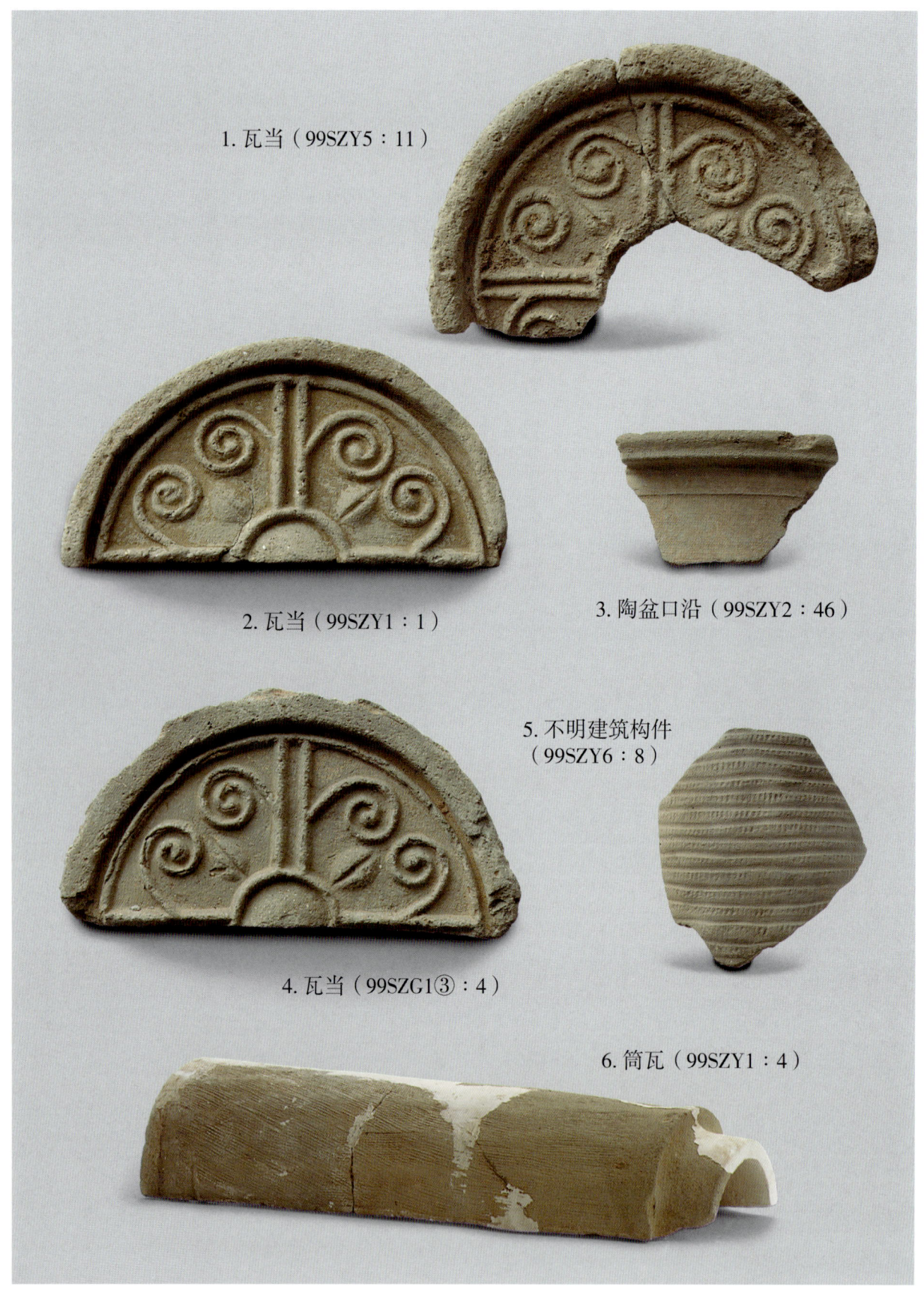

1. 瓦当（99SZY5：11）

2. 瓦当（99SZY1：1）

3. 陶盆口沿（99SZY2：46）

5. 不明建筑构件
（99SZY6：8）

4. 瓦当（99SZG1③：4）

6. 筒瓦（99SZY1：4）

周家南山遗址出土遗物

1. 西部（北—南）

2. 东部（北—南）

周家南山遗址汉代灰沟G1

1. 南—北

2. 东北—西南

周家南山遗址汉代墙基Q1

1. 板瓦（99SZT0201③：6）

2. 板瓦（99SZT0201③：17）

3. 筒瓦（99SZT0201③：21）

4. 筒瓦（99SZT0201③：23）

周家南山遗址出土汉代建筑构件

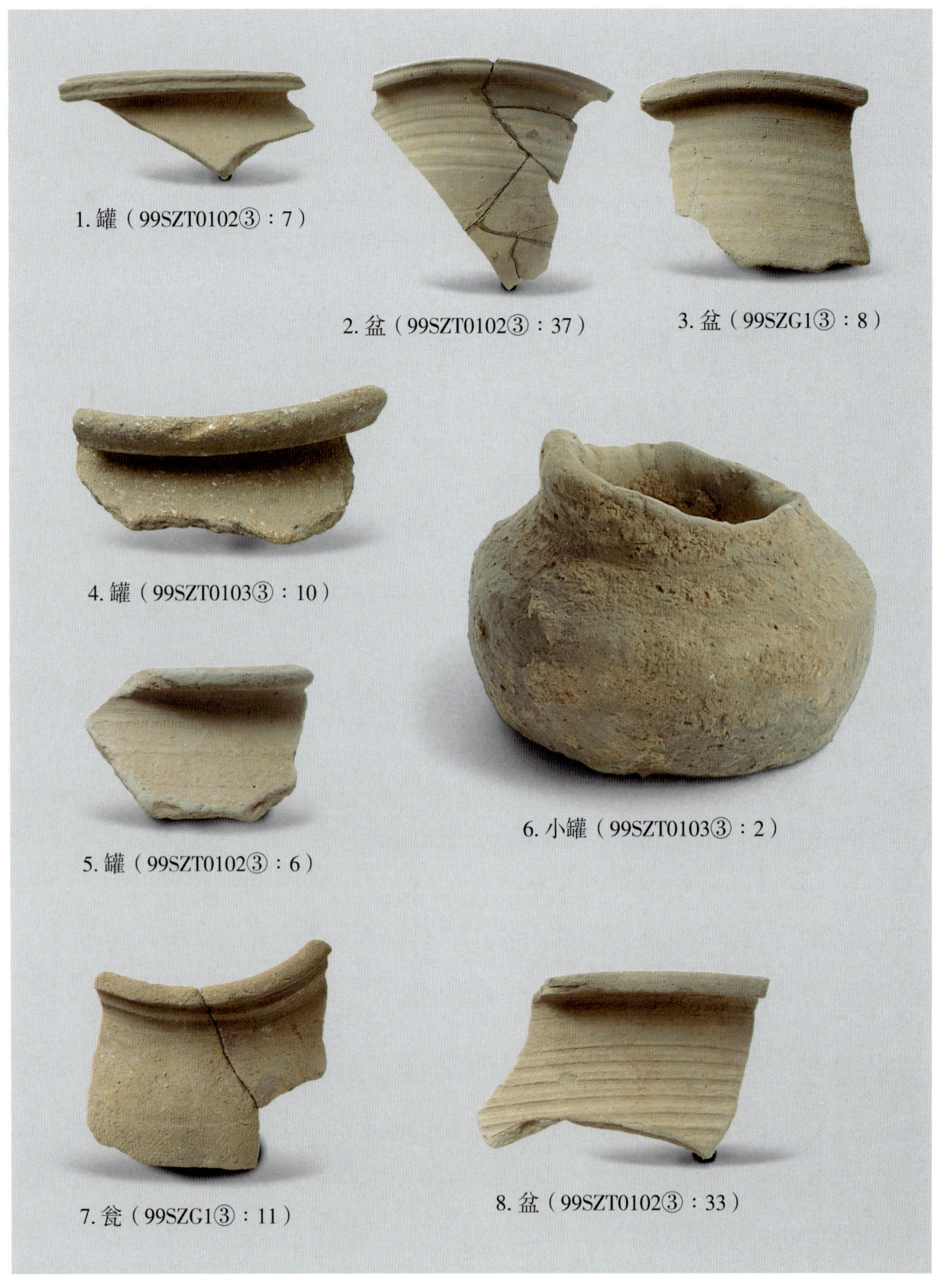

1. 罐（99SZT0102③：7）

2. 盆（99SZT0102③：37）

3. 盆（99SZG1③：8）

4. 罐（99SZT0103③：10）

5. 罐（99SZT0102③：6）

6. 小罐（99SZT0103③：2）

7. 瓮（99SZG1③：11）

8. 盆（99SZT0102③：33）

周家南山遗址出土汉代日用陶器

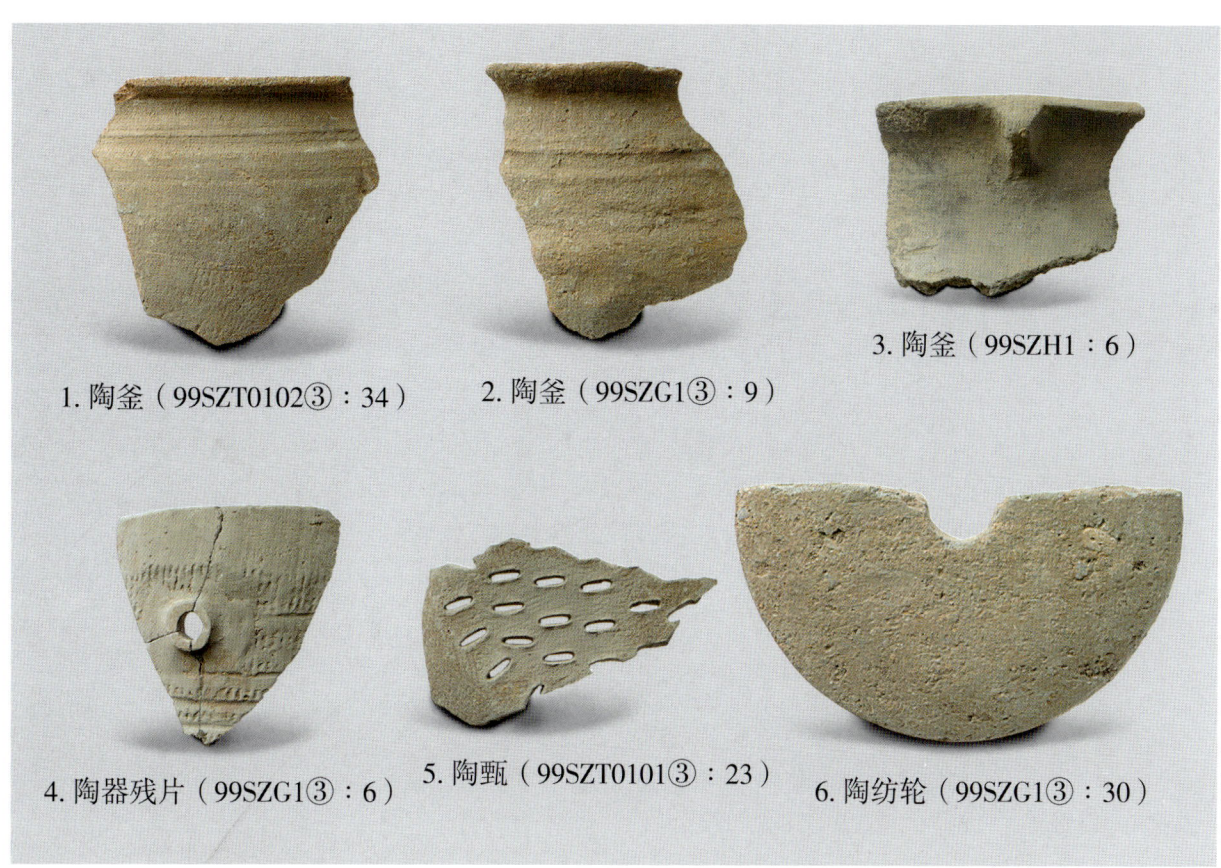

1. 陶釜（99SZT0102③：34）　　2. 陶釜（99SZG1③：9）

3. 陶釜（99SZH1：6）

4. 陶器残片（99SZG1③：6）　　5. 陶甑（99SZT0101③：23）　　6. 陶纺轮（99SZG1③：30）

7. 铁残件（99SZT0103③：16）

8. 铁镬（99SZT0103③：1）

9. 铁刀（99SZT0103③：13）

周家南山遗址出土汉代遗物

大金丝屯遗址第Ⅱ、Ⅲ组窑址发掘区鸟瞰

1.全景（东—西）

2.G1（北—南）

大金丝屯遗址第 II 组窑址

1.y1、y2（南—北）

2.y3、y4（南—北）

大金丝屯遗址第Ⅱ组窑址

1. 东—西

2. 西北—东南

大金丝屯遗址第 II 组y3

1.全景（北—南）

2.F1（东—西）

大金丝屯遗址第 Ⅲ 组窑址

1.全景（东南—西北）

2.剖面（东—西）

大金丝屯遗址第Ⅲ组G1

1.西—东

2.北—南

大金丝屯遗址第Ⅲ组y1

1.东一西

2.南一北

大金丝屯遗址第Ⅲ组y2

1.西北—东南

2.西—东

大金丝屯遗址第Ⅲ组y3

1.近景（东—西）

2.全景（东—西）

大金丝屯遗址第Ⅲ组y4

1.筒瓦（SJⅡG1⑤：87）

2.瓦当（SJⅢG1⑥：93）

3.筒瓦（SJⅡG1⑤：85）

大金丝屯遗址出土建筑构件

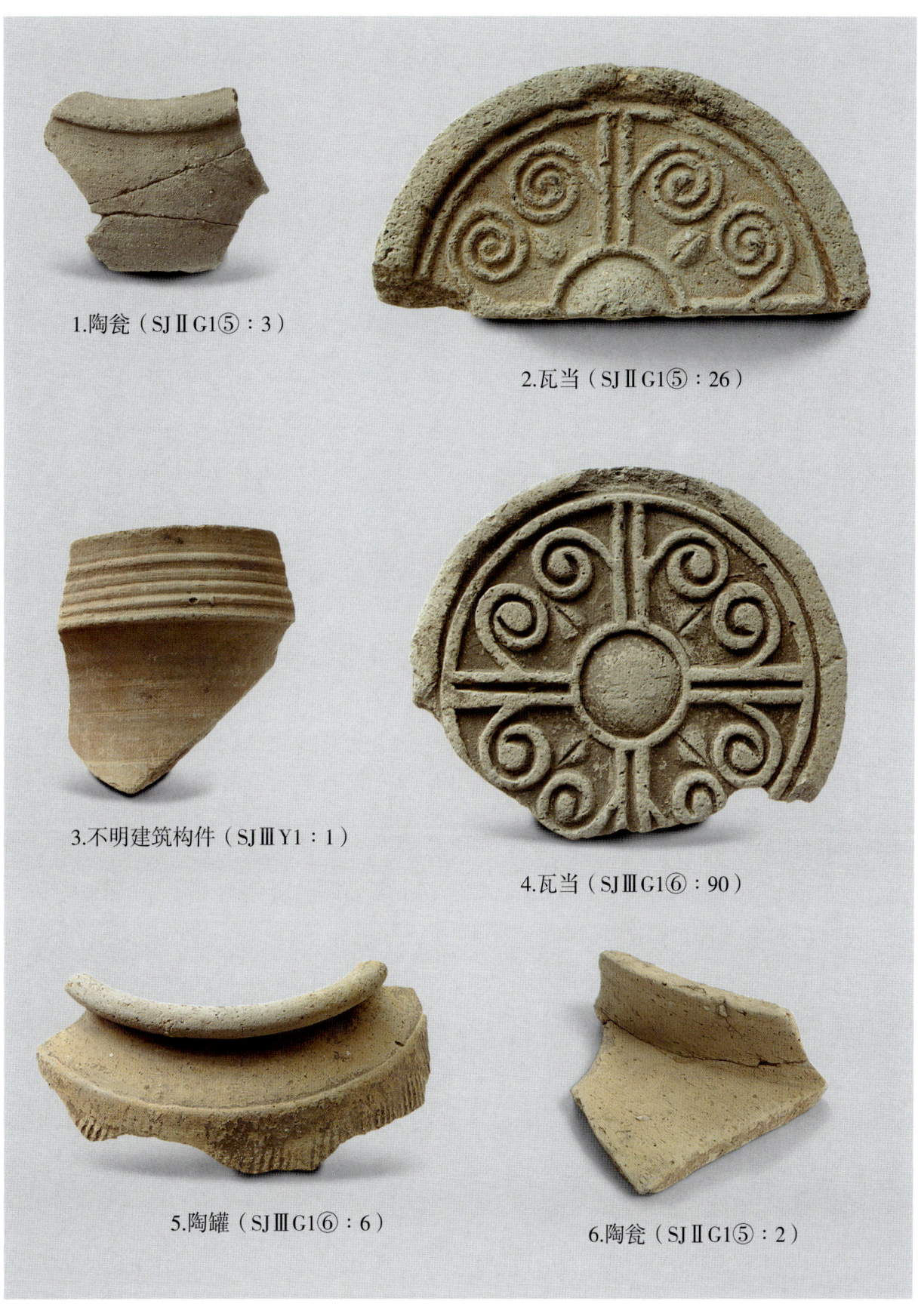

1.陶瓮（SJⅡG1⑤：3）

2.瓦当（SJⅡG1⑤：26）

3.不明建筑构件（SJⅢY1：1）

4.瓦当（SJⅢG1⑥：90）

5.陶罐（SJⅢG1⑥：6）

6.陶瓮（SJⅡG1⑤：2）

大金丝屯遗址出土遗物

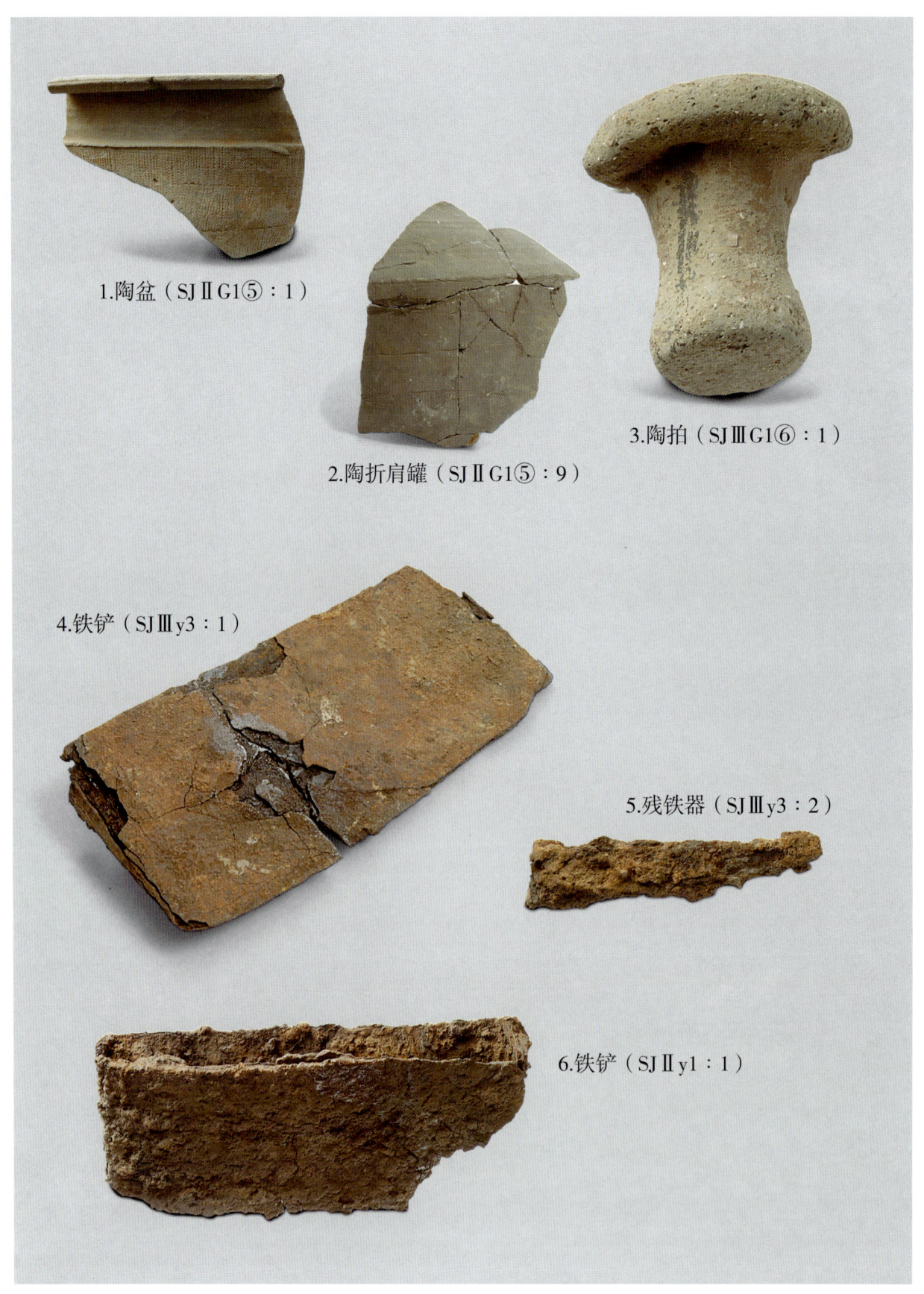

1.陶盆（SJⅡG1⑤∶1）

2.陶折肩罐（SJⅡG1⑤∶9）

3.陶拍（SJⅢG1⑥∶1）

4.铁铲（SJⅢy3∶1）

5.残铁器（SJⅢy3∶2）

6.铁铲（SJⅡy1∶1）

大金丝屯遗址出土遗物